집합투자(펀드)의 사례와 실무

자본시장법 연구 1

김인권 외 4인 공저

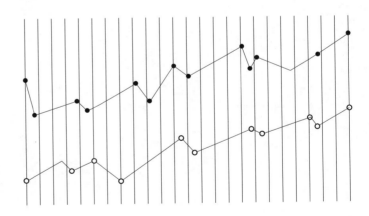

박영사

서   문

　자본시장과 금융투자에 관한 법률(이하 "자본시장법")은 금융투자업자의 진입규
제, 경영건전성 규제, 영업행위 규제 등을 기본적인 내용으로 하고 있는데, 상법 등
기본법에 없는 많은 새로운 개념을 정의하고 있을 뿐만 아니라 그 양도 449조에 이
를 만큼 방대하다. 또한 그 적용범위나 예외 등에 대해 시행령과 시행규칙에 상당부
분 위임하고 있고, 이에 대한 세부 사항을 금융위원회가 정하는 금융투자업규정 등
에 재차 위임하고 있다. 나아가 금융투자업자를 비롯한 금융회사의 지배구조에 대해
서는 금융회사의 지배구조에 관한 법률에서, 금융소비자의 보호에 대해서는 금융소
비자 보호에 관한 법률에서 정하고 있는데, 이러한 법률들은 애초에 자본시장법에
있던 내용을 분리한 것으로 금융투자업자의 경영건전성을 도모하고 영업행위 등을
규제한다는 점에서 실질적으로 자본시장법의 중요부분을 구성하는 법이라 할 수 있다.

　결국 이러한 광대한 법령의 체계와 개념의 생소성과 복잡성으로 인해, 자본시장
법을 공부하고 익히는 데는 많은 어려움이 있을 수밖에 없다. 자본시장법과 관련하
여 좋은 서적들이 많이 나와 있지만 위와 같은 복잡성과 광대함으로 인해 법령을 차
례대로 해설하는 데 거의 대부분의 지면을 할당할 수밖에 없어, 이러한 기본서 만을
읽어서는 자본시장법의 제 규정을 유기적으로 이해하기는 매우 어렵다고 생각된다.
실무적으로 자본시장법에 대해 계속적인 자문을 하는 변호사들은 그 과정을 통해 자
본시장법을 전체적으로 이해할 수 있겠지만, 그러한 기회가 없는 변호사나 학생, 실
무자들은 스스로 자본시장법을 공부하는데 많은 어려움이 있을 수밖에 없고, 자본시
장법에 익숙한 변호사라 하더라도 그 법과 관련하여 실제 해결해야 하는 사안이 주
어지면 자본시장법과 그 시행령과 시행규칙, 금융투자업규정 등을 3단, 4단으로 펼
쳐놓고 관련 규정을 일일이 확인하는 과정을 거쳐야 한다. 그런데 이에 그치지 않고,

위 제 법령과 규정은 금융시장의 변화에 대응하고 투자자 보호 등의 요구를 충족시키기 위해 수시로 개정되고 있어 더욱더 그 전체적인 내용을 파악하기 어렵게 만들고 있다.

이 책은 위와 같은 어려움을 다소라도 해결해보자 하는 의도에서 만들어지게 되었다. 주로 실제 사례를 제시하고, 이와 관련된 논점이 무엇이지, 이러한 논점을 해결하기 위한 개념이나 규정들의 내용은 어떠한지 차례로 기술한 다음, 그 사례에 법령을 해석하고 적용하는 과정을 최대한 알기 쉽게 설명하였으며, 판례와 금융감독당국의 제재 사례를 상세히 소개하였다. 독자들은 이러한 사례에 대해 법령을 해석, 적용하는 과정을 접함으로써, 펀드가 설정, 운용되는 과정, 펀드를 둘러싼 당사자들의 의무와 책임에 대해 보다 생생하게 접할 수 있게 되고, 결국 자본시장법의 전체적인 체계에 대해서도 보다 쉽게 이해할 수 있게 될 것이다. 이 책은 금융투자업 중 집합투자업 즉, 자산운용사와 펀드에 관한 사례와 실무를 중심으로 하고 있으나, 펀드의 판매회사로서 기능하는 투자매매업자나 펀드의 수탁회사 등 다른 금융투자업자들의 역할과 책임에 대해서도 이해할 수 있도록 기술하고 있다.

펀드를 둘러싼 당사자들의 법률관계는 매우 복잡하다. 펀드 자체의 설정과 운용에는 신탁계약을 중심으로 하는 투자자, 운용사, 판매사, 수탁사, 사무관리회사의 권리와 의무가 얽혀 있고, 펀드 또는 그 운용사는 펀드를 통해 조달된 자금으로 증권이나 파생상품을 매매하고 부동산을 취득하거나 부동산 개발 사업에 투자하며, 선박이나 항공기 등 특수한 자산을 매매, 운용하고, 다른 회사의 지분을 취득하여 경영하는 등 각종 투자와 관리행위를 하게 되는데, 이는 펀드의 대외관계라고 일응 말할수 있을 것이다. 나아가 자산운용사 등 금융투자업자들은 그 설립, 운용, 금융투자업의 영위에 대해 금융감독당국의 지도와 감독 행정의 대상이 되고 있다. 자본시장법을 전체적으로 파악하기 위해서는 이와 같은 다방면의 법률관계에 대한 이해를 전제로 한다.

이 책은 총 6개의 부로 구성되었고, 그 안의 하나의 사례나 개념설명 등에 대해 하나의 장으로 구분하였다.

제1부는 가장 기본이 되는 펀드와 투자자의 개념과 구분에 관한 것이다. 먼저 공모펀드와 사모펀드의 구분과 이에 대한 규율의 차이에 대해 상술하였고, 특히 2021년에 자본시장법이 개정되어 사모펀드의 분류가 기존의 전문투자형과 경영참여형에서 일반사모펀드와 기관전용사모펀드로 변경되었기 때문에 이러한 개정된 법령의 내용에 대해 상세히 설명하였다. 나아가 투자자 보호의 정도에 많은 차이가 있는 전문투자자와 일반투자자의 구분에 대해 상세히 설명하였다.

제2부는 펀드 설정에 있어서의, 제3부는 펀드 운용에 있어서의 투자자 보호의무에 관한 사례들인데, 독자의 이해를 용이하게 하기 위해 이와 같이 분류하였지만, 설정단계와 운용단계의 투자자 보호의무가 명확하게 구분되는 것은 아니고 사안에 따라 양자가 모두 문제되는 경우가 대부분이라 할 수 있다. 다만, 펀드 설정을 위해 투자자를 모집하는 과정에 주로 관련된 설명의무, 적합성의 원칙이나 부당권유행위가 주로 문제되는 사례는 펀드 설정단계로, 펀드 운용에 있어 선량한 관리자의 주의의무와 투자자의 이익을 우선하는 충실의무의 이행여부가 주로 문제되는 사례는 펀드 운용단계로 분류하였다. 제3부에서는 투자자보호와 관련하여 특히 문제가 되었던 옵티머스와 라임 펀드의 문제점도 상세히 분석하였다.

제4부는 금융투자업자의 경영건전성을 도모하고 불건전영업행위를 방지하기 위한, 대주주에 대한 신용공여 금지, 정보교류차단, 자전거래금지, 단독수익자 펀드 해지의무, 미공개 중요정보 이용행위 금지에 관한 사례를 설명하였다.

제5부는 자본시장법이 허용하고 있는 금융투자업자의 겸영·부수업무와 관련한 불건전영업행위에 관한 사례를 소개하였고, 최근 자산운용사의 부동산개발사업에 대한 부수업무가 증가하고 있는 추세에 비추어 PFV, REITs를 통한 부동산 투자에 대해 설명하고, 2022년에 시행된 중대재해처벌법과 관련하여 부동산펀드의 운용자인 자산운용사가 어떠한 대비를 하여야 하는지 살펴보았다.

제6부는 펀드의 환매와 해지 등에 관련된 사례를 통해 펀드의 환매나 해지를 둘러싸고 어떠한 쟁점이 있을 수 있는지 이해를 제고하려 하였고, 이에 더하여 최근

사모펀드의 대규모 환매중단 사태와 관련하여 자주 문제가 되고 있는 착오 또는 사기를 이유로 한 펀드 판매계약의 취소를 둘러싼 쟁점을 분석하였으며, 부동산투자신탁에서 수탁자가 변경될 때의 과세문제를 중심으로 펀드와 관련된 세법의 제 규정들을 설명하였고, 마지막으로 집합투자재산의 평가 및 상각, 상환금 결정기준에 관한 사례를 소개하였다.

　　이 책은 자본시장법의 초보자도 이해할 수 있도록 쉽게 쓰는 데 많은 노력을 기울였으며, 각각의 사례의 해설에만 그치지 않고, 그 쟁점과 관련된 규정과 개념을 상세히 설명하여 하나하나의 장이 각각 완결성을 가질 수 있도록 기술하였기 때문에 필요한 경우 어느 장을 골라 읽어도 충분한 이해와 도움이 될 수 있도록 하였다. 앞에도 기술한 바대로 독자들은 각 사례의 해설을 따라 읽어가면서 해당 사례에서 무엇이 쟁점이 되고, 법령은 이에 대해 어떻게 규정하고 있으며, 법원은 어떠한 해석을 하고 있는지 자연스럽게 이해하게 될 것이다. 아무쪼록 이 책을 읽는 모든 독자들께 도움이 될 수 있기를 바라마지않으며 이 책의 부족한 점에 대해서는 독자들의 많은 지적과 조언을 부탁드린다.

　　뜨거운 여름과 추운 겨울을 함께 지나면서 선후배 변호사들과 함께 책과 씨름하고 토론했던 시간들이 한 권의 책으로 환생하게 되었다. 무궁화신탁 금융그룹을 이끌어 가는 오창석 회장님이 처음부터 끝까지 지도와 논의를 함께 해주신 그 열의에 깊은 감사를 드린다. 그리고, 늘 준법경영과 체계적 리스크 관리를 강조하시며, 이 책의 연구와 출간에 많은 도움을 주신 현대자산운용 정욱 사장님께도 이 글을 빌어 진심어린 감사를 드린다.

　　마지막으로, 이 책의 제작에 있어 많은 도움을 주신 박영사의 조성호 이사님을 비롯한 관계자 분들께 감사의 뜻을 전한다.

2022. 12.

대표저자 김인권

차 례

제 3 장 자본시장법 개정에 따른 사모펀드 제도의 개편 / 33

제 4 장 기관전용 사모펀드 / 44

제 2 부 펀드 설정에 있어 투자자 보호의무

제 4 부 자산운용사의 경영건전성과 기타 영업행위 규칙

제 5 부 자산운용사의 겸영·부수 및 기타 업무

제 6 부　펀드의 환매와 해지 등

제26장　대량의 환매청구에 대한 환매연기결정에 있어서의
주의의무 / 419

제27장　투자신탁 해지시 운용비용 등의 귀속 / 432

제30장 집합투자재산의 평가와 상환금 결정방법 / 475

제1부

펀드와 투자자의 개념 및 구분

집합투자(펀드)의 사례와 실무

제 1 장

●

공모펀드와 사모펀드의 구분 및
공모규제 회피 사례

I. 사안의 개요

[사례 1. A증권사의 자산유동화증권 발행 사례]

A증권사는 2016. 6.말부터 같은 해 7. 5.까지 771명의 고객으로부터 베트남 소재 랜드마크72 빌딩과 관련한 3,000억원의 대출채권을 기초자산으로 하는 자산유동화증권(이하 "ABS")의 매매예약(예비청약)을 받았다. 위와 같은 예약상황을 고려하여 A증권사는 15개의 유동화전문회사(SPC)를 설립하고, 위 ABS를 15건으로 분할하여 위 각 유동화전문회사별로 투자자가 49인 이하가 되도록 하는 방식으로 ABS(조건: 6개월 만기, 약정이자 연 4.5%)를 사모로 발행하도록 하여, 2016. 7. 6.부터 같은 달 8일까지 총 538명의 개인투자자에게 위 분할한 ABS를 2,500억원에 판매하였다.

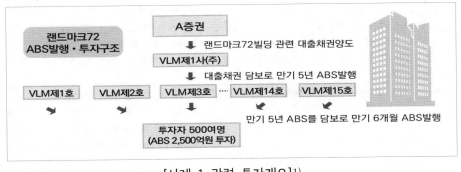

[사례 1 관련 투자개요][1]

[사례 2. B은행의 해외금리연계 DLF 판매 사례]

2019. 8. 7. 현재, B은행은 약 1,500명의 투자자에게 약 3,900억원 가량의 해외 금리연계 DLF[2])를 판매하였는데, 이후 영미 CMS[3]) 금리 등 기초자산 가격이 급 락하여 원금손실기준선을 하회함에 따라 많은 투자자들은 대규모의 원금 손실 을 입게 되었다.[4])

한편, B은행은 DLS[5]) 발행인인 C금융투자로 하여금 아래 표의 사례와 같이 발

---

1) 서울경제, "금감원 미래에셋證 '랜드마크72 ABS' 조사 왜 … 공모상품 규제 회피 '꼼수' 확산 차단 나서", 2016. 8. 31.

2) 해외금리연계 DLF(Derivative Linked Fund)는 만기에 주요 해외금리(영미 CMS 금리, 독 일국채 금리 등)가 정해진 수준 이상이면 투자자의 수익이 확정되는 반면 정해진 수준 미 만이면 원금손실이 발생하는 원금非보장형·사모 DLS(Derivative Linked Securities)만을 편입하는 사모펀드로서, 그 구조는 아래와 같다.

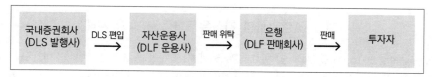

3) CMS는 "Constant Maturity Swap"의 약어로서, "Constant Maturity"는 기준금리의 일정한 만기를 의미하므로 CMS는 이자 교환시 특정한 만기의 스왑금리를 의미한다. 미국과 영국 CMS 금리연계 DLS는 각각 미국 달러화와 영국 파운드화의 이자율 스왑금리를 기초자산 으로 삼는다.

4) 영미 CMS 금리연계 DLS는 만기일에 기초자산 종가가 처음 가입했을 때 가격의 55% 이 상이면 연 3.5%의 수익을 준다. 1년 만기 상품 기준이다. 조기 상환도 할 수 있다. 3개월 마다 영미 CMS 금리가 처음 가입 당시의 95%(3개월), 85%(6개월), 75%(9개월) 이상이면 연 환산 3.5% 이자를 지급한다. 하지만 만기일 금리가 처음 가입 당시의 55% 미만이면 금리 구간마다 정해진 만큼 원금 손실을 입는다. 만기일 금리가 0%면 원금 전액을 잃는 다. 미국 CMS와 영국 CMS 금리가 섞인 상품은 둘 중 하나라도 0%에 도달해도 원금 전부 를 잃을 가능성이 있다. 만기 쿠폰금리가 있어 1억원을 투자해 만기일 금리가 0%가 되면 350만원만 건질 수 있다. 한경닷컴, "독일 금리 DLS 1억 투자자, 원금 500만원만 건진다", 2019. 8. 19.

5) DLS는 파생결합증권의 일종으로서, 파생결합증권이란 기초자산의 가격·이자율·지표·단 위 또는 이를 기초로 하는 지수 등의 변동과 연계하여 미리 정하여진 방법에 따라 지급하 거나 회수하는 금전 등이 결정되는 권리가 표시된 것을 말한다(자본시장법 제4조 제7호). 파생결합증권의 종류로는 ① 주가지수 또는 특정주식 가격의 변동과 연계되어 수익률이 결정되는 증권인 ELS(Equity Linked Securities), ② 주가 외 기초자산(금리, 통화, 상품, 신용위험 등) 가격의 변동과 연계되어 수익률이 결정되는 증권인 **DLS(Derivative Linked**

행인, 기초자산, 최초 기준가 결정일, 조기상환 조건(수익구조), 수익률 등 모든 조건이 동일한 DLS를 113건으로 나누어 발행하도록 하여 판매하였고, C금융투자는 위 DLS를 각각 D자산운용 등 총 11개 자산운용사의 DLF에 단일자산으로 편입하도록 하였으며, B은행은 2016. 7. 26.부터 2017. 6. 16.까지의 기간 동안 DLS의 조건이 같은 DLF별로 6개월 이내에 최소 52명, 최대 342명에게 집합투자증권 취득 청약의 권유를 하였다.6)

DLF 현황				단일자산으로 편입한 DLS 현황					
상품명	발행인 (자산 운용사)	판매사	판매일	상품명	발행인	기초자산	최초 기준가 결정일	조기상환 조건(배리어)	연간 수익률
ㄱ전문사모증권 투자신탁제3호 [DLS-파생형]	D 자산 운용	B 은행	2017. 5.19.	제1931회 DLS	C 금융 투자	영국 파운드화 10년물 금리 구조화 스와프 (CMS)	2017. 5.25.	최초 기준가 대비 - 1차 중간평가일 (2017.8.25.) : 95% 이상 - 2차 중간평가일 (2017.11.24.) : 90% 이상 - 3차 중간평가일 (2018.2.23.) : 85% 이상 - 만기평가일 (2018.5.25.) : 50% 이상	3.2 %
ㄴ전문사모증권 투자신탁제3호 [DLS-파생형]	E 자산 운용		2017. 5.19.	제1932회 DLS					
ㄷ사모증권 투자신탁제55호 [DLS-파생형]	F 자산 운용		2017. 5.19.	제1933회 DLS					
ㅂ사모증권 투자신탁제14호 [DLS-파생형]	G 자산 운용		2017. 5.19.	제1934회 DLS					
ㅅ금리연계AC형 리자드사모증권 투자신탁제4호 [DLS-파생형]	H 자산 운용		2017. 5.23.	제1935회 DLS					
ㅇ사모증권 투자신탁제3호 [DLS-파생형]	I 자산 운용		2017. 5.23.	제1936회 DLS					

Securities), ③ 주가지수 또는 특정주식 등의 기초자산을 사전에 정한 가격으로 미래시점에 사거나 팔 수 있는 권리를 나타내는 증권으로서 거래소에 상장되어 거래되는 ELW(Equity Linked Warrant), ④ 기초자산 가격의 변동과 연계되어 수익률이 결정되는 증권으로 거래소에 상장되어 거래되는 ETN(Exchange Traded Note) 등이 있다.

6) 감사원, "금융감독기구 운영실태"(감사보고서, 2021. 7.), 62, 63면.

Ⅱ. 문제의 소재

　　종래 사모펀드는 소수의 전문투자자[7]를 대상으로 운영되므로 공모펀드에 비해 비교적 제약 없이 자유로운 투자가 가능한 고위험·고수익 투자상품으로 인식되었다. 그러나 2015년 금융위원회가 사모펀드에 투자할 수 있는 적격투자자[8] 중 일반투자자의 최소투자금액을 1억원(레버리지 200% 이상인 펀드는 3억원 이상)으로 낮추는 등 사모펀드 규제를 완화한 이래로 최근 몇 년간 다수의 개인 일반투자자들에 대한 사모펀드 관련 금융소비자 피해가 발생한 것에 비추어 보면, 실제 사모펀드에 대해 투자가 이루어진 양상은 이러한 인식과 차이가 있는 것으로 보인다. 이에 대해서는 여러 가지 원인이 있겠으나, 공모펀드로서의 규제가 적용되어야 할 펀드를 여러 건으로 분할하여 규제가 비교적 느슨한 사모펀드로 운용하는 이른바, "사모의 공모화" 현상이 핵심적인 원인으로 다수 거론된 바 있다.

　　이와 관련하여, 금융감독원은 2018. 8.말부터 해외금리연계 DLF의 설계·제조·판매 실태 점검을 위해 은행(2개), 증권사(3개), 자산운용사(5개)에 대한 합동 현장검사를 실시하였다.[9] 한편, 참여연대는 2019. 11. 감사원에 해외금리연계 DLF와 관련하여 금융회사들에 대한 금융위원회와 금융감독원의 검사 및 감독 직무유기에 대한 공익감사청구를 하였고, 감사원은 금융회사가 공모규제 회피를 목

---

7) 전문투자자란 금융투자상품에 관한 전문성 구비 여부, 소유자산규모 등에 비추어 투자에 따른 위험감수능력이 있는 투자자를 말하고(자본시장법 제9조 제5항), 이에 대비되는 일반투자자는 전문투자자가 아닌 투자자를 말한다(자본시장법 제9조 제6항). 전문투자자의 범위는 자본시장법 시행령 제10조에서 상세하게 정하고 있는데, 국가, 한국은행, 각종 은행이나 보험회사 등 대통령령으로 정하는 금융기관, 주권상장법인, 예금보험공사·한국투자공사·한국거래소·신용보증기금 등 공공적 기관, 각종 연기금, 공제법인, 집합투자기구 등이 이에 해당한다.

8) 적격투자자란 일반사모집합투자기구(소위 헤지펀드)에 투자할 수 있는 특별한 지위에 있는 투자자들을 말한다. ⅰ) 전문투자자 중에서 집합투자기구, 신용보증기금, 기술신용보증기금 및 법률에 따라 설립된 기금을 제외한 나머지 모두가 적격투자자이며, ⅱ) 3억원(단, 레버리지 200% 이상인 펀드는 5억원) 이상을 투자하는 개인 또는 법인, 그 밖의 단체도 적격투자자에 해당한다(자본시장법 제249조의2).

9) 금융감독원, "주요 해외금리 연계 DLF 관련 중간 검사결과", 보도자료, 2019. 10. 2.

적으로 해외금리연계 DLS를 분할하여 발행하고 이를 사모펀드에 편입하여 판매하는 등의 관련 사안에 대하여 감사를 실시하기로 결정하였으며[10] 2021. 7. 감사결과를 최종 확정하여 감사보고서를 발행하였다.

　　본 글에서는 공모규제 회피와 관련하여 대표적으로 거론되는 A증권사의 자산유동화증권 발행 사례와 B은행의 해외금리연계 DLF 판매 사례를 소개하고, 금융감독당국이 A증권사와 B은행에 대하여 부과한 제재, 금융감독당국의 A증권사와 B은행에 대한 조사 및 제재 부과와 관련하여 감사원이 미흡하다고 판단한 사항과 그에 따라 내린 조치사항을 살펴보기로 한다. 아울러, 그에 앞서 제재 조치의 근거가 되는 자본시장법상의 공모펀드와 사모펀드의 구분 및 동일증권 판단기준에 대해서도 살펴보기로 한다.

III. 공모펀드와 사모펀드의 구분 및 동일증권 판단기준

1. 공모펀드와 사모펀드의 구분

가. 관련 법령

자본시장법	자본시장법 시행령
제9조(그 밖의 용어의 정의) ⑦ 이 법에서 "모집"이란 대통령령으로 정하는 방법에 따라 산출한 50인 이상의 투자자에게 새로 발행되는 증권의 취득의 청약을 권유하는 것을 말한다. ⑧ 이 법에서 "사모"란 새로 발행되는 증권의 취득의 청약을 권유하는 것으로서 모집에 해당하지 아니하는 것을 말한다.	제11조(증권의 모집·매출) ① 법 제9조 제7항 및 제9항에 따라 50인을 산출하는 경우에는 청약의 권유를 하는 날 이전 6개월 이내에 해당 증권과 같은 종류의 증권에 대하여 모집이나 매출에 의하지 아니하고 청약의 권유를 받은 자를 합산한다. 다만, 다음 각 호의 어느 하나에 해당하는 자는 합산 대상자에서 제외한다. 1. 다음 각 목의 어느 하나에 해당하는 전문가 　가. 전문투자자 (중략) 2. 다음 각 목의 어느 하나에 해당하는 연고자 　(이하 생략)

---

10) 감사원, 상게 감사보고서, 8, 9면.

| 제9조(그 밖의 용어의 정의) ⑲ 이 법에서 "사모집합투자기구"란 집합투자증권을 사모로만 발행하는 집합투자기구로서 대통령령으로 정하는 투자자의 총수가 대통령령으로 정하는 방법에 따라 산출한 100인 이하인 것을 말하며, 다음 각 호와 같이 구분한다.
1. 제249조의11제6항에 해당하는 자만을 사원으로 하는 투자합자회사인 사모집합투자기구(이하 "기관전용 사모집합투자기구"라 한다)
2. 기관전용 사모집합투자기구를 제외한 사모집합투자기구(이하 "일반 사모집합투자기구"라 한다) | 제14조(사모집합투자기구의 기준) ① 법 제9조제19항에서 "대통령령으로 정하는 투자자"란 다음 각 호에 해당하지 아니하는 투자자를 말한다.
1. 제10조제1항 각 호의 어느 하나에 해당하는 자
2. 제10조제3항제12호·제13호에 해당하는 자 중 금융위원회가 정하여 고시하는 자
② 법 제9조제19항 각 호 외의 부분에 따른 사모집합투자기구의 투자자 총수는 다음 각 호의 구분에 따른 투자자의 수를 합산한 수로 한다. (중략)
1. 법 제9조제19항제1호에 따른 기관전용 사모집합투자기구(이하 "기관전용사모집합투자기구"라 한다): 법 제249조의11제1항에 따른 무한책임사원 및 같은 조 제6항 각 호에 따른 유한책임사원
2. 법 제9조제19항제2호에 따른 일반 사모집합투자기구(이하 "일반사모집합투자기구"라 한다): 법 제249조의2 각 호에 따른 투자자 |

나. 공모펀드와 사모펀드에 대한 개관

펀드는 자금 모집 방식 및 투자자의 수에 따라, 불특정 다수인의 투자자로부터 공모 방식으로 자금을 모집하여 운용하는 공모펀드[11]와 소수의 제한된 투자자로부터 사모 방식으로 자금을 모아 운용하는 사모펀드[12]로 구분된다. 자본시장법은 사모펀드 즉, 사모집합투자기구를 i) 사모로만 집합투자증권[13]을 발행하는 집

---

11) 증권사나 은행 등의 판매회사는 불특정 다수에게 공모펀드를 홍보할 수 있고, 공모펀드의 투자를 원하는 고객은 판매회사의 영업점, 홈페이지, HTS/MTS 등을 통해 투자할 수 있다. 즉, 공모펀드는 투자하고 싶은 누구든지 투자금액에 제한 없이 구매할 수 있는 투자상품이다.

12) 사모펀드는 비공개적으로 투자자를 모집하는 펀드의 특성상 홍보가 불가능하고 주로 고액자산가의 방문이 많은 증권사, 은행의 PB를 통해 투자 제안 및 투자가 이루어지며, 최소 투자금액도 3억원 이상으로 높은 편이다. 사모펀드는 공모펀드에 비해 투자대상이나 투자비중 등에 있어 비교적 제한이 적은 편이어서 주식, 채권, 부동산, 원자재 등에 자유롭게 투자하여 운용할 수 있는 등 공모펀드보다 약한 규제를 적용 받아 보다 창의적이고 혁신적인 자산 운용이 가능하여 모험자본(Venture Capital)을 공급하는 역할을 할 수 있다.

13) 집합투자증권이란 집합투자기구에 대한 출자지분(투자신탁의 경우에는 수익권)이 표시된

합투자기구로서 ii) 대통령령으로 정하는 투자자의 총수가 대통령령으로 정하는 방법에 따라 산출한 100인 이하인 것으로 규정하고(동법 제9조 제19항, 동법 시행령 제14조), 그 이외는 공모펀드로 구분한다. 따라서 사모펀드에 해당하기 위해서는 위 두 가지 요건을 모두 충족하여야 할 것인바, 아래에서는 각 요건에 대해 상세히 살펴보기로 한다.

(1) 집합투자증권을 사모로 발행할 것

"사모"란 새로 발행되는 증권의 취득의 청약을 권유하는 것으로서 모집에 해당하지 아니하는 것을 말하며(자본시장법 제9조 제8항), 증권의 "모집"은 증권을 발행하여 취득의 청약을 50인 이상에게 권유하는 것을 말한다(자본시장법 제9조 제7항). 따라서 집합투자증권을 사모로 발행한다고 함은 49인 이하의 투자자에게 집합투자증권 취득의 청약을 권유하는 것을 의미하는데, 49인 합산 대상자에서 전문투자자 등은 제외한다(자본시장법 시행령 제11조 제1항 단서). 이와 관련하여 금융위원회는 2021. 10. 21. 개정 자본시장법의 시행에 따라 사모펀드의 투자자 수가 기존의 49인에서 100인으로 확대됨에도 불구하고 동일증권 판단기준(동법 시행령 제129조의2) 등 공모규제는 엄격히 적용할 것임을 밝힌 바 있다.[14]

(2) 투자자의 수가 100인 이하일 것

위 개정 자본시장법 시행에 따라 사모펀드 투자자 수의 제한이 49인에서 100인으로 확대되었다. 한편, 사모펀드 투자자 수 확대 적용대상에 대하여는 개정 자본시장법 시행일(2021. 10. 21.) 이후에 설정·설립되는 사모펀드뿐만 아니라 시행일 이전에 설정·설립된 자본시장법상 사모펀드에 대해서도 위 투자자 수 개정 사항이 동일하게 적용되며, 사모펀드 투자자 수 산정시점에 대하여는 집합투자증권 발행 시점에 사모펀드 투자자 수 기준을 준수하고 이를 유지해야 한다는 것이 금

것을 말하는데(자본시장법 제9조 제21항), 투자신탁의 집합투자증권은 수익증권에 속하고, 그 외 투자회사 등의 경우에는 지분증권에 속한다.

14) 금융위원회, "사모펀드 투자자보호·체계개편을 위한 자본시장법 하위규정 개정안 예고", 보도자료, 2021. 6. 23., 8면.

융감독당국의 입장이다.[15]

　　한편, 자본시장법에서는 100인 산정시 포함해야 하는 투자자를 적극적으로 규정하지 않고, 100인 산정시 포함되지 않는 투자자를 열거하고 있다. 자본시장법 제9조 제5항에서 정하는 전문투자자 중에서 ① 주권상장법인, ② 기금관리운용법인 및 공제법인 중에서 법인세법 시행규칙 제56조의2 제1항 및 제2항에 해당[16]하지 않는 기금 및 공제법인, ③ 해외에 주권을 상장한 국내법인, ④ 지방자치단체, ⑤ 금융투자상품 잔고 100억원 이상인 국내법인이나 단체(외부감사대상 주식회사는 50억원), ⑥ 개인 전문투자자, ⑦ 외국정부·국제기구·외국중앙은행 등에 준하는 외국인을 제외한 전문투자자는 100인 산정대상에 포함되지 않는다(동법 시행령 제14조 제1항,[17] 제10조, 금융투자업규정 제1－4조 제1항, 제1－7조의2, 제1－8조). 달리 말하면, 일반투자자와 위의 ①~⑦에 해당하는 전문투자자는 100인 산정시 포함된다. 일반투자자는 사모의 개념상 49인까지만 사모펀드에 가입할 수 있으므로,[18] 일반투자자 49인에 위의 ① 내지 ⑦에 해당하는 전문투자자 51인을 합하여 100인까지 사모펀드 투자자로 모으는 것이 가능하다.[19] 이는 투자자 보호의

---

15) 금융위원회·금융감독원·금융투자협회, "사모펀드 제도개편 관련 주요 질의응답", 2021. 10., 1면.

16) 위 규정에 따른 기금관리운용법인으로는, 1. 공무원연금관리공단, 2. 사립학교교직원연금관리공단, 3. 서울올림픽기념국민체육진흥공단, 4. 신용보증기금, 5. 기술신용보증기금, 6. 한국수출보험공사, 7. 중소기업중앙회, 8. 농업협동조합중앙회, 9. 한국주택금융공사, 10. 한국문화예술위원회가 있다. 아울러, 위 규정에 따른 공제법인으로는, 1. 한국교직원공제회, 2. 군인공제회, 3. 신용협동조합중앙회(공제사업에 한정), 4. 건설공제조합 및 전문건설공제조합, 5. 전기공사공제조합, 6. 정보통신공제조합, 7. 대한지방행정공제회, 8. 새마을금고연합회(공제사업에 한정), 9. 과학기술인공제회, 10. 소방산업공제조합, 11. 건축사공제조합이 있다.

17) **제14조(사모집합투자기구의 기준)** ① 법 제9조제19항에서 "대통령령으로 정하는 투자자" 란 다음 각 호에 해당하지 아니하는 투자자를 말한다.
　1. 제10조제1항 각 호의 어느 하나에 해당하는 자
　2. 제10조제3항제12호·제13호에 해당하는 자 중 금융위원회가 정하여 고시하는 자

18) 즉, 사모펀드도 사모발행 요건을 충족시켜야 하는바, 현행 '청약권유자 수 49인 이하' 규정에 따라 '일반투자자 49인 이하'를 적용한다. 금융위원회, "사모펀드 체계 개편방향", 보도자료, 2018. 9., 11면.

19) 박삼철 외, 「사모펀드 해설」, 제3판, 지원출판사, 2021, 73－74면.

필요성이 큰 일반투자자 수는 49인 이하로 유지하되 나머지 투자자 수는 전문투자자로 채우도록 함으로써 주로 전문투자자의 투자기회가 확대되는 효과를 달성하고자 한 것으로, 사모펀드 투자자 수 산정 방식을 도식화하면 아래와 같다.[20]

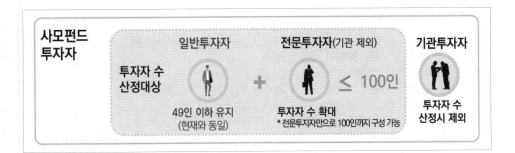

이와 같이, 사모발행의 기준이 되는 49인 합산 대상자에서 제외되는 전문투자자와 사모펀드의 100인 투자자 산정에서 제외되는 전문투자자의 범위가 일치하지 않아 다소 혼란이 발생할 수 있는바, 이를 정리하면 아래 표와 같다.[21]

구 분	투자자	사모발행 투자자수 (49인 이하)	사모펀드 투자자수 (100인 이하)
전문 투자자	〈기관투자자〉 1. 국가 2. 한국은행 3. 금융기관(은행, 특수은행, 보험회사, 금융투자업자, 증권금융회사, 종합금융회사, 자금중개회사, 금융지주회사, 여신전문금융회사, 상호저축은행, 산림조합중앙회, 새마을금고, 신용협동조합중앙회)	제외	제외

---

20) 금융위원회, "사모펀드 투자자보호·체계개편을 위한 「자본시장법 및 하위법규 개정안」이 10.21일부터 시행됩니다", 보도자료, 2021. 10. 19. 별첨자료 "사모펀드 투자자보호 강화 및 체계개편 관련 자본시장법 및 하위법규 주요 개정내용", 40면.

21) 금융위원회, 전게 2018. 9.자 보도자료, 12면 "현행 사모펀드 투자자 분류" 각색.

	4. 예금보험공사, 정리금융회사, 자산관리공사, 한국주택 금융공사, 한국투자공사, 한국금융투자협회, 한국예탁 결제원, 한국거래소, 금융감독원, 집합투자기구, 신용 보증기금, 기술보증기금 5. 기금관리운용법인(10개) 및 공제법인(11개) 6. 외국정부, 국제기구, 외국 중앙은행 7. 위 3번 및 4번에 준하는 외국인		
	〈기관투자자를 제외한 전문투자자〉 1. 주권상장법인 2. 위 〈기관투자자〉 5번에 해당하지 않는 기타 기금관 리운용법인 및 공제법인[22] 3. 해외시장 주권상장법인 4. 지방자치단체 5. 금융투자상품 잔고 100억원 이상인 일반법인(외부감사 대상 주식회사는 50억원) 6. 개인 전문투자자 7. 외국정부·국제기구·외국중앙은행 등에 준하는 외국인	제외	포함
일반 투자자	위에 해당하지 않는 법인과 개인	포함	포함

다. 공모(펀드)와 사모(펀드)의 구별 실익

공모와 사모를 구별하는 실익은 주로 공시의무의 부과 여부에 있다[23]. 펀드
에 대한 출자지분을 표창하는 집합투자증권은 금융투자상품 중 증권[24]에 해당하

---

22) 국민연금관리공단은 전문투자자에 해당하는 기금관리운용법인에 해당함에도 100인 산정
투자자에 해당하므로 주의를 요한다. 박삼철 외, 전게서, 74면.
23) 공시의무와 구분되는 운용 측면의 공모규제로는, 펀드 자산총액의 10% 이상을 한 종목에
투자하거나 동일법인이 발행한 지분증권의 20%를 초과하여 투자하는 행위, 금전의 차입
및 대여 행위, 둘 이상의 신용평가회사로부터 신용평가를 받지 않은 무보증 회사채를 편
입하는 행위 등이 원칙적으로 금지된다는 점이 있다(자본시장법 제81조 및 금융투자업규
정 제4-63조 제4호).
24) 금융투자상품은 증권 또는 파생상품으로 나누어지는데(자본시장법 제3조 제2항), 투자자
가 취득과 동시에 지급한 금전등 외에 어떠한 명목으로든지 추가로 지급의무를 부담하지
아니한다는 증권의 정의규정상(자본시장법 제4조 제1항) 집합투자증권 투자자는 증권 취
득시 지급한 금전등 외에는 추가 지급의무를 부담하지 아니하므로 집합투자증권은 증권

여 자본시장법상 증권에 관한 규정의 적용을 받게 되므로, 공모펀드의 경우 상품 출시에 있어 자산운용사가 펀드 설정 전에 투자위험요소, 기초자산에 관한 사항 등을 기재한 증권신고서와 투자설명서를 금융감독원에 제출하고 금융감독원이 이를 수리하여 공시하여야 판매가 가능한 반면(자본시장법 제119조, 제123조 등), 사모펀드에 대해서는 이러한 규제 없이 단지 등록만으로 판매가 가능하다. 이에 따라, 사모(펀드)의 경우에는 자본시장법상의 증권신고서와 투자설명서 제출의무가 면제되어 투자자들이 발행인 즉, 자산운용사에 관한 정보를 충분히 갖지 못한 상태에서 증권을 취득함으로써 예상하지 못한 피해를 입을 수 있다. 공시의무 부과와 같은 정보공시규제는 가장 전통적인 투자자보호규제의 하나로서, 투자자보호의 가장 중요한 이론적 근거인 정보의 비대칭성을 해소하는 역할을 한다.[25]

이와 같은 사모와 공모 간의 규제 차이로 인하여 금융투자업자는 증권신고서 제출의무 등의 공모규제를 회피하기 위해 실제로는 동일한 하나의 증권을 형식상 여러 건으로 분할하여 사모로 발행(속칭 쪼개기)한 후 50명 이상의 불특정 다수에게 판매할 유인이 있다. 또한 사모펀드는 상품구조 및 수익·손실 발생 조건 등이 다양하고 복잡하지만 투자설명서 등을 금융감독원에 제출하도록 되어 있지 않아 투자자가 사모펀드 투자 이전에 관련 정보를 충분히 인지하기 어려울 수 있는 등 불완전판매에 노출될 우려가 있다.[26] 증권 발행의 정상적인 경우와 공모규제 회피의 경우를 도식화하면 다음과 같다.[27]

에 해당한다.

25) 이행규·반정현, "공모와 전문투자자 개념 변화", 「BFL」 제75호, 서울대학교 금융법센터, 2016, 7면.

26) 다만, 2021. 10. 21. 개정 자본시장법에 따라 일반사모집합투자기구를 설정·설립하는 자산운용사는 핵심상품설명서를 작성하여 판매회사에게 제공하여야 하고(동법 제294조의4 제2항), 판매회사는 일반투자자에게 사모펀드를 투자권유·판매하는 경우 핵심상품설명서를 교부해야 하게 되었는바(동법 제294조의4 제4항), 이러한 우려는 상당 부분 해소될 것으로 보인다.

27) 감사원, 전게 감사보고서, 제58면.

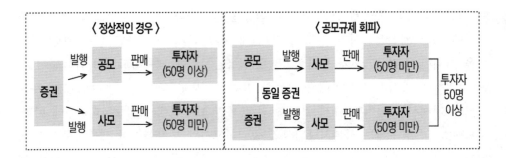

2. 동일 증권 판단기준

가. 관련 법령

자본시장법	자본시장법 시행령
제119조(모집 또는 매출의 신고) ⑧ 자금조달 계획의 동일성 등 대통령령으로 정하는 사항을 종합적으로 고려하여 둘 이상의 증권의 발행 또는 매도가 사실상 동일한 증권의 발행 또는 매도로 인정되는 경우에는 하나의 증권의 발행 또는 매도로 보아 제1항을 적용한다.	제129조의2(증권의 발행 또는 매도의 동일성 인정 기준) 법 제119조제8항에서 "대통령령으로 정하는 사항"이란 다음 각 호의 사항을 말한다. 1. 증권의 발행 또는 매도가 <u>사실상 동일한 자금조달 계획</u>에 따른 것인지 여부. 이 경우 증권의 기초자산 또는 운용대상자산이 별도로 있는 경우에는 해당 <u>증권의 기초자산 또는 운용대상자산, 투자위험 및 손익의 구조 등의 유사성 여부를 기준</u>으로 판단한다. 2. 증권의 발행 또는 매도의 <u>시기가 6개월 이내로 서로 근접한지 여부</u> 3. 발행 또는 매도하는 <u>증권이 같은 종류인지 여부</u> 4. 증권의 발행 또는 매도로 인하여 <u>발행인 또는 매도인이 수취하는 대가가 같은 종류인지 여부</u> 5. 둘 이상의 증권의 발행인이 다르더라도 <u>모집 또는 매출하는 자가 동일한지 여부</u>

나. 동일 증권 판단기준 요건

증권 취득 청약의 권유를 하는 날 이전 6개월 이내에 해당 증권과 같은 종류의 증권 취득 청약의 권유를 받은 자를 합산하여 50인 이상이면 증권의 공모에 해당한다(자본시장법 제9조 제7항 및 동법 시행령 제11조 제1항). 그리고 둘 이상의 증권 발행이 아래 표와 같이 자금조달계획의 동일성 등 5가지 측면에서 사실상 동일하다고 인정되면 하나의 증권 발행으로 보고 공모 해당 여부를 판단한다(자본시장법 제119조 제8항 및 동법 시행령 제129조의2).

구분	내 용[28]
1	증권의 발행 또는 매도가 사실상 동일한 자금조달 계획에 따른 것인지 여부. 이 경우 증권의 기초자산 또는 운용대상자산이 별도로 있는 경우에는 해당 증권의 기초자산 또는 운용대상자산, 투자위험 및 손익의 구조 등의 유사성 여부를 기준으로 판단한다.
2	증권의 발행 또는 매도의 시기가 6개월 이내로 서로 근접한지 여부
3	발행 또는 매도하는 증권이 같은 종류인지 여부
4	증권의 발행 또는 매도로 인하여 발행인 또는 매도인이 수취하는 대가가 같은 종류인지 여부
5	둘 이상의 증권의 발행인이 다르더라도 모집 또는 매출하는 자가 동일한지 여부

동일증권 판단기준은 위 [사례 1]에서 A 증권사의 ABS 발행에 따른 제재 이후 자본시장법에서 2017. 10. 31. 신설되어 2018. 5. 1. 시행되었는데, 신설 당시에는 위 다섯 가지 기준 중 1번 내지 4번의 기준 즉, ① 자금조달계획의 동일성, ② 시기의 근접성, ③ 증권 종류의 동일성, ④ 대가의 동일성을 종합적으로 고려하도록 규정하였다. 그런데, 신설 규정에 따른 제도의 운영 단계에서 그 기준이 구체적이지 않고 모호하여 증권 발행인과 펀드 판매회사 등에게 지나친 불확실성을

---

28) 본 표에서 음영으로 표시된 부분은 2021. 2. 9. 자본시장법 시행령 개정에 따라 신설된 내용이다.

부담시킬 위험이 있다는 우려가 있었고, 해외금리연계 DLF와 관련한 위 [사례 2]와 같이, 기초자산, 손익결정구조 등 실질이 유사한 상품이 다수 일반투자자에게 판매되었으나 사모펀드의 형식을 취함으로써 공모규제를 회피하려고 한 것으로 보이는 사례가 발생함에 따라 제도의 보완이 필요하다는 지적이 제기되기도 하였다.

이에 따라, 실질적 공모상품이 사모형식으로 발행·판매되는 것을 방지하기 위한 목적으로 2021. 2. 9. 자본시장법 시행령이 개정되어, ① 증권의 기초자산 또는 운용대상자산이 별도로 있는 경우에는 기초자산, 운용대상자산, 손익구조의 유사성 여부 등을 기준으로 자금조달계획의 동일성을 판단하도록 하여 자금조달계획의 동일성에 대한 기준이 보다 명확해지고(자본시장법 시행령 제129조의2 제1호), ② 둘 이상의 증권의 발행인이 다르더라도 실질적으로 모집 또는 매출하는 자가 같다면(즉, 판매회사가 같다면) 동일증권으로 판단하게 되었다(자본시장법 시행령 제129조의2 제5호). 위 사항은 6개월 이내에 50인 이상에게 판매되는 기초자산과 손익구조가 동일 또는 유사한 복수 증권에 펀드(집합투자증권)도 포함시키는 동시에, 여러 자산운용사가 집합투자증권의 발행인의 지위에서 설정한 펀드를 특정 판매회사가 판매한 경우도 원칙적으로 공모로서 판단하여 규율하고자 하는 취지에서 개정된 것이다.

한편, 금융감독원이 마련한 「사모 시리즈 주가연계펀드 감독기준」(2013. 8. 14.)에 따르면 여러 개의 주가연계증권(Equity Linked Securities, ELS)의 발행인, 기초자산과 그 최초 기준가격 결정일, 수익구조(수익확정 및 조기상환 조건 등), 수익률이 모두 동일하면 같은 종류의 증권이고, 이를 편입한 여러 개의 주가연계펀드(Equity Linked Fund, ELF)도 같은 종류의 증권으로 판단하도록 되어 있다.[29]

금융감독원이 발간한 「기업공시 실무안내」 중 제2장 발행공시의 Q&A 2-11 (복수의 증권발행이 사실상 동일한 증권의 발행으로 인정되는 경우는?)에 따르면, 증권 발행 의사결정과정(이사회 등), 자금용도, 발행목적, 기초자산, 만기, 금리, 수익구조, 발행시기 및 판매방법 등이 사실상 같으면 동일한 자금조달계획에 따른 것으로서

---

29) 감사원, 전계 감사보고서, 제59면.

동일한 증권 발행으로 볼 수 있다고 기술되어 있다. 위「기업공시 실무안내」에서 제시된 사례별 공모규제 적용여부 판단을 발췌하면 아래와 같다.[30)]

- ■ 채무증권을 발행 회차만 분리하여 각각 50명 미만에게 사모 발행한 사례
  - 각 회사채의 발행 의사결정이 동일한 이사회에서 이루어졌고 자금용도가 동일하여 동일한 자금조달계획에 따라 근접한 시기에 이루어졌다고 볼 수 있고, 각 회사채의 만기 및 금리가 동일하여 같은 종류의 증권이라 할 수 있고 증권발행의 대가도 동일하므로, 동일한 증권의 발행으로 볼 수 있음

- ■ 여러 개의 특수목적법인을 설립하여 증권을 각각 50명 미만에게 사모 발행한 사례
  - 복수의 특수목적법인을 설립하여 증권을 발행함으로써 형식적으로는 발행주체가 다르더라도 발행목적, 기초자산, 수익구조, 발행시기, 판매방법 등이 사실상 같으면 동일한 증권의 발행으로 볼 수 있음

IV. 사안의 경우

1. 사례 1에 대하여

가. A 증권사에 대한 금융감독당국의 제재

사례 1에서, A증권사의 당초 입장은 각 ABS가 유동화전문회사별로 나뉘어 발행된 만큼 자본시장법 시행령 제11조 제1항에서 말하는 "같은 종류의 증권"으로 볼 수 없고, 유동화전문회사별로 49인 이하의 투자자에게 증권의 청약을 권유하여 사모에 해당하므로 증권신고서 제출의무가 없다는 것으로 전해졌다.

그러나 금융위원회는 A증권사에 대해 증권신고서 제출의무 위반을 이유로 공

---

30) 금융감독원, "기업공시 실무안내", 2020. 1., 295-296면.

시 위반에 대한 과징금의 법정최고액인 20억원[31]의 부과를 의결하였다. 형식적으로 15개의 증권에 대해 49인 미만의 투자자에게 증권의 청약을 권유한 것이나, 금융감독원의 검사결과 분할 발행된 각 ABS의 기초자산이나 구조, 만기특성 등이 거의 동일한 것으로 밝혀짐에 따라 실질적으로 하나의 증권에 대해 50인 이상에게 청약을 권유한 것으로서 공모에 해당한다고 판단한 것이다.

또한 금융감독원은, 누구든지 증권신고의 대상이 되는 증권의 모집을 위하여 청약의 권유를 하고자 하는 경우에는 발행인이 증권신고서를 금융위원회에 제출하여 수리되고 그 증권신고의 효력이 발생한 후 투자설명서를 사용하는 방법에 의하거나, 증권신고의 효력이 발생하기 전에는 예비투자설명서를 사용하는 방법 등에 의하여야 하는데도, A증권사는 2016. 6. 22.~7. 5. 기간 중 증권신고서가 제출 및 수리되지 아니한 상태에서 정당한 투자설명서 또는 예비투자설명서에 의하지 않고 일반투자자에게 전체 영업점을 통하여 ABS의 청약을 권유하였다고 하면서, 자본시장법 제124조 제2항[32]에 따른 증권 모집 관련 청약 권유절차 위반을 문책 및 자율처리 필요사항으로 통보하기도 하였다.

---

31) [자본시장법] 제429조(공시위반에 대한 과징금) ① 금융위원회는 제125조 제1항 각 호의 어느 하나에 해당하는 자가 다음 각 호의 어느 하나에 해당하는 경우에는 증권신고서상의 모집가액 또는 매출가액의 100분의 3(20억원을 초과하는 경우에는 20억원)을 초과하지 아니하는 범위에서 과징금을 부과할 수 있다.
   2. 제119조, 제122조 또는 제123조에 따른 신고서·설명서, 그 밖의 제출서류를 제출하지 아니한 때
32) 제124조(정당한 투자설명서의 사용) ② 누구든지 증권신고의 대상이 되는 증권의 모집 또는 매출, 그 밖의 거래를 위하여 청약의 권유 등을 하고자 하는 경우에는 다음 각 호의 어느 하나에 해당하는 방법에 따라야 한다.
   1. 제120조 제1항에 따라 증권신고의 효력이 발생한 후 투자설명서를 사용하는 방법
   2. 제120조 제1항에 따라 증권신고서가 수리된 후 신고의 효력이 발생하기 전에 발행인이 대통령령으로 정하는 방법에 따라 작성한 예비투자설명서(신고의 효력이 발생되지 아니한 사실을 덧붙여 적은 투자설명서를 말한다. 이하 같다)를 사용하는 방법
   3. 제120조 제1항에 따라 증권신고서가 수리된 후 신문·방송·잡지 등을 이용한 광고, 안내문·홍보전단 또는 전자전달매체를 통하여 발행인이 대통령령으로 정하는 방법에 따라 작성한 간이투자설명서(투자설명서에 기재하여야 할 사항 중 그 일부를 생략하거나 중요한 사항만을 발췌하여 기재 또는 표시한 문서, 전자문서, 그 밖에 이에 준하는 기재 또는 표시를 말한다. 이하 같다)를 사용하는 방법

결국, 위와 같은 A증권사의 사례가 직접적인 계기가 되어 공모규제를 회피하려는 의도적인 증권 분할 발행을 방지하기 위하여 동일증권 판단기준에 관한 자본시장법 제119조 제8항 및 동법 시행령 제129조의2 규정이 신설되기에 이르렀다는 점은 위 III. 2. 나.에서 살펴본 바와 같다.

나. 금융감독원에 대한 감사원의 조치 사항

감사원은 금융감독원에 대한 감사를 실시하여, 금융감독원이 A증권사의 공모규제 회피 행위에 고의가 없다고 판단한 것을 문제 삼았다. 증권을 공모 발행하는 자가 증권신고서를 제출하지 않은 경우 5년 이하의 징역 또는 2억원 이하의 벌금에 처하며(자본시장법 제444조 제12호), 금융위원회는 증권신고서를 제출하지 않은 행위가 고의에 따른 것으로서 투자자의 합리적인 투자판단을 현저히 저해하는 등 위법성이 심각하여 형사처벌이 필요하다고 증권선물위원회가 판단한 경우 등에는 그러한 행위를 고발하거나 수사기관에 통보 조치할 수 있는데(자본시장조사 업무규정 제24조[33] 및 제34조 [별표 제3호] 제5호 나목[34]), 공모규제 회피 목적의 증권 분할 발행이 의심됨에도 금융감독원이 고발 또는 수사기관 통보 필요 여부에 대한 내용을 증권선물위원회 회의 안건에 포함하지 않음에 따라 증권선물위원회가 이를 제대로 검토, 판단하지 못하게 하였다는 것이다.

감사원은, A증권사가 2016. 6.말경 각 지점으로부터 자료를 취합하여 ABS 매매예약자 수가 50명 이상이라는 사실을 알고 있었고, 이러한 예약상황을 고려하여 유동화전문회사별로 증권매수자 수가 50명 미만이 되도록 15개의 유동화전문회사

---

[33] **제24조(고발등)** 금융위는 조사결과 발견된 위법행위로서 형사벌칙의 대상이 되는 행위에 대해서는 제34조의 규정에 따라 관계자를 고발 또는 수사기관에 통보하여야 한다.

[34] 5. 공시위반행위에 대한 조치
  나. 공시위반행위가 고의로 이루어진 경우로서, 다른 위법행위(불공정거래 등 자본시장법 위반행위, 횡령, 배임 등 형법 위반행위, 기타 증권 관련 법령 위반행위 등)와 관련이 있어 수사기관의 종합적인 수사가 필요하거나, 투자자의 합리적인 투자판단을 현저히 저해하는 등 증선위가 행위의 위법성이 심각하여 형사처벌이 필요하다고 판단한 경우에는 당해 법인 및 공시위반의 실질적 행위자(대표이사 등)의 공시위반 내용을 고발 또는 수사기관 통보 조치할 수 있다.

를 설립한 후 2016. 7. 6. 각각 증권을 발행하도록 한 점을 종합하면, A증권사는 동일 증권을 50명 이상 불특정 다수에게 판매할 의도가 있으면서 공모규제의 기준인 50명 미만으로 증권을 분할하여 발행하는 등 공모규제 회피의 고의성이 있는 것으로 의심된다고 판단하였다.

이에 따라 감사원은 금융감독원장에 대하여, 앞으로 공모규제를 회피할 목적으로 증권을 분할·발행한 행위에 대하여 증권신고서 제출의무 위반 여부 등에 대한 조사를 조속히 착수하고, 조사결과 고의성이 의심되는 경우 증권선물위원회가 고발이나 수사기관 통보 등의 조치 여부를 심의할 수 있도록 안건에 해당 내용을 포함하는 등 관련 업무를 철저히 하라는 주의 조치를 내렸다.

2. 사례 2에 대하여

가. 감사원의 통보 사항

금융위원회는 2020. 3. B은행에 대해 업무 일부정지(사모펀드 신규판매 업무) 6개월 및 과태료 167억 8천만원을 부과하기로 의결하였는데, 이 중 제재대상사실은 해외금리연계 DLF를 판매하면서 적합성 원칙, 적정성의 원칙, 설명의무 및 설명서 교부의무, 녹취의무 등의 위반 등 불완전판매에 한정되었고, B은행의 증권신고서 제출의무 위반 여부는 제재대상사실에 포함되지 않았다. 감사원의 감사보고서에 따르면, 금융감독원은 2020. 7. 29. 감사원 감사일 현재까지 해외금리연계 DLF 판매의 공모 해당 여부와 증권신고서 제출의무 등 위반 여부에 대한 검토 및 조사를 실시하지 않고 있었다고 한다.[35]

이에 감사원은 감사기간 동안 위 DLF 113건에 대하여 공모에 해당하는지 여부 등을 구체적으로 검토하였는데, 위 DLF는 쪼개기를 통해 공모규제를 회피하고자 설계하여 발행인인 11개 자산운용사 모두 증권신고서 등 제출의무를 위반하였고, 위 DLF는 각각 1개 종목의 DLS만을 편입하였으므로 같은 종목의 DLS에 공모

---

35) 감사원, 전게 감사보고서, 제61면.

펀드 자산총액의 30% 이내로 투자하도록 한 자본시장법 제81조 제1항[36]의 규정을 위반한 것으로 판단되므로 금융감독원이 해당 내용을 조사하여 적정한 조치를 하는 방안을 검토할 필요가 있다는 입장을 밝혔다. 이에 따라 감사원은 금융감독원장에게, B은행이 2016. 7. 26.부터 2017. 6. 16.까지의 기간 동안 판매한 해외금리연계 파생결합펀드(DLF) 113건의 증권신고서 제출의무 위반 여부 등을 조사하여 위반행위를 한 금융기관에 대해 과징금 부과 및 고발 등 적정한 조치를 하는 방안을 마련할 것을 통보하였다.

나. 감사원의 통보에 대한 금융감독당국의 조치 사항

금융감독원은 위 감사원의 통보에 따라 B은행에 대하여 증권신고서 제출의무 위반의 사유로 과징금 784,300,000원을 부과하고, 위반동기를 고의로 보아 수사기관에 통보하는 조치안을 상정하였으나, 금융위원회는 B은행의 위반 당시 집합투자증권 공모규제 및 제재가능성에 대한 업계 인식이 불명확했던 측면을 고려하여, 위반동기를 고의에서 중과실로 하향하여 수사기관 통보 조치 없이 과징금

---

36) **제81조(자산운용의 제한)** ① 집합투자업자는 집합투자재산을 운용함에 있어서 다음 각 호의 어느 하나에 해당하는 행위를 하여서는 아니 된다. 다만, 투자자 보호 및 집합투자재산의 안정적 운용을 해할 우려가 없는 경우로서 대통령령으로 정하는 경우에는 이를 할 수 있다.
  1. 집합투자재산을 증권(집합투자증권, 그 밖에 대통령령으로 정하는 증권을 제외하며, 대통령령으로 정하는 투자대상자산을 포함한다. 이하 이 호에서 같다) 또는 파생상품에 운용함에 있어서 다음 각 목의 어느 하나에 해당하는 행위
    가. 각 집합투자기구 자산총액의 100분의 10 이내의 범위에서 대통령령으로 정하는 비율을 초과하여 동일종목의 증권에 투자하는 행위. 이 경우 동일법인 등이 발행한 증권 중 지분증권(그 법인 등이 발행한 지분증권과 관련된 증권예탁증권을 포함한다. 이하 이 관에서 같다)과 지분증권을 제외한 증권은 각각 동일종목으로 본다.
  [동법 시행령] 제80조(자산운용한도 제한의 예외 등) ① 법 제81조 제1항 각 호 외의 부분 단서에서 "대통령령으로 정하는 경우"란 다음 각 호의 어느 하나에 해당하는 행위를 하는 경우를 말한다.
  2. 법 제81조 제1항 제1호 가목을 적용할 때 다음 각 목의 어느 하나에 해당하는 투자대상자산에 각 집합투자기구 자산총액의 100분의 30까지 투자하는 행위
    다. 파생결합증권

647,300,000원만을 부과하기로 의결하였다.[37)]

　한편, [사례 2]의 자산운용사들의 경우 증권신고서 제출의무 위반이 없다고 보아 아무런 조치가 내려지지 않은 것으로 파악되는데, 그 근거는 아래와 같이 추측된다. 즉, 앞서 살펴본 바와 같이, 동일증권 판단기준은 [사례 1]에서 A증권사의 ABS 발행에 따른 제재 이후 자본시장법에서 2017. 10. 31. 신설되어 2018. 5. 1. 시행됨에 따라 그 전에는 동일증권 판단기준에 관한 규정이 부재하였다고 할 수 있는데, [사례 2] 표에서의 DLF들은 동일증권 판단기준이 시행되기 이전인 2017. 5.경 설정된 것이므로 위 DLF들에 대하여 소급적으로 동일증권 판단기준을 적용하는 것은 다소 부적절한 측면이 있었을 것이다. 아울러 자산운용사가 판매회사에서 동일한 날짜에 유사한 수익구조의 DLF가 설정될 예정인지 미리 파악하여 증권신고서 제출 여부를 판단할 의무가 없는 것을 감안하더라도, [사례 2] 표의 자산운용사들에게 증권신고서 제출의무 위반이 있었다고 보기에는 무리가 있었을 것으로 생각된다.

---

37) 금융위원회, "B은행의 공시의무 위반에 대한 조사결과 조치안", 2022. 3. 2.; 금융위원회, "금융위 의결서(제2022-61호) B은행의 공시의무 위반에 대한 조사결과 조치안(공개용)", 2022. 3. 2.

제 2 장

●

공모펀드와 일반사모펀드의
운용상 제한에 대한 비교

I. 서론

『자본시장과 금융투자업에 관한 법률』(이하, '자본시장법')상 집합투자증권을 발행하는 방법에는 공모와 사모의 방식이 있다. 자본시장법은 증권을 공모할 경우 투자자 보호 목적으로 일정한 공시 규제를 하고 있지만, 사모 방식에 대해서는 규제를 하고 있지 않다. 공모집합투자기구는 이러한 공시의무에 관한 규제뿐만 아니라 다양한 운용상의 제한을 받고 있다. 반면, 사모집합투자기구는 자본시장법 제249조의8 제1항(일반사모집합투자기구에 대한 특례) 및 제249조의20 제1항(기관전용사모집합투자기구에 대한 특례)에 따라 이러한 규제가 각 배제된다. 이 글에서는 공모집합투자기구와 일반사모집합투자기구의 운용상 제한에 있어서의 차이점에 집중하여 검토하고자 한다.

본론에 들어가기 전 집합투자기구를 분류하는 방법에 대해 간략히 확인해보고자 한다. 먼저, 집합투자기구의 법적 형태에 따라 투자신탁(신탁형태)과 투자회사·투자유한회사·투자합자회사·투자유한책임회사·투자합자조합·투자익명조합(회사형태)으로 분류하는 방법(자본시장법 제9조[1]), 그리고 집합투자기구의 운용대상

---

1) **자본시장법 제9조(그 밖의 용어의 정의)** ⑱ 이 법에서 "집합투자기구"란 집합투자를 수행하기 위한 기구로서 다음 각 호의 것을 말한다.
   1. 집합투자업자인 위탁자가 신탁업자에게 신탁한 재산을 신탁업자로 하여금 그 집합투자업자의 지시에 따라 투자·운용하게 하는 신탁 형태의 집합투자기구(이하 "투자신

자산에 따라 증권집합투자기구·부동산집합투자기구·특별자산집합투자기구·혼합
자산집합투자기구·단기금융집합투자기구로 분류하는 방법이 있다(자본시장법 제
229조[2])). 다음으로, 수익자의 집합투자증권에 대한 환매청구가 있을 때 환매가 가
능한지 여부에 따라 개방형[3])과 폐쇄형[4])으로 분류하는 방법, 집합투자기구에 추가
자금을 설정할 수 있는지 여부에 따라 추가형[5])과 단위형[6])으로 분류하는 방법이
있으며, 마지막으로 집합투자기구 가입에 관한 청약을 권유받은 투자자 수에 따라

탁"이라 한다)

2. 「상법」에 따른 주식회사 형태의 집합투자기구(이하 "투자회사"라 한다)
3. 「상법」에 따른 유한회사 형태의 집합투자기구(이하 "투자유한회사"라 한다)
4. 「상법」에 따른 합자회사 형태의 집합투자기구(이하 "투자합자회사"라 한다)
4의2. 「상법」에 따른 유한책임회사 형태의 집합투자기구(이하 "투자유한책임회사"라 한
다)
5. 「상법」에 따른 합자조합 형태의 집합투자기구(이하 "투자합자조합"이라 한다)
6. 「상법」에 따른 익명조합 형태의 집합투자기구(이하 "투자익명조합"이라 한다)

2) **자본시장법 제229조(집합투자기구의 종류)** 집합투자기구는 집합투자재산의 운용대상에
따라 다음 각 호와 같이 구분한다.

1. 증권집합투자기구 : 집합투자재산의 100분의 40 이상으로서 대통령령으로 정하는 비
율을 초과하여 증권(대통령령으로 정하는 증권을 제외하며, 대통령령으로 정하는 증권
외의 증권을 기초자산으로 한 파생상품을 포함한다. 이하 이 조에서 같다)에 투자하는
집합투자기구로서 제2호 및 제3호에 해당하지 아니하는 집합투자기구

2. 부동산집합투자기구 : 집합투자재산의 100분의 40 이상으로서 대통령령으로 정하는
비율을 초과하여 부동산(부동산을 기초자산으로 한 파생상품, 부동산 개발과 관련된
법인에 대한 대출, 그 밖에 대통령령으로 정하는 방법으로 부동산 및 대통령령으로 정
하는 부동산과 관련된 증권에 투자하는 경우를 포함한다. 이하 이 조에서 같다)에 투
자하는 집합투자기구

3. 특별자산집합투자기구 : 집합투자재산의 100분의 40 이상으로서 대통령령으로 정하는
비율을 초과하여 특별자산(증권 및 부동산을 제외한 투자대상자산을 말한다)에 투자
하는 집합투자기구

4. 혼합자산집합투자기구 : 집합투자재산을 운용함에 있어서 제1호부터 제3호까지의 규
정의 제한을 받지 아니하는 집합투자기구

5. 단기금융집합투자기구 : 집합투자재산 전부를 대통령령으로 정하는 단기금융상품에
투자하는 집합투자기구로서 대통령령으로 정하는 방법으로 운용되는 집합투자기구

3) 투자자가 펀드에 투자 후 환매청구를 할 수 있는 펀드.
4) 투자자가 펀드에 투자 후 환매청구를 할 수 없고, 존속기한이 정해져 있는 펀드.
5) 지속적인 모집이 가능하여 추가 입금이 가능한 펀드.
6) 모집기한이 정해져 있고 추가입금이 불가능한 펀드.

공모와 사모집합투자기구로 분류하는 방법이 있다.

　이하에서는 앞서 언급한 공모집합투자기구와 일반사모집합투자기구의 운용상 규제를 비교하고, 2020년 대규모 사모펀드 환매 중단사태의 영향으로 2021. 10. 21. 개정된 자본시장법에서의 변경 사항에 대해서도 검토해보고자 한다.

Ⅱ. 공모집합투자기구와 사모집합투자기구

1. 공모집합투자기구와 사모집합투자기구의 구분

　사모집합투자기구란 집합투자증권을 사모로만 발행하는 집합투자기구로서 투자자의 총수가 100인 이하인 것을 말하며, 기관전용사모집합투자기구와 일반사모집합투자기구로 구분된다(자본시장법 제9조 제19항[7]). 여기에서 사모란 새로 발행되는 증권의 취득의 청약을 권유하는 것으로서 모집에 해당하지 아니하는 것을 말하는데(동조 제8항), 모집이란 50인 이상의 투자자에게 새로 발행되는 증권의 취득의 청약을 권유하는 것을 말하므로(동조 제7항), 결국 사모란 49인 이하의 투자자에게 새로 발행되는 증권의 취득의 청약을 권유하는 것을 의미한다.

　자본시장법은 투자자 보호를 위하여 공모집합투자기구에 대한 규제를 규정하는 것을 기본으로 하고 있으며, 사모집합투자기구에 대한 특례(자본시장법 제249조의8 제1항, 제249조의20 제1항)를 마련하여 공모집합투자기구에 대한 제한의 적용을 각 배제시키고 있다. 이는 사모집합투자기구 투자자의 투자손실 감수 능력과 투자

---

7) **자본시장법 제9조(그 밖의 용어의 정의)** ⑲ 이 법에서 "사모집합투자기구"란 집합투자증권을 사모로만 발행하는 집합투자기구로서 대통령령으로 정하는 투자자의 총수가 대통령령으로 정하는 방법에 따라 산출한 100인 이하인 것을 말하며, 다음 각 호와 같이 구분한다.
　1. 제249조의11제6항에 해당하는 자만을 사원으로 하는 투자합자회사인 사모집합투자기구(이하 "기관전용 사모집합투자기구"라 한다)
　2. 기관전용 사모집합투자기구를 제외한 사모집합투자기구(이하 "일반 사모집합투자기구"라 한다)

위험 관리능력을 고려한 규정이나, 최근 사모집합투자기구에 가입한 일반투자자를 보호할 필요성이 강조됨에 따라 2021. 10. 21. 자본시장법이 개정되면서 일반사모집합투자기구에 대한 의무 조항이 추가된 바 있다(자본시장법 제249조의8 제2항). 이와 같이 공모집합투자기구와 일반사모집합투자기구의 차이를 확인하기 위하여 일반사모집합투자기구에 대한 공모집합투자기구 규제 배제 조항을 검토하고 추가된 의무 조항에 대해 살펴보고자 한다.

2. 공모집합투자기구와 일반사모집합투자기구에 대한 운용상 규제의 차이

자본시장법 제249조의8 제1항은 공모집합투자기구에 대한 운용 제한 규정 중 일부에 대하여 사모집합투자기구에 적용되는 것을 배제하고 있다. 이 중 5가지 중요한 규제 사항에 대하여 검토해보고자 한다.

가. 투자대상자산운용의 제한(자본시장법 제81조)

자본시장법 제81조는 공모집합투자기구의 집합투자재산 운용에 관한 제한을 다음과 같이 규정하고 있다.

① 동일 종목 투자한도 등에 대한 제한

공모집합투자기구가 증권 또는 파생상품에 투자함에 있어 동일 종목의 증권에 각 집합투자기구 자산총액의 10%을 초과하여 투자할 수 없으며, 동일법인이 발행한 지분증권에 전체 집합투자기구 자산총액의 20%를 초과하거나 각 집합투자기구의 자산총액의 10%를 초과하여 투자할 수 없다. 또한, 같은 거래상대방과의 장외파생상품 매매에 따른 거래상대방 위험평가액이 개별 집합투자기구 자산총액의 10%를 초과하여서는 아니되며, 파생상품의 매매에 따른 위험평가액이 각 집합투자기구의 순자산총액의 100%을 초과하여서는 아니된다.

② 부동산 처분 기한에 대한 제한

공모집합투자기구가 부동산에 투자함에 있어 부동산산개발사업에 따라 조성하거나 설치한 토지·건축물을 처분하는 경우 등을 제외하고는 부동산을 5년 이내의 범위에서 대통령령으로 정하는 기간[8] 이내에 처분할 수 없으며, 건축물 및 공작물이 없는 토지로서 그 토지에 대하여 부동산개발사업을 시행하기 전에는 해당 토지를 처분하여서는 아니된다.

③ 집합투자증권에 대한 투자한도의 제한

공모집합투자기구가 집합투자증권에 투자함에 있어 동일한 집합투자업자가 운용하는 집합투자기구의 투자증권에 집합투자기구 자산총액의 50%를 초과하여 투자하여서는 아니되며, 같은 집합투자기구에 집합투자기구 자산총액의 20%를 초과하여 투자하여서는 아니된다. 또한 해당 집합투자기구 자산총액의 5%를 초과하여 사모집합투자기구에 재간접 투자할 수 없다.

④ 일반사모집합투자기구에의 적용 배제

자본시장법 제249조의8 제1항은 일반사모집합투자기구에 관하여 ①부터 ③까지의 규제를 배제하는 규정을 마련함으로써 일반사모집합투자기구가 보다 자유롭게 각 투자대상자산에 투자할 수 있도록 하고 있다.

---

8) **자본시장법 시행령 제80조(자산운용한도 제한의 예외 등)** ⑦ 법 제81조 제1항 제2호 가목 본문에서 "대통령령으로 정하는 기간"이란 다음 각 호의 기간을 말한다.
   1. 국내에 있는 부동산 중 「주택법」 제2조 제1호에 따른 주택: 1년. 다만, 집합투자기구가 미분양주택(「주택법」 제54조에 따른 사업주체가 같은 조에 따라 공급하는 주택으로서 입주자모집공고에 따른 입주자의 계약일이 지난 주택단지에서 분양계약이 체결되지 아니하여 선착순의 방법으로 공급하는 주택을 말한다)을 취득하는 경우에는 집합투자규약에서 정하는 기간으로 한다.
   1의2. 국내에 있는 부동산 중 「주택법」 제2조 제1호에 따른 주택에 해당하지 아니하는 부동산: 1년
   2. 국외에 있는 부동산: 집합투자규약으로 정하는 기간

나. 차입 및 대여, 담보제공의 제한(자본시장법 제83조)[9]

자본시장법 제83조는 대량의 환매 청구가 있는 경우, 증권시장이 폐쇄·휴장 또는 거래 정지되는 경우, 거래 상대방이 결제를 지연하는 경우, 환율이 급변하는 경우를 제외하고는 공모집합투자기구의 집합투자업자가 해당 집합투자기구의 계산으로 금전을 차입할 수 없다고 규정하고 있으며, 금전을 차입하는 예외적인 경우라 하더라도 차입 당시 집합투자기구 순자산총액의 10%를 초과할 수 없다고 규정하고 있다. 나아가, 금융기관에 대한 30일 이내의 단기 대출을 제외하고는 해당 집합투자기구가 보유하고 있는 집합투자재산 중 금전을 대여할 수 없으며, 집합투자재산을 이용하여 해당 집합투자기구 외의 자를 위하여 채무를 보증하거나 담보를 제공하여서는 아니된다고 규정하고 있다.

이는 50인 이상의 다수의 투자자로 구성되어 있는 공모집합투자기구의 집합투자재산을 위험성이 높은 금전 대차, 채무보증에 활용하게 하지 못하도록 하기 위한 것으로, 자본시장법은 위 제한 역시 일반사모집합투자기구에의 적용을 배제하고 있다. 이는 위험성이 다소 높으나 투자자가 원하는 방향으로 투자·운용할 수 있는 사모집합투자기구의 성격에 따른 것으로 사료된다.

다. 보고 및 공시 의무(자본시장법 제88조 내지 91조)

공모집합투자기구 투자자의 투자에 대한 예측가능성을 보장하기 위하여 자본시장법은 집합투자업자가 3개월에 1회 이상 신탁업자의 확인을 받은 자산운용보고서를 투자자에게 제공하도록 하는 의무를 부과하고 있으며(자본시장법 제88조), 운용인력 변경 및 환매 연기 등 주요 사항이 발생할 경우 홈페이지 또는 전자우편 등의 방식으로 수시 공시하여야 하는 의무를 부과하고 있다(자본시장법 제89조). 또한, 매 분기 영업보고서를 금융위원회 및 협회에 제출하도록 규정하고 있으며(자본시장법 제90조), 인터넷 홈페이지 등에 공모집합투자기구의 집합투자규약을 공시하

---

9) 자본시장법 제94조에 따라 부동산 운용에 대해서는 증권의 차입 및 대여, 담보 제공이 가능한 경우에 대한 특례 존재.

도록 하고 있다(자본시장법 제91조).

자본시장법 제249조의8 제1항은 일반사모집합투자기구의 경우 상기 공시의무 등을 배제시키고 있다. 그러나 2021. 10. 21. 신설된 자본시장법 제249조의8 제2항 제2호는 일반투자자에 대해서 자본시장법 제88조의 적용 배제를 다시 제외하고 있다. 이 부분은 아래에서 구체적으로 검토해보고자 한다.

라. 운용행위에 대한 신탁업자의 감시의무(자본시장법 제247조)

자본시장법 제247조는 공모집합투자기구의 신탁업자에게 집합투자업자의 운용 지시 또는 운용 행위가 법령, 집합투자규약 또는 투자설명서 등을 위반하지 않았는지 여부에 대하여 감시할 의무를 부과하고 있다. 이에 자본시장법에서 규정하는 불건전영업행위가 발생하거나 집합투자규약에서 정하는 투자대상자산별 투자한도에 위반되는 경우 신탁업자는 집합투자업자에게 해당 사실을 통지하고 운용행위의 철회, 변경 또는 시정을 요구하여야 한다. 집합투자업자가 3영업일 이내에 이와 같은 요구에 응하지 아니하는 경우 신탁업자는 금융위원회에 불건전영업행위 발생 사실 또는 규약위반 사항을 보고하여야 한다.

자본시장법 제249조의8 제1항은 일반사모집합투자기구에 대한 신탁업자의 감시의무를 배제하고 있다. 그러나 이러한 신탁업자의 감시의무는 2021. 10. 21. 신설된 자본시장법 제249조의8 제2항에 따라 일반사모집합투자기구에도 적용되도록 변경되었다.

마. 환매금지형집합투자기구 설정·설립에 대한 의무(자본시장법 제230조)

자본시장법 제230조는 수익자를 보호하고자 하는 취지에서, 환매금지형 공모집합투자기구의 설정·설립에 관한 규제를 두고 있다. 즉, 투자자의 자금회수를 어렵게 하는 존속기간이 없는 환매금지형 집합투자기구의 설정·설립을 제한하고 있으며, 신규 투자자의 유입으로 기존 투자자의 이익이 침해되는 경우 해당 집합투자증권의 추가 발행을 금지한다. 나아가 부동산집합투자기구 또는 특별자산집합투자기구 등 집합투자업자가 공모집합투자기구의 투자대상자산을 현금화하기 어려운 사정이 있는 경우 집합투자업자는 환매금지형 집합투자기구로 해당 공모집합투자기구를 설정·설립할 의무를 가진다고 규정하고 있다.

자본시장법 제249조의8 제1항은 일반사모집합투자기구의 경우 환매금지형집합투자기구 설정 및 설립에 대한 일련의 규제가 배제되는바, 수익자의 투자의사에 따라 그 유형을 결정할 수 있다.

[공모집합투자기구와 사모집합투자기구에 대한 운용상 규제의 차이]

법령	공모 집합투자기구에 대한 제한	사모 집합투자기구 배제 여부 (2021.10.21. 개정 전 자본시장법 기준)	사모 집합투자기구 배제 여부 (2021.10.21. 개정 후 자본시장법 기준)
자본시장법 제81조	투자대상자산운용의 제한	배제	배제
자본시장법 제83조	증권의 차입 및 대여, 담보제공의 제한	배제	배제
자본시장법 제88조	분기별 자산운용보고서 교부 의무	배제	**적용**
자본시장법 제89조	운용인력 변경 및 환매 연기 등 주요 사항 수시 공시의무	배제	배제
자본시장법 제90조	분기별 영업보고서 제출의무	배제	배제
자본시장법 제91조	인터넷 홈페이지 등에 집합투자규약 공시	배제	배제
자본시장법 제247조	운용행위에 대한 신탁업자의 감시의무	배제	**적용**
자본시장법 제230조	환매금지형집합투자기구 설정 및 설립에 대한 제한	배제	배제 (다만, 비시장성 자산의 경우, 환매금지형으로 설정하여야 한다는 규정은 **적용**)

3. 2021.10.21. 자본시장법 개정에 따른 변화

2020년 대규모 사모펀드 환매 중단 사태가 발생함에 따라 전문성과 위험 감수 능력이 낮은 일반사모집합투자기구의 일반투자자를 보호할 필요성이 대두되었고, 이와 관련된 제도 개선을 위하여 2021. 10. 21. 자본시장법이 개정되었다. 제도 개선의 일환으로 공모집합투자기구에 대한 제한을 사모집합투자기구에 배제하도록 정하였던 자본시장법 제249조의8 제1항은 일반사모집합투자기구에 대한 배제조항으로 변경되었고, 동조 제2항이 신설되며, 일반사모집합투자기구 관련 규제가 추가된바, 관련 주요 개정 사항에 대하여 검토해보고자 한다. 이러한 변경 사항은 일반투자자가 수익자인 일반 사모집합투자기구와 관련된 내용으로, 기관전용 사모집합투자기구에는 해당사항이 없다.

① 자산운용보고서 교부의무(자본시장법 제249조의8 제2항 제2호)

일반사모집합투자기구의 일반투자자에 대한 자산운용보고서 교부 의무이다. 투자자의 요청이 있는 경우에 한하여 수시 교부가 가능하였던 2021. 10. 21. 개정 전 자본시장법과는 달리 자본시장법은 공모집합투자기구의 경우처럼 신탁업자의 확인을 거친 자산운용보고서를 3개월에 1회 이상 일반투자자에게 교부하도록 규정을 신설하고 있다. 이때, 일반사모집합투자기구의 전문투자자에 대해서는 기존과 같이 자산운용보고서를 교부하지 아니하여도 된다.

② 환매금지형집합투자기구 설정·설립의무— 비시장성자산에 투자하는 집합투자기구(자본시장법 제249조의8 제2항 제3호)

일반사모집합투자기구는 앞서 검토한 바와 같이 환매형집합투자기구에 대한 운용 제한이 배제된다. 다만, 자본시장법은 집합투자기구의 투자대상자산의 현금화가 곤란한 경우에 한하여 운용규제 배제를 다시 제외하고 있다. 즉, 자본시장법 제249조의8 제2항 제3호는 공모집합투자기구와 같이 일반 사모집합투자기구가 비시장성 자산에 투자하는 경우 환매금지형 집합투자기구로만 집합투자기구를 설정·설립하도록 규정하고 있는데, 이는 금융사고 시, 투자자들의 연이은 자금회수가 비시장성 자산을 즉시 현금화할 수 없는 자산운용사의 환매 연기로 이어지는 상황을 방지하기 위한 금융감독당국의 조치인 것으로 사료된다.

③ 신탁업자의 감시의무(자본시장법 제249조의8 제2항 제5호)

자본시장법 제249조의8 제1항에서 규정하고 있는 바와 달리, 동조 제2항은 일반 사모집합투자기구에 대한 신탁업자의 감시의무를 강화하고 있다. 이에 신탁업자는 일반 사모집합투자기구가 법령 또는 규약을 위반하였을 시 집합투자업자에게 이러한 사실을 통지하여야 하고, 3영업일 이내에 이러한 위반이 해소되지 않은 경우 금융위원회에 위반 사항에 대하여 보고할 의무를 부담한다. 이러한 조치는 수시로 위반 사항을 확인하도록 하여 일반투자자가 포함되어 있는 사모집합투자기구에서의 큰 금융사고를 미연에 방지하고자 하는 것이라 할 것이다.

III. 맺음말

사모집합투자기구를 사인 간 계약이라고 보아 그 자율성을 강조하는 영국, 미국과는 달리, 자본시장법은 일반사모집합투자기구에 대한 규제를 한층 더 강화하고 있다. 이와 같은 금융감독당국의 규제 조치는 일부 사모집합투자기구의 부실이 금융시장 전체에 전이되어 큰 파장을 일으키는 것을 방지하고자 함에 있는 것으로 보인다. 그러나 각 투자 기구의 성격을 고려하지 않고 일률적으로 이를 규제하는 것이 타당한지에 대해서는 의문이다.

사모집합투자기구와 공모집합투자기구는 총 수익자수뿐 아니라, 최소 가입 금액, 가입 방식 등이 다른 투자 기구이다. 즉, 사모집합투자기구의 투자자는 일반적으로 고액의 자금을 투자하여, 고위험·고수익을 추구하는 경향이 있다. 이는 일반사모집합투자기구라해서 크게 다르지 않다. 일반투자자가 포함된 사모집합투자기구라고 하여 공모집합투자기구와 같이 엄격한 규제를 늘려가는 것은 오히려 투자자의 필요에 맞춘 자산운용사의 운용행위를 제한하는 것이 되어 공모집합투자기구와의 차별성이 사라지게 될 우려가 있을 수 있다고 생각된다.

제 3 장

●

자본시장법 개정에 따른 사모펀드 제도의 개편

Ⅰ. 들어가며

자본시장법이 2021. 4. 20. 개정되면서 2021. 10. 21. 개정 자본시장법이 시행되었다. 자본시장법의 시행 일자에 맞추어 법률 위임사항 등을 정한 자본시장법 하위 규정(시행령·감독규정)의 개정이 추진되었고 하위 규정의 개정을 통하여 사모펀드 제도 전반이 개편되었다.

2021. 10. 21. 시행된 자본시장법 개정의 주요 내용은 크게 사모펀드 체계 개편과 일반투자자 보호를 위한 규제 강화이다. 전자의 내용은 다시 (ⅰ) 일반 사모펀드 및 기관전용 사모펀드로의 개편, (ⅱ) 사모펀드 운용 규제의 일원화, (ⅲ) 사모펀드 투자자 수 확대로 세분화할 수 있다. 자본시장법의 개정 내용 중 실무적으로는 "일반 사모펀드 및 기관전용 사모펀드로의 개편"과 "일반투자자 보호를 위한 규제 강화"를 주의 깊게 살펴볼 필요가 있다.

사모펀드 체계 개편에서의 가장 큰 변화는 사모펀드의 구분 기준이 "운용목적"에서 "투자자"로 변경되었다는 점에 있다. 그동안 "운용목적"에 따라 전문투자형·경영참여형으로 구분해왔던 사모펀드가 "투자자"를 기준으로 "일반 사모펀드"와 "기관전용 사모펀드"로 분류되고, 일반투자자 대상 일반 사모펀드에 대하여는 더욱 강화된 투자자 보호규정이 적용된다.[1] 이에 따라 자산운용사의 펀드의 운

---

1) 강화된 투자자 보호규정은 일반투자자 대상 일반 사모펀드에 적용되는바, 일반투자자 대

용과 투자자들에 대한 선관주의 의무 측면에서도 상당한 변화가 있게 되었다.

　　이러한 변화를 살펴보기 위하여 이하에서는 사모펀드 체계가 개편됨에 따라, 자산운용사의 펀드 설정과 운용에 있어서의 의무 변화 등 개정 자본시장법 하에서 자산운용사가 반드시 숙지하여야 할 주요 개정 내용에 대하여 서술하고자 한다. 이러한 논의의 전제로 먼저 개정 자본시장법 규정을 살펴보고, 사모펀드 투자자 수의 확대, 그리고 일반 사모펀드와 기관전용 사모펀드에 대하여 서술하겠다. 그런 다음 일반투자자에 대한 보호 강화 규정의 내용 및 새로이 불건전영업행위로 규정된 내용들을 살펴보면서 자산운용사로서 주의하여야 할 점들을 짚어보겠다.

II. 사모펀드 제도의 변화: 자본시장법 개정 전과 후

1. 관련 규정

자본시장과 금융투자업에 관한 법률(이하 '개정 자본시장법'이라 한다)
　　[시행 2021. 10. 21.] [법률 제18128호, 2021. 4. 20., 일부개정]

제9조(그 밖의 용어의 정의)
⑲ 이 법에서 "사모집합투자기구"란 집합투자증권을 사모로만 발행하는 집합투자기구로서 대통령령으로 정하는 투자자의 총수가 대통령령으로 정하는 방법에 따라 산출한 <u>100인 이하</u>인 것을 말하며, 다음 각 호와 같이 구분한다. <개정 2015. 7. 24., 2021. 4. 20.>
1. <u>제249조의11제6항에 해당하는 자만을 사원으로 하는 투자합자회사인 사모집합투자기구(이하 "기관전용 사모집합투자기구"라 한다)</u>
2. <u>기관전용 사모집합투자기구를 제외한 사모집합투자기구(이하 "일반 사모집합투자기구"라 한다)</u>

상 일반 사모펀드는 집합투자규약에 전문투자자만을 대상으로 하는 펀드임을 명시하지 않은 모든 일반 사모펀드를 말한다. 금융위원회, "사모펀드 투자자보호 강화 및 체계개편을 위한 자본시장법 및 하위법규 주요 개정내용", 보도자료, 2021. 10. 19.

제249조의11(사원 및 출자)

⑥ 유한책임사원은 개인(제168조 제1항에 따른 외국인, 해당 기관전용 사모집합투자기구의 업무집행사원의 임원 또는 운용인력을 제외한다)이 아닌 자로서 다음 각 호에 해당하는 자여야 한다. <개정 2021. 4. 20.>

11. 전문투자자로서 대통령령으로 정하는 투자자

22. 그 밖에 전문성 또는 위험감수능력 등을 갖춘 자로서 대통령령으로 정하는 자

제249조의4(일반 사모집합투자기구의 투자권유 등)

② 일반 사모집합투자기구의 집합투자증권을 발행하는 집합투자업자는 「금융소비자 보호에 관한 법률」 제19조에도 불구하고 대통령령으로 정하는 사항이 포함된 설명서(이하 "핵심상품설명서"라 한다)를 작성하여 그 일반 사모집합투자기구의 집합투자증권을 투자권유 또는 판매하는 자에게 제공하여야 한다. 그 핵심상품설명서에 기재된 사항(경미한 사항으로서 대통령령으로 정하는 경우는 제외한다)이 변경된 경우에도 이와 같다.

제249조의8(일반 사모집합투자기구에 대한 특례)

② 제1항에도 불구하고 일반투자자를 대상으로 하는 일반 사모집합투자기구에는 다음 각 호의 조항을 적용한다. 다만, 제5호의 경우 다른 사모집합투자기구에 투자하는 집합투자기구로서 일반투자자를 대상으로 하는 일반 사모집합투자기구 등 대통령령으로 정하는 집합투자기구는 일반투자자로 본다. <신설 2021. 4. 20.>

1. 제76조 제2항. 다만, 제92조 제1항 제1호 및 제2호(제186조 제2항에서 준용하는 경우를 포함한다)에 따른 통지를 받은 경우로 한정한다.

2. 제88조. 다만, 전문투자자에 대해서는 자산운용보고서를 교부하지 아니할 수 있다.

3. 제230조 제5항

4. 제240조 제3항부터 제10항까지의 규정. 다만, 투자자 전원의 동의를 얻은 경우 및 투자자의 이익을 해할 우려가 없는 경우로서 대통령령으로 정하는 경우에는 이를 적용하지 아니한다.

5. 제247조(집합투자재산을 보관·관리하는 신탁업자가 제42조 제1항에 따라 다른 신탁업자에게 업무를 위탁한 경우에는 당사자 간 합의가 있는 경우를 제외하고 위탁한 신탁업자가 제247조를 이행하여야 한다). 이 경우 "투자설명서"는 "핵심상품설명서"로, "3영업일"은 "3영업일 또는 집합투자업자가 3영

> 업일 이내에 요구를 이행하기 곤란한 불가피한 사유가 있는 경우로서 일반
> 사모집합투자기구의 집합투자재산을 보관·관리하는 신탁업자와 이행을 위한
> 기간을 따로 합의한 경우에는 그 기간"으로 각각 본다.
> ⑤ 집합투자자총회 및 그와 관련된 사항은 일반 사모집합투자기구에는 적용하
> 지 아니한다. 다만, 제1항에도 불구하고 <u>일반투자자를 대상으로 하는 일반 사모
> 집합투자기구의 경우에는 제237조를 적용하며, 이 경우 집합투자자총회 결의일
> 은 환매를 연기한 날부터 3개월 이내로 한다.</u>

개정 자본시장법은 제9조에서 사모펀드의 투자자수를 100인으로 확대하고,
사모펀드를 기관전용 사모집합투자기구와 일반 사모집합투자기구로 구분하였으
며, 제249조의11에서는 기관전용 사모집합투자기구의 투자자 범위를 규정하였다.
제249조의4 및 제249조의8에서는 강화된 투자자 보호장치를 규정하고 있는데, 아
래에서 각각의 내용을 자세히 살펴보기로 한다.

2. 사모펀드 투자자 수의 확대

개정 자본시장법에서는 사모펀드의 원활한 자금조달을 위하여 투자자수를 49
에서 100인으로 확대하였다.[2] 다만 일반투자자[3]의 수는 현재와 같이 49인 이하
로 유지하되, 일반투자자와 전문투자자를 합하여 100인까지 구성할 수 있도록 하
였다. 기관투자자는 전문투자자로서 대통령령으로 정한 투자자와, 기타 전문성과
위험감수능력 등을 갖춘 자로서 대통령령으로 정하는 자로 정의되는데(개정 자본시
장법 제249조의 11 제1호 및 제2호), 사모펀드의 투자자 수 산정시에는 기관투자자는
제외된다. 사모펀드의 전문투자자 수의 제한이 완화됨으로써 전문투자자의 투자기
회가 확대됨과 동시에 자산운용사로서는 모험 자본의 공급 기능이 확충되어 투자

---

2) 자본시장법에 따른 일반 사모펀드, 기관전용사모펀드에만 적용되고, 개별법에 따른 사모
  펀드는 49인을 유지한다.
3) 투자자는 일반투자자, 전문투자자 그리고 기관투자자로 분류된다. 일반투자자는 전문투자
  자가 아닌 적격투자자 중 3억원 이상을 투자하는 자를 말한다.

자 모집의 부담이 다소 완화될 것으로 생각된다.

[투자자 수의 산정방식]

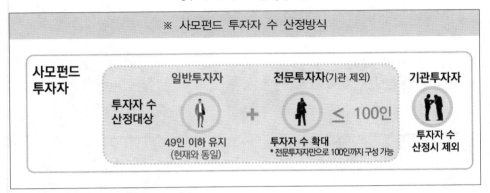

출처: 금융위원회 보도자료, '21. 10. 19.

3. 일반 사모펀드와 기관전용 사모펀드: 기관전용 사모펀드의 신설

개정 전 자본시장법하의 집합투자기구는 크게 투자자 수를 기준으로 공모펀드와 사모펀드로 구분되고, 사모펀드는 다시 자산운용 목적에 따라 전문투자형 사모펀드와 경영참여형 사모펀드로 구분되었다. 그동안은 "운용목적"에 따라 사모펀드가 전문투자형과 경영참여형으로 구분되어 왔으나, 사모펀드는 이제 "투자자"를 기준으로 "일반 사모펀드"와 "기관전용 사모펀드"로 분류된다.[4] 이로써 일반 사모

---

4) 개정 자본시장법의 부칙에 따르면 개정 자본시장법 시행 전에 설립되어 보고된 전문투자형 사모펀드와 경영참여형 사모펀드는 각각 개정 자본시장법에 따라 설립되어 보고된 일반 사모펀드와 기관전용 사모펀드로 보게 된다.

부   칙 <법률 제18128호, 2021. 4. 20.>
제6조(전문투자형 사모집합투자기구에 대한 경과조치) ① 이 법 시행 전에 종전의 제249조의6에 따라 설정·설립되어 보고된 전문투자형 사모집합투자기구는 제249조의6의 개정 규정에 따라 설정·설립되어 보고된 일반 사모집합투자기구로 본다.

제8조(경영참여형 사모집합투자기구에 대한 경과조치) ① 이 법 시행 전에 종전의 제249조의10에 따라 설립되어 보고된 경영참여형 사모집합투자기구와 그 경영참여형 사모집합

펀드와 기관전용 사모펀드 모두 전문투자의 목적 또는 경영참여의 목적으로 참여
할 수 있게 되었으나, 투자자의 범위는 변화하게 되었다.

[사모펀드의 체계 개편]

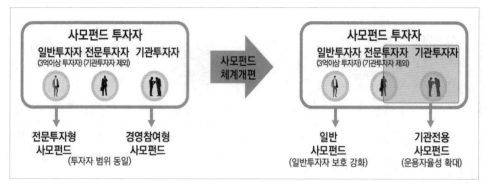

출처: 금융위원회 보도자료, '21. 10. 19.

기존의 전문투자형 사모펀드와 경영참여형 사모펀드는 투자자의 범위는 동일
하지만, 경영참여를 목적으로 하는지 여부에 따라 구분되었다. 즉 일반투자자와
전문투자자 모두 모든 유형의 사모펀드에 투자가 가능했으나, 수익만을 추구하는
집합투자기구의 형태인지, 기업에 대한 경영권 참여 목적의 투자를 통해 사업구조
또는 지배구조 개선의 방법으로 투자기업의 가치를 높여 그 수익을 사원에게 배분
하는 것을 목적으로 하는 상법상 합자회사 형태인지에 따라 전문투자형과 경영참
여형으로 구분하였다. 그러나 개정 자본시장법에 따른 일반 사모펀드와 기관전용
사모펀드의 경우 전문투자의 목적이든 경영참여의 목적이든 투자자의 유형에 따
라 일반 사모펀드 혹은 기관전용 사모펀드로 구분되며, 기관전용 사모펀드의 경우
에는 전문성·위험관리능력을 갖춘 기관투자자 등만 투자할 수 있도록 하여 투자
자의 범위를 제한하였다. 다만 사모펀드를 경영참여목적으로 운용하려는 경우 모
든 펀드의 설정·설립을 위한 집합투자규약 등5)에는 경영참여목적의 펀드라는 점

투자기구가 종전의 제249조의13 제1항 제3호 가목에 따라 주주 또는 사원으로 출자한 투자
목적회사는 제249조의10의 개정규정에 따라 설정·설립되어 보고된 기관전용 사모집합투자
기구와 그 기관전용 사모집합투자기구가 주주 또는 사원으로 출자한 투자목적회사로 본다.

이 기재되어 있어야 한다.

이를 더 구체적으로 살펴보면, 먼저 일반 사모펀드는 자본시장법령에서 정한 적격투자자(전문투자자와 최소투자금액이 3억원 이상인 일반투자자)가 투자할 수 있는 사모펀드이다(자본시장법 제9조 제19항 제2호). 기관전용 사모펀드는 일반투자자는 투자할 수 없고, 전문투자자 중 연기금과 금융회사 등 전문성·위험관리능력을 고려하여 자본시장법령에서 정한 투자자만 투자할 수 있도록 투자자의 범위가 제한된 사모펀드이다(자본시장법 제9조 제19항 제1호). 참고로 설정 및 운용 주체에 있어서도 차이가 있다. 일반 사모펀드는 금융투자업자인 사모운용사가 설정·운용하는 반면, 기관전용 사모펀드는 비금융투자업자인 업무집행사원(GP)[6]이 설립·운용하게 된다.[7]

[사모펀드별 운용주체 및 투자자 범위]

※ 사모펀드별 운용주체 및 투자자 범위

	일반 사모펀드	기관전용 사모펀드
운용주체	전문사모운용사(금융투자업자)	업무집행사원(GP, 非금융투자업자)
투자자	**일반투자자* + 전문투자자** * 최소투자금액(3억원) 이상 투자하는 적격투자자	**전문투자자 중 일부*** * (안) 연기금, 금융회사 등(개인투자자 제외)

출처: 금융위원회 보도자료, '21. 10. 19.

---

5) 집합투자규약, 핵심상품설명서, 설정·설립보고서, 영업보고서를 말한다. 금융위원회, 상 게자료, 14면.

6) GP는 개정 전 자본시장법에 의하여 경영참여형 사모집합투자기구를 운영하려는 자로서, 업무집행사원이 되기 위하여는 금융위원회의 등록을 요한다.

7) 자본시장법 제6조는 "금융투자업"을 열거하고 있다. 경영참여형 사모펀드(개정 자본시장 법 하에서는 기관전용 사모펀드)의 업무집행사원으로서 행하는 업은 자본시장법 제6조에 열거된 금융투자업이 아니고, 동법 제40조 제1항 제2호의 "다른 금융업무(겸영업무)"에 해당하는바, 금융투자회사라 하더라도 비금융투자업자로서 기관전용 사모펀드의 업무집 행사원의 업을 수행하게 된다.

기관투자자만이 참여하는 기관전용 사모펀드 제도를 도입한 취지는, 전문성과 위험감수능력을 지닌 기관투자자의 특성을 감안하여 기존에 개인투자자의 참여를 전제로 투자자 보호 측면에서 도입되어 있던 규제들을 일부 완화함으로써 사모펀드 운용의 자율성을 높이고자 한 것으로 이해된다. 2021. 4. 20. 개정 자본시장법의 핵심이 기관전용 사모펀드의 도입 및 관련 규제 완화라고도 볼 수 있다.

4. 운용규제 일원화·완화와 일반투자자 보호 강화[8]

개정 자본시장법에서 특히 주목할 만한 점은, 일반 사모펀드 중 일반투자자 대상 일반 사모펀드의 경우 투자자 보호수준을 선별적으로 강화하고, 그 외의 사모펀드에 관하여는 운용규제를 일원화·완화 한다는 점이다. 개정 전 자본시장법하에서는 전문투자형 사모펀드와 경영참여형 사모펀드의 운용규제가 이원화되어, 경영참여형과 전문투자형 사모펀드의 운용규제를 달리 적용하여 왔다. 그러나 개정 자본시장법 하에서는 운용 규제를 완화 및 일원화하였고, 다만 경영참여의 목적인 경우에는 일정한 추가 운용규제를 두었다.[9] 또한 개정 자본시장법은 일반투자자 대상 일반 사모펀드를 그 외의 사모펀드와 구분하여, 일반투자자가 투자할 수 있는 일반 사모펀드에는 핵심상품설명서 교부, 자산운용보고서 교부, 외부감사 의무화, 판매사·수탁사의 운용감시 등 강화된 투자자 보호장치를 도입하였다.

먼저 사모펀드에 대한 운용규제의 일원화·완화는 다음과 같이 정리할 수 있다. (ⅰ) 기관전용 사모펀드의 경우에도 일반 사모펀드와 동일한 방법으로 운용이 가능[10]하도록 하여, 존속 기한의 폐지, 지분취득 의무의 폐지 및 지분 보유 의무

---

8) 본 논의는 사모펀드만을 대상으로 하므로, 공모펀드에 적용되는 규제에 해당하더라도 서술에서는 배제하였음.

9) 펀드 설정·설립 보고서, 집합투자규약(정관) 및 설명자료에 명시된 투자전략이 "경영참여(10% 이상 지분투자 또는 사실상 지배력 행사)"인 경우에 해당되며, 경영참여목적 펀드의 경우 ① 투자시점부터 15년내 지분처분 의무, ② 사모투자재간접펀드의 재간접투자 금지, ③ 설정·설립 즉시보고 의무가 적용된다. 금융위원회, 상게자료, 27 − 28, 51면.

10) 다만 금융투자업자가 아닌 금융회사(은행, 보험 등)가 운용하는 기관전용 사모펀드는 기

폐지 (ii) 일반 사모펀드의 경우에도 10% 초과 보유지분 의결권 행사의 허용[11]
(iii) 사모펀드 레버리지 비율 한도를 400%로 일원화 (iv) 금전대여의 방법으로 펀드 운용 가능(단, 개인 대출은 금지되며 투자자를 기관투자자 등으로 제한) 등이다.

[운용규제의 일원화·완화와 일반투자자 보호 강화]

출처: 금융위원회 보도자료, '21. 10. 19.

일반투자자 보호 강화와 관련하여는, 먼저 설정 단계에서 자산운용사의 의무규정은 다음과 같다. (ⅰ) 개정 자본시장법 제249조의8 제2항 제3호 및 자본시장법 시행령 제242조 제2항 제5호, 금융투자업규정 제7-22조 에 따라, 일반투자자 대상 일반 사모펀드의 비시장성 자산이 50%를 초과하는 경우에는 개방형펀드의 설정이 제한되어 폐쇄형 펀드로만 설정·설립이 가능하다. (ⅱ) 또한 금융투자업규정 제7-8조 제5호가 신설되어, 고난도펀드에 해당하는 경우에는 집합투자규약에 고난도 펀드임을 반드시 명시하여야 한다. (ⅲ) 개정 자본시장법 제249조의4 제2항, 자본시장법 시행령 제271조의5 제3항과 관련하여 일반 사모펀드의 설정·설립시 자산운용사는 핵심 상품설명서를 작성하고 교부하여야 하는데, 금융투자업규정 제7-41조의4 제1항에 핵심 상품설명서에는 집합투자업자 및 펀드의 개요, 투자 전략과 위험 요소 등의 중요 정보가 모두 담겨 있어야 한다는 의무 규정을 신설하였다.

존의 운용방법을 유지한다.
11) 단, 상출제한집단 계열 펀드 및 상출제한집단 계열 금융사가 주요 LP인 경우는 제외된다.

운용단계에서의 투자자 보호도 대폭 강화되었다. (ⅰ) 개정 자본시장법 제249조의8 제2항 제2호, 자본시장법 시행령 제92조, 금융투자업규정 제4-66조와 관련하여, 일반투자자 대상 일반 사모펀드의 경우 분기별 자산운용보고서 작성·교부의무가 신설되었는데, 자산운용보고서에는 펀드 운용 위험에 관한 사항이 필수기재사항으로 추가되어야 한다. (ⅱ) 또한 일정 규모 이상12)의 일반투자자 대상 일반 사모펀드는 외부감사 수검의 대상이 되며(개정 자본시장법 제249조의8 제2항 제4호), (ⅲ) 일반투자자 대상 일반 사모펀드가 환매연기 또는 만기 연장된 경우에는 그로부터 3개월 이내에 집합투자자총회를 개최하여 환매기간, 환매대금의 지급시기·방법 등 환매에 관한 사항을 결의하고 투자자에게 이를 통지하여야 한다(개정 자본시장법 제249조의8 제5항).

5. 사모펀드 제도 개편 하에서의 불건전 영업행위 신설

자본시장법 시행령에는 불건전 영업행위에 관한 새로운 규정이 신설되었다. 개정 자본시장법 시행령 제87조 제4항 제1호의 개정을 통하여 앞으로는 판매사 및 투자자에게 제공된 핵심상품설명서를 위반한 운용행위는 불건전 영업행위로서 금지된다. 따라서 향후 핵심상품설명서에 위반되는 운용행위는 불건전 영업행위가 되므로 집합투자업자는 투자전략 및 위험요소 등 핵심상품설명서의 기재사항을 누락하지 않도록 주의하여야 하고, 그 기재사항을 반드시 준수하여야 하는 법령상 의무를 부담한다.

또한 자본시장법 시행령 제87조 제4항 제8의6호의 신설을 통하여 집합투자업자가 펀드 자산을 대출의 방법으로 운용하면서 해당 금전을 대여받은 자로부터 대출·주선·대리 명목으로 수수료를 수취하는 것이 금지되었는데, 규제의 회피 목적으로 제3자의 펀드를 이용하거나, 이면계약 또는 연계거래를 통하여 수수료를 지급받는 것도 금지된다.

---

12) 외부감사 대상 펀드는 ① 자산총액 500억원 초과, ② 자산총액 300억원 초과, 500억원 이하이면서 최근 6개월 내 집합투자증권 추가 발생의 요건 중 하나를 충족하는 경우이다.

[펀드 금전대여 과정에서 대출 중개수수료 등 수취 금지]

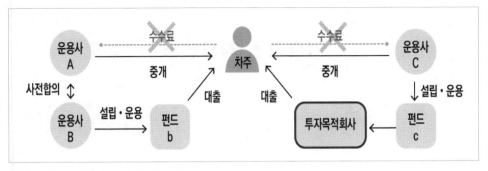

출처: 금융위원회 보도자료, '21. 10. 19.

III. 마치며

사모펀드의 제도 개편으로, 펀드 운용의 자율성은 확대하되 일반투자자의 보호는 더욱 강화할 수 있을 것으로 기대된다. 다만 펀드 자산을 건전하게 운용하여야 하는 자산운용사는 이번 자본시장법 및 하위규정 개정으로 인하여 핵심상품설명서 작성 및 기재사항 준수 의무, 일반투자자 대상 일반사모펀드의 분기별 운용보고서 교부 의무 등 강화된 투자자 보호의무를 부담하게 되었고, 불건전 영업행위 유형이 확대됨에 따라 향후 투자자 보호와 집합투자 재산 운용에 있어 더욱 주의를 기울여야 할 것으로 생각된다.

제4장

•

기관전용 사모펀드

Ⅰ. 들어가며

자본시장법 및 하위규정의 개정에 따라('21. 10. 21. 시행), 기존 전문투자형과 경영참여형으로 구분되었던 사모집합투자기구는 일반 사모집합투자기구와 기관전용 사모집합투자기구로 구분된다. 개정 자본시장법은 기관전용 사모펀드의 집합투자재산 운용방법을 '경영참여 목적의 투자'로 제한하지 않고 일반 사모집합투자(이하 "일반 사모펀드")의 집합투자재산 운용방법을 준용하도록 정하고 있다(자본시장법 제249조의12). 이는 기관전용 사모펀드의 경우에도 운용방식이 경영참여목적으로 제한되지 않아 그 투자대상이 대폭 확대되었다는 점에 그 의의가 있다.

다만 기관전용 사모펀드의 경우에도 업무집행사원이 금융회사(단 집합투자업자 등 제외)인 경우에는 기존 경영참여형 사모펀드의 운용방법을 유지하고 있다. 또한 이미 설립된 경영참여형 사모집합투자기구에 관한 경과규정을 두어 경영참여형 사모집합투자기구의 경우 개정법령 하에서는 기관전용 사모펀드로 간주한다고 규정하고 있기 때문에 업무집행사원으로서는 기존 경영참여형 사모펀드 하에서의 규제에 대하여 숙지한 후 개정 자본시장법 및 하위규정 하에서 달라진 등록요건, 투자자의 범위, 집합투자재산 운용방법 등에 대하여 숙지하여야 한다.

이하에서는 기관전용 사모펀드의 설립 및 보고, 투자자의 수와 범위에 관하여 살펴본 후, 투자대상 확대와 운용방법(운용규제)에 대하여 검토하겠다. 아울러 업무집행사원의 등록 및 자격 요건 등의 규제 변화에 대하여 살펴보겠다.

Ⅱ. "경영참여목적"의 사모펀드 운용

자본시장법 개정 전에는 일반 사모펀드는 경영참여목적으로 운용하지 못하는 제한이 있었으나 2021. 4. 20. 자본시장법 개정을 통하여 일반 사모펀드도 경영참여목적의 운용이 가능해졌다. "경영참여 목적"이란 개정 자본시장법 제249조의7 제5항 제1호 또는 제2호의 방법으로 재산을 운용하는 것을 말한다.[1] 이는 ① 투자대상회사의 의결권 있는 지분의 10% 이상에 투자하거나 ② 투자대상회사의 사실상 지배력 행사가 가능하도록 하는 투자[2]인 (ⅰ) 임원의 임면, (ⅱ) 조직변경 등

---

1) 일반 사모집합투자기구의 경우에도 경영참여목적으로 집합투자재산을 운용할 수 있게 됨에 따라, 자본시장법 제249조의7(일반 사모집합투자기구의 집합투자재산 운용방법 등) 제5항에서 "경영참여 목적"을 규정함.
   제249조의7(일반 사모집합투자기구의 집합투자재산 운용방법 등) ⑤ 일반 사모집합투자업자는 다른 회사(투자목적회사, 투자회사, 투자유한회사, 투자합자회사, 투자유한책임회사, 그 밖에 대통령령으로 정하는 회사는 제외한다. 이하 이 항에서 같다)에 대한 경영권 참여, 사업구조 또는 지배구조의 개선 등을 위하여 다음 각 호의 어느 하나에 해당하는 방법으로 일반 사모집합투자기구의 집합투자재산을 운용하는 경우(대통령령으로 정하는 방법에 따라 다른 사모집합투자기구와 공동으로 운용하는 경우를 포함한다) 다음 각 호의 어느 하나에 해당하는 날부터 15년이 되는 날까지 그 지분증권을 제삼자에게 처분하여야 한다. <신설 2021. 4. 20.>
   1. 다른 회사의 의결권 있는 발행주식총수 또는 출자총액의 100분의 10 이상을 보유하게 된 날
   2. 임원의 임면 등 투자하는 회사의 주요 경영사항에 대하여 사실상의 지배력 행사가 가능하도록 하는 투자로서 대통령령으로 정하는 투자를 한 날
2) 자본시장법 시행령 제271조의10(일반사모집합투자기구의 집합투자재산 운용방법 등) ⑰ 법 제249조의7 제5항 제2호에서 "대통령령으로 정하는 투자"란 다음 각 호의 투자를 말한다. <신설 2021. 10. 21.>
   1. 투자계약을 통해 임원의 임면, 조직변경 또는 신규투자 등 주요 경영사항에 대해 권한을 행사할 수 있는 투자
   2. 투자를 통해 투자대상회사의 최대주주가 되는 투자(의결권 있는 발행주식총수 또는 출

주요 경영사항에 지배력 행사, (iii) 투자대상회사의 최대주주가 되는 투자(단 의결권 있는 발행주식총수 또는 출자총액의 100분의 10 미만을 보유하는 경우로 한정)의 방법으로 집합투자재산을 운용하는 것을 의미한다. 만일 사모펀드를 "경영참여 목적"으로 설정·설립하는 경우에는 ① 투자시점부터 15년 이내에 보유 지분을 처분할 의무가 있고, ② 사모투자재간접펀드의 재간접투자가 금지되며, ③ 상호출자제한기업집단에 해당하는 등 일정한 경우에 설정·설립 즉시보고 의무 등의 적용을 받게 된다.

기관전용 사모펀드의 경우에도 경영참여목적은 동일하게 해석되는데, 중요한 점은 기관전용 사모펀드가 경영참여 목적인 경우에도 투자목적회사의 지분 외에도 일반 자산을 취득하여 운용할 수 있게 되었다는 점이다. 이에 기관전용 사모펀드 역시 일반 사모펀드와 마찬가지로 운용 목적 및 투자대상의 제한을 받지 않게 되어 운용방식상의 구분이 형해화되었다. 참고로 개정 자본시장법의 부칙에 따라, 개정법안 시행 전에 설립되어 보고된 경영참여형 사모펀드는 기관전용 사모펀드로 보게 된다.

자본시장법

부칙 제8조(경영참여형 사모집합투자기구에 대한 경과조치) ① 이 법 시행 전에 종전의 제249조의10에 따라 설립되어 보고된 경영참여형 사모집합투자기구와 그 경영참여형 사모집합투자기구가 종전의 제249조의13 제1항 제3호 가목에 따라 주주 또는 사원으로 출자한 투자목적회사는 제249조의10의 개정규정에 따라 설정·설립되어 보고된 기관전용 사모집합투자기구와 그 기관전용 사모집합투자기구가 주주 또는 사원으로 출자한 투자목적회사로 본다.

자총액의 100분의 10 미만을 보유하는 경우로 한정한다)

III. 기관전용 사모펀드의 주요 개정 내용

1. 설립 및 보고

자본시장법

제249조의10(설립 및 보고) ① 기관전용 사모집합투자기구의 정관에는 다음 각 호의 사항을 기재하고, 총사원이 기명날인 또는 서명하여야 한다.
④ 기관전용 사모집합투자기구는 설립등기일부터 <u>2주일 이내에 대통령령으로 정하는 바에 따라 금융위원회에 보고하여야 한다.</u> 다만, 금융시장의 안정 또는 건전한 거래질서를 해칠 우려가 있는 경우로서 <u>대통령령</u>으로 정하는 경우에는 기관전용 사모집합투자기구의 설립등기 후 지체 없이 보고하여야 한다. <개정 2021. 4. 20.>
⑤ 금융위원회는 제4항에 따른 보고 내용에 흠결이 있는 경우에는 보완을 요구할 수 있다.
⑥ 기관전용 사모집합투자기구는 제4항에 따라 보고한 사항이 변경된 경우에는 경미한 사항으로서 <u>대통령령</u>으로 정하는 경우를 제외하고는 그 날부터 2주일 이내에 금융위원회에 변경보고를 하여야 한다. 이 경우 제4항 및 제5항을 준용한다. <개정 2021. 4. 20.>

기관전용 사모펀드는 회사이므로 그 정관에 일정한 사항을 기재하고 총사원이 기명날인 또는 서명하여야 하며(자본시장법 제249조의10 제1항), 회사등기로서 설립된다. 기관전용 사모펀드의 설립등기일부터 2주일 이내에 금융위원회에 설립 보고를 하여야 하는 것이 원칙[3]이다(자본시장법 제249조의10 제4항). 만일 업무집행사원이 특정 기관전용 사모펀드를 "경영참여 목적"의 방법으로 운용하려는 경우에는 집합투자규약(신탁계약서 또는 정관)에 경영참여목적 펀드임을 명시하여야 한다.[4]

---

3) 기관전용 사모펀드를 운용하려는 업무집행사원이 독점규제 및 공정거래에 관한 법률 제8조의3에 따른 상호출자제한기업집단인 경우 등 자본시장법 시행령 제271조의13 제5항 각 호의 사유에 해당하는 경우에는 설립등기 후 "지체없이" 보고하여야 한다.

2. 투자자

가. 투자자의 범위

기존 경영참여형 사모펀드의 경우 투자자의 범위는 ① 전문투자자와 ② 최소
투자금액이 3억원(레버리지 비율이 200% 초과하는 경우 5억원) 이상인 일반투자자로,
전문투자형 사모펀드와 경영참여형 사모펀드의 투자자의 범위가 동일하였다. 개정
자본시장법 하의 일반 사모펀드의 경우 투자자의 범위는 기존과 동일하나, 기관전
용 사모펀드의 경우에는 명칭과 같이 "기관투자자 및 이에 준하는 자"만 투자가
가능하고 일반투자자는 투자할 수 없다.[5]

[기관투자자 및 이에 준하는 자]

[전문투자자로서 전문성·위험감수능력이 인정되는 투자자]		[GP의 임원 또는 운용인력]
기관투자자	국가, 한국은행, 금융회사, 특수법인(예보·캠코 등)	● 1억원 이상 시딩투자만 가능
준하는 자	● 법률에 따라 설립된 기금·공제회, 기관전용 사모펀드 ● 주권상장법인(코넥스 제외) 중 일정요건*을 갖추고 협회에 등록한 자 *법인전문투자자 수준의 투자경험(금융투자잔고 100억, 외감법인 50억) 이상 ● 전문투자자에 준하는 외국인(개인 포함)	● 운용인력: 기관전용사모펀드의 운용전문인력을 의미

출처: 금융위원회 보도자료, '21. 10. 19.

---

4) 금융위원회, "사모펀드 투자자보호 강화 및 체계개편을 위한 자본시장법 및 하위법규 주
   요 개정내용", 보도자료, 2021. 10. 19. , 51면.
5) 금융위원회, 상게자료, 42면.

자본시장법

제249조의11(사원 및 출자)

⑥ 유한책임사원은 개인(제168조 제1항에 따른 외국인, 해당 기관전용 사모집합투자기구의 업무집행사원의 임원 또는 운용인력을 제외한다)이 아닌 자로서 다음 각 호에 해당하는 자여야 한다. <개정 2021. 4. 20.>

1. 전문투자자로서 대통령령으로 정하는 투자자
2. 그 밖에 전문성 또는 위험감수능력 등을 갖춘 자로서 대통령령으로 정하는 투자자

기관전용 사모펀드의 사원은 1인 이상의 무한책임사원과 1인 이상의 유한책임사원으로 한다. 기관전용 사모펀드에 투자할 수 있는 유한책임사원으로서 "기관투자자 및 그에 준하는 자"는 개정 자본시장법 제249조의11 제6항 각호에서 규정하고 있는데, 전문투자자로서 대통령령으로 정하는 투자자(제1호) 및 그 밖에 전문성 또는 위험감수능력 등을 갖춘 자로서 대통령령으로 정하는 투자자(제2호)가 이에 해당된다.

[기관전용 사모펀드의 투자자 범위]

〈 기관전용 사모펀드 투자자 범위 〉

[법 §249의11 ⑥] 유한책임사원은 **개인**(외국인, 해당 기관전용 사모펀드 업무집행사원의 임원 또는 운용인력을 제외한다)**이 아닌 자**로서 다음 각 호에 해당하는 자여야 한다.

1. 전문투자자로서 대통령령으로 정하는 투자자
2. 그 밖에 전문성 또는 위험감수능력 등을 갖춘 자로서 대통령령으로 정하는 투자자

[전문투자자로서 전문성·위험감수능력이 인정되는 투자자]

- **국가, 한국은행, 금융회사, 특수법인**(예보 등)
- **법률에 따라 설립된 기금·공제회, 기관전용 사모펀드**
- 기관전용과 동일 투자자로 구성된 **일반 사모펀드**
- **일정요건***을 갖추고 **협회에 등록한 주권상장법인**(코넥스 제외)
  *법인전문투자자 수준의 투자경험(금융투자잔고 100억, 외감법인 50억) 이상
- 전문투자자에 준하는 **외국인**(개인 포함)

[그 밖에 전문성 등을 갖춘 자]

- GP 임원, 운용인력, 상법상 모회사(1억이상 시딩투자)
- 기관전용과 동일 투자자로 구성된 신기술조합
- 일정요건을 갖추고 협회 등록한 금융권 재단*, 비상장법인**
  *전문투자자인 금융회사·특수법인 설립/ **최근 1년이상의 기간동안 500억이상 금융투자
- 공적목적 달성을 위해 설립된 모태펀드, 해양진흥공사
- 기관전용 사모펀드에 100억이상 투자하는 외국법인

출처: 금융위원회 보도자료, '21. 6. 23.

이를 좀더 구체적으로 설명하자면, ① 전문투자자로서 대통령령으로 정하는 투자자(자본시장법 제249조의11 제6항 제1호)를 정리하면 다음과 같다(자본시장법 시행령 제271조의14 제4항 참조6)).

---

1. 국가
2. 한국은행
3. 주권상장법인(코넥스시장에 주권이 상장된 법인은 제외)으로서 제10조 제3항 제16호 나목 및 다목의 요건을 충족하고 협회에 기관전용 사모펀드의 유한책임사원으로 등록한 법인. 즉, 관련 자료를 제출한 날 전날의 금융투자상품 잔고가 100억원(외부감사를 받는 주식회사는 50억원) 이상이고, 관련 자료를 제출한 날부터 2년이 경과하지 아니 할 것이라는 요건을 갖추어, 금융투자협회에 기관전용 사모펀드의 유한책임 사원으로 등록한 유가증권시장, 코스닥시장 주권상장법인.
4. 영 제10조 제2항 제1호부터 제18호까지의 어느 하나에 해당하는 금융기관: 은행, 한국산업은행, 중소기업 은행, 한국수출입은행, 농업협동조합중앙회, 수산업협동조합중앙회, 보험회사, 금융투자업자, 증권금융회사, 종합금융회사, 자금중개회사, 금융지주회사, 여신전문금융회사, 상호저축은행 및 그 중

---

6) ④ 법 제249조의11 제6항 제1호에서 "대통령령으로 정하는 투자자"란 다음 각 호의 자를 말한다. <개정 2021. 10. 21.>
   1. 국가
   2. 한국은행
   3. 다음 각 목의 기준을 모두 충족하는 주권상장법인(코넥스시장에 상장된 법인은 제외한다)
      가. 금융위원회에 나목의 기준을 충족하고 있음을 증명하는 자료를 제출할 것
      나. 가목에 따라 자료를 제출한 날의 전날의 금융투자상품 잔고가 100억원(「주식회사 등의 외부감사에 관한 법률」에 따라 외부감사를 받는 주식회사는 50억원) 이상일 것
      다. 가목에 따라 자료를 제출한 날부터 2년이 지나지 않을 것
   4. 제10조 제2항 각 호의 자
   5. 제10조 제3항 제1호부터 제6호까지, 제6호의2, 제7호부터 제14호까지 또는 같은 항 제18호 각 목의 자. 이 경우 같은 항 제9호의 경우에는 다음 각 목의 집합투자기구로 한정한다.
      가. 기관전용사모집합투자기구
      나. 기관전용사모집합투자기구의 유한책임사원이 집합투자증권 전부를 보유하는 일반 사모집합투자기구

앙회, 산림조합 중앙회, 새마을금고연합회, 신용협동조합중앙회, 이에 준하는
외국금융기관

5. 영 제10조 제3항 제1호부터 제14호까지의 어느 하나에 해당하는 <u>특수법인</u>
   (영 제10조 제3항 제9호 집합투자 기구는 제외): 예금보험공사 및 정리금융
   공사, 한국자산관리공사, 한국주택금융공사, 한국투자공사, 금융투자협회, 예
   탁결제원, 전자등록기관, 거래소, 금융감독원, 신용보증기금, 기술보증기금,
   법률에 따라 설립된 기금 및 그 기금을 관리·운용하는 법인, 법률에 따라 공
   제사업을 경영하는 법인, 지방자치단체)

6. <u>기관전용 사모집합투자기구, 기관전용 사모집합투자기구의 유한책임사원이</u>
   <u>집합투자증권 전부를 보유하는 일반사모집합투자기구</u>

7. 영 제10조 제2항 제18호 및 같은 조 제3항 제18호에 해당하는 외국인(<u>외국</u>
   <u>인이 개인인 경우에는 법 제165 조에 따른 외국인. 즉, 국내에 6개월 이상 주</u>
   <u>소 또는 거소를 두지 아니한 개인)</u>

이에 따라 국가(자본시장법 시행령 제271조의14 제4항 제1호), 한국은행(동조 제2
호), 일정 요건을 갖추고 협회에 기관전용 사모펀드의 유한책임사원으로 등록한
주권상장법인(동조 3호), 자본시장법 시행령 제10조 제2항 각호에 해당하는 금융기
관(동조 제4호), 자본시장법 시행령 제10조 제1호부터 제14호까지 어느 하나에 해
당하는 특수법인, 기관전용 사모펀드 및 기관전용 사모펀드와 동일 투자자로 구성
된 일반 사모펀드, 전문투자자에 준하는 외국인 등(동조 제5호)은 기관전용 사모펀
드에 투자할 수 있다. 자본시장법 제165조에 따른 외국인, 해당 기관전용 사모펀
드의 업무집행사원의 임원과 운용인력을 제외한 개인은 자발적 전문투자자로 지
정되더라도 기관전용 사모펀드에 투자할 수 없다.

다음으로, ② 그 밖에 전문성 또는 위험감수능력 등을 갖춘 자로서 대통령령
으로 정하는 투자자(자본시장법 제249조의11 제6항 제2호)의 범위는 다음과 같다(자본
시장법 시행령 제271조의14 제5항 참조).

1. 기관전용 사모집합투자기구의 업무집행사원과 관련된 다음 각 목의 자(그 업
   무집행사원이 운용하는 기관전용 사모집합투자기구에 <u>1억원 이상 투자하는</u>
   <u>경우로 한정한다)</u>

가. 기관전용 사모집합투자기구의 업무집행사원의 임원이나 법 제249조의15 제1항 제3호에 따른 투자운용전문인력(이하 "투자운용전문인력"이라 한다)

나. 기관전용 사모집합투자기구의 업무집행사원의 모회사(「상법」 제342조의2 제1항에 따른 모회사를 말한다)

다. 기관전용 사모집합투자기구의 업무집행사원의 임원이나 투자운용전문인력이 발행주식 또는 출자지분 전부를 보유하고 각각 1억원 이상을 출자한 법인 또는 단체

2. 기관전용 사모집합투자기구의 유한책임사원이 출자지분 전부를 보유하는 「여신전문금융업법」에 따른 신기술사업투자조합

3. 다음 각 목의 기준을 모두 충족하는 재단법인

   가. 금융위원회에 나목의 기준을 충족하고 있음을 증명하는 자료를 제출할 것

   나. 가목에 따라 자료를 제출한 날의 전날을 기준으로 제10조 제2항 각 호의 자나 같은 조 제3항 제1호부터 제6호까지, 제6호의2, 제7호, 제8호, 제10호 또는 제11호의 자가 전체 출연금액의 100분의 90 이상을 출연한 재단법인일 것

   다. 가목에 따라 자료를 제출한 날부터 2년이 지나지 않을 것

4. 다음 각 목의 기준을 모두 충족하는 법인

   가. 금융위원회에 나목 및 다목의 기준을 충족하고 있음을 증명하는 자료를 제출할 것

   나. 업무 및 사업 수행에 필요한 인적·물적 요건을 갖출 것

   다. 가목에 따라 자료를 제출한 날의 전날을 기준으로 최근 1년 이상의 기간 동안 계속해서 금융투자상품을 월말 평균잔고 기준으로 500억원 이상 보유하고 있을 것

   라. 가목에 따라 자료를 제출한 날부터 2년이 지나지 않을 것

5. 내국인의 출자지분이 없는 외국법인(기관전용 사모집합투자기구에 100억원 이상을 투자하는 경우로 한정한다)

6. 그 밖에 다른 법률에 따라 설립된 기관 또는 단체로서 기관전용 사모집합투자기구 투자에 필요한 전문성 및 위험관리능력을 갖추고 있다고 금융위원회가 인정하여 고시하는 기관 또는 단체

이처럼 기관전용 사모펀드의 업무집행사원의 임원 또는 투자운용전문인력이 그 기관전용 사모펀드에 투자하는 경우로서 1억원 이상을 투자하는 경우, 업무집행사원의 모회사, 업무집행사원이나 투자운용전문인력이 설립한 법인 중 1억원 이상을 투자하는 경우도 투자자의 범위에 포함된다(자본시장법 시행령 제271조의14 제5항 제1호). 그 외에도 기관전용 사모펀드와 동일한 투자자로 구성된 신기술사업투자조합(동조 제2호), 자본시장법상 전문투자자에 해당하는 금융회사·특수법인이 90% 이상을 출연한 재단법인(동조 제3호)과 최근 1년 이상 500억원 이상의 금융투자상품 잔고를 갖춘 비상장법인(동조 제4호), 내국인의 출자지분이 없고 100억 이상 투자하는 외국법인(동조 제5호) 등도 기관전용 사모펀드에 투자할 수 있다.

나. 투자자의 수와 투자자 수의 누적 계산

자본시장법

제9조(그 밖의 용어의 정의) ⑲ 이 법에서 "사모집합투자기구"란 집합투자증권을 사모로만 발행하는 집합투자기구로서 대통령령으로 정하는 투자자의 총수가 대통령령으로 정하는 방법에 따라 산출한 100인 이하인 것을 말하며, 다음 각 호와 같이 구분한다.

1. 제249조의11 제6항에 해당하는 자만을 사원으로 하는 투자합자회사인 사모집합투자기구(이하 "기관전용 사모집합투자기구"라 한다)
2. 기관전용 사모집합투자기구를 제외한 사모집합투자기구(이하 "일반 사모집합투자기구"라 한다)

제249조의11(사원 및 출자)
② 제1항의 사원 총수를 계산할 때 다른 집합투자기구가 그 기관전용 사모집합투자기구의 지분을 100분의 10 이상 취득하는 경우 등 대통령령으로 정하는 경우에는 그 다른 집합투자기구의 투자자 수를 합하여 계산하여야 한다. <개정 2021. 4. 20.>
③ 전문투자자 중 대통령령으로 정하는 자는 제1항에 따른 사원의 총수 계산에서 제외한다.

자본시장법 시행령

제271조의14(사원 및 출자)

① 법 제249조의11 제2항에서 "다른 집합투자기구가 그 기관전용 사모집합투자기구의 지분을 100분의 10 이상 취득하는 경우 등 대통령령으로 정하는 경우"란 다른 사모집합투자기구가 그 기관전용 사모집합투자기구의 집합투자증권 발행총수의 100분의 10 이상을 취득하는 경우를 말한다. 이 경우 그 기관전용 사모집합투자기구를 운용하는 업무집행사원이 둘 이상의 다른 기관전용 사모집합투자기구를 함께 운용하는 경우로서 해당 둘 이상의 다른 기관전용 사모집합투자기구가 그 기관전용 사모집합투자기구의 집합투자증권 발행총수의 100분의 30 이상을 취득(여유자금의 효율적 운용을 위한 취득으로서 금융위원회가 정하여 고시하는 경우의 취득은 제외한다)하는 경우에는 그 기관전용 사모집합투자기구의 집합투자증권 발행총수의 100분의 10 미만을 취득하는 경우를 포함한다. <신설 2021. 10. 21.>

② 법 제249조의11 제3항에서 "대통령령으로 정하는 자"란 다음 각 호의 어느 하나에 해당하는 자를 말한다. <개정 2021. 10. 21.>

1. 제10조 제1항 각 호의 어느 하나에 해당하는 자
2. 제10조 제3항 제12호 또는 제13호에 해당하는 자 중 금융위원회가 정하여 고시하는 자

개정 자본시장법에서는 사모펀드의 투자자 수를 100인으로 확대하고 기관투자자는 투자자 수의 산정에서 제외하였는데,[7] 기관전용 사모펀드의 경우에도 그대로 적용된다. 따라서 투자자의 수 100인 산정 시 절대적 전문투자자(국가, 한국은행 등 영 제10조 제1항 각 호에 해당하는 자)와 법률에 의하여 설립된 일정한 기금 및 기금운용법인(영 제10조 제3항 제12호 중 금융위원회가 고시하는 자), 일정한 공제사업법인(영 제10조 제3항 제13호 중 금융위원회가 고시하는 자)은 투자자 100인 총수 계산

---

7) 자본시장법 제249조의11 제3항에 따라 "전문투자자 중 대통령령으로 정하는 자"는 기관전용사모펀드의 사원의 총수 계산에서 제외되고, 이에 동법 시행령 제271조의14 제2항 각호에 따라 영 제10조 제1항 각호의 자, 영 제10조 제3항 제12호 또는 제12호에 해당하는 자 중 금융위원회가 정하여 고시하는 자는 기관투자자로서 투자자 수의 산정에서 제외된다.

에서 제외되고, 기관투자자가 아닌 전문투자자만 투자자 수에 산정된다.

반면 개정 자본시장법 하에서 기관전용사모펀드는 다른 기관전용사모펀드에 투자할 수 있기 때문에 투자자 수를 계산할 때 각 기관전용펀드의 투자자 수를 누적하여 합산해야 하는 경우가 발생하는데, 예를 들면 ① 기관전용 사모펀드(A펀드)에 다른 기관전용 사모펀드(B펀드)가 투자하면서 A펀드가 발행하는 집합투자증권 발행주식총수의 10% 이상을 취득하는 경우, ② 기관전용 사모펀드(A펀드)를 운용하는 업무집행사원(甲)이 운용하는 둘 이상의 다른 기관전용 사모펀드(B펀드, C펀드, D펀드, E펀드)가 A펀드의 집합투자증권 발행 총수의 30% 이상을 취득(여유자금의 효율적 운용을 위한 취득으로서 금융위원회가 정하여 고시하는 경우의 취득은 제외)하는 경우에는 그 다른 기관전용 사모펀드(B펀드, C펀드, D펀드, E펀드)의 투자자를 합산해야 한다.[8]

3. 투자대상의 확대와 운용방법

개정 자본시장법 제249조의12는 일반 사모펀드의 집합투자재산 운용방법에 관한 조항인 법 제249조의7(제3항, 제6항은 제외)을 준용하고 있다. 따라서 기관전용 사모펀드는 '경영참여 목적의 투자'는 물론이고, 경영참여 목적이 없는 지분증권에 대한 투자, CB, BW 등과 같은 메자닌 증권에 대한 투자, 단순 회사채에 대한 투자, 부동산에 대한 투자, 파생상품에 대한 투자, 펀드에 대한 투자 등이 모두 허용되며, 이에 일반사모펀드의 운용규제에 준하는 정도의 규제만 받게 된다. 따라서 개정 전 자본시장법에서 "경영참여형 사모집합투자기구"에 적용되었던 의결권 있는 주식의 10% 이상 취득 의무, 6개월 이상 지분보유의무, 메자닌증권에 투자한 경우 2년내 출자금의 50% 이상 지분전환의무 등의 대표적인 규제도 폐지되었다고 할 수 있다. 이러한 점에서 이번 자본시장법 개정은 사모펀드의 운용규제를 일원화·완화하였다"고 평가된다.[9]

---

8) 법무법인 시헌 뉴스레터, "기관전용 사모집합투자기구의 주요 개정 내용(1)", 2021. 7. 9, 6면.

그러나 금융투자업자를 제외한 금융회사(은행, 한국산업은행, 중소기업은행, 한국수출입은행, 보험회사, 상호저축은행, 여신전문금융회사 등의 대부분 금융회사 포함)가 운용하는 기관전용 사모펀드는 "경영참여목적"으로만 운용되어야 하며, 이에 따라서 의결권 있는 주식의 10% 이상 취득 의무, 6개월 이상 지분보유의무, 메자닌증권에 투자한 경우 2년내 출자금의 50% 이상 지분전환의무와 같은 운용제한이 대부분 적용된다(자본시장법 시행령 제271조의 20 제2항).

집합투자업자인 자산운용사가 업무집행사원인 경우 기관전용 사모펀드를 경영참여의 목적에 따라 운용하지 않아도 됨에 따라 다음과 같이 투자대상과 운용방법이 확대 및 완화되었다.[10]

가. 주식 등 지분증권에 대한 투자

먼저 주식 등 지분증권에 대한 투자와 관련하여, 기관전용 사모펀드를 더 이상 경영참여목적으로 운용하지 않아도 되므로 아래와 같은 의무가 폐지되었다.

① 10% 이상 (또는 사실상 지배력 행사) 지분투자 의무 폐지

② 메자닌증권에 투자한 경우 출자한 날로부터 2년 이내에 50% 이상을 주식 등으로의 전환의무 폐지

③ 지분증권 등의 6개월 이상 소유의무 폐지: 개정 전 자본시장법상의 경영참여형 사모펀드는 대상회사(또는 투자목적회사)의 지분증권 등을 취득한 날부터 6개월 이상 소유하여야 하며, 6개월 미만의 기간 중에는 그 지분증권 등을 처분하는 행위가 금지되었으나, 해당 의무는 폐지되었다.

④ 지분증권 등의 최초 취득일로부터 6개월 이내 경영참여 요건을 갖추어야 하는 의무 폐지: 개정 전 자본시장법상 경영참여형 사모펀드는 다른 회사의 지분증권 등을 최초로 취득한 날부터 6개월이 경과할 때까지 경영참여

---

9) 법무법인 시현 뉴스레터, "기관전용 사모집합투자기구의 주요 개정 내용(2)", 2021. 7. 28., 2면.

10) 하기 운용방법에 대한 내용은 법무법인 시현 뉴스레터를 참조함. 법무법인 시현 뉴스레터, 상게자료, 3-6면.

요건(이는 의결권 있는 주식등 10% 이상 취득, 사실상 지배력 행사 등을 의미함)에
부합하지 아니하는 경우에는 이미 취득한 그 다른 회사의 지분증권 등 전
부를 다른 자에게 처분하고 금융위원회에 지체 없이 보고해야 했으나, 해
당 의무는 삭제되었다.

⑤ 여유 자산의 운용방법에 대한 제한 개정: 개정 전 자본시장법에 따르면 경
영참여형 사모펀드는 여유 자산을 운용하는 방법으로 대통령령으로 정하
는 단기대출, 일정한 금융기관에의 예치, 펀드 순자산의 30% 이내에서 대
통령령으로 정하는 증권에의 투자, 원화로 표시된 양도성 예금증서 등에
투자하는 방법으로 제한되었으나, 해당 조항은 삭제되었다.

참고로 개정 자본시장법에서는 일반 사모펀드의 경우에도 취득한 지분증권의
10% 초과분에 대한 의결권 제한이 폐지되었으나, 예외적으로 일반 사모펀드 중에
서 상호출자제한기업집단의 계열회사인 일반 사모집합투자업자가 운용하는 일반
사모펀드, 같은 상호출자제한기업집단에 속하는 금융회사가 집합투자증권의 30%
를 초과하여 투자한 일반 사모펀드의 경우에는 자본시장법 제81조 제1항에 따른
투자한도 초과분(투자대상법인이 발행한 지분증권 총수의 10% 초과분)에 대한 의결권
행사가 제한된다.

나. 사채(메자닌증권, 단순 회사채 등)에 대한 투자

경영참여형 사모펀드는 경영참여적 성격이 있는 메자닌증권 투자에 한하여
허용하고, 경영참여적 성격이 없는 메자닌증권에 대한 투자와 단순 회사채에 대한
투자는 허용되지 않았다. 그러나 기관전용 사모펀드는 경영참여적 성격이 없는 메
자닌증권에 대한 투자는 물론, 단순 회사채에 대한 투자도 허용된다. 따라서 기관
전용 사모펀드는 CB, BW 등의 메자닌증권에 투자한 경우에도 2년 이내에 50%
이상을 주식으로 전환해야 할 의무가 없으며, CB, BW인 상태로 만기까지 보유할
수 있다.

다. 부동산에 대한 투자

기관전용 사모펀드는 일반 사모펀드의 집합투자재산 운용방법을 준용하므로 부동산에 대한 투자도 가능하다. 다만, 일반 사모펀드의 부동산에 대한 투자 규제도 그대로 적용되는바, 기관전용 사모펀드가 국내에 있는 부동산을 취득한 날로부터 대통령령으로 정하는 기간 이내 이를 처분하는 행위가 금지되며, 건축물 등이 없는 토지로서 그 토지에 대하여 부동산개발을 시행하기 전에 이를 처분하는 행위가 금지된다. 국내에 있는 부동산을 취득한 투자목적회사 발행의 주식 또는 지분증권을 처분하는 경우도 마찬가지이다.

라. 금전대여 방법에 의한 투자

개정 자본시장법 하에서는 기관전용 사모펀드의 경우에도 개인이 아닌 자에 대한 금전대여의 방법으로 운용하는 것이 가능하게 되었다. 다만, 차주가 법인인 경우에도 그 사업목적이 「중소기업창업 지원법 시행령」 제4조 각호에 어느 하나에 해당하는 업종(즉, 일반유흥주점업, 무도유흥주점업, 기타 사행시설관리 및 운영업 등)에 대하여는 금전대여를 할 수 없다.

마. 펀드에 대한 투자

개정 자본시장법상 기관전용 사모펀드가 다른 펀드에 투자하는 행위가 허용되기 때문에 기관전용 사모펀드도 일반 사모펀드의 경우처럼 다른 펀드에 투자하는 방법으로 집합투자재산을 운용할 수 있다. 따라서 기관전용 사모펀드는 공모펀드, 일반 사모펀드는 물론, 다른 기관전용 사모펀드에도 투자할 수 있다. 다만 기관전용 사모펀드에 투자할 수 있는 집합투자기구는 기관전용 사모펀드 및 기관전용 사모집합투자기구의 유한책임사원이 집합투자증권 전부를 보유하는 일반 사모집합투자기구로 제한된다는 점은 유의하여야 한다(자본시장법 시행령 제271조의14 제4항 제5호).

바. 투자목적회사에 대한 투자

기관전용 사모펀드는 경영참여형 사모펀드의 경우와 마찬가지로 자본시장법 제249조의13에 따른 투자목적회사의 지분증권에 투자할 수 있다. 참고로 기관전용 사모펀드가 자본시장법상의 규제를 회피할 목적으로 자본시장법 제249조의13에 따른 투자목적회사가 아닌 법인으로서 이와 유사한 목적 또는 형태를 가진 법인을 설립 또는 이용하는 행위는 금지된다.

4. 업무집행사원

자본시장법

제249조의11(사원 및 출자) ① 기관전용 사모집합투자기구의 사원은 1인 이상의 무한책임사원과 1인 이상의 유한책임사원으로 하되, 사원의 총수는 100인 이하로 한다. <개정 2021. 4. 20.>
④ 유한책임사원은 기관전용 사모집합투자기구의 집합투자재산인 주식 또는 지분의 의결권 행사 및 대통령령으로 정하는 업무집행사원의 업무에 관여해서는 아니 된다. <개정 2021. 4. 20.>

자본시장법 시행령

제271조의21(등록의 요건 등)
③ 법 제249조의15 제1항 제3호에서 "대통령령으로 정하는 투자운용전문인력"이란 다음 각 호의 어느 하나에 해당하는 사람을 말한다. <신설 2021. 10. 21.>
1. 금융기관 또는 금융위원회가 정하여 고시하는 기관에서 집합투자재산의 운용 업무에 2년 이상의 범위에서 금융위원회가 정하여 고시하는 기간 이상 종사한 경력이 있는 사람
2. 금융기관 또는 금융위원회가 정하여 고시하는 기관에서 2년 이상의 범위에서

금융위원회가 정하여 고시하는 기간 이상 종사한 경력이 있는 사람으로서 금융위원회가 인정하는 교육을 이수한 사람

3. 그 밖에 기관전용 사모집합투자기구의 집합투자재산 운용업무에 관한 전문성을 갖춘 것으로 인정되는 사람으로서 금융위원회가 정하여 고시하는 사람

④ 법 제249조의15 제1항 제3호에서 "대통령령으로 정하는 수"란 2명을 말한다. <개정 2021. 10. 21.>

기관전용 사모펀드를 운용하는 업무집행사원의 법적 성격은 집합투자업자에 해당하지 아니하므로, 업무집행사원에 대하여는 집합투자업자에 대한 규제는 적용되지 않는다. 개정 자본시장법 제249조의15 제1항 제3호에 따르면, 기관전용 사모펀드의 업무집행사원으로 등록하려는 자는 2명 이상의 전문인력 요건을 갖추어야 하는데, 전문인력에는 증권운용전문인력, 부동산운용전문인력 및 기관전용 사모펀드 운용전문인력이 포함된다. 이중 기관전용 사모펀드 운용전문인력의 요건은 ① GP에서 3년 이상의 금융투자상품 운용 경력이 있는 자 또는 ② 금융기관 또는 GP임직원으로서 3년 이상 근무하고, 협회 교육을 이수한 자로 규정하고 있다. 다만 기존의 경영참여형 사모펀드의 경우에는 전문인력 자격에 대하여 1년의 유예기간을 두어 유예 기간 내에 해당 자격요건을 갖추도록 하였다[11].

기관전용 사모펀드의 운용규제가 완화됨에 따라 기관전용 사모펀드를 운용함에 있어 필수적인 영업행위 규칙을 마련하였는데, 투자운용전문인력이 아닌 자의 펀드 운용행위를 금지하고 운용업무와 실행업무의 겸직을 금지하는 규칙을 새롭게 도입하였다.

또한 업무집행사원에 대한 상시감독이 가능할 수 있도록 변경등록 의무를 마련하고(자본시장법 제249조의15 제8항), 업무집행사원에 대한 금융감독당국의 명령, 검사권을 신설하였다(자본시장법 제249조의14 제12항 내지 제13항).

---

11) 금융위원회, 전게자료, 52면.

IV. 마치며

　　앞서 언급한 바와 같이, 기관전용 사모펀드의 운용규제가 대폭 완화됨과 더불어 투자자의 범위가 제한되기 때문에 2021. 4. 20. 자본시장법 개정이 기관전용 사모펀드의 업무집행사원과 투자자들에 미치는 영향을 검토하여 볼 필요가 있다. 기관전용 사모펀드의 운용목적이 경영참여목적으로 제한되지 않기 때문에 소수지분 투자, 회사채, 구조화상품 등 활용할 수 있는 투자방법이 다양해지면서 운용사들 간 경쟁은 더욱 치열해질 수 있다. 또한 기존 경영참여형 사모펀드 하에서는 가능했던 개인 투자자 및 금융상품 투자액이 소액인 비상장법인 투자자 유치가 어려워짐에 따라 중소형 운용사를 포함한 중소형 업무집행사원들이 투자자를 구하는 것에 어려움이 생길 수도 있을 것이다.[12] 업무집행사원이 갖추어야 할 요건도 변화됨에 따라 기관전용 사모펀드의 업무집행사원으로 등록하려는 자나, 기존 경영참여목적의 사모펀드를 설정한 업무집행사원은 전문인력 요건을 구비하여야 한다.

　　또한 투자자에 대한 보호 측면이 강화되면서, 금융감독당국의 업무집행사원에 대한 감독 및 검사권 신설, 업무집행사원 변경등록의무를 통한 상시 감시 등 금융감독당국의 기관전용 사모펀드에 대한 규제가 엄격해진 측면이 있다. 더욱이 금융기관이 업무집행사원인 경우에는 기존 경영참여형 사모펀드뿐 아니라 기관전용 사모펀드를 신규 설립하는 경우 금융산업의 구조개선에 관한 법률 제24조상의 출자승인을 받는 과정도 거쳐야 하는 점 등도 기관전용 사모펀드 설정 및 운용의 난관으로 지적되고 있다.[13]

---

12) 기관전용 사모펀드의 업무집행사원들은 이제 원칙적으로 기관투자 및 그에 준하는 투자자들의 돈으로만 펀드를 운용해야 하고, 기관투자자들은 대형 GP에게 돈을 맡기려고 하니, 개인이나 일반법인 LP 비중이 높았던 중소형 업무집행사원들은 운용규제 완화의 혜택을 누리기보다 펀드 결성 자체가 힘들어졌다는 평가도 존재한다. 아주경제, "'사모펀드 제도 개편' 자본시장법 개정…신규 사업자 진출 난국", 2021. 11. 22.

13) 그런데 법정기한이 준수되지 않는 경우가 잦아지면서 승인 지연 등으로 결국 딜(Deal)을 포기하거나 다른 투자구조를 고려하는 경우도 적지 않다는 문제점이 지적되고 있다. 빠르

다만 금번 자본시장법 개정은 기관전용 사모펀드에 대한 운용에 있어 투자범위 확대와 운용규제의 완화 측면에서 좀더 다양한 투자전략으로 수익창출을 모색할 수 있다는 측면에서는 순기능으로 평가할 수 있겠다.

게 투자를 해야 하는 상황에서 출자승인이 지연되어 애를 먹는 경우도 많다는 것이다. 아주경제, 상계기사.

제 5 장

●

전문투자자와 일반투자자의 구별

Ⅰ. 사안의 개요

[대법원 2021.4.1. 선고 2018다218335 판결(이하 '대상판결') 사실관계 참조]

■ 피고 A자산운용(이하 "피고 A운용")은 2012. 4.부터 2013. 7.까지 집합투자재 산의 50~55%를 국내 우량채권에 투자하고, 나머지 45~50%를 미국 생명보 험증권 펀드(이하 "이 사건 보험펀드")에 간접투자하는 방식으로 운용되는 4 개의 사모펀드(이하 각 "이 사건 1호 펀드" 내지 "이 사건 4호 펀드," 통칭하 여 "이 사건 각 펀드")를 각 설정하였다. 이 사건 보험펀드는 집합투자재산으 로 미국 생명보험증권을 피보험자로부터 매입하여 피보험자가 사망할 때까지 피보험자를 대신하여 생명보험료를 납입하고 피보험자가 사망하면 그 생명보 험금을 수령하여 이익을 창출하는 방식으로 운용되는 외국 펀드로서 M사가 설정하였는데, M사는 2009. 12. 대한민국 금융감독원에 전문투자자용으로 이 사건 보험펀드를 등록하였다.

■ 영국 금융감독청(Financial Services Authority)은 이 사건 각 펀드 설정 전인 2011. 11.경 "이 사건 보험펀드와 같은 미국 생명보험증권 투자상품에 대한 투자는 복잡하고 높은 위험이 있어 그 상품이 대체로 소매투자자들에게 부적 합하고, 본 투자상품을 이해하지 못한 금융투자회사는 고객에게 해당 상품을 추천하지 않아야 하며, 본 투자상품에는 피보험자가 기대수명보다 오래 생존 하여 펀드의 보험료 납입기간이 길어짐으로써 펀드의 투자수익률과 현금유동

성에 악영향을 줄 수 있는 위험 등이 존재한다"는 내용의 지침(이하 "영국 금융감독청 지침")을 발표하였다. 영국 금융감독청 지침 발표 전인 2009. 6.경 이미 영국에서는 약 3만명의 미국 생명보험증권 투자상품 투자자가 약 4억 5,000만 파운드의 투자손실을 입는 사건(이하 "영국 투자자 손실사건")이 발생하였고, 우리나라에서도 2011. 6.경 미국 생명보험증권 투자상품에 재간접 투자하는 S자산운용의 펀드에서 미국 생명보험증권 투자상품의 환매중단으로 인해 투자자가 손실을 입는 사건(이하 "S자산운용 사건")이 발생하였다.

■ 피고 B증권은 피고 A운용과 이 사건 각 펀드에 관한 위탁판매계약을 체결한 투자매매업자로서, 이 사건 각 펀드의 투자자인 원고 한국도로공사 사내근로복지기금(이하 "원고")은 2013. 1.경 원고가 근로자들의 복지증진을 위한 기금인 점 등을 이유로 피고 B증권에 안정적인 금융투자상품의 추천을 요청하였고, 이에 피고 B증권은 이 사건 1호 펀드의 상품안내서를 교부하며 이 사건 1호 펀드의 가입을 권유하였다. 피고 B증권은 투자권유 과정에서 이 사건 1호 펀드가 정기예금처럼 안정적이면서 정기예금보다 높은 수익을 얻을 수 있는 상품이라고 설명하였는데, 당시 영국 금융감독청 지침이나 영국 투자자 손실사건, S자산운용 사건 등을 언급하지는 않았다.

■ 이에, 원고는 이 사건 1호 펀드에 가입하기로 하고 피고 B증권으로부터 2013. 2. 이 사건 1호 펀드 수익증권 50억원 상당을 매수하였다. 그 후에도 피고 B증권은 원고에게 이 사건 각 펀드를 추천하면서 이 사건 1호 펀드 가입 당시와 같은 내용의 설명을 하였고, 원고는 피고 B증권으로부터 2013. 4. 이 사건 2호 펀드 수익증권 36억원 상당을, 2013. 5. 이 사건 3호 펀드 수익증권 20억원 상당을, 2013. 7. 이 사건 4호 펀드 수익증권 36억원 상당을 각 매수하였다.

■ 이 사건 보험펀드의 운용사인 M사는 원고의 이 사건 1, 2호 펀드 가입 후인 2013. 4. 이 사건 보험펀드의 환매요청 증가에 따른 유동성 문제로 인해 이 사건 보험펀드의 환매를 중단하고(이하 "이 사건 환매중단"), 이를 피고 A운용에 통지하였으며, 2013. 5. 금융감독원에 이 사건 보험펀드 환매중단 사실에 관한 변경등록을 하였다. 그러나 피고 A운용은 이 사건 환매중단 사실을 곧바로 피고 B증권에 알리지 않았고, 원고의 이 사건 3, 4호 펀드 가입 후인 2013. 8.경에 이르러서야 피고 B증권에 이 사건 환매중단 사실을 통지하였다.

■ 원고는 이 사건 각 펀드의 투자금 중 이 사건 환매중단으로 인하여 만기에 상환받을 수 없게 된 이 사건 보험펀드 부분을 제외한 국내 우량채권 부분 투자금의 상환으로 피고 B증권으로부터 이 사건 1호 펀드의 경우 약 26억 5천만

원, 이 사건 2호 펀드의 경우 약 20억 7천만원, 이 사건 3호 펀드의 경우 약 18억 1천만원, 이 사건 4호 펀드의 경우 약 20억 2천만원을 각 수령하였다.
■ 이처럼 투자금의 손실을 입게 된 원고는, 피고들이 일반투자자인 자신에 대한 투자권유 과정에서 자본시장법상 일반투자자를 상대로 한 투자권유에 적용되는 규제인 적합성의 원칙 준수의무, 설명의무와 부당권유금지의무를 위반하였다고 주장하면서, 피고들은 연대하여 이 사건 각 펀드의 미상환 투자원금 (56억 4,400만원) 등의 손해를 배상하라는 손해배상청구 소송을 제기하였다.

II. 문제의 소재

구 증권거래법 및 구 간접투자자산운용업법은 금융투자상품에 투자하는 투자자를 구분하지 아니하고 투자자의 전문성의 수준에 관계없이 일률적인 규제를 적용하여, 일반투자자의 보호에는 소홀하고 전문투자자의 투자에는 과도한 제한이 부과되는 문제를 안고 있었다. 그리하여 2009년 시행된 「자본시장과 금융투자업에 관한 법률」(이하 "자본시장법")은 투자자의 전문성 정도에 따라 투자자를 일반투자자와 전문투자자로 구분하여 양자에 다른 규제를 적용함으로써 보다 효율적인 투자자보호를 꾀하고자 하였다[1]. 그러나 자본시장법상 전문투자자 제도는 그 개별 규정의 면면을 살펴보면 전문투자자간 경제적 실질 즉, 위험감수능력의 격차가 매우 크고, 전문투자자의 기준을 합리적으로 설명할 수 없는 부분이 존재한다는 지적이 다수 제기되어 왔다.

본 사안에서는 한국도로공사 근로자의 생활안정과 복지증진을 위하여 설립된 법인인 한국도로공사 사내근로복지기금이 자본시장법상 전문투자자로 분류되는 "법률에 따라 설립된 기금"인지 여부가 주요 쟁점이 되었는데, 결국 이러한 논쟁 또한 위 자본시장법 규정의 의미가 그 자체로 이론의 여지없이 명확하다고 보기 어렵고, 원고와 같은 사내근로복지기금[2]을 기금운용을 위한 전문 조직과 인력을

---

1) 이행규·반정현, "공모와 전문투자자 개념 변화", 「BFL」제75호, 서울대학교 금융법센터, 2016, 8-9면.
2) 사내근로복지기금에 대해 「근로복지기본법」에서는 사업주로 하여금 사업 이익의 일부를

보유하고 있으면서 다양한 투자에 관한 전문성과 다수의 경험을 보유한 국민연금기금 등과 유사한 수준의 위험감수능력을 가진다고 보아 일률적으로 전문투자자로 분류하는 것이 타당한가라는 문제점에서 비롯된 것으로 보인다.

본 사안에서 피고들은 원고가 법률에 따라 기금을 다루기 위해 만들어진 조직이므로 전문투자자로 해석하여야 한다고 주장하였다. 이에 반해 원고는 원고 자신이 근로자들의 복지증진을 위한 기금인 점, 국민연금기금 등과 같이 기금과 관련한 별도의 법률에 따라 설립된 것이 아닌 기금은 법률에 따라 설립된 기금에 해당하지 않는다는 금융위원회 유권해석, "법률에 따라 설립된 기금"이라는 문언을 넓게 해석하면 기관이 만든 기금은 모두 전문투자자에 해당하게 되므로 운영형태나 목적 등을 종합적으로 판단하여 한다는 점 등을 근거로 들며, 원고 자신은 일반투자자에 해당한다고 주장하였다. 만일 피고들의 주장과 같이 원고가 전문투자자로 분류될 경우, 설령 피고들이 원고를 상대로 한 투자권유 과정에서 일부 투자권유규제 위반행위가 있었다고 하더라도, 위 규제의 적용이 면제되거나 제한되어 피고들의 손해배상범위가 대폭 축소될 수 있다는 점에서 위 쟁점은 본 사안에서 매우 중요한 의미가 있다고 할 것이다.

본 글에서는 위 쟁점의 해결을 위해 검토가 선행되어야 할 전문투자자 제도에 대해 살펴보고, 대상판결에서 법원이 원고를 어떠한 투자자로 분류하였는지 및 그 근거를 살펴보도록 하겠다. 한편, 투자권유규제 및 이와 관련한 투자자보호의무에 대해서는 논의의 전개상 필요한 최소한의 범위 내에서만 살펴보도록 하겠다.

재원으로 근로자의 생활안정과 복지증진에 이바지하는 사내근로복지기금을 설치하여 운영하도록 규정하고 있다. 본 사안의 원고와 같은 공공기관도 사내근로복지기금을 설치·운영하고 있는데, 2017년말을 기준으로 사내근로복지기금을 설치하고 있는 공공기관은 95개, 전체 공공기관의 출연액은 3,193억원이다. 국회예산정책처, 국가제정체계안내서 "2019 대한민국 공공기관", 57-58면.

Ⅲ. 자본시장법상 전문투자자 제도에 대한 개관

1. 전문투자자와 일반투자자의 구분

자본시장법은 투자자를 위험감수능력이 있는지 여부에 따라 전문투자자와 일반투자자로 구분하고, 전문투자자가 아닌 투자자를 일반투자자라고 정의한다(동법 제9조 제6항). 전문투자자란 금융투자상품에 관한 전문성 구비 여부, 소유자산규모 등에 비추어 투자에 따른 위험감수능력이 있는 투자자로서 다음의 어느 하나에 해당하는 자를 말한다(동법 제9조 제5항 본문).

1. 국가3)
2. 한국은행
3. 대통령령으로 정하는 금융기관(동법 시행령 제10조 제2항)
   : 1) 은행, 2) 한국산업은행, 3) 중소기업은행, 4) 한국수출입은행, 5) 농업협동조합중앙회, 6) 수산업협동조합중앙회, 7) 보험회사, 8) 금융투자업자(동법 제8조 제9항에 따른 겸영금융투자업자는 제외), 9) 증권금융회사, 10) 종합금융회사, 11) 자금중개회사, 12) 금융지주회사, 13) 여신전문금융회사, 14) 상호저축은행 및 그 중앙회, 15) 산림조합중앙회, 16) 새마을금고연합회, 17) 신용협동조합중앙회, 18) 위 1)부터 17)까지의 기관에 준하는 외국 금융기관
4. 주권상장법인(다만, 금융투자업자와 장외파생상품거래를 하는 경우에는 전문투자자와 같은 대우를 받겠다는 의사를 금융투자업자에게 서면으로 통지하는 경우에 한한다)

---

3) 국가란 헌법과 정부조직법 등의 법률에 따라 설치된 중앙행정기관, 국회, 대법원, 헌법재판소, 중앙선거관리위원회 등과 각 부처를 말한다. e－금융민원센터, "일반투자자와 전문투자자의 분류" 회신, 2009. 3. 10.

5. 그 밖에 대통령령으로 정하는 자(동법 시행령 제10조 제3항, 다만, 아래 12)부터 17)까지 의 어느 하나에 해당하는 자가 금융투자업자와 장외파생상품거래를 하는 경우에는 전문투자자와 같은 대우를 받겠다는 의사를 금융투자업자에게 서면으로 통지한 경우만 해당한다)

: 1) 예금보험공사 및 정리금융회사, 2) 한국자산관리공사, 3) 한국주택금융공사, 4) 한국투자공사, 5) 한국금융투자협회, 6) 한국예탁결제원, 6의 2)「주식·사채 등의 전자등록에 관한 법률」에 따른 전자등록기관, 7) 거래소, 8) 금융감독원, 9) 집합투자기구, 10) 신용보증기금, 11) 기술보증기금,

12) 법률에 따라 설립된 기금(위 10), 11)은 제외) 및 그 기금을 관리·운용하는 법인,4) 13) 법률에 따라 공제사업을 경영하는 법인,

14) 지방자치단체, 15) 해외 증권시장에 상장된 주권을 발행한 국내법인,

16) 일정한 요건을 충족하는 법인 또는 단체,5)

17) 일정한 요건을 충족하는 개인,6)

---

4) 금융위원회는 "자본시장법 시행령 제10조제3항12호에서는 법률에 따라 설립된 기금 및 그 기금을 관리·운용하는 법인을 전문투자자로 정하고 있는바,「국민연금법」에 따른 국민연금기금,「공무원연금법」에 따른 공무원연금기금 등과 같이 별도의 법률에 따라 설립된 것이 아니라「공익법인의 설립·운영에 관한 법률」에 따라 허가를 받은 기금인 경우에는 이에 해당하지 않습니다"라는 유권해석을 내린 바 있다. e-금융민원센터, "자본시장법상 전문투자자 관련 규정의 해석" 회신, 2009. 4. 5.
5) 다음 요건을 모두 충족하는 법인 또는 단체(외국법인 또는 외국단체는 제외)
   가. 금융위원회에 나목의 요건을 충족하고 있음을 증명할 수 있는 관련 자료를 제출할 것
   나. 관련 자료를 제출한 날 전날의 금융투자상품 잔고가 100억원(「주식회사 등의 외부감사에 관한 법률」에 따라 외부감사를 받는 주식회사는 50억원) 이상일 것
   다. 관련 자료를 제출한 날부터 2년이 지나지 아니할 것
6) 다음 요건을 모두 충족하는 개인(다만, 외국인인 개인, 개인종합자산관리계좌에 가입한 거주자로서 신탁업자와 특정금전신탁계약을 체결하는 경우 및 투자일임업자와 투자일임계약을 체결하는 경우에 전문투자자와 같은 대우를 받지 않겠다는 의사를 금융투자업자에게 표시한 개인은 제외)
   가. 금융위원회가 정하여 고시하는 금융투자업자에게 나목 및 다목의 요건을 모두 충족하고 있음을 증명할 수 있는 관련 자료를 제출할 것
   나. 관련 자료를 제출한 날의 전날을 기준으로 최근 5년 중 1년 이상의 기간 동안 금융위원회가 정하여 고시하는 금융투자상품{사채권(A등급 이하) 및 기업어음증권(A2등급

18) 다음의 어느 하나에 해당하는 외국인

　　가. 외국 정부, 나. 조약에 따라 설립된 국제기구, 다. 외국 중앙은행,

　　라. 위 1)부터 17)까지의 자에 준하는 외국인[7]

위와 같이, 자본시장법은 전문투자자를 국가, 금융기관, 주권상장법인, 기타 전문투자자 등으로 구분하는데, 실제로 전문성을 가지는지 여부를 불문하고 객관적인 지위에 의하여 정해진다. 즉, 제1호부터 제5호에 해당하면 모두 전문투자자로 간주하고, 투자에 따른 위험감수능력이 있는 투자자에 해당하는지 여부는 별도로 판단하지 않는다.[8]

2. 투자자 구분의 예외

가. 전문투자자가 장외파생상품거래를 하는 경우

자본시장법은 투자자 보호를 위하여 일정 전문투자자에 대하여 일반거래에서는 전문투자자로 대우하나, 고위험 금융투자상품인 장외파생상품거래와 관련해서는 원칙적으로 일반투자자로 대우하고, 별도의 서면통지가 있는 경우에 한하여 전문투자자로 대우받도록 하는 규정 형식을 취하고 있다.

우선, 주권상장법인이 금융투자업자와 장외파생상품거래를 하는 경우에는 전문투자자와 같은 대우를 받겠다는 의사를 금융투자업자에게 서면으로 통지하는

　　이하), 지분증권, 파생결합증권, 집합투자증권(단, 사모집합투자기구의 집합투자증권 및 증권집합투자기구의 집합투자증권에 한정)}을 월말 평균잔고 기준으로 5천만원 이상 보유한 경험이 있을 것

　다. 금융위원회가 정하여 고시하는 소득액·자산 기준이나 금융 관련 전문성 요건을 충족할 것

7) 다만, 개인종합자산관리계좌에 가입한 거주자인 외국인으로서 신탁업자와 특정금전신탁계약을 체결하는 경우 및 투자일임업자와 투자일임계약을 체결하는 경우는 제외한다.

8) 임재연, 「자본시장법」, 2019년판, 박영사, 2019, 207면.

경우에만 전문투자자로 인정된다(동법 제9조제5항제4호 단서9)). 마찬가지로, 법률에 따라 설립된 기금(신용보증기금과 기술보증기금은 제외) 및 그 기금을 관리·운용하는 법인, 법률에 따라 공제사업을 경영하는 법인, 지방자치단체, 해외증권시장에 상장된 주권을 발행한 국내법인, 일정한 요건을 충족하는 법인 전문투자자 및 개인 전문투자자 역시 금융투자업자와 장외파생상품거래를 하는 경우에는 전문투자자와 같은 대우를 받겠다는 의사를 금융투자업자에게 서면으로 통지하는 경우만 전문투자자로 대우받는다(동법 시행령 제10조제3항 단서 제12호 내지 제17호).

나. 투자자간의 전환

자본시장법은 전문투자자 사이에서도 위험감수능력이 다르다고 보고 투자자 보호에 관한 규정의 적용을 받을 수 있는 기회를 제공하기 위하여, 일정한 전문투자자는 일반투자자로 취급받는 것을 허용하고 있다. 우선 전문투자자 중 국가, 한국은행, 은행 등 금융기관, 예금보험공사 등 대통령령으로 정하는 전문투자자는 일반투자자로의 전환을 허용하지 않고(동법 제9조 제5항 단서, 시행령 제10조 제1항 각호), 이들을 제외한 전문투자자로서 주권상장법인 및 해외주권상장 국내법인, 연기금 등 법률에 따라 설립된 기금, 공제사업법인, 지방자치단체가 일반투자자와 같은 대우를 받겠다는 의사를 금융투자업자에게 서면으로 통지하는 경우 금융투자업자는 정당한 사유가 있는 경우를 제외하고는 이에 동의하여야 하며, 금융투자업자가 동의한 경우에는 해당 투자자는 일반투자자로 본다.10)

---

9) 이는 키코(KIKO) 사태에 따라 도입된 규정으로서, 주권상장법인이 전문투자자로 대우를 받겠다는 의사표시를 하지 않으면 장외파생상품거래는 위험회피 목적의 거래로 제한된다 (동법 제166조의2 제1항 제1호).

10) 자본시장법 제9조 제5항 단서에 따라 일반투자자와 같은 대우를 받겠다는 전문투자자(동법 시행령 제10조 제1항 각호의 자는 제외)의 요구에 정당한 사유 없이 동의하지 아니하는 행위는 법 제71조에 의거 투자매매업자 또는 투자중개업자의 불건전 영업행위로서(동법 제71조 제7호, 시행령 제68조 제5항 제1호), 1억원 이하의 과태료 부과대상이 된다(동법 제449조제1항제29호).

한편, 위와 같은 전문투자자의 일반투자자로의 전환과는 반대로, 자본시장법은 원칙적으로 일반투자자에 해당하는 법인이나 개인이 일정한 요건을 갖춘 경우에는 전문투자자로 전환되는 것을 인정한다(동법 제9조 제5항 제5호, 시행령 제10조 제3항, 금융투자업규정 제1-7조의2 제3항 내지 제5항[11]). 그리고 앞서 살펴본 바와 같이, 연기금, 공제사업법인, 지방자치단체, 주권상장법인 및 해외주권상장 국내법인은 원칙적으로 전문투자자이나 장외파생상품거래에 한하여 일반투자자로 간주되기 때문에 이들이 전문투자자와 같은 대우를 받겠다는 의사를 금융투자업자에게 서면으로 통지한 경우에는 금융투자업자의 동의 여부와는 상관없이 다시 전문투자자로 전환될 수 있다. 이와 같이, 자본시장법이 장외파생상품거래에 한정하여 일반투자자가 전문투자자로 상향 전환되는 것을 인정하고 그 외의 경우는 인정하지 않는 것에 대해, 정부는 이를 허용할 경우 금융투자업자가 투자자보호 의무의 회

---

11) 제1-7조의2(전문투자자의 기준) ③ 영 제10조 제3항 제17호 다목에서 "금융위원회가 정하여 고시하는 소득액"이란 같은 호 가목에 따른 관련 자료를 제출한 날을 기준으로 본인의 직전년도 소득액이 1억원 이상이거나 본인과 그 배우자의 직전년도 소득액의 합계금액이 1억5천만원 이상일 것을 말한다.
④ 영 제10조 제3항 제17호 다목에서 "금융위원회가 정하여 고시하는 자산 기준"이란 같은 호 가목에 따른 관련 자료를 제출한 날 전날을 기준으로 본인과 그 배우자의 총자산가액 중 다음 각 호의 금액을 차감한 가액이 5억원 이상일 것을 말한다.
1. 본인 또는 그 배우자가 소유하는 부동산에 거주중인 경우 해당 부동산의 가액
2. 본인 또는 그 배우자가 임차한 부동산에 거주중인 경우 임대차계약서상의 보증금 및 전세금
3. 본인과 그 배우자의 총부채 중 거주중인 부동산으로 담보되는 금액을 제외한 금액
⑤ 영 제10조 제3항 제17호 다목에서 "금융위원회가 정하여 고시하는 금융 관련 전문성 요건"을 충족하는 자는 다음 각 호의 어느 하나에 해당하는 자(해당 분야에서 1년 이상 종사)를 말한다.
1. 공인회계사·감정평가사·변호사·변리사·세무사
2. 법 제286조 제1항 제3호 다목에 따라 한국금융투자협회(이하 "협회"라 한다)에서 시행하는 투자운용인력의 능력을 검증할 수 있는 시험에 합격한 자
3. 영 제285조 제3항 제1호에 따른 시험에 합격한 자
4. 별표 2 제1호 사목에서 규정한 협회가 시행하는 재무위험관리사 시험에 합격한 자(이에 준하는 국제 자격증 소지자를 포함한다)
5. 법 제286조 제1항 제3호 각 목의 어느 하나에 해당하는 주요 직무 종사자의 등록요건을 갖춘 자 중 협회가 정하는 자

피수단으로 악용할 수 있기 때문이라고 설명한 바 있다.[12)]

위 살펴본 내용들을 종합하면, 자본시장법상 전문투자자는 크게 ① 일반투자자로 전환 불가능한 전문투자자, ② 일반투자자 대우 통지를 통하여 일반투자자로 전환 가능한 전문투자자, ③ 원래 일반투자자이나 전문투자자 대우 통지를 통하여 전환된 경우의 전문투자자로 구분할 수 있으며, 이에 따라 전문투자자 및 일반투자자의 범위를 정리하면 아래 표와 같다.

구분		투자자
전문투자자	일반투자자로 전환 불가능한 전문투자자 (A)	1. 국가 2. 한국은행 3. 금융기관(은행, 특수은행, 보험회사, 금융투자업자, 증권금융회사, 종합금융회사, 자금중개회사, 금융지주회사, 여신전문금융회사, 상호저축은행, 산림조합중앙회, 새마을금고, 신용협동조합중앙회) 4. 예금보험공사, 정리금융회사, 자산관리공사, 한국주택금융공사, 한국투자공사, 한국금융투자협회, 한국예탁결제원, 한국거래소, 금융감독원, 집합투자기구, 신용보증기금, 기술보증기금 5. 외국정부, 국제기구, 외국 중앙은행 6. 위 3번 및 4번에 준하는 외국인
	일반투자자 대우 통지를 통해 일반투자자로 전환 가능한 전문투자자 (B)	1. A항목 3번에 준하는 외국 금융기관 2. A항목 4번의 전문투자자, 연기금, 공제사업법인, 지방자치단체, 해외주권상장 국내법인에 준하는 외국인과 C항목에서의 법인·개인 및 이에 준하는 외국인 3. 장외파생상품거래를 하는 경우를 제외한 아래의 투자자 – 연기금, 공제사업법인, 지방자치단체, 주권상장법인, 해외주권상장 국내법인
	원래 일반투자자이나 전문투자자 대우	1. 장외파생상품거래를 하는 경우의 아래의 투자자 – 연기금, 공제사업법인, 지방자치단체, 주권상장법인, 해외주권상장 국내법인

---

12) 재정경제부, "「자본시장과 금융투자업에 관한 법률 제정안」 설명자료", 보도자료, 2006. 6. 30., 25면.

통지를 통해 전환된 경우의 전문투자자 (C)	2. 법인[금융투자상품 잔고 100억원(외부감사를 받는 주식 회사는 50억원) 이상] 3. 개인(① 최근 5년 중 1년 이상 월말 평균잔고 5천만원 이 상 금융투자상품 보유, ② 금융위원회가 정하여 고시하는 소득액·자산 기준이나 금융 관련 전문성 요건 충족)
일반 투자자	위에 해당하지 않는 법인과 개인

3. 전문투자자와 일반투자자 구별의 실익

금융투자업자는 영업행위를 통해 투자자와 접촉하는 과정에서 투자자의 이익을 침해할 가능성이 있으므로, 자본시장법은 금융투자업자를 진입, 건전성, 영업행위 등의 영역에서 다방면으로 규제하고 있다. 그리고 일반투자자를 상대로 하는 금융투자업에 대한 영업행위 규제는 강화하는 한편, 전문투자자를 상대로 하는 경우에는 규제를 완화하고 있다. 특히, 전문투자자와 일반투자자의 구분은 금융투자업자의 영업행위규제 중 자본시장법 제2편 제4장 제2관 투자권유규제 규정의 적용범위를 정함에 있어 주요 실익이 있었으며, 구체적으로 전문투자자에 대하여는 적합성 원칙, 적정성 원칙, 설명의무 등의 적용이 배제되었다. 즉, 전문투자자는 기본적으로 투자경험이 풍부하고 투자목적도 일반투자자와 다르며, 일반투자자에게 필요한 설명을 듣지 않더라도 스스로 위험감수에 필요한 정보를 취득하고 투자판단을 할 수 있어, 금융투자업자와 전문투자자 간 정보격차를 시정할 필요가 없는 것이다.[13]

그런데 「금융소비자 보호에 관한 법률」(이하 "금융소비자보호법")의 제정에 따라 자본시장법의 투자권유규제 규정 중 상당 부분이 삭제되고(시행은 2021. 3. 25.), 위 주요 내용들은 금융소비자보호법 제4장 제2절 금융상품 유형별 영업행위 준수사항 규정으로 이관되게 되었다. 이에 대해서는 기존 자본시장법상 존재하던 투자

---

13) 오성근, "전문투자자규제에 관한 비교법적 고찰 및 입법적 개선과제 – 자본시장법, EU의 금융상품시장지침 및 영국의 업무행위규칙을 중심으로 –", 「증권법연구」, 제11권 제1호, 한국증권법학회, 2010, 77면.

권유규제 규정이 금융소비자보호법의 제정에 따라 모든 금융상품으로 확대 적용
된 결과, 금융투자업에 있어서는 판매규제의 적용 강도가 이전과 비교하여 별다른
차이가 없겠지만, 은행업이나 보험업과 같은 다른 금융업권에서는 판매규제의 강
도가 강화될 것으로 보인다는 평가가 존재한다.[14] 따라서 대상판결의 주요 쟁점으
로서 자본시장법상 투자권유규제 규정의 적용을 받는 대상인지 여부의 기준이 되
는 전문투자자의 범위에 관한 논의는 위 규정이 금융소비자보호법으로 이관된 현
재에도 여전히 실익이 있다고 할 수 있을 것이다. 투자권유규제에 대해서는 아래
별도의 항에서 간략하게 소개하고자 한다.

　이외에도 공모·사모 판단의 기준이 되는 청약권유 대상 50인 이상의 여부를
판단함에 있어 전문투자자는 합산대상에서 제외되므로(자본시장법 시행령 제11조 제1
항[15]), 전문투자자를 제외한 청약권유 대상자가 49인 이하가 되어 사모로 인정받
게 되면 증권신고서 제출 등을 비롯한 공시 규제가 면제되는 실익이 있다. 또한
일반사모펀드에 투자할 수 있는 적격투자자로서의 자격을 갖추기 위해서는, 전문
투자자는 투자금액과 상관없이 전문투자자이기만 하면 되는 반면,[16] 일반투자자

---

14) 정윤모, "금융소비자보호법의 입법추진 배경 및 주요 내용분석", 「자본시장포커스」,
　　2017-20호, 자본시장연구원, 2017, 4면.
15) **제11조(증권의 모집·매출)** ① 법 제9조 제7항 및 제9항에 따라 50인을 산출하는 경우에
　　는 청약의 권유를 하는 날 이전 6개월 이내에 해당 증권과 같은 종류의 증권에 대하여 모
　　집이나 매출에 의하지 아니하고 청약의 권유를 받은 자를 합산한다. 다만, 다음 각 호의
　　어느 하나에 해당하는 자는 합산 대상자에서 제외한다.
　　1. 다음 각 목의 어느 하나에 해당하는 전문가
　　　가. 전문투자자
　　　나. 삭제
　　　다. 회계법인,
　　　라. 신용평가회사
　　　마. 발행인에게 회계, 자문 등의 용역을 제공하고 있는 공인회계사·감정인·변호사·변
　　　　리사·세무사 등 공인된 자격증을 가지고 있는 자
　　　바. 그 밖에 발행인의 재무상황이나 사업내용 등을 잘 알 수 있는 전문가로서 금융위원
　　　　회가 정하여 고시하는 자
　　2. 다음 각 목의 어느 하나에 해당하는 연고자(이하 생략)
16) 단, 전문투자자 중에서 집합투자기구, 신용보증기금, 기술신용보증기금 및 연기금을 제외
　　한 나머지 모든 전문투자자가 적격투자자이다(자본시장법 시행령 제271조 제1항).

는 최소 3억원 이상을 투자하여야 하므로(자본시장법 제249조의2,[17] 시행령 제271조제2항[18]), 이러한 점에서도 양자의 구별 실익이 있다고 생각된다.

4. 자본시장법상 투자권유규제 및 금융소비자보호법상 6대 판매원칙

자본시장법은 일반투자자에 대한 보호를 강화하기 위한 대표적인 투자권유규제 장치로서 적합성 원칙(제46조), 적정성 원칙(제46조의2), 설명의무(제47조) 등의 규정을 두고 있었다. 그런데 앞서 설명한 바와 같이 위 규정들이 금융소비자보호법으로 이관되면서, 금융소비자보호법은 금융상품판매업자 및 자문업자에게 부과하는 영업행위 준수사항으로서 아래 표와 같이 6대 판매원칙을 마련하게 되었는데, 일반금융소비자의 경우에는 6대 판매원칙이 모두 적용되는 반면 위험감수능력이 있는 전문금융소비자의 경우에는 불공정영업행위 금지, 부당권유행위 금지, 광고 규제만을 적용대상이 되도록 규정하고 있다.[19]

---

17) **제249조의2(일반 사모집합투자기구의 투자자)** 일반 사모집합투자기구인 투자신탁이나 투자익명조합의 일반 사모집합투자업자 또는 일반 사모집합투자기구인 투자회사등은 다음 각 호의 어느 하나에 해당하는 투자자(이하 이 장에서 "적격투자자"라 한다)에 한정하여 집합투자증권을 발행할 수 있다.
   1. 전문투자자로서 대통령령으로 정하는 투자자
   2. 1억원 이상으로서 대통령령으로 정하는 금액 이상을 투자하는 개인 또는 법인, 그 밖의 단체(「국가재정법」 별표 2에서 정한 법률에 따른 기금과 집합투자기구를 포함한다)
18) **제271조(일반사모집합투자기구의 투자자)** ② 법 제249조의2 제2호에서 "대통령령으로 정하는 금액"이란 다음 각 호의 구분에 따른 금액을 말한다.
   1. 법 제249조의7 제1항 각 호의 금액을 합산한 금액이 일반사모집합투자기구의 자산총액에서 부채총액을 뺀 가액의 100분의 200을 초과하지 않는 일반사모집합투자기구에 투자하는 경우: 3억원
   2. 제1호 외의 일반사모집합투자기구에 투자하는 경우: 5억원
19) 금융감독원, "금융소비자 및 금융회사 종사자를 위한 금융소비자보호법 안내자료 게시", 보도자료, 2021. 3. 24., "붙임 1. 금융소비자가 반드시 알아야 할 금소법", 22-23면.

6대 판매원칙	주요 내용	소비자 범위
① 적합성 원칙	소비자의 재산상황, 금융상품 취득·처분 경험 등에 비추어 부적합한 금융상품 계약체결의 권유를 금지	일반 금융소비자
② 적정성 원칙	소비자가 자발적으로 구매하려는 금융상품이 소비자의 재산 등에 비추어 부적정할 경우 그 사실을 소비자에게 고지하고 확인할 의무가 있음	
③ 설명의무	금융상품 계약 체결을 권유하거나, 소비자가 설명을 요청하는 경우 상품의 중요사항을 설명해야 함	
④ 불공정 영업금지	판매업자등이 금융상품 판매시 우월적 지위를 이용하여 소비자의 권익을 침해하는 행위(대출과 관련하여 다른 금융상품 계약을 강요하는 행위, 업무와 관련하여 편익을 요구하는 행위 등)를 금지	일반 금융소비자 + 전문 금융소비자
⑤ 부당권유 금지	금융상품 계약 체결 권유시 소비자가 오인할 우려가 있는 허위사실을 알리는 행위(불확실한 사항에 대한 단정적 판단을 제공하는 행위, 금융상품의 내용을 사실과 다르게 알리는 행위 등) 금지	
⑥ 광고 규제	금융상품이나 금융회사에 대한 광고 시에 특정 내용을 포함해야 하며, 일부 내용은 금지	

　　한편, 금융소비자보호법은 자본시장법의 투자자에 상응하는 개념으로서 금융상품판매업자의 거래상대방인 "금융소비자" 개념을 두고 있는데(동법 제8조 제8호), 일반금융소비자는 자본시장법의 규정형식과 유사하게 전문금융소비자가 아닌 금융소비자로 정의(동법 제2조 제10호)하는 한편, 전문금융소비자는 금융상품에 관한 전문성 또는 소유자산규모 등을 고려했을 때 금융상품 계약에 따른 위험을 감수할 수 있는 능력이 있는 금융소비자로서 국가, 한국은행, 금융회사, 주권상장법인, 그밖에 금융상품의 유형별로 대통령령으로 정하는 자가 이에 해당한다고 규정하고 있다(동법 제2조 제9호). 금융상품의 유형별[20]로 다소 간의 차이는 있지만 투자성

---

20) 금융소비자보호법 제3조에서는 금융상품을 속성에 따라 1) 예금성 상품, 2) 대출성 상품, 3) 보장성 상품, 4) 투자성 상품의 4가지 유형으로 구분하고, 하나의 금융상품이 둘 이상의 상품 유형에 동시에 해당하는 경우 해당 상품유형에 각각 속하는 것으로 본다.
　1) 예금성 상품: 은행법·저축은행법상 예금 및 이와 유사한 것으로, 은행·저축은행·신

상품에 한정할 경우 금융소비자보호법상 전문금융소비자[21]는 자본시장법상 전문
투자자와 그 범위가 대체로 유사한 것으로 보인다.

IV. 사안의 해결

1. 원고가 일반투자자인지 여부에 대한 판단

대상판결에서 대법원은 자본시장법상 적합성 원칙, 설명의무, 부당권유금지
의무를 위반하여 원고에게 투자권유를 함으로써 원고로 하여금 투자원금 일부를
회수하지 못한 손해를 입게 한 피고들에 대하여 손해배상책임이 있다고 판단하였
는데, 그 전제로서 아래와 같은 이유로 원고를 전문투자자가 아닌 일반투자자로
봄이 상당하다고 판시하였다.

협의 예·적금 등이 이에 해당한다.

2) 대출성 상품: 은행법·저축은행법상 대출, 여신전문금융업법상 신용카드·시설대여·연
   불판매·할부금융 및 이와 유사한 것으로, 각 금융회사의 대출, 카드사·할부금융회사
   의 신용카드·리스·할부, 대부업자의 대부상품 등이 이에 해당한다.
3) 보장성 상품: 보험업법상 보험상품 및 이와 유사한 것으로, 생명보험·손해보험·신협
   공제 등이 이에 해당한다.
4) 투자성 상품: 자본시장법에 따른 금융투자상품 및 이와 유사한 것으로, 주식·펀드·파
   생상품·신탁계약·투자일임계약·P2P연계투자 등이 이에 해당한다.
21) **[금융소비자법 시행령] 제2조(정의)** ⑩ 법 제2조 제9호 마목에서 "대통령령으로 정하는
   자"란 다음 각 호의 구분에 따른 자를 말한다.
   3. 투자성 상품의 경우: 다음 각 목에 해당하는 자(장외파생상품에 관한 계약의 체결 또
   는 계약 체결의 권유를 하거나 청약을 받는 경우에는 전문투자자와 같은 대우를 받겠
   다는 의사를 서면으로 알린 경우로 한정한다)
     가. 「주식·사채 등의 전자등록에 관한 법률」에 따른 전자등록기관
     나. 「자본시장과 금융투자업에 관한 법률 시행령」 제10조 제3항 제16호에 따른 법
        인·단체
     다. 「자본시장과 금융투자업에 관한 법률 시행령」 제10조 제3항 제17호에 따른 개인
     라. 투자성 상품을 취급하는 금융상품판매대리·중개업자
     마. 제1호 가목부터 바목까지에 해당하는 자
     바. 그 밖에 가목부터 마목까지의 자에 준하는 자로서 금융위원회가 정하여 고시하는 자

자본시장법 제9조 제5항은 금융투자상품에 관한 전문성 구비 여부, 소유자산 규모 등에 비추어 투자에 따른 위험감수능력이 있는 투자자로서 국가와 한국은행, 주권상장법인 외에 대통령령으로 정하는 금융기관과 그 밖에 대통령령으로 정하는 자를 전문투자자로 정의하고 있고, 이에 따라 자본시장법 시행령 제10조에서 전문투자자의 범위를 정하고 있다. 따라서 어떠한 투자자가 자본시장법에서 규정한 전문투자자에 해당하는지 여부는 객관적으로 자본시장법과 그 시행령에서 규정한 전문투자자에 해당하는지에 따라 결정된다.

자본시장법은 전문투자자와 일반투자자를 구별하여 전문투자자에 대하여는 적합성 원칙, 적정성 원칙, 설명의무 등 영업행위 규제의 대부분을 적용하지 않고 있는데, 이는 전문투자자와 일반투자자 사이에 금융투자계약을 체결할 때 필요한 지식과 경험, 능력 등 그 속성에 차이가 있음을 고려하여, 특히 보호가 필요한 일반투자자에게 한정된 규제자원을 집중함으로써 규제의 효율성을 높이고자 하는 취지이다.

위와 같이 전문투자자와 일반투자자를 구별하는 취지와 입법 목적, 구별 기준 등에 비추어 살펴보면, 전문투자자의 범위는 자본시장법과 그 시행령에 따라 명백하게 인정되는 경우를 제외하고는 한정적으로 해석해야 한다. 즉, 어떠한 기금이 법률에 설립 근거를 두고 있다는 사정만으로는 자본시장법 시행령 제10조 제3항 제12호에서 전문투자자로 규정하고 있는 '법률에 따라 설립된 기금'에 해당한다고 단정할 수 없고, 특히 그 기금의 설치 여부가 임의적인 경우에는 더욱 그러하다. 따라서 「근로복지기본법」 제50조, 제52조[22])에 따라 한국도로공사 근로자의 생활안정과 복지증진을 위하여 고용노동부장관의 인가를 받아 설립된 법인인 원고는 자본시장법 시행령 제10조 제3항 제12호에서 전문투자자로 규정하고 있는 '법률에 따라 설립된 기금'에 해당한다고 보기 어렵다.

---

22) **제50조(사내근로복지기금제도의 목적)** 사내근로복지기금제도는 사업주로 하여금 사업 이익의 일부를 재원으로 사내근로복지기금을 설치하여 효율적으로 관리·운용하게 함으로써 근로자의 생활안정과 복지증진에 이바지하게 함을 목적으로 한다.
　제52조(법인격 및 설립) ② 사내근로복지기금법인(이하 "기금법인"이라 한다)을 설립하려는 경우에는 해당 사업 또는 사업장(이하 "사업"이라 한다)의 사업주가 기금법인설립준비위원회(이하 "준비위원회"라 한다)를 구성하여 설립에 관한 사무와 설립 당시의 이사 및 감사의 선임에 관한 사무를 담당하게 하여야 한다.
　④ 준비위원회는 대통령령으로 정하는 바에 따라 기금법인의 정관을 작성하여 고용노동부장관의 설립인가를 받아야 한다. (이하 생략)

한편, 대상판결에서는 언급되지 않았으나 그 원심(서울고등법원 2018. 1. 19. 선고 2017나2016561 판결)이 원고를 일반투자자로 판단할 때 고려한 아래의 사정들도 참고할 만하다고 생각되는바, 살펴보면 그 내용은 아래와 같다.

① 금융위원회의 유권해석[23])에 따르면 해당 기금에 대하여 별도의 설립행위나 관할관청의 인·허가 없이 법률 그 자체의 규정에 따라 설립된 경우만 위 시행령에서 정한 '법률에 따라 설립된 기금'으로 보아야 한다. 원고는 근로복지기본법 제50조, 제52조에 따른 설립행위 및 고용노동부장관의 인가에 의해 설립되었으므로 위 유권해석에 따르면 원고는 자본시장법 시행령 제10조 제3항 제12호에서 정한 '법률에 따라 설립된 기금'이라고 볼 수 없다.

② 원고의 투자의사결정 기구인 이사회는 노사 동수 6명으로 구성되고, 노측 이사는 노동조합 집행부 임원들이 맡고, 사측 이사는 단체 및 임금 협상을 주관하는 인력처 소속 직원이 맡고 있어서 금융투자 의사결정을 위한 전문성을 확보하고 있지 않다. 원고의 주된 목적은 한국도로공사 근로자의 생활안정과 복지증진에 있고, 주된 활동은 주택구입자금 등의 보조, 우리사주 구입의 지원 등 근로자 재산형성을 위한 지원 등을 결정하는 것이다. 즉, 원고는 금융상품 운용에 따른 수익 창출이 주된 목적인 법인이 아니다. 또한, 국민연금법에 따라 설치된 국민연금기금의 경우 국민연금기금운용위원회, 공무원연금법에 따라 설치된 공무원연금기금의 경우 공무원연금운영위원회를 두고 있는 것과 달리 근로복지기본법상 사내근로복지기금은 기금운용에 관한 사항을 심의·의결하는 기관을 필수기관으로 두고 있지 않다.

③ 개인투자자가 아닌 기관투자자라고 하여 필연적으로 전문투자자가 되는 것은 아니고, 피고 B증권 또한 이 사건 각 펀드 판매 당시 원고를 일반투자자로 분류하였다.

---

23) 각주 4번에 소개된 유권해석을 가리킨다.

2. 피고들의 투자권유규제 위반 여부에 대한 판단

가. 적합성의 원칙 위반 여부 판단

대상판결 및 그 원심은, 원고가 이 사건 각 펀드 가입 전에 피고 B증권에서 행한 고객투자성향에 대한 설문조사 당시 "투자경험: 저위험 상품, 위험에 대한 태도: 투자수익을 고려하나 원금보존이 더 중요함"이라고 답한 점, 원고의 이사회는 이사회 기능 중 일부에 불과한 금융투자상품에 대한 투자의사결정을 위한 전문성을 거의 확보하고 있지 않고 원고의 직원들도 금융전문가가 아닌 순환 근무하는 일반 직원들이어서 금융투자에 관한 전문적 능력을 갖춘 것으로 보이지 않는 점 등을 고려하여, 피고들은 원고에게 원고의 투자목적·재산상황 및 투자경험 등에 비추어 적합하지 않은 금융투자상품에 대한 투자권유를 한 것으로 봄이 상당하므로 자본시장법상 적합성의 원칙을 위반하였다고 판단하였다.

나. 설명의무 및 부당권유금지의무 위반 여부 판단

대상판결 및 그 원심은, 피고들이 원고에게 원고의 합리적인 투자판단 또는 이 사건 각 펀드의 가입 판단에 중대한 영향을 미칠 수 있는 영국 금융감독청 지침 발표 사실, 미국 생명보험증권 투자상품의 투자자들이 손실을 입은 여러 사건들, 이 사건 각 펀드의 투자대상인 이 사건 보험펀드가 전문투자자용 외국 집합투자기구로 등록된 사실 및 나아가 이 사건 3, 4호 펀드의 가입 판단에 중대한 영향을 미칠 수 있는 중요사항인 이 사건 환매중단결정 및 그 변경등록 사실 등을 설명하지 않음으로써, 또한 이 사건 각 펀드의 안정적 투자수익 발생 여부가 불확실함에도 불구하고 마치 이 사건 각 펀드의 투자로 정기예금과 유사하게 안정적이면서 확실한 수익을 얻을 수 있다는 등으로 왜곡하여 설명하거나 단정적인 판단을 제공함으로써 설명의무를 위반하고, 부당권유행위를 하였다고 봄이 상당하므로 자본시장법상 설명의무 및 부당권유행위 금지의무를 위반하였다고 판단하였다.

3. 피고들의 손해배상책임 발생 및 책임의 제한

대상판결 및 원심은, 피고들이 연대하여 원고에게 위 살펴본 피고들의 자본시장법상 의무 위반으로 인하여 발생한 원고의 손해를 배상할 의무가 있다고 판단하여, 미상환 투자원금(56억 4,400만원)을 손해로 인정하였다.

다만, 이 사건 각 펀드가 미국 생명보험증권 펀드에 투자하는 생소한 투자상품임에도 이에 관한 사전정보 수집 및 관련 규정 검토 등의 절차 없이 만연히 피고 B 증권의 말이나 상품안내서에 의존하여 이 사건 각 펀드의 수익증권을 매수한 원고의 과실, 원고의 주된 설립 목적이 근로자의 생활안정과 복지증진에 있는 점, 원고는 그와 같은 설립목적에 따라 주로 안전성과 유동성이 높은 금융상품에 가입하여 기금을 운용한 점, 금융전문가인 피고들이 원고의 그와 같은 투자경력, 투자성향 등을 잘 알고 있었음에도 원고에게 적합하지 않은 금융투자상품에 대한 투자를 권유하고 중요사항에 대하여 제대로 설명하지 않거나 왜곡하여 설명한 점 등 제반사정을 종합하여, 원고의 과실이 피고들의 과실보다 더 크다고 볼 수 없고, 이에 따라 원고의 과실비율을 30%로 보아 피고들의 책임을 70%로 제한함이 타당하다고 판단하였다.

4. [참고] 금융소비자보호법 제정 이후의 원고의 지위

금융소비자보호법은 기존 자본시장법상 "법률에 따라 설립된 기금" 문언과 유사하나 기금설치의 근거 법률을 구체적으로 명시하여 "「국가재정법」 별표 2[24]

---

24) 국가재정법 [별표 2]의 기금설치 근거법률에 해당하는 법률은 아래와 같다.
1. 고용보험법, 2. 공공자금관리기금법, 3. 공무원연금법, 4. 공적자금상환기금법, 5. 과학기술기본법, 6. 관광진흥개발기금법, 7. 국민건강증진법, 8. 국민연금법, 9. 국민체육진흥법, 10. 군인복지기금법, 11. 군인연금법, 12. 근로복지기본법, 13. 금강수계 물관리 및 주민지원 등에 관한 법률, 14. 삭제, 15. 기술보증기금법, 16. 낙동강수계 물관리 및 주민지원 등에 관한 법률, 17. 남북협력기금법, 18. 농림수산업자 신용보증법, 19. 농수산물유통 및 가격안정에 관한 법률, 20. 농어가 목돈마련저축에 관한 법률, 21. 「농어업재해보험법」, 22. 대외경제협력기금법, 23. 문화예술진흥법, 24. 「방송통신발전 기본법」, 25. 보훈

에 따른 법률에 따라 설치된 기금(기술보증기금 및 신용보증기금은 제외)을 관리·운용
하는 공공기관"은 원칙적으로 전문금융소비자에 해당하나 일반금융소비자와 같은
대우를 받겠다는 의사를 금융상품판매업자 등에게 서면으로 통지하여 금융상품판
매업자 등이 이에 동의한 경우에는 이를 일반금융소비자로 보는 것으로 규정하게
되었다(동법 제2조 제9호, 동법 시행령 제2조 제7항 제2호 나목). 따라서, 향후에는 본
사안과 같이 금융상품판매업자(금융투자업자)의 금융소비자(투자자)에 대한 금융투
자상품 투자권유 과정에서 해당 금융소비자가 법률에 따라 설치된 기금인 경우,
전문금융소비자와 일반금융소비자 중 어느 것에 해당하는지 여부에 대한 해석상
분쟁의 가능성은 상당히 감소될 것으로 예상된다.

한편, 향후 본 사안과 유사한 분쟁이 발생한다고 가정할 경우, 위 금융소비자
보호법상 전문금융소비자 규정에 의하면 근로복지기본법에 따라 설치된 원고는
일반금융소비자와 같은 대우를 받겠다는 의사를 금융상품판매업자 등에게 서면으
로 통지하여 금융상품판매업자 등이 이에 동의한 경우가 아닌 이상 전문금융소비
자에 해당할 것으로 보인다(금융소비자보호법 제2조 제9호, 동법 시행령 제2조 제7항 제2
호 나목, 국가재정법 별표 2 제12호).

기금법, 26. 복권 및 복권기금법, 27. 사립학교교직원 연금법, 28. 사회기반시설에 대한
민간투자법, 29. 산업재해보상보험법, 30.「무역보험법」, 31.「신문 등의 진흥에 관한 법
률」, 32. 신용보증기금법, 33.「농업·농촌 공익기능 증진 직접지불제도 운영에 관한 법
률」, 34.「양곡관리법」, 35.「수산업·어촌 발전 기본법」, 36.「양성평등기본법」, 37. 영산
강·섬진강수계 물관리 및 주민지원 등에 관한 법률, 38. 예금자보호법(예금보험기금채권
상환기금에 한한다), 39.「산업기술혁신 촉진법」, 40. 외국환거래법, 41.「원자력 진흥
법」, 42. 응급의료에 관한 법률, 43. 임금채권보장법, 44. 자유무역협정 체결에 따른 농어
업인 등의 지원에 관한 특별법, 45. 장애인고용촉진 및 직업재활법, 46. 전기사업법, 47.
「정보통신산업 진흥법」, 48.「주택도시기금법」, 49.「중소기업진흥에 관한 법률」, 50. 지
역신문발전지원 특별법, 51. 청소년기본법, 52. 축산법, 53. 삭제, 54. 한강수계 상수원수
질개선 및 주민지원 등에 관한 법률, 55. 한국국제교류재단법, 56. 한국농촌공사 및 농지
관리기금법, 57. 한국사학진흥재단법, 58. 한국주택금융공사법, 59.「영화 및 비디오물의
진흥에 관한 법률」, 60. 독립유공자예우에 관한 법률, 61. 삭제, 62.「방사성폐기물 관리
법」, 63.「문화재보호기금법」, 64.「석면피해구제법」, 65.「범죄피해자보호기금법」, 66.
「국유재산법」, 67.「소기업 및 소상공인 지원을 위한 특별조치법」, 68.「공탁법」, 69. 자
동차손해배상 보장법, 70. 국제질병퇴치기금법, 71.「기후위기 대응을 위한 탄소중립·녹
색성장 기본법」

제2부

펀드 설정에 있어 투자자 보호의무

제 6 장

●

투자자보호의무 및 선관주의의무의 인정 범위

Ⅰ. 사안의 개요

> [대법원 2020.2.27. 선고 2016다223494 판결(이하 '대상판결')
> 사실관계 참조]

■ 피고 A자산운용(이하 "피고 A")은 미국 플로리다주 호텔 건립 개발사업(이하 "이 사건 사업")을 위해 2008. 5. 16. 합계 230억원 규모의 특별자산펀드(이하 "이 사건 특별자산펀드")를 설정하였고, 이 사건 특별자산펀드는 피고 A가 지배하는 미국 내 SPC(이하 "이 사건 SPC")의 지분을 취득하고 이 사건 SPC에 금전을 대여하였으며, 이 사건 SPC는 이 사건 사업의 시행사의 지분 13%를 취득하였다.

■ 당초 피고 A는 이 사건 특별자산펀드의 규모를 합계 320억원으로 계획하고 2008. 5.경 원고(신용협동조합중앙회)에게 이 사건 특별자산펀드에 90억원을 투자할 것을 권유하면서 이 사건 사업에 대해 설명하고 투자설명서도 교부하였다. 원고도 위 펀드에 투자하려 하였으나, 신용협동조합법[1]상 증권펀드나

---

1) 원고는 신용협동조합으로부터 예치된 여유자금 및 상환준비금 등의 자금을 유가증권을 매입하는 방법으로 운용할 수 있는데, 원고가 매입할 수 있는 유가증권의 종류 및 한도는 신용협동조합법 시행령으로 정한다(동법 제79조). 2008년 당시 시행령에서는 원고가 매입할 수 있는 유가증권의 종류를 구체적으로 열거하고 있었는데, 여기에 부동산펀드의 수익증권은 포함되는 반면 특별자산펀드의 수익증권은 포함되어 있지 않았다(구 신용협동조합법 시행령[2008. 2. 29. 대통령령 제20653호로 개정된 것] 제19조의7 제3항).

부동산펀드 투자는 가능한 반면, 특별자산펀드 투자가 금지되어 있어 원고의 투자가 불가능하게 되자 이 사건 특별자산펀드의 전체 규모는 230억원으로 축소되었다.

■ 이 사건 특별자산펀드 투자가 불가능해진 원고는, 피고 A 및 피고 B자산운용(이하 "피고 B")과 협의하여 피고 B가 부동산펀드를 설정하면 원고가 그 펀드에 투자하는 방법으로 이 사건 SPC에 투자하기로 합의하였다. 피고 B는 원고에게, 피고 A가 종전에 이 사건 특별자산펀드의 투자를 권유하며 교부한 투자설명서와 펀드의 수익구조, 위험요인 등의 내용이 거의 동일한 투자설명서를 교부하였다. 다만, 피고 B의 투자설명서에는 이 사건 특별자산펀드의 투자설명서와 달리, 자산운용사에 대한 성공보수 약정이 없고, 펀드재산이 부동산개발업을 목적으로 설립된 국내 SPC에게 대출된 다음에 다시 이 사건 SPC에게 투자된다는 내용 등이 추가로 기재되어 있다.

■ 위 합의에 따라 원고는 2008. 6. 16. 피고 B가 설정한 부동산펀드(이하 "이 사건 펀드")에 80억원을 투자하고 매년 피고 B에게 펀드자금의 0.94% 상당의 운용보수를 지급하기로 하였으며, 실제 피고 B는 원고로부터 운용보수를 수령하였다.

■ 그러나 이 사건 사업은 미국 금융위기의 영향으로 예정된 대출이 무산되고 이 사건 펀드의 만기일(2011. 6. 16.)까지 공사를 착공하지도 못한 채 실패하였다.

■ 원고는 최초에 투자권유를 한 자산운용사인 피고 A와 실제 원고가 투자한 이 사건 펀드의 자산운용사인 피고 B를 공동피고로 하여 투자권유단계에서의 투자자보호의무 위반 및 자산운용단계에서의 선관주의의무 위반을 주장하면서, 투자원금 80억원 중 원고가 이 사건 펀드의 배당금으로 기 지급받은 13억원을 공제한 67억원의 지급을 구하는 손해배상청구 소송을 제기하였다.

[본 사안의 투자개요]

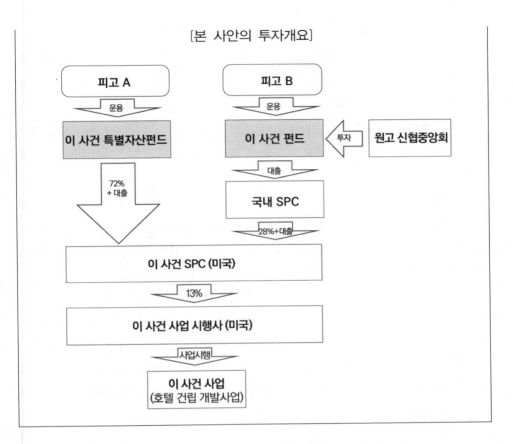

II. 문제의 소재

본 사안은 기관투자자인 원고가 당초 피고 A의 권유를 받고 특별자산펀드인 이 사건 특별자산펀드에 투자하려고 하였으나 관계법령상 원고의 위 펀드에 대한 투자가 불가능하게 되자, 피고들과의 합의 하에 해외부동산 개발사업을 통해 수익을 얻는 점은 동일하나 펀드 구조를 약간 달리하는 부동산펀드인 이 사건 펀드를 피고 B가 설정하고 원고가 동 펀드의 수익증권을 매수하는 방법으로 우회적으로 투자하기로 하였다가, 이 사건 사업이 실패하여 투자금의 손실을 입게 되자 피고들을 상대로 손해배상을 청구한 사안이다.

구체적으로, 원고는 피고들이 ① 이 사건 펀드의 자산운용사로서 이 사건 펀드에 대한 투자설명서를 작성함에 있어 이 사건 사업의 위험성 및 이로 인한 원금손실 가능성 등 투자위험에 대해 기재하지 않고 원고에게 이를 설명하지 하지 않아 투자권유단계에서의 투자자보호의무를 위반하였고, ② 이 사건 펀드의 운용단계에서 투자금 회수를 위한 담보를 제대로 관리하지 않는 등 이 사건 펀드의 운용단계에서 선관주의의무를 위반하였다고 주장하였다.

이에 대해 ① 피고 A는 자신이 원고에게 이 사건 특별자산펀드에 가입할 것을 권유하였으나 원고가 이 사건 특별자산펀드에 가입하지 않고 별개의 펀드인 이 사건 펀드에 가입하여 원고와 피고 A 사이의 투자교섭관계는 종결되었으므로 피고 A의 설명의무 위반으로 인하여 원고에게 손해가 발생한 것이 아니고, 피고 A는 피고 B부터 이 사건 펀드 자산운용업무를 위탁받은 사실도 없으므로 이 사건 펀드의 자산운용사는 피고 B라는 점, ② 피고 B는 자신은 형식적으로 이 사건 펀드를 설정한 후 투자금을 전달하는 역할만을 수행하였고, 피고 A가 원고에게 실질적으로 이 사건 펀드 투자에 대한 설명을 하고 이 사건 펀드 자금을 운용한 주체라는 점을 각각 들어, 각자 자신은 원고에 대한 손해배상책임을 부담하지 않는다고 주장하였다.

결국 본 사안에서는, 펀드를 설정한 자산운용사가 해당 펀드를 운용하는 일반적인 상황과 달리, 피고 B는 이 사건 펀드의 설정을 사실상 주도하지 않았고 이 사건 펀드 재산을 실제 운용하지도 않으며 그저 원고가 피고 A에 투자할 수 있도록 자신의 명의만을 대여해 준 셈이므로, 펀드의 설정을 사실상 주도한 자 – 실제 펀드를 설정한 자 – 펀드재산을 운용한 자가 서로 일치하지 않는다. 이러한 상황에서 어느 자산운용사가 원고에 대해 투자자보호의무 및 선관주의의무를 부담하는지에 대해 살펴보기로 한다. 아울러, 그에 앞서 원고의 투자대상 선정에 영향을 미쳤던 펀드의 종류로서의 부동산펀드와 특별자산펀드에 대해서도 간략히 소개하기로 한다.

Ⅲ. 특별자산펀드와 부동산펀드의 구분

1. 펀드의 종류

펀드의 종류에 대해, 구 간접투자자산운용업법(이하 "간접투자법")은 증권펀드, 파생상품펀드, 부동산펀드, 실물펀드, 단기금융펀드, 재간접펀드, 특별자산펀드의 7종으로 구분하였으나(동법 제27조), 이후 제정된 자본시장과 금융투자업에 관한 법률(이하 "자본시장법")은 파생상품펀드와 재간접펀드는 제외하고 증권펀드, 부동산펀드, 특별자산펀드, 혼합자산펀드, 단기금융펀드(소위 MMF)의 5종으로 단순화하면서, 펀드의 투자대상자산은 일률적으로 제한하지 않고(단, 단기금융펀드는 제외2)) 펀드재산의 최저투자한도 등을 통해 펀드를 구분하게 되었다(동법 제229조).

2. 부동산펀드과 특별자산펀드의 개념

본 사안에서 원고의 투자가 불가능하였던 특별자산펀드(이 사건 특별자산펀드)와 원고가 투자한 부동산펀드(이 사건 펀드)는 모두 주식, 채권과 같은 전통적인 투자대상군이 아닌 투자대상에 투자하는 대체투자펀드로 분류된다는 공통점이 있는데, 특별자산펀드와 부동산펀드에 대해 보다 자세히 살펴보면 아래와 같다.

가. 부동산펀드

간접투자법에서는 펀드재산을 부동산에 투자하는 펀드를 부동산펀드로 정의

---

2) **제229조(집합투자기구의 종류)** 집합투자기구는 집합투자재산의 운용대상에 따라 다음 각 호와 같이 구분한다.
   5. 단기금융집합투자기구: 집합투자재산 전부를 대통령령으로 정하는 단기금융상품에 투자하는 집합투자기구로서 대통령령으로 정하는 방법으로 운용되는 집합투자기구

하면서(동법 제27조 제3호, 시행령 제35조 제4항 및 제3조), 자산운용사가 각 부동산펀드 자산총액의 100% 이내에서 부동산개발회사가 발행한 동일종목의 투자증권에 투자하거나(시행령 제73조 제4항), 부동산의 개발과 관련된 사업을 영위하는 법인에게 부동산펀드 순자산총액의 100% 범위 내에서 부동산 관련사업에 자금을 대여하는 방법(시행령 제130조 제1항)[3] 등으로 부동산펀드를 운용할 수 있다는 운용상의 특례 규정을 두었다.

　　한편, 자본시장법은 집합투자재산의 50% 이상을 부동산에 투자하는 펀드를 부동산펀드로 정의하면서, 이때 부동산이란 단순히 실물 부동산만을 의미하는 것이 아니라 ① 부동산을 기초자산으로 한 파생상품에 대한 투자, ② 부동산 개발과 관련된 법인에 대한 대출, ③ 부동산의 개발, 관리 및 개량, 임대 및 운영, 지상권·지역권·전세권·임차권·분양권 등 부동산 관련 권리의 취득 등의 방법을 통한 부동산 투자, ④ 부동산과 관련된 증권{부동산 등에 투자하는 수익증권, 집합투자증권, 유동화증권, 부동산투자회사(리츠) 발행 주식, 부동산개발회사 발행 증권 등}에 투자하는 경우를 포함하는 포괄적인 의미를 가진다고 규정하게 되었다(동법 제229조 제2호, 시행령 제240조 제3항).

　　결국, 간접투자법상 부동산펀드는 부동산에만 투자할 수 있었던 것과는 달리, 자본시장법에서는 부동산펀드가 부동산에 펀드재산의 50% 이상을 투자하기만 하면 나머지 펀드재산으로 자본시장법상 한도 내에서 자유롭게 다른 투자대상에 투자를 할 수 있도록 한 것이 주요 차이점 중 하나라 할 수 있겠다.

---

3) 자본시장법에서도 일반 펀드의 경우에는 금전차입과 금전대여를 엄격하게 제한(자본시장법 제83조 제1, 4항)하는 것과 달리, 부동산펀드는 금전차입과 금전대여가 가능하다. 구체적으로 금전차입의 경우, 금융기관 등에게 부동산을 담보로 제공하는 등의 방법으로 펀드 순자산(자산총액에서 부채총액을 뺀 가액)의 200%까지 차입이 가능하며, 차입한 금전은 부동산에 운용하는 방법 외의 방법으로 운용하는 것은 금지된다(자본시장법 제94조 제1항, 시행령 제97조 제1, 7, 8항). 금전대여의 경우, 펀드재산으로 부동산개발사업을 영위하는 법인(부동산신탁업자, 부동산투자회사, 다른 펀드)에 대하여 펀드 순자산의 100%까지 금전대여가 가능한데(시행령 제97조 제4항), 이때 규약에 금전대여에 관한 사항을 정하고, 부동산에 대한 담보권 설정 또는 시공사 지급보증 등 대여금 회수를 위한 적절한 수단을 확보하여야 한다(시행령 제97조 제3항).

나. 특별자산펀드

특별자산펀드에 대해, 간접투자법은 투자증권, 장내파생상품 또는 장외파생상품, 부동산, 실물자산, 간접투자증권 및 신탁업법에 따라 발행된 수익증권을 제외한 그 밖의 투자대상자산에 주로 투자하는 펀드로 정의한 반면(동법 제27조 제7호, 시행령 제35조 제4항, 제3조), 자본시장법은 펀드재산의 50% 이상을 특별자산(증권 및 부동산을 제외한 투자대상자산)에 투자하는 펀드(동법 제229조 제3호, 시행령 제240조 제6항)로 정의하였다. 실무상 특별자산펀드의 대표적인 투자대상으로는 항공기, 선박, 기계 등의 실물자산, 금, 원유, 구리 등의 원자재, 도로, 항만 등의 사회기반시설, 지식재산권 등이 있다.

다. 본 사안의 경우

간접투자법이 적용된 본 사안의 경우,[4] 대상판결에서 이 사건 펀드 및 이 사건 특별자산펀드의 신탁계약 조건이 자세하게 소개되고 있지는 않았으나, 이 사건 펀드는 이 사건 펀드의 재산 대부분을 부동산의 개발과 관련된 사업을 영위하는 국내 SPC에게 대여하는 방식으로 운용되었기 때문에 부동산펀드로 분류되었던 반면, 이 사건 특별자산펀드는 이 사건 SPC의 지분을 매수함과 동시에 이 사건 SPC에 자금을 대여하는 방식으로 운용되었는데 이러한 방법이 간접투자법에서 정한 부동산펀드의 운용방법에 부합하지 아니하여 특별자산펀드로 분류되었던 것으로 보인다.

앞서 본 바와 같이, 원고는 이 사건 특별자산펀드의 설정 당시 신용협동조합법상 특별자산펀드의 수익증권을 매입할 수 없었던 이유로, 동법상 투자가 허용되는 부동산펀드인 이 사건 펀드에 투자하는 우회적인 방법을 취하였다.[5]

---

4) 이 사건 특별자산펀드는 2008. 5.경, 이 사건 펀드는 2008. 6.경 각 설정되었고, 자본시장법은 2007. 8. 3. 법률 제8635호로 제정되어 2009. 2. 4. 시행되었다.

5) 참고로 현행 신용협동조합법하에서는 「사회기반시설에 대한 민간투자법」 제2조에서 정한 사회기반시설에 투자하는 특별자산펀드에 한하여 투자가 가능한 것으로 개정되었다(동법

IV. 자산운용사의 투자자에 대한 의무
(관련 규정 및 판례를 중심으로)

자산운용사의 의무를 투자권유단계에서의 투자자보호의무와 자산운용단계에서의 선관주의의무로 나누어 살펴보기로 한다.

1. 투자권유단계에서의 투자자보호의무

자산운용사는 간접투자법 제4조 제2항,[6] 제56조 제1항, 제4항[7] 등에 따라 펀드를 설정하고 펀드재산을 운용하는 자로서 펀드에 관하여 제1차적으로 정보를

제79조 제1항 제2호, 제2항, 동법 시행령 제19조의7 제3항 제2호 가목, 상호금융업감독규정 제18조의4 제3항 제3호).

[6] **제4조(자산운용회사)** ② 제1항의 규정에 의하여 허가를 받은 자는 다음 각호의 업무를 영위한다.
  1. 투자신탁의 설정·해지
  2. 투자신탁재산의 운용·운용지시
  3. 투자회사재산의 운용
  4. 그 밖에 대통령령이 정하는 업무

[7] **제56조(투자설명서)** ① 투자신탁의 자산운용회사 또는 투자회사(투자회사가 설립중인 때에는 발기인을 말한다. 이하 이 조에서 같다)는 간접투자증권을 발행하는 경우 투자설명서를 작성하고 그 내용이 법령 및 신탁약관 또는 투자회사의 정관의 내용에 부합하는지 여부에 대하여 수탁회사 또는 자산보관회사의 확인을 받아 이를 판매회사에 제공하여야 한다. 신탁약관 또는 투자회사의 정관의 변경 등에 따라 투자설명서의 내용을 변경하는 경우(대통령령이 정하는 경우를 제외한다)에도 또한 같다.
  ④ 투자신탁의 자산운용회사 또는 투자회사는 투자설명서에 다음 각호의 사항을 기재하여야 한다.
  1. 당해 간접투자기구의 운용개념 및 방법
  2. 투자원금이 보장되지 아니한다는 사실 등 투자위험에 관한 사항
  3. 당해 간접투자기구의 운용전문인력에 관한 사항
  4. 과거운용실적이 있는 경우 그 운용실적
  5. 그 밖에 투자자 보호를 위하여 대통령령이 정하는 사항

생산하고 유통시켜야 할 지위에 있고,[8] 투자자도 자산운용사의 전문적인 지식과 경험을 신뢰하여 자산운용사가 제공하는 투자정보가 올바른 것이라고 믿고 그에 의존하여 투자판단을 하게 된다. 따라서, 자산운용사는 투자자에 대하여 수익증권의 판매업무를 직접 담당하지 않는 경우에도 수익증권의 판매에 직접적인 이해관계가 있을 뿐 아니라 펀드의 설정자 및 운용자로서 판매회사나 투자자에게 펀드의 수익구조와 위험요인에 관한 올바른 정보를 제공함으로써 투자자가 그 정보를 바탕으로 합리적인 투자판단을 할 수 있도록 투자자를 보호하여야 할 주의의무를 부담한다(대법원 2011. 7. 28. 선고 2010다76368 판결). 이는 제3자가 펀드의 설정을 사실상 주도하였다고 하여 달라지지 않는다(대법원 2015. 11. 12. 선고 2014다15996 판결).

이러한 올바른 정보 제공의 전제로서, 자산운용사는 펀드의 운용대상이 되는 자산과 관련된 제3자가 제공한 운용자산에 관한 정보를 신뢰하여 이를 그대로 판매회사나 투자자에게 제공하는 데에 그쳐서는 아니 되고, 그 정보의 진위를 비롯한 펀드의 수익구조 및 위험요인에 관한 사항을 합리적으로 조사하여야 할 것이며, 만약 합리적인 조사를 거친 뒤에도 펀드의 수익구조와 위험요인에 관한 정보가 불명확하거나 불충분한 경우에는 판매회사나 투자자에게 그러한 사정을 분명하게 알려야 할 투자자보호의무를 부담한다(대법원 2015. 11. 12. 선고 2014다15996 판결).

2. 자산운용단계에서의 선관주의의무

투자자들로부터 모은 금전 등을 운용하는 자산운용사는 투자전문가의 고용, 투자정보의 수집, 투자대상의 선택, 투자분석 및 포트폴리오 관리 등을 수행하므로 일반인보다 높은 수준의 주의의무가 요구된다 할 것이다. 이에 간접투자법은

---

8) 자본시장법상 집합투자업자 역시 마찬가지로서, 이는 자본시장법 제6조 제4, 5항, 제80조(자산운용의 지시 및 실행), 제123조(투자설명서의 작성·공시), 제184조(집합투자기구의 업무수행 등), 제188조(신탁계약의 체결 등) 등을 통해 확인할 수 있다.

자산운용사가 법령, 투자신탁의 약관 또는 투자회사의 정관 및 투자설명서에 위배되는 행위를 하거나 그 업무를 소홀히 하여 간접투자자에게 손해를 발생시킨 때에는 그 손해를 배상할 책임이 있고(동법 제19조 제1항), 자산운용사는 선량한 관리자의 주의로써 간접투자재산을 관리하여야 하며, 간접투자자의 이익을 보호하여야 한다(동법 제86조 제1항)고 규정하였다.

자본시장법은 모든 유형의 금융투자업자에게 적용되는 공통 영업행위 규칙을 두어, 금융투자업자는 신의성실의 원칙에 따라 공정하게 금융투자업을 영위하여야 하고(제37조 제1항), 금융투자업을 영위함에 있어 정당한 사유 없이 투자자의 이익을 해하면서 자기가 이익을 얻거나 제3자가 이익을 얻도록 하여서는 아니 된다(제37조 제2항)고 규정하고 있다. 한편, 자본시장법은 위 통칙규정인 제37조와는 별도로 제79조에서 집합투자업자의 선관주의의무 및 충실의무에 대해 규정하고 있는데,9) 이와 같이 제79조를 둔 이유에 대해 자산운용사가 투자자의 자금을 맡아서 대신 운용하는 소위 '자금수탁자적 지위'에 있는 점을 고려하여 자산운용사의 선관주의의무 및 충실의무를 특별히 강조하기 위한 것으로 이해할 수 있다.10)

따라서 자산운용사는 가능한 범위 내에서 수집된 정보를 바탕으로 신중하게 펀드재산을 운용함으로써 투자자의 이익을 보호하여야 할 의무가 있고, 구체적으로 펀드재산을 어떻게 운용하여야 하는지는 관계 법령, 펀드 약관의 내용, 그 시점에서의 경제 상황 및 전망 등의 제반 사정을 종합적으로 고려하여 판단하여야 한다(대법원 2018. 9. 28. 선고 2015다69853 판결). 한편, 자산운용사가 가능한 범위 내에서 수집된 정보를 바탕으로 간접투자재산의 최상의 이익에 합치된다는 믿음을 가지고 신중하게 펀드재산의 운용에 관한 지시를 하였다면 선량한 관리자로서의 책임을 다한 것이라고 할 것이고, 설사 그 예측이 빗나가 펀드재산에 손실이 발생하였다고 하더라도 그것만으로 펀드재산 운용단계에서의 선관주의의무를 위반한 것

---

9) **제79조(선관의무 및 충실의무)** ① 집합투자업자는 투자자에 대하여 선량한 관리자의 주의로써 집합투자재산을 운용하여야 한다.
   ② 집합투자업자는 투자자의 이익을 보호하기 위하여 해당 업무를 충실하게 수행하여야 한다.

10) 로앤비 온주주석서 자본시장과 금융투자업에 관한 법률 제79조(박삼철, 김은집, 서종군 집필), 온주편집위원회, 2019. 12. 17. 출판.

이라고 할 수 없다(대법원 2013. 11. 28. 선고 2011다96130 판결).

V. 사례의 해결

본 사안의 1심은 피고들 모두 투자권유단계에서의 투자자보호의무를 부담하는 주체로서 원고가 입은 손해의 20%인 13억원을 공동하여 배상하라는 원고 일부 승소 판결을 선고했다. 한편, 1심과 달리 2심은 피고들 모두 이 사건 펀드의 자산운용사가 아니어서 투자자 보호의무와 선관주의의무를 부담하지 않는다고 판단하면서 원고의 청구를 전부 기각하였는데, 구체적으로 피고 A의 경우, 이 사건 펀드를 설정하거나 수익증권을 발행한 적이 없고 피고 A와 원고 사이에 과거의 거래 등을 통하여 신뢰관계가 형성되었음을 인정할 수도 없다는 점을, 피고 B의 경우, 이 사건 펀드 재산을 실제 운용하지 않고 이를 피고 A가 지배하는 이 사건 SPC의 계좌에 입금함으로써 그 임무가 종료되는 것으로 원고와 합의하였다는 점을 위와 같은 판단의 근거로서 삼았다.

그러나 대상판결에서 대법원은 다음과 같은 이유로 원심의 판단을 그대로 수긍하기 어렵다고 하면서 원심을 파기환송하였다. 첫째, 대법원은 피고 A가 i) 이 사건 펀드의 자산운용사가 아니어서 자산운용단계에서는 선관주의의무를 부담하지 않지만, ii) 원고가 이 사건 펀드에 투자한 것은 피고 A의 권유에 따른 것이고, 피고 A가 이 사건 펀드의 수익구조와 위험요인에 관련된 주요 내용을 실질적으로 결정하는 등 이 사건 펀드의 설정을 사실상 주도하였다는 점을 들어 투자권유단계에서는 투자자 보호의무를 부담한다고 판단하였다.

둘째, 대법원은 피고 B가 이 사건 펀드의 자산운용사로서 자산운용계약[11) 체

---

11) 투자자는 자산운용사와 투자신탁에 관한 투자계약을 체결하는 방식으로 투자신탁에 가입하지 않고, 판매회사로부터 자산운용회사가 발행한 수익증권을 매수하여 투자신탁의 수익자가 됨으로써 자산운용회사, 수탁회사와 사이에 투자신탁과 관련한 법률관계를 형성하며, 이러한 법률관계는 공모투자신탁뿐 아니라 사모투자신탁에서도 마찬가지인 점에서(대법원 2012. 11. 15. 선고 2010다64075 판결), 대상판결이 언급한 "원고와 피고 B 사이에 체결된 자산운용계약"의 실체가 다소 모호해 보인다. 이러한 투자신탁의 법률관계를

결을 위해 권유하는 단계에서 투자자인 원고를 보호하여야 할 의무를 부담하고, 자산운용단계에서는 선량한 관리자의 주의로 원고의 자산을 운용하여야 할 주의의무를 부담한다고 보았다. 대법원은 이러한 판단의 근거로서, 피고 B가 원고와 이 사건 펀드 자산운용계약을 체결하였고, 아울러 피고 B가 원고의 투자금을 이 사건 SPC의 계좌에 입금한 이후에도 정기적으로 원고로부터 자산운용보수를 지급받았다는 점을 들었다. 그리고 대법원은 피고 B의 이러한 의무부담은 피고 A와 같은 제3자가 이 사건 펀드의 설정을 사실상 주도하였다고 하여 달리 볼 것은 아니라고 판시하였다.

　　한편, 대상판결의 파기환송심(서울고등법원 2020. 7. 22. 선고 2020나2009570 판결)에서는 피고 A, B가 투자권유단계에서의 투자자보호의무를, 피고 B[12])가 자산운용단계에서의 선관주의의무를 위반한 점은 인정하되, ① 원고가 금융기관인 점, ② 원고가 자기책임의 원칙 하에 투자위험성을 사전에 면밀히 파악하지 않은 점, ③ 이 사건 펀드와 같이 해외의 부동산개발 사업에 투자하여 높은 수익을 추구하는 금융상품의 경우 투자자가 감수하여야 할 위험의 정도가 일반적인 금융상품보다 높은 점, ④ 이 사건 사업이 실패한 주요한 원인은 이 사건 펀드 설정 이후에 발생한 금융위기로 인한 건설대출의 무산으로서 이는 피고들이 예측하거나 회피하기 어려운 점, ⑤ 원고는 신용협동조합법상 투자제한으로 인해 이 사건 특별자산 펀드에 투자할 수 없음을 알게 되었음에도 이 사건 사업에 관하여 아무런 정보를

설명하기 위해 법적신탁계약설, 조직계약설 등 다양한 견해가 제시되기도 한다. 다만, 과거 판례 중에는 "위탁회사가 판매회사와 수익증권 판매위탁계약을 체결함으로써 수익증권의 판매업무를 직접 담당하지 않는 경우에도, 투자신탁의 설정자 및 운용자인 위탁회사는 수익증권의 판매에 직접적인 이해관계가 있는 당사자로서 투자신탁약관을 제정하여 미리 금융감독위원회의 승인을 얻은 후 그 약관에 따라 수탁회사와 함께 증권투자신탁계약을 체결함으로써 수탁회사와 공동으로 증권투자신탁을 설정"하는 것으로서 "투자자를 배려하고 보호하여야 할 주의의무가 있다"고 판시함으로써(대법원 2007. 9. 6. 선고 2004다53197 판결), 자산운용사와 투자자 간에 직접적인 신탁관계를 인정하고 있는 것으로 이해된다는 견해가 있다. 대상판결도 이러한 차원에서 피고 B가 원고와 이 사건 펀드 자산운용계약을 체결하였다는 표현을 사용한 것으로 추측된다.
12) 피고 A의 경우, 이 사건 펀드의 투자권유책임과 별도로 자산운용단계에서의 선관주의의무 책임까지 부담한다고 보기는 어렵다고 하여 대상판결의 대법원과 유사한 취지로 판시하였다.

갖고 있지 않던 피고 B로 자산운용사를 변경하면서까지 무리하게 투자를 추진한 점 등을 근거로, 피고들의 책임 비율을 원고의 손해액의 20%로 제한하였고 이에 따라 피고들은 공동하여 원고에게 13억원을 배상하라는 판결이 선고되었으며, 위 판결은 확정되었다.

결국, 대상판결은 피고 A가 이 사건 펀드 설정을 사실상 주도하여 해당 펀드의 수익구조와 위험요인에 관한 정보를 적절하고 올바르게 생산하여 제공할 수 있는 최적의 당사자라는 점을 감안하여 투자권유단계에서의 투자자보호의무가 있다고 판단했고, 피고 B는 이 사건 펀드의 자산운용사로서, 펀드 설정 이후 정기적으로 자산운용보수를 지급받았으므로 투자자보호의무 및 선관주의의무가 있다고 판단하였다. 이러한 대상판결은 투자자를 두텁게 보호하려는 취지에서 실제 투자권유 및 펀드를 운용한 자산운용사와 사실상 명의를 대여해 준 자산운용사[13] 모두에 대해 투자자에 대한 의무를 인정한 것으로 이해된다.

---

13) 본 사안에서 쟁점으로 부각되거나 별도로 언급되지는 않았지만, 피고 B가 이 사건 펀드를 설정하고 운용한 일련의 행위는 투자자와의 이면계약 등에 따라 그 투자자로부터 일상적으로 명령·지시·요청 등을 받아 집합투자재산을 운용하는 불건전 영업행위 행위로서(자본시장법 제85조 제8호, 시행령 제87조 제4항 제5호), 소위 OEM 펀드에 해당하는 것으로 볼 수 있는 소지가 있다. OEM 펀드에 대해 간략하게 설명하자면, 'OEM'이란 Original Equipment Manufacturing의 약자로서 A, B 두 회사가 계약을 맺고 A사가 B사에 자사 상품의 제조를 위탁하여, 그 제품을 A사의 브랜드로 판매하는 생산방식을 말하는데, 어느 투자자가 펀드의 설정 및 운용 등을 주도하고 자산운용사는 해당 투자자의 요구에 따라 펀드를 형식상으로 설정 및 운용하는 데에 불과한 경우 그와 같은 펀드를 OEM 상품에 빗대어 실무상 'OEM 펀드'라고 한다. 이경돈·한용호·오지현, "부동산금융의 법률문제: 부동산펀드에 관한 법적 제문제", 『BFL』, 제52호, 서울대학교 금융법센터, 2012, 35면.

제 7 장

●

펀드 투자권유에 있어서의 설명의무

Ⅰ. 사안의 개요

> [대법원 2018.9.28. 선고 2015다69853 판결(이하 '대상판결') 사실관계]

- ○○○자산운용(이하 '이 사건 피고')은 2010. 3. 30. ●●저축은행(이하 '이 사건 은행')의 요청에 따라 이 사건 은행이 발행하는 전환우선주에 1,000억원 범위 내의 투자(이하 '이 사건 투자')를 하겠다는 투자의향서를 제출하였다. 당시 이 사건 은행은 PF대출비중 과다로 인한 부실가능성으로, 금융감독원과 예금보험공사로부터 공동검사를 받고 있었고, 이에 은행 자체적으로 유상증자가 필요하다는 판단을 내린 상황이었다.

- 이 사건 피고의 대표이사는 2010. 6.경 재단법인 ■■■장학재단과 학교법인 □□공과대학교(이하 '원고들')를 만나 이 사건 투자 관련 펀드(○○○스마트사모증권투자신탁제5호, 이하 '본건 펀드')에의 투자를 제안하였고, 투자권유 과정에서 이 사건 피고의 대표이사는 '저축은행에 투자하면 수익률 12~13%대를 받을 수도 있을 것 같다,' '부도 위험이 없는 12% 수익을 제시하는 상품을 연결할 수도 있다,' '땅 짚고 헤엄치기이다' 등의 발언을 하였다. 이러한 권유에 따라 원고들은 본건 펀드에 각 500억씩 납입하였고 본건 펀드의 수익증권을 각 500억좌씩 구입하였으나, 이 사건 은행의 자본잠식으로 수익증권의 가치는 0이 되었다.

- 이에 원고들은 이 사건 피고를 상대로 부정거래행위 내지 기망행위(자본시장법 제178조 제1항 제2호), 이해상충 및 펀드 운용단계에서의 투자자 보호의

무 위반(자본시장법 제44조 및 제79조), 부당권유 내지 설명의무 위반(2020. 3. 24. 개정 전 자본시장법 제47조)을 이유로 손해배상을 요구하는 소송을 제기하였다.

- 한편, 이 사건 저축은행은 ●●2저축은행·중앙●●2저축은행·△△저축은행·▲▲저축은행을 각 인수하여 저축은행그룹(이하 '저축은행그룹')을 이루고 있었는데, 유상증자 이후의 금융위원회 실사 결과, 2010. 12.말 기준 저축은행그룹 모두 자본잠식상태임이 드러났다. 이에 금융당국은 부실금융기관 결정 및 경영개선명령(6개월 영업정지, 자체 경영정상화를 추진하되 45일 내에 이를 달성하지 못할 시 매각 추진)을 부과하였고, 검찰 또한 2011. 3. 저축은행그룹에 대한 수사에 착수하여 당시 저축은행그룹의 분식회계 규모가 1조를 상회함을 확인하였다.

II. 문제의 소재

원고들은 투자 권유 당시 이 사건 피고가 위험성에 관한 설명의무를 충분히 이행하지 않았고, 불확실한 사항에 대한 단정적 판단을 제공하여 오인을 불러일으켰다는 이유로 손해배상을 청구하였다(부정거래행위 내지 기망행위, 펀드운용과정에서의 투자자보호의무 위반도 다투어 졌으나, 설명의무 위반, 부당권유금지의무 위반의 점만 인용되었다. 본 글에서는 펀드 투자권유 시의 설명의무 위반에 한정하여 살펴보기로 한다).

이에 이 사건 피고는 1) 당시 발언이 투자권유의 발언이 아니었으며 원고들의 투자 판단에 영향을 미치지 않았고, 2) 원고들은 일반투자자가 아닌 전문투자자로 원고들에 대한 설명의무를 부담하지 아니한다고 주장하였다. 또한 이 사건 피고는 3) 이 사건 은행의 파산절차가 진행되기 전이므로 설령 손해배상의무를 부담한다고 하더라도 손해액이 확정되지 않았다고 주장하였다.

2020. 3. 24. 개정 전 『자본시장과 금융투자업에 관한 법률』(이하 개정 전 자본시장법) 제47조[1])는 금융투자업자가 일반투자자를 상대로 투자를 권유하는 경우,

---

1) **제47조(설명의무)** ① 금융투자업자는 일반투자자를 상대로 투자권유를 하는 경우에는 금융투자상품의 내용, 투자에 따르는 위험, 그 밖에 대통령령으로 정하는 사항을 일반투자

금융투자상품의 내용, 투자위험 등을 이해할 수 있도록 설명하고 투자자의 합리적
인 투자판단 또는 그 금융투자상품의 가치에 중대한 영향을 미칠 수 있는 사항을
거짓 또는 왜곡하여 설명하거나 누락하여서는 아니된다고 규정하며, 금융투자업자
의 설명의무를 강조하고 있다. 이에 이 사건 피고의 각 항변에 대하여 본 조항 및
판례에 비추어 검토하고자 한다.

아울러, 새로이 제정된 『금융소비자보호에 관한 법률』(이하 『금융소비자보호
법』)상의 투자자 보호규정에 대하여 검토해보고자 한다.

III. 설명의무에 대한 개괄 및 검토

1. 투자권유 시, 설명의무 위반에 관한 판단 기준

이 사건 피고는 원고들의 설명의무 위반 주장에 대하여 투자를 권유하기 이
전의 발언 또는 투자에 관한 의사결정이 이루어진 후의 발언이라고 주장하며, 원
고들의 투자 결정에 해당 발언이 영향을 미친 바 없다는 이유로 항변하였다.

투자권유란, 계약체결을 권유하는 것이므로 민법상 청약의 유인, 즉 투자자로
하여금 청약하게끔 하려는 의사의 표시에 해당하여야 한다. 따라서 특정 금융투자
상품의 매매·계약체결의 권유가 수반되지 않는 단순한 상담이나 금융투자상품의
소개·설명, 계약이 이미 체결된 이후의 발언 등에서 나아가 계약체결을 권유하고,
투자자가 해당 금융투자업자에 대한 신뢰를 바탕으로 계약체결을 하거나 투자여

자가 이해할 수 있도록 설명하여야 한다.
② 금융투자업자는 제1항에 따라 설명한 내용을 일반투자자가 이해하였음을 서명, 기명
날인, 녹취, 그 밖의 대통령령으로 정하는 방법 중 하나 이상의 방법으로 확인을 받아야
한다.
③ 금융투자업자는 제1항에 따른 설명을 함에 있어서 투자자의 합리적인 투자판단 또는
해당 금융투자상품의 가치에 중대한 영향을 미칠 수 있는 사항(이하 "중요사항"이라 한
다)을 거짓 또는 왜곡(불확실한 사항에 대하여 단정적 판단을 제공하거나 확실하다고 오
인하게 할 소지가 있는 내용을 알리는 행위를 말한다)하여 설명하거나 중요사항을 누락
하여서는 아니 된다.

부 결정에 그 권유와 설명을 주요한 판단요소로 삼아야 비로소 투자권유를 하였다고 평가할 수 있다.[2] 대상판결에서는 이 사건 피고의 대표이사가 원고들의 기금운용자문위원회 및 기금운용자문위원회 회의에서 상품에 대한 확정적인 수익률을 제시하고, 제안서를 교부하는 등 원고들로 하여금 금융투자업자에 대한 신뢰를 바탕으로 계약을 체결하게 한 점에 비추어 투자를 권유하였다고 판단하였다.

또한 대법원은 금융투자업자가 일반투자자를 상대로 투자권유를 하는 경우, 개정 전 자본시장법 제47조에 따른 설명의무를 준수하여야 하는데, 이때 투자자에게 어느 정도의 설명을 하여야 하는지는 해당 금융투자상품의 특성 및 위험도의 수준, 투자자의 투자경험 및 능력 등을 고려하여 판단하여야 한다(대법원 2010.11. 11. 선고 2008다52369 판결, 대법원 2015.4.23. 선고 2013다17674 판결)고 판시하였다.

대상판결은 ① 이 사건 은행을 포함한 저축은행그룹의 PF대출 비중이 다른 저축은행 대비 높았던 점, 원고들의 투자금이 저축은행그룹 중 하나인 △△저축은행의 지분 추가 인수에 사용될 예정이었던 점, 이 사건 은행의 대출금 또는 투자금 회수는 이 사건 피고와 함께 추진하고 있던 해외 부동산 투자 성공 여부에 달려있다는 점이 원고들에게 충분히 고지 되지 않았으며, ② 이 사건 피고가 이 사건 은행의 BIS비율[3]에 관한 자료 작성시, 지속적 수익 인식이 불확실한 금융자문수수료를 원고들에게 고지하지 않은 채 수익에 포함시켰고, ③ 금융감독원 검사 후 추가가 필요하였던 손실 부분에 대한 고지를 누락하였다는 점을 들어 투자권유를 함에 있어서 투자의 위험요소에 관한 고지의무가 충분히 이행되지 않았다고 판시하였다.

2. 전문투자자에 대한 설명의무

나아가 이 사건 피고는 원고들이 일반투자자가 아닌 전문투자자라는 이유를

---

2) 대법원2017.12.5. 선고 2014도14924 판결.
3) BIS비율은 은행의 건전성을 점검하는 핵심지표로 미래의 예상치 못한 손실에 대비할 수 있도록 위험가중자산에 대하여 자기자본을 충분히 보유하게 하는 기준임. 총 자기자본을 위험가중자산으로 나눈 값으로, 수치가 높을수록 건전성이 높다.

들어 원고들에 대한 설명의무를 부담하지 않는다고 주장하였다.

　　대상판결의 원심(서울고등법원 2015.10.23. 선고 2014나60264 판결)은 이 사건 투자 당시 원고들이 전문투자자로 정식 등록되지 않았던 상태[4]이므로 전문투자자로 분류될 수 없으며, 아래 『간접투자자산운용업법』 적용 당시 판례를 인용하며 설령 전문투자자로 분류된다고 하더라도 자본시장법상 설명의무 보호대상에 해당하지 아니한다고 볼 수 없다고 판시하며 이 사건 피고의 항변을 배척하였다.

　　『간접투자자산운용업법』 적용 당시 판례에 따르면, "판매회사는 투자자에게 투자신탁의 수익구조와 위험요인에 관한 올바른 정보를 제공함으로써 투자자가 그 정보를 바탕으로 합리적인 투자판단을 할 수 있도록 투자자를 보호하여야 할 주의의무를 부담하며, 투자권유단계에서 판매회사의 투자자 보호의무는 투자자가 일반투자자가 아닌 전문투자자라는 이유만으로 배제된다고 볼 수는 없고, 다만 투자신탁재산의 특성과 위험도 수준, 투자자의 투자 경험이나 전문성 등을 고려하여 투자자 보호의무의 범위와 정도를 달리 정할 수 있다(대법원 2015.2.26. 선고 2014다172220)"고 판시하였다.

　　투자자를 분류하지 않고 설명의무에 관하여 규정하였던 『간접투자자산운용업법』과 달리 개정 전 자본시장법과 『금융소비자보호법』은 설명의무의 상대방을 일반투자자, 일반 금융소비자로 한정시키고 있으며, 전문투자자에 대해서는 명시적으로 규정하고 있지 않다. 이러한 명문 규정에도 불구하고 『간접투자자산운용업법』을 근거로 한 상기 판례를 들어 전문투자자에게도 설명의무를 적용해야 하는지에 대해서는 다툼의 여지가 있다.

3. 손해배상책임의 확정

　　마지막으로 이 사건 피고는 이 사건 은행의 파산절차에서 본건 펀드의 신탁

---

[4] 이 사건 투자 당시 원고들은 자본시장법 제9조 및 동법 시행령 제10조 제3항 제16호에 따른 전문투자자 등록을 하지 않았음(원고 재단만이 2014. 1. 9.경 전문투자자로 정식 지정).

업자가 손해배상채권을 배당 받으면 그 금액이 신탁재산에 편입되어 원고들이 손실을 전보받을 수 있게 되므로, 그 손해액이 확정되지 않았다고 항변하였다.

그러나 판례는 가해자의 불법행위로 인하여 재산권을 상실한 피해자가 그 가해자 외의 제3자를 상대로 계약상 권리나 손해배상채권을 행사하여 손해를 전보받을 수 있다 하더라도 그러한 사정만으로 그 재산권 가액 상당을 손해액으로 보아 가해자를 상대로 그에 대한 손해배상채권을 행사하는 데 장애가 되지 아니한다(대법원 2009.3.26. 선고 2006다47677 판결)는 입장이다.

나아가, 불법행위로 인한 손해배상책임은 원칙적으로 위법행위 시에 성립하지만, 위법행위 시점과 손해발생 시점 사이에 시간적 간격이 있는 경우, 손해가 발생한 때에 손해배상책임이 성립한다(대법원 2013.1.24. 선고 2012다29649 판결). 손해란 위법한 가해행위로 인하여 발생한 재산상의 불이익, 즉 위법행위가 없었더라면 존재하였을 재산 상태와 그 위법행위가 있은 후의 재산 상태의 차이를 말한다. 또한 손해의 발생 시점이란 이러한 손해가 현실적으로 발생한 시점을 의미하는데, 현실적으로 손해가 발생하였는지 여부는 사회통념에 비추어 객관적이고 합리적으로 판단하여야 한다(대법원 2011.7.28. 선고 2010다76368 판결). 개정 전 자본시장법 제48조 제2항5)은 설명의무 위반으로 일반투자자에게 손해를 끼친 경우, 금융투자상품을 취득하기 위하여 지급한 금전의 총액에서 그 금융투자상품으로부터 회수하였거나 회수할 수 있는 금전의 총액을 뺀 금액을 손해액으로 규정하고 있다. 본건에서 이 사건 은행 및 저축은행그룹이 이 사건 투자 당시 모두 자본잠식 상태였으며, 우선주식에 대한 배당이 불가능했던 점에 비추어 본건 펀드 수익증권에 대한 잔존가치는 0으로 봄이 상당하고, 원고들이 각 투자금 500억을 지급한 그 때 손해가 객관적으로 확정되었다고 볼 수 있었다. 대상 판결 역시 원고들의 손해액은 총 투자 원금인 1,000억원이며, 피고의 항변은 이유 없다고 판시하였다.

다만, 대상판결은 원고들이 전문투자자로 등록은 되어있지 않지만, 금융투자 분야에 상당한 전문성을 지닌 전문가들로 구성되어 있다는 점, 금융투자상품

---

5) 2020. 3. 24. 개정된 자본시장법에서는 『금융소비자보호법』상의 설명의무 위반으로 인한 손해액 산정 방법에 대해 구 자본시장법과 동일하게 정하고 있는바, 상기 내용은 동일하게 적용될 것으로 사료됨.

잔고가 100억원 이상의 투자 규모 요건을 갖추고 있다는 점[6] 등을 과실상계 사유로 적시하면서 원고들에게 각 200억(500억×40%)씩 지급하는 것으로 최종 판시하였다.

　2021. 3. 25. 시행된 『금융소비자보호법』에는 설명의무 위반에 따른 손해배상액 산정에 관한 규정이 부재하나, 상기 판례의 입장을 종합하여 보면 손해배상액에 관한 일반 법리에 따라 기존의 개정 전 자본시장법 제48조 제2항과 동일한 산식이 적용될 것으로 판단되며, 설명의무 위반으로 인한 손해는 제3자를 상대로 손해를 전보받는 것과 별개로 투자금을 상실하는 순간 확정되는 것으로 해석된다.

IV. 『금융소비자보호법』 제정에 따른 변화

1. 『금융소비자보호법』의 시행

　2011년 저축은행 연쇄 도산 등으로 인해 『금융소비자보호법』이 최초 발의된 후, 2020년 라임, 옵티머스자산운용의 펀드 환매 중단 사태가 발생하며 금융소비자의 권익을 증진시키고 건전한 시장질서를 구축할 수 있는 『금융소비자보호법』 도입의 논의가 활발해졌다. 이에 2020년 3월 24일 『금융소비자보호법』이 제정되었고, 그로부터 1년이 지난 2021년 3월 25일 동법이 시행되었다.

　설명의무에 관한 『금융소비자보호법』 규정은 개정 전 자본시장법에 따른 규정과 크게 다르지 아니하나, 설명의무가 소비자 보호의 핵심적인 요소라는 금융당국의 입장에 따라 사후 구제방법이 강화된 바 이에 대해 간략히 소개하고자 한다.

---

6) 당시 원고들은 전문투자자로 인정될 수 있는 자본시장법 시행령 제10조 제3항 제16호의 3가지 요건 중 '금융투자상품 잔고가 100억원'일 것이라는 요건을 충족하고 있었고, 법원은 이를 과실상계 사유로 참작하였음.

2. 『금융소비자보호법』 제정에 따른 금융투자업자의 설명의무 변화

가. 투자권유 시, 설명의무 위반에 따른 손해배상책임(입증책임 전환)

『금융소비자보호법』 제44조 제2항은 자본시장법 제48조 제1항과 동일하게 투자를 권유함에 있어 설명의무를 위반할 경우에 대한 손해배상책임을 명문화하고 있다. 다만, 『금융소비자보호법』 제44조 제2항 단서는 금융상품판매업자등이 고의 및 과실 없음을 입증한 경우에는 그러하지 않는다고 규정하며 입증책임을 전환하고 있다. 이는 금융상품판매업자등에게 귀책사유 없음을 입증하도록 하고, 피해자는 설명의무 위반 사실만 증명하면 되도록 손해배상 청구요건을 완화시킨 것이다.

나. 투자권유 시, 설명의무 위반에 따른 위법계약해지권

『금융소비자보호법』 제47조 제1항은 동법 제19조 제1항 및 제3항에 따른 투자권유 시 설명의무를 다하지 않는 경우, 관련 금융상품에 관한 계약을 체결한 때로부터 1년 이내에 서면 등으로 해당 계약의 해지를 요구할 수 있다고 규정하고 있다. 위법계약 해지의 효과는 장래를 향해 발생하는바, 해지시점부터 무효가 되며 해지시점까지 발생한 비용 등은 금전 반환의 범위에 해당하지 않는다. 다만, 금융소비자는 통상의 계약해지시 발생하는 수수료, 위약금 등을 위법계약해지권 행사 시 지급하지 아니할 수 있다.

다. 투자권유 시, 설명의무 위반에 따른 과징금 부과

자본시장법 제449조 제21호와 『금융소비자보호법』 제69조 제1항 제2호는 투자권유 시 설명의무를 이행하지 않은 경우에 대해 과태료를 부과하고 있다. 나아가 『금융소비자보호법』 제57조는 해당 의무를 이행하지 아니한 경우, 위법계약으로 얻은 수입의 100분의 50 이내에서 징벌적 과징금을 부과할 수 있음을 규정하고 있다.

3. 설명의무 위반 관련 금융분쟁조정위원회의 배상결정

가. 금융분쟁조정위원회의 근거 법령

금융감독원은 『금융소비자보호법』 제33조에 따라 금융투자업자, 금융소비자 및 그 밖의 이해관계인 사이에 발생하는 금융 관련 분쟁의 조정에 관한 사항을 심의·의결하기 위한 분쟁조정기구인 금융분쟁조정위원회를 신설하였다. 하기 분쟁 사례는 『금융소비자보호법』이 시행되기 전 사안이나, 신설 기구인 금융분쟁위원회의 설명의무에 관한 결정 사례임에 비추어 그 내용을 간단히 확인하고자 한다.

나. 금융분쟁조정위원회 배상결정 사례

2021. 4. 19. 금융분쟁조정위원회는 라임 Credit Insured 펀드에 대한 사후정산 방식의 손해배상[7]을 결정하였다. 금융분쟁조정위원회는 라임 Credit Insured 펀드가 가지고 있던 무역금융 매출채권 외 다른 투자대상에의 투자 가능성에 대한 설명 부재를 이유로 판매사가 개정 전 자본시장법상 설명의무 위반에 따른 손해배상책임을 부담한다고 결정하였다.

2021. 5. 24. 금융분쟁조정위원회는 디스커버리 US핀테크글로벌채권펀드 및 US핀테크부동산담보부채권펀드 판매사가 해당 펀드를 판매하는 과정에서, 해당 펀드가 담고 있는 미국 채권이 안전한 상품이라고 강조할 뿐 관련 위험 요인 및 원금 손실 가능성에 대한 설명 누락한 점을 들어 판매사에 사후정산 방식의 손해배상을 결정하였다.

---

7) 환매연기사태로 손해가 확정되지 않은 사모펀드에 대해서 판매사가 동의하는 경우 신속하게 분쟁을 조정하는 방식.

4. 보론 ―부당권유금지의무 위반에 대한 『금융소비자보호법』 규정

가. 형사 판결(대법원 2017. 12. 5. 선고 2014도14924판결)

대상판결과는 별개로, 이 사건 피고의 대표이사(본 형사판결에서는 '피고인 대표이사')에 대하여는 개정 전 자본시장법 제49조 제2호에 따라 금지되는 부당권유행위에 해당한다는 이유로, 이 사건 피고(본 형사판결에서는 '피고인 회사')에 대하여는 양벌규정에 의하여 공소가 제기되었다. 법원은 피고인 대표이사가 투자권유단계에서 '전혀 문제가 없는', '대박 나는 거다', '다시는 없다', '단연코', '완벽하게', '땅 짚고 헤엄치기' 등의 단정적 표현을 사용하면서 자신이 실제 들은 바가 없거나 정확히 경험하지도 않은 내용을 자신의 판단만으로 고지한 행위가 부당권유행위에 해당한다고 보았다. 이에 1심은 피고인 대표이사 및 피고인 회사에 대하여 부당권유행위 금지 규정 위반으로 각 벌금 100,000,000원 형에 부과하였고 원심 법원은 이러한 1심 판단을 유지하였으며, 대법원에서 원심을 확정하였다.

나. 『금융소비자보호법』상의 부당권유행위 금지 규정

개정 전 자본시장법에서는 제49조 제2호의 '거짓의 내용'이나 '불확실한 사항에 대하여 단정적 판단을 제공하거나 확실하다고 오인하게 할 소지가 있는 내용'을 알리는 행위 등으로 금융투자업자로서 투자자의 불완전판매를 유도하는 투자권유행위를 금지하였고, 동법 제445조 제6호에 의하여 이를 형사처벌하였다. 그러나 『금융소비자보호법』이 제정되면서, 개정 전 자본시장법상의 부당권유금지 규정과 처벌규정을 삭제하고, 동법 제21조에서 금융상품판매업자 등이 계약체결을 권유하는 경우에 '불확실한 사항에 대하여 단정적 판단을 제공하거나 확실하다고 오인하게 할 소지가 있는 내용'을 알리거나, '금융상품의 내용을 사실과 다르게 알리는 행위' 등을 금지하는 규정을 두었다. 그러한 의무 위반시 형사처벌이 아닌 1억원 이하의 과태료 또는 위반행위와 관련된 수익의 100분의 50 이내의 과징금 부과 대상으로 규정하고, 자본시장법상 기존의 부당권유금지 처벌규정은 폐지하였다.

V. 결론

위 살펴본 바와 같이, 대상판결 및 그 원심은 이 사건 피고가 투자를 권유함에 있어 원고들에 대한 설명의무를 위반하였다는 이유로 원고들에게 각 200억원씩 지급할 것을 판시하였다.

이상의 내용을 종합하여 볼 때, 집합투자업자가 일반투자자에게 투자권유라고 해석될 수 있을 정도의 내용을 고지하는 경우, 해당 금융투자상품의 특성, 위험도 수준, 투자자의 성격을 충분히 고려하여 투자자가 숙지하여야 하는 내용을 반드시 고지하여야 한다(다만, 전문투자자를 상대로 하는 투자권유의 경우에도 동일한 수준의 의무를 부담하는지에 대하여 명시적인 규정과 판례가 부재하여 이 부분에 대한 해석은 남아있다).

설명의무에 관한 『금융소비자보호법』 규정이 기존의 개정 전 자본시장법 규정과 많이 다르지 않다는 점에 비추어 그 기준에 관한 판례의 입장이 크게 변화하지는 않을 것으로 사료된다. 다만, 금융소비자보호법에 소비자 보호를 위한 내용이 추가됨에 따라, 소비자 보호를 위하여 추가로 지출되는 비용이 고객에게 전가되거나 대출 금리, 수수료 등이 인상될 우려가 있으며, 금융상품 판매의 감소로 이어질 우려가 있다. 그럼에도 불구하고 금융투자상품의 구조가 복잡하고 투자손실의 위험이 크다는 특성에 비추어 금융소비자를 보호하기 위한 이러한 변화는 긍정적이라고 평가할 수 있다고 생각된다.

제 8 장

●

선박펀드의 선관주의의무

Ⅰ. 사안의 개요

[대법원 2015.11.12. 선고 2014다15996 판결(이하 '대상판결') 사실관계 참조]

[A마린의 선박금융 요구]

해운회사 A(이하 "A마린")는 2006. 4.경 피고 B증권 주식회사(이하 "피고 증권사")와 협의하여 A마린이 구매한 선박에 관하여 신용이 양호한 해운회사와 정기용선계약[1]을 체결한 후 그 용선료채권과 선박의 가치를 담보로 하여 선박 구매자금을 조달하는 내용의 선박펀드(이하 "이 사건 펀드")를 조성하기로 하였다.

[A마린과 C해운 사이의 정기용선계약 체결]

A마린은 2006. 6.경 일본 해운회사로부터 중고 석유화학제품운반선(이하 "이 사건 선박")을 구매하는 선박매매계약을 체결하고, 2006. 7. 4. 국내 최대 해운회사 C(이하 "C해운")와 이 사건 선박에 관하여 용선기간은 최초 2년으로 하되 이후 1년씩 총 4차례에 걸쳐 계약을 갱신할 수 있고, 용선료는 최초 2년간은

---

1) 정기용선계약이란 선박소유자(선주)가 용선자에게 선원이 승무하고 항해장비를 갖춘 선박을 일정한 기간동안 항해에 사용하게 할 것을 약정하고 용선자가 이에 대하여 기간으로 정한 용선료를 지급하기로 약정하는 계약으로서(상법 제842조), 쉽게 말해, 용선자가 일정기간을 정하여 선박을 빌리고 그 대가로 용선료를 지급하는 일종의 선박사용계약을 말한다.

10,500달러/일, 이후 계약이 갱신될 경우 11,000달러/일로 하는 내용의 정기용선계약(이하 "이 사건 정기용선계약")을 체결하였다.

[피고 운용사의 참여 결정]
피고 D자산운용(이하 "피고 운용사", 피고 증권사와 통칭하여 "피고들")은 2006. 7.경 피고 증권사로부터 이 사건 펀드를 조성하자는 취지의 투자계획서를 받아 검토한 후 자산운용회사로 참여하기로 결정하였다.

[A마린과 C해운의 정기용선계약 내용 변경]
이 사건 정기용선계약 체결 당시부터 C해운이 이 사건 선박을 타에 재용선하여 용선료 차액 상당의 수익을 올리려는 의도를 가지고 있음을 잘 알고 있던 A마린은, 이 사건 정기용선계약 체결일로부터 얼마 지나지 않은 2006. 7. 20.경 C해운에게 이 사건 선박을 A마린이 설립한 외국법인 E에 재용선하여 달라고 요청하였다. 이에 따라 C해운은 2006. 7. 25. E와 이 사건 선박에 관하여 용선기간은 6개월로 하되 6개월 연장 가능, 용선료는 11,000달러/일로 하는 재용선계약을 체결하였고, 같은 날 A마린과도 위 계약의 내용을 반영하여 이 사건 정기용선계약의 용선기간을 최초 6개월로 확정하고 이후 6개월 연장이 가능하는 것으로 변경한 정기용선계약(이하 "2차 정기용선계약")을 체결하였다. 그럼에도 A마린이나 C해운은 이 사건 펀드 설정과정에서 2차 정기용선계약의 내용을 피고들에게 알리지 않았고, 오히려 A마린은 이 사건 정기용선계약에 관한 추가약정서를 허위로 작성한 후 이를 피고들에게 제출하여 적극적으로 정기용선계약의 변경 사실을 감추었다.

[피고들의 투자 권유 및 이 사건 펀드의 구조 확정]
피고 운용사는 2006. 8.경 C해운에 이 사건 정기용선계약의 내용을 따로 확인하지 않은 채 용선기간이 최초 2년은 확정되었고 이후 이 사건 펀드의 만기가 도래하기까지 1년마다 갱신되는 것을 전제로 이 사건 펀드의 수익과 위험을 분석하여 운용제안서를 작성하였다. 피고 증권사는 피고 운용사로부터 이를 일부 수정·보완하여 투자자인 원고들에게 교부하면서 투자를 권유하였다. 피고 운용사는 2006. 8. 28. 수탁회사인 E은행과 신탁약정을 체결하였으며, 원고들은 같은 날 만기 5년의 이 사건 펀드에 투자하였다.[2] 이 사건 펀드의 투자구조를 정

---

2) 생명보험사인 원고 1은 70억원을, 손해보험사인 원고 2는 40억원을, □□연금관리단인

리하면 아래와 같다.

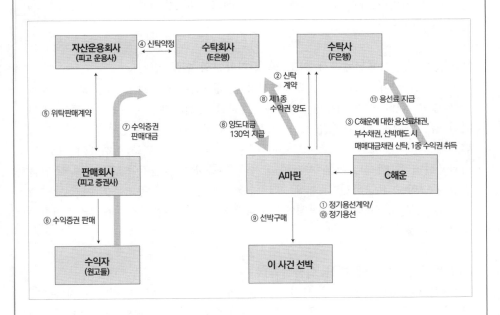

A마린은 C해운과 이 사건 선박에 관하여 정기용선계약을 체결한 후(①) 그 용
선료채권과 이 사건 선박의 매각대금채권을 F은행에 신탁하여 권면액 130억원,
이자율 연 8.95%의 제1종 수익권[3])을 취득하고(②·③), 피고 운용사가 수탁회
사인 E은행과 신탁약정을 체결하여 이 사건 펀드를 설정하며(④) 판매회사인
피고 증권사를 통해 이 사건 펀드의 수익증권을 판매하여 모집한 투자금 130억
원을 E은행에 납입하고(⑤~⑦), E은행은 A마린에 130억원을 지급하여 위 제1
종 수익권을 양수하면(⑧) A마린은 위 130억원으로 이 사건 선박을 구입하여
정기용선계약에서 정한 대로 이를 C해운에 용선하며(⑨·⑩), C해운은 F은행에
용선료를 지급하고(⑪), 이 사건 펀드는 위 수익권을 기초로 이 사건 펀드운용

원고 3은 20억원을 각각 투자하였다.
3) 용선자인 C해운으로부터 받게 될 용선료 수입은 제1, 2, 3종 수익권에 각 충당되는바, 제
1종 수익권은 이 사건 선박을 구입하기 위해 대출받은 대출원리금에 충당될 자금으로서
A마린이 수익자, 제2종 수익권은 이 사건 선박의 운용에 필요한 선원, 선박관리비에 충당
될 자금, 제3종 수익권은 위 대출원리금에 충당될 예비적립금으로서 제2종 및 제3종 수익
권의 수익자는 A마린이다.

기간(5년) 동안의 용선료 수입으로 원고들에게 매년 투자원금 일부와 이자를 지급하고, 만기가 도래하면 이 사건 선박을 매각하여 그 매각대금으로 나머지 원금을 상환한다.

[A마린의 재정기용선계약서 위조 및 신탁약정의 일부 변경]

한편 A마린은 이 사건 정기용선계약서상 확정 용선기간으로 기재된 2년이 경과할 무렵인 2008. 8.경 이 사건 정기용선계약을 용선기간은 이 사건 펀드의 만기까지 남은 3년 동안 확정하고, 용선료는 최초 6개월은 7,500달러/일, 나머지 2년 6개월은 10,000달러/일로 변경하는 것으로 계약서를 위조(이하 "이 사건 재정기용선계약")한 후, 이를 피고 운용사에 제출하면서 신탁약정의 일부 조건을 변경해 달라고 요구하였다. 이에 피고 운용사는 원고들의 동의를 얻어 신탁약정을 일부 변경하였는데, 그 과정에서 C해운에 정기용선계약의 내용을 확인하는 등의 조치를 하지는 않았다.

[금융위기와 A마린에 대한 실사결과]

A마린은 C해운으로부터 이 사건 선박을 재용선 받는 형식을 취하여 자유롭게 이 사건 선박을 운용하였는데, 호황을 누리던 해운업이 2008년 발생한 글로벌 금융위기로 인하여 급속하게 침체되자 피고 운용사는 A마린을 실사하였고, 그 결과, 정기용선계약의 위조 사실 및 실질적으로 A마린이 이 사건 선박을 자체적으로 운항하던 사실을 확인하였다.

[피고 운용사의 대응]

피고 운용사는 원고들에게 위 실사 결과를 보고하였고, 원·피고들과 A마린의 대표이사가 참석한 자리에서 이 사건 펀드 관련 대책회의를 개최하였는데, 피고 운용사는 다양한 사정을 감안4)하여 A마린에 대한 채무불이행 선언을 유예하고 A마린으로 하여금 계속하여 이 사건 선박을 운항하도록 결정하였고, 원고들 또

---

4) 당시 글로벌 금융위기로 선박금융이 부재하여 선박매매가 거의 이루어지지 않고 있어 이 사건 선박을 매도하기 어려운 상황인 점, A마린이 이 사건 선박의 상태를 누구보다 정확히 알고 있고, 해운시황이 급락하는 상황에서 선주를 대신할 대체선사를 찾기 어려운 점, 운항선사가 변경될 경우 상당한 비용이 소요되는 점, 당시 A마린은 자체 영업망으로 안정적으로 이 사건 선박을 운항하여 월 8~9천달러의 용선료 수입을 올리고 있었던 점 등이 감안되었다.

한 이러한 결정에 반대하지 않았다. 한편 피고 운용사는 2009. 1.경 G쉽핑으로부터 A마린의 채무에 대한 지급보증을 받고, A마린이 운항하던 다른 선박의 용선료채권을 추가로 확보하였으며, A마린의 위 다른 선박 보유지분에 대하여 양도담보를 설정받기도 하였다. 또한 피고 운용사는 2009. 5.경 A마린 명의의 계좌에 근질권을 설정하였다.

[이 사건 선박의 기관 고장 및 압류 등]

A마린은 2009년말까지 이 사건 선박을 운항하며 투자원리금을 적시에 상환하였으나 2009년말과 2010년초 2차례의 기관 고장으로 이 사건 선박 운항이 중단되어 원리금 납부를 지연하게 되었다. 이에 피고 운용사는 A마린의 이 사건 선박 운항을 중단시키고 G쉽핑을 대체선사로 선정하였는데, 이로부터 몇 달 후 G쉽핑의 경영상태도 악화되자 또 다른 선사들을 대체선사로 선정하여 이 사건 선박을 운항하게 하였다. 그러나 2011년 유류대금 연체 등으로 이 사건 선박이 두 차례 압류되자 결국 피고 운용사는 2011. 7.경 이 사건 선박의 운항을 중단하고 매각을 결정하였다.

[이 사건 선박의 매각과 원고들의 투자금 손실에 따른 소제기]

이 사건 선박은 2011. 7.경 매각되어 매각대금 약 36억 6천만원 중 선박압류 해제 비용 등을 정산하고 남은 약 10억 2천만원이 이 사건 펀드 계좌로 입금되었는데, 원고들은 용선료 수입 및 선박매각대금으로 이 사건 펀드 투자금의 약 70%를 회수하였다. 이처럼 투자금의 손실을 입게 된 원고는, 피고 운용사가 이 사건 펀드 설정 및 운용 과정에서 그 업무를 소홀히 하여 이 사건 정기용선계약서의 내용을 확인하지 아니하여 원고들에게 잘못된 정보를 제공한 과실로 원고들에게 손해를 입게 하였으므로, 피고 운용사는 이 사건 펀드의 미상환 투자원금의 손해를 배상하라는 소송을 제기하였다.[5]

---

5) 원고들은 피고들이 연대하여 원고들의 손해를 배상하라고 주장하며 피고 증권사를 상대로도 소제기를 하였으나, 본 글에서는 피고 운용사의 주의의무 위반 여부에 한정하여 살펴보기로 한다.

II. 문제의 소재

해운산업은 대표적인 경기민감형 산업이므로 기본적으로 선박투자의 위험성이 높다고 인식되어 왔는데 2008년 글로벌 금융위기와 2017년 한진해운의 파산을 거치면서 선박투자와 관련하여 투자손실이 대량 발생함에 따라 선박펀드를 통한 자산운용회사의 선박금융 참여는 현재 크게 위축된 상태이다. 그러나 경기순행적 특징을 갖는 선박금융의 특성상 해운경기가 회복되면 선박금융 수요 또한 증가하게 될 것인데, 이때 금융 및 해운산업에 대한 전문성을 확보하고 우량한 선박투자 프로젝트를 선점할 수 있는 역량이 있는 자산운용회사에게는 선박펀드의 조성을 통한 선박투자가 좋은 기회가 될 수도 있을 것이다. 그러므로, 과거 설정된 선박펀드를 둘러싼 자산운용회사와 투자자 간의 분쟁 사례를 살펴보고 이를 향후의 선박펀드 및 그 외 항공기, 기계 등 이와 유사한 실물자산에 투자하는 특별자산펀드 조성에 있어 참고할 만한 가치가 있다고 생각된다.

본 사안은 피고 운용사가 해운회사인 A마린과 C해운 간에 체결된 이 사건 정기용선계약을 토대로 선박투자자들을 모집하는 이 사건 펀드를 조성하였는데, 당시 피고 운용사가 인지하지 못한 가운데 이 사건 정기용선계약이 위조되었으며, 이 사건 펀드의 투자대상이었던 이 사건 선박이 다른 용도로 이용 중이라는 사실이 뒤늦게 드러난 것이 소송의 발단이 되었다. 이와 관련하여, 원고들은 피고 운용사가 이 사건 정기용선계약의 진위 여부를 확인하지 않고 위조된 계약서만을 믿은 채 운용제안서에 사실과 다른 내용을 기재해 피고 증권사를 통해 원고들에게 투자를 권유하였고, 이 사건 펀드가 설정된 이후에도 C해운이 이 사건 선박을 A마린에 재용선하여 A마린이 이 사건 선박을 자유롭게 운항한 결과 피고 운용사는 C해운 명의로 이 사건 펀드 계좌에 용선료가 입금된 적이 없었는데도 이 사건 재정기용선계약서가 위조되었다는 사실을 알지 못하였는데, 피고 운용사의 이러한 행위들은 이 사건 펀드의 설정 및 운용 과정의 선관주의의무를 위반한 것이라고 주장하였다.

결국 본 사안의 쟁점은 과연 피고 운용사가 이 사건 펀드를 설정하고 운용하는 과정에서 동 펀드의 직접적인 거래상대방으로서 이 사건 펀드의 투자대상인 이 사건 선박을 운영하는 A마린 외에도 그 거래상대방인 C해운에게까지 이 사건 정기용선계약 내용을 별도로 확인하여야 했는지로 정리될 수 있을 것으로 보인다.

이하에서는 이 사건 펀드의 형태로서 자본시장에서 자금을 조달하는 선박금융 방법인 선박펀드 및 선박펀드를 포괄하는 상위 개념인 선박금융에 대하여 개관하고, 자산운용회사의 투자권유와 운용단계에서의 투자자에 대한 의무 및 선박펀드 특유의 리스크에 기반한 선관주의의무에 대하여 간략하게 살펴보기로 한다. 아울러, 대상판결이 피고 운용사가 이 사건 정기용선계약의 진위 여부를 확인하지 않고 위조된 계약서만을 신뢰하여 이 사건 펀드를 설정 및 운용한 행위에 대해 의무 위반이 있었다고 판단하였는지 여부 및 그 판단 근거를 살펴보기로 한다.

III. 선박금융 및 선박펀드에 대한 개관

1. 선박금융의 개요

가. 선박금융의 개념

선박금융은 금융기관이 신조선을 건조하거나 중고선을 매입·개조·수리하고자 하는 해운회사를 위하여 신규자금 또는 재금융자금을 제공하는 것을 의미하는데, 선박 자체의 자산가치 및 선박으로부터 발생하는 미래수익을 담보로 이루어지는 특성상 항공기금융과 더불어 대표적인 자산담보부금융에 속한다. 채무자의 신용 및 일반재산을 기반으로 채권회수를 도모하는 기업금융과는 달리, 선박금융은 차주 또는 용선주가 특정 선박을 운용하여 발생하는 수익(용선료)을 재원으로 대출원리금을 회수하는 금융구조이다.[6]

---

6) 정우영·현용석·이승철, 「해양금융의 이해와 실무」, 제2판, 한국금융연수원, 2012, 163- 164면.

나. 선박금융의 종류

(1) 은행주도형 선박금융

1970년대 이래 은행은 선박금융의 주요 공급원이 되어 왔다. 은행을 통해 선박금융을 조달하는 가장 일반화된 기법은 선가의 일부(보통 20~30% 이내)를 스스로 부담하고 나머지 금액에 대하여 선순위 대출과 후순위 대출을 신디케이션 형태로 조달하는 방식이다.[7] 은행주도형 선박금융이 이루어지는 실무적인 형태에 대한 구조도 및 개략적인 업무 프로세스는 아래와 같다.[8]

[은행주도형 선박금융 구조도]

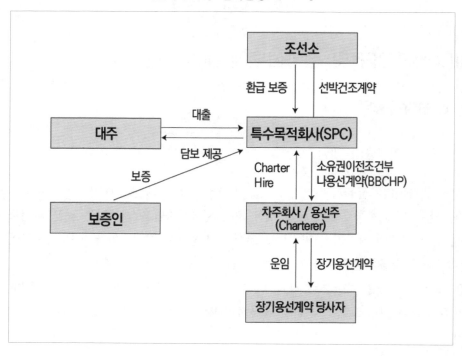

---

7) 정우영·현용석·이승철, 전게서, 178면.
8) 정우영, "한국 선박금융 패러다임의 전환", 「BFL」, 제90호, 서울대학교 금융법센터, 2018, 9면.

① 선사[9]와 조선소 간의 선박 건조 여부 및 가격 등 협의, ② 선사의 금융기관 물색 및 금융조건 협의, ③ 선사와 대출금융기관 간의 금융조건 확정 및 기채의뢰서(Mandate) 교환, ④ 해외 SPC[10] 설립(주주, 이사진 구성), ⑤ 관련 계약[11] 체결, ⑥ 외국환관리법 등에 따른 제반 인·허가취득, ⑦ 분할 대출 실행 및 선박 건조 시작, ⑧ SPC/선사에 선박 인도, ⑨ 위 ⑧과 동시에 선박의 소유권 및 저당권 등기 완료, ⑩ 대출금 회수 시작

(2) 자본시장편입형 선박금융

1998년 외환위기 이후 은행의 선박금융 시장이 침체기를 벗어나지 못한 상황에서, 선사의 선박 수요가 늘어나자 이를 타개하기 위한 방안의 하나로 2002년도에 선박투자회사법이 제정되었는데, 이는 자본시장편입형 선박금융이 시작된 구체적인 계기가 되었다. 2004. 3. 첫 선박펀드인 '동북아1호 선박투자회사'가 출범한 이래 2008년 글로벌 금융위기로 자본시장의 투자자들이 선박금융을 외면하기 전까지 약 200여 개 정도의 선박투자회사가 설립되어 선박투자를 왕성하게 추진하였다. 이 시기를 전후로 하여서는 구 간접투자자산운용업법(이하 "간접투자법") 및 자본시장과 금융투자업에 관한 법률(이하 "자본시장법")에 따른 펀드 역시 다수 설립되어 선박금융에 활발하게 투자 활동을 수행하였다.[12] 자본시장편입형 선박금융이 이루어지는 구조도는 아래와 같은데, 거래구조상 "펀드/선박투자회사"라는 당사자가 하나 더 들어온 것 외에는 은행주도형 선박금융과 크게 다를 바 없다.[13]

---

9) 위 구조도상의 "차주회사/용선주"가 이에 해당한다.

10) 선박금융에 SPC를 사용하는 것은 선박 소유에 따른 위험이 선사의 기타 자산에까지 확산되는 것을 방지하기 위하여 소유와 운영을 분리해 온 오랜 연혁에 기인한다.

11) ① 대주와 SPC 간의 대출계약, ② 조선소와 SPC 간의 선박건조계약, ③ 선박건조계약 취소시 조선소의 건조대금 반환의무를 담보하기 위해 은행이 발급하는 환급보증서(Refund Guarantee), ④ SPC와 용선주 간의 소유권이전조건부나용선계약(BBCHP), ⑤ 선박저당권설정계약, SPC 발행주식에 대한 질권설정계약 등 각종 담보계약 등이 이에 해당한다.

12) 정우영, 전게논문, 7-8면.

13) 선박투자회사법상 선박투자회사가 거래당사자로 들어오는 경우에는 대부분 후순위대출을 제공하나, 자본시장법상 펀드가 들어올 경우에는 투자약정의 형태를 취하는 경우가 더 많

[자본시장편입형 선박금융 구조도]

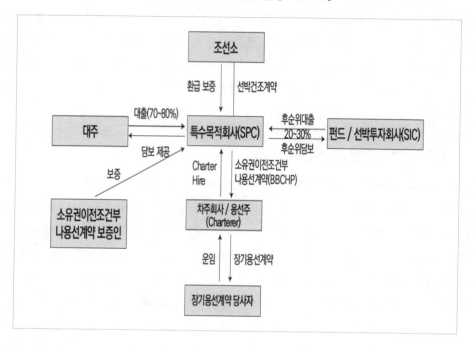

2. 선박펀드에 대하여

선박펀드란 투자자로부터 자금을 모아 선박을 건조하거나 중고 선박을 매입한 후 해당 선박을 해운회사에 임대하고 일정 기간 임대수익(용선료)을 받아 투자자들에게 배당을 하거나 선박 가치 상승 시점에 선박을 매각하여 추가 수익을 기대할 수 있는 펀드를 의미하며,[14] 앞서 살펴본 바와 같이 자본시장에서 자금을 조달하는 자본시장편입형 선박금융의 하나이다.

선박펀드의 근거 법률로는 자본시장법과 선박투자회사법이 있다. 자본시장법

은 편이다. 정우영, 전게논문, 9면.

14) 하이투자증권 홈페이지 선박펀드 안내(https://www.hi−ib.com/mall/fund_product/ml010501.jsp)

상 선박펀드는 실무상 절차의 용이성 및 규제의 완화 등의 이유로 대부분 투자신탁형 집합투자기구[15]로 설정되고, 집합투자재산의 50%를 초과하여 특별자산(증권 및 부동산을 제외한 투자대상자산)에 투자하는 특별자산집합투자기구의 형태를 사용하게 된다(동법 제229조 제3호, 시행령 제240조 제6항).[16] [17] 한편, 선박투자회사법상 선박펀드인 선박투자회사는 선박에 투자하여 수익을 주주에게 분배하는 것을 목적으로 설립된 회사를 말하며(동법 제2조 제1호), 주식회사로서 상법의 적용을 받는다(동법 제3조 제1항, 제4조).[18] 선박투자회사는 실체가 없는 서류상의 회사(paper company)에 불과하므로, 실무상 펀드 조성 및 운용은 선박운용회사가 담당하고, 선박지분을 표창하는 선박투자회사의 주식은 선박운용회사의 영향력을 배제하기 위해 자산보관회사가 보관한다.[19]

결국, 명칭상으로는 동일하게 선박펀드라고 불리지만, 회사형 펀드는 선박투자회사법에서, 신탁형 펀드는 자본시장법에서 각각 규제하고 있는 점에서 근거 법률이 다르고 그에 따른 부수적인 차이가 발생하는데, 선박펀드의 근거 법률에 따른 주요 차이를 비교하면 아래 표와 같다.[20]

---

15) 집합투자기구는 계약형과 회사형으로 나뉜다. 계약형으로는 신탁형(투자신탁)과 조합형(투자합자조합, 투자익명조합)이 있고, 회사형으로는 투자회사, 투자유한회사, 투자합자회사가 있다.

16) 신장현, "선박투자회사법과 자본시장법에서의 선박펀드비교에 관한 고찰", 「한국해법학회지」, 제39권 제2호, 한국해법학회, 2017, 277-278면.

17) 한편, 사모펀드의 경우에는 사모펀드에 대한 특례규정(동법 제249조의8 제1항)에 따라 투자대상자산 및 그 투자비율에 따라 (공모)펀드의 종류를 정하는 자본시장법 제229조의 적용이 배제된다. 그럼에도, 실무상으로는 선박 관련 자산에 투자하는 사모펀드에 대해서도 "선박사모특별자산투자신탁"이라는 명칭이 널리 사용되는 것으로 보인다.

18) 신장현, 전게논문, 279면.

19) 정상근, "船舶펀드의 법제도상의 문제점과 개선방안", 「동아법학」 제46호, 동아대학교 법학연구소, 2010, 308면.

20) 신장현, 전게논문, 295-296면 각색.

	자본시장법	선박투자회사법
설립형태	대체로 투자신탁형 집합투자기구 단, 선박에 투자하는 회사형은 설립 불가(동법 제194조 제11항)21)	주식회사
펀드 존립기간	규정 없음	인가받은 날로부터 3년 이상
유가증권 투자유무	투자재산 50% 이상 선박 투자 조건 으로 50% 미만을 투자가능	투자불가
선박 대선기간	규정 없음	2년 이상
관련 당사자	• 수익자총회 • 집합투자업자 • 신탁업자 • 투자매매·중개업자	• 주주총회 • 선박운용회사 • 자산보관회사 • 선박운항회사 • 투자매매·중개업자
인허가	• 금융투자업: 금융위원회 인가 • 집합투자기구: 금융위원회 등록	선박운용회사: 해양수산부 허가 선박투자회사: 해양수산부 인가
감독	금융위원회	해양수산부, 금융위원회
운용사 인적요건	• 투자운용 전문인력 보유 • 임원자격제한 – 금융관련 법령을 위반한 자의 자격제한	• 전문인력 6인 이상(해운 및 금융인 력 각각 2인 이상) • 임원자격제한 – 금융뿐만 아니라 해운관련 법령을 위반한 자의 자 격제한
운용사 물적요건	• 자본금 20억원 이상 • 전산 및 그 밖의 물적설비 구비	• 자본금 70억 원 이상 • 전산설비 등 규정없음
과세 혜택	과세특례 없음	2016년 이후 폐지

---

21) 제194조(투자회사의 설립 등) ⑪ 투자회사의 발기인은 투자회사재산을 선박에 투자하는 투자회사를 설립하여서는 아니 되며, 투자회사는 설립 후에도 투자회사재산을 선박에 투 자하는 투자회사에 해당하도록 그 투자회사의 정관을 변경하여서는 아니 된다.

IV. 자산운용회사의 투자자에 대한 의무

자산운용회사의 의무를 투자권유단계에서의 투자자보호의무와 자산운용단계
에서의 선관주의의무로 나누어 살펴보고, 선박펀드에 특유한 리스크 및 이에 따른
선관주의의무를 살펴본다.

가. 투자권유단계에서의 투자자보호의무

자산운용회사는 펀드를 설정하고 펀드재산을 운용하는 자로서 펀드에 관하여
제1차적으로 정보를 생산하고 유통시켜야 할 지위에 있고, 투자자도 자산운용회사
의 전문적인 지식과 경험을 신뢰하여 자산운용회사가 제공하는 투자정보가 올바
른 것이라고 믿고 그에 의존하여 투자판단을 하게 된다. 따라서, 자산운용회사는
투자자에 대하여 수익증권의 판매업무를 직접 담당하지 않는 경우에도 수익증권
의 판매에 직접적인 이해관계가 있을 뿐 아니라 펀드의 설정자 및 운용자로서 판
매회사나 투자자에게 펀드의 수익구조와 위험요인에 관한 올바른 정보를 제공함
으로써 투자자가 그 정보를 바탕으로 합리적인 투자판단을 할 수 있도록 투자자를
보호하여야 할 주의의무를 부담한다. 만약 투자설명서나 자산운용회사가 수익증권
의 판매과정에서 직접 작성하여 판매회사나 투자자에 제공한 운용제안서 등 판매
보조자료, 펀드 광고의 내용에 투자자에게 중요한 사항에 관하여 오해를 유발할
만한 표시나 수익과 위험에 관하여 균형성을 상실한 정보가 담겨 있고 그것이 판
매회사의 수익증권 판매과정에서 결과적으로 투자자의 투자판단에 영향을 주었다
면, 자산운용회사는 투자자보호의무를 다하였다고 볼 수 없다(대법원 2011.7.28. 선
고 2010다76368 판결). 이는 제3자가 펀드의 설정을 사실상 주도하였다고 하여 달라
지지 않는다(대법원 2015.11.12. 선고 2014다15996 판결).

이러한 올바른 정보 제공의 전제로서, 자산운용회사는 펀드의 운용대상이 되
는 자산과 관련된 제3자가 제공한 운용자산에 관한 정보를 신뢰하여 이를 그대로
판매회사나 투자자에게 제공하는 데에 그쳐서는 아니 되고, 그 정보의 진위를 비

롯한 펀드의 수익구조 및 위험요인에 관한 사항을 합리적으로 조사하여야 할 것이며, 만약 합리적인 조사를 거친 뒤에도 펀드의 수익구조와 위험요인에 관한 정보가 불명확하거나 불충분한 경우에는 판매회사나 투자자에게 그러한 사정을 분명하게 알려야 할 투자자보호의무를 부담한다(대법원 2015.11.12. 선고 2014다15996 판결).

나. 자산운용단계에서의 선관주의의무

집합투자의 경우 집합투자재산의 설정 및 운용이 투자자의 수익과 곧바로 연결되므로 자산운용회사의 역할이 매우 중요한데, 투자자들로부터 모은 금전 등을 운용하는 자산운용회사는 투자전문가의 고용, 투자정보의 수집, 투자대상의 선택, 투자분석 및 포트폴리오 관리 등을 수행하므로 일반인보다 높은 수준의 주의의무가 요구된다.[22] 이에 간접투자법[23]은 자산운용회사가 법령, 투자신탁의 약관 또는 투자회사의 정관 및 투자설명서에 위배되는 행위를 하거나 그 업무를 소홀히 하여 간접투자자에게 손해를 발생시킨 때에는 그 손해를 배상할 책임이 있고(동법 제19조 제1항), 자산운용회사는 선량한 관리자의 주의로써 간접투자재산을 관리하여야 하며, 간접투자자의 이익을 보호하여야 한다(동법 제86조 제1항)고 규정하였다.

자본시장법은 모든 유형의 금융투자업자에게 적용되는 공통 영업행위 규칙을 두어, 금융투자업자는 신의성실의 원칙에 따라 공정하게 금융투자업을 영위하여야 하고(동법 제37조 제1항), 금융투자업을 영위함에 있어 정당한 사유 없이 투자자의 이익을 해하면서 자기가 이익을 얻거나 제3자가 이익을 얻도록 하여서는 아니 된다(동법 제37조 제2항)고 규정하고 있다. 한편, 위 통칙규정인 제37조와는 별도로 제79조[24]에서 집합투자업자의 선관주의의무 및 충실의무에 대해 규정하고 있는데,

---

22) 이숙연, "금융투자상품의 투자자 보호에 대한 연구", 「사법논집」, 제59집, 법원도서관, 2014, 370면.

23) 이 사건 펀드는 2006. 6.경 설정되어 운용되기 시작하였고, 자본시장법은 2007. 8. 3. 법률 제8635호로 제정되어 2009. 2. 4. 시행되었으므로, 본 사안에서 피고 운용사의 선관주의의무 위반이 있었는지 여부에 대해서는 간접투자법에 따라 판단이 이루어졌다.

24) 제79조(선관의무 및 충실의무) ① 집합투자업자는 투자자에 대하여 선량한 관리자의 주의로써 집합투자재산을 운용하여야 한다.

이와 같이 제79조를 둔 이유에 대해 자산운용회사가 투자자의 자금을 맡아서 대신 운용하는 소위 '자금수탁자적 지위'에 있는 점을 고려하여 자산운용회사의 선관주의의무 및 충실의무를 특별히 강조하기 위한 것으로 이해할 수 있다.[25]

  따라서 자산운용회사는 가능한 범위 내에서 수집된 정보를 바탕으로 신중하게 펀드재산을 운용함으로써 투자자의 이익을 보호하여야 할 의무가 있고, 구체적으로 펀드재산을 어떻게 운용하여야 하는지는 관계 법령, 펀드 약관의 내용, 그 시점에서의 경제 상황 및 전망 등의 제반 사정을 종합적으로 고려하여 판단하여야 한다(대법원 2018.9.28. 선고 2015다69853 판결). 다만 집합투자는 자기책임원칙과 실적배당주의를 본질로 하므로, 자산운용회사에게 회사법상의 경영판단의 원칙에 준하는 재량을 부여하여, 자산운용회사가 가능한 범위 내에서 수집된 정보를 바탕으로 집합투자재산의 최상의 이익에 합치된다는 믿음을 가지고 신중하게 집합투자재산의 운용에 관한 지시를 하였다면 선량한 관리자로서의 책임을 다한 것이라고 할 것이고, 설사 그 예측이 빗나가 집합투자재산에 손실이 발생하였다고 하더라도 그것만으로 자산운용단계에서의 선관주의의무를 위반한 것이라고 할 수 없다(대법원 2003.7.11. 선고 2001다11802 판결; 대법원 2013.11.28. 선고 2011다96130 판결 등).

다. 선박펀드에 특유한 리스크 및 이에 따른 선관주의의무

  금융투자협회가 2021년도 상반기에 공·사모 운용사 11개사를 점검하여 2021. 9. 발간한 「2021년 상반기 대체투자펀드 리스크관리 회원조사 권고사례」에는 선박금융을 취급하는 대체투자펀드의 리스크 측정 사례 예시를 아래와 같이 제시하고 있다.[26]

---

  ② 집합투자업자는 투자자의 이익을 보호하기 위하여 해당 업무를 충실하게 수행하여야 한다.

25) 로앤비 온주주석서, 자본시장과 금융투자업에 관한 법률 제79조(박삼철, 김은집, 서종군 집필), 온주편집위원회, 2019. 12. 17.

26) 금융투자협회, "2021년 상반기 대체투자펀드 리스크관리 회원조사 권고사례", 2021. 9., 27면.

	인식	측정	통제(Risk sharing)
시장위험	• 물동량 변동 • 선박종류별 시장 규모 변동 • 용선시장의 규모 변동	• 벌크선, 탱커선 등 선박 • 종류별 시장분석 • 글로벌 물동량 추정 등	• 주요 가정에 대한 보수적 접근 • 고정 용선료 등
신용위험	• 조선소 인도 지연 • 선박 Owner 상환불이행	• 조선소/선사(BBCHP)/화주(COA) 신용도 분석 • FMV 분석	• RG(Refund Guarantee) • 보증보험 • 대체선사 지정권 보유
유동성위험	• 재원조달의 불일치 • 선박 LTV, 현금 흐름 등	• COA/BBCHP 운임구조 분석 • 선박매각시장 분석 • 선박 LTV 분석 등	• LTV breach 등
운영위험	• 선박 운영/관리 등	• 용선사 업력 • 중고시장 모니터링社 업력 등	• 운영/관리회사 책임범위 명시 • 제반 해상 보험 등

따라서 선박펀드의 자산운용회사로서는 선박펀드의 설정을 전후로 최소한 위 열거된 리스크 사항을 인식·측정하고 이를 통제하기 위한 충분한 조치를 취하여야 선관주의의무를 다한 것으로 평가될 가능성이 높아질 것으로 보인다.

V. 사례의 해결

1. 원심(서울고등법원 2014.1.10. 선고 2013나29235 판결)의 판단

원심은, 피고 운용사가 이 사건 펀드 설정 당시 2차 정기용선계약의 체결로 이 사건 정기용선계약의 효력이 상실되었음을 알지 못한 데에 과실이 있다고 볼 수 없고, 운용과정에서도 피고 운용사가 이 사건 재정기용선계약의 위조를 의심할 만한 사정이 없었기 때문에 그 진위 여부를 C해운에 직접 확인할 의무가 있다고 보기는 어렵다고 판단하면서 피고 운용사의 손해배상책임을 부정하였는데, 그 자세한 내용은 아래와 같다.

가. 이 사건 펀드 설정 과정에서의 과실

C해운과 A마린은 이 사건 정기용선계약을 변경하여 2차 정기용선계약을 체결하였고, A마린은 피고 운용사에게 이러한 사정을 알리지 않았을 뿐만 아니라 적극적으로 1차 정기용선계약이 유효함을 전제로 이 사건 정기용선계약의 추가계약 조항을 제출하는 등 적극적 기망행위를 하였으므로[27), 피고 운용사가 이 사건 펀드 설정 당시 2차 정기용선계약의 체결로 이 사건 정기용선계약의 효력이 상실되었음을 알지 못한 데에 과실이 있다고 볼 수 없다.

나. 이 사건 펀드 운용과정에서의 과실

(1) 이 사건 재정기용선계약서는 이 사건 정기용선계약서의 계약기간은 안정적으로 변경된 것이지만 용선료는 인하되는 등 일방적으로 A마린에게만 유리하게 계약조건이 변경되었던 것도 아니므로, 당시 피고 운용사가 이 사건 재정기용선계약이 위조되었을 것을 의심하여 그 진위 여부를 C해운에 직접 확인할 의무가 있었다고 보기는 어렵다. 여기에 피고 운용사는 이 사건 재정기용선계약서가 제출된 직후 A마린이 정상적으로 채무를 이행하고 있는 상황에서도 금융위기가 확산되자 A마린에 대한 실사를 통해 그 위조 사실을 밝혀낸 점을 더하여 보면, 피고 운용사가 이 사건 재정기용선계약서의 위조 여부를 이 사건 재정기용선계약서가 제출되자마자 밝혀내지 못한 것을 과실로 판단할 수는 없다.

(2) 앞서 살펴본 바와 같이 피고 운용사가 이 사건 펀드 설정과정 중 A마린과 C해운 사이의 2차 정기용선계약 또는 이 사건 재용선계약 체결 여부에 대하여 알 수 없었다. 나아가 A마린은 2009. 12.경까지도 정상적으로 채무를 이행하였고, 이 사건 펀드의 계좌에도 정상적으로 용선료가 입금되었는데, 피고 운용사의 A마

---

27) A마린의 대표이사는 2차 정기용선계약 체결 사실을 피고들에게 알리지 않은 행위에 대하여 사기죄로 처벌을 받았다.

린에 대한 관리, 감독권한이나 의무는 용선료채권의 적정한 상환을 위한 범위 내에서 존재하는 점에 비추어 보면 용선료가 정상적으로 입금되는 상황에서 피고 운용사가 용선료 입금계좌의 입금명의인(즉, 동 계좌에 C해운 명의로 용선료가 입금되었는지 여부)까지 확인해 볼 의무가 있었다고 보기는 어렵다.

(3) 피고 운용사는 2009. 1.경 A마린이 제공하는 다른 선박의 용선료채권을 확보하고, A마린의 관계회사가 보유한 다른 선박 보유지분에 대하여 양도담보를 설정하는 등 이 사건 펀드의 용선료채권을 확보하기 위해 적절히 대처하였다. 또한 피고 운용사는 이 사건 선박의 기관고장 및 유류대금 연체 등으로 인한 압류로 인하여 운항 중단될 때마다 원·피고들, A마린 등이 참석한 회의를 소집하여 상황을 파악하였고 A마린의 자금 집행을 감독한 점, 이 사건 선박의 기관 고장사고 이후에는 A마린이 더 이상 이 사건 선박을 운항할 자격이 없는 것으로 판단하고 대체선사를 물색하여 운항을 맡긴 점 등 적극적으로 이 사건 선박을 운항하여 용선료채권을 확보하기 위해 노력하였다. 따라서, 기관고장사고 및 선박압류가 있었다는 결과만으로 피고 운용사가 이 사건 펀드 운용과정에서 선관주의의무를 위반하였다고 보기는 부족하다.

2. 대법원의 판단

한편, 대법원은 피고들이 이 사건 정기용선계약의 내용을 확인하지 아니한 데에 과실이 없다고 판단한 원심을 파기환송하였는데, 그 내용을 자세히 살펴보면 아래와 같다.

가. 이 사건 펀드 설정과정에서 잘못된 투자정보 제공을 이유로 한 피고들의 투자자보호의무 위반 관련 부분에 관하여

이 사건 펀드는 A마린이 이 사건 선박에 관하여 C해운과 체결한 정기용선계약에서 얻는 용선료 수입 등을 재원으로 하여 투자금을 상환하는 구조로 되어 있으므로, 용선계약의 내용 특히 용선계약의 상대방 및 용선기간 등은 A마린이 안정적으로 용선료를 지급받을 수 있는지와 관련하여 원고들의 투자판단에 영향을 주는 중요사항이라고 할 것이다. 더욱이 피고 운용사는 이 사건 정기용선계약이 체결된 이후에야 이 사건 펀드의 설정에 관여하여 계약체결 경위에 관하여 잘 알지 못하였고, 이 사건 펀드는 이 사건 정기용선계약이 체결된 후 상당한 기간이 지나서 설정되었기 때문에 그 사이 계약 내용이 변경될 여지도 있었다.

따라서 피고 운용사로서는 A마린이 작성한 이 사건 정기용선계약서의 내용을 단순히 신뢰하는 데에 그치지 아니하고 독립적으로 C해운에 용선기간 등 계약 내용을 확인한 후 그에 관하여 올바른 정보가 담긴 운용제안서를 작성하여 이를 피고 증권사와 투자자인 원고들에게 제공하였어야 하였다. 그럼에도 피고 운용사는 이러한 조사를 하지 아니하였고, 그 결과 2차 정기용선계약의 체결로 용선기간이 변경된 사실을 알지 못하여 원고들에게 사실과 다른 정보를 제공하였다. 피고 운용사의 이러한 행위는 투자자보호의무를 게을리한 것이고, 이는 피고 증권사가 이 사건 펀드의 설정을 사실상 주도하였다거나 비록 A마린이 이 사건 정기용선계약에 관한 추가약정서를 피고들에게 제출하여 2차 정기용선계약이 체결된 사실을 적극적으로 은폐하려고 하였다고 하여 달리 볼 것은 아니다.[28]

나. 피고 운용사의 이 사건 펀드 운용과정에서의 선관주의의무 위반 관련 부분에 관하여

이 사건 정기용선계약의 내용 중 용선계약의 상대방이나 용선기간 및 용선료

---

28) 대상판결은 피고 증권사에 대해서도 피고 증권사는 A마린과 이 사건 선박의 매수자금 마련을 위한 펀드를 설정하기로 합의한 후 용선기간을 비롯한 이 사건 펀드의 구조를 미리 정하여 피고 운용사에 자산운용회사로 참여할 것을 권유하는 등 이 사건 펀드의 설정을 사실상 주도하였으므로, 비록 판매회사의 지위에 있었더라도 독립적이고 객관적인 방법으로 C해운에 확인하는 등으로 A마린과 C해운 사이에 체결된 정기용선계약의 내용을 조사하여 올바른 정보를 원고들에게 제공할 필요가 있었으나, 피고 증권사는 A마린이 제출한 계약서의 내용을 그대로 믿고 이를 직접 조사하지 아니하여 원고들에게 중요사항인 용선계약의 상대방 및 용선기간에 관하여 사실과 다른 정보를 제공함으로써 원고들에 대한 투자자보호의무를 위반하였다고 판시하였다.

에 관한 사항은 이 사건 펀드의 수익 및 위험에 영향을 주는 중요사항이므로, 이 사건 펀드의 자산운용회사인 피고 운용사는 계약 내용이 A마린에 유리하게 변경되었는지와 상관없이 정기용선계약의 변경 여부 및 변경된 계약의 내용을 정확히 조사·확인하여 이를 판매회사나 원고들에게 알릴 의무가 있다. 그런데도 피고 운용사는 A마린이 위조한 이 사건 재정기용선계약서의 내용만을 신뢰한 채 이를 C해운에 확인하는 등의 조치를 하지 아니하여 위 계약서가 위조된 사실과 이 사건 정기용선계약 내용이 변경된 사실을 알아내지 못하였는바, 이는 원고들에 대하여 자산운용회사로서의 선관주의의무를 위반한 것이다.

3. 파기환송심의 판단 – 책임의 제한

한편, 대상판결의 파기환송심(서울고등법원 2016.4.22. 선고 2015나30512 판결)에서는 위 대상판결과 같은 취지로 피고 운용사가 투자자 보호의무 또는 자산운용회사로서 선관주의의무를 위반한 점은 인정하되, ① 원고가 전문적인 지식과 투자경험을 갖춘 기관투자자인 점, ② 피고 운용사는 A마린의 사기 및 위조범행을 알지 못한 데 과실이 있으나, 그 주의의무 위반의 정도 및 태양에 비추어 원고들이 입은 손해를 전부 부담하는 것은 신의칙상 부당하고, 원고들의 투자손실로 인한 이익을 피고 운용사가 보유하였다고 볼 수도 없다는 점, ③ 당시 금융위기에 따른 해운경기의 불황으로 이 사건과 유사한 대부분 선박펀드에 손실이 발생한 점, ④ 이 사건 정기용선계약이 A마린에 의해 임의로 변경된 후 다시 한 번 A마린에 의해 위조된 이 사건 재정기용선계약서가 제출된 사실이 발각된 이후에도 이 사건 펀드 전체 운용기간인 5년 중 3년간 투자원리금이 정상적으로 회수되다가 이 사건 선박 자체의 결함과 해운경기의 불황으로 투자원리금의 회수가 되지 않았던 점 등을 근거로, 피고들의 책임 비율을 원고의 손해액의 40%로 제한함이 타당하다고 판단하였고, 위 판결은 확정되었다.

VI. 대상판결에 대한 평가 및 시사점

이 사건 펀드와 같은 선박펀드는 용선료 수입이 일정 기간 지속적으로 유지되는지와 만기 시점의 선박가치 등에 따라 그 수익과 위험이 결정되므로, 정기용선계약의 내용 특히 용선료 및 용선기간, 정기용선자의 선박운용능력이나 신용과 관련한 사항이 투자자들의 투자판단에 영향을 주는 중요사항이라는 점에 대해서는 이견이 없을 것으로 생각된다. 그럼에도, A마린이 피고 운용사에게 정기용선계약이 위조된 사실을 소극적으로 알리지 않은 것을 넘어 정기용선계약 관련 문서를 위조하여 제출하는 등 적극적인 기망행위를 한 경우에 있어서까지, 피고 운용사가 이러한 행위의 발생 가능성을 예측하여 이를 회피하기 위한 조치로서 A마린의 거래상대방인 C해운에게까지 이 사건 정기용선계약의 내용을 별도로 확인했어야 한다고 판단한 대상판결의 결론은 피고 운용사에게 다소 과도한 의무를 부과한 것으로 보이는 측면이 있다고 할 것이다.

다만, 향후 자산운용회사가 본 사안과 유사한 분쟁에 노출되지 않기 위하여는, 선박펀드를 비롯하여 각종 대체투자자산에 투자하는 펀드의 설정을 준비하는 과정에서, 자산운용회사는 펀드의 운용대상이 되는 자산과 관련한 직접적인 거래상대방(본 사안의 A마린)이 자신의 다른 거래상대방(본 사안의 C해운)과 체결하는 계약의 체결 여부 및 그 계약 내용을 검증하고, 또한 펀드와의 직접 거래상대방의 상대방에게 그와 같은 내용을 재확인하는 절차를 거쳐야 할 것으로 생각된다. 또한 자산운용회사는 펀드 운용 과정에서 직접 거래상대방의 금융거래내역 및 관련 자료들을 제공받아 그 직접 거래상대방이 자신의 계약상대방과의 관계에서 정상적으로 자금 집행을 하고 있는지, 그 자금 집행의 규모는 적정한지 등의 여부 등도 확인하여야 할 것이며, 이를 위해서는 사전에 자산운용회사가 자신의 직접 거래상대방과 체결하는 계약상 그 직접 거래상대방의 자산운용회사에 대한 자료제출의무를 명문화할 필요가 있을 것이다.

한편, 피고 운용사가 A마린에 대한 실사 이후 이 사건 펀드의 용선료채권을 담보를 확보하기 위하여 기울인 노력과 이 사건 선박의 고장 및 압류 등의 사건 이후 이 사건 선박의 관리를 위하여 취한 각종 대응과 관련하여 피고 운용사가 이 사건 펀드의 운용과정에서의 선관주의의무를 다한 것으로 볼 수 있을지 여부에 대해서는 대상판결의 판단이 이루어지지 않았으나, 최소한 대상판결의 원심은 위와 같은 조치들이 적절하다고 판시한 바 있다. 따라서 선박펀드의 자산운용회사로서 최소한 본 사안의 피고 운용사와 유사한 수준에서 선박펀드 운용상의 선관주의의무를 다하기 위해서는, 자산운용회사는 금융 및 해운산업 모두에 대한 지식과 경험, 전문성을 가진 운용인력을 보유하고 이들을 통해 선박펀드를 운용하여야 할 것이다. 이에 대해 부연하면, 선박의 정상적인 운항을 위해서는 선박확보 시 선적국의 법규에 따라 선박검사를 시행하고 적합한 증서를 보유하고 있어야 하고, 선박이 운항 중에 발생할 수 있는 각종 위험으로부터 운송인, 운항회사 및 선박소유자를 보호하기 위하여 적절한 보험에 충분한 보험가액으로 가입하여야 하며, 더욱이 정기용선과 같이 고도의 운항 기술이 필요한 대선형태는 선박소유자 자신의 경험과 지식으로 운항상 문제가 없도록 대처를 하여야 한다. 위와 같은 조치들을 차질 없이 수행하기 이를 위해서는 선박펀드 운용인력의 해운 실무 및 해상법상 고유의 권리의무 관계29)에 대한 충분한 이해는 필수적이라 할 것이다.30)

---

29) 가령, 해상법에는 다른 법에서 찾아보기 어려운 고유의 채권자보호를 위한 제도가 있다. 상법 제777조에는 다른 채권자보다 우선변제를 받을 수 있는 선박우선특권을 규정하고 있는데, 이에 해당하는 피담보채권으로는 도선료, 예선료, 최후 입항 후의 선박과 그 속구의 보존비, 검사비, 선원임금, 해난구조료 채권과 공동해손 분담에 대한 채권 등이 포함된다. 선박우선특권은 법정담보물권으로서 저당권보다 우선변제를 받을 권리가 있으므로 주의가 필요하다. 김인현, "선박투자회사 선박의 운항관련 책임주체와 그 채권자 보호", 「상사법연구」, 제35권 제4호, 한국상사법학회, 2017, 123면.

30) 신장현, 전게논문, 302-303면.

제 9 장

•

해외부동산 PF대출형 펀드에 있어서의 담보권 확보의무

Ⅰ. 사안의 개요

[대법원 2012.12.13. 선고 2011다25695 판결(이하 '대상판결') 사실관계 참조]

[당사자 및 이 사건 펀드의 구조]
피고 A자산운용사(이하 '피고')는 2006. 7월경 사모형 해외부동산펀드(이하 '이 사건 펀드')를 설정하였는데, 이 사건 펀드는 피고가 투자자들로부터 90억원 상당의 자금을 투자받아 펀드를 설정한 후 수탁회사인 B은행(이하 '이 사건 수탁회사')을 통하여 이 사건 펀드의 투자신탁재산 대부분을 시행사 C(이하 '이 사건 시행사')가 뉴질랜드에서 시행하는 골프 리조트 개발사업(이하 '이 사건 사업')의 사업자금으로 이 사건 시행사에게 대여하고, 이 사건 시행사가 이 사건 사업의 시행을 통하여 상환하는 금원으로 투자자들에게 이익분배금을 지급하는 구조이다. 한편, 원고는 이 사건 펀드에 1억 5천만원을 투자하여 이 사건 펀드의 수익증권을 매수한 투자자이다.

[이 사건 펀드의 신탁약관]
이 사건 펀드의 신탁약관(이하 '이 사건 신탁약관') 제29조 제1항 제1호는 "부동산 관련 자금대여"를 투자신탁재산의 투자대상 및 투자방법 중의 하나로 규정하고, 같은 조 제5항은 "자금을 대여하는 경우에 다음 각 호의 1의 요건을 갖추어야 한다. 이 경우 담보가액 또는 보증금액은 대여금 이상의 금액으로 채

권을 회수하기 위하여 충분한 금액이어야 한다"고 규정하면서, 제1호에서 "부동산에 대하여 담보권을 설정할 것", 제3호에서 "시공사 등으로부터 대여금 상환액의 지급이 보증될 것(시행사가 대출계약상의 채무를 이행하지 않을 것으로 예상되는 경우 시공사의 자금보충 약정 또는 시행사가 대출계약상의 채무를 이행하지 않는 것이 일정한 기간 계속될 경우 시공사로부터 동 투자신탁에 대한 채무를 인수한다는 약정을 체결한 경우 이를 포함한다)"이라고 규정하고 있다.

[이 사건 펀드에 대한 운용제안서]

피고가 작성하여 이 사건 펀드의 판매회사에게 교부한 운용제안서(이하 '이 사건 운용제안서')에는 이 사건 펀드의 개요 및 구조, 이 사건 사업의 개요 및 일정에 관한 간략한 설명에 덧붙여 피고가 취할 주요 채권확보 조치로서 "사업부지 담보: 현재가치 NZ\$(뉴질랜드 달러) 15,250,000[1] / 개발 후 가치 NZ\$ 39,060,000(감정평가서 참조)", "국내법인 지급보증: 대여원리금 전체에 대하여 국내 건설법인 D(이하 '이 사건 보증인')에서 지급보증" 등이 기재되어 있었다. 한편, 위 현재가치는 이 사건 시행사의 의뢰에 따라 뉴질랜드 현지 감정평가기관이 2005. 5. 31. 기준으로 작성한 감정평가서에 따라 산정된 것인데, 동 감정평가기관은 대상 토지를 개발하였을 때 예상되는 총 매매가격에서 개발비용을 제외한 나머지를 대상 토지의 현재가치로 평가하는 방법으로서 공시지가[2]라는 개념이 없는 외국에서 사용하는 방법 중의 하나인 '가정적 주거분양방법(Hypothetic Residental Subdivisional Technique)'을 사용하였다.[3]

[이 사건 수탁은행과 이 사건 시행사 사이의 대출계약 및 담보의 제공]

이 사건 수탁회사는 피고의 운용 지시 하에 이 사건 시행사에게 이 사건 펀드의 투자신탁재산 90억원을 대여(이하 '이 사건 대여금')하여 주었고, 이 사건 시행

---

1) NZ\$ 15,250,000은 그 무렵 환율로 계산할 경우 원화 약 91억 원 상당으로서, 이 사건 펀드의 총 투자신탁재산 규모인 90억원을 약간 상회하는 금액이다.
2) 대상판결에 따르면, 우리나라에서는 부동산 가격공시 및 감정평가에 관한 법률, 동법 시행령, 감정평가에 관한 규칙에 의하여 공시지가를 기준으로 감정평가를 하고 있어 가정적 주거분양방법은 참고가격이나 최종평가금액의 적정성을 파악하기 위한 정도로만 활용되고 있다고 한다.
3) 감정평가서에는 '성인 2인의 골프코스 회원권을 포함하여 골프리조트의 설비와 편의시설을 사용할 수 있는 권리의 부가가치를 포함하여 이 사건 담보권설정부지의 가치가 NZ\$ 15,250,000에 달할 것으로 평가된다'는 취지로 기술되어 있었다.

사는 이에 대한 담보로써 이 사건 사업부지 중 일부 토지(이하 '이 사건 담보설정부지')에 관하여 이 사건 수탁회사를 저당권자로 하는 저당권을 설정하여 주고, 이 사건 보증인으로부터 이 사건 대여금 전액에 대하여 지급보증을 받았으며, 이 사건 시행사 발행 주식에 관하여 이 사건 수탁회사를 채권자로 하는 양도담보권을 설정하여 주었다.

[이 사건 시행사의 부도]
이 사건 시행사는 2007. 12.경 자금난으로 인하여 부도를 냄으로써 사건 사업을 중단한 채 청산절차에 들어갔다. 이에 따라 피고가 이 사건 대여금 채권의 회수에 착수하였으나, 이 사건 시행사는 차용한 자금을 전혀 보유하고 있지 않았고, 이 사건 시행사의 부도로 인하여 이 사건 시행사의 발행 주식은 가치가 전혀 없었으며, 이 사건 담보권설정부지의 시가는 2008. 2.경 기준으로 NZ$ 620,000~850,000[4] 정도에 불과하였다.

[원고의 상환금 등 지급청구 및 투자금 손실에 따른 소제기]
원고는 이 사건 펀드의 만기일인 2008. 1. 21.경부터 피고에 대하여 상환금 등을 지급하여 달라는 취지의 의사를 밝혔으나, 이 사건 대여금 채권을 회수하지 못한 피고는 상환금을 지급하지 못하였다. 이처럼 투자금의 손실을 입게 된 원고는, 피고가 이 사건 펀드를 설정할 당시 이 사건 담보설정부지에 대한 적절한 평가 및 채권회수에 충분한 담보를 확보하지 않은 잘못으로 투자자 보호의무를 다 하지 않아 원고에게 손해를 입게 하였으므로, 피고는 이 사건 펀드의 미상환 투자원금의 손해[5]를 배상하라는 소송을 제기하였다.

II. 문제의 소재

해외부동산 투자는 매일 등락을 거듭하는 주식·채권 등 전통자산과 달리 부동산 가격의 추이가 소재지의 거시경제 상황과 맞물려 일정 기간 상승 또는 하락 추세를 형성함으로써 경기 변동의 영향을 덜 받는 반면 높은 수익을 추구할 수 있

---

4) NZ$ 620,000~850,000는 그 무렵 환율로 계산할 경우 원화 약 3.7~5.1억원 상당이다.
5) 한편, 원고는 피고로부터 약 1천 3백만원을 이익분배금으로 지급받았다.

으며, 정부의 국내 부동산 시장 규제 강화, 저금리 기조 및 증시 변동성 확대로 국내 부동산 시장에서는 마땅한 투자처를 찾기 어려운 상황에서 매력적인 투자 수단으로 인식되어 왔다. 그러나 수익과 위험은 동전의 양면과 같아서 고수익 상품일수록 고위험 가능성을 내포하듯이 높은 수익을 추구하는 해외부동산 투자는 상대적으로 투자자금 회수가 상대적으로 불확실해 손실 위험도 높을 가능성이 크다. 특히, 해외부동산 투자는 비정형화된 거래로 인해 법률위험(legal risk)에 대한 노출이 크기 때문에 이에 대한 금융회사의 대응능력 제고가 필요함에 반해, 국내 금융회사는 그간 해외부동산에 대한 투자시 엄밀한 실사, 법률적 검토 등에 소홀하다는 지적이 있었다.[6)]

해외부동산 개발사업의 프로젝트 금융과 관련하여 분쟁이 발생한 본 사안에서, 투자자인 원고는 부동산펀드를 운용하는 자산운용회사인 피고가 투자자를 보호하기 위하여 이 사건 펀드를 설정할 당시 시행사, 보증인 등의 신용위험을 회피하고 채권을 보존하기 위한 충분하거나 적절한 수단을 확보하고, 이 사건 담보설정부지에 대한 담보권을 실행하게 되는 경우 투자신탁재산을 충분히 회수할 수 있는지 여부를 검토하여 적절한 조치를 취했어야 함에도 이를 소홀히 하여 투자자 보호의무를 위반하였다고 주장하였다.

이에 대해, 피고는 ① 이 사건 신탁약관 제29조 제5항의 규정 취지는 부동산 담보가액(피담보채권액) 또는 시공사 등의 보증금액이 대여금 이상이면 족하다는 의미일 뿐이고 담보권 또는 시공사의 보증을 통하여 대여금 채권의 회수가 반드시 보장되어야 한다는 취지는 아니므로, 결과적으로 부동산의 담보가치가 대여금에 미치지 못한다고 하여 피고에게 과실이 있다고 할 수 없고, ② 이 사건 담보설정부지에 대한 현재시가를 평가한 가정적 주거분양방법은 현재가치를 산정하는 적절한 평가방법으로서 피고는 위 평가방법에 따른 이 사건 담보설정부지의 현재가치가 이 사건 대여금 이상임을 확인하고 담보권을 설정하였으므로, 피고로서는 시행사 등의 신용위험 상태에 대비하여 이 사건 대여금의 회수를 위한 조치를 충분히 하였다고 주장하였다. 마지막으로, 책임의 범위와 관련하여 피

---

6) 박해식, "해외대체투자 부실화 및 대응방안", 「주간금융브리프」 제30권 제1호, 금융연구원, 2021, 24 – 25면.

고는 ③ 이 사건 펀드의 수익증권을 보유한 원고는 환매청구 또는 만기시 환매
금 또는 상환금을 지급받을 수 있으므로, 원고의 손해액은 투자원금에서 원고가
보유하고 있는 수익증권의 가치를 공제한 나머지를 기준으로 산정하여야 한다고
주장하였다.

　　이하에서는 이 사건 펀드의 투자대상인 해외부동산 개발사업 관련 프로젝트
금융 및 이와 관련한 담보의 종류와 주의사항에 대해 살펴보고, 대상판결에서 피
고가 이 사건 펀드를 설정할 당시 이 사건 담보설정부지에 대한 적절한 평가 및
채권회수에 충분한 담보를 확보하지 않은 잘못으로 투자자 보호의무를 소홀히 하
였다고 판단하였는지 여부와 원고의 손해액을 어떻게 산정하여야 한다고 판단하
였는지 및 그 판단 근거를 살펴보기로 한다.

III. 프로젝트 금융 및 관련 담보제도에 대한 개관

1. 프로젝트 금융 및 PF대출형 부동산펀드의 의의

　　프로젝트 금융(Project Finance, 이하 "PF")은 특수목적회사(SPC)의 명의로 특정
사업(즉, 프로젝트)을 건설·개발·수행하는 데에 필요한 자금을 조달하되 원리금의
상환을 그 사업으로부터 발생하는 현금흐름에 의존하고 원칙적으로 그 사업의 자
산만을 담보로 제공하는 금융기법을 말한다.[7] 그리고 금융감독당국은 부동산 개
발사업에 펀드가 대주단으로 참여하여 대출기간 중 이자를 수취하다가 대출만기
시 분양 또는 매각자금 등으로 대출원리금을 상환받는 형태의 부동산펀드를 "PF
대출형 부동산펀드"로 분류하고 있다.[8]

---

7) 한민, "프로젝트금융의 법적 쟁점", 「법학논집」 제22권 제3호, 이화여자대학교 법학연구
　소, 2018, 46면.
8) 금융감독원, "해외 부동산펀드 현황 및 대응방안", 보도자료, 2020. 12. 17., 6면.
　참고로, 위 보도자료에서 금융감독당국은 부동산펀드를 투자대상자산과 투자방식의 조합
　에 따라 아래 표와 같이 총 8개 유형으로 분류하였다.

PF에서는 미래의 현금흐름 확보가 가장 중요하므로 대출금 상환에 필요한 현금흐름의 확보를 위하여 수많은 당사자들이 참여하고 다양한 직간접적인 담보장치들이 요구된다.[9] 전통적인 PF에서는 주로 은행 등 금융기관으로부터의 차입에 의하여 자금을 조달하였으나, 최근에는 자본시장을 이용한 PF도 활성화되고 있다. 예컨대, 「사회기반시설에 대한 민간투자법」에 의한 사회기반시설 투융자기구와 「자본시장과 금융투자업에 관한 법률」(이하 '자본시장법')에 의한 집합투자기구는 자본시장에서 조달한 자금으로 프로젝트에 투자하거나 대출 등의 금융을 제공한다.[10]

2. 해외부동산 개발사업 관련 PF에서의 담보의 종류 및 주의사항

이 사건 사업과 같은 해외부동산 개발사업 관련 PF에서는 차주인 시행사에게 기한이익상실 등 사유가 발생하는 경우 대주인 금융기관이 채권회수를 위한 조치를 취하여야 한다. 그런데 해당 국가의 법률 및 사업에 대한 법적 검토가 충분히 선행되지 못하고 투자가 이루어지는 경우 대주는 담보실행 절차에서 곤란을 겪거나 복잡한 법적 분쟁에 휩싸이게 되는 경우가 있을 수 있다. 따라서 아래에서는 해외부동산 개발사업 관련 PF에서 대주에게 제공되는 대표적인 담보의 종류와 해당 담보별 설정 및 집행시 주의사항을 간략히 살펴보기로 한다.

구분		투자대상자산		
		실물 부동산	부동산 개발사업	기타
투자 방식	지분(Equity)	① 임대형	③ 개발형	⑤ 리츠형
	대출(Loan)	② 대출형	④ PF대출형	⑥ NPL
	수익증권(Fund) 또는 대출(Equity)	–	–	⑦ 역외재간접 ⑧ 국내재간접

9) 김상만, "글로벌 프로젝트 파이낸스 최근 동향 및 상업위험 분석", 「무역상무연구」, 제61권, 한국무역상무학회, 2014, 276면.
10) 한민, 전게논문, 46면.

가. 사업부지에 대한 담보설정

시행사가 사업부지에 대해 어떠한 권리(소유권인지 사용권인지)를 보유하고 있는지 명확히 파악하고, 권리의 내용에 따라 해당 국가에서 부여된 절차 및 토지계약서에서 정해진 바에 따라 담보권을 설정해야 할 것이다. 토지에 대한 등기나 등록 시스템이 존재하는 국가이고 시행사가 해당 시스템에 따라 토지에 대한 권리를 취득하였다면, 담보권 역시 등기나 등록이 되어야 할 것이다.[11] 특히 해당 사업부지가 개발도상국에 소재하는 경우 특유의 법 제도[12]에 대해 검토할 필요가 있다.[13] 따라서 해당 국가의 부동산 관련 정책, 법률과 관행이 정립되어 있는지 여부가 중요하며, 가급적 이와 관련한 위험성이 적은 선진국이 유리하다 할 것이다.[14]

나. 제반 사업계좌에 대한 담보

시행사가 개설한 제반 사업계좌에 대하여 담보를 설정하며 주로 사업계좌의 예금채권에 대한 질권이 이용된다. 일반적으로 PF 약정에서 대주는 시행사가 개설할 계좌를 미리 한정해 두고, 자금관리에 관하여 상세한 규정을 두어 그에 따라 자금관리를 하도록 의무를 부과한다.[15]

---

11) 법무법인(유한)지평 건설부동산팀, 「부동산 PF 개발사업법」, 제2판, 박영사, 2018, 70면.
12) 예컨대, 소재지법이 외국인의 부동산 소유권 취득을 금지하는 경우, 대주단의 담보권보다 항상 우선할 수 있는 권리가 존재할 가능성이 있는 경우, 장래 자산에 대한 담보권 설정이 허용되지 않는 경우, 담보권 실행이 비용이나 절차적 측면에서 과도한 부담을 수반하는 경우 등이 있다.
13) 김채호, "국제 프로젝트 파이낸스 금융계약서상 채무불이행사유들과 그 효과", 「국제거래법연구」, 제26권 제1호, 국제거래법학회, 2017, 26면.
14) 중앙일보, "[경제 view &] 쉽고 매력 있는 해외 부동산 펀드 투자", 2017. 8. 24.
15) 허익렬·김규식·김건호, "프로젝트 파이낸스에서의 담보에 대한 검토", 「BFL」, 제37호, 서울대학교 금융법센터, 2009, 54면.

다. 시행사 주식에 대한 질권

시행사 주식에 대하여 대주에게 질권을 설정한다. 주식은 시행사에 대한 채권보다 후순위이므로 주식 질권은 그 자체로는 담보가치가 크지 않을 수 있다. 그러나 질권 설정에 의하여 사업주가 주식을 임의로 제3자에게 처분하는 것을 방지할 수 있고, 시행사의 채무불이행이 발생하고 기존의 사업주로는 프로젝트의 유지가 어렵다고 판단되어 사업주를 교체하고자 할 경우에는 주식 질권을 실행함으로써 주식을 새로운 사업주에게 매도할 수 있다.[16]

라. 사업시행권 및 사업계약에 대한 양도담보

시행사가 보유하는 제반 사업인허가권을 포함하여 사업시행권에 대해 양도담보를 설정하는 경우가 있는데, 해당 국가의 인허가기관이 인허가 양도담보 및 양도통지만으로 새로운 법인에게 인허가권을 인정해 줄 것인지를 검토할 필요가 있다. 그런데 국내 PF에서와 마찬가지로, 통상은 별도의 인허가 발급 절차를 거치는 경우가 많아 위 사업시행권 양도담보 설정만으로 곧바로 사업시행권을 인수해 오는 것이 쉽지 않을 수 있다.[17]

또한 시행사는 프로젝트의 수행을 위해 각종 계약(예컨대 공사도급계약, 운영계약, 연료공급계약 등)을 체결하는데, 이러한 사업계약상 권리에 대해 양도담보를 설정하기도 한다. 시행사가 보유하는 일정한 동산이나 재고물품 등에도 담보를 설정해야 할 필요가 있는데 이때에는 주로 양도담보가 이용된다.[18]

마. 시공사의 연대보증, 채무인수 등 신용공여, 책임준공

국내 금융기관들이 참여하는 해외부동산개발 PF에서 국내 시공사가 참여하

---

16) 한민, 전게논문, 75면.
17) 법무법인(유한)지평 건설부동산팀, 전게서, 71면.
18) 허익렬·김규식·김건호, 전게논문, 54면.

는 경우, 국내 금융기관들은 국내 PF에서와 마찬가지로 시공사에게 대부분 연대보증, 채무인수와 같은 신용공여나 책임준공을 요구한다. 금융거래에서 관행적으로 지급보증이라는 개념도 사용되고 있는데, 이는 채무인수 또는 연대보증을 가리키는 것이다.[19] 국내 시공사가 건설을 수행하지 않고 현지 시공사가 이를 수행하는 경우라도 국내 금융기관들이 국내 시공사에게 책임준공확약을 하도록 요구하는 경우가 많은데, 이 경우 국내 시공사는 대주들에게 직접 건설을 수행하지 않더라도 제3자의 현지 시공사를 선임해서라도 준공할 것을 확약하는 내용이 된다.[20]

연대보증채무가 일반적인 보증채무와 다른 점은 보증인에게 최고·검색의 항변권[21]이 인정되지 않는다는 점이다. 연대보증인으로서 대출채무를 상환한 시공사는 주채무자인 시행사에 대하여 대위변제한 채무 전액을, 다른 연대보증인이 있는 경우 자신의 내부적 부담 비율을 넘는 금액에 대하여 그 연대보증인의 부담 비율에 해당하는 금액을 청구할 수 있다.[22]

한편, 금융소비자 보호 강화를 위하여 2020. 3월 제정(2021. 3. 25. 시행)된 「금융소비자 보호에 관한 법률」(이하 '금융소비자보호법')은 모든 금융상품을 그 상품의 속성에 따라 예금성 상품, 대출성 상품, 보장성 상품, 투자성 상품의 4가지 유형[23]

---

19) 김병두, "부동산 프로젝트 금융(PF)과 담보 —담보권을 중심으로—", 「비교사법」, 제19권 제2호, 한국비교사법학회, 2012, 416면.
20) 법무법인(유한)지평 건설부동산팀, 전게서, 67면.
21) 최고·검색의 항변권이란 채권자가 보증인에게 채무의 이행을 청구한 때 보증인은 주채무자의 변제자력이 있는 사실 및 그 집행이 용이한 것을 증명하여 먼저 주채무자에게 청구할 것과 그 재산에 대하여 집행할 것을 항변할 수 있는 권리(민법 제437조)를 말한다.
22) 선명법무법인·선명회계법인, 「부동산 투자개발 ABC」, 제3판, 선명, 2014, 123-124면.
23) 각 상품에 대한 간략한 설명은 아래와 같다.
    1) 예금성 상품: 은행법·저축은행법상 예금 및 이와 유사한 것으로, 은행·저축은행·신협의 예·적금 등이 이에 해당한다.
    2) 대출성 상품: 은행법·저축은행법상 대출, 여신전문금융업법상 신용카드·시설대여·연불판매·할부금융 및 이와 유사한 것으로, 각 금융회사의 대출, 카드사·할부금융회사의 신용카드·리스·할부, 대부업자의 대부상품 등이 이에 해당한다.
    3) 보장성 상품: 보험업법상 보험상품 및 이와 유사한 것으로, 생명보험·손해보험·신협공제 등이 이에 해당한다.
    4) 투자성 상품: 자본시장법에 따른 금융투자상품 및 이와 유사한 것으로, 주식·펀드·파생상품·신탁계약·투자일임계약·P2P연계투자 등이 이에 해당한다.

으로 구분하고 있다. 그런데, 집합투자재산으로 금전을 대여하는 방식으로 운용되는 부동산펀드와 관련하여, 차주와의 관계에서 금융소비자보호법상 대출성 상품에 관한 규제가 적용되는지 여부에 대해서 의문이 있을 수 있는데, 이에 대해 금융감독당국은 자산운용사의 대출계약을 금융소비자보호법 적용대상에서 제외하는 규정이 없는 만큼 대출행위도 금융소비자보호법 적용을 받는다는 유권해석을 내린 바 있다.[24] 따라서, 자산운용사가 부동산펀드를 통해 차주인 시행사에게 금전을 대여하는 경우에도 금융소비자보호법상 대출성 상품에 있어서의 연대보증에 관한 각종 규제[25]가 적용되므로 연대보증인의 범위는 시행사의 대표자, 최대주주, 30% 이상의 의결권 있는 지분을 보유한 주주 등으로 한정되어야 할 것이다.

아울러, 부동산 PF에서 차주인 법인에 대해 시공사가 연대보증을 할 수 있는지 여부와 관련하여, 금융감독당국은 시공사를 금융소비자보호 감독규정(제14조 제1항 제2호[26])에 따라 연대보증이 허용되는 PF 사업(차주가 SPC인 경우로 한정하지 않

---

24) 금융회사 애로사항 신속처리 시스템 의견 제출 양식 중 [펀드 운용 중 대여 행위에 대한 대출성 상품 규제 적용 여부] 회신안 부분
25) **[금융소비자보호법] 제20조(불공정영업행위의 금지)** ① 금융상품판매업자등은 우월적 지위를 이용하여 금융소비자의 권익을 침해하는 다음 각 호의 어느 하나에 해당하는 행위(이하 "불공정영업행위"라 한다)를 해서는 아니 된다.
   4. 대출성 상품의 경우 다음 각 목의 어느 하나에 해당하는 행위
      다. 개인에 대한 대출 등 대통령령으로 정하는 대출상품의 계약과 관련하여 제3자의 연대보증을 요구하는 경우
   [금융소비자보호법 시행령] 제15조(불공정영업행위의 금지) ② 법 제20조제1항제4호다목에서 "개인에 대한 대출 등 대통령령으로 정하는 대출상품의 계약과 관련하여 제3자의 연대보증을 요구하는 경우"란 다음 각 호의 경우를 말한다.
   2. 법인인 금융소비자에 대한 대출에 제3자의 연대보증을 요구하는 경우. 다만, 다음 각 목의 제3자에 대해서는 연대보증을 요구할 수 있다.
      가. 해당 법인의 대표이사 또는 무한책임사원
      나. 해당 법인에서 가장 많은 지분을 보유한 자
      다. 해당 법인의 의결권 있는 발행 주식 총수의 100분의 30(배우자·4촌 이내의 혈족 및 인척이 보유한 의결권 있는 발행 주식을 합산한다)을 초과하여 보유한 자
      라. 그 밖에 대출의 목적·성격 및 대상 등을 고려하여 금융위원회가 정하여 고시하는 자
26) **[금융소비자 보호에 관한 감독규정] 제14조(불공정영업행위의 금지)** ① 영 제15조 제2항 제2호라목에 따른 "금융위원회가 정하여 고시하는 자"란, 다음 각 호의 자를 말한다.
   2. 「자본시장과 금융투자업에 관한 법률」에 따른 프로젝트금융(대출로 한정한다) 또는

음)에 따른 이익을 차주와 공유하는 법인으로 보아 연대보증을 할 수 있다고 안내
한 바 있다.[27]

바. 출자자의 자금보충약정

시행사가 프로젝트를 수행하는 데 필요한 자금이 부족한 경우, 출자자들이
그 부족자금을 충당하기 위하여 출자 또는 후순위대출의 방식으로 시행사에게 자
금보충을 하기로 대주와 약정하는 경우가 있는데, 이를 보통 자금보충약정(cash
deficiency support)이라고 한다.[28]

사. 제반 보험에 대한 담보

일반적으로 PF 약정에서는 시행사가 보유한 프로젝트 관련 자산들에 대해서
일정한 내용의 보험(건설공사보험, 화재보험, 예정이익상실보험 등)에 가입하도록 의무
를 부과하므로, 그러한 보험에 따른 보험금청구권도 모두 담보의 대상이 되며, 주
로 질권이 이용된다. 또한 보험회사들의 신용이 충분하지 못한 경우에는 보험회사
들이 가입하는 재보험상 청구권에 대해서도 담보권을 설정하기도 한다.[29]

아. 직접계약(Direct Agreement)에 의한 개입권 확보

PF에서 담보로 제공되는 자산(예컨대 예금, 주식 등)은 프로젝트의 수익성과 직
결되는 경우가 많아, 그 자체는 담보로서의 가치가 크지 않은 경우가 대부분이다.
그럼에도 PF에서 담보를 확보하는 주된 이유 중 하나는 시행사가 대출계약상 채
무를 불이행한 경우 대주단의 주도하에 사업수완이 좋은 제3자에게 프로젝트 자

이와 유사한 구조의 금융상품에 관한 계약을 체결하는 경우에 그 프로젝트금융의 대
상이 되는 사업에 따른 이익을 금융소비자와 공유하는 법인
27) 금융위원회·금융감독원, "금융소비자보호법 FAQ 답변(3차)", 보도자료, 2021. 4. 26., 1면.
28) 허익렬·김규식·김건호, 전게논문, 55면.
29) 허익렬·김규식·김건호, 전게논문, 54면.

체를 이전함으로써 상환재원을 극대화하는 데 있다. 이를 위해 해외 PF에서는 직접계약을 체결하는 경우가 많다.

직접계약은 프로젝트의 시행사와 대주단, 프로젝트의 주요 계약(공사도급계약, 운영계약, 생산품구매계약 등)의 계약상대방 사이에 체결되는 계약으로 그 주된 내용은 시행사의 채무불이행 발생시 대주단의 개입권을 인정하는 것이다. 대출계약상 채무불이행이 발생하면, 시행사는 프로젝트의 주요 계약상 채무도 불이행하여 계약상대방이 해당 계약을 해지할 수 있게 되는 경우가 많을 것인데, 만약 대주단이 프로젝트를 제3자에게 이전하고자 한다면, 이러한 주요 계약의 효력이 계속 유지되도록 할 필요가 있다. 따라서 대주단은 계약상대방과의 직접계약을 통해서 해당 주요 계약상 해지사유가 발생하더라도 일정 기간 동안은 해지권 행사를 유보하고 해당 계약에 따른 업무수행을 계속하도록 하며, 만약 대주단이 제3자를 지정하여 계약상 지위를 이전하고자 하는 경우 이에 동의하는 등 필요한 협조를 하도록 요구한다.30) 다만 대주단은 개입권 행사로 인한 추가 책임의 발생을 제한하기를 원하므로 개입권 행사 이후 발생한 채무에 대해서는 책임을 부담하지 않는다는 점을 직접계약에 규정하고자 하며 가능하면 부담하여야 할 책임의 상한선을 명시하기는 것이 바람직할 것이다.31)

자. 기타

앞서 살펴본 것들 외에도, 국내 SPC가 차주인 경우 국내 SPC가 해외 SPC에 대해 보유하는 대출채권에 대한 양도담보, 시행사 대표의 연대보증, 무역보험공사의 보증(프로젝트위험, 국가나 시행사의 부도, 신용위험) 등이 대주에게 담보로서 제공되기도 한다.

---

30) 허익렬·김규식·김건호, 전게논문, 55-56면.

31) 김채호, 전게논문, 25면.

IV. 사례의 해결

1. 쟁점 1(부동산 담보가액 또는 시공사 등의 보증금액이 대여금 이상 이면 족한지 여부 관련)

이 사건 신탁약관 제29조 제5항의 규정 취지는 부동산 담보가액 또는 시공사 등의 보증금액이 대여금 이상이면 족하다는 피고의 주장에 대하여, 대상판결 및 그 원심(서울고등법원 2011.1.28. 선고 2010나34984 판결)은 피고가 이 사건 펀드를 설정할 당시 신용위험 회피 및 채권 보전을 위한 충분하고 적절한 수단을 확보하지 않은 잘못으로 투자자 보호의무를 다 하지 않았다고 판단하였는데, 그 내용을 자세히 살펴보면 아래와 같다.

이 사건 신탁약관 제29조 제5항의 규정 취지는 자산운용회사인 피고가 부동산 관련 사업에 자금을 대여하는 경우 이 사건 시행사의 신용위험에 대비하여 부동산에 대한 담보권을 확보하여 투자자를 보호하기 위한 것으로서, 이 때 담보가액 또는 보증금액은 실적배당과 자기책임을 원칙으로 하는 간접투자의 속성상 어떠한 경우에나 대여금 채권을 확보하는 수준에 이르러야 한다고 볼 수는 없으나, 펀드를 설정할 당시에는 일반적으로 예상되는 신용위험을 회피할 수 있을 정도의 부동산에 대한 담보권 또는 지급능력이 있는 시공사의 보증이 확보되어야 한다.

특히 이 사건 펀드의 경우 이 사건 시행사와 이 사건 보증인은 그 신용상태나 제공하는 담보인 주식의 가치 평가가 어렵고 이 사건 시행사와 이 사건 보증인이 부도났을 경우 궁극적으로 이 사건 사업부지에 관한 담보에 의하여만 채권의 보전이 가능하므로, 피고로서는 이 사건 신탁약관 제29조 제5항 제1호의 규정에 따라 이 사건 사업부지에 대한 담보의 설정을 통하여 이 사건 펀드의 설정 당시를 시점으로 일반적으로 예상되는 신용위험을 회피하기 위하여 충분하거나 적절한 수단을 확보하여야 한다.

그런데 이 사건의 경우 이 사건 담보설정부지의 2008. 2.경 기준 시가는 이 사건 펀드의 투자신탁재산 규모의 4.1~5.7%인 NZ$ 620,000~850,000에 불과하여 이 사건 시행사가 부도를 내는 경우에는 담보권을 실행하더라도 투자신탁 재산 중의 극히 일부만을 회수할 수 있고 나머지 대부분을 회수할 수 없음이 명백하다. 그렇다면, 피고는 부동산펀드를 운용하는 자산운용회사로서 원고를 포함한 투자자들을 보호하기 위하여 이 사건 펀드를 설정할 당시 이 사건 시행사, 이 사건 보증인 등의 신용위험을 회피하고 채권을 보존하기 위한 충분하거나 적절한 수단을 확보하지 않은 잘못으로 투자자 보호의무를 다 하지 않았다고 할 것이다.

2. 쟁점 2(가정적 주거분양방법에 따른 담보설정부지의 현재가치 확인 및 담보권 설정이 신용위험에 대비한 대여금 회수를 위한 충분한 조치인지 관련)

가정적 주거분양방법에 따라 이 사건 담보설정부지의 현재가치가 이 사건 대여금 이상임을 확인하고 담보권을 설정하여 이 사건 시행사 등의 신용위험 상태에 대비하여 이 사건 대여금의 회수를 위한 조치를 충분히 하였다는 피고의 주장에 대해, 대상판결 및 그 원심은 위 평가방법이 적절하다고 볼 수 없고 피고가 담보권 실행시 이 사건 대여금을 충분히 회수할 수 있는지 여부를 적절히 검토하지 않아 투자자 보호의무를 위반하였다고 판단하였는데, 그 내용을 자세히 살펴보면 아래와 같다.

자산운용회사인 피고가 자금대여시 부동산에 대한 담보권을 취득하도록 규정한 이 사건 신탁약관 제29조 제5항의 규정 취지는 자금을 차용한 이 사건 시행사가 부동산에 대한 개발을 마쳤을 경우뿐만 아니라 개발을 마치지 못하고 중도에 이 사건 시행사가 부도났을 경우의 신용위험에도 대비하기 위한 것이므로, 부동산을 개발하였을 때 예상되는 총 매매가격에서 개발비용을 제외한 나머지를 대상 토지의 현재가치로 보는 가정적 주거분양방법은 설령 뉴질랜드를 포함한 외국에서 채택 가능한 현재가치의 감정평가방법 중의 하나라고 하더라도 그 규정 취지에 부합하는 적절한 평가방법이라고 할 수 없다.

따라서 피고로서는 이 사건 담보설정부지의 평가방법이 국내에서 일반적으로 통용되지 않는 가정적 주거분양방법이라고 한다면 그 평가방법의 부적절성을 확인하고, 이 사건 담보설정부지에 대한 담보권을 실행하게 되는 경우 투자신탁재산을 충분히 회수할 수 있는지 여부를 검토하여 투자자 보호를 위한 적절한 조치를 취하였어야 함에도 그러한 조치를 취하지 아니한 잘못이 있다.

한편, 피고로서도 이 사건 펀드 설정 당시 이 사건 담보설정부지의 시가가 투자신탁재산 규모의 4.1~5.7%인 NZ\$ 620,000~850,000에 불과함을 알았더라면, 이를 이 사건 대여금의 회수를 위한 충분한 담보로 여겼을 것으로 보이지는 아니한바, 피고는 감정평가방법의 상이함으로 인하여 발생할 수 있는 문제에 대하여 진지하게 검토하지 않고 현지 감정평가기관의 감정결과만을 과신한 나머지 시행사가 부동산에 대한 개발을 마치지 못하고 중도에 사업자가 부도났을 경우에 대비하기 위한 담보물의 가치평가에는 소홀히 하였다.

3. 쟁점 3(수익증권에 기하여 상환받을 수 있는 금원을 공제하여야 하는지 관련)

원심은 원고가 이 사건 펀드의 수익증권에 기하여 실제 상환받을 수 있는 금원이 있는지 여부 및 그 액수가 얼마인지를 인정할 증거가 없다는 이유로, 원고의 투자원금에서 ① 피고로부터 지급받은 이익분배금은 공제하였으나 ② 원고가 이 사건 펀드의 수익증권에 기하여 상환받을 수 있는 금원은 공제하지 아니한 채 원고의 손해액을 산정하였다.

그러나 대상판결은, 불법행위로 인한 재산상의 손해는 위법한 가해행위로 인하여 발생한 재산상의 불이익, 즉 불법행위가 없었더라면 존재하였을 재산상태와 불법행위가 가해진 이후의 재산상태와의 차이를 말하는 것이고, 이러한 손해의 액수에 대한 증명책임은 손해배상을 청구하는 피해자인 원고에게 있으므로, 원고는 불법행위가 없었더라면 존재하였을 재산상태와 불법행위가 가해진 이후의 재산상태가 무엇인지에 관하여 이를 증명할 책임을 지므로, 원심으로서는 원고가 이 사건 펀드의 수익증권에 기하여 상환받을 수 있는 금원이 얼마나 되는지 등에 관하여 원고에게 그 증명을 촉구하는 등으로 심리하여 그 금원 상당을 원고의 손해액에서 공제하여야 한다고 판단하면서, 원심을 파기환송하였다.[32]

4. 파기환송심 및 책임의 제한

대상판결의 파기환송심(서울고등법원 2013나3226)에 대한 대법원 홈페이지 '나의 사건검색'[33]에 따르면, 이 사건은 화해권고결정[34]에 의하여 종결된 것으로 확인된다. 추측하건대, 파기환송법원은 상고법원이 파기의 이유로 삼은 사실상 및 법률상 판단에 기속되고(민사소송법 제436조 제2항 단서), 상급법원 재판에서의 판단은 해당 사건에 관하여 하급심을 기속한다는(법원조직법 제8조) 파기환송판결의 기속력에 따라, 위 쟁점 3(즉, 수익증권에 기하여 상환받을 수 있는 금원을 공제하여야 하는지 관련)만이 파기환송심의 실질적인 쟁점이 되는 상황에서, 파기환송심 법원은 위 쟁점은 경미한 부분의 의견 차이로 화해가 성립되지 않는 경우라 보고[35] 양 당사자의 상호 양보 하에 이 사건 펀드의 수익증권에 기하여 상환받을 수 있는 금액을 적절히 협의하여 화해권고결정에 이른 것이 아닌가 생각된다.

한편, 이 사건의 원심은 ① 이 사건 펀드는 연 10.5%의 높은 수익률을 추구하는 펀드로서 필연적으로 높은 투자위험이 상존하고 있는 점, ② 원고는 모 생명보험사 지점의 대표자로서 고객들에게 펀드를 판매한 많은 경험을 가지고 있고, 그 자신도 다양한 펀드에 투자한 경험을 가지고 있어 이 사건 펀드에 투자하는 데

---

32) 대상판결은 이 사건 담보설정부지의 가치가 NZ$ 620,000~850,000 정도로 평가되고, 2010. 10.경 진행된 경매절차에서 NZ$ 810,000에 매각된 적도 있으므로, 이 사건 담보설정부지를 처분하여 원고의 이 사건 수익증권에 대하여 상환할 수 있는 금원이 전혀 없다고 볼 수는 없다는 점을 고려하였다.

33) https://www.scourt.go.kr/portal/information/events/search/search.jsp

34) 화해권고결정은 법원·수명법관 또는 수탁판사가 소송에 계속 중인 사건에 대하여 직권으로 당사자의 이익, 그 밖의 모든 사정을 참작하여 청구의 취지에 어긋나지 아니하는 범위 안에서 사건의 공평한 해결을 위하여 내리는 결정을 말한다(민사소송법 제225조).

35) 법원행정처, 「민사소송 III 법원실무제요」, 2005, 287면.

따르는 손실 발생의 위험성을 충분히 인식할 수 있었다고 봄이 상당한 점, ③ 설령, 이 사건 담보설정부지의 가액이 이 사건 운용제안서에 기재된 것과 같이 NZ$ 15,250,000에 달하였다고 하더라도 부동산의 가치는 부동산시장의 상황에 따라 변동되는 것으로서, 2006. 7. 이후 뉴질랜드의 부동산시장이 계속적으로 호황 상태에 있었던 것도 아닌 이상 이 사건 담보설정부지에 관하여 설정된 담보권의 실행을 통하여 원고의 투자원금이 전액 회수될 수 있었을 것이라고 단정하기는 어려운 점 등 제반사정을 참작하면, 피고가 원고에게 배상하여야 할 손해액은 형평상 원고가 입은 손해액의 70% 정도로 제한함이 상당하다고 판단하였다. 이에 따라, 파기환송심에서는 원고의 투자원금에서 피고로부터 지급받은 이익분배금과 이 사건 펀드의 수익증권에 기하여 상환받을 수 있는 금원을 모두 공제한 잔액에서 30%를 감액한 금액이 원고의 손해액으로 산정된 채 화해권고결정에 이르렀을 것으로 추측된다.

V. 대상판결의 시사점

대상판결은 이 사건에서 자산운용회사가 자금대여시 부동산에 대한 담보권을 취득하도록 규정한 취지가 자금을 차용한 시행사가 부동산에 대한 개발을 마치지 못하고 중도에 부도났을 경우의 신용위험에 대비하기 위한 것이라고 하면서, 가정적 주거분양방법이 적절한 평가방법이라고 할 수 없다고 판단하였다. 따라서 해외부동산펀드[36]를 운용하려고 하는 자산운용회사는 만일 해당 소재국에서 가정적 주거분양방법 혹은 그와 유사하게 개발이 완료된 후의 가정적 가치를 기준으로 현재가치를 산정하는 감정평가방법이 통용되고 있다 하더라도 그와 같은 감정평가방법은 투자자를 보호함에 있어 부적절함을 인식하고, 감정평가방법이 상이함으로 인하여 발생할 수 있는 문제에 대하여 진지하게 검토할 필요가 있을 것이다.

또한, 대상판결은 피고가 거래상대방인 이 사건 시행사의 의뢰에 따라 현지

---

36) 부동산펀드뿐만 아니라 특별자산펀드 등 해외 소재 투자대상자산에 대한 적절하고 정확한 가치의 산정이 필수적인 대체투자펀드에 있어서도 마찬가지일 것이다.

감정평가기관이 산정한 감정평가 결과만을 과신한 것도 지적하고 있으므로, 자산운용회사로서는 설령 거래상대방의 의뢰에 따라 작성된 감정평가서가 존재하더라도 이에만 의존하지 않고 자신이 스스로 선정한 감정평가기관을 통하여 복수 감정평가를 실시하여, 자칫 거래상대방에게 유리하도록 담보물의 가치가 과도하게 평가될 수 있는 문제나 단수 감정평가가 자신의 주관적인 판단을 객관화하는 오류 등을 방지함으로써 감정평가의 객관성·공정성·적절성을 도모하여야 할 것이다.

아울러, 위와 같이 담보물에 대한 객관적이고 공정한 감정평가를 바탕으로, 자산운용회사는 거래상대방으로부터 위 Ⅲ. 2. 해외부동산 개발사업 관련 PF에서의 담보의 종류 및 주의사항 단락에서 설명한 것과 같은 다양한 담보들을 누적적, 중첩적으로 확보하는 것이 바람직할 것이라고 생각된다. 아울러 앞서 살펴본 바와 같이, 각 국가별 담보에 관한 정책과 제도는 제각각이라 할 것이므로, 이에 대해서는 현지 법률전문가 등에 의하여 사전 법률 검토가 충분히 이루어져야 할 것이다.

다만, 개별 펀드에 따라 구체적인 투자구조, 담보현황, 투자자의 전문성이나 사업에 대한 관여도 내지 이해의 정도가 다를 것이기 때문에, 일률적으로 어느 정도의 담보를 확보하는 것이 타당하다고 단언할 수는 없다고 할 것이다.

제10장

●

고난도 금융투자상품과 투자자 보호의무

Ⅰ. 사안의 개요

[대법원 2011.8.25. 선고 2010다77613 판결(이하 '본 사안'또는 '본 판결')]

■ ○○금융지주그룹 산하의 ○○은행, ##은행, ○○투자증권 등(이하, '피고 판매회사'라 한다.)은 2005년 11월과 12월에 걸쳐 "○○ Power Income 파생상품투자신탁" 제1호 및 제2호(이하 '이 사건 각 펀드'라 한다)를 판매하였다. 그런데, 판매 당시 안정성이 강조되던 이 펀드는 펀드 설정일 이후부터 점차 기준가가 하락하더니 2008년 리만 브라더스의 파산을 전후하여 기준가가 급락하면서 손실액이 확대되어 1호 펀드는 75%, 2호 펀드는 95%의 손실을 기록하였다. 이 사건 펀드는 복수의 해외 특정 증권의 가격에 연계된 CEDO (Collateralized Equity and Debt Obligations) Ⅱ라는 장외파생상품 중 "Tranche K: 원금비보호형 자산담보 고정금리 2011년 만기채권(Non－Principal Protected Asset－Backed Fixed Rate Notes due 2011, 이하 '이 사건 장외파생상품'이라 한다)"을 주된 투자대상으로 하고 '5년 만기의 국고채 금리＋연 1.2%'를 예상수익률로 하며 6년 2주(2011. 11. 22.)를 만기로 하는 단위형·공모형 파생상품투자신탁이다.

■ 원고들은 '이 사건 각 펀드'에 투자한 투자자들로, 이 사건 투자로 손실을 보게 되자, 피고 판매회사 및 자산운용회사(이하 '피고 자산운용사'라 한다, 피고 판매회사 및 피고 자산운용사를 통칭하여 '피고들'이라 한다)에 손해배상을 청구하는 소를 제기하였다.

- 원고들은 ① 피고들이 투자 위험 및 원금손실 가능성에 대한 설명의무를 이행하지 아니하였으며, ② 허위 과장광고 및 기망을 통하여 투자 권유를 하였다고 주장하였다.
- 이에 피고 자산운용사는 피고 자산운용사가 작성하고 피고 판매회사에 제공한 광고자료 및 QA자료에는 투자 위험성 및 원금손실 가능성에 대하여 충분한 설명이 기재되어 있다고 항변하고, 피고 판매회사는 자신들은 단순히 자산운용회사의 대리인의 지위에 있을 뿐이라고 항변하였다.

II. 문제의 소재

본 사안과 같이 난이도가 높고 일반투자자가 이해하기 어려운 상품의 설정·판매시에는 투자자 보호에 대한 문제점이 많이 대두된다. 이와 유사하게, 최근 해외금리연계형 파생결합펀드(Derivative-Linked Fund: DLF)의 투자자들이 대규모 손실을 입는 일이 발생하였다. 문제의 상품들은 만기평가일에 독일 국채금리 등 기초자산이 되는 해외금리가 일정 수준 이상인 경우에는 수익이 발생하지만 그렇지 않은 경우에는 하락폭에 비례하여 손실이 발생하고 극단적인 경우에는 원금 전액 손실도 발생할 수도 있는 고위험 구조의 펀드들로, 기초자산 금리가 큰 폭으로 하락하자 평균 52.7%, 최대 98.1%에 달하는 손실이 발생하였다.[1] 이전에도 본 사안과 같이 파생상품 등을 포함한 펀드와 관련된 분쟁이 있어왔으나, 해당 해외 금리연계 DLF 사태를 통해 고위험 펀드에 대한 설계부터 판매까지의 절차 및 규제 정비에 대한 필요성이 대두되었다.

이러한 해외 금리연계 DLF 사태에서 붉어진 문제점을 해소하고 문제의 재발을 방지하기 위하여, 금융위원회는 '고위험 금융상품 투자자 보호 강화를 위한 종합 개선방안'을 마련하였고, 2021. 2. 2. 자본시장과 금융투자업에 관한 법률 시행령 개정안이 국무회의에서 의결되면서 '고난도 금융투자상품'에 대한 규제체계가 마련되었다.

---

1) 금융위원회, "고위험 금융상품 투자자보호 강화를 위한 종합 개선방안 발표", 보도자료, 2019. 11. 14., 2면.

이에 2021. 5. 10.부터 시행된 개정 자본시장법 시행령에는 이처럼 난이도가 높고 일반투자자들이 이해하기 어려운 상품을 '고난도 금융투자상품'으로 개념 규정하면서 정의 규정이 신설되었고, 고난도 금융투자상품에 관한 구체적 기준 및 행위 기준이 설정되었으며, 투자자 보호 의무를 강화하고 이에 위반하는 행위를 불건전영업행위의 유형의 하나로 추가하였다.

이하에서는 이처럼 규제 강화의 대상이 된 '고난도 금융투자상품'의 하나인 '고난도 집합투자증권'에 대한 개념을 살펴보고, 고난도 집합투자증권의 성립 요건 및 예외 규정에 대하여 살펴보겠다. 그런 다음 고난도 집합투자증권에 대한 자본시장법 시행령 및 금융소비자보호법, 금융투자업규정상의 강화된 투자자 보호 규정에 대하여 검토하여 보고, 마지막으로 본 사안에서 법원이 펀드를 판매한 판매사 및 펀드를 설정하고 규약을 작성한 자산운용사에 대하여 어떠한 책임을 인정하였는지 살펴보면서 자산운용사가 고난도 집합투자상품의 제조 및 운용과정에서 주의하여야 할 점들에 대하여 알아보겠다.

III. 고난도 집합투자증권

1. 고난도 금융투자상품의 종류 및 개념

자본시장법 시행령

제2조(용어의 정의) 이 영에서 사용하는 용어의 뜻은 다음과 같다.
7. "고난도금융투자상품"이란 <u>다음 각 목의 어느 하나에 해당하는 금융투자상품 중 금융위원회가 정하여 고시하는 방법으로 산정한 최대 원금손실 가능금액이 원금의 100분의 20을 초과하는 것</u>을 말한다. 다만, 거래소시장, 해외 증권시장, 해외 파생상품시장(법 제5조 제2항 제2호에 따른 해외 파생상품시장을 말한다. 이하 같다)에 상장되어 거래(투자자가 해당 시장에서 직접 매매하는 경우로 한정한다)되는 상품 또는 전문투자자[법 제9조 제5항 제1호부터 제3호까지의 어느 하나에 해당하는 자, 이 영 제10조 제3항 제1호부터 제6호까

지, 제6호의2, 제7호부터 제14호까지의 어느 하나에 해당하는 자(이에 준하는 외국인을 포함한다) 또는 같은 항 제18호 가목부터 다목까지의 어느 하나에 해당하는 자로 한정한다]만을 대상으로 하는 상품은 제외한다.

가. 파생결합증권(제7조 제2항 제1호에 따른 파생결합증권은 제외한다)

나. 파생상품

다. <u>집합투자증권 중에서 운용자산의 가격결정의 방식, 손익의 구조 및 그에 따른 위험을 투자자가 이해하기 어렵다고 인정되는 것으로서 금융위원회가 정하여 고시하는 집합투자증권</u>

라. 그 밖에 기초자산의 특성, 가격결정의 방식, 손익의 구조 및 그에 따른 위험을 투자자가 이해하기 어렵다고 인정되는 것으로서 금융위원회가 정하여 고시하는 금융투자상품

8. "고난도투자일임계약"이란 금융위원회가 정하여 고시하는 방법으로 산정한 최대 원금손실 가능금액이 원금의 100분의 20을 초과하는 투자일임계약 중 그 운용방법 및 그에 따른 위험을 투자자가 이해하기 어렵다고 인정되는 것으로서 금융위원회가 정하여 고시하는 기준에 해당하는 투자일임계약을 말한다.

9. "고난도금전신탁계약"이란 금융위원회가 정하여 고시하는 방법으로 산정한 최대 원금손실 가능금액이 원금의 100분의 20을 초과하는 금전신탁계약 중 그 운용방법 및 그에 따른 위험을 투자자가 이해하기 어렵다고 인정되는 것으로서 금융위원회가 정하여 고시하는 기준에 해당하는 금전신탁계약을 말한다.

금융투자회사의 영업 및 업무에 관한 규정

제2-8조의3(집합투자증권의 고난도금융투자상품 해당 여부 판단)
① 집합투자업자는 자신이 운용하는 집합투자증권의 고난도금융투자상품 해당 여부를 영 제2조제7호에 따라 판단하여야 한다.

과거 고난도 금융투자상품에 대한 정의는 법령에 규정되어 있지 아니하였으나, 2021. 2. 9. 자본시장법 시행령 개정으로 고난도 금융투자상품을 "최대 손실가능금액이 원금의 20%를 초과하는 파생결합증권[2]과 파생상품,[3] 복잡한 손익구조

의 집합투자증권, 고난도 일임계약과 고난도 금전신탁"으로 정의하는 규정이 신설되었다(자본시장법 시행령 제2조 제7호 내지 제9호).

이중 자본시장법 시행령 제2조 제7호 다목이 규정하는 "집합투자증권 중에서 운용자산의 가격결정의 방식, 손익의 구조 및 그에 따른 위험을 투자자가 이해하기 어렵다고 인정되는 것으로서 금융위원회가 정하여 고시하는 집합투자증권"이 고난도 집합투자증권(고난도 펀드)에 해당한다. 이하에서는 고난도 집합투자증권인지의 여부를 판단하는 기준에 대하여 살펴보고, 이에 관한 예를 검토해 보도록 한다.

2. 고난도 집합투자증권 해당 여부의 판단기준

가. 복잡성 및 손실위험성

> **금융투자업규정**
>
> **제1-2조의4(고난도금융투자상품 등)** ① 영 제2조 제7호 각 목 외의 부분 본문에서 "금융위원회가 정하여 고시하는 방법으로 산정한 최대 원금손실 가능금액"이란 다음 각 호와 같다.
> 2. 영 제2조 제7호 다목에 따른 집합투자증권 : 집합투자재산 중 영 제2조 제7호 각 목의 금융투자상품(국내외 증권시장 및 국내외 파생상품시장에 상장되어 거래되는 상품을 포함한다)에서 발생할 수 있는 최대 원금손실 가능금액으로서 한국금융투자협회가 정하는 방법으로 산정된 금액
> ③ 제2항에도 불구하고 집합투자증권에 투자하는 집합투자기구의 집합투자증권인 경우에는 다음 각 호의 요건을 모두 충족하는 경우 고난도금융투자상품에 해당한다.

---

2) 자본시장법은 기초자산의 가격·이자율·지표·단위 또는 이를 기초로 하는 지수 등의 변동과 연계하여 미리 정하여진 방법에 따라 지급하거나 회수하는 증권을 파생결합증권으로 정의하고 있다(동법 제4조 제10항).
3) 파생상품은 장내파생상품과 장외파생상품으로 구분된다(자본시장법 제3조 제2항).

1. 다음 각 호의 합계가 100분의 20을 초과하는 경우

   가. 집합투자재산 중 영 제2조 제7호 가목 및 라목의 금융투자상품에 운용하는 비중

   나. 파생상품 매매에 따른 위험평가액이 집합투자기구 자산총액에서 차지하는 비중

   다. 집합투자재산 중 제2항의 집합투자증권(외국집합투자기구의 집합투자증권의 경우 해당 국가에서 고난도 금융투자상품에 준하여 지정된 것에 한한다)에 운용하는 비중

2. 집합투자재산 중 영 제2조 제7호 각 목의 금융투자상품(국내외 증권시장 및 국내외 파생상품시장에 상장되어 거래되는 상품을 포함한다. 이하 이 호에서 같다)에서 발생할 수 있는 최대 원금손실 가능금액이 집합투자기구 자산총액의 100분의 20을 초과하는 경우

금융투자회사의 영업 및 업무에 관한 규정

제2-8조의3 ② 금융투자업규정 제1－2조의4 제1항 제2호 및 같은 조 제4항에 따른 최대손실 가능금액 및 파생상품 위험평가액 산정 제외 대상 등에 관한 산정방법 및 세부기준 등은 자율규제위원회 위원장이 정하는 바에 따른다.

금융투자회사의 영업 및 업무에 관한 규정 시행세칙

제2조의3(집합투자증권 판매시 준수사항)
⑤ 규정 제2－8조의3 제2항에 따른 최대손실 가능금액 및 파생상품 위험평가액 산정 제외 대상 등에 관한 산정방법 및 세부기준 등은 별지 제67호와 같다.
＜신설 2021. 4. 29＞

금융투자회사의 영업 및 업무에 관한 규정 시행세칙 [별표 67]

제2-1조(최대 원금손실 가능금액 산정방식) 집합투자업자는 금융투자업규정 제1－2조의4 제1항 제2호 및 제3항 제2호에 따라 다음 각 호의 합계가 집합투자재산의 100분의 20을 초과하는 집합투자증권을 고난도집합투자증권으로 지정하여야 한다.

1. [파생결합증권에 투자할 경우] 해당 파생결합증권 투자로 인해 발생가능한 최대 원금손실 가능금액 (파생결합증권에 투자한 금액과 해당 파생결합증권의 최대 손실률을 곱하여 산정한다)
2. [파생상품에 투자할 경우] 파생상품 매매에 따른 위험평가액 (금융투자업규정 제4-54조 제1항 및 제2항에 따른 '파생상품위험평가액 산정방법'을 준용하되, 이 별지 제3-1조에 따라 제외하는 거래를 제외한다)
3. [다른 고난도집합투자증권에 투자할 경우] 해당 고난도집합투자증권의 파생결합증권 및 파생상품 투자로 인해 발생가능한 최대 원금손실 가능금액 (다른 고난도집합투자증권에 투자한 금액과 해당 (피투자)고난도집합투자증권의 최대 원금손실 가능금액 비중(피투자 고난도집합투자증권의 최대 원금손실 가능금액 / 피투자 고난도집합투자증권의 집합투자재산)을 곱하여 산정한다)

고난도 집합투자증권은 투자자가 이해하기 어렵고(복잡성), 투자손실 가능성이 높은(손실위험성) 펀드를 말하는데, 고난도 집합투자증권에 해당하기 위해서는 '복잡성'과 '손실위험성' 2가지의 요건을 모두 충족하여야 한다.[4] 먼저 '복잡성'요건과 관련하여, 이는 파생결합증권 및 파생상품 등에 투자하는 비중을 말하는데 파생결합증권이나 파생상품은 그 자체로 '복잡성'기준을 충족하는 반면 집합투자증권의 경우 집합투자증권 내 ① 파생결합증권에의 투자비중, ② 파생상품 매매에 따른 위험평가액의 비중, ③ 다른 고난도펀드에 투자하는 경우 고난도펀드상품에 투자하는 비중 세 가지를 합하여 20%를 초과하는 경우 '복잡성'요건을 충족한다.[5]

'손실위험성'은 최대 원금손실 가능금액이 20%를 초과하는지 여부이다. 고난도 집합투자증권에서의 최대 원금손실 가능금액은 ① 파생결합증권은 최대손실가능 금액, ② 파생상품의 경우 파생상품 위험평가액, ③ 다른 고난도펀드에 투자하는 경우에는 피투자펀드의 최대 원금손실 가능금액을 합산하여 산출한다.[6]

---

4) 금융투자협회, "고난도펀드 기준 관련 참고자료", 2021, 1면.
5) 한편 환헤지거래나 Delta 1 Swap 거래 , 특정 요건을 충족한 장내 주식파생상품 활용 저변동성 펀드 등은 파생상품 관련 손실가능금액에서 제외함.
6) 전균, "고난도 집합투자증권 규제 시행", 『삼성증권 Derivatives Weekly』, 삼성증권,

'손실위험성' 판단을 위한 편입 자산별 각각의 '최대 원금손실 가능금액'을 살펴보면, 파생결합증권은 파생결합증권 투자금액×최대손실률로 최대 원금손실 가능금액을 산정하고, 파생상품은 파생상품 매매에 따른 위험평가액(금융투자업 규정 제4-54조)이 최대 원금손실 가능금액이 되며, 재간접펀드의 경우 및 피투자 고난도펀드에 편입된 파생결합증권 및 파생상품으로부터 발생 가능한 최대 원금손실 가능액이 이에 해당한다.

위에서 살펴본 복잡성 및 손실위험성의 산정방식을 참고하여 고난도펀드에 해당하는지 여부에 관하여 한가지 예시를 들어 살펴보면, 집합투자재산이 총 100억원이며, 투자대상이 ① 최대손실률이 50%인 파생결합증권 20억원, ② 파생상품 5억원(파생상품 위험평가액 10억원), ③ 다른 고난도펀드 10억원(피투자 고난도펀드의 파생결합증권 및 파생상품 편입에 따른 최대 원금손실 가능금액 비중은 30%)인 경우를 가정한다.

먼저 복잡성 충족 여부를 검토하여 보면, ① 전체 집합투자재산 중 파생결합증권 투자원금 비중은 20%, ② 전체 집합투자재산 중 파생상품위험평가액 비중은 10%, ③ 전체 집합투자재산 중 다른 고난도펀드 투자금액 비중은 10%로, 그 합계액(총 40%)이 20%를 초과하여 복잡성 요건은 충족한다.

다음으로, 손실위험성의 경우 파생상품 등의 최대 원금손실 가능금액은 ① 파생결합증권의 최대 원금손실 가능금액 10억원(투자금액 20억원×파생결합증권 최대손실률 50%)＋② 파생상품의 최대 원금손실 가능금액 10억원(파생상품 위험평가액 10억원)＋③ 피투자 고난도펀드 최대 원금손실 가능금액 3억원(투자금액 10억원 중 최대 원금손실 가능금액 비중은 30%)으로, 그 합계액은 23억원에 이르러 손실 가능금액이 펀드재산의 20%를 초과한다. 이 경우 해당 펀드는 복잡성요건 및 손실위험성 요건을 모두 충족하여 고난도 집합투자증권에 해당한다.[7]

참고로, 최대손실 가능금액의 산정은 매일 하는 것이 원칙이나, 재간접펀드

2021, 3면.

[7] 참고로, 설정시에 원금손실 가능금액이 20%를 초과하지 아니하다가, 향후 투자자산의 가격변동 등으로 파생상품 등의 원금손실 가능금액 합계가 20%를 초과하는 경우에는 고난도 집합투자증권에 해당된다.

등 불가피한 경우 정보습득 소요기간을 감안하여 5영업일을 주기로 산정하도록 하고 있다.[8] 또한 집합투자재산에 속하는 투자대상자산의 가격 변동 등의 사유로 불가피하게 고난도 집합투자증권 요건에 해당하게 된 경우, 해당일로부터 10영업일 이내에 고난도 집합투자증권 요건을 해소한 경우 고난도 집합투자증권으로 보지 아니하는 유예 규정을 두었다. 다만 동 유예 조치는 집합투자기구별 연 1회에 한하여 허용한다(금융투자회사의 영업 및 업무에 관한 규정 시행세칙 별표[67] 제5-1조). 이하에서는 복잡성 및 손실위험성의 판단에 있어 핵심 지표가 되는 '파생상품 위험평가액'을 좀더 세분화하여 살펴보기로 한다.

나. 파생상품과 파생상품 위험평가액

자본시장법

제5조(파생상품) ① 이 법에서 "파생상품"이란 다음 각 호의 어느 하나에 해당하는 계약상의 권리를 말한다. 다만, 해당 금융투자상품의 유통 가능성, 계약당사자, 발행사유 등을 고려하여 증권으로 규제하는 것이 타당한 것으로서 대통령령으로 정하는 금융투자상품은 그러하지 아니하다. <개정 2013. 5. 28.>

1. 기초자산이나 기초자산의 가격·이자율·지표·단위 또는 이를 기초로 하는 지수 등에 의하여 산출된 금전등을 장래의 특정 시점에 인도할 것을 약정하는 계약
2. 당사자 어느 한쪽의 의사표시에 의하여 기초자산이나 기초자산의 가격·이자율·지표·단위 또는 이를 기초로 하는 지수 등에 의하여 산출된 금전등을 수수하는 거래를 성립시킬 수 있는 권리를 부여하는 것을 약정하는 계약
3. 장래의 일정기간 동안 미리 정한 가격으로 기초자산이나 기초자산의 가격·

---

8) 금융투자회사의 영업 및 업무에 관한 규정 시행세칙 [별표67] 제2-2조 (최대 원금손실 가능금액 산정 주기) 집합투자업자는 제2-1조 각 호의 고난도금융투자상품을 편입한 집합투자기구의 최대 원금손실가능금액을 매일의 변동을 반영하여 계산하여야 한다. 다만 제2-1조 제3호의 경우 5영업일을 주기로 1회 반영할 수 있으며, 피투자 고난도 집합투자증권이 외국 집합투자증권인 등으로 정보습득이 어렵거나 제공받는 정보의 주기가 불가피하게 5영업일을 초과하는 경우, 해당 사유를 증빙하고 가능한 최소한의 주기로 반영하여야 한다.

이자율 · 지표 · 단위 또는 이를 기초로 하는 지수 등에 의하여 산출된 금전등을 교환할 것을 약정하는 계약
4. 제1호부터 제3호까지의 규정에 따른 계약과 유사한 것으로서 대통령령으로 정하는 계약
② 이 법에서 "장내파생상품"이란 다음 각 호의 어느 하나에 해당하는 것을 말한다. <개정 2013. 5. 28.>
1. 파생상품시장에서 거래되는 파생상품
2. 해외 파생상품시장(파생상품시장과 유사한 시장으로서 해외에 있는 시장과 대통령령으로 정하는 해외 파생상품거래가 이루어지는 시장을 말한다)에서 거래되는 파생상품
3. 그 밖에 금융투자상품시장을 개설하여 운영하는 자가 정하는 기준과 방법에 따라 금융투자상품시장에서 거래되는 파생상품
③ 이 법에서 "장외파생상품"이란 파생상품으로서 장내파생상품이 아닌 것을 말한다.

먼저 파생상품의 개념을 간단히 살펴보면, 자본시장법은 파생상품을 선도, 옵션 또는 스왑의 어느 하나에 해당하는 것으로 정의하고 있다(각 자본시장법 제5조 제1항 제1호 내지 제3호). 선도는 "기초자산이나 기초자산의 가격, 이자율, 지표, 단위 또는 이를 기초로 하는 지수 등에 의하여 산출된 금전등을 장래의 특정시점에 인도할 것을 약정하는 계약"상의 권리로, 옵션은 "당사자 어느 한쪽의 의사표시에 의하여 기초자산이나 기초자산의 가격, 이자율, 지표, 단위 또는 이를 기초로 하는 지수 등에 의하여 산출된 금전등을 수수하는 거래를 성립시킬 수 있는 권리를 부여하는 것을 약정하는 계약"상의 권리로, 스왑은 "장래의 일정기간 동안 미리 정한 가격으로 기초자산이나 기초자산의 가격, 이자율, 지표, 단위 또는 이를 기초로 하는 지수 등에 의하여 산출된 금전등을 교환할 것을 약정하는 계약"상의 권리로 각 정의되어 있다. 결국 파생상품은 자본시장법상 금융투자상품의 개념을 충족하면서 동시에 선도, 옵션, 스왑 중 어느 하나에 해당하는 계약상의 권리라고 할 수 있다.

금융투자업규정

제1-2조의4(고난도금융투자상품 등) ④ 제2항 및 제3항의 파생상품 매매에 따른 위험평가액은 제4-54조에 따른 파생상품 위험평가액 산정기준에 따라 산정한다. 다만, 헤지목적의 거래 등 파생상품 매매가 집합투자증권의 가격결정 및 손익결정 구조에 대한 투자자의 이해 및 손실 위험에 미치는 영향이 현저히 낮은 경우로서 한국금융투자협회가 정하는 파생상품 매매는 파생상품 위험평가액 산정에서 제외한다.

제4-54조(위험평가액 산정방법) ① 법 제81조 제1항 제1호 마목에 따른 파생상품의 매매에 따른 위험평가액은 장내파생상품 또는 장외파생상품의 거래에 따른 명목계약금액으로 하며, 그 명목계약금액은 다음 각 호의 방법으로 산정하되 승수효과(레버리지)가 있는 경우 이를 감안하여야 한다.

1. 법 제5조 제1항 제1호의 파생상품: 기초자산(자산의 가격이나 이를 기초로 하는 지수인 경우에는 지수를 말한다. 이하 이 조에서 같다)의 가격에 거래량(계약수)과 승수를 곱하여 산정한다.
2. 법 제5조 제1항 제2호의 파생상품(이하 "옵션"이라 한다)은 다음 각 목을 명목계약금액으로 한다.
   가. 옵션매수 : 기초자산 가격에 계약수와 승수 및 델타(기초자산 가격이 1단위 변화하는 경우 옵션가격 변화)를 각각 곱한 금액(이하 "델타위험액")
   나. 옵션매도 : 델타위험액에 추가로 델타 변화에 따른 위험액(이하 "감마위험액")과 기초자산 변동성 변화에 따른 위험액(이하 "베가위험액")을 모두 합산한 금액. 이 경우, "감마위험액" 및 "베가위험액"은 제3-21조 제4항 및 제5항에 따라 금액을 산정한다.
3. 법 제5조 제1항 제3호의 파생상품(이하 "스왑"이라 한다)은 다음 각목을 명목계약금액으로 한다.
   가. 서로 다른 통화를 교환하는 거래(통화스왑) : 지급하기로 한 통화의 명목원금
   나. 고정금리와 변동금리를 교환하는 거래(금리스왑) : 고정금리를 지급하는 경우 만기까지 지급하기로 한 금전총액, 변동금리를 지급하는 경우 만기까지 지급할 것으로 예상되는 금전총액의 시가평가금액

다. 준거자산의 신용사건 발생 여부에 따라 금전 등을 교환하는 거래(신용부
　도스왑) : 보장매수자의 경우 지급하기로 한 금전총액, 보장매도자의 경
　우 신용사건 발생시 지급하기로 한 명목금액
라. 준거자산의 수익을 교환하는 거래(총수익스왑) : 수취하기로 한 금전총
　액이 부(－)의 값을 가지는 경우 지급하기로 한 금전총액과 수취하기로
　한 금전총액의 절대값을 더한 금액, 수취하기로 한 금전총액이 양(＋)의
　값을 가지는 경우 지급하기로 한 금전총액
마. 가목~라목 외 기초자산의 교환을 포함하는 거래 : 기초자산가격에 거래
　상대방에게 만기까지 지급하기로 한 금전총액을 더한 금액
바. 가목~라목 외 기초자산을 제외한 금전만 교환하기로 한 거래 : 거래상
　대방에게 만기까지 지급하기로 한 금전총액
4. 그 밖의 거래 : 제1호부터 제3호까지의 파생상품거래가 혼합된 경우에는 제1
　호부터 제3호까지의 방법을 준용하여 산정한다. 다만, 만기손익구조의 최대
　손실금액이 제한되어 있는 합성거래의 경우에는 그 최대손실금액을 명목계
　약금액으로 할 수 있다.

금융투자업규정 시행세칙

제3-22조(위험평가액 산정방법) ① 규정 제4－54조 제2항 제2호에서 "금융감
독원장이 지정한 거래"란 다음 각 호와 같다.
1. 주식 또는 주식포트폴리오의 가격변동 위험을 주식 관련 파생상품을 활용하
　여 상쇄하는 거래
2. 채권 또는 채권포트폴리오의 가격변동 위험을 채권 관련 파생상품을 활용하
　여 상쇄하는 거래
3. 기타 금융감독원장이 인정하는 거래
② 규정 제4－54조 제2항 제2호에서 "금융감독원장이 정하는 조정값"이란 다음
각 호를 반영하여 결정한다.
1. 조정값은 파생상품과 상쇄 대상 금융투자상품의 상관계수(최근 1년간 일간변
　동률의 공분산을 각 표준편차를 곱한 값으로 나누어 산출한다)를 제곱하여
　정한다.
2. 제1호의 상관계수는 －0.9 이하이어야 한다.

파생결합증권의 경우 원금비보장형 또는 원금부분보장형 등으로 손실확률이 명확히 제시되지만, 파생상품의 경우 상품 유형(선도, 옵션, 스왑)과 매매방향(옵션매수/옵션매도)에 따라 위험평가액 산출이 상이하게 규정되어 있어, 파생상품을 편입한 펀드의 경우 고난도 집합투자증권으로의 분류 여부는 파생상품위험평가액의 산출수준에 의하여 결정되는 경우가 많다.9) 펀드의 파생상품위험평가액의 구체적인 산정방식은 『금융투자업규정』 4−54조(위험평가액 산정방법) 제1항에서 규정하고 있는데, 선도, 옵션, 스왑의 파생상품 유형별로 위험평가액 산정방식을 구체적으로 정하고 있다.

먼저 선도 매수/매도의 경우, 기초자산의 가격에 거래량과 승수를 곱하여 위험평가액을 산출한다(금융투자업규정 제4−54조 제1호). 옵션의 경우 손익구조(권리/의무)와 경제적 실질효과(옵션의 민감도)를 반영하여 매수와 매도의 위험평가액의 산식을 다르게 산정하고 있다(금융투자업규정 제4−54조 제2호 가목, 나목). 스왑 역시 기초자산의 특징에 따라 위험평가 산식을 세분화하였는데(금융투자업규정 제4−54조 제3호 가목 내지 바목), 이를 표로 정리하면 아래와 같다.10)

유형별 파생상품 위험평가액 산출방식

유형	구분	내용
선물	매수/매도	기초자산가격×거래량×승수
옵션	매수	기초자산가격×거래량×승수×델타(Delta)
	매도	델타(Delta)위험액＋감마(Gamma)위험액＋베가(Vega)위험액
스왑	통화스왑	지급하기로 한 통화의 명목원금
	금리스왑	고정지급/변동수취−지급총액, 고정수취/변동지급−지급예상 시가평가금액
	신용부도스왑	보장매입−지급총액, 보장매도−신용사건 발생시 지급예정 명목금액
	TRS	수취금액(＋)−지급총액, 수취금액(−)−지급총액과 수취총액의 절대값 합산

---

9) 전균, 전게자료, 4면.
10) 본 글에서는 위험평가액 산출 기준에 대하여만 간략히 소개하고, 기술적인 부분에 대한 내용은 생략한다.

| 혼합
거래 | 선물/옵션/스왑의 방법을 준용하여 산출하고 |
| | 최대손실금액이 제한되는 합성거래는 포트폴리오 최대손실금액으로 산출 |

출처: 금융투자업규정, 삼성증권 Derivatives Weekly.

다만, 위험평가액 산정 시 ① 환 위험을 헤지하기 위한 일부 파생상품 거래의 경우,[11] ② 레버리지가 발생하지 않으면서 스왑대상 자산의 가격변동을 동일하게 추종하는 델타1스왑 거래 중 일부는 거래비용 절감 등의 필요성을 인정하여 위험평가액에서 제외한다.[12] 또한 ③ Long/Short전략 등을 활용하는 집합투자기구로서 일정한 요건을 만족하고 공시의무를 이행하는 경우[13]에는 변동성이 일정 수준 이하로 제한되기 때문에 특정 장내파생상품이 위험평가액 산정에서 제외된다(금융투자회사의 영업 및 업무에 관한 규정 제2-8조의3 제2조, 금융투자회사의 영업 및 업무에 관한 규정 시행세칙 제2조의3 제5항, [별표67] 제3-1조, 제4-1조).

3. 고난도 금융투자상품의 예외

자본시장법 시행령

제2조(용어의 정의) 이 영에서 사용하는 용어의 뜻은 다음과 같다.
7. "고난도금융투자상품"이란 다음 각 목의 어느 하나에 해당하는 금융투자상품 중 금융위원회가 정하여 고시하는 방법으로 산정한 최대 원금손실 가능금액
---

11) 이종통화 환헤지(상관계수가 0.8 이상인 경우)나 오버 환헤지 등은 위험평가액에서 제외하는 것을 허용한다.
12) 전균, 전게자료, 4면.
13) ① 일정한 요건: 집합투자기구의 벤치마크를 특정하고 투자자에게 공시할 것. 해당 펀드 기준가격의 변동성이 최근 1년간 BM의 변동성 대비 1.1배 이내이어야 함. PBS·수탁사·사무관리회사를 통해 파생상품 포지션과 위험평가액을 공유하고 모니터링해야 함. 최고 위험관리자를 통한 별도의 위험관리를 실시할 것.
   ② 공시의무 이행: 위험평가액과 계산방법을 거래 1영업일까지 회사 홈페이지에 공시할 것. 해당 파생상품 거래에 따른 최대손실예상금(VaR)을 매일 회사 홈페이지에 공시할 것. 위험평가액과 계산방법, VaR와 연간 표준편차를 금투협에 월 1회 통지할 것.

이 원금의 100분의 20을 초과하는 것을 말한다. 다만, 거래소시장, 해외 증권 시장, 해외 파생상품시장(법 제5조 제2항 제2호에 따른 해외 파생상품시장을 말한다. 이하 같다)에 상장되어 거래(투자자가 해당 시장에서 직접 매매하는 경우로 한정한다)되는 상품 또는 전문투자자[법 제9조 제5항 제1호부터 제3 호까지의 어느 하나에 해당하는 자, 이 영 제10조 제3항 제1호부터 제6호까지, 제6호의2, 제7호부터 제14호까지의 어느 하나에 해당하는 자(이에 준하는 외국인을 포함한다) 또는 같은 항 제18호 가목부터 다목까지의 어느 하나에 해당하는 자로 한정한다]만을 대상으로 하는 상품은 제외한다.

자본시장법 시행령 제2조 제7호 단서에 따라, ① 투자자가 직접 거래하는 국내외 상장상품은 고난도 금융투자상품에서 제외되는데, 벤치마크 지수를 추종하는 ETF, 인덱스펀드(레버리지, 인버스 미해당 펀드)는 상장상품에 해당하고 투자자의 이해가 어렵지 않아 고난도금융투자상품의 적용이 배제된다.

다음으로 ② 자본시장법 시행령 제2조 제7호 단서에서 규정한 전문투자자만을 대상으로 하는 상품의 경우에도 고난도 금융투자상품의 적용이 제외되는데, 이에 해당 투자자만을 대상으로 하는 기관전용사모펀드는 고난도 집합투자증권의 적용이 배제될 것이다. 여기서 말하는 기관전용 사모펀드의 투자자라 함은 "전문투자자[법 제9조 제5항 제1호부터 제3호까지의 어느 하나에 해당하는 자, 이 영 제10조 제3항 제1호부터 제6호까지, 제6호의2, 제7호부터 제14호까지의 어느 하나에 해당하는 자(이에 준하는 외국인을 포함한다) 또는 같은 항 제18호 가목부터 다목까지의 어느 하나에 해당하는 자로 한정한다]"를 의미한다.[14] 따라서 고난도 금융투자상품의 투자자의 범위는 일반투자자를 비롯하여, 전문투자자 중에서 주권상장법인, 해외상장 국내법인, 일반법인 또는 단체, 개인인 전문투자자(자본시장법 시행령 제10조 제1항 제17호) 등에 한하여 적용된다고 할 수 있다.

---

14) "기관투자자 및 그에 준하는 자"는 자본시장법 제249조의11 제6항 각호에서 규정하고 있는데, 전문투자자로서 대통령령으로 정하는 투자자(제1호) 및 그 밖에 전문성 또는 위험 감수능력 등을 갖춘 자로서 대통령령으로 정하는 투자자(제2호)가 이에 해당된다.

IV. 고난도 금융상품 투자자에 대한 보호제도

가. 집합투자규약에의 반영 의무

금융투자업 규정

제7-8조(집합투자규약의 기재사항) 영 제215조 제12호, 제227조 제1항 제13호, 제234조 제1항 제12호, 제236조 제1항 제12호, 제236조의2 제1항 제12호, 제237조 제1항 제11호 및 제239조제11호에서 "금융위원회가 정하여 고시하는 사항"이란 각각 다음 각 호의 사항을 말한다.

5. 집합투자기구의 집합투자증권이 영 제2조 제7호의 고난도 금융투자상품에 해당하는 경우 고난도금융투자상품에 해당한다는 사실

　　2021. 10. 21.부터 시행된 개정 금융투자업규정은 제도 시행 이후 고난도 집합투자증권을 신규 및 추가로 제조 및 판매하려는 경우에는 "해당 펀드가 고난도 펀드라는 사실 등"을 집합투자규약에 반영하도록 규정하고 있다.

나. 녹취 및 숙려기간 부여의무 및 설명서 교부의무

자본시장법 시행령

제68조(불건전 영업행위의 금지) ⑤ 법 제71조 제7호에서 "대통령령으로 정하는 행위"란 다음 각 호의 어느 하나에 해당하는 행위를 말한다.

2의2. 개인인 일반투자자 중 「금융소비자 보호에 관한 법률」 제17조 제2항 또는 제18조 제1항에 따라 투자목적·재산상황 및 투자경험 등의 정보를 파악한 결과 판매 상품이 적합하지 않거나 적정하지 않다고 판단되는 사람 또는 65세 이상인 사람을 대상으로 금융투자상품(투자자 보호 및 건전한 거래질서를 해칠 우려가 없는 것으로서 금융위원회가 정하여 고시하는 금융투자상품은 제외한다)을 판매하는 경우 다음 각 목의 어느 하나에 해당하는 행위

가. 판매과정을 녹취하지 않거나 투자자의 요청에도 불구하고 녹취된 파일을 제 공하지 않는 행위
나. 투자자에게 권유한 금융투자상품의 판매과정에서 금융투자상품의 매매에 관한 청약 또는 주문(이하 "청약등"이라 한다)을 철회할 수 있는 기간(이하 이 호에서 "숙려기간"이라 한다)에 대해 안내하지 않는 행위
다. 투자권유를 받고 금융투자상품의 청약등을 한 투자자에게 2영업일 이상의 숙려기간을 부여하지 않는 행위

2의3. 고난도금융투자상품(투자자 보호 및 건전한 거래질서를 해칠 우려가 없 는 것으로서 금융위원회가 정하여 고시하는 고난도금융투자상품은 제외한다)을 판매하는 경우 다음 각 목의 어느 하나에 해당하는 행위
가. 개인인 일반투자자를 대상으로 하는 제2호의2 각 목의 어느 하나에 해당하 는 행위
나. 개인인 투자자에게 고난도금융투자상품의 내용, 투자에 따르는 위험 및 그 밖에 금융위원회가 정하여 고시하는 사항을 해당 투자자가 쉽게 이해할 수 있도록 요약한 설명서를 내어 주지 않는 행위. 다만, 다음의 어느 하나에 해 당하는 경우는 제외한다.
  1) 투자자가 해당 설명서를 받지 않겠다는 의사를 서면, 전신, 전화, 팩스, 전자우편 또는 그 밖에 금융위원회가 정하여 고시하는 방법으로 표시한 경우
  2) 집합투자증권의 판매 시 법 제124조 제2항 제3호에 따른 간이투자설명서 또는 법 제249조의4 제2항 전단에 따른 핵심상품설명서를 교부한 경우

자본시장법 시행령은 고난도 금융투자상품과 관련된 불건전 영업행위 유형을 새로이 추가하였다. '개인 일반투자자'에게 고난도 금융투자상품을 판매하는 경우 투자자의 연령, 투자 적합성·적정성 여부를 불문하고 판매과정을 녹취할 의무를 부과하고. 투자자가 다시 생각해서 청약을 철회할 수 있는 2일 이상의 숙려기간을 부여하여야 한다. 또한 고난도 금융투자상품 판매시에 금융투자상품의 내용, 투자 에 따르는 위험 등을 요약한 설명서를 제시하지 않거나, 핵심상품설명서 또는 간 이투자설명서를 교부하지 아니하는 경우에는 불건전 영업행위에 해당한다(자본시 장법 시행령 제68조 제2의3).

V. 사안의 해결

본 사안에서, 법원은 ① 피고 자산운용회사가 작성하여 피고 판매회사들에게 배포한 광고지나 QA자료 등에는 이 사건 각 펀드의 원금손실 가능성이 상대적으로 강조되지 않는 반면, 이 사건 각 펀드를 국민주택채권 등과 비교하면서, 원금손실 가능성이 대한민국 국채의 부도확률과 유사하고, 은행예금보다 원금보전 가능성이 더 높다는 취지로 강조하였고, ② 피고 자산운용회사는 이 사건 각 펀드가 원금손실 위험성을 가지고 있음에도 불구하고 퇴직금이나 기타 여유자금을 연금식으로 장기간 안정적으로 운용하려는 투자자들에게 이 사건 각 펀드를 판매하도록 하였으며, ③ 피고 판매회사의 판매담당 직원들은 이 사건 각 펀드의 구조에 대하여 교육받지 않아 그 특성이나 위험성을 이해하지도 못한 채, 주로 상품요약서 등을 활용하여 펀드가입을 권유하면서, 고수익 상품으로서의 안전성만을 강조하였다고 인정하였다. ④ 또한 판매사 역시 단순히 자산운용사의 대리인의로서의 지위에 있는 것이 아니라 투자자의 거래상대방의 지위에 있으며, 자산운용사가 제공한 투자설명서의 내용을 숙지하고 그 의미가 명확하지 아니한 부분은 자산운용사로부터 정확한 설명을 들어 이를 투자자에게 명확히 설명하여야 한다고 판단하였다.

이에 법원은 피고 자산운용회사는 투자신탁의 수익과 위험에 관하여 균형성을 상실한 정보를 판매회사와 투자자에게 제공하였고, 피고 판매회사는 원고들에게 이 사건 각 펀드의 가입 행위에 필연적으로 수반되는 위험성에 대한 올바른 인식 형성을 방해하거나 또는 고객의 투자 상황에 비추어 과대한 위험을 수반하는 거래를 적극적으로 권유함으로써 투자자 보호의무를 위반하였음을 이유로, 자산운용회사와 판매회사인 피고들에게 공동불법행위책임을 인정하였다.

법원은 고난도 집합투자증권의 제조 및 판매과정에서, 자산운용사가 판매회사와 수익증권 판매위탁계약을 체결함으로써 수익증권의 판매업무를 직접 담당하지 않는 경우라 하더라도, 투자신탁의 설정자 및 운용자로서 수익증권의 판매에 직접적인 이해관계가 있는 당사자라고 판단하였다. 자산운용사는 투자신탁약관을 제정하여 그 약관에 따라 수탁회사와 함께 증권투자신탁계약을 체결함으로써 수탁회사와 공동으로 증권투자신탁을 설정하고, 투자신탁설명서를 작성하여 수익증권을 취득하고자 하는 자에게 제공하며, 선량한 관리자로서 신탁재산을 관리할 책임을 지기 때문이다.

　　본 판결은 자산운용사 역시 투자자에게 투자종목이나 대상 등에 관하여 올바른 정보를 제공함으로써 투자자가 그 정보를 바탕으로 합리적인 투자판단을 할 수 있도록 투자자를 배려하고 보호하여야 할 주의의무가 있다는 점을 명확하게 하였다는 점에서 의의가 있으며,[15] 이러한 주의 의무는 고난도 집합투자증권의 제조 및 판매에 있어서는 더욱 엄격한 기준으로 판단될 것임을 시사한다.

　　충분한 금융지식을 갖추지 못한 투자자들이 복잡하고 위험도가 높은 금융상품을 취득하여 높은 위험에 노출되는 경우는 계속 증가하고 있다. 이러한 상황에서 자본시장법 시행령은 '고난도 금융투자상품'의 개념을 제시하고 그에 대해 강화된 투자자 보호조치를 마련함으로써 고난도 금융투자상품과 관련하여 판매 단계뿐 아니라 설계 단계에서부터 투자자 보호조치를 규정하고, 불건전 영업행위의 범위를 확장시켰으며 투자자를 보호할 주의의무를 위반하는 경우에는 이에 따른 불법행위 책임을 지도록 하여 투자자 보호를 강화하고 있다.

　　'해외금리연계 DLF 사태', '○○파워인컴 파생상품펀드' 사태와 같이 파생상품 등을 편입한 펀드와 관련된 분쟁에 노출되지 않기 위해서, 자산운용사는 펀드 설정시 해당 펀드가 고난도 집합투자증권인지 여부를 판단하여 이를 집합투자규약 및 투자설명서 등에 반드시 반영하여야 한다. 또한 자산운용사는 집합투자증권의 판매업무를 직접 담당하지 아니하는 경우에도, 고난도 집합투자증권에 대하여 1차적인 정보를 생산하고 유통시키는 1차적 책임자로서의 지위에 있기 때문에 판매회사나 투자자에게 고난도 집합투자증권의 수익구조나 투자대상, 위험요인 등에 관하여 균형을 갖추고 투자자를 오도할 수 있는 내용을 담지 않은 설명서 등을 제공하여야 한다. 이를 위반하는 행위가 불건전 영업행위로 포섭되어 제재가 강화된 만큼, 자산운용사로서는 고난도 집합투자증권의 설정시 이러한 점들에 유의하여 펀드를 설정 및 운용하여야 할 것이다.

---

15) 법률신문, "장외파생상품 투자 펀드 사건에 대한 소고", 2011. 11. 7.

제3부

펀드 운용에 있어 투자자 보호의무

제11장

•

금융투자상품의 개념과 펀드 운용상의 주의의무

I. 사안의 개요

[대법원 2013.11.28. 선고 2011다96130 판결(이하 '대상판결')
사실관계 참조]

■ 피고 A자산운용(이하 '피고')은 2007. 6.경 'A 2Star 파생상품투자신탁'(이하 '이 사건 펀드')을 설정하고 그 수익증권을 발행한 회사이다. 이 사건 펀드는 한국전력 보통주와 우리금융 보통주에 연계된 장외파생상품[1])에 신탁재산의 대부분을 투자[2])하는 공모 펀드로서, 이 사건 펀드의 투자설명서(이하 '이 사

---

1) 여기서 장외파생상품은 주가연계증권(Equity Linked Securities: ELS)을 가리킨다. ELS를 비롯한 파생결합증권에 대해서는 뒤에서 살펴보기로 한다.

2) 이 사건 펀드의 주요 투자대상자산인 ELS는 6개월마다 5회의 조기상환 기회를 갖는 상품으로서 ① 조기상환 평가일에 수익조건을 충족하는 경우(한국전력 보통주와 우리금융 보통주의 종가 평균 모두가 각각의 행사가격 이상인 경우)에는 원금과 연 12%의 수익을 상환하며, 만기시에 위 수익조건을 충족하는 경우에도 원금과 연 12%의 수익(연 12%×3년=36%)을 상환하고, ② 만기시까지 위 수익조건을 충족하지 못한 경우에는 투자기간 중 한번이라도 기준주가 대비 55% 미만인 종목이 없는 경우 원금과 연 5%의 수익(연 5%×3년=15%)을 지급하고, ③ 투자기간 중 한번이라도 기준주가 대비 55% 미만인 종목이 있는 경우 두 종목 중 주가 하락률이 큰 종목의 주가 하락률의 비율만큼 원금이 손실되며, 최대 100%의 손실이 발생할 수 있는 구조이다. 여기서 기준주가는 한국전력 보통주와 우리금융 보통주의 2007. 6. 22., 2007. 6. 25., 2007. 6. 26.의 각각의 종가 평균으로 결정하며, 행사가격은 6개월, 12개월에는 각 기준주가의 90%, 18개월, 24개월에는 각 기준주가

건 투자설명서')에는 장외파생상품의 거래상대방이 B로 기재되어 있으나 신탁약관에는 장외파생상품의 거래상대방에 대한 언급이 없었다.

■ 피고는 최초 거래상대방인 B와 최대 200억원을 한도로 하여 장외파생상품에 대한 거래를 하기로 하고, 거래상대방이 B로 기재된 이 사건 투자설명서를 작성하여 이 사건 펀드의 판매회사들에게 제공하였다. 이후 이 사건 펀드의 투자자를 모집한 결과 이 사건 펀드의 규모가 약 280억원에 이르러 B와 장외파생상품거래를 할 수 없게 되었다는 이유로, 피고는 장외파생상품의 거래상대방을 지주회사인 D의 지급보증하에 C로 변경하기로 결정하였다. 피고는 거래상대방을 C로 변경한 투자설명서를 작성하여 수탁회사의 확인을 받아 이를 금융감독원에 제출한 후 수탁회사에게 C가 발행하는 장외파생상품을 매입하도록 하여, 이 사건 펀드의 자산 중 거의 대부분을 장외파생상품에 투자하였다.

■ 피고는 장외파생상품의 거래상대방을 변경한 후, 피고와 자산운용협회[3]의 인터넷 홈페이지를 통해 거래상대방이 변경된 내용을 공시하고, 3개월마다 투자자들에게 제공하는 자산운용보고서에 C가 명시된 장외파생상품의 종목명을 기재하였으나, 거래상대방 변경 전후에 투자자들 및 판매회사들에게 직접 고지하지는 않았다.

■ 한편, C의 지주회사인 D가 2008. 9. 미국 뉴욕주 남부지방법원에 파산보호신청을 하여, 이 사건 펀드의 수익증권을 매수한 투자자인 원고들이 이 사건 펀드의 조기 상환 및 만기시 투자금 회수를 전혀 할 수 없게 되자,[4] 원고들은 피고가 이 사건 투자설명서에 기재된 장외파생상품의 거래상대방을 원고들의 동의 없이 임의로 변경하여 손해를 입었다고 주장하면서 손해배상을 청구하였다.

의 85%, 30개월 및 만기에는 각 기준주가의 80%이며, 만기시 주가 하락률은 만기 이전 장중가 및 종가 중 가장 낮은 가격을 기준으로 판단한다.

3) 과거 자산운용협회는 1996년 설립되어 독립된 기구로 존재하였으나, 2009년 업권별로 나뉘어 있던 금융시장 관련 법령이 자본시장법으로 통합되면서, 기존의 한국증권업협회, 자산운용협회, 선물협회가 합병된 금융투자협회가 출범하게 되었다.

4) 이 사건 펀드는 기준가를 상각하여 평가액이 0원이 되었다. 한편, ELS 거래상대방이 B라 가정할 경우, 이 사건 펀드의 만기평가일 기준 만기상환수익률은 −33.30%로서, 원고들은 만기상환일에 투자원금의 66.43%를 만기상환금으로 지급받을 수 있었다.

II. 문제의 소재

2020년을 전후로 라임 사태, 옵티머스 사태 등의 부실 사모펀드 관련 분쟁이 있었다면, 이에 앞서 2010년 전후로는 본 사안의 피고가 설정하고 그 계열사가 판매한 '□□ 파워인컴 파생상품펀드', '□□ 2star 파생상품펀드'를 둘러싼 금융상품 분쟁이 있었다. 본 사안에서 문제된 이 사건 펀드는 위 후자에 해당하는 것으로, 동 펀드는 2008년 글로벌 금융위기를 촉발한 장본인인 D의 지급보증하에 그 계열사인 C가 발행한 장외파생상품(이하 '이 사건 ELS')에 집중 투자하였으나 D가 파산함에 따라 기초자산의 주가 수준과 관계 없이 펀드 자산이 대부분 상각되고 말았다.

그런데 만일 이 사건 투자설명서에 처음부터 장외파생상품 거래상대방이 B가 아니라 C로 기재되었더라면 이는 투자설명서상 고지된 거래상대방 신용위험이 현실화된 것일 뿐이어서[5] 원고들이 투자금 손실에 따른 문제를 제기할 가능성이 아주 낮았을 것으로 보이는 반면, 본 사안에서는 원고들이 이 사건 펀드 수익증권을 매수한 후에 장외파생상품 거래상대방이 이 사건 투자설명서 기재와 달리 B에서 C로 변경되었고, 이후 피고가 이 사건 펀드의 투자대상으로 이 사건 ELS를 편입할 당시에는 그 누구도 예상하지 못하게 세계 4위의 투자은행 D가 파산하고 말았다.

이에, 원고들은 피고가 이 사건 투자설명서에 기재된 거래상대방이 발행하는 장외파생상품에 투자하여야 할 의무를 부담함에도 원고들의 동의 없이 거래상대방을 임의로 변경한 탓에 투자금 손실을 입었다고 주장하면서 손해배상을 청구하였다. 한편, 피고는 이 사건 투자설명서에 장외파생상품의 거래상대방을 B로 기재한 것은 이 사건 펀드에 편입 예정인 장외파생상품의 거래상대방이 B임을 나타내는 것에 불과하고 그 거래상대방을 B로 확정한 것은 아니라고 주장하였다. 또한

---

5) 이 사건 투자설명서에는 주요 투자위험 중 하나로 "거래상대방 신용위험: 거래상대방의 신용상태 악화에 따라 장외파생상품의 원리금을 제때에 받지 못할 위험(이 펀드에 편입되는 장외파생상품의 거래상대방 B의 신용등급은 2006. 2. 7. 기준 무디스 Aa2, 2006. 2. 6. 기준 S&P AA임)"라 기재되어 있다.

피고는, 당초 거래상대방인 B와 최대 200억원을 한도로 장외파생상품에 대한 거래를 하기로 하였는데, 이 사건 펀드의 투자자를 모집한 결과 이 사건 펀드의 규모가 약 280억원에 이르러 B와 거래를 유지할 수 없어, 사전에 투자자들에게 제시한 수익조건을 실현하기 위하여 적절한 거래상대방을 찾아야 하는 상황에서, 피고의 내부기준에 적합한 세계 3대 신용평가회사 중 2개 회사로부터 A등급 이상의 신용등급을 받은 D의 보증하에 C로 거래상대방을 변경하기로 한 후, 그에 따라 투자설명서를 변경하고, 변경된 투자설명서에 대하여 수탁회사의 확인을 받아 금융감독원에 제출하고, 수탁회사에게 C가 발행하는 장외파생상품을 매입하도록 한 것이므로, 이 사건 펀드를 운용함에 있어 자산운용사로서 가지는 재량의 범위 내에서 선관주의의무를 다하였다고 주장하였다.

　　이하에서는 이 사건 펀드의 투자대상인 파생결합증권과 그 종류의 하나인 주가연계증권(ELS)을 살펴보고, 아울러 파생결합증권에 대한 이해도를 높이고자 이를 포괄하는 개념인 금융투자상품(증권·파생상품)에 대해서도 함께 살펴보기로 한다. 아울러, 본 사안의 원고들은 자산운용단계에서의 피고의 주의의무 위반을 주장하였으므로 자산운용사의 운용단계에서의 주의의무에 대해서도 살펴보기로 한다. 마지막으로, 대상판결에서 자산운용사인 피고가 이 사건 투자설명서에 기재된 장외파생상품의 거래상대방을 변경한 행위에 대해 의무위반이 있었다고 판단하였는지 여부 및 그 판단 근거를 살펴보기로 한다.

III. 금융투자상품, 파생결합증권 및 ELS에 대한 개관

1. 금융투자상품의 개념

가. 금융투자상품의 정의

　　자본시장과 금융투자업에 관한 법률(이하 '자본시장법')상 금융투자상품이란 (ⅰ) 이익을 얻거나 손실을 회피할 목적으로 (ⅱ) 현재 또는 장래의 특정 시점에 금전 등을 지급하기로 약정함으로써 취득하는 권리로서, (iii) 그 권리를 취득하기 위하여 지급하였거나 지급하여야 할 금전 등의 총액(판매수수료 등 일정한 금액을 제외)이 그 권리로부터 회수하였거나 회수할 수 있는 금전 등의 총액(해지수수료 등 일정한 금액을 포함)을 초과하게 될 위험[6]이 있는 것을 말한다(동법 제3조 제1항 본문).[7]

나. 금융투자상품의 구분

자본시장법상 금융투자상품은 원본까지만 손실이 발생할 가능성이 있는 증권과 원본을 초과하는 손실이 발생할 가능성이 있는 파생상품으로 구분되며, 파생상품은 다시 파생상품시장에서의 거래 여부에 따라 장내파생상품과 장외파생상품으로 구분된다. 이를 도식화하면 아래와 같다.[8]

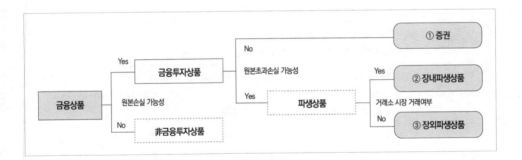

(1) 증권

증권 발행의 기본적인 목적은 자금조달이다. 자본시장법상 증권이란 내국인

---

6) (iii)의 요건을 '투자성'이라고 하며, 쉽게 말해 이는 원금을 보장받지 못할 위험을 의미한다.
7) 다만, ① 원화 표시 양도성 예금증서, ② 관리형 신탁의 수익권, ③ 주식매수선택권(스톡옵션)은 금융투자상품에서 제외된다(자본시장법 제3조 제1항 단서). 위 ③의 경우 취득시 금전 등의 지급이 없고 유통 가능성이 없다는 측면 등이 감안된 것이다.
8) 재정경제부, 「자본시장과 금융투자업에 관한 법률 제정안」 설명자료", 보도자료(2006. 6. 30.), 9면.

또는 외국인이 발행한 금융투자상품으로서 투자자가 취득과 동시에 지급한 금전
등 외에 어떠한 명목으로든지 추가로 지급의무(투자자가 기초자산에 대한 매매를
성립시킬 수 있는 권리를 행사하게 됨으로써 부담하게 되는 지급의무를 제외9))를
부담하지 아니하는 것을 말하며(동법 제4조 제1항), 채무증권, 지분증권, 수익증권,
투자계약증권, 파생결합증권, 증권예탁증권의 6종으로 구분되는데(동법 제4조 제2항
내지 제8항), 증권의 종류와 정의를 간략하게 살펴보면 아래 표와 같다.

종류	정의
채무증권	국채증권, 지방채증권, 특수채증권, 사채권, 기업어음증권, 그 밖에 이와 유사한 것으로서 지급청구권이 표시된 것
지분증권	주권,10) 신주인수권이 표시된 것, 법률에 의하여 직접 설립된 법인이 발행한 출자증권, 상법상 합자회사·유한책임회사·유한회사·합자조합·익명조합의 출자지분, 그 밖에 이와 유사한 것으로서 출자지분 또는 출자지분을 취득할 권리가 표시된 것
수익증권	자본시장법 제110조11)의 수익증권, 제189조12)의 수익증권, 그 밖에 이와 유사한 것으로서 신탁의 수익권이 표시된 것
투자계약증권	특정 투자자가 그 투자자와 타인(다른 투자자를 포함) 간의 공동사업에 금전 등을 투자하고 주로 타인이 수행한 공동사업의 결과에 따른 손익을 귀속받는 계약상의 권리가 표시된 것
파생결합증권	기초자산의 가격·이자율·지표·단위 또는 이를 기초로 하는 지수 등의 변동과 연계하여 미리 정하여진 방법에 따라 지급금액 또는 회수금액이 결정되는 권리가 표시된 것
증권예탁증권	위 5종의 증권을 예탁받은 자가 그 증권이 발행된 국가 외의 국가에서 발행한 것으로서 그 예탁받은 증권에 관련된 권리가 표시된 것

---

9) 파생결합증권의 경우 투자자가 기초자산에 대한 매매를 성립시킬 수 있는 권리를 행사하
게 됨으로써 지급의무를 부담하기 때문에 이를 "지급의무"의 의미에서 제외한 것이다. 임
재연, 「자본시장법」, 2019년판, 박영사, 2019, 37면.
10) 주권은 주식회사 주주의 지위를 표창하는 증권이다.
11) 제110조(수익증권) ① 신탁업자는 금전신탁계약에 의한 수익권이 표시된 수익증권을 발
행할 수 있다.

(2) 파생상품

증권의 기본적인 목적이 자금조달이라면, 파생상품은 위험관리를 핵심 목적으로 하는데, 일반적으로 파생상품이란 글자 그대로 그 가치가 기초를 이루는 다른 기초자산에서 파생되는 상품을 말한다.[13] 자본시장법상 파생상품은 선도, 옵션, 스왑의 3종으로 구분되는데(동법 제5조 제1항), 파생상품의 종류와 정의를 간략하게 살펴보면 아래 표와 같다.

종류	정의
선도 (forward)	기초자산이나 기초자산의 가격·이자율·지표·단위 또는 이를 기초로 하는 지수 등에 의하여 산출된 금전 등을 장래의 특정 시점에 인도할 것을 약정하는 계약상의 권리
옵션 (option)	당사자 어느 한쪽의 의사표시에 의하여 기초자산이나 기초자산의 가격·이자율·지표·단위 또는 이를 기초로 하는 지수 등에 의하여 산출된 금전 등을 수수하는 거래를 성립시킬 수 있는 권리를 부여하는 것을 약정하는 계약상의 권리
스왑 (swap)	장래의 일정기간 동안 미리 정한 가격으로 기초자산이나 기초자산의 가격·이자율·지표·단위 또는 이를 기초로 하는 지수 등에 의하여 산출된 금전 등을 교환할 것을 약정하는 계약상의 권리

한편, 2013년 자본시장법 개정을 통해 해당 금융투자상품의 유통 가능성, 계약당사자, 발행사유 등을 고려하여 증권으로 규제하는 것이 타당한 것으로서 대통령령이 정하는 금융투자상품(파생결합증권,[14] 신주인수권증서, 신주인수권증권)은 파생상품에서 제외할 수 있게 되었다(동법 제5조 제1항 단서, 동법 시행령 제4조의3).

파생상품은 장내파생상품과 장외파생상품으로 구별된다(자본시장법 제3조 제2

---

12) 제189조(투자신탁의 수익권 등) ① 투자신탁을 설정한 집합투자업자는 투자신탁의 수익권을 균등하게 분할하여 수익증권을 발행한다.

13) 한국증권법학회, 「자본시장법 주석서 I」, 개정판, 박영사, 2015, 27면.

14) 이로써 간접투자법 시행 당시 설정된 이 사건 펀드의 투자대상자산인 이 사건 ELS는 파생상품으로 분류되었으나, 자본시장법이 시행 중인 현재 기준으로는 파생결합증권으로 분류되고 있다.

항). 장내파생상품은 기본적으로 파생상품시장(예컨대, 한국거래소)에서 거래되는 표
준화된 파생상품(예컨대, 코스피200 선물)으로, 그 시장에서 정한 규칙(예컨대, 한국거
래소의 파생상품시장 업무규정)에서 정한 기준과 방법으로 거래되고 청산·결제[15]된
다. 장내파생상품이 아닌 파생상품은 모두 장외파생상품이다. 장외파생상품의 조
건은 계약당사자가 정하므로 다양하다.[16]

다. 자본시장법상 새로운 증권의 유형으로서의 파생결합증권 및 ELS

(1) 파생결합증권의 개념과 종류

　앞서 살펴본 증권의 종류 가운데 본 사안과 관련한 것은 파생결합증권이다.
과거 증권거래법상 유가증권의 개념은 소위 열거주의에 의하여 규제되었으므로
새로운 유형의 여러 가지 파생결합증권을 규제하기 위해서는 추가적인 입법으로
해결하는 수밖에 없었다. 이에 자본시장법은 기초자산의 가격·이자율·지표·단위
또는 이를 기초로 하는 지수 등의 변동과 연계하여 미리 정하여진 방법에 따라 지
급하거나 회수하는 것을 말하는 파생결합증권이라는 개념을 도입하여(동법 제4조
제10항), 새로운 증권을 개발할 때마다 법령을 개정할 필요가 없도록 하였다. 그리
고 자본시장법은 기초자산의 범위를 확대하여 금융투자상품, 통화, 일반상품(농산
물·축산물·수산물·임산물·광산물·에너지에 속하는 물품 및 이 물품을 원료로 하여 제조하
거나 가공한 물품, 그 밖에 이와 유사한 것), 신용위험(당사자 또는 제삼자의 신용등급의 변
동, 파산 또는 채무재조정 등으로 인한 신용의 변동) 그 밖에 자연적·환경적·경제적 현
상 등에 속하는 위험으로서 평가가 가능한 것으로 매우 포괄적으로 정의함으로써

---

15) 선물거래에서 청산이란 청산 회원 간의 선물거래에 따른 결제금액을 확정하는 과정으로
　　거래체결 이후 거래내역 확인, 착오거래 정정, 미결제약정수량 관리, 일일 정산, 결제금액
　　확정 및 증거금 관리, 손해배상공동기금 관리 등을 포괄한다. 결제에는 해당 선물의 최종
　　거래일에 기초자산을 인수도(현물 결제)하거나 현금 결제하는 최종 결제와 만기일 이전에
　　보유 포지션을 청산하는 반대 거래가 있다. 부산일보, "[파생상품 산책] 선물거래 청산·
　　결제 제도", 2013. 1. 17.
16) 박준, "최근 20년간의 증권·파생상품 규제", 「BFL」, 제101호, 서울대학교 금융법센터,
　　2020, 8면.

파생결합증권의 영역을 확장시켰다(동법 제4조 제10항).[17]

다만, 파생결합증권의 범위와 관련하여 ① 발행과 동시에 투자자가 지급한 금전 등에 대한 이자에 대하여만 해당 기초자산의 가격·이자율·지표·단위 또는 이를 기초로 하는 지수 등의 변동과 연계된 증권인 이른바 이자연계 파생결합채권, ② 옵션계약상의 권리,[18] ③ 조건부자본증권(자본시장법 제165조의11 제1항[19]), ④ 은행법상 상각형 조건부자본증권, 은행주식 전환형 조건부자본증권, 은행지주회사주식 전환형 조건부자본증권 및 금융지주회사법상 상각형 조건부자본증권 또는 전환형 조건부자본증권, ⑤ 교환사채·상환사채, 전환사채 및 신주인수권부사채, ⑥ 그 밖에 위 열거된 금융투자상품과 유사한 것으로서 대통령령으로 정하는 금융투자상품을 파생결합증권에서 제외하였다(자본시장법 제4조 제7항 단서).

이처럼 자본시장법에서 각종 사채 및 증권을 파생결합증권에서 배제하는 별도의 단서조항을 마련하고 있는 이유는 자본시장법상 인가단위에서 파생결합증권을 발행하기 위해서는 장외파생상품인가를 받아야 하기 때문이다.[20] 위 배제규정에서 열거한 각종 사채의 경우 2013년 개정 전 자본시장법상 정의규정에 의하면 파생결합증권에 해당될 여지가 있으며, 이 경우 장외파생상품인가를 받지 못한 일반기업들이 자금조달의 목적으로 해당 증권을 발행하지 못하게 되는 문제를 해소

---

17) 임재연, 「자본시장법」, 2019년판, 박영사, 2019, 51면; 김병연·권재열·양기진, 「자본시장법 사례와 이론」, 제4판, 박영사, 2019, 46면.

18) 단, 자본시장법 제5조 제1항 각 호 외의 부분 단서에 따라 해당 금융투자상품의 유통 가능성, 계약당사자, 발행사유 등을 고려하여 증권으로 규제하는 것이 타당한 것으로서 대통령령으로 정하는 금융투자상품은 제외한다.

19) **제165조의11(조건부자본증권의 발행 등)** ① 주권상장법인(「은행법」 제33조 제1항 제2호·제3호 또는 「금융지주회사법」 제15조의2 제1항 제2호·제3호에 따라 해당 사채를 발행할 수 있는 자는 제외한다)은 정관으로 정하는 바에 따라 이사회의 결의로 「상법」 제469조 제2항, 제513조 및 제516조의2에 따른 사채와 다른 종류의 사채로서 해당 사채의 발행 당시 객관적이고 합리적인 기준에 따라 미리 정하는 사유가 발생하는 경우 주식으로 전환되거나 그 사채의 상환과 이자지급 의무가 감면된다는 조건이 붙은 사채, 그 밖에 대통령령으로 정하는 사채를 발행할 수 있다.

20) 자본시장법 시행령 [별표 1] 인가업무 단위 및 최저자기자본(제15조 제1항 및 제16조 제3항 관련) '비고 1'은 파생결합증권의 발행은 증권에 대한 투자매매업(1-1-1 또는 1-1-2)의 금융투자업인가를 받은 자가 장외파생상품에 대한 투자매매업(1-3-1 또는 1-3-2)의 금융투자업인가를 받은 경우로 한정하고 있다.

하기 위한 방안으로 도입되었다고 볼 수 있다.[21]

　　대표적인 파생결합증권의 종류로는 ① 주가지수 또는 특정 주식 가격의 변동과 연계되어 수익률이 결정되는 증권인 주가연계증권(Equity Linked Securities: ELS), ② 주가 외 기초자산(금리, 통화, 상품, 신용위험 등) 가격의 변동과 연계되어 수익률이 결정되는 증권인 파생연계증권(Derivative Linked Securities: DLS), ③ 주가지수 또는 특정주식 등의 기초자산을 사전에 정한 가격으로 미래 시점에 사거나 팔 수 있는 권리를 나타내는 증권으로서 거래소에 상장되어 거래되는 주식워런트증권(Equity Linked Warrant: ELW), ④ 기초자산 가격의 변동과 연계되어 수익률이 결정되는 증권으로 거래소에 상장되어 거래되는 상장지수증권(Exchange Traded Note: ETN) 등이 있다.[22]

(2) ELS의 상품구조 및 ELS 발행행위의 성격

　　이 사건 펀드의 기초자산이기도 한 ELS는 연계된 주가지수 또는 특정 주식의 가격 변동에 따라 수익률이 결정된다. ELS 발행사는 ELS의 기초자산 가격이 하락하면 매수(포지션 확대)하고, 상승하면 매도(포지션 축소)하여 수익을 낸다. ELS 발행사는 기초자산에 따라 개별 종목인 경우 주식현물이나 주식선물을 거래하고, 주가지수인 경우는 지수선물을 주로 거래한다. 일반적으로 주식형 펀드는 주가가 상승해야 이익이 발생하지만, 조기상환형(스텝다운형)[23] 등 일부 ELS는 주가가 일정수준 이내로 하락하여도 수익이 발생하기도 하는데, 이는 금융공학적으로 치밀하게

---

21) 한국증권법학회, 전게서, 24－25면.
22) 금융위원회·금융감독원 등, "파생결합증권시장 건전화 방안", 보도자료(2020. 7. 30.), 2면.
23) 조기상환형은 ELS의 주류를 이루는 구조로서 개별 종목 혹은 주가지수를 기초자산으로 하며, 보통 만기는 3년이고 일정 기간(보통 3, 4, 6개월)마다 조기상환 기회를 부여하고 있다. 조기상환형 ELS의 경우 최초 기준가격의 일정 수준(보통 50~60%) 미만으로 하락한 적이 없는 경우 미리 정하여진 기준가격 아래에 있으면 해당 종목 하락률이 투자수익률로 확정되어 원금의 손실이 발생하게 된다. 그리고 만기 때까지 원금손실구간(녹인 배리어, Knock－In Barrier)까지 내려갔는지 여부에 따라 원금보장 조건이 달라진다. 즉 원금손실구간까지 떨어진 후 만기 때까지 조기상환조건을 만족시키지 못하면 기초자산의 하락률로 수익률이 결정된다. 기초자산이 두 개일 경우에는 두 가지 자산 중 낮은 하락률이 수익률로 확정되기 때문에 원금비보장형이 많다. 김병연·권재열·양기진, 전게서, 48－49면. 이 사건 ELS도 조기상환형인 것으로 보인다.

계산된 모형을 바탕으로 운용되기 때문이다.[24)]

ELS 투자자금에 대한 최종 지급의무는 ELS 발행사가 부담한다. 즉, ELS 발행사가 조기상환일 또는 만기일에 기초자산의 가격에 따라 산출된 금원을 상환하는 의무를 부담하기 때문에, ELS는 일종의 채권(note)이며 발행사의 관점에서 보면 이는 부채(debt)가 된다. 이 점에서 ELS는 펀드와는 다르다. 펀드의 경우에는 투자금을 모아 자산운용사가 운용한 후 그 성과에 따라 나타난 수익을 분배해 주지만, ELS는 비록 그에 따라 조성된 자금을 발행사가 운용한다고 하더라도 그 운용 성과를 배분해 주는 것이 아니라 운용 성과가 어떠하든 약속된 상환조건에 따라 상환해 줄 의무가 발생한다. 즉, ELS는 지급기한이나 상환금액이 고정되어 있는 일반 채권과 달리 기초자산의 가격에 따라 지급기한이 빨리 도래할 수도 있고(조기상환) 나중에 도래할 수도 있으며(만기상환), 원금에 일정한 프리미엄부 이자가 더한 금액이 상환될 수도 있고 원금보다 적은 금액이 상환될 수 있는 채권이라고 할 수 있다.[25)]

한편, 주가연계펀드(Equity Linked Fund: ELF)는 투자자산의 전부 또는 일부를 ELS에 투자하여 주가지수 변동에 따른 수익을 추구하는 펀드 상품이다. ELS와 ELF의 주요 특징을 비교하면 아래 표와 같다.[26)]

구분	ELS	ELF
발행회사	증권회사	자산운용사
판매회사	은행, 증권회사 등	은행, 증권회사 등
운용방법	고유계정과 혼합	고유계정과 별도 펀드로 운용
형태	파생결합증권	수익증권
투자방법	파생결합증권 매입	수익증권 매입
만기수익률	지수변동에 따라 사전에 제시한 수익률	운용실적에 따른 수익률

---

24) 김병연·권재열·양기진, 전게서, 48면.
25) 김주영, "파생결합증권거래와 민법 제150조", 「BFL」, 제75호, 서울대학교 금융법센터, 2016, 41면.
26) 삼성자산운용 홈페이지, 알아두어야 할 펀드 유형 - 6. ELS(Equity—Linked Securities)펀드(ELF)(http://www.samsungfund.com/content/guide4_2_06.action?mobile)

원금보장	사전에 제시한 일정비율(0~100%)	보장없음
원금보호	없음	없음

Ⅳ. 자산운용사의 자산운용단계에서의 주의의무

집합투자의 경우 집합투자재산의 설정 및 운용이 투자자의 수익과 곧바로 연결되므로 자산운용사의 역할이 매우 중요한데, 투자자들로부터 모은 금전 등을 운용하는 자산운용사는 투자전문가의 고용, 투자정보의 수집, 투자대상의 선택, 투자분석 및 포트폴리오 관리 등을 수행하므로 일반인보다 높은 수준의 주의의무가 요구된다.27) 이에 구 간접투자자산운용업법(이하 '간접투자법')28)은 자산운용사가 법령, 투자신탁의 약관 또는 투자회사의 정관 및 투자설명서에 위배되는 행위를 하거나 그 업무를 소홀히 하여 간접투자자에게 손해를 발생시킨 때에는 그 손해를 배상할 책임이 있고(동법 제19조 제1항), 자산운용사는 선량한 관리자의 주의로써 간접투자재산을 관리하여야 하며, 간접투자자의 이익을 보호하여야 한다(동법 제86조 제1항)고 규정하였다.

자본시장법은 모든 유형의 금융투자업자에게 적용되는 공통 영업행위 규칙을 두어, 금융투자업자는 신의성실의 원칙에 따라 공정하게 금융투자업을 영위하여야 하고(동법 제37조 제1항), 금융투자업을 영위함에 있어 정당한 사유 없이 투자자의 이익을 해하면서 자기가 이익을 얻거나 제3자가 이익을 얻도록 하여서는 아니 된다(동법 제37조 제2항)고 규정하고 있다. 한편, 위 통칙규정인 제37조와는 별도로 제79조29)에서 집합투자업자의 선관주의의무 및 충실의무에 대해 규정하고 있는데,

---

27) 이숙연, "금융투자상품의 투자자 보호에 대한 연구", 「사법논집」, 제59집, 법원도서관, 2014, 370면.

28) 이 사건 펀드는 2007. 6.경 설정되어 운용되기 시작하였고, 자본시장법은 2007. 8. 3. 법률 제8635호로 제정되어 2009. 2. 4. 시행되었으므로, 본 사안에서 피고가 이 사건 투자설명서에 기재된 장외파생상품의 거래상대방을 변경한 행위에 대해 의무 위반이 있었는지 여부에 대해서는 간접투자법에 따라 판단이 이루어졌다.

29) **제79조(선관의무 및 충실의무)** ① 집합투자업자는 투자자에 대하여 선량한 관리자의 주

이와 같이 제79조를 둔 이유에 대해 자산운용사가 투자자의 자금을 맡아서 대신 운용하는 소위 '자금수탁자적 지위'에 있는 점을 고려하여 자산운용사의 선관주의 의무 및 충실의무를 특별히 강조하기 위한 것으로 이해할 수 있다.[30]

위와 같은 규정의 내용 및 취지에 비추어 보면, 자산운용사는 가능한 범위 내에서 수집된 정보를 바탕으로 신중하게 집합투자재산을 운용함으로써 투자자의 이익을 보호하여야 할 의무가 있고, 구체적으로 자산을 어떻게 운용하여야 하는지는 관계 법령, 신탁약관의 내용, 그 시점에서의 경제 상황 및 전망 등의 제반 사정을 종합적으로 고려하여 판단하여야 한다(대법원 2018.9.28. 선고 2015다69853 판결). 다만 집합투자는 자기책임원칙과 실적배당주의를 본질로 하므로, 자산운용사에게 회사법상의 경영판단의 원칙에 준하는 재량을 부여하여, 자산운용사가 가능한 범위 내에서 수집된 정보를 바탕으로 집합투자재산의 최상의 이익에 합치된다는 믿음을 가지고 신중하게 집합투자재산의 운용에 관한 지시를 하였다면 선량한 관리자로서의 책임을 다한 것이라고 할 것이고, 설사 그 예측이 빗나가 집합투자재산에 손실이 발생하였다고 하더라도 그것만으로 자산운용단계에서의 선관주의의무를 위반한 것이라고 할 수 없다. 한편, 그 판단의 시점은 행위 당시로 보아야 하고 사후적 판단을 하여 결과책임을 지워서는 아니 될 것이다(대법원 2003.7.11. 선고 2001다11802 판결; 대법원 2013.11.28. 선고 2011다96130 판결 등).

V. 사례의 해결

1. 원심(서울고등법원 2011.9.1. 선고 2009나121028 판결)의 판단

원심은 이 사건 투자설명서에서 거래상대방을 B로 기재한 부분은 이 사건 신

의로써 집합투자재산을 운용하여야 한다.
② 집합투자업자는 투자자의 이익을 보호하기 위하여 해당 업무를 충실하게 수행하여야 한다.
30) 로앤비 온주주석서, 자본시장과 금융투자업에 관한 법률 제79조(박삼철, 김은집, 서종군 집필), 온주편집위원회, 2019. 12. 17.

탁계약의 내용을 구성하고 이에 따라 피고는 거래상대방을 B로 하여 투자자산을 운용할 계약상 의무를 부담하는데, 피고가 이 사건 투자설명서에 기재된 장외파생상품의 거래상대방을 B에서 C로 임의로 변경한 행위는 자산운용사의 재량 범위를 넘는 것으로 채무불이행에 해당하고 피고는 간접투자법 제19조에 따른 손해배상책임을 부담한다고 판단하였는데, 이러한 판단을 내리는 데 있어 고려한 사정들은 아래와 같다.

① 간접투자법 제56조 제4항 제2호, 동법 시행령 제54조 제2항은, 투자위험에 관한 사항을 투자설명서에 기재하도록 하면서, 특히 이를 굵은 글씨로 기재하는 등의 방법에 의하여 누구든지 쉽게 알아볼 수 있도록 하여야 한다고 규정하고 있고, 이 사건 투자설명서에도 거래상대방의 신용위험은 주요 투자위험으로 기재되어 있으며, 특히 '이 펀드에 편입되는 장외파생상품의 거래상대방인 B의 신용등급은 2006. 2. 7. 기준 무디스 Aa2, 2006. 2. 6. 기준 S&P AA'라는 기재는 붉은색 또는 푸른색으로 강조되어 있다.

② 투자설명서에 거래상대방을 기재하는 것은 임의적인 것이 아니라, 간접투자법 제56조 제4항 제5호,[31] 동법 시행령 제54조 제7항,[32] 금융감독위원회의 간접투자자산 운용업감독규정 제52조 제5항,[33] 금융감독원의 같은 시행세칙 제14조[34]에 순차 위임된 바에 따른 법령상 의무이다.

③ 신탁약관과 투자설명서의 기재가 일치하지 아니하는 경우 신탁약관만을 우선하여 투자설명서의 기재는 아무런 계약상의 효력이 없다고 해석한다

---

31) **제56조(투자설명서)** ④ 투자신탁의 자산운용회사 또는 투자회사는 투자설명서에 다음 각 호의 사항을 기재하여야 한다.
   5. 그 밖에 투자자 보호를 위하여 대통령령이 정하는 사항
32) **제54조(투자설명서)** ⑦ 금융감독위원회는 투자설명서의 세부기재사항 및 작성방법, 제공방법, 그 밖에 필요한 세부적인 사항을 정할 수 있다.
33) **제52조(투자설명서의 작성 및 교부 등)** ⑤ 투자설명서의 세부기재사항 및 작성방법 등은 금융감독원장이 정한다.
34) **제14조(투자설명서)** 규정 제52조제5항의 규정에 의한 투자설명서의 세부기재사항 및 작성방법 등은 투자회사 또는 투자신탁별로 각각 별지 제17호 및 제18호와 같다.
   (별지 제18호) ③ 부동산·파생상품·특별자산투자신탁 등의 경우 해당 투자신탁의 특수한 투자위험에 대해 설명. 예를 들어 파생상품투자신탁의 경우 거래상대방위험 등에 대해 기술

면 투자설명서 제도는 그 존립 근거를 잃게 되고 투자자 보호를 위해 투자설명서 제도를 상세히 규정한 간접투자법의 입법 목적 또한 달성할 수 없게 된다.

④ 이 사건 펀드의 경우 투자금 대부분(약 98.4%)으로 장외파생상품을 취득할 뿐 다른 자산의 취득이 예정되어 있지 않으며, 이 사건 펀드의 장외파생상품은 거래상대방과의 계약에 의해 수익구조가 사전에 결정된 채 최대 3년까지 장기간 자금이 묶일 수 있는 유동성이 낮은 상품이므로 이 사건 투자설명서에 기재된 장외파생상품의 거래상대방 특정 및 신용등급의 기재는 다른 종류의 펀드상품의 경우보다 중요한 의미가 있다.

2. 대법원의 판단

한편, 대법원은 위 원심을 파기환송하였는데 그 내용을 살펴보면 아래와 같다.

가. 투자설명서 내용이 신탁계약 당사자 사이에 계약적 구속력이 있는지 여부

(1) 법리

투자설명서 제도의 취지는, 투자신탁계약의 내용은 신탁약관에 기재되어 있지만 전문적인 금융지식이 부족한 일반투자자로서는 신탁약관 및 취득하고자 하는 수익증권의 내용을 이해하기가 쉽지 않기 때문에 신탁약관 및 수익증권의 내용을 보충적으로 설명하고 구체화하는 내용의 투자설명서를 작성하여 투자자에게 제공함으로써 간접투자에서 정보의 비대칭성을 극복하고 투자자로 하여금 신탁약관 및 취득하고자 하는 수익증권의 내용을 충분히 이해할 수 있도록 하려는 데 있다.

이러한 투자설명서에 관한 규정 및 취지에 비추어 볼 때, 투자설명서의 기재 내용 자체가 투자신탁계약의 당사자 사이에서 당연히 계약적 구속력이 있다고 볼 수는 없고, 투자설명서에 기재된 내용이 신탁약관의 내용을 구체화하는 내용인 경우에 신탁약관의 내용과 결합하여 계약적 구속력을 가진다고 할 것이다. 다만 그 기재 내용이 개별약정으로서 구속력을 가질 수는 있지만, 개별 약정으로서 구속력이 있는지 여부는 투자설명서에 기재된 구체적인 내용, 그러한 내용이 기재된 경위와 당사자의 진정한 의사 등을 종합적으로 고려하여 판단하여야 할 것이다.

(2) 판단

대법원이 위 법리에 비추어 판단한 내용은 아래와 같다.

자산운용사는 펀드자금이 조성된 후에 자산운용단계에서 조성된 펀드자금의 규모 등을 고려하고 구체적인 교섭을 거쳐 거래상대방을 확정하게 되므로, 신탁단계에서는 거래상대방을 미리 확정하기 어렵고 그 때문에 신탁약관에 거래상대방에 관한 사항을 기재하지 않는 것이 일반적이며, 이 사건 투자신탁계약의 내용을 이루는 이 사건 신탁약관 역시 투자대상인 장외파생상품에 관하여 한국전력 보통주 및 우리금융 보통주의 가격변동에 연동하여 사전에 정한 조건에 의해 금전을 지급하는 성격을 가지는 것으로 규정하고, 이 사건 펀드의 투자대상과 관련하여 자산의 등급 및 편입비율에 대하여 규정하고 있을 뿐 장외파생상품의 거래상대방에 관해서는 아무런 규정을 두지 않고 있다. 따라서 이 사건 투자설명서에 장외파생상품의 거래상대방을 B로 기재한 부분은 신탁약관의 내용을 구체화하는 것이라고 볼 수 없으므로 그 기재 내용이 당연히 투자신탁계약의 내용에 편입되어 계약적 구속력이 있다고는 할 수 없다.

나. 이 사건 투자설명서상 장외파생상품의 거래상대방 기재 부분이 피고와 원고들 사이의 개별약정에 해당하는지 여부

대상판결은 다음과 같은 사정을 고려하면 이 사건 투자설명서에 장외파생상품의 거래상대방을 B로 기재한 부분이 피고와 투자자인 원고들 사이의 개별 약정에 해당하여 피고가 거래상대방을 B로 하여 투자자산을 운용할 계약상 의무를 부담한다고 볼 수는 없다고 판단하였다.

(1) 이 사건 펀드와 같은 간접투자는 일반투자자와 전문적인 투자기관 사이의 정보의 비대칭성, 개별 투자자들이 따로 투자할 경우의 비용 비효율성 등을 극복하기 위하여 자산운용사에게 투자자산의 운용을 맡겨 수익을 얻기 위한 제도로, 본질적으로 자산운용에 대하여 자산운용회사가 재량권을 가지는 것을 전제로 한다. 또한, 간접투자법은 수익자총회의 의결을 거쳐야 하는 사항을 규정하고 있으나, 거래상대방의 변경은 위 사항에 포함되어 있지 않으며, 투자설명서의 변경은 수탁회사의 확인을 받아 금융감독위원회에 제출하면 되고 수익자총회의 의결과 같은 투자자들의 동의를 받을 필요가 없도록 규정하였다.

　　이러한 관련 법령의 규정 및 취지에 비추어 보면, 자산운용사는 투자설명서의 기재 내용 중 수익자총회의 의결이 필요한 사항에 해당하지 아니한 사항은 선관주의의무에 따른 합리적인 재량 범위 내에서 투자자들의 동의 없이 간접투자법이 정한 절차에 따라 변경할 수 있다고 보아야 하고, 이는 투자설명서에 기재된 장외파생상품의 거래상대방의 경우에도 마찬가지이다.

(2) 원심은 간접투자법 제56조 제4항 제5호 및 그 위임을 받은 규정에 의하면 자산운용사는 투자설명서에 거래상대방을 기재할 의무가 있다는 점을 피고가 거래상대방을 B로 하여 투자자산을 운용할 계약상 의무를 부담한다는 주된 근거로 들고 있으나, 자산운용사는 투자설명서 변경절차에 따라 거래상대방을 변경할 수 있으므로, 피고가 거래상대방을 B로 하여 투자자산을 운용할 계약상 의무를 부담한다는 합당한 근거가 될 수 없다.

(3) 이 사건 펀드는 한국전력 보통주와 우리금융 보통주에 연계된 장외파생상품에 신탁재산의 대부분을 투자하는 상품이므로 투자자들에게 직접적인 영향을 미치는 투자위험은 수익조건의 달성 여부와 연관된 기초자산인 '한국전력 보통주와 우리금융 보통주'의 주가 변동이다. 이 사건 펀드가 투자하는 장외파생상품의 거래상대방이 파산할 위험성에 차이가 있다면 거래상대방이 누구인지 자체가 중요한 의미가 있을 수 있으나, 거래상대방이 일정한 수준 이상의 신용등급을 갖춘 경우에는 거래상대방이 누구인지는 수익증권을 취득하려는 투자자들의 투자결정에 영향을 미치는 중요 사항이 아니다.

(4) 원고들을 포함한 이 사건 펀드의 투자자들도 기초자산인 한국전력 보통주

및 우리금융 보통주의 주가 및 주가변동에 따른 이 사건 펀드의 수익구조에 대해서만 주로 관심이 있었을 뿐 거래상대방이 누구인지는 중요하게 고려하지 않은 것으로 보인다. 따라서 원고들이 이 사건 투자설명서에 기재된 B를 장외파생상품의 거래상대방으로 확정하여 이를 투자신탁계약의 내용으로 삼으려는 의사를 가지고 수익증권을 취득하였다고 보기는 어렵다.

다. 피고의 장외파생상품의 거래상대방 변경이 투자설명서 위반 또는 선관주의의무 위반 행위에 해당하는지 여부

대상판결은 피고가 이 사건 펀드가 투자하는 장외파생상품의 거래상대방을 B에서 C로 변경한 것이 간접투자법 제19조에 따른 투자설명서에 위배되는 행위 또는 자산운용사로서의 선관주의의무를 위반한 행위에 해당하여 피고가 투자자인 원고들에 대하여 손해배상책임을 부담한다고 볼 수도 없다고 판단하였다.

(1) 피고는 이 사건 펀드의 판매금액이 B가 제시한 200억원보다 많은 280억원이 되어 B와 장외파생상품거래를 할 수 없게 되자, 신탁약관 및 투자설명서를 통하여 투자자들에게 제시한 수익조건을 충족시킬 수 있는 C로 거래상대방을 변경하였는데 위 거래에 관해 D가 계약이행보증을 하였다.

(2) 이 사건 펀드를 판매할 당시 세계적 신용평가회사가 평가한 D의 신용등급은 B의 신용등급보다 상대적으로 낮았을 뿐, 대한민국의 국가신용등급이나 포스코 등의 신용등급보다 높고 삼성전자 등의 신용등급과 같은 안정적인 수준의 투자적격등급이었기 때문에 거래상대방의 파산, 부도 등의 신용위험 면에서 고려하여야 할 정도의 유의미한 차이가 있었다고 볼 수 없다. 따라서 그러한 신용등급의 차이만을 가지고 이 사건 펀드가 투자하는 장외파생상품의 거래상대방이 B에서 C로 변경됨으로써 투자자들의 투자판단에 영향을 미칠 정도의 투자위험이 초래되었다고 평가할 수 없다. 그리고 당시 D는 자산규모가 미국 내 4위의 금융기관이고 세계적 신용평가기관으로부터 양호한 신용등급을 받는 등 신용도를 의심받은 상황이 아니었기 때문에, 피고로서는 D의 파산 가능성을 예견하였거나 예견할 수 있었다고 보기 어렵다.

(3) 이 사건 신탁약관에 의하면, 투자설명서가 변경된 경우 자산운용사는 지체

없이 자산운용사, 판매회사 및 자산운용협회의 인터넷 홈페이지 또는 자산
운용사, 판매회사의 본·지점 영업소에 게시하거나 전자우편을 이용하여 수
익자에게 통보하도록 정하고 있는바, 피고 및 자산운용협회의 인터넷 홈페
이지에 투자설명서에 기재된 거래상대방의 변경내용이 공시된 이상, 비록
그 내용이 판매회사의 인터넷 홈페이지에 공시되거나 판매회사의 본·지점
영업소에 게시되지 않았다 하더라도 그러한 사정만으로 선관주의의무를 위
반하였다고 할 수 없다.

(4) 피고가 D의 파산 가능성을 예측할 수 없는 상황에서 불가피한 사정으로 장
외파생상품의 거래상대방을 B의 신용등급과 유사한 D의 지급보증하에 C로
변경한 것에 대해 투자설명서 위반 또는 선관주의의무 위반이 있다 할 수
없다.

VI. 대상판결에 대한 평가 및 시사점

대상판결에 대한 비판으로서, ELS는 비록 기초자산을 우량주식으로 하더라도
이러한 기초자산은 상환금액의 다과를 결정하는 기준이 될 뿐 그 자체로 ELS의
담보물이 되는 것은 아니므로 법률적으로나 실질적으로 볼 때 ELS는 발행사의 신
용위험에 그대로 노출되는 무담보채권에 해당하고, 따라서 ELS 투자에 있어서
ELS 발행사가 누구인가는 그 어떤 것보다도 중요한 요소라고 할 것이어서, 피고가
투자자들의 동의 없이 거래상대방을 임의로 바꾸고 이에 대하여 아무런 책임을 지
지 않는 것은 쉽게 납득하기 어렵다는 견해가 있다.[35]

그러나 일반적으로 ELS를 비롯한 파생결합증권은 일정한 수준 이상의 유동성
및 리스크 관리 역량, 신용등급[36]을 갖춘 국내외 대형 증권사만이 발행할 수 있
고, 자산운용사 또한 파생결합증권을 펀드의 투자대상자산으로 편입할 당시 대외
적으로 공표되는 객관적인 정보[가령, 파생결합증권 거래상대방이 회계법인으로부

---

35) 여의도투자자권익연구소, "우리투스타 KW-8호 투자자들의 전액 승소판결 대법원에서
뒤집어져" 2014. 2. 14.(http://yiri.co.kr/kr/?p=5241)

36) 일반적으로 ELS발행 증권사의 신용도가 대부분 신용등급 AA정도의 등급을 가지고 있다.
한경닷컴, "목돈투자 ELS 상품도 고려해야 하는 이유[하박사의 쉬운 펀드]", 2021. 3. 30.

터 적정성에 대한 외부감사를 받아 발행하는 재무제표에 대한 감사보고서, 신용평
가회사가 발표하는 신용등급, 신용부도스왑(Credit Default Swap: CDS) 스프레드[37]
등]에 기반하여 파생결합증권 거래상대방의 신용위험을 분석할 수밖에 없다. 이러
한 상황에서, 우연히 ELS 편입 당시에는 그 누구도 예상할 수 없었던 ELS 발행사
의 신용위험이 현실화한 사정으로 인해 펀드에 투자원금 손실이 발생하였다고 하
여, 자산운용사에게 이에 대한 책임을 묻는 것은 사후적 판단을 하여 결과책임을
지우는 것이 되어, 자기책임원칙과 실적배당주의를 본질로 하는 집합투자의 본질
과 배치되는 측면이 있다고 생각된다.

　　다만, 본 사안에서 원고들은 자신들의 동의 없이 거래상대방을 임의로 바꾸
었다는 점을 피고의 주의의무 위반의 주요 근거로 삼았는바, 향후 자산운용사가
본 사안과 유사한 분쟁에 노출되지 않기 위하여는 투자설명서를 작성하는 과정에
서 파생결합증권 거래상대방과 파생결합증권 발행규모 및 조건에 대해 철저히 논
의 및 분석하는 한편, 파생결합펀드가 당초 파생결합증권 거래상대방과 논의된 규
모를 초과하여 판매되지 않도록 판매회사와 긴밀히 협의할 필요가 있을 것이다.
아울러 만에 하나, 펀드가 당초 논의된 규모를 초과하여 판매됨으로써 당초 파생
결합증권 거래상대방과 거래가 불가능하게 되는 경우, 투자자들에게 그 사실을 알
리고 파생결합증권 거래상대방 변경에 관하여 사전 동의를 받거나 사전 동의를 받
지 못한 투자자들에게는 판매회사로 하여금 투자금을 반환하도록 하는 등의 조치
를 취함으로써 분쟁의 소지 자체를 차단하는 것이 바람직할 것이라고 생각된다.

---

37) CDS란 신용파생상품의 가장 기본적인 형태로, 채권이나 대출금 등 기초자산의 신용위험
　　을 전가하고자 하는 보장매입자가 일정한 수수료를 지급하는 대가로 기초자산의 채무불
　　이행 등 신용사건 발생 시 신용위험을 떠안은 보장매도자로부터 손실액 또는 일정 금액을
　　보전받기로 약정하는 거래를 말하고, CDS 약정시 보장매입자가 신용위험을 이전한 대가
　　로 지급하는 수수료를 CDS 스프레드라고 하는데, 일반적으로 CDS 스프레드는 기초자산
　　의 신용위험이 커질수록 상승한다. 따라서 CDS 스프레드는 기초자산 발행주체의 신용도
　　를 나타내는 지표로 해석할 수 있다.

제12장

●

대체투자펀드 리스크관리에 관한 프로세스

Ⅰ. 서론

2020년 저금리 상황의 지속과 주식시장 변동성의 증가에 따라 대체투자집합
투자기구[1](이하 '대체투자펀드')에 대한 투자가 2020. 6.말 기준 펀드 순자산 207.3
조원에서 2021. 9.말 기준 펀드 순자산 239.6조원으로 급증(약 +13.48%)하였다.[2]
그러나 각 투자대상자산별 성격 및 구조가 다르고, 정보의 비대칭성이 높으며, 장
기적 투자가 요구되는 대체투자펀드[3]의 특성상 이를 운용하는 집합투자업자는,

---

1) 대체투자집합투자기구란, 자본시장법 제229조에 의한 집합투자기구의 종류 또는 제9조
   제19항에 의한 사모집합투자기구 여부와 관계없이 집합투자재산의 50% 이상을 부동산
   또는 특별자산에 투자하는 집합투자기구를 의미함. 부동산에 투자하는 부동산집합투자기
   구란, 실물 부동산에 대한 직접투자뿐만 아니라 부동산 담보대출, 부동산 개발사업 영위
   또는 개발사업에 대한 대출(PF대출), 타 부동산펀드의 수익증권 취득 등 형태를 불문하고
   실질적으로 부동산 관련 자산에 투자하는 것을 의미하며, 특별자산에 투자하는 특별자산
   집합투자기구란, 증권 및 부동산을 제외한 자산에 투자하는 것으로 사회간접자본 투자,
   자원개발사업 투자, 항공기 또는 선박투자, 대출채권 인수, 기업 인수금융 등 다양한 투자
   대상이 있을 수 있으며 실물, 지분, 대출채권, 수익증권 등 투자형태를 불문함(『대체투자
   펀드 리스크관리 모범규준』 제2조).
2) 금융투자협회, "21년 3분기 펀드시장 동향", 보도자료(2021. 10. 15.).
3) 김필규, "코로나19사태에 따른 해외대체투자 위험요인 분석", 『이슈보고서』 20－27, 자본
   시장연구원, 2020, 10면.

코로나19로 인한 여행 및 서비스 산업의 위축, 재택근무 확산으로 인한 오피스 가격의 하락으로 해당 펀드의 환매에 어려움을 겪게 되었다.

이에 금융투자협회는 2017. 7. 18. 시행되었던 금융감독원의 감독행정작용인 『부동산·특별자산펀드 등 자문수수료 지급 관련 내부통제 보완 필요사항』[4]을 2020. 6. 30. 『대체투자펀드 리스크관리 모범규준』(이하 '모범규준')으로 명문화하였다. 나아가 2021. 9. 금융투자협회 자율규제부는 11개의 자산운용사를 대상으로 현장 조사를 실시하여 모범규준에 관한 권고사례(이하 '권고사례')를 제시하였다.

리스크관리는 고객과 회사의 자산을 보호하기 위한 목적으로 행해지는 것으로, 자산의 운용과 관련하여 발생할 수 있는 위험의 종류를 정의하고 인식하며, 관련 위험을 측정 및 관리하고, 부담 가능한 위험 수준을 설정하여 적정투자한도 또는 손실허용한도를 관리하는 것을 의미한다.[5] 이하에서는 모범규준과 모범규준에 관한 권고사례를 바탕으로 대체투자펀드 리스크 관리에 관한 사전 및 사후 관리 프로세스에 관하여 검토하고자 한다.

II. 대체투자펀드에 관한 사전적·사후적 리스크관리

1. 대체투자펀드에 관한 사전적 리스크관리 프로세스

대체투자펀드는 유동성이 매우 낮아 시장상황 악화 시 신속한 환매 처리에 있어 제약이 있다. 나아가 투자대상자산의 중도 매각이 있는 경우 염가에 자산을 처분하여 투자자가 예기치 못한 손실을 입을 가능성도 존재한다. 이에 시장상황의 변동에 사후적으로 대처하는 리스크관리 방식뿐만 아니라 투자대상자산에 대해 체계적으로 분석할 수 있는 사전적 리스크관리 절차가 필요하게 되었고, 이러한 프로세스를 강화하고자 하는 목적에서 모범규준이 마련되었다.

---

4) 자문수수료 회계처리의 일관성·비교가능성 제고에 관한 내용을 2020. 6. 9. 일부 개정한 바 있음.

5) 금융투자협회, "금융투자회사의 컴플라이언스 매뉴얼(자산운용)", 2020. 12., 380면.

이러한 대체투자펀드에 관한 사전적 리스크관리 프로세스를 검토하기 위해 모범규준에서 정하고 있는 사전심사(모범규준 제5조), 수수료와 계약관리(모범규준 제6조), 재간접펀드(모범규준 제8조 제1항, 제2항), 그리고 비상대응계획(모범규준 제10조)에 관하여 검토하고자 한다.

가. 사전심사

모범규준 제5조에서 정하고 있는 사전심사에 관하여 살펴보면 다음과 같다.

집합투자업자가 대체투자펀드를 설정하기 위해서는 사전에 투자대상자산에 대한 사업성 및 제반 리스크 분석을 실시하여야 하며, 사전 심사절차 및 결과를 문서화하여야 한다. 이때 그 분석 내용에는 투자대상별 리스크 종류, 리스크 종류별 리스크수준 및 관리방안이 포함되어 있어야 한다(모범규준 제5조 제1항 내지 제3항).

금융투자협회의 권고사례에 따르면, 운용부서는 대체투자펀드 설정 전 외부 전문가 등으로부터 투자대상사업의 사업성 및 이에 관한 법률, 회계·재무 검토 의견서를 받아야 한다. 이러한 의견서를 수취하였다고 하더라도, 외부기관의 의견서가 회사의 상황을 충분히 고려하지 못한다면 집합투자업자 내부 감시 부서의 시각으로 고객 리스크와 회사의 리스크를 관리하여야 한다.[6]

특히 집합투자업자가 해외자산에 투자하고자 하는 경우, 집합투자업자는 충분한 현지실사과정을 거쳐야 하며, 현지실사가 적합하지 않다면 이를 대체할 절차를 마련하여 실시하고, 현지실사를 진행하지 않은 경우라면 현지실사를 진행하지 않은 이유와 변경된 실사 방법 및 이 방법이 투자자 보호에 미치는 영향에 관한 기록을 유지하여야 한다(모범규준 제5조 제4항).

서울고등법원은 상기 내용과 관련하여 감독행정작용이 시행되기 전, 다음과 같이 판시한 바 있다. 서울고등법원은 "투자제안서의 근거자료인 회계법인의 회계실사 및 사업보고서에 대한 검토내용을 살펴보더라도, 회계법인이 피고 자산운용사가 제시한 자료를 신뢰함을 가정하여 사업보고서를 검토하였을 뿐, 그 자료 및

---

6) 금융투자협회, "2021년도 상반기 대체투자펀드 리스크관리 회원조사 권고사례", 2021. 9., 8면, 사례 3-2.

가정이 합리적인지에 대하여는 별도로 검증하지 아니하였던 것으로 보이므로, 회계법인의 이러한 검토 결과만으로 피고 자산운용사가 이 사건 사업의 정상적인 진행가능성에 관하여 필요충분한 검토업무를 수행한 것으로 볼 수 없다"고 판시하며, 투자권유단계에 있어 투자자 보호에 영향을 미쳤다고 보아 손해배상책임을 부과한 바 있다(서울고등법원 2014.7.3. 선고 2013나2022872).

　　이처럼 투자대상사업의 사업성, 이에 관한 리스크 및 그 관리방안, 외부전문가의 의견, 현지실사 등이 충분히 이루어지지 않아 투자자의 합리적 판단에 영향을 미치는 경우, 자산운용사는 모범규준을 준수하지 않는 것에서 나아가 투자자보호의무를 위반한 것이 되어 손해배상책임을 부담하게 될 여지가 있다.[7]

나. 수수료 및 계약관리

　　모범규준 제6조에서는 수수료 및 계약관리에 관하여 규정하고 있다.

　　집합투자업자가 제5조에 따라 사전심사를 진행할 때, 집합투자업자는 향후 대체투자펀드가 지출하게 될 각종 보수 및 수수료의 종류, 지급기준 및 부과절차, 외부자문용역에 대한 계획을 미리 정하고 그 적정성을 검토하여야 한다. 특히, 외부자문용역계약을 체결하는 경우 해당 계약의 적정성에 관한 검토내용, 계약 업체 선정 이유 등을 문서화하고 계약의 목적, 수행업무의 범위, 계약기간 수수료 등 제반사항을 용역계약에 포함하여 보관하여야 한다(모범규준 제6조).

　　이러한 대체투자펀드 용역기관의 선정과 수수료 지급에 관한 규정은 운용사와 투자자 간 이해상충 문제 해결의 관점에서 필요하다. 즉, 대체투자펀드 운용과 관련하여 발생하는 비용은 해당 펀드가 부담하는 것이 합리적이나, 운용사의 보수(집합투자업자의 고유재산)로 부담하여야 하는지 해당 펀드가 지급하여야 하는지 불명확한 상황이 발생할 수 있고 투자자로서는 해당 펀드에서의 비용 지급이 적정한지에 대해 확인이 곤란한 문제가 있을 수 있다. 집합투자업자는 투자자에 대하여

---

7) 상기 판례는 구 간접투자자산 운용업법이 적용된 판례로, 동법 제86조 제1항에 따른 자산운용회사의 선관주의 의무 위반을 이유로 동법 제19조 제1항(자산운용회사의 법령, 약관 위반 등을 이유로 한 손해배상책임)에 따른 손해배상 책임을 부과함.

선량한 관리자의 주의로써 집합투자재산을 운용할 의무8)가 있는 만큼 투자자와의 관계에서 이해상충이 발생하지 않게 하기 위하여 사전적으로 위와 같은 사항에 관한 절차를 마련하여야 한다.

이와 관련한 금융투자협회의 권고사례에서도, 대체투자펀드 사전심사 시 추후 지불하게 될 보수 및 수수료에 대한 계획을 미리 정하고, 자문수수료 지급대상의 외부용역계약 체결 시 용역업체 선정기준표 및 선정이유 보고서를 문서화하고, 용역기관 선정 시 일정기준 이상을 충족한 후보군을 구성하여 적정 금액을 제시한 기관을 선정해 계약하는 방식으로 운영할 것을 권고하였다.9)

다. 재간접펀드에 관한 사전적 리스크관리

모범규준 제8조 제1항과 제2항에서는 재간접펀드에 관한 사전적 리스크관리 프로세스에 관하여 규정하고 있다.

모범규준 제8조 제1항은 집합투자업자가 해외운용사를 포함한 타운용사가 운용하는 집합투자기구나 PEF에 투자하는 경우 해외운용사를 포함한 타운용사의 운용능력과 리스크관리 능력, 투자대상자산에 대한 제반 리스크 및 투자성과를 평가하는 절차를 마련하고 문서화하도록 규정하고 있다. 또한, 동조 제2항은 역외재간접펀드10) 등 해외운용사의 집합투자기구나 PEF 등에 투자하는 경우 제4조에서 규정하고 있는 사전심사절차와 동일하게 충분한 현지실사를 진행할 것을 요하고 있다.

금융투자협회의 권고사례에 따르면, 집합투자업자가 역외재간접펀드를 설정하는 경우 현지 해외운용사뿐만 아니라 현지 사무관리회사 등 필요한 관련자 모두에 대하여 사전심사를 진행할 것을 요하고 있다.11)

---

8) **자본시장과 금융투자업에 관한 법률 제79조(선관의무 및 충실의무)** ① 집합투자업자는 투자자에 대하여 선량한 관리자의 주의로써 집합투자재산을 운용하여야 한다.

9) 금융투자협회, 전게자료, 11-12면, 사례 4-1, 4-3.

10) 외국펀드의 집합투자증권에 투자하는 펀드(금융위원회 금융용어설명).

11) 금융투자협회, 전게자료, 14면, 사례 5-1.

이는 집합투자업자가 재간접펀드의 피투자펀드가 투자하는 투자대상자산에 대한 정보 및 피투자펀드 운용사의 운용능력을 충분히 파악한 후 사업 추진 여부를 결정하라는 취지에서 마련된 조항으로, 국가 간 이동의 제약이 많아 투자 전 그 정보를 얻기 힘든 코로나19와 같은 상황에서도 반드시 준수할 필요가 있는 절차이다.

라. 비상대응계획 마련을 통한 사전적 리스크관리

모범규준 제10조는 비상대응계획을 마련하여 사전적으로 리스크관리를 하도록 규정하고 있다.

모범규준 제10조 제1항의 비상대응계획에 관한 내용에 따르면, 집합투자업자는 예기치 못한 위기 상황(해외운용사 등의 계약위반, 시공사의 부도, 투자대상자산의 화재 또는 자연재해의 발생, 전반적인 시장상황 악화로 인해 투자대상자산이 부실화되는 경우 등)에 적절하게 대처하기 위한 체계적인 방안을 마련하여야 한다.

금융투자협회는 사전 비상대응계획을 수립하지 않고 '위험관리위원회'를 개최하여 비상상황 도래 시 해당 위원회로 하여금 해결방안을 수시로 정하도록 위임한 집합투자업자에 대하여, 신속한 위기상황 대응을 위해 비상대응계획을 구체화할 것을 권고한 바 있다.[12]

코로나19의 발생, 대형 물류센터 화재 사건 등 예기치 못한 변화가 빈번히 발생하고 있는 상황에서는 신속한 위기 대응이 필수불가결하다. 이에 위기상황에 대해 정확히 인지하고 집합투자업자 내부에 보고하는 절차, 투자자 및 판매사에게 통보하는 절차, 투자금 회수를 위한 방안 등을 포함한 비상대응계획의 마련은 펀드 설정 전 반드시 선행될 필요가 있는 것으로 사료된다.

---

12) 금융투자협회, 전게자료, 21면, 사례 8-1.

2. 대체투자펀드에 관한 사후적 리스크관리 프로세스

상기와 같이 정보의 비대칭성, 집합투자업자와 투자자 사이의 이해상충 문제 등을 해결하기 위한 사전적 리스크관리가 일정 수준으로 이루어졌다면, 사후적 리스크관리도 같이 진행하여 집합투자업자의 운용위험요인을 제어하여야 한다. 집합투자업자가 대체투자펀드 설정 후에도 투자대상사업에 대한 지속적인 모니터링을 진행하게 되면, 투자대상자산이 부실화되는 경우도 적시의 대책을 마련할 수 있으며, 담당 운용인력의 이탈로 인한 업무 공백이 생기는 것 등을 방지할 수 있게 된다.

이에 모범규준에서 정하고 있는 사후관리(모범규준 제7조), 재간접펀드와 투자대상자산 평가방법에 관한 사후적 리스크관리 프로세스(모범규준 제8조 제3항, 제9조 제5항 및 제6항)에 관하여 검토하고자 한다.

가. 사후관리

모범규준 제7조에서 정하고 있는 사후관리에 관한 내용은 다음과 같다.

집합투자업자는 사후관리의 일환으로 대체투자펀드 설정 이후에도 투자대상자산의 종류별·투자형태별 리스크 현황, 투자대상자산의 사업성 변동 내용에 관하여 주기적으로 분석·검토하는 절차를 마련하여야 하고, 평가보고서 등의 형태로 관련 내용을 문서화하여야 한다(모범규준 제7조 제1항, 제2항).

금융투자협회는 대체투자펀드 설정 단계에서만 사업성 및 리스크 분석을 진행하고, 사후관리를 위한 정책과 절차를 마련하지 않은 채, 운용부서·리스크관리부서·리스크관리위원회 등의 권한 및 책임에 관한 사항을 규정하지 않은 집합투자업자에 대하여 이를 보완할 것을 권고한 바 있다.[13]

서울고등법원은 분기별 현지실사를 직접수행하지 않고, 투자대상자산에 투자를 하고자 했던 타사의 현지실사 내용에만 의지하여 그 진위나 과장 여부를 직접

---

[13] 금융투자협회, 전게자료, 15면, 사례 6-1.

조사, 감독하지 않은 피고 자산운용사가 투자자의 이익을 보호하기 위한 자산운용 단계에서의 선관주의 의무를 게을리 한 과실이 있다고 판시한 바 있다(서울고등법원 2020.7.22. 선고 2020나2009570 판결).

예측할 수 없는 시장상황의 변화에 신속히 대응하고, 집합투자업자로서 투자자의 이익을 보호하기 위한 선관주의 의무 및 충실의무를 이행하기 위해서는 투자대상자산 등에 관한 지속적인 사후관리가 필요한 것으로 사료된다.

나. 재간접펀드에 관한 사후적 리스크관리

모범규준 제8조 제3항은 재간접펀드에 관한 사후적 리스크관리 방안에 대해 규정하고 있다.

재간접펀드에 대한 평가는 펀드 설정 전 뿐만 아니라 설정 이후에도 주기적으로 이루어져야 하며, 역외재간접펀드 등의 경우 현지 해외운용사와 현지 사무관리회사 등 필요한 관련자 모두에 대한 평가가 이루어져야 한다(모범규준 제8조 제3항).

재간접펀드 운용사는 투자하는 펀드에 대해서는 수익자로서의 지위에 있을 뿐이므로, 해당펀드의 운용에 대한 재간접펀드 운용사의 개입과 통제는 제한적일 수밖에 없어 그의 선관주의의무를 판단함에 있어서는 이러한 특수성이 고려되어야 한다는 대법원 판결[14]에 비추어 보아, 재간접펀드에 관한 사후적 리스크관리의 정도가 일반 펀드의 사후적 리스크관리 정도와 동일할 필요는 없으나 재간접펀드의 집합투자업자는 피투자펀드 운용사가 제공하는 정보를 단순히 신뢰하는 것에서 나아가 독자적으로 조사하고 특이사항 확인 시 신속하게 재간접펀드 투자자에게 고지하고 적절한 조치를 취해야 할 것으로 판단된다.

다. 투자대상자산 평가방법에 관한 리스크관리

모범규준 제9조는 투자대상자산 평가방법에 관한 리스크관리 방법을 정하고

---

14) 대법원 2014.8.20. 선고 2012다201960 판결.

있다.

집합투자업자는 대체투자펀드 설정을 위한 사전심사시 해당 펀드에 대한 공정가치 평가방법 및 평가주기를 마련하여야 하며, 운용부서와 독립적인 조직에 의하여 최소 연 1회 이상 주기적으로 공정가치 평가가 이루어져야 한다(모범규준 제9조 제1항, 제4항).

구체적으로 투자대상자산이 대출채권인 경우, 집합투자업자는 주기적으로 차주의 경영 및 재무상태, 미래 현금흐름 등을 감안하여 신용위험의 변동을 면밀히 모니터링하고 대출채권 상각의 필요성에 대하여 검토하여야 한다. 또한, 역외재간접펀드의 경우, 해외운용사 등의 평가정책을 확인하고 집합투자업자의 정책과 부합하는지를 판단하며 해외운용사의 평가보고서를 주기적으로 확인하여야 한다(모범규준 제9조 제5항, 제6항).

금융감독원에 따르면, 비시장성 자산은 집합투자재산평가위원회에서 충실의무를 준수하고 평가의 일관성을 유지하여 평가한 공정가액으로 평가하여야 한다(『자본시장과 금융투자업에 관한 법률 시행령』제260조 제2항)[15]. 즉, 투자자산의 특성을 고려하지 않고 투자자의 필요에 따라 평가기준을 상이하게 적용하거나 공정가치 평가에 관하여 외부 기관에게만 위임 해놓는 것은 집합투자업자로서 충실의무를 방임한 것에 해당할 수 있다.

대체투자펀드 시장은 정보의 비대칭성이 있는 시장인 만큼 투자 단계에서부터 객관성 있는 평가자료를 확보하는 것이 중요하며, 이와 관련하여 일관성 있는 평가기준을 마련하는 것이 중요하다. 이에 금융감독원의 검사사례 안내 사항과 같이 집합투자업자는 일관된 평가기준을 정하고 내부와 외부 평가를 동시에 진행하는 방향으로 투자대상자산에 대한 공정가치 평가를 진행하는 것이 바람직할 것으로 사료된다.

---

15) 금융투자협회, 전게논문, 20면, 사례 7-4.

III. 맺음말

이상 살펴본 대체투자펀드관련 모범규준과 금융투자협회의 권고사례는 관련 내용을 위반할 시에 대한 제재수단을 따로 규정하고 있지 않다. 이에 모범규준과 권고사례만으로는 자산운용사에게 대체투자펀드에 관한 일련의 리스크관리 프로세스 절차를 강요할 수 없다.16) 그러나 저금리 상황의 지속과 주식시장의 변동성 확대로 대체투자펀드를 통해 수익을 제고하려는 투자자 수가 증가한 반면, 코로나 19의 확산으로 대체투자시장의 불확실성은 증대한 상황에서 각 집합투자업자들이 참고할 관리체계 기준은 필요하다.

유동성이 낮고 정보의 비대칭성이 존재하여 시장변화에 능동적으로 대처하기 어려운 대체투자펀드의 구조적 문제를 해결하기 위하여, 사전에 사업성 및 리스크 분석을 거쳐야 하며, 공정한 기준에 기한 외부전문가와의 자문계약을 체결하여야 하고, 해외실사 또는 이에 준하는 절차 및 비상대응계획 마련하는 등 사전적 리스크관리를 강화하여야 한다. 나아가 기존에 투자한 대체투자자산의 잠재위험요인을 재평가하고 자산운용과 위험관리전략을 재설정하는 등 지속적인 사후적 리스크관리 또한 병행하여야 한다.

---

16) 그러나 리스크관리를 해태한 경우, 자산운용사가 충실의무나 선관주의의무를 해태한 것으로 평가될 수 있음.

제13장

●

해외재간접펀드의 선관주의의무

Ⅰ. 사안의 개요

[대법원 2014.8.20 선고 2012다201960 판결(이하 '대상판결')
사실관계 참조]

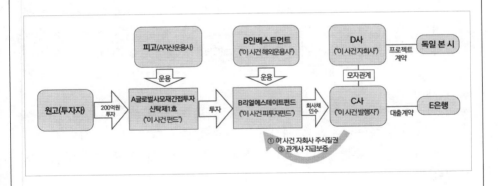

[본 사안의 투자 구조도]

- A글로벌사모재간접투자신탁제1호(이하 '이 사건 펀드')는 미국 회사인 B인베스트먼트매니지먼트(이하 '이 사건 해외운용사')가 설정한 B리얼에스테이트펀드(이하 '이 사건 피투자펀드')에 대한 투자를 목적으로 피고(A자산운용사)가 설정한 재간접펀드이다. 이 사건 피투자펀드의 투자대상은 미국 회사 C사(이

하 '이 사건 발행자')가 발행하는 회사채(이하 '이 사건 회사채')이다. 원고(□□공제회)는 2007. 9. 19. 이 사건 펀드에 200억원을 투자하고, 이 사건 펀드는 이 사건 피투자펀드에 투자하였으며, 이 사건 피투자펀드는 위 투자금으로 이 사건 회사채를 인수하였다.

■ 이 사건 회사채에 대한 담보로서, 이 사건 발행자는 이 사건 해외운용사에게 자신의 완전자회사인 D사(이하 '이 사건 자회사')의 발행주식 100%에 대한 질권을 설정해주었고(한편, 이 사건 발행자는 다른 채권자로부터 차용한 금원을 변제하지 못하자 이 사건 펀드의 설정 전에 그 채권자에 대하여 이 사건 자회사 발행주식 94%를 양도하는 계약을 체결한 바 있다) 이 사건 자회사 등 이 사건 발행자의 5개 관계사는 이 사건 회사채를 지급보증하였다.

■ 이 사건 발행자는 독일의 본 시로부터 시내 중심 부지에 대규모 컨벤션센터, 호텔 등을 건설하는 프로젝트를 수주하여 이를 완공한 후 30년간 운영할 수 있는 권리를 취득하였다. 프로젝트의 시행을 위하여 설립된 이 사건 자회사는 독일 슈파카세 은행으로부터 1억 430만 유로를 대출받아 프로젝트를 수행하였다.

■ 이 사건 발행자가 프로젝트에 대한 추가 투자자를 확보하지 못하여 공사비 조달에 난항을 겪던 중 프로젝트와 관련한 횡령 및 뇌물수수 등의 사건이 발생하여, 본 시는 이 사건 자회사에 프로젝트 관련 계약의 해지를 통보하였고, 슈파카세 은행도 이 사건 자회사에 대출계약의 해지를 통보하였다. 그에 따라 이 사건 자회사는 2009. 9. 독일 법원에 파산신청을 하여 2010. 1. 파산절차가 개시되었다.

■ 원고는 피고의 선관주의의무 위반 등으로 인해 투자금 상당의 손해를 입었으므로 피고가 원고에게 이를 배상할 의무가 있다고 주장하면서, 피고를 상대로 투자금 중 일부인 110억원의 지급을 구하는 손해배상청구 소송을 제기하였다.

II. 문제의 소재

최근 해외금리연계형 DLF, 라임펀드, 옵티머스 펀드 등에서 대규모 손실이 발생하고 상환이 연기됨에 따라 많은 투자자들이 손해를 입는 사건이 연이어 발생하였다. 이에 따른 언론의 대대적인 보도, 금융감독당국의 수차례에 걸친 제도개선방안 발표 등에도 불구하고, 오히려 사모펀드의 대규모 상환연기 및 환매중단은 코로나19 사태와 맞물려 디스커버리펀드, 젠투펀드, H2O펀드 등과 같은 해외재간접펀드로 확산된 모습을 보이고 있고, 이로 인해 다수의 분쟁이 발생하고 있다.

이 사건 판결은 해외재간접펀드의 투자자인 원고가 자산운용사인 피고에 대하여 선관주의의무 위반 등을 이유로 손해배상청구를 제기한 사안인데, 특히 원고는 피고가 자산운용사로서 약관 및 법령상 투자자의 이익을 위하여 선관주의를 기울여 펀드를 운용할 의무가 있음에도 ① 이 사건 해외운용사가 이 사건 자회사 발행주식을 담보로 확보하지 못했던 사실을 파악하지 못한 점, ② 이 사건 발행자나 지급보증사들의 재무상황에 관한 의심스러운 정황이 있음에도 실사를 통하여 그 위험도를 평가하지 못한 점, ③ 이 사건 회사채의 이자지급 연체 등 사채발행계약 위반사항이 발생하였음에도 이 사건 해외운용사에 대하여 이 사건 피투자펀드의 조기상환을 요구하는 등 필요한 조치를 취하지 않은 점 등을 들어 피고의 선관주의의무 위반을 주장하였다. 결국, 원고의 주장의 요지는 자산운용사가 투자대상에 직접 투자, 운용하는 일반적인 펀드의 경우와 유사한 수준의 선관주의의무를 피고가 이행하였어야 한다는 것인데, 이에 대해 이 사건 피투자펀드에 대해 투자하는 이 사건 펀드는 수익자의 지위에 있을 뿐으로서 그 운용사인 피고가 과연 위와 같은 수준의 조치를 다하여야만 선관주의의무를 제대로 이행한 것으로 볼 수 있는 것인지 여부, 요컨대 재간접펀드 자산운용사의 선관주의의무의 범위가 주요 쟁점으로 다투어졌다.

본 사안에서는 이외에도 기망에 의한 불법행위책임의 성립 여부, 투자권유단계에서의 투자자보호의무 위반도 다투어졌으나, 본 글에서는 재간접펀드 운용단계에서의 선관주의의무위반의 점에 한정하여 살펴보기로 한다.

III. 재간접펀드 및 자산운용사의 선관주의의무에 대한 개관

1. 재간접펀드의 개념 및 특징

재간접펀드(Fund of Funds)란 자산운용사가 펀드에 모인 자산으로 다른 펀드에 재투자하는 펀드를 말한다. 구 간접투자자산운용업법(이하 "간접투자법")은 재간접펀드를 펀드의 종류의 하나로 분류하고 있었으나,[1] 이후 제정된 자본시장과 금융투자업에 관한 법률(이하 "자본시장법")에서는 펀드를 최종 투자대상자산에 따라 분류하는 방식으로 변경됨에 따라 재간접펀드를 투자대상자산이 아닌 투자수단으로 간주하여 이를 펀드의 종류에서 제외하는 한편[2] 기초자산의 투자대상자산에 따라 증권펀드, 부동산펀드 등으로 분류하게 되었다.[3]

재간접펀드는 다양한 펀드에 분산투자함으로써 투자위험을 최소화하고 안정적인 수익을 추구할 수 있다는 점, 수익의 기회가 많지만 기본투자금이 높아서 일반투자자가 접근하기 어려운 부동산펀드 등에도 그에 투자하는 재간접펀드를 통해 투자할 수 있다는 점 등이 장점으로 꼽히는 반면, 펀드에서 또 다른 펀드에 투자하는 이중구조의 특성상 관련 보수와 제반 비용 등이 이중으로 발생한다는 점, 투자 포트폴리오 변경 및 피투자펀드에 대한 통제가 용이하지 않다는 점 등이 단점으로 꼽히고 있다. 본 사안의 주요 쟁점인 재간접펀드 자산운용사의 선관주의의무 범위 또한 피투자펀드에 대한 통제가 용이하지 않다는 재간접펀드의 단점에서

---

1) 제27조(간접투자기구의 종류) 간접투자기구는 간접투자재산의 운용대상에 따라 다음 각 호와 같이 구분한다.
    6. 재간접투자기구: 다른 간접투자기구가 발행한 간접투자증권(외국법령에 의하여 발행된 증권으로서 간접투자증권의 성질을 가진 것을 포함한다)에 간접투자재산의 100분의 40을 초과하여 대통령령이 정하는 비율 이상을 투자하는 간접투자기구
2) 자본시장법 제229조는 펀드의 종류를 ① 증권펀드, ② 부동산펀드, ③ 특별자산펀드, ④ 혼합자산펀드, ⑤ 단기금융펀드(MMF)의 5종으로 분류하고 있다.
3) 펀드명 마지막에 [주식 – 재간접형], [채권 – 재간접형], [혼합 – 재간접형] 등으로 기재된다.

파생된 문제라 할 수 있다.

2. 자산운용사의 선관주의의무에 대하여

가. 관련 자본시장법 규정4)

> **제64조(손해배상책임)** ① 금융투자업자는 법령·약관·집합투자규약·투자설명서(제123조 제1항에 따른 투자설명서를 말한다)에 위반하는 행위를 하거나 그 업무를 소홀히 하여 투자자에게 손해를 발생시킨 경우에는 그 손해를 배상할 책임이 있다. 다만, 배상의 책임을 질 금융투자업자가 제37조 제2항, 제44조, 제45조, 제71조 또는 제85조를 위반한 경우(투자매매업 또는 투자중개업과 집합투자업을 함께 영위함에 따라 발생하는 이해상충과 관련된 경우에 한한다)로서 그 금융투자업자가 상당한 주의를 하였음을 증명하거나 투자자가 금융투자상품의 매매, 그 밖의 거래를 할 때에 그 사실을 안 경우에는 배상의 책임을 지지 아니한다.
>
> **제79조(선관의무 및 충실의무)** ① 집합투자업자는 투자자에 대하여 선량한 관리자의 주의로써 집합투자재산을 운용하여야 한다.
> ② 집합투자업자는 투자자의 이익을 보호하기 위하여 해당 업무를 충실하게 수행하여야 한다.

---

4) 아래 자본시장법 규정에 대응하는 간접투자법상 규정은 아래와 같다.
제19조 (자산운용회사 등의 책임) ① 자산운용회사가 법령, 투자신탁의 약관(이하 "신탁약관"이라 한다) 또는 투자회사의 정관 및 제56조의 규정에 의한 투자설명서(이하 "투자설명서"라 한다)에 위배되는 행위를 하거나 그 업무를 소홀히 하여 간접투자자에게 손해를 발생시킨 때에는 그 손해를 배상할 책임이 있다.

제86조 (자산운용회사 등의 선관의무 등) ① 투자신탁의 자산운용회사 및 투자회사는 선량한 관리자의 주의로써 간접투자재산을 관리하여야 하며, 간접투자자의 이익을 보호하여야 한다.

나. 자산운용사의 선관주의의무의 의미

자산운용사(집합투자업자)는 투자자에 대하여 선량한 관리자의 주의로써 펀드 재산을 운용하며 투자자의 이익을 보호하기 위하여 업무를 충실하게 수행하여야 하고(자본시장법 제79조 제1, 2항), 투자자에게 투자신탁의 수익구조와 위험요인에 관한 올바른 정보를 제공함으로써 투자자가 그 정보를 바탕으로 합리적인 투자판단을 할 수 있도록 투자자를 보호하여야 할 주의의무를 부담하며(대법원 2011.7.28. 선고 2010다76368 판결), 자산운용사가 법령, 펀드 약관 및 투자설명서에 위반하는 행위를 하거나 그 업무를 소홀히 하여 투자자에게 손해를 발생시킨 경우에는 그 손해를 배상할 책임이 있다(자본시장법 제64조 제1항).

자산운용사의 선관주의의무는 투자신탁 관계가 기본적으로 위임 내지 신탁 등 고도의 신뢰관계를 전제로 하는 법률관계라는 점에서 자연스럽게 도출되는 것이다. 다만, 직접 투자재산을 운용하는 것이 아니라 다른 펀드에 투자하는 재간접 펀드의 경우 자산운용사의 주의의무 위반을 판단함에 있어 자산운용사가 수익자로서의 지위를 겸유하고 있고 그 투자대상인 피투자펀드의 운용에 관한 개입과 통제가 제한적이라는 특수성이 고려되어야 할 것인데, 이에 대해서는 해외재간접펀드를 운용하는 자산운용사의 선관주의의무의 범위에 대해 대상판결이 제시한 기준들을 참고하면서 후술하도록 하겠다.

다. 자산운용사의 선관주의의무 관련 판례 및 재간접펀드 운용의 특수성

자산운용사는 선관주의의무를 다하여 집합투자재산을 운용하고 투자자의 이익을 보호하여야 하는바, 투자신탁재산의 운용대상이 되는 자산과 관련된 제3자가 제공한 운용자산에 관한 정보를 신뢰하여 이를 그대로 판매회사나 투자자에게 제공하는 데에 그쳐서는 아니 되고, 그 정보의 진위를 비롯한 투자신탁의 수익구조 및 위험요인에 관한 사항을 합리적으로 조사한 다음 올바른 정보를 판매회사와 투자자에게 제공하여야 하며, 만약 합리적인 조사를 거친 뒤에도 투자신탁의 수익구조와 위험요인에 관한 정보가 불명확하거나 불충분한 경우에는 판매회사나 투자자에게 그러한 사정을 분명하게 알려야 할 투자자보호의무를 부담한다(대법원 2015.11.12. 선고 2014다15996 판결). 이러한 자산운용사의 선관주의의무는 재간접펀드의 운용에 있어서도 예외가 아닐 것이다.

한편, 대상판결은 "간접투자법상 '간접투자'라 함은 투자자로부터 모은 자산을 운용하여 그 결과를 투자자에게 귀속시키는 것을 말하는데, 간접투자에서의 일상적인 자산운용권은 투자자에게 있는 것이 아니라 자산운용회사에게 있으므로 투자자를 포함하여 자산운용자가 아닌 자가 일상적인 자산운용권에 개입하는 것은 간접투자의 본질에 반한다. 그리고 이러한 간접투자의 본질은 재간접투자에 있어서도 다르지 아니하다"고 하면서, "이 사건 펀드와 같이 투자재산을 직접 운용하는 것이 아니라 다른 간접투자기구가 발행하는 간접투자증권에 투자하는 재간접펀드의 경우, **재간접펀드의 자산운용사는** 재간접펀드에 대해서는 자산운용자로서의 지위에 있지만 **재간접펀드가 투자하는 펀드에 대해서는 수익자로서의 지위**에 있을 뿐이므로, **재간접펀드가 투자하는 간접투자기구의 투자신탁재산 운용에 대한 재간접펀드의 자산운용사의 개입과 통제는 제한적**일 수밖에 없다. 따라서 **재간접펀드를 운용하는 자산운용사의 선관주의의무 등을 판단함에 있어서 이러한 재간접펀드에서의 자산운용에 관한 특수성이 고려되어야 할 것**"이라고 판시하였다.

위 내용을 종합하면, 자산운용사는 피투자펀드의 자산운용사가 제공하는 운용자산에 관한 정보를 그대로 막연히 신뢰하여서는 안 되는 한편, 피투자펀드에 대한 수익자의 지위에서 피투자펀드에 대한 개입과 통제가 제한적인 가운데 선관주의의무를 이행할 수밖에 없다는 특수성이 존재한다고 할 수 있다.

IV. 문제의 해결 – 재간접펀드 자산운용사의 선관주의 의무의 구체적인 내용

대상판결의 피고가 재간접펀드를 운용하는 과정에서 이행한 다양한 조치들과 이에 대한 법원의 판단을 검토함으로써 자산운용사가 어떠한 조치를 취할 때 제한적인 범위 내에서 선관주의의무를 다한 것으로 평가될 수 있을지를 참고할 수 있을 것이다. 대상판결 및 그 원심(서울고등법원 2012.8.30. 선고 2011나90455 판결)은 피고의 운용행위와 관련한 제반 사실관계를 검토한 후 결론적으로 자산운용사가 펀드 운용단계에서 선관주의의무를 위반하지 않았다고 판단하였는바, 위와 같은 판단을 내리는 데 있어 참작하였던 사정은 아래와 같다.

① 이 사건 펀드에 관한 자체 운용보고서를 빠짐없이 작성하여 원고에게 제출한 점

② 이 사건 해외운용사로부터 이 사건 피투자펀드의 운용보고서를 주기적으로 제출받고, 누락된 운용보고서에 대해서도 운용보고서의 제출을 수차에 걸쳐 이메일로 독촉한 점(법원은 이 사건 해외운용사의 운용보고서 미제출에 대한 책임을 별다른 강제수단을 갖지 못한 재간접펀드의 자산운용사인 피고에게 돌릴 수는 없다고 판단함)

③ 이 사건 해외운용사에 프로젝트 공정률을 문의하는 이메일을 수차례 발송하였고, 이 사건 해외운용사로부터 확보하지 못한 자료는 자체적으로 확보하여 원고에게 제출하여 누락된 부분을 일부 보충한 점

④ 이 사건 해외운용사로부터 이 사건 발행자의 재무제표 및 일부 지급보증사의 재무제표를 제출받아 검토하고 그 내용을 원고에게 알려주었으며 이러한 내용을 보고받은 원고도 별다른 조치를 취하지 않은 점(법원은 재무제표상 이 사건 발행자의 적자와 자본감소가 계속되고 있는 것으로 기재되어 있기는 하나 이는 프로젝트가 완공될 때까지 투자가 계속될 수밖에 없는 사업 구조상 어쩔 수 없었다고 판단함)

⑤ 지급보증사들 중 일부의 재무제표가 제공되지 않은 것은 사실이나 지급보증사의 재무제표 제출은 투자신탁 제안서에만 기재되어 있는 내용이고,5) 지급보증사들의 재무제표도 기본적으로 이 사건 해외운용사가 제공해주어야 하는 것인 점(법원은 이를 제공받지 못한 책임을 피고에게 돌릴 수 없었다고 판단함)

---

5) 지급보증사의 재무제표 제출이 투자신탁 제안서에만 기재되어 있어 피고의 제출의무가 없고 그에 따라 선관주의의무 위반이 없다고 판단한 점에 대해서는 아래 "V. 결론 및 시사점" 항목에서 별도로 상술하고자 한다.

⑥ 지급보증사 중 한 곳이 2007년말 부도로 영업활동을 중단하였는데, 피고
  는 그에 앞서 원고에게 위 회사의 유동성 부족 사실을 알리고 대책을 논
  의하였으며, 이에 대해 원고는 투자를 그대로 유지할 것을 결정한 점

⑦ 이 사건 발행자가 제1차 이자 지급일에 이 사건 사채의 이자를 지급하지
  못하여 이 사건 해외운용사도 이 사건 피투자펀드의 분배금 지급의무를
  이행하지 못하게 되었을 때 피고가 즉시 원고에게 이를 알렸음에도 원고
  는 환매조치를 요구하는 등 별다른 이의를 제기하지 않고 오히려 이 사건
  펀드의 회계기간을 변경하는 내용의 이 사건 펀드 약관 변경에 동의한 점

⑧ 이 사건 발행자가 다른 채권자에게 이 사건 자회사 발행주식 94%를 양도
  한 사실은 피고도 원고의 이 사건 펀드 투자 당시에는 알지 못하였다가,[6]
  위 양도 사실을 인지한 즉시 이를 곧바로 원고에게 알려준 점

⑨ 이 사건 펀드의 약관 제55조 제4항[7]은 투자대상 증권 발행계약의 위반 사
  실이 있다고 판단하는 경우에는 수익자에게 즉시 통지하고 그로부터 7 영
  업일 이내에 수익자로부터 특별한 다른 지시가 없는 경우에는 즉시 해외
  간접투자증권의 환매 등을 청구하도록 규정하고 있으나, 이에 의하더라도

---

6) 대상판결 및 그 원심은 피고가 사전에 위 양도 사실을 알지 못하였다고 판단함에 있어,
  i) 독일 현지 변호사가 이 사건 자회사 발행주식의 담보제공이 가능하다는 의견을 제공한
  점, ii) 피고가 이 사건 해외운용사와 이 사건 발행자 사이에 이 사건 자회사 발행주식에
  관한 질권설정계약이 체결된 사실을 확인한 점, iii) 이후 이 사건 해외운용사가 이 사건
  자회사 발행주식을 보관한 점, iv) 재간접펀드의 자산운용사로서 피투자펀드의 운용에 관
  한 개입과 통제가 제한적일 수밖에 없는 원고에게 위 질권설정계약의 체결에 대한 확인
  외에 명시적인 약정 등의 뚜렷한 근거도 없이 법률적으로 유효한 질권의 설정이 실제로
  이루어졌는지를 직접 확인하도록 하는 주의의무까지 있다고 볼 수는 없다는 점 등을 종합
  적으로 고려하였다.

7) **제55조(자산운용회사의 주의의무)** ④ 자산운용회사는 해외 간접투자기구로부터 통지받는
  투자대상 증권 관련 사항(투자대상 증권 발행인, 보증인의 차입, 담보제공, 자산처분, 보
  증 상황 보고서, 재무제표 등)을 검토하여 투자대상 증권 발행계약 위반 사실이 있는지
  여부를 선량한 관리자의 주의로써 판단하고 위반 사실이 있다고 판단하는 경우에는 수익
  자에게 즉시 통지하고 통지일로부터 7 영업일 이내에 수익자로부터 특별한 다른 지시가
  없는 경우에는 즉시 해외 간접투자기구에 해외 간접투자 증권의 환매를 청구하고 해외 간
  접투자기구에 대하여 담보물 처분, 기한의 이익 상실 선언 기타 투자대상 증권의 추심을
  위한 모든 조치를 즉시 취할 것을 지시하여야 한다.

수익자로부터 지시나 동의가 있는 사항은 환매 등의 조치에 나아갈 필요가 없고, 위 규정을 경미한 위반 사항이 있는 경우에도 즉시 환매 등의 중대한 조치에 나아가야 한다고 해석할 것도 아니므로, 피고에게 위 약관 조항의 위반이 있었다고 할 수도 없는 점

V. 결론 및 시사점

위 살펴본 바와 같이, 대상판결 및 그 원심은 피고가 이 사건 펀드의 운용에 관한 선관주의의무를 위반하지 아니하였다고 판단하였다.

이상의 내용을 종합하여 볼 때, 해외재간접펀드를 운용하는 자산운용사가 펀드 운용상 선관주의의무를 다하기 위해 고려해야 할 유의사항은 다음과 같이 정리할 수 있다. 단, 아래 유의사항은 해외재간접펀드의 투자구조, 투자대상, 투자자의 투자경험 및 전문성, 개별 약정의 내용 등 구체적인 사실관계에 따라 변경될 수 있다는 점은 반드시 유념하여야 한다.

① 투자설명자료나 운용계획서에 기재된 사항을 준수하여 펀드를 운용한다.
② 피투자펀드의 투자대상회사 내지 담보물에 대한 충분한 실사 내지 조사가 선행된 가운데[8] 피투자펀드의 자산운용사의 운용보고서를 주기적으로 제출받아 정보의 진위를 비롯한 펀드의 수익구조 및 위험요인에 관한 사항을 합리적으로 검토·분석한다.
③ 위 검토·분석 결과 여전히 확인이 필요하거나 의심스러운 부분이 있다면 피투자펀드 자산운용사에게 추가적인 정보를 요청하거나 실사를 실시하고 피투자펀드 자산운용사로 하여금 투자대상회사에 대해 피투자펀드 자산운용사

---

8) 이 사건 발행자가 제공한 주요 담보물 중 하나인 이 사건 자회사 발행주식에 대해 선행 담보가 설정되어 있다는 사실을 피고가 뒤늦게 인지하여 원고에게 고지하였음에도 불구하고 피고에게 과실이 없었다고 판단됨에 있어, 독일 현지 변호사의 의견을 받은 점, 피고가 질권설정계약이 체결된 사실을 확인한 점 등이 참작되었는바, 만일 피고의 이 사건 발행자 발행주식에 대한 충분한 실사 내지 조사가 선행되지 않았다면, 판시 취지상 운용 단계에서 선관주의의무를 다하지 못한 것으로 판단될 가능성이 있었을 것으로 보인다.

와 투자대상회사 사이에 체결된 계약에 따른 조치를 이행하도록 촉구하는 등 적극적으로 임무[9]를 수행한다.

④ 피투자펀드 자산운용사가 제공하는 정보만을 수동적으로 제공받는 것에 그치지 않고 능동적으로 피투자펀드 자산운용사 및 투자대상회사 등에 대한 뉴스를 모니터링하고 업계 동향을 리서치하는 등의 노력을 기울인다.

⑤ 피투자펀드 운용보고서 등을 검토·분석한 내용을 담은 자체 운용보고서를 투자자에게 주기적으로 빠짐없이 제공하여야 하고, 만약 합리적인 검토·분석을 하고 이와 관련한 피투자펀드 자산운용사와의 확인 절차를 거친 후에도 관련 정보의 진위 등에 관하여 불명확한 경우 또는 피투자펀드의 계약불이행 등 당초 예상하지 못한 상황이 발생한 경우 등에는 판매회사 및 투자자에게 그러한 사정을 분명하게 통지하여야 할 것이다.

⑥ 투자자로부터 위 통지받은 사정에 대한 의견을 문의하여 그 결과를 보관한다.

⑦ 피투자펀드 자산운용사가 운용보고서 등 관련 자료의 제출을 소홀히 할 경우 이메일 등 입증 가능한 방식으로 계속적인 제출 독촉을 하여야 한다.

⑧ 자산운용사 스스로도 다양한 수단과 방법을 동원하여 부족한 자료를 확보하기 위한 최선의 노력을 다한다(자료 제출을 독촉했으나 피투자펀드 자산운용사가 이를 제출하지 않았기 때문에 달리 방법이 없었다는 소극적인 항변만으로는 선관주의의무를 다하지 못한 것으로 판단될 가능성을 배제할 수 없다).

⑨ 만일 피투자펀드 자산운용사 등에게 계약위반 등 투자금 회수에 지장을 초래하는 사정이 발생한 경우에는 즉시 피투자펀드 자산운용사에 대하여 환매

---

9) 이러한 적극적 조치가 실효성을 거두기 위해서는 펀드 설정 단계에서 피투자펀드 자산운용사와 해외운용위탁계약서를 작성하는 단계에서부터 재간접펀드 자산운용사의 자료 제출 또는 실사 요청이 있는 경우 피투자펀드 자산운용사가 반드시 이에 응하여야 한다는 점을 분명히 규정할 필요가 있을 것이다. 또한 피투자펀드 자산운용사와 투자대상회사 간의 계약서 사본도 확보하여 그 내용을 파악할 수 있다면, 피투자펀드 자산운용사에게 특정 조치를 이행하도록 촉구하는 데 도움이 될 것이다(이와 관련하여, 실무상 피투자펀드 자산운용사와 투자대상회사 간의 계약서 사본은 해당 계약 내 비밀유지 조항으로 인해 제3자인 재간접펀드 자산운용사에게 그 제공이 불가능한 경우가 있기도 하나, 대부분의 비밀유지 약정에는 상대방의 사전 동의에 의해 제3자에 대한 비밀정보 제공이 가능하다고 규정하고 있을 것이므로, 펀드 설정 단계에서 피투자펀드 자산운용사를 통하여 투자대상회사의 사전 동의를 받아 해당 계약서 사본을 제공받을 수 있다면 향후 펀드 운용과정에서 피투자펀드 자산운용사에 대해 적극적인 이행을 촉구하는 데 도움이 될 것이다).

를 청구하거나 피투자펀드에 대한 기한의 이익 상실 선언, 담보물 처분 등 피투자펀드에 대한 개입과 통제가 제한적인 범위에서나마 투자금 회수를 위해 가능한 필요 조치를 이행한다.

한편, 위 유의사항 중 ①번과 관련하여 대상판결의 원심은 지급보증사의 재무제표 제출은 투자신탁 제안서에만 기재되어 있는 내용이므로 피고가 반드시 모든 지급보증사들의 재무제표를 완비하여 원고에게 제출할 의무가 있다고 보기 어렵다고 판단하여 각종 자료 제출에 대한 강제수단을 갖지 못한 피고에게 그 미제출에 대한 책임을 물을 수 없다고 하였다. 그런데 자본시장법은 투자설명서 또는 핵심상품설명서를 위반하여 집합투자재산을 운용하는 행위도 불건전 영업행위로 규정하고 있으므로, 만일 재간접펀드의 자산운용사가 투자설명서 또는 핵심상품설명서에 피투자펀드의 운용내역, 투자대상 관련 정보 등을 투자자에게 제공하겠다고 기재하였다면, 재간접펀드의 자산운용사로서 피투자펀드에 대한 개입과 통제가 제한적일 수밖에 없다는 이유만으로 그 미제공행위에 대해 면책받기는 어려울 것으로 생각된다. 따라서, 자산운용사가 투자설명서 또는 핵심상품설명서상 투자자에게 제공하겠다고 기재한 서류와 관련하여, 자산운용사와 피투자펀드 자산운용사 간 체결하는 위탁운용계약에서 자산운용사가 피투자펀드 자산운용사로 하여금 이의 제출을 강제할 수단이 없다면, 투자제안서상 투자자에게 이를 제공하겠다고 단언적으로 기재하지 않아야 할 것이고 투자자에게 이에 대한 위험고지도 충분히 하여야 할 것이다.

제14장

●

옵티머스 펀드 사건에 비추어 본
펀드 관련 당사자들의 의무와 책임

Ⅰ. 들어가면서

옵티머스자산운용(이하 '옵티머스')이 운용하고 있던 사모펀드들(이하 '옵티머스 펀드')의 대량 환매중단 사태는 라임자산운용(이하 '라임') 사태와 더불어 금융시장의 신뢰 추락을 상징하는 사건으로 인식되고 있다. 옵티머스의 불법적인 펀드 운용으로 인해 대규모 환매 중단(2020. 6. 18. 이후 총 5,146억원 규모) 등 투자자 피해가 발생하였는데,[1] 옵티머스에 대한 실사를 수행한 회계법인이 밝힌 회수가능 예상금액은 2020. 11. 기준 전체 펀드 규모 대비 7.8%~15.2%(401억원~783억원) 수준에 지나지 않았다.[2]

라임 펀드와 옵티머스 펀드의 대량 환매중단 사태는 비슷한 시기에 발생했다는 점에서 함께 언급되는 경우가 많으나 그 성격에 있어서는 차이가 있다. 먼저 라임 펀드의 경우, 안정성이 낮은 비시장성 자산에 대한 TRS계약 체결, 복잡한 모자펀드의 복층 순환 투자구조를 통한 공모규제 회피 등 펀드 구조 자체에 문제점이 있었다고 평가된다.[3] 반면, 옵티머스 펀드의 경우, 안정적이고 만기가 짧은 공

---

1) 금융감독원, "옵티머스자산운용㈜에 대한 금융투자업 인가·등록 취소 및 신탁계약 인계 명령", 보도자료, 2021. 11. 24., 1면.
2) 금융감독원, "옵티머스자산운용 펀드에 대한 실사 결과", 보도자료, 2020. 11. 11., 3면.
3) 이상훈, "라임자산운용펀드의 구조적 문제점", 「경제개혁이슈」, 2020－2호, 경제개혁연대, 2020, 7－12면; 조자운, "최근 사모펀드 환매중단 사태의 법적 쟁점과 개정 자본시장법에

공기관 확정매출채권(공공기관이 발주처인 공사·용역에 대해 공사·용역업체가 보유한 만기가 6~9개월인 확정매출채권을 의미하며, 이하 같다)에 투자한다는 계획을 제시하고 투자자들을 모집한 다음 실제로는 모든 펀드가 부실한 사모사채 등에 투자하여 펀드 재산에 손실이 발생하게 된 것으로 펀드의 구조적인 문제보다는 펀드의 설정 및 운용과정에서 자산운용회사의 적극적인 기망행위, 펀드의 관련 당사자인 판매회사, 수탁회사(신탁업자), 일반사무관리회사의 업무 방만 등이 결합하여 손해가 확대된 사건이라고 볼 수 있다.[4] 따라서, 이하에서는 옵티머스가 기망행위(사기)를 포함하여 어떠한 법 위반행위를 하였는지에 대해 금융감독원의 제재 내용을 중심으로 살펴보고, 이 과정에서 옵티머스의 대규모 사기행위를 걸러내지 못한 관련 당사자들의 임무 해태와 책임에 대해서도 살펴보도록 하겠다. 한편, 수탁회사와 일반사무관리회사의 업무 방만에 관하여서는, 「자본시장과 금융투자업에 관한 법률」(이하 '자본시장법')상 수탁회사[5]와 일반사무관리회사의 역할과 책임을 먼저 개관하고, 감사원이 공공기관이자 옵티머스 펀드의 수탁회사였던 기업은행 및 일반사무관리회사인 예탁결제원에 대하여 실시한 감사결과를 살펴보도록 하겠다.[6]

　　아울러 금융감독원 금융분쟁조정위원회(이하 '분조위')는 2021. 4. 5. 옵티머스 펀드의 최대 판매회사인 A증권[7]이 판매한 옵티머스 펀드 관련 일반투자자가 제기한 분쟁조정 신청 2건에 대해 착오에 의한 계약취소(민법 제109조[8])를 인정하였는

대한 평가 -라임자산운용/옵티머스자산운용 사례분석을 중심으로-", 「금융법연구」, 제18권 제2호, 한국금융법학회, 2021, 204면.

4) 김정연, "옵티머스 펀드의 법적 문제", 「BFL」, 제104호, 서울대학교 금융법센터, 2020, 61면; 조자운, 전게논문, 204-205면.

5) 자본시장법상의 신탁업자는 구 「간접투자자산 운용업법」상의 용어인 수탁회사로도 불리는데, 이하에서는 필요에 따라 두 표현을 혼용하여 사용하도록 하겠다.

6) 금융감독기구(금융위원회, 금융감독원)에 대한 감사도 함께 실시되었으나, 이 글에서는 금융감독기구에 대한 감사결과 논의는 생략하기로 한다.

7) 동사는 전체 옵티머스 펀드의 약 84%에 해당하는 약 4,327억원(설정원본) 규모를 판매한 것으로 보도되었다.

8) **제109조(착오로 인한 의사표시)** ① 의사표시는 법률행위의 내용의 중요부분에 착오가 있는 때에는 취소할 수 있다. 그러나 그 착오가 표의자의 중대한 과실로 인한 때에는 취소하지 못한다.
　　② 전항의 의사표시의 취소는 선의의 제삼자에게 대항하지 못한다.

바,9) 이하에서는 관련 사실관계 및 분조위의 결정 근거에 대하여 살펴보기로 한다.

아울러 위와 같은 논의 전개의 이해도를 높이고자 가장 먼저 옵티머스에 대한 검사 실시 배경, 옵티머스 펀드 현황, 공공기관 확정매출채권에 대한 투자 가능 여부를 중심으로 옵티머스 사건의 개요를 살펴보기로 하겠다.

II. 옵티머스 사건의 개요

1. 옵티머스에 대한 검사 실시 배경

금융감독원은 라임 사태 이후 2019. 11.부터 약 3개월간 비시장성 자산이 1천억원 이상인 주요 사모펀드 운용사들을 대상으로 유동성, 자사 펀드 편입 여부, 만기구조 등의 파악을 위해 사모펀드 실태점검을 실시하였고, 실태점검 결과 과도한 비시장성 자산 편입 등 펀드 만기시 유동성리스크에 노출 우려가 높은 경우 취약한 운용사로 분류하였다. 이후 리테일 판매 비중을 추가로 분석하여 옵티머스를 포함한 10개 운용사를 집중관리대상으로 선정하여 2019. 3.부터 자금 유출입 현황을 모니터링하고 서면검사를 실시하는 과정에서, 옵티머스가 공공기관 매출채권에 직·간접 투자10)한다고 하였으나 실제 펀드자금을 공공기관 매출채권에 투자하지 않고 다르게 사용한 혐의를 파악하여, 2020. 6. 19.부터 약 1개월간 현장검사를 실시하게 되었다. 한편, 금융감독원의 현장검사를 앞두고 있던 2020. 6. 18. 옵티머스는 자신이 운용 중이던 일부 펀드들의 환매중단을 선언하였다.11)

---

9) 금융감독원, "금융분쟁조정위원회, 옵티머스펀드 투자원금 전액 반환 결정", 보도자료, 2021. 4. 6., 1면.

10) 대부분 옵티머스 펀드의 투자제안서에서 투자구조는 ① 공공기관 확정매출채권 투자를 위해 매출채권 원보유사로부터 매출채권을 직접 인수하는 방법과 ② 매출채권 원보유사의 관계회사나 자회사가 발행한 사모사채를 매출채권과 함께 인수하는 간접 인수방법을 혼용하는 것으로 소개되었다(아래 옵티머스 펀드 투자구조 참조).

2. 옵티머스 펀드 현황

금융감독원 검사 결과, 투자제안서상 옵티머스 펀드가 공공기관 확정매출채권에 투자하는 것으로 기재된 것과는 달리, 실제로는 공공기관 확정매출채권에 투자한 적이 없었고, 편입자산 대부분(98%)이 비상장기업[12]이 발행한 사모사채로 구성되어 있었으며, 사모사채 대금을 수령한 비상장기업들은 동 자금을 부동산 개발사업, 비상장 주식 등의 자산에 투자하거나 다른 관련 법인에 자금을 이체하는 도관체 역할을 하고 기발행 사모사채를 차환 매입하여 기존 펀드 만기상환에 사용하는 등 속칭 펀드 돌려막기를 한 것으로 드러났다.[13]

또한 검찰수사 결과, 옵티머스의 임직원들은 매출채권 양수도계약서 등 관련 서류를 위조하고, 일반사무관리회사인 예탁결제원에 펀드에 편입한 채권명을 공공기관명이 들어간 매출채권으로 등록해달라고 요청하였으며, 판매회사와 수탁은행이 펀드 자산명세를 요청하는 경우 예탁결제원에 등록한 허위의 채권명이 기재된 자산명세서를 송부한 것으로 확인되었다.[14] 그리고 옵티머스의 임직원, 판매회사

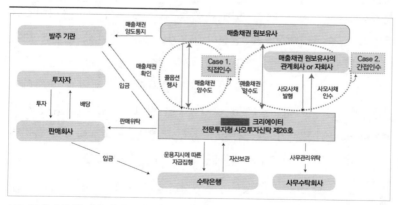

11) 금융감독원, "옵티머스자산운용에 대한 중간검사 및 향후대응", 보도자료, 2020. 7. 23., 2면.
12) 해당 비상장기업들은 옵티머스 임원 등이 관리하는 기업으로서 페이퍼 컴퍼니에 불과한 특수목적법인인 경우가 대부분이었다고 한다.
13) 금융감독원, 전게 2020. 7. 23.자 보도자료, 5, 8면.
14) 금융분쟁조정위원회, "조정번호: 제2021−4호, 안건명: 수익증권 매매계약 취소에 따른 부당이득반환 책임", 조정결정서, 2021. 4. 5., 8면.

및 수탁회사의 임직원, 옵티머스로부터 사모사채 대금을 수령한 비상장기업 임직원 등에 대한 수사 및 공판이 계속 중이다.[15]

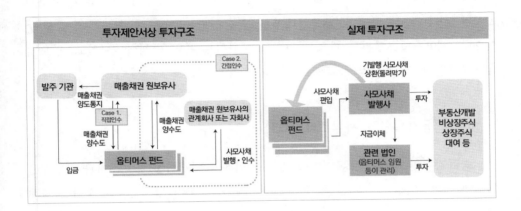

3. 공공기관 확정매출채권에 대한 투자 가능 여부

가. 관련 법령

국가를 당사자로 하는 공사, 용역 등에 관한 계약은 「국가를 당사자로 하는 계약에 관한 법률」(이하 '국가계약법')[16]에 따르며, 공기업, 준정부기관, 기타 공공기관 등은 위 법을 준용하거나 법을 반영한 기관의 내규를 통해 해당 기관을 당사자로 하는 공사, 용역 등에 관한 계약을 체결, 이행하는 것으로 보인다.[17]

계약대가의 지급과 관련하여, 계약담당공무원은 국가계약법[18], 기획재정부

---

15) 서울지방검찰청, "옵티머스 사모펀드 사건, 수사·공판 중간결과", 보도자료, 2021. 8. 9.

16) 지방자치단체를 당사자로 하는 계약의 경우 「지방자치단체를 당사자로 하는 계약에 관한 법률」이 적용된다.

17) 금융분쟁조정위원회, 전게 조정결정서, 17면.

18) **[국가계약법] 제15조(대가의 지급)** ② 제1항에 따른 대가는 계약상대자로부터 대가 지급의 청구를 받은 날부터 대통령령으로 정하는 기한까지 지급하여야 하며, 그 기한까지 대가를 지급할 수 없는 경우에는 대통령령으로 정하는 바에 따라 그 지연일수에 따른 이자를 지급하여야 한다.

계약예규인 「공사계약일반조건」[19])에 따라 공사, 제조, 구매, 용역 등의 계약에 따른 대가는 검사를 완료한 후 계약상대자의 청구를 받은 날부터 5일 이내에 지급하여야 한다. 또한, 공사대금청구권 등 계약대가 청구권의 양도와 관련하여, 공사계약일반조건[20]) 등에 따르면, 계약상대자는 공사대금청구권을 제3자에게 양도할 수 있으나, 계약담당공무원은 필요시 양도를 제한하는 특약을 정할 수 있고, 양도시 담당공무원의 승인을 얻도록 하고 있다.[21])

나. 금융감독원의 사실조사 결과

금융감독원(분조위)은 옵티머스 펀드 가입계약 체결시점에 공공기관 확정매출채권에 대한 투자가 객관적으로 불가능했는지 혹은 투자 자체는 가능하나 투자제안서의 설명과는 다르게 운용된 것인지를 확인하고자 주요 공공기관, 건설회사 및 자산운용회사들에 대하여 공공기관 확정매출채권과 관련하여 서면 사실조사를 실시하였고 그 결과는 아래와 같다.

① [공공기관의 경우] 투자제안서상 기재된 공공기관 및 지방자치단체(5개)에 확인한 결과, 위 기관들은 앞서 본 관련 법령을 근거로 검사완료 후 계약 상대자로부터 청구를 받은 날로부터 5일 이내에 기성대가를 지급하므로, 건설회사 등이 발주기관의 승인을 받아야 하는 공공기관 확정매출채권을

[국가계약법 시행령] 제58조(대가의 지급) ① 법 제15조 제2항에 따라 국고의 부담이 되는 계약의 대가는 제55조에 따른 **검사를 완료한 후 계약상대자의 청구를 받은 날부터 5일**(… 중략 …) 이내에 지급해야 한다. 이 경우 계약당사자와 합의하여 5일을 초과하지 않는 범위에서 대가의 지급기한을 연장할 수 있는 특약을 정할 수 있다.

19) 제39조(기성대가의 지급) ② 계약담당공무원은 **검사완료일부터 5일 이내에** 검사된 내용에 따라 기성대가를 확정하여 계약상대자에게 지급(… 중략 …)하여야 한다. 다만, 계약상대자가 검사완료일 후에 대가의 지급을 청구한 때에는 그 청구를 받은 날부터 5일 이내에 지급하여야 한다.

20) **제6조(채권양도)** ① 계약상대자는 이 계약에 의하여 발생한 채권(공사대금 청구권)을 제3자(공동수급체 구성원 포함)에게 양도할 수 있다.
② 계약담당공무원은 제1항에 의한 채권양도와 관련하여 적정한 공사이행목적 등 필요한 경우에는 채권양도를 제한하는 특약을 정하여 운용할 수 있다.

21) 금융분쟁조정위원회, 전게 조정결정서, 17면.

양도할 실익이 없고 실제로 양도된 사례도 없다고 회신하였다.

② [건설회사의 경우] 옵티머스가 위조한 매출채권 양수도계약서상 기재된 매출채권 원보유사인 건설회사(2개)에 확인한 결과, 공공기관 확정매출채권은 공사계약일반조건에 따라 기성검사(5일 이내 소요) 완료 후 청구하면 5일 이내에 수령할 수 있고, 공공기관 확정매출채권의 일부를 상당기간이 경과한 후에 지급받는 경우는 없으며, 위 건설회사들은 공공기관 확정매출채권을 양도한 사례가 없고 그러한 필요성도 없다고 회신하였다.

③ [자산운용회사의 경우] 전체 330개 자산운용회사 중 326개사(폐업 4개사 제외)는 공공기관 확정매출채권을 양수받는 구조의 펀드를 운용하였거나 운용 중인 사례가 전혀 없다고 회신하였다.

앞서 살펴 본 관련 법령 및 사실조사 결과를 종합하여, 금융감독원은 기성대가가 청구일로부터 5일 이내에 지급되는 점에 비추어 매출채권 원보유사인 건설회사의 입장에서 이를 양도하여 자금을 조달할 유인이 없고, 실제로 공공기관 확정매출채권을 펀드에 양도한 사례도 확인되지 않는바, 옵티머스 펀드와 같이 만기 6~9개월의 공공기관 확정매출채권을 펀드의 주요자산으로 편입하는 것은 사실상 불가능하다고 봄이 상당하다고 판단하였다.[22] 결국, 금융감독원은 공공기관 확정매출채권은 애초부터 존재하지 않았던 것으로 투자대상으로서의 실재성 자체가 없다고 해석한 것으로 보인다.

III. 옵티머스에 대한 금융감독당국의 조치 및 제재

1. 금융감독당국의 조치내용

금융위원회는 2021. 11. 24. 아래 III. 2.에서 살펴 볼 제재대상사실에 근거하

---

22) 금융분쟁조정위원회, 전게 조정결정서, 17－19면; 금융감독원, 전게 2021. 4. 6.자 보도자료, 4면.

여 옵티머스에 대한 금융투자업 인가 및 일반 사모집합투자업 등록 취소, 옵티머스의 위법행위에 대하여 1억 1,440만원의 과태료 부과, 옵티머스 임원 3명에 대하여 해임요구 및 직무정지 등 제재 조치를 의결하였고, 옵티머스가 운용 중인 전체 펀드(43개)는 옵티머스 펀드 판매회사들이 공동으로 설립한 리커버리자산운용으로 신탁계약 인계명령을 하였다.[23]

참고로, 위 옵티머스에 대한 조치내용과 거의 유사하게, 금융위원회는 라임에 대하여도 금융투자업 등록 취소, 라임의 위법행위에 대하여 9.5억원의 과태료 부과, 라임 임직원에 대한 해임요구 및 직무정지 등 제재 조치 결정, 라임이 운용 중인 전체 펀드(215개)에 대해 라임 펀드 판매회사들이 공동 설립한 웰브릿지자산운용으로 인계명령을 내린 바 있다.[24]

2. 옵티머스에 대한 제재대상사실[25]

금융감독당국이 옵티머스에 대하여 앞서 살펴 본 조치를 내림에 있어 근거로 삼은 제재대상사실은 아래와 같다.

가. 부정거래행위 금지 위반

자본시장법 제178조 제1항 제2호[26]에 의하면 누구든지 금융투자상품의 매매,

---

23) 금융감독원, 전게 2021. 11. 24.자 보도자료, 1, 2면.
24) 금융감독원, "라임자산운용㈜에 대한 금융투자업 등록 취소 및 신탁계약 인계명령", 2020. 12. 2., 1－2면.
25) 금융감독원 자산운용검사국, "옵티머스에 대한 제재내용 공개안", 2021. 11. 24.
26) **제178조(부정거래행위 등의 금지)** ① 누구든지 금융투자상품의 매매(증권의 경우 모집·사모·매출을 포함한다. 이하 이 조 및 제179조에서 같다), 그 밖의 거래와 관련하여 다음 각 호의 어느 하나에 해당하는 행위를 하여서는 아니 된다.
　2. 중요사항에 관하여 거짓의 기재 또는 표시를 하거나 타인에게 오해를 유발시키지 아니하기 위하여 필요한 중요사항의 기재 또는 표시가 누락된 문서, 그 밖의 기재 또는 표시를 사용하여 금전, 그 밖의 재산상의 이익을 얻고자 하는 행위

그 밖의 거래와 관련하여 중요사항에 대해 거짓의 기재 또는 표시를 하여 금전, 그 밖의 재산상의 이익을 얻고자 하는 행위를 하여서는 아니 된다. 그런데 옵티머스는 투자자들로부터 모집한 자금을 부동산 매입, 개발사업 투자, 부실채권(NPL) 인수 등 위험자산에 투자하거나 만기가 도래하는 펀드 상환자금으로 사용(돌려막기)할 목적을 가지고 있었음에도, 펀드자금이 안정적인 자산에 투자되는 것처럼 투자자를 오인시키기 위해 투자제안서에 펀드자금을 공공기관 확정매출채권에 직간접 투자하는 것처럼 거짓으로 기재한 후 이러한 투자제안서를 이용하여 2017. 6.부터 약 3년간 7개 판매회사를 통해 109개의 사모펀드, 1조 1,824억원의 자금을 모집하였는바, 이는 자본시장법상 부정거래행위 금지 위반죄에 해당한다.

　참고로, 자본시장법 제178조 제1항 제2호에서 '금전, 그 밖의 재산상의 이익을 얻고자 하는 행위'는 재산상의 이익을 얻으려는 목적을 요구하고 재산상의 이익을 현실적으로 얻을 것까지 요건으로 하지는 않으며, 실제로 투자자의 오해가 유발되었을 것을 필요로 하지도 않는다.[27) 28)]

제443조(벌칙) ① 다음 각 호의 어느 하나에 해당하는 자는 1년 이상의 유기징역 또는 그 위반행위로 얻은 이익 또는 회피한 손실액의 3배 이상 5배 이하에 상당하는 벌금에 처한다. 다만, 그 위반행위로 얻은 이익 또는 회피한 손실액이 없거나 산정하기 곤란한 경우 또는 그 위반행위로 얻은 이익 또는 회피한 손실액의 5배에 해당하는 금액이 5억원 이하인 경우에는 벌금의 상한액을 5억원으로 한다.

　8. 금융투자상품의 매매(증권의 경우 모집·사모·매출을 포함한다), 그 밖의 거래와 관련하여 제178조 제1항 각 호의 어느 하나에 해당하는 행위를 한 자

27) [**대법원 2016.8.29. 선고 2016도6297 판결**] "자본시장법 제178조 제1항 제2호의 문언 해석상 일단 타인에게 오해를 유발하게 함으로써 금전, 그 밖의 재산상의 이익을 얻고자 중요사항에 관하여 거짓의 기재 또는 표시를 한 문서를 사용한 이상 이로써 바로 위 조항 위반죄가 성립하고, 문서의 사용행위로 인하여 실제로 타인에게 오해를 유발하거나 금전, 그 밖의 재산상의 이익을 얻을 필요는 없다. 따라서 거짓의 기재 또는 표시를 한 문서의 사용행위와 타인의 오해 사이의 인과관계 유무는 위 조항 위반죄의 성립에 영향을 미치지 아니한다."

28) 자본시장법상 허위표시·오해유발표시 시세조종행위(동법 제176조 제2항 제3호)가 '상장증권 또는 장내파생상품의 매매를 유인할 목적'으로 하는 행위를 금지하는 반면, 허위 또는 부실표시 사용행위(동법 제178조 제1항 제2호)는 금융투자상품의 매매(증권의 경우 모집·사모·매출을 포함)에 관하여 폭넓게 금지하므로, 규제대상 금융투자상품, 거래장소, 목적 면에서 차이가 있어서 위 제176조 제2항 제3호에 의한 규제의 공백을 보완하는 기능을 한다. 임재연, 「자본시장법」, 2019년판, 박영사, 2019, 997면; 결국, 옵티머스 펀드

나. 특정 집합투자기구의 이익을 해하면서 제삼자 이익 도모 금지 위반

자본시장법 제85조 제4호[29]에 의하면 집합투자업자는 특정 집합투자기구의 이익을 해하면서 제삼자의 이익을 도모하여서는 아니 된다. 그럼에도, 옵티머스는 2019. 1. 21.~11. 14. 기간 중 42개 폐쇄형 펀드를 설정(4,724억원, 이하 '①펀드')하여 4개 SPC가 발행한 사모사채를 편입하였는데 2019. 8. 7.~2020. 6. 5. 기간 중 ①펀드의 만기가 도래하였으나 SPC의 자금부족 등의 이유로 사모사채 상환이 어려울 것으로 예상되자, 신규 펀드를 설정해 모집한 자금으로 만기가 도래한 기존 ①펀드의 만기 해지금을 지급하기 위해 2019. 7. 18.~2020. 6. 11. 기간 중 43개 폐쇄형 펀드를 신규 설정(5,093억원, 이하 '②펀드')하여 6개 SPC가 발행한 사모사채 5,064억원을 편입하게 하였다. 그리고 동 6개 SPC는 ②펀드로부터 유입된 자금을 이용해 ①펀드가 편입한 사모사채의 만기 상환금 3,015억원을 지급하였으며 이후 ②펀드는 2020. 6. 18.부터 만기가 도래했음에도 SPC의 자금부족 등 이유로 편입한 사모사채를 상환받지 못해 환매가 중단되었는바, ②펀드의 자금으로 ①펀드의 만기 해지금을 지급하는 방법으로 ②펀드의 이익을 해하면서 ①펀드의 이익을 도모하였다.

위와 같은 옵티머스의 행태는 신규 투자금을 유치하여 이를 실제로 투자대상에 투자하는 것이 아닌 기존의 투자자들의 수익금으로 지급하고 이와 같은 방법을 반복해서 시행하는 피라미드 투자 사기의 한 형태인 폰지사기(Ponzi scheme)에 해

사례에서도, 매매대상이 되는 금융투자상품은 펀드의 수익증권으로서 자본시장법 제176조 제2항 제3호가 규율하는 '상장증권 또는 장내파생상품'에 해당하지 않으므로, 제178조 제1항 제2호가 제176조 제2항 제3호의 규제 공백을 보완하는 기능을 수행한 것으로 보인다.

29) **제85조(불건전 영업행위의 금지)** 집합투자업자는 다음 각 호의 어느 하나에 해당하는 행위를 하여서는 아니 된다. 다만, 투자자 보호 및 건전한 거래질서를 해할 우려가 없는 경우로서 대통령령으로 정하는 경우에는 이를 할 수 있다.
   4. 특정 집합투자기구의 이익을 해하면서 자기 또는 제삼자의 이익을 도모하는 행위
   제444조(벌칙) 다음 각 호의 어느 하나에 해당하는 자는 5년 이하의 징역 또는 2억원 이하의 벌금에 처한다.
   8. … 제85조(제8호를 제외한다) …를 위반하여 각 해당 조항 각 호의 어느 하나에 해당하는 행위를 한 자

당하는 것으로, 앞서 라임 또한 폰지사기 형태의 위법 행위를 저지름으로써 제삼자 이익 도모 금지 위반에 따른 제재를 받은 바 있다.[30]

다. 업무상 횡령

특정경제범죄 가중처벌 등에 관한 법률 제3조 제1항 등에 의하면 타인의 재물을 보관하는 자는 업무상의 임무에 위배하여 그 재물을 횡령하여서는 아니 되는데도, 옵티머스의 대표이사는 여러 SPC를 실질적으로 운영하면서 여러 경로를 거쳐 옵티머스 펀드자금을 각 SPC의 계좌로 이체시킨 후, SPC들의 계좌에 입금된 펀드자금 약 510억원을 본인 명의 증권 계좌로 송금한 후 동 자금으로 KOSPI200 선물옵션을 매매하는 등 임의로 사용하여 업무상 횡령하였다.

라. 임직원의 금융투자상품 매매 제한 위반

자본시장법 제63조 제1항[31] 등에 의하면 금융투자업자의 임직원은 자기의 계산으로 장내파생상품 등을 매매한 경우 소속 회사에 계좌개설 사실을 신고하고 그 매매명세를 분기별로 통지하여야 하는데도, 옵티머스의 대표이사는 본인 명의 계좌를 이용하여 자기의 계산으로 KOSPI200 선물옵션 등 파생상품을 매매하였음

---

30) 금융감독원, 전게 2020. 12. 2.자 보도자료, 1－2면.

31) **제63조(임직원의 금융투자상품 매매)** ① 금융투자업자의 임직원(중략)은 자기의 계산으로 대통령령으로 정하는 금융투자상품을 매매하는 경우에는 다음 각 호의 방법에 따라야 한다.
   1. 자기의 명의로 매매할 것
   2. 투자중개업자 중 하나의 회사(중략)를 선택하여 하나의 계좌를 통하여 매매할 것. 다만, 금융투자상품의 종류, 계좌의 성격 등을 고려하여 대통령령으로 정하는 경우에는 둘 이상의 회사 또는 둘 이상의 계좌를 통하여 매매할 수 있다.
   3. 매매명세를 분기별(투자권유자문인력, 제286조 제1항 제3호 나목의 조사분석인력 및 투자운용인력의 경우에는 월별로 한다. 이하 이 조에서 같다)로 소속 금융투자업자에게 통지할 것
   4. 그 밖에 불공정행위의 방지 또는 투자자와의 이해상충의 방지를 위하여 대통령령으로 정하는 방법 및 절차를 준수할 것

에도 소속사에 계좌 개설 사실을 신고하지 아니하고 분기별로 매매명세를 통지하지 아니 하였다.

마. 허위자료 제출 및 PC·자료 은닉 등 검사방해

자본시장법 제419조 제1항,[32] 「금융위원회의 설치 등에 관한 법률」 제40조 제1항[33], 제41조 제1항 제3호[34]에 의하면 금융투자업자는 그 업무와 재산사항에 관하여 금융감독원장의 검사를 받아야 하고, 업무 또는 재산에 관한 자료를 제출하여야 하며, 금융감독원의 검사 업무 수행을 방해해서는 아니됨에도, 옵티머스는 검사반의 매출채권 양수도계약서 제출 요구에 대해 매출채권 양수도계약을 체결한 사실이 없음에도 불구하고 매출채권 양수도계약서 69건을 임의로 위조하여 검사반에 허위자료를 제출하였고, 금융감독원 검사에 대비하여 자료를 은폐하고자 임직원 3명의 컴퓨터를 교체하고 舊PC와 일부 서류들을 별도 사무공간에 은닉하는 등 금융감독원의 검사업무 수행을 방해하였다.

바. 임원의 겸직제한 위반

「금융회사의 지배구조에 관한 법률」 제10조 등에 따르면 금융회사의 상근임원은 다른 영리법인의 상시적인 업무에 종사할 수 없는데도, 옵티머스 대표이사는 옵티머스의 대표이사로 재직하면서 다른 주식회사의 대표이사직을 겸직하여 임원 겸직금지를 위반하였다.

---

32) **제419조(금융투자업자에 대한 검사)** ① 금융투자업자는 그 업무와 재산상황에 관하여 금융감독원장의 검사를 받아야 한다.

33) **제40조(자료의 제출요구 등)** ① 원장은 업무 수행에 필요하다고 인정할 때에는 제38조 각 호의 기관 또는 다른 법령에 따라 금융감독원에 검사가 위탁된 대상 기관에 대하여 업무 또는 재산에 관한 보고, 자료의 제출, 관계자의 출석 및 진술을 요구할 수 있다.

34) **제41조(시정명령 및 징계요구)** ① 원장은 제38조 각 호에 해당하는 기관의 임직원이 다음 각 호의 어느 하나에 해당하는 경우에는 그 기관의 장에게 이를 시정하게 하거나 해당 직원의 징계를 요구할 수 있다.
   3. 이 법에 따른 금융감독원의 감독과 검사 업무의 수행을 거부·방해 또는 기피한 경우

사. 대주주 지분 변동 보고의무 위반

자본시장법 제418조 제5호,[35] 자본시장법 시행령 제371조 제1항[36]에 따르면 금융투자업자는 대주주 소유주식이 의결권 있는 발행주식 총수의 100분의 1 이상 변동된 때에는 지체 없이[37] 금융위원회에 보고하여야 함에도, 옵티머스는 2017. 11. 1. 대주주(주요주주)가 보유 지분(지분율 5.6%)을 전량 장외매도 하였음에도 대주주 소유주식의 1% 이상 변동 사실을 금융위원회에 보고하지 아니 하였다.

IV. 분조위의 판매회사에 대한 옵티머스펀드 투자원금 전액 반환 결정

서두에서 분조위는 A증권이 판매한 옵티머스 펀드에 관한 분쟁조정 신청 2건에 대해 착오에 의한 계약취소를 인정하였음을 언급한 바 있는데, 그 중 1건을 중심으로 관련 사실관계 및 분조위의 결정 근거를 살펴보면 아래와 같다.

1. 사실관계(펀드의 구조 및 가입 경위)

이 사건 펀드는 옵티머스가 운용하고 피신청인 A증권이 판매한 사모펀드로서, 투자제안서상 목표수익률 연 2.8% 내외, 만기 6개월(폐쇄형), 투자위험등급 5

---

35) **제418조(보고사항)** 금융투자업자(중략)는 다음 각 호의 어느 하나에 해당하는 경우에는 대통령령으로 정하는 방법에 따라 그 사실을 금융위원회에 보고하여야 한다.
    5. 대주주 또는 그의 특수관계인의 소유주식이 의결권 있는 발행주식총수의 100분의 1 이상 변동된 때
36) **제371조(보고사항 등)** ① 금융투자업자는 법 제418조 각 호의 어느 하나에 해당하는 때에는 그 사실을 금융위원회에 지체 없이 보고하여야 한다. 다만, 금융위원회는 그 사실의 중요도에 따라 보고기한을 달리 정하여 고시할 수 있다.
37) 금융투자업규정 제2−16조 제1항 제1호 가목에 따르면, 이는 사유발생일로부터 7일 이내이다.

등급(낮은 위험), 투자 포트폴리오의 95% 이상을 건설사가 보유중인 정부 산하기관 또는 공공기관이 발주한 공사 관련 만기 6개월의 확정매출채권에 투자하는 펀드로 소개되었다.

신청인은 62세의 일반투자자로서 퇴직금 등의 노후자금을 은행 정기예금에 투자하는 A증권의 특정금전신탁 상품으로 운용해 오던 중 위 신탁의 만기가 도래하자 A증권 소속 판매직원으로부터 투자권유를 받아 이 사건 펀드의 수익증권을 4억원에 매수하는 펀드 판매계약(이하 '이 사건 계약')을 체결하였다. 이 사건 펀드의 투자권유 과정에서 판매직원은 신청인에게 "6개월 2.8%의 공공기관매출채권 펀드가 다음주 수요일 발행됩니다. 공공기관이 안 망하면 안전한 상품이구요"라는 내용의 문자메시지를 발송하여 이 사건 펀드를 처음 소개하였고, 이 사건 펀드의 주요 내용을 요약한 설명자료를 찍은 사진을 첨부하여 문자메시지를 추가 발송하기도 하였다. 위 사진 속 설명자료에는 투자기간, 목표수익률, 가입가능 금액과 함께이 사건 펀드에 관하여 "정부 산하기관 및 공공기관 발주 기성/확정매출채권, 공공기관이 파산 안하면 안전", "확정/기성 매출채권으로 매출처(수주업체)와 신용위험 절연", "5등급 낮은 위험 펀드"라고 기재되어 있었으나, 구체적인 투자구조나 투자위험은 기재되어 있지 않았다.

2. 각 당사자의 주장

신청인은 이 사건 펀드가 공공기관 매출채권에 투자한다는 소개 내용과 달리 최초 설정 단계에서부터 비상장기업 발행 사모사채 등에 투자하여 상당한 손실이 발생한 상태였으며, 피신청인 A증권은 신청인에게 "공공기관이 망하지 않으면 안전한 상품"이라고 설명하여 신청인의 착오를 유발하였으므로 이 사건 펀드 계약은 취소되어야 한다고 주장하였다.

이에 대해, A증권은 ① 자신은 투자중개업자로서 투자자와 운용사 간 수익증권 취득행위에 관한 법률행위를 단순 중개할 뿐인 판매회사이므로 투자자가 착오를 이유로 계약 취소를 주장할 수 있는 계약상대방이 아니고, ② 가사 A증권이 계약 취소의 상대방으로 인정된다 하더라도 운용사가 투자제안서와 달리 펀드를 운용한 것은 장래에 대한 기대가 충족되지 않은 것에 불과하므로 투자자가 펀드에 가입할 당시 착오가 존재하였다고 볼 수 없다고 주장하였다.

3. 분조위의 판단

가. 펀드 판매계약의 당사자에 대한 판단

분조위는, 펀드 판매회사가 판매회사 본인의 이름으로 투자권유하여 수익증권을 판매하고 펀드재산 또는 투자자로부터 판매보수 등을 직접 지급받는다는 점에서 투자자와의 펀드 판매계약에 있어서 계약당사자는 자산운용회사가 아닌 판매회사이며, 투자자가 계약의 취소 또는 해제를 주장한 사안에서 판매회사를 계약의 당사자로 판단한 대법원(가령, 대법원 2011.7.28. 선고 2010다101752 판결)의 태도를 감안하면, 판매회사인 A증권을 펀드 판매계약의 계약상대방으로 봄이 타당하다고 보았다.

나. 착오의 존재 여부

분조위는 위 II. 3.에서 살펴본 바와 같이, 신청인이 이 사건 계약체결 시점에 공공기관 확정매출채권에 대한 투자가 사실상 불가능함에도 공공기관 확정매출채권에 투자가 가능하다고 믿은 것은 장래에 대한 기대가 아닌 현존하는 상황에 대한 오신으로서 착오에 해당하고 또한 신청인의 착오는 의사형성 과정에서의 착오로서 펀드 가입이라는 의사결정에 유의미한 사정인 투자대상을 실제 사실과 달리 잘못 인식한 동기의 착오에 해당한다고 보았다.

다. 중요부분 해당 여부

분조위는, 공공기관 확정매출채권에 대한 투자가 사실상 불가능함에도 이 사건 펀드는 포트폴리오의 95% 이상을 공공기관 확정매출채권에 투자하는 펀드로 소개되었는데 이는 투자 목적의 달성이 처음부터 불가능한 경우로 볼 수 있으며, 결국 신청인이 이 사건 계약의 체결시점에 공공기관 확정매출채권에 대한 투자가 불가능함을 알았더라면 신청인은 물론 그 누구라도 이 사건 펀드에 가입하지 않았을 것임은 쉽게 인정할 수 있으므로 신청인의 착오는 중요부분에 해당한다고 보았다.

라. 신청인의 중과실 여부

민법 제109조 제1항 단서에 따르면 착오가 표의자의 중대한 과실로 인한 때에는 취소하지 못하는데, 분조위는 일반투자자인 신청인이 공공기관 확정매출채권 투자 가능 여부를 직접 검증하는 것을 기대하기 어렵고, 이 사건 펀드의 투자대상, 투자구조, 위험성 등에 관한 정보를 숙지해야 할 A증권조차도 신청인과 동일한 착오에 빠져 있었다고 주장한 점 등에 비추어 보면 신청인에게 투자자로서 통상적으로 요구되는 주의를 현저히 결여한 중대한 과실이 있었다고 보기는 어렵다고 보았다.

마. 소결

이상을 종합하여, 분조위는 신청인이 착오를 이유로 이 사건 계약을 취소할 수 있으며, 피신청인 A증권은 투자자인 신청인에게 투자원금(4억원) 전액을 반환하도록 권고하였다.[38] 언론보도에 따르면, A증권은 분조위 사건에서의 투자자들

---

38) 한편, 분조위는 펀드 환매연기로 손해액이 확정되지 않았고, 관련된 기관들인 수탁은행, 일반사무관리회사의 책임소재도 아직 규명되지 않아 불완전판매에 따른 손해배상으로 분쟁조정하는 것은 현 시점에서는 곤란하다고 밝혔다.

을 비롯한 일반투자자들에게 투자원금을 반환하기로 하고 수탁회사 및 일반사무관리회사를 상대로 손해배상 및 구상금 청구소송을 진행하기로 한 상태이다.[39] 다만 A증권의 투자원금 반환은 분조위가 권고한 착오에 의한 계약취소에 기반한 것은 아니고, 투자원금을 반환하면서 고객으로부터 수익증권과 제반 권리를 양수해 수익증권 소유자로서의 지위를 확보하는 사적합의 형태로 알려져 있다.[40]

한편, 위 분조위의 결정에 대해서는, 애초에 옵티머스가 의도적으로 펀드 관련 당사자들을 기망하였고 판매회사도 피해자임에도 불구하고 금융감독당국이 판매회사의 책임만을 집요하게 묻는 측면이 있고, 판매회사가 옵티머스 펀드의 부실운용에 대하여 투자자들에게 손실금액을 전액 보장해 주어야 할 만큼의 책임을 부담하는 것이 법적·경제적 정의에 부합하는 것으로는 보이지 않는다는 비판이 있다.[41] 다만, 판매회사가 고객에게 펀드 수익증권의 매수를 권유할 때에는 그 투자에 따르는 위험을 포함하여 당해 수익증권의 특성과 주요 내용을 명확히 설명함으로써 고객이 그 정보를 바탕으로 합리적인 투자판단을 할 수 있도록 고객을 보호하여야 할 주의의무가 있고(대법원 2012.12.26. 선고 2010다86815 판결) 사모펀드 판매회사들이 그간 거액의 사모펀드 판매수수료를 벌어 들인 사실[42] 등을 감안하면, 과연 판매회사에게 투자자 피해에 대한 책임을 묻는 것이 과도한 처사인지 그리고 이것이 정의에 부합하지 않는다고 단언할 수 있을지는 의문이다.

V. 옵티머스 펀드의 신탁업자 및 일반사무관리회사의 책임

감사원은 옵티머스 펀드와 관련한 참여연대의 공익감사청구에 따라, 옵티머스 펀드의 수탁회사인 기업은행과 일반사무관리회사인 예탁결제원에 대한 감사를

---

39) 매일경제, "옵티머스펀드 책임져라 … A증권, B은행에 손배청구", 2021. 5. 25.

40) 쿠키뉴스, "A증권, 옵티머스 원금 100% 반환…예탁원·B은행엔 소송", 2021. 5. 25.

41) 조자운, 전게논문, 212-213면.

42) 조선비즈, "은행들 '묻지마' 사모펀드 판매 이유 있었다 … 수수료로 3400억 벌어", 2021. 3. 4.

실시하였고, 기업은행과 예탁결제원의 부당한 업무처리가 확인되었다는 감사결과를 발표하였다.[43] 이하에서는 자본시장법 및 관련 법령상 수탁회사 및 일반사무관리회사의 책임과 역할, 그리고 옵티머스 펀드의 사례에서 기업은행과 예탁결제원에게 어떠한 부당한 업무처리가 있었는지를 살펴보고자 한다.

1. 수탁회사와 관련하여

가. 자본시장법상 수탁회사의 역할과 책임

자본시장법은 집합투자재산을 보관·관리하는 신탁업자에 대하여 선량한 관리자의 주의를 다하여 집합투자재산을 보관·관리함으로써, 투자자의 이익을 보호하여야 할 선량한 관리자의 주의의무를 부과하고 있다(동법 제244조).

신탁업자는 집합투자재산(투자회사재산 제외)을 보관·관리하는 데에서 나아가 집합투자업자의 운용행위가 법령, 집합투자규약 또는 투자설명서 등을 위반하는지 여부에 대하여 확인하고 위반사항이 있는 경우 그 집합투자업자에 대하여 그 운용행위의 시정을 요구하는 감시기능도 수행한다(동법 제247조 제1항). 또한 신탁업자는 집합투자업자가 이러한 시정요구를 3영업일 이내에 이행하지 아니하는 경우 그 사실을 금융위원회에 보고하여야 하며, 대통령령으로 정하는 사항을 대통령령으로 정하는 방법에 따라 공시하여야 한다(동조 제3항).

한편, 일반사모집합투자기구의 경우에는 신탁업자의 감시의무가 상당 부분 면제되지만(동법 제249조의8 제1항[44]), 일반투자자가 포함된 일반사모집합투자기구

---

43) 감사원, "금융감독기구 운영실태", 감사보고서, 2021. 7., 27면.
44) **제249조의8(일반 사모집합투자기구에 대한 특례)** ① ··· 제247조 제1항부터 제4항까지, 같은 조 제5항 제1호부터 제3호까지, 같은 항 제6호·제7호, 같은 조 제6항·제7항 ···는 일반사모집합투자기구에는 적용하지 아니한다.
; 동법 제247조 제5항 제4호(제238조 제1항에 따른 집합투자재산의 평가가 공정한지 여부 확인), 제5호(제238조 제6항에 따른 기준가격 산정이 적정한지 여부 확인)의 적용은 면제하지 않으므로, 일반사모집합투자기구의 경우에도 신탁업자에 대하여 위 규정에 따른 확인 업무는 적용된다.

의 경우에는 다시 동법 제247조가 적용되어 신탁업자의 감시의무가 면제되지 않는다(동법 제249조의8 제2항 제5호[45]).[46] 만약, 자본시장법상 감시의무가 적용되지 않는 경우라도, 금융투자업자의 일반적인 투자자보호의무(동법 제37조[47]) 및 투자신탁에 있어 신탁업자의 선관의무 및 충실의무(동법 제102조[48])에 따라 집합투자재산의 관리·보전을 위한 사법상의 의무까지 면제된다고 보기는 힘들 것으로 생각된다.[49]

자본시장법상 투자신탁의 집합투자업자가 집합투자재산을 평가한 경우 그 평가명세를 신탁업자에게 통보하고, 신탁업자는 집합투자재산에 대한 평가가 법령 및 집합투자재산평가기준에 따라 공정하게 이루어졌는지를 확인하여야 한다(동법 제238조 제4, 5항). 또한 신탁업자는 집합투자재산의 평가가 공정한지 여부 및 기준가격 산정이 적정한지 여부를 확인하여야 한다(동법 제247조 제5항 제4호, 제5호).[50]

나. 옵티머스 펀드 사례의 경우

감사원 감사 결과, 기업은행은 20개의 옵티머스 펀드를 수탁받아 관리하면서 신탁계약서상 공공기관 매출채권만 매입하도록 되어 있음을 알았음에도 옵티머스의 부당한 운용지시를 거부하거나 신탁계약의 변경을 요구하는 등의 조치를 하지

---

45) **제249조의8(일반 사모집합투자기구에 대한 특례)** ② 제1항에도 불구하고 일반투자자를 대상으로 하는 일반사모집합투자기구에는 다음 각 호의 조항을 적용한다. (이하 생략)
   5. 제247조(이하 생략)
46) 박삼철 외,「사모펀드 해설」, 제3판, 지원출판사, 2021, 93면.
47) **제37조(신의성실의무 등)** ① 금융투자업자는 신의성실의 원칙에 따라 공정하게 금융투자업을 영위하여야 한다.
48) **제102조(선관의무 및 충실의무)** ① 신탁업자는 수익자에 대하여 선량한 관리자의 주의로써 신탁재산을 운용하여야 한다.
   ② 신탁업자는 수익자의 이익을 보호하기 위하여 해당 업무를 충실하게 수행하여야 한다.
49) 김정연, 전게논문, 66면.
50) 앞서 살펴본 바와 같이, 사모펀드라 하여 집합투자재산 평가 및 기준가 산정과 관련된 신탁업자의 확인의무가 면제되는 것은 아니므로, 옵티머스 펀드의 경우에도 이는 마찬가지이다.

않고 집합투자재산으로 44회에 걸쳐 2개의 비상장기업의 사모사채를 매입한 것으로 밝혀졌다.[51] 이에, 감사원은 기업은행에 대해 앞으로 사모펀드에 대한 신탁업무를 수행하면서 자산운용회사로부터 신탁계약서에 부합하지 않는 운용지시를 받고도 이를 그대로 이행하는 일이 없도록 관련 업무를 철저히 할 것을 통보하였다.

한편, 옵티머스 펀드와 관련하여 기업은행이 수탁회사로 참여한 펀드들은 감사원 감사 당시 모두 환매가 완료되어 투자자 피해가 발생하지는 않은 것으로 밝혀졌고,[52] 옵티머스 펀드의 주요 수탁회사로서 대규모 환매 중단 사태에 연루된 것은 B은행으로 알려져 있는데, 언론보도에 따르면 B은행 역시 기업은행과 유사한 형태의 업무 해태가 있었던 것으로 보인다[53]. 결국 옵티머스 펀드는 투자제안서 및 신탁계약서상 기재된 공공기관 확정매출채권이 아닌 비상장기업의 사모사채를 편입하게 되었으므로, 옵티머스 펀드의 수탁회사들은 운용지시의 집행 단계 및 펀드 자산의 평가 단계, 펀드 기준가 산정 단계에서 신탁업자로서의 의무를 제대로 이행하지 못한 것으로 보인다.[54]

2. 일반사무관리회사와 관련하여

가. 자본시장법상 일반사무관리회사의 역할과 책임

자본시장법상 투자회사는 일반사무관리회사를 선임하여 투자회사 주식의 발행 및 명의개서, 투자회사 재산의 계산과 같은 일반사무를 위탁하여야 한다(동법 제184조 제6항). 즉, 투자회사는 그 일반사무를 일반사무관리회사에 위탁하는 것이 의무화되어 있다.[55] 그러나 투자신탁의 경우 일반사무관리회사 선임의무는 없고

---

51) 감사원, 전게 감사보고서, 제27면.
52) 감사원, 전게 감사보고서, 제112면.
53) 서울신문, "옵티머스 맡았던 B은행, 부실 사모사채 사들였다", 2021. 5. 18.; 중앙일보, "옵티머스 수탁사 B은행, 엉뚱한 자금 흐름 보고도 침묵", 2020. 10. 30.
54) 김정연, 전게논문, 67면.
55) 박삼철 외, 전게서, 94면.

집합투자업자가 집합투자재산 평가 및 기준가격 산정업무를 담당하도록 되어 있으며(동법 제238조 제1항, 제6항), 투자신탁의 집합투자업자의 경우 기준가격 산정관련 업무를 일반사무관리회사에 위탁할 수 있다(동법 제254조 제1항). 이처럼 투자신탁의 경우 집합투자업자가 자신이 직접 기준가격 산정관련 업무를 수행할 수도 있고 일반사무관리회사에 위탁할 수도 있으나, 실무적으로는 대부분 일반사무관리회사를 선임하여 자산평가 및 기준가격 산정 업무를 위탁하는 것으로 보인다.[56]

일반사무관리회사는 투자회사 또는 투자신탁의 집합투자업자의 위탁을 받아 기준가격산정 등의 업무를 수행하므로 원칙적으로 해당 집합투자기구의 투자자와는 직접적인 법률관계를 가지지 않는다. 그러나 자본시장법 제255조에 따라 일반사무관리회사에 자본시장법 제64조가 준용되므로 일반사무관리회사는 해당 집합투자기구의 투자자에 대해 직접 손해배상책임을 지게 된다. 따라서 일반사무관리회사는 법령·집합투자규약 등에 위반하는 행위를 하거나 그 업무를 소홀히 하여 투자자에게 손해를 발생시킨 경우에는 그 손해를 배상할 책임이 있다(자본시장법 제64조 제1항). 일반사무관리회사가 자본시장법 제64조에 따라 투자자에게 손해배상책임을 지는 경우 귀책사유가 있는 경우에는 집합투자업자·신탁업자·판매회사·펀드평가회사·채권평가회사와 연대하여 손해배상책임을 진다(자본시장법 제185조).[57]

나. 옵티머스 펀드 사례의 경우

감사원 감사 결과, 예탁결제원은 옵티머스의 펀드자산명세서 작성 등 회계처리 업무를 위탁받아 처리하면서 옵티머스가 사모사채에 투자한 것을 알면서도 공공기관 매출채권을 편입한 것으로 부당하게 회계 처리한 것으로 드러났다.[58]

그간 예탁결제원은 사무위탁계약에 따라 신탁업자가 편입한 자산에 대해 펀드자산 명세서에 종목명을 입력하거나 기준가격을 산출하는 등의 회계처리 업무

---

56) 김정연, 전게논문, 67면.
57) 박삼철 외, 전게서, 95면.
58) 감사원, 전게 감사보고서, 27면.

를 수행하는 만큼 단순 회계처리 업무만 담당했으며, 자산운용회사의 위법 가능성을 판단하기 어렵고 관련 문서를 확인할 의무가 없어 종목명을 사실과 다르게 입력해도 무관하다고 주장해왔다. 그러나 감사원은 공공기관인 예탁결제원이 펀드의 투자자산에 대한 회계처리를 함에 있어 공정한 업무 수행을 위해 투자자산의 종목정보 등을 입력할 때에는 관련 법규 및 회계처리 원칙 등에 따라 자산운용회사가 실제 매입한 자산을 사실대로 기록하여야 하고 자산운용회사의 요구에 따라 그 내용을 임의로 변경하여 기록하여서는 아니 됨에도, 무보증 사모사채의 종목명을 공공기관 매출채권으로 부당하게 입력했다고 판단하였다.[59]

이에, 감사원은 예탁결제원에 대하여 ① 위탁받은 사모펀드 펀드자산명세서 종목명 입력 업무를 부당하게 처리한 직원을 내규에 따라 징계처분(정직)하고 ② 펀드자산명세서 관련 위탁업무를 수행하면서 투자자산의 종목정보 등을 사실과 다르게 기재하는 일이 없도록 관련 업무를 철저히 하라는 주의를 통보하였다.

펀드자산명세서는 투자자나 판매회사에 언제나 제공될 수 있는 기초자료로 투자와 판매 의사결정시 중요한 영향을 미칠 수 있어 투자자 보호 관점에서 매우 중요한 의미를 가지며, 실제 예탁결제원의 부당한 업무처리에 따라 옵티머스 펀드의 주요 투자자와 판매회사 A증권은 옵티머스로부터 펀드자산명세서 또는 집합투자재산 명세서를 정기적으로 받아왔음에도 불구하고 옵티머스의 실제 자산운용 내용을 확인하지 못한 채 계속 펀드에 투자하거나 판매하는 등 사모펀드 관련 당사자들이 올바른 의사결정을 하는 데 방해를 받게 되었고 이로 인해 투자자의 피해규모가 더욱 확산되게 되었다는 점[60]을 감안하면, 위와 같은 감사원의 판단은 적절하였다고 생각된다.

VI. 마치며

옵티머스 펀드 대규모 환매 중단 사태가 발생하여 약 2년 반의 시간이 경과

---

59) 감사원, 전게 감사보고서, 104-105면.
60) 감사원, 전게 감사보고서, 102면.

한 현재에 이르기까지 이와 관련한 다양한 후속 조치 및 진행사항이 있어 왔고 이에 따라 다양한 영역에서 법적 쟁점이 제기되고 논의되어 왔는데, 이 글에서는 그러한 쟁점들을 개관하는 수준에서 살펴 보았다.

그러나 앞서 언급한 것과 같이 옵티머스 펀드와 관련한 수사 및 공판이 여전히 계속 중인 점, 옵티머스 펀드 판매회사 A증권이 수탁회사인 B은행과 예탁결제원 등을 상대로 제기하고자 하는 손해배상 및 구상금 청구소송도 대법원 판결 선고 시점까지 수년이 소요될 것인 점, 옵티머스가 운용 중인 펀드를 인수한 리커버리자산운용이 투자대상자산을 회수함으로써 옵티머스 사태가 실질적으로 종결 처리될 수 있을 것이라는 점 등에서 옵티머스 사태는 여전히 현재 진행형이며, 이 과정에서 또 다른 쟁점들이 부각되고 논의될 것이 예상되므로 예의주시할 필요가 있다고 생각된다.

제15장

●

라임펀드 사례와 TRS

Ⅰ. 사안의 개요

라임자산운용(이하 '라임')이 운용하던 사모펀드(이하 '라임펀드')들의 대량 환매 중단을 시작으로 알펜루트자산운용의 환매중단 등 일련의 사모펀드 환매중단 사태에서 심심치 않게 거론되는 개념이 있는데, TRS(Total Return Swap, 총수익교환 또는 총수익스왑)가 바로 그것이다. 후술하겠지만, TRS는 장외파생상품 거래이므로 상세한 계약의 내용이 표면적으로 드러나지 않고 거래당사자들의 구체적이고 다양한 요구를 거래에 반영시킬 수 있는 등의 장점을 지니고 있는 반면, 지속적으로 진화하는 TRS 거래구조 하의 일부 계약에서 부당한 목적 혹은 규제 회피의 의도가 발견됨에 따라 이에 대한 우려 역시 제기되고 있다.[1] 이러한 TRS에 관한 우려가 금융투자업계에서 발현된 사례가 바로 라임펀드 사태라고 할 수 있을 것이다.

TRS는 매우 전문적인 용어이기는 하나 최근에 생겨난 전혀 생소한 개념은 아니다. TRS라는 용어가 처음 국내 금융권과 법조계에서 회자된 사례는 외환위기 당시인 1997년 국내 증권사·투자신탁회사 등이 설립한 다이아몬드펀드가 제이피모건과 체결한 TRS로 인하여 대규모 손실을 입은 사건과 이와 비슷한 시점에 대한생명보험(現 한화생명보험)이 설립한 모닝글로리펀드가 역시 외환은행을 거쳐 제

---

1) 김희준, "TRS 거래에 관한 법적 연구 ―유형화를 통한 규제방안 마련을 중심으로―",「상사판례연구」, 제31권 제3호, 한국상사판례학회, 2018, 332면.

이피모건과 체결한 TRS로 대규모 손실을 입은 사건이다.[2] 그리고 이후에는 아시아나항공의 금호산업 주식을 기초자산으로 한 TRS거래, 최태원 SK그룹 회장이 SK실트론 주식을 TRS 계약을 통해 확보한 사건, 효성 계열사의 TRS를 통한 부당지원사건, 현대엘리베이터 주주대표소송 사건 등 국내 굴지의 비금융권 대기업들이 지분매수를 위한 자본조달, 의결권을 보유한 지분매도 등을 위해 TRS를 활용한 사례가 언론에서 다수 보도되기도 하였다.

    이하에서는 TRS의 정의와 구조, 법적 성격, 거래의 자격, TRS의 기초자산에 따른 위험 등 전반적인 내용을 살펴보고, TRS를 포괄하는 개념인 금융투자상품 및 파생상품에 대해서도 개관하기로 한다. 아울러, 라임펀드 사례에서 TRS가 이용된 거래구조와 문제점, 그리고 그러한 문제점에 따른 TRS와 관련한 금융감독당국의 제도 개선사항에 대해서도 살펴보기로 한다.

II. 금융투자상품, 파생상품 및 TRS에 대한 개관

1. 자본시장법상 금융투자상품의 개념

가. 금융투자상품의 정의

    자본시장과 금융투자업에 관한 법률(이하 '자본시장법')상 금융투자상품이란 (i) 이익을 얻거나 손실을 회피할 목적으로 (ii) 현재 또는 장래의 특정 시점에 금전 등을 지급하기로 약정함으로써 취득하는 권리로서, (iii) 그 권리를 취득하기 위하여 지급하였거나 지급하여야 할 금전 등의 총액(판매수수료 등 일정한 금액을 제외)이 그 권리로부터 회수하였거나 회수할 수 있는 금전 등의 총액(해지수수료 등 일정한 금액을 포함)을 초과하게 될 위험이 있는 것을 말한다(동법 제3조제1항 본문).

---

2) 정성구, "TRS와 지급보증, 신용공여 및 보험 규제의 접점", 「BFL」, 제83호, 서울대학교 금융법센터, 2017, 41면.

나. 금융투자상품의 구분

　자본시장법상 금융투자상품은 원본까지만 손실이 발생할 가능성이 있는 증권
과 원본을 초과하는 손실이 발생할 가능성이 있는 파생상품으로 구분되며, 파생상
품은 다시 파생상품시장에서의 거래 여부에 따라 장내파생상품과 장외파생상품으
로 구분된다. 이를 도식화하면 아래와 같다.3)

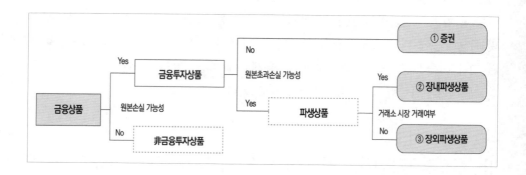

(1) 증권

　증권 발행의 기본적인 목적은 자금조달이다. 자본시장법상 증권이란 내국인
또는 외국인이 발행한 금융투자상품으로서 투자자가 취득과 동시에 지급한 금전
등 외에 어떠한 명목으로든지 추가로 지급의무(투자자가 기초자산에 대한 매매를 성립
시킬 수 있는 권리를 행사하게 됨으로써 부담하게 되는 지급의무를 제외)를 부담하지 아니
하는 것을 말하며(동법 제4조제1항), 채무증권, 지분증권, 수익증권, 투자계약증권,
파생결합증권, 증권예탁증권의 6종으로 구분되는데(동법 제4조제2항 내지 제8항), 증
권의 종류와 정의를 간략하게 살펴보면 다음 표와 같다.

---

3) 재정경제부, "「자본시장과 금융투자업에 관한 법률 제정안」 설명자료", 보도자료, 2006.
　6. 30., 9면.

종류	정의
채무증권	국채증권, 지방채증권, 특수채증권, 사채권, 기업어음증권, 그 밖에 이와 유사한 것으로서 지급청구권이 표시된 것
지분증권	주권, 신주인수권이 표시된 것, 법률에 의하여 직접 설립된 법인이 발행한 출자증권, 상법상 합자회사·유한책임회사·유한회사·합자조합·익명조합의 출자지분, 그 밖에 이와 유사한 것으로서 출자지분 또는 출자지분을 취득할 권리가 표시된 것
수익증권	자본시장법 제110조[4]의 수익증권, 제189조[5]의 수익증권, 그 밖에 이와 유사한 것으로서 신탁의 수익권이 표시된 것
투자계약증권	특정 투자자가 그 투자자와 타인(다른 투자자를 포함) 간의 공동사업에 금전 등을 투자하고 주로 타인이 수행한 공동사업의 결과에 따른 손익을 귀속받는 계약상의 권리가 표시된 것
파생결합증권	기초자산의 가격·이자율·지표·단위 또는 이를 기초로 하는 지수 등의 변동과 연계하여 미리 정하여진 방법에 따라 지급금액 또는 회수금액이 결정되는 권리가 표시된 것
증권예탁증권	위 5종의 증권을 예탁받은 자가 그 증권이 발행된 국가 외의 국가에서 발행한 것으로서 그 예탁받은 증권에 관련된 권리가 표시된 것

(2) 파생상품

증권의 기본적인 목적이 자금조달이라면, 파생상품은 위험관리를 핵심 목적으로 하는데, 일반적으로 파생상품이란 글자 그대로 그 가치가 기초를 이루는 다른 기초자산에서 파생되는 상품을 말한다.[6] 자본시장법상 파생상품은 선도, 옵션, 스왑의 3종으로 구분되는데(동법 제5조제1항), 아래에서 자세히 살펴보겠지만 이 글의 주제인 TRS는 스왑에 해당하며, 파생상품의 종류와 정의를 간략하게 살펴보면 다음 표와 같다.

---

4) **제110조(수익증권)** ① 신탁업자는 금전신탁계약에 의한 수익권이 표시된 수익증권을 발행할 수 있다.
5) **제189조(투자신탁의 수익권 등)** ① 투자신탁을 설정한 집합투자업자는 투자신탁의 수익권을 균등하게 분할하여 수익증권을 발행한다.
6) 한국증권법학회, 「자본시장법 주석서 I」, 개정판, 박영사, 2015, 27면.

종류	정의
선도 (forward)	기초자산이나 기초자산의 가격·이자율·지표·단위 또는 이를 기초로 하는 지수 등에 의하여 산출된 금전 등을 장래의 특정 시점에 인도할 것을 약정하는 계약상의 권리
옵션 (option)	당사자 어느 한쪽의 의사표시에 의하여 기초자산이나 기초 자산의 가격·이자율·지표·단위 또는 이를 기초로 하는 지수 등에 의하여 산출된 금전 등을 수수하는 거래를 성립시킬 수 있는 권리를 부여하는 것을 약정하는 계약상의 권리
스왑 (swap)	장래의 일정 기간동안 미리 정한 가격으로 기초자산이나 기초자산의 가격·이자율·지표·단위 또는 이를 기초로 하는 지수 등에 의하여 산출된 금전 등을 교환할 것을 약정하는 계약상의 권리[7]

한편, 파생상품은 장내파생상품과 장외파생상품으로 구별된다(자본시장법 제3조제2항). 장내파생상품은 기본적으로 파생상품시장(예컨대, 한국거래소)에서 거래되는 표준화된 파생상품(예컨대, 코스피200 선물)으로, 그 시장에서 정한 규칙(예컨대, 한국거래소의 파생상품시장 업무규정)에서 정한 기준과 방법으로 거래되고 청산·결제된다. 장내파생상품이 아닌 파생상품은 모두 장외파생상품이다. 장외파생상품의 조건은 계약당사자가 정하므로 다양하다.[8]

2. TRS에 대한 개관

가. TRS의 정의와 구조

TRS를 다루고 있는 국내외 문헌들에 따르면, TRS는 ① 거래당사자가 계약기

---

7) 스왑은 "장래의 일정기간 동안" 복수의 선도거래가 결합된 형태로서(즉, 만일 1회의 교환만 이루어진다면 선도에 해당한다), 양 당사자가 교환대상인 금전등을 받을 권리를 가진다. 선도의 법적 성질은 매매로 보는 것이 일반적이지만, 스왑은 미래의 현급흐름의 교환이므로 비전형계약에 해당한다. 임재연, 「자본시장법」, 2021년판, 박영사, 2021, 70면.

8) 박준, "최근 20년간의 증권·파생상품 규제", 「BFL」, 제101호, 서울대학교 금융법센터, 2020, 8면.

간 내 기초자산의 거래로부터 발생하는 손익과 비용을 상호 교환하는 약정, ② 주식 등의 기초자산을 스왑매도인(short party)이 자신의 이름으로 매입하고 기초자산의 가치가 상승함에 따라 발생하는 자본수익이나 배당과 같은 총수익(total return)을 스왑매수인(long party)에게 지급하는 대신 스왑매수인으로부터 고정적인 약정이자를 지급받는 계약, ③ 보장매수인(protection buyer)이 보장매도인(protection seller)에게 대출이나 채권 등과 같은 기초자산의 총수익을 지불하는 대가로 일정한 현금흐름을 지급받기로 하는 약정, ④ 총수익지급자(total return payer)가 총수익수령자(total return receiver)에게 기초자산상의 현금흐름을 전부 지급하고 총수익수령자는 총수익지급자에게 일정한 금액을 지급하는 계약 등으로 다양하게 정의된다.[9]

다만, 어느 경우에나 자산을 소유함에 따라서 발생하게 되는 위험의 이전을 핵심적인 계약 내용으로 한다는 점에서는 공통되는데, 구체적으로 살펴보면, 기초자산을 소유하고 있는 당사자(자산보유자)[10]는 동 자산으로부터 발생할 수 있는 수익 또는 손실의 위험을 이전하고, 거래상대방은 기초자산의 소유 없이 동 자산으로부터 수익 또는 손실의 위험을 이전받으며 그 대가로 일정한 수수료나 이자를 지급하는 것이 계약 내용의 기초를 이룬다.[11] TRS를 정의한 문헌들에서는 서로 다른 관점에 따라 각기 다른 용어로 당사자를 표현하고 있어 혼동을 유발하므로 이에 관한 정리가 필요한데, 이를 당사자별로 대응시키면서 TRS 거래의 가장 기본적인 구조를 도식화하면 다음과 같다.[12]

---

9) 김희준, 전게논문, 333면; 홍명수, "TRS 거래에 대한 독점규제법의 적용", 「선진상사법률연구」, 제88호, 법무부, 2019, 31-32면.
10) 자산보유자는 보장의 관점에서는 보장매수자, 위험의 관점에서는 위험매도자가 된다. 거래 상대방은 보장의 관점에서는 보장매도자, 위험의 관점에서는 위험매수자가 된다.
11) 홍명수, 전게논문, 31-32면.
12) 김희준, 전게논문, 334면.

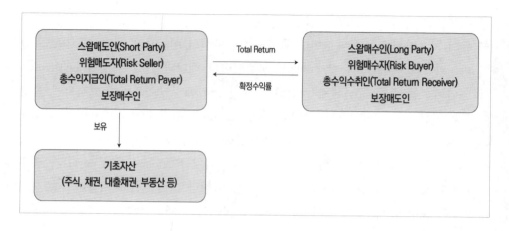

이하에서는 자산보유자, 스왑매도인, 위험매도인, 총수익지급인, 보장매수인 지위에 있는 당사자를 "TRS매도인"으로, 거래상대방, 스왑매수인, 위험매수인, 총수익수령인, 보장매도인 지위에 있는 당사자를 "TRS매수인"으로 통칭한다.

나. TRS의 법적 성격

앞서 살펴본 것과 같이, 자본시장법은 스왑을 장래의 일정 기간 동안 미리 정한 가격으로 기초자산이나 기초자산의 가격·이자율·지표·단위 또는 이를 기초로 하는 지수 등에 의하여 산출된 금전 등을 교환할 것을 약정하는 계약으로 정의하고 있는데(동법 제5조 제1항 제3호), TRS는 이러한 스왑의 정의에 부합하는 것으로, 거래소를 통하지 않고 쌍방의 합의에 의해 장외에서 거래되므로 장외파생상품에 해당한다.[13]

다. TRS 거래의 자격 제한

자본시장법상 TRS매도인인 증권사가 TRS 거래를 하기 위해서는 전담중개업무를 할 수 있는 자격을 갖추어야 하는데, 전담중개업무란 일반사모집합투자기구

---

13) 정성구, 전게논문, 44면.

(소위 헤지펀드)를 운용하는데 있어 필요한 모든 서비스, 즉, 증권의 대여 또는 그 중개·주선이나 대리업무, 금전의 융자, 청산 및 결제, 일반사모집합투자기구 재산의 보관 및 관리 등을 말한다(동법 제6조 제10항). 그런데 이러한 전담중개업무를 영위하기 위해서는 종합금융투자사업자에 해당하여야 하며(동법 제77조의3 제1항), 종합금융투자사업자는 증권에 관한 인수업을 영위하는 자기자본 3조원 이상의 상법상 주식회사이어야 한다(동법 제77조의2 제1항[14]).[15]

한편, TRS가 장외파생상품에 해당하는 특성상, TRS매도인인 증권사가 TRS 거래를 함에 있어 상대방이 일반투자자인 경우에는 일반투자자의 거래 목적이 위험회피에 해당되는 경우에 한하여 거래가 인정되고(동법 제166의2 제1항 제1호,[16] 동법 시행령 제186조의2 [17]), 투기 목적의 장외상품거래는 제한된다.[18] 2018. 4월경 공정거

---

14) **제77조의2(종합금융투자사업자의 지정 등)** ① 금융위원회는 투자매매업자 또는 투자중개업자로서 다음 각 호의 기준을 모두 충족하는 자를 종합금융투자사업자로 지정할 수 있다.
   1. 「상법」에 따른 주식회사일 것
   2. 증권에 관한 인수업을 영위할 것
   3. 3조원 이상으로서 대통령령으로 정하는 금액 이상의 자기자본을 갖출 것
   4. 그 밖에 해당 투자매매업자 또는 투자중개업자의 신용공여 업무수행에 따른 위험관리 능력 등을 고려하여 대통령령으로 정하는 기준
15) 현재(2022. 5. 기준) 자기자본 3조원 이상의 종합금융투자사업자는 총 9개 증권사(미래에셋증권, NH투자증권, 삼성증권, KB증권, 한국투자증권, 신한금융투자, 메리츠종금증권, 하나금융투자, 키움증권)가 있다(금융위원회 홈페이지의 고시/공고/훈령 게시글 참조).
16) **제166조의2(장외파생상품의 매매 등)** ① 투자매매업자 또는 투자중개업자는 장외파생상품을 대상으로 하여 투자매매업 또는 투자중개업을 하는 경우에는 다음 각 호의 기준을 준수하여야 한다.
   1. 장외파생상품의 매매 및 그 중개·주선 또는 대리의 상대방이 일반투자자인 경우에는 그 일반투자자가 대통령령으로 정하는 위험회피 목적의 거래를 하는 경우에 한할 것. 이 경우 투자매매업자 또는 투자중개업자는 일반투자자가 장외파생상품 거래를 통하여 회피하려는 위험의 종류와 금액을 확인하고, 관련 자료를 보관하여야 한다.
17) **제186조의2(위험회피목적 거래)** 법 제166조의2 제1항 제1호 전단에서 "대통령령으로 정하는 위험회피 목적의 거래"란 위험회피를 하려는 자가 보유하고 있거나 보유하려는 자산·부채 또는 계약 등(이하 "위험회피대상"이라 한다)에 대하여 미래에 발생할 수 있는 경제적 손실을 부분적 또는 전체적으로 줄이기 위한 거래로서 계약체결 당시 다음 각 호의 요건을 충족하는 거래를 말한다.
   1. 위험회피대상을 보유하고 있거나 보유할 예정일 것
   2. 장외파생거래 계약기간 중 장외파생거래에서 발생할 수 있는 손익이 위험회피대상에

래위원회가 주식회사 효성의 TRS 거래를 이용한 계열사 부당지원 혐의를 검찰에 고발하면서 증권사의 관여에 대해 보도함에 따라, 금융감독원은 이러한 TRS 거래 과정에서 증권사의 자본시장법 위반 여부를 파악하기 위하여 2018. 5~7월경 현장검사를 실시한 결과, 12개 증권사가 일반투자자에 해당하는 회사들과 위험회피 목적이 아닌 44건의 TRS 거래를 함으로써 자본시장법을 위반한 사실이 있다고 보도한 바 있다.[19) 보유(예정)자산의 손익 변동을 헤지하기 위한 TRS 거래는 위험회피 목적에 해당하지만, 기업이 계열사의 지분을 취득하거나 자금을 지원하는 등의 목적으로 TRS 거래를 하는 것은 위험회피 목적으로 분류되지 않는 것이다. 그 결과 해당 증권사들은 각 400만원~5,600만원 규모의 과태료 부과 처분을 받게 되었다.[20)

라. TRS의 목적 및 효과

TRS의 전통적인 목적은 헤지에 있다. TRS매도인으로서는 기초자산에 대한 소유권 취득에 따른 위험(예컨대, 주식을 소유한 경우, 발행기업이 도산할 신용위험과 주가변동에 따른 시장위험)을 TRS매수인에게 이전함으로써, 형식적으로는 기초자산을 그대로 보유하고 있음에도 그 위험(과 함께 이익의 가능성도)을 이전하는 동시에 고정 수수료도 얻을 수 있다.[21) 한편, TRS매수인으로서는 기초자산을 직접 보유하지 않음으로써 각종 규제에서 벗어나는 한편 적은 투자금으로도 가치 상승에 따른 레버리지(leverage, 지렛대) 효과를 일으킬 수 있다.[22)

한편 최근 들어서는 국내 비금융회사들을 중심으로 TRS가 위와 같은 헤지 혹

서 발생할 수 있는 손익의 범위를 초과하지 아니할 것

18) 윤지혜, "일반투자자의 파생상품 거래 시 유의사항", 「The Banker」, 2009년 5월호, 전국은행연합회, 2009, 49면.

19) 금융감독원, "증권회사의 기업 관련 총수익스왑(TRS) 거래에 대한 검사결과", 보도자료, 2018. 9. 14., 1, 3면.

20) 한국금융신문, 'TRS'가 뭐길래 … 미래·KB 주요 증권사 '몸살'", 2019. 7. 1.

21) 정순섭, "총수익률스왑의 현황과 기업금융법상 과제", 「BFL」, 제83호, 서울대학교 금융법센터, 2017, 9면; 이상훈, "라임자산운용펀드의 구조적 문제점", 「경제개혁이슈」, 2020-2호, 경제개혁연대, 2020, 3면.

22) 리걸타임즈, "[리걸타임즈 '기업과 법'] 총수익률스왑과 관계된 제문제(1)", 2020. 9. 11.

은 레버리지 목적뿐만 아니라 기업의 자금조달, 기업에 대한 지배력 강화, 순환출
자 해소, 의결권 제한 우회 등 다양한 목적으로 이용되고 있는 것으로 보인다. 다
만 이에 대해서는 당초 헤지를 목적으로 고안된 TRS 거래의 구조가 다양한 거래
동기에 따라 지속적으로 진화하고 고도화되면서, TRS가 부당한 목적 혹은 규제
회피의 의도로 악용되고 있다는 비판이 존재한다.[23]

마. TRS의 기초자산에 따른 위험

TRS의 기초자산은 주식이나 사채에 한정되지 않고 통화의 가치를 비롯한 자
본시장법상 모든 기초자산(동법 제4조 제10항 제1~5호[24])을 대상으로 할 수 있다.
TRS에서 기초자산의 종류에 따라 발생하는 법률문제에는 많은 차이가 존재하
며,[25] 기초자산상의 현금흐름에 내재된 위험(손익과 비용)은 기초자산이 무엇인지
에 따라 달라질 것이다.[26]

기초자산이 채권인 경우에는 채무자의 채무불이행에 따른 신용위험이 TRS매
도인으로부터 TRS매수인에게로 이전된다고 할 수 있으므로 TRS가 신용파생거래의
기능을 한다. 그런데 TRS의 계약기간이 기초자산의 만기보다 짧은 경우(가령 만기가

---

23) 예컨대 모회사는 자회사를 지원할 목적으로 자회사에 대한 투자자와 자회사가 발행하고
    투자자가 인수하는 주식 또는 채권을 기초자산으로 하는 TRS계약을 체결하고 차액정산계
    약을 통해 투자자에게 기초자산의 가치를 보장하기도 하고, 인수회사가 회사를 인수하면
    서 재무적 투자자들과 피인수회사의 주식을 기초자산으로 하는 TRS계약을 체결하고 주가
    상승시 재무적 투자자와 이익을 상호 분배하기로 하는 약정을 체결하기도 한다. 리걸타임
    즈, 전게기사.
24) **제4조(증권)** ⑩ 이 법에서 "기초자산"이란 다음 각 호의 어느 하나에 해당하는 것을 말
    한다.
    1. 금융투자상품, 2. 통화(외국의 통화를 포함한다), 3. 일반상품(농산물·축산물·수산물·
    임산물·광산물·에너지에 속하는 물품 및 이 물품을 원료로 하여 제조하거나 가공한 물
    품, 그 밖에 이와 유사한 것), 4. 신용위험(당사자 또는 제삼자의 신용등급의 변동, 파산
    또는 채무재조정 등으로 인한 신용의 변동), 5. 그 밖에 자연적·환경적·경제적 현상 등
    에 속하는 위험으로서 합리적이고 적정한 방법에 의하여 가격·이자율·지표·단위의 산
    출이나 평가가 가능한 것
25) 정순섭, 전게논문, 7면.
26) 박준·한민, 「금융거래와 법」, 개정판 2판, 박영사, 2019, 621면.

3년 남은 회사채를 기초자산으로 하면서 TRS의 계약기간은 1년으로 하는 경우)에는 TRS의 계약기간 중 회사채 발행인의 신용도에 변동이 없는 경우에도 시장이자율의 변동에 따라 계약기간 종료시의 기초자산의 가치가 계약기간 개시시점과는 달라질 수 있다. TRS매도인은 계약기간 종료시 기초자산을 매도하고 그 대금을 TRS매수인에게 지급하게 되므로 TRS매수인은 신용위험뿐만 아니라 기초자산의 가치변동에 관한 시장위험도 부담한다.[27] 또한, 대출채권이나 채무증권을 기초자산으로 하는 경우 신용공여 규제나 지급보증 또는 보험 규제의 회피 가능성이 문제될 수 있다.[28]

　　기초자산이 주식인 경우에는 의결권 등 주식의 고유한 권한의 귀속을 어떻게 할 것인지가 거래 내용의 결정에 있어서 문제가 될 것이다. 주식의 의결권 등의 귀속은 전적으로 양 당사자 사이의 구체적인 합의 내용에 의하여 결정될 것이며, 의결권과 경제적 이해관계가 분리되는 디커플링(decoupling) 현상이 나타날 수도 있다. TRS매수인의 주된 동기가 경영권 취득이나 방어에 있고 TRS매도인은 단지 재무적 투자자로서의 이익을 갖고 있을 경우에 공의결권(empty voting)의 문제가 발생할 수 있다. 즉 이러한 경우에 TRS매도인은 위험을 보장받기 때문에 의결권 행사에 대한 이해관계를 갖지 않게 되며, 따라서 경제적 이해관계 이상의 의결권을 갖는 공의결권의 현상이 나타나게 된다. 이러한 경우 TRS 거래당사자들이 자율적인 합의를 통하여 TRS매도인으로부터 TRS매수인에게 의결권이 이전되거나 의결권을 TRS매수인의 이익에 부합하도록 행사할 것을 내용으로 하는 합의가 이루어질 가능성이 있다.[29]

III. 라임펀드에서의 TRS 거래구조 및 문제점

1. 사실관계

　　금융감독원이 2020. 2. 14. 발표한 라임에 대한 중간 검사결과에 따르면,

27) 박준·한민, 전게서, 621-622면.
28) 정순섭, 전게논문, 8면.
29) 홍명수, 전게논문, 34면.

2019년말 기준 라임의 전체 수탁고는 약 4.5조원 규모로 라임펀드는 이 중 비상장 주식, 비상장 주식관련 사채권(전환사채, 신주인수권부사채 등 소위 메자닌채권), 사모사채 등 대체투자자산에 3.9조원, 채권 등 여타 부문 상품에 0.6조원을 투자하고 있었다. 그런데 여기서 환매연기가 된 펀드는 4개의 모펀드와 그와 모자관계[30]에 있는 173개의 자펀드로서 환매연기 금액은 약 1.67조원에 달하였다. 라임은 173개 자펀드 투자자로부터 1.67조원을 모집하였고, 이에 더해 레버리지 목적으로 증권사와 0.23조원의 TRS를 체결하여 총 1.72조원을 모펀드에 투자하였다. 모펀드는 ① 국내 사모사채에 주로 투자하는 플루토 FI D-1호, ② 국내 메자닌에 주로 투자하는 테티스 2호, ③ 해외 약속어음(P-note) 등에 주로 투자하는 플루토 TF-1호, ④ 해외 무역금융 채권에 주로 투자하는 Credit Insured 1호이다. 환매연기 모펀드 및 자펀드 현황을 정리하면 아래 표와 같다.[31]

환매연기 母펀드 및 子펀드 현황 ('19.12말 기준)

(단위: 개, 억원)

子펀드				母펀드		
펀드 명	펀드 수	금 액		펀드 명	금 액	주요 투자자산
TOP2 밸런스 6M 35호 등	110	10,091	➡	① 플루토 FI D-1호	9,391	국내 사모사채
새턴 10호 등	21	3,207	➡	② 테티스 2호	2,963	국내 메자닌
무역금융 밸런스 6M 5호 등	38	2,438	➡	③ 플루토 TF-1호	2,408	P-note(약속어음)
Credit Insured 1Y 1호 등	16	2,949	➡	④ Credit Insured 1호	2,464	해외 무역채권
합 계*	173	16,679		합 계*	17,226	

※ 1개의 子펀드가 복수의 母펀드에 중복 투자한 경우 중복을 제거하고 합계를 산출

그런데 금융감독원 중간검사 결과에 따르면, 라임은 고수익 추구를 위해 투명성이 낮은 비시장성 자산에 투자함에도 만기 불일치 방식으로 펀드를 설계하고, TRS를 통한 레버리지를 활용하면서 펀드의 유동성 위험이 크게 증가하였다. 또한

---

30) 모자형 펀드구조는 다수 자펀드가 투자자로부터 모은 자금을 모펀드에 집중하고, 모펀드가 실제로 투자대상자산을 취득·운용하는 형태의 펀드를 말한다.

31) 금융감독원, "라임자산운용에 대한 중간 검사결과 및 향후 대응방안", 보도자료, 2020. 2. 14., 1, 3면.

투자의사결정 과정에서 적절한 내부통제장치가 구축되어 있지 않아 운용역의 독단적 의사결정에 의한 위법행위가 반복적으로 발생하였으며, 특정 펀드의 손실 발생을 회피하기 위해 타 펀드자금을 활용하여 부실자산을 인수하는 행위를 여러 번 반복하였고, 일부 임직원은 직무상 얻은 정보를 이용하여 라임 임직원 전용 펀드 등을 통해 거액의 부당이득을 취득하였다. 심지어 모펀드 중 하나인 플루토 TF-1호가 편입한 미국 인터내셔널인베스트먼트그룹(IIG)이 운용한 무역금융펀드의 경우 기준가를 임의 변경 및 부실을 은폐한 혐의도 받고 있다.[32] 이 글에서는 위의 문제점들 중에서도 TRS 거래구조와 관련한 문제를 집중적으로 살펴보기로 한다.

2. 라임펀드에서의 TRS 거래구조의 문제점

가. 안정성이 낮은 비시장성 자산이 기초자산인 점

헤지펀드의 레버리지 투자과정에서 지렛대 효과를 내려면 받침점 역할을 하는 기초자산이 안정적이어야 한다. 만일 받침점의 안전성이 떨어지면 예정했던 지렛대 효과가 발생하지 않거나 지렛대 자체가 무너질 수 있다. 이러한 이유에서 당초 TRS 거래는 국공채 등 신용도가 좋은 A등급 이상의 채권에 투자할 때 이용하였다고 한다. [33]

그런데 라임의 경우 사모사채, 메자닌채권, 무역금융 등 안정성이 낮은 비시장성 자산들을 기초자산으로 하는 TRS 계약을 체결한 점이 문제되었다. 기초자산의 안정성이 떨어지는 경우에는 해당 기초자산의 담보가치 하락의 위험성도 그만큼 커진다. 따라서 담보가치 하락위험이 큰 기초자산을 대상으로 하는 TRS 거래

---

32) 금융감독원, 전게 2020. 2. 14.자 보도자료, 5면; 류혁선·남유선, "사모 시장의 육성과 투자자 보호 ―미국, 일본 제도의 시사점―", 「증권법연구」, 제22권 제3호, 한국증권법학회, 2021, 91-92면.
33) 이상훈, 전게논문, 7면.

를 통하여 레버리지 투자를 하는 경우 그 투자손실이 극도로 확대될 위험이 있는
것이다.34) 실제로 라임이 투자한 메자닌채권 발행 기업들은 상장이 폐지된 코스닥
기업도 있을 뿐만 아니라 그 일부는 내부자거래, 횡령 등 불공정거래에도 연루되
었다는 의혹과 수사를 받고 있다. 더욱이 플루토 TF－1호가 투자한 IIG의 무역금
융펀드는 폰지사기 등 증권사기 혐의로 미국 증권거래위원회(SEC)로부터 등록 취
소처분을 당하여 기초자산으로서의 역할을 아예 하지 못함에 따라 큰 손해를 보기
도 하였다. 이처럼 라임은 위험한 비안정성 자산에 투자를 집중한 것에서 나아가
여기에 TRS구조를 이용함으로써 투자자의 손실이 확대되었다는 비판을 받는다.35)

나. TRS매도인인 3개 증권사가 주된 판매회사인 점

라임사태에서 주목해야 할 부분은, 라임이 부실기업이 발행한 투명성이 떨어
지는 비시장성 투자자산에 레버리지 효과가 있는 TRS 계약을 체결함으로써 손실
변동 폭을 높인 고위험 펀드로 운영하는 과정에서, TRS 계약을 체결한 증권사는
물론 은행 등 판매회사들이 수익에 눈이 멀어 투자자 피해 확대 위험성을 외면하
였다는 비판이다.36)

특히 소규모 사모펀드는 독자적인 판매망이 부족하기 때문에, 개인들을 상대
로 투자자를 모집함에 있어서는 은행 등 판매회사와의 협력이 불가피하고, 이러한
경우에 해당 판매회사는 고객에게 펀드 수익증권의 매수를 권유할 때에는 그 투자
에 따르는 위험을 포함하여 당해 수익증권의 특성과 주요 내용을 명확히 설명함으
로써 고객이 그 정보를 바탕으로 합리적인 투자판단을 할 수 있도록 고객을 보호
하여야 할 주의의무가 있고(대법원 2012.12.26. 선고 2010다86815 판결), 펀드자산의
운용이 적법하게 이루어지는지를 적절하게 감시하여야 한다. 그런데 라임펀드의

---

34) 조자운, "최근 사모펀드 환매중단 사태의 법적 쟁점과 개정 자본시장법에 대한 평가 －라
임자산운용/옵티머스자산운용 사례분석을 중심으로－", 「금융법연구」, 제18권 제2호, 한
국금융법학회, 2021, 197면.
35) 김홍기, "라임사태와 우리나라 사모펀드 규제체계의 개선방안", 「경제법연구」, 제19권 제
3호, 한국경제법학회, 2020, 101면; 이상훈, 전게논문, 7－8면.
36) 이상훈, 전게논문, 2면.

판매회사들은 펀드의 투자대상 및 방법, 수익구조 및 수익률, 운용성과 등을 적절히 설명하지 않았을 뿐만 아니라, 펀드 판매로 인한 수익만을 중시하여 사모펀드의 운용에 대한 감시의무를 수행하지 않거나, 심지어는 라임의 위법한 펀드 운영에 협력하였다는 비판이 제기되었다.

특히 문제되는 것은 라임자산운용과 TRS 거래를 하였음에도 동시에 개인투자자들에게 라임펀드를 판매한 3개의 증권사이다. 이 증권사들은 TRS 거래를 통해 라임펀드의 자산운용 내역과 레버리지 수준까지 모두 알고 있었고, 라임펀드에 대한 이상 경고가 발생한 시점에서는 TRS 거래의 위험 증가를 반영하여 증거금까지 높였음에도 불구하고 별다른 조치를 취하지 아니한 채 계속하여 판매행위를 하였다. 예를 들어, 이들 중 하나의 증권사는 2019년 초에 TRS 증거금 비율을 30%로 책정하다가 2분기에는 50%로 올린 후 펀드 대량 환매가 본격화된 7월에는 증거금 비율을 70%까지 끌어 올리는 식으로 증거금 비율을 조정해 왔는데,[37] 이는 TRS 거래의 위험이 그만큼 커지고 있음을 알고 있었다는 것을 보여준다.[38]

다. TRS의 매도인 겸 판매회사인 증권사의 우선회수권 행사 문제

TRS 거래가 종료되면 TRS매도인은 기초자산에서 비롯된 전체 수익으로부터 자신이 먼저 정산을 받아간 후 TRS매수인에게 나머지 수익을 넘겨주게 되는데, 라임의 여러 펀드에 있어 TRS매도인은 자신의 수익 대부분을 가져갈 수 있는 반면, 펀드로 넘어갈 나머지 수익은 거의 없거나 매우 낮을 가능성이 높은 경우가 대부분이다. 그런데 TRS매도인의 지위를 겸하는 판매회사의 경우 투자회수금을 고객보다 먼저 회수해 가겠다고 우선회수권을 행사하는 경우 고객과의 이해관계 충돌이 발생할 우려가 있다.

자본시장법상 금융투자업자의 가장 중요한 의무는 신의성실의무로서, 금융투자업자는 금융투자업을 영위함에 있어 정당한 사유 없이 투자자의 이익을 해하면서 자기가 이익을 얻도록 해서는 안 되고(동법 제37조 제2항), 금융투자업자와 투자

---

37) 중앙일보, "KB증권은 왜? 라임 TRS 줄이면서 고객엔 라임펀드 팔았다", 2020. 2. 26.
38) 김홍기, 전게논문, 104면.

자 간의 이해상충을 방지하기 위해 이해상충이 발생할 가능성을 파악·평가하고, 그 결과 이해상충이 발생할 가능성이 있다고 인정되는 경우에는 그 사실을 미리 해당 투자자에게 알려야 한다(동법 제44조 제1항). 또한 그 이해상충이 발생할 가능성을 내부통제기준이 정하는 방법 및 절차에 따라 투자자 보호에 문제가 없는 수준으로 낮춘 후 매매, 그 밖의 거래를 해야 하며(동법 제44조 제2항), 나아가 그 이해상충이 발생할 가능성을 낮추는 것이 곤란하다고 판단되는 경우에는 매매, 그 밖의 거래를 해서는 아니 된다(동법 제44조 제3항).

그러나 라임과 관련하여 드러난 정황 등을 비추어 보면, TRS매도인인 증권사들이 투자자의 이익을 해하면서 자신의 이익을 우선 회수하는 행위가 과연 신의성실의 원칙에 부합하는지 매우 의문이며, TRS매도인이 우선 이익을 회수한다는 것은 금융투자상품 설명의 중대한 대상이자 미리 투자자에게 알려야 될 중요한 사실임에도 불구하고 해당 펀드의 투자설명서에서조차 TRS에 대해서 레버리지를 활용할 수 있다는 정보 정도만 제공한 것으로 보인다.[39]

라. 자전거래 금지 위반 회피 목적의 TRS를 통한 연계거래

라임펀드와 관련한 또 다른 논란의 축은 자전거래를 통한 펀드 수익률 돌려막기였다. 자전거래는 동일한 자산운용사가 운용하는 펀드 상호 간에 같은 재산을 동시에 한쪽에 매도하고 다른 한쪽이 매수하는 거래를 말하는데, 자전거래를 통한 펀드의 수익률 조작 가능성이 있어 자본시장법은 이를 불건전 영업행위로서 원칙적으로 금지하고 있으며(동법 제85조 제5호[40]), 환매대응 등 투자자 보호를 위해 필요한 경우에 한하여 예외적으로 허용하고 있다(동법 시행령 제87조 제1항 제3호[41]).

---

39) 대한금융신문, [기고] 라임펀드 TRS 증권사의 우선회수권에 대한 문제점", 2020. 6. 22.
40) **제85조(불건전 영업행위의 금지)** 집합투자업자는 다음 각 호의 어느 하나에 해당하는 행위를 하여서는 아니 된다. 다만, 투자자 보호 및 건전한 거래질서를 해할 우려가 없는 경우로서 대통령령으로 정하는 경우에는 이를 할 수 있다.
  5. 특정 집합투자재산을 집합투자업자의 고유재산 또는 그 집합투자업자가 운용하는 다른 집합투자재산, 투자일임재산(투자자로부터 투자판단을 일임받아 운용하는 재산을 말한다. 이하 같다) 또는 신탁재산과 거래하는 행위

아울러 자본시장법은 자전거래 금지 또는 제한을 회피하기 위한 목적으로 장외파생상품거래, 신탁계약, 연계거래 등을 이용하는 행위도 금지하고 있는데(동법 제85조 제8호[42]), 동법 시행령 제87조 제4항[43]), TRS는 장외파생상품이므로 결국 자전거래 금지를 회피하기 위하여 TRS를 이용하는 행위도 금지된다.

그런데 라임은 A자산운용 등으로 하여금 라임 모펀드 중 하나인 플루토 FI D−1호가 수익자인 OEM 펀드를 설정하게 하여 운용하던 중 라임 플루토 FI D−1호가 보유 중이던 전환사채를 위 OEM 펀드에 이전하는 과정에서 B증권사가 TRS 거래를 통해 라임의 또 다른 모펀드 중 하나인 테티스 2호 펀드로부터 전환사채를 매수해주고 당일 TRS 거래를 통해 B증권사가 전환사채를 보유하고 있는 것처럼 외관을 형성하면서 '(라임) 플루토 FI D−1호 → A 자산운용의 OEM 펀드 → (라임) 테티스 2호'로 이어지는 실질적인 자전거래를 하였다. 이에 따라, 금융감독원은 라임의 자전거래 금지 위반 회피를 위한 연계거래 등 금지 위반 행위를 제재대상사실로 삼은 바 있다.[44] [45]

---

41) **제87조(불건전 영업행위의 금지)** ① 법 제85조 각 호 외의 부분 단서에서 "대통령령으로 정하는 경우"란 다음 각 호의 어느 하나에 해당하는 경우를 말한다.
　3. 법 제85조 제5호를 적용할 때 집합투자업자가 운용하는 집합투자기구 상호 간에 자산(제224조 제4항에 따른 미지급금 채무를 포함한다)을 동시에 한쪽이 매도하고 다른 한쪽이 매수하는 거래로서 다음 각 목의 어느 하나에 해당하는 경우. 이 경우 집합투자업자는 매매가격, 매매거래절차 및 방법, 그 밖에 투자자 보호를 위하여 금융위원회가 정하여 고시하는 기준을 준수하여야 한다.
　　가. 법, 이 영 및 집합투자기구의 집합투자규약상의 투자한도를 준수하기 위한 경우
　　나. 집합투자증권의 환매에 응하기 위한 경우
　　다. 집합투자기구의 해지 또는 해산에 따른 해지금액 등을 지급하기 위한 경우
　　라. 그 밖에 금융위원회가 투자자의 이익을 해칠 염려가 없다고 인정한 경우
42) **제85조(불건전 영업행위의 금지)** 집합투자업자는 다음 각 호의 어느 하나에 해당하는 행위를 하여서는 아니 된다. 다만, 투자자 보호 및 건전한 거래질서를 해할 우려가 없는 경우로서 대통령령으로 정하는 경우에는 이를 할 수 있다.
　8. 그 밖에 투자자 보호 또는 건전한 거래질서를 해할 우려가 있는 행위로서 대통령령으로 정하는 행위
43) **제87조(불건전 영업행위의 금지)** ④ 법 제85조 제8호에서 "대통령령으로 정하는 행위"란 다음 각 호의 어느 하나에 해당하는 행위를 말한다.
　7. 법 제55조, 제81조, 제84조 및 제85조에 따른 금지 또는 제한을 회피할 목적으로 하는 행위로서 장외파생상품거래, 신탁계약, 연계거래 등을 이용하는 행위

3. 라임펀드의 TRS 거래구조의 문제점에 따른 제도 개선사항

가. 레버리지 한도 반영

기존에는 사모펀드는 레버리지 400% 한도 내에서 차입이 가능하나, 레버리지 산정방식상 TRS 계약을 통해 레버리지가 발생한 경우에는 한도(400%)에 과소 반영되는 측면이 있어 차입 운용시 일부 투자자 보호에 취약한 부분이 있었다. 거래 종료 후 거래상대방인 증권사(TRS매도인)에 지급해야 할 금액(기초자산 평가손실)만 반영하고, 증권사로부터의 자금차입(TRS 기초자산 취득) 효과는 반영하지 않았던 것이다.

그러나 2021. 3. 18.자 금융투자업규정 개정에 따라 TRS 거래로 발생한 레버리지 한도 계산시, TRS 평가손익뿐 아니라 TRS 거래를 통해 취득한 기초자산의 취득가액도 레버리지에 반영되게 되었다(금융투자업규정 제4-54조 제1항 제3호 라목, 제6호[46]).[47]

---

44) 금융감독원 자산운용검사국, "라임자산운용에 대한 제재내용 공개안", 2020. 12. 2., 5면; 한경닷컴, "신종 금융거래에 구멍 뚫린 감독당국 … '라임 사태' 눈치도 못챘다", 2019. 11. 12.

45) 참고로, A 자산운용 등 또한 2018~2019년 사모펀드를 설정하여 운용하는 과정에서 실질적 투자자인 라임 혹은 형식적 투자자(TRS 발행사)의 일상적인 요청 등을 받아 집합투자재산을 운용하였다는 사실관계에 터잡아, 자본시장법 제85조 제8호 등에 따라 금지되는 집합투자업자가 투자자와의 이면계약 등에 따라 그 투자자로부터 일상적으로 명령, 지시, 요청 등을 받아 집합투자재산을 운용하는 행위를 하였다는 이유로 제재처분이 부과되었다. 금융감독원 자산운용검사국, "A자산운용에 대한 제재내용 공개안", 2020. 12. 2.

46) **제4-54조(위험평가액 산정방법)** ① 법 제81조 제1항 제1호 마목에 따른 파생상품의 매매에 따른 위험평가액은 장내파생상품 또는 장외파생상품의 거래에 따른 명목계약금액으로 하며, 그 명목계약금액은 다음 각 호의 방법으로 산정하되 승수효과(레버리지)가 있는 경우 이를 감안하여야 한다.

3. 법 제5조 제1항 제3호의 파생상품(이하 "스왑"이라 한다)은 다음 각목을 명목계약금액으로 한다.

   라. 준거자산의 수익을 교환하는 거래(총수익스왑): 수취하기로 한 금전총액이 부(−)의 값을 가지는 경우 지급하기로 한 금전총액과 수취하기로 한 금전총액의 절대값을 더한 금액, 수취하기로 한 금전총액이 양(+)의 값을 가지는 경우 지급하기로 한 금전총액

A주식 가격변화	취득자산 가치(a)	거래종료후 평가손익(b*)	레버리지 반영액
100만원 → 90만원	100만원	-10만원	(현행) 10만원 (|b|)
			(개선) 110만원 (|a|+|b|)
100만원 → 110만원	100만원		(현행) 0원 (|b|)
			(개선) 100만원 (|a|+|b|)

※ 펀드가 TRS거래를 통해 A주식 100만원을 취득한 경우

* 거래종료후 평가손익이 양(+)의 값인 경우, 레버리지에 반영하지 않음

나. 펀드 투자자에 대한 사전 위험고지

기존에는 TRS 거래를 통해 손실이 확대될 수 있음에도 투자자들은 이러한 위험을 정확히 인지하기 어려운 측면이 있었다. 이에 따라, 위 2021. 3. 18.자 금융투자업규정 개정에 따라 차입운용에 따른 위험을 투자자가 사전에 인지할 수 있도록 펀드의 차입 가능성 및 최대차입한도를 집합투자규약에 반영하게 되었다(금융투자업규정 제7-8조 제4호[48]). 이에 따라 펀드의 차입 및 선순위 채권자의 존재로 인한 손실확대 가능성에 동의하는 투자자만 해당 펀드에 투자하고 집합투자규약상 한도를 초과하여 차입하는 경우 투자자의 전원 동의가 필요하게 되

---

6. 제3호에도 불구하고 같은 호 라목의 총수익스왑 또는 이와 유사한 거래를 통해 사실상의 차입과 같은 효과가 있는 경우로서 법 제249조의7 제1항 제1호에 따른 위험평가액을 산정할 때에는 준거자산의 취득가액을 위험평가액에 포함한다.

47) 금융위원회, "사모펀드 투자자 보호 및 관리·감독 강화를 위한 「금융투자업규정 개정안」 금융위원회 의결·시행", 보도자료, 2021. 3. 19., 3면.

48) **제7-8조(집합투자규약의 기재사항)** 영 제215조 제12호, 제227조 제1항 제13호, 제234조 제1항 제12호, 제236조 제1항 제12호, 제236조의2 제1항 제12호, 제237조 제1항 제11호 및 제239조 제11호에서 "금융위원회가 정하여 고시하는 사항"이란 각각 다음 각 호의 사항을 말한다.

4. 집합투자재산을 운용함에 있어서 집합투자기구의 계산으로 금전을 차입(제4-54조 제1항 제3호 라목, 같은 호 바목 및 같은 항 제6호의 거래를 통해 사실상 차입과 같은 효과가 있는 경우를 포함한다. 이하 이 호에서 같다)하고자 하는 경우에는 차입 가능성 및 최대 차입한도

었다.[49)]

다. PBS 증권사의 관리·감시책임 강화

기존 PBS 증권사는 신용공여 및 파생상품(TRS) 계약 등을 통해 사모펀드에 레버리지를 제공하고 있으나, 거래기록의 단순보관 외 리스크 관리 등의 견제기능은 미흡하다는 지적이 있었다. 이에 따라 PBS가 사모펀드에 제공한 레버리지(TRS 포함) 수준을 평가하고, 리스크 수준을 관리하도록 의무화하게 되었다(자본시장법 제77조의3 제4항[50)]).[51)]

라. TRS 거래 상대방 한정

금융위원회는 사모펀드에 대해 레버리지 목적의 TRS를 제공하는 행위는 해당 사모펀드와 전담중개계약을 체결한 종합금융투자사업자(증권사 PBS 부서)만이 가능하다는 유권해석을 내렸는바,[52)] 이를 통해 사모펀드의 TRS매도인을 전담중개계약을 체결한 PBS로 제한되게 함으로써 사모펀드 레버리지 리스크관리 기능을 수행하도록 하였다.[53)]

---

49) 금융위원회, 전게 2021. 3. 19.자 보도자료, 3면.
50) **제77조의3(종합금융투자사업자에 관한 특례)** ④ 종합금융투자사업자가 전담중개업무를 영위하는 경우에는 제72조에도 불구하고 증권 외의 금전등에 대한 투자와 관련하여 일반 사모집합투자기구등에 신용공여를 할 수 있다. 이 경우 종합금융투자사업자는 일반 사모집합투자기구등의 신용공여와 관련한 위험수준에 대하여 평가하고 적정한 수준으로 관리하여야 한다.
51) 금융위원회, 전게 2021. 3. 19.자 보도자료, 8면.
52) 사모펀드에 대한 신용공여 및 재산의 보관·관리 업무는 전담중개업무 중 핵심업무에 해당하고, 레버리지 목적의 TRS도 경제적 실질이 신용공여와 유사하므로 해당 사모펀드와 전담중개계약을 체결한 종합금융투자사업자가 제공하여야 한다. 금융위원회, "법령해석 회신문(200225)", 법령해석회신문, 2020. 7. 21.
53) 금융위원회, "「사모펀드 현황 평가 및 제도개선 방안 최종안」 발표", 보도자료, 2020. 4. 27., 11면.

마. 일방적 TRS 계약해지 방지

TRS 계약 조기종료 시 3영업일 전까지 거래당사자간 합의를 의무화함으로써 사전에 정한 조기종료 사유(가령 허위자료 제공, 펀드재산 압류 등) 이외의 경우에는 계약종료 절차를 강화하여 펀드 운용의 안정성을 제고하고자 하였다.54)

바. 월별 자전거래 규모 제한

자전거래는 이 글의 주제인 TRS 거래와 직접적인 연관성이 있다고 할 수는 없으나, 앞서 살펴본 바와 같이 라임이 자전거래 금지위반 회피를 위하여 TRS 거래 이용행위를 하였으므로 이의 연장선상에서 살펴보자면, 월별 자전거래 규모는 자전거래 펀드의 직전 3개월 평균 수탁고의 20% 이내(매수, 매도펀드에 각각 적용)로 제한하되, 양쪽 펀드에서 투자자 전원의 동의를 받은 경우는 적용 제외하도록 하였다(금융투자업규정 제4-59조55)).56)

IV. 마치며

라임펀드 사태에서는 TRS가 안정성이 낮은 비시장성 자산들을 기초자산으로 한 점이 문제점으로 지적되기도 하였으나, 사실 고위험 상품에 투자하고 고수익을

---

54) 금융위원회, 전게 2020. 4. 27.자 보도자료, 11면.
55) **제4-59조(집합투자기구간 거래 등)** ① 집합투자업자가 영 제87조 제1항 제3호에 따라 자기가 운용하는 집합투자기구 상호 간에 같은 자산을 같은 수량으로 같은 시기에 일방이 매도하고 다른 일방이 매수 하는 거래(이하 이 조에서 "자전거래"라 한다)를 하는 경우에는 다음 각 호의 요건을 모두 충족하여야 한다.
   6. 월별 자전거래 규모가 직전 3개월 평균 집합투자기구 자산총액(환매금지형집합투자기구의 경우 최초 모집기간 중 모집된 금액을 말한다)의 100분의 20 이하일 것. 다만, 해당 자전거래에 관하여 그 자산을 매도하는 집합투자기구와 매수하는 집합투자기구 각각의 수익자 전원의 동의를 얻은 경우에는 그러하지 아니하다
56) 금융위원회, 전게 2021. 3. 19.자 보도자료, 2면.

기대하는 것은 특히 라임과 같은 사모펀드 내지 헤지펀드가 가지는 본질적인 속성으로, 비록 TRS 거래구조를 채택하여 레버리지가 확대된 측면이 있지만 TRS는 헤지펀드가 이용하는 전형적인 금융기법 중 하나이다. 따라서 고위험 금융상품을 선택하거나 운용함에 있어서 내부자거래, 내부통제위반, 부실의 은폐, 고의적인 수익률 조작, 사기나 착오 등 관련 법령을 위반한 경우가 아니라면 고수익을 추구하는 헤지펀드가 고위험 금융상품과 TRS 거래구조를 이용하였다는 사실 자체만을 가지고 비난하기는 어렵다고 할 것이다.[57]

　　앞서 살펴본 바와 같이 제2의 라임사태를 방지하기 위한 명목 하에 2020~2021년 TRS와 관련한 다수의 제도 개편이 이루어졌는데, 이는 일부 자산운용사의 일탈 행위를 제도의 탓으로 돌리는 인식에서 비롯된 것으로 보이고, 이러한 과도한 사모펀드 규제는 결국 금융시장의 발전을 저해할 소지가 있으며, 사모펀드에 대하여 공모펀드에 준하는 규제가 이루어짐으로써 자산운용사, 판매회사, 수탁회사(신탁업자) 등 펀드 관련회사들의 규제준수비용의 증가를 초래할 수 있다는 점[58]에서 공모펀드와 사모펀드의 특징이 희석 및 왜곡될 수 있는 가능성도 배제할 수 없다고 생각된다.

---

57) 김홍기, 전게논문, 101－102면.
58) 실제로 일련의 사모펀드 사태 이후 정부가 다수의 사모펀드 투자자보호·체계개편을 위한 자본시장법 및 하위법규 개정안을 마련하자 사모펀드에 대하여 판매회사가 판매를 거부하거나 수탁회사가 설정을 기피하는 등의 사태가 빈번히 발생하기에 이르렀다.

제4부

자산운용사의 경영건전성과
기타 영업행위 규칙

제16장

●

대주주 등에 대한 신용공여의 금지

I. 사안의 개요

[대법원 2017.4.26. 선고 2014도15377 판결(이하 '대상판결'이라 한다)]

■ (주)A[1]와 (주)A투자증권은 A금융그룹의 계열사이고 (주)A는 (주)A투자증권의 최대주주이다. 피고인은 A금융그룹의 회장으로서, 2008. 6월 인수한 (주)A저축은행에 영업비용의 증가 및 건전성 악화에 따른 충당금 적립으로 대손상각비가 증가하였고, 약 196억원의 당기순손실이 발생하여 자본잠식이 우려되는 상황이 발생하게 되자 (주)A저축은행의 유상증자를 계획하였다. 피고인은 유상증자 참여 대금을 마련할 목적으로 (주)A투자증권의 자금이 (주)A에 대여되도록 하는 계획을 아래 ①, ②와 같이 마련하여 실행하였다.

■ ① (주)A투자증권은 임차인으로서 임대인인 (주)甲[2]에게 매월 납부하는 임대료 및 관리비(월세)를 임대보증금으로 전환하기로 하고, (주)甲에게 임대보증금으로 전환되어 지급될 금전의 대부분이 (주)A투자증권의 대주주인 (주)A에

---

1) A금융그룹은 (주)A, (주)A투자증권, (주)A자산운용, (주)A캐피탈, (주)A 저축은행 등 5개 계열사로 구성되었는데, (주)A는 위 각 계열사의 최대주주로서 특별한 영업활동이나 상근 직원 없이 계열회사 관리업무를 수행하였다. 김혜윤, "자본시장법상 대주주 신용공여 금지 위반 사례연구", 『고려법학』, 제90호, 2018, 318면.

2) (주)A의 자회사였으나 (주)A캐피탈 이사를 역임한 B에게 지분을 양도하였고, 그 이후에도 (주)A의 자금조달 및 (주)A의 자회사들에 대한 총괄부서 역할을 수행하였다. 피고인은 (주)甲을 실질적으로 운영하였다. 김혜윤, 상계논문, 319면.

게 대여될 것을 알고 있음에도, 임대차계약 만료시가 아닌 임대차 기간 도중이라는 이례적인 시기에 관리비 부분까지 임대보증금으로 전환하여 59억원 상당의 임대보증금을 (주)甲에게 지급하고, (주)甲은 그 중 44.5억원(75.6%)을 (주)A에 대여하였다(이하 '전세보증금 매개 신용공여행위'라 한다). ② (주)A는 (주)A투자증권으로 하여금 (주)A캐피탈 발행 CP를 총 53회에 걸쳐 1,245억원 어치 매입하도록 하고, 433억 7,000만원이 (주)A캐피탈을 통해 (주)A에 대여되도록 하였다(이하 '기업어음 매개 신용공여행위').

- 금융투자업자는 대주주에 대하여 신용공여를 하여서는 아니 되고, 대주주는 그 금융투자업자로부터 신용공여를 받아서는 아니 됨에도 불구하고, 피고인은 A금융그룹의 회장으로서 (주)A투자증권의 인사, 재무, 자금 등 경영에 관한 주요 정책을 최종 결정, 집행하는 업무를 담당하는 것을 기화로 저축은행에 대한 유상증자 대금을 마련할 목적으로 금융투자업자인 (주)A투자증권으로 하여금 대주주인 (주)A에 거래상의 신용위험을 수반하는 간접적 거래로서 신용공여행위인 '전세보증금 매개 신용공여행위' 및 '기업어음 매개 신용공여행위'를 하도록 하였다는 이유로 공소제기 되었다.
- 한편, 금융감독당국은 2013. 2. 7. 제재심의위원회 및 2013. 2. 27. 증권선물위원회, 2013. 4. 17. 금융위원회에서 위 '전세보증금 매개 신용공여행위' 및 '기업어음 매개 신용공여행위'에 대해 (주)A투자증권에 대해서는 기관경고 및 과징금 5.72억원, 임직원에 대해서는 문책경고 수준의 제재를 결정하였다. 금융감독당국은 '전세보증금 매개 신용공여행위'에 대해서는 '대주주 신용공여 금지 위반(자본시장법 제34조 제2항)'으로, '기업어음 매개 신용공여행위'에 대해서는 '대주주와의 거래 제한 위반(자본시장법 제34조 제1항)'으로 판단하여 제재하였다.

II. 문제의 소재

금융투자업자가 그 대주주, 계열회사와 같은 특수 이해관계가 있는 자와 행하는 거래는 비용적 이점과 상생이라는 목적을 위하여 빈번하게 이루어지고 있다.[3] 그러나 금융투자업자가 대주주의 사금고로 전락하거나 지배력 확장을 위한 편법적 거래가 이루어지는 등의 부정적 측면이 문제가 되면서, 자본시장과 금융투자업에 관한 법률(이하 '자본시장법'이라 한다)을 비롯한 금융 관련 법률은 이러한 금융투자업자의 특수관계인을 포함한 대주주와의 거래를 규제하여 부작용을 방지하기 위한 차단 장치를 두고 있다.

자본시장법은 제34조에서 금융투자업자가 대주주 및 특수관계인과 하는 거래 및 신용공여행위를 제한하는 규정을 두고 있다. 먼저, 자본시장법 제34조 제1항은 금융투자업자와 대주주 및 특수관계인 사이에 특정 거래의 유형을 제한하는 규정이다. 금융감독당국은 대상판결과는 다르게 이 사건 '기업어음매개 신용공여행위'에 대하여 자본시장법 제34조 제1항 본문에서 금지하는 거래행위로 판단하여 제재하였는데, 동항에서 금지하는 거래행위에 대하여는 추후 살펴보기로 한다.

다음으로, 자본시장법 제34조 제2항은 금융투자업자의 대주주 및 특수관계인에 대한 "신용공여"를 제한하는 규정이다. 자본시장법 제34조 제2항 본문은, "신용공여" 행위인 금융투자업자의 대주주에 대한 금전·증권 등 경제적 가치가 있는 재산의 대여, 채무 이행의 보증, 자금 지원적 성격의 증권의 매입은 물론, 거래상의 신용위험을 수반하는 직접적·간접적 거래로서 "대통령령으로 정하는 거래"를 원칙적으로 금지하고 있다. 다만 자본시장법 제34조 제2항 단서 제3호에서는 "금융투자업자의 건전성을 해할 우려가 없는" 신용공여로서 "대통령령으로 정하는 일정한 경우"에 한하여 예외를 인정하고 있다.

대상판결에서는 '기업어음 매개 신용공여행위' 및 '전세보증금 매개 신용공여행위'가 각각 자본시장법 제34조 제2항에 의하여 금지되는 대주주 및 특수관계인에 대한 신용공여행위인지가 쟁점이 되었다. 이에 대하여, 먼저 피고인은 '기업어음 매개 신용공여행위'는 (i) 자본시장법 시행령 제38조 제4항 제4호 본문[4]에 따른 행위로, 동항 각호에 열거된 행위는 그 자체로 금융투자업자의 건전성을 해할 우려가 없는 신용공여이므로 거래상의 위험 초래 여부를 따질 필요도 없이 그 자체로 금지대상이 아니라고 주장하였으며, (ii) 이 사건 (주)A투자증권이 기업어음을 매입한 것은 대주주에 대한 신용공여를 목적으로 한 것이 아니라, 수익 창출을

---

3) 김혜윤, 상게논문, 332면.
4) 2021. 6. 18. 자본시장법 시행령 개정으로, 판결 당시 동 시행령 제38조 제2항에서 규정하던 "대통령령으로 정하는 행위"는 현행법령상 제38조 제4항에서 규정하도록 함.

위한 경영상 판단에 의한 것이고, 기업어음 매입과 자금 대여는 법적·경제적으로 완전히 독립된 법률행위여서 간접적으로 신용을 공여한 것이라고 볼 수 없고, (iii) (주)A캐피탈의 재무상태가 양호하였기 때문에 (주)A캐피탈의 자산상황에 비추어 볼 때 (주)A가 차용금을 상환하지 못하더라도 (주)A캐피탈이 이 사건 기업어음 원리금을 상환할 수 있는 능력이 있었으므로, (주)A투자증권이 (주)A캐피탈의 기업어음을 매입하는 것이 자본시장법 소정의 거래상 신용위험을 수반하는 행위로 볼 수 없다는 점을 들어 예외적으로 허용되는 신용공여행위라고 주장하였다.

피고인은 '전세보증금 매개 신용공여행위'에 대하여도 i) (주)A투자증권과 (주)甲 사이의 기존 월세 계약을 전세계약으로 전환하는 행위 자체가 자본시장법 제34조 제2항에서 금지하는 거래상의 신용위험을 수반하는 직·간접적 거래로서의 신용공여행위가 아니고, ii) 신용공여행위에 해당하더라도 이는 전세보증금 상당의 채권을 취득한 행위에 해당하여 자기자본의 100분의 8의 범위 내에서 '특수관계인이 발행하는 채권'을 소유하게 된 행위이므로 예외적으로 허용되는 신용공여행위라고 주장하였다. 또한 iii) (주)甲 소유의 해당 빌딩 역시 선순위 저당권과 전세권을 제외하더라도 그 잔존 가치가 약 300억원 이상이 되어 본 거래가 신용위험을 수반한다고 볼 수도 없다고 주장하였다.

피고인의 위와 같은 주장의 타당성을 검토하기 위해, 먼저 신용공여의 개념과 신용공여의 주체에 대하여 개관한 후 대주주 신용공여로서 금지되는 행위와 예외적으로 허용되는 행위에 대하여 서술하겠다. 또한 신용공여 금지의 대상이 되는 대주주 및 특수관계인의 정의와 범위를 살펴본 다음 본 규정을 위반하는 경우의 제재규정에 대하여 기술하고, 끝으로 피고인의 주장에 대한 법원의 판단을 소개하고자 한다.

III. 신용공여 금지의 내용

1. 신용공여의 개념과 주체

자본시장법

제34조(대주주와의 거래 등의 제한)
① 금융투자업자(겸영금융투자업자는 제외한다. 이하 이 절에서 같다)는 다음 각 호의 어느 하나에 해당하는 행위를 하여서는 아니 된다. 다만, 담보권의 실행 등 권리행사에 필요한 경우, 제176조 제3항 제1호에 따른 안정조작 또는 같은 항 제2호에 따른 시장조성을 하는 경우, 그 밖에 금융투자업자의 건전성을 해치지 아니하는 범위에서 금융투자업의 효율적 수행을 위하여 대통령령으로 정하는 경우에는 그러하지 아니하며, 이 경우 금융위원회는 다음 각 호별로 그 소유기한 등을 정하여 고시할 수 있다. <개정 2009. 2. 3.>
1. 그 금융투자업자의 대주주가 발행한 증권을 소유하는 행위
2. 그 금융투자업자의 특수관계인(금융투자업자의 대주주를 제외한다) 중 대통령령으로 정하는 자가 발행한 주식, 채권 및 약속어음(기업이 사업에 필요한 자금을 조달하기 위하여 발행한 것에 한한다)을 소유하는 행위. 다만, 대통령령으로 정하는 비율의 범위에서 소유하는 경우를 제외한다.
3. 그 밖에 금융투자업자의 건전한 자산운용을 해할 우려가 있는 행위로서 대통령령으로 정하는 행위
② 금융투자업자는 대주주(그의 특수관계인을 포함한다. 이하 이 조에서 같다)에 대하여 신용공여(금전·증권 등 경제적 가치가 있는 재산의 대여, 채무이행의 보증, 자금 지원적 성격의 증권의 매입, 그 밖에 거래상의 신용위험을 수반하는 직접적·간접적 거래로서 대통령령으로 정하는 거래를 말한다. 이하 이 절에서 같다)를 하여서는 아니 되며, 대주주는 그 금융투자업자로부터 신용공여를 받아서는 아니 된다.

자본시장법 시행령

제37조(대주주와의 거래 등의 제한 등) ① 법 제34조제1항 각 호 외의 부분 단서에서 "대통령령으로 정하는 경우"란 다음 각 호의 어느 하나에 해당하는 경우를 말한다. <개정 2009. 2. 3., 2009. 7. 1., 2015. 10. 23.>

1. 법 제34조 제1항 제1호를 적용할 때 다음 각 목의 어느 하나에 해당하는 경우
   가. 대주주가 변경됨에 따라 이미 소유하고 있는 증권이 대주주가 발행한 증권으로 되는 경우
   나. 인수와 관련하여 해당 증권을 취득하는 경우
   다. 관련 법령에 따라 사채보증 업무를 할 수 있는 금융기관 등이 원리금의 지급을 보증하는 사채권을 취득하는 경우
   라. 특수채증권을 취득하는 경우
   마. 그 밖에 금융투자업자의 경영건전성을 해치지 아니하는 경우로서 금융위원회가 정하여 고시하는 경우

④ 법 제34조 제1항 제3호에서 "대통령령으로 정하는 행위"란 다음 각 호의 어느 하나에 해당하는 행위를 말한다.

1. 대주주나 특수관계인과 거래를 할 때 그 외의 자를 상대방으로 하여 거래하는 경우와 비교하여 해당 금융투자업자에게 불리한 조건으로 거래를 하는 행위
2. 법 제34조 제1항 제1호·제2호 또는 이 항 제1호에 따른 제한을 회피할 목적으로 하는 행위로서 다음 각 목의 어느 하나에 해당하는 행위
   가. 제3자와의 계약이나 담합 등에 의하여 서로 교차하는 방법으로 하는 거래행위
   나. 장외파생상품거래, 신탁계약, 연계거래 등을 이용하는 행위

신용공여의 개념에 대하여 살펴보기 앞서, 신용공여와 유사한 취지의 규제인 자본시장법 제34조 제1항에 의하여 제한되는 거래의 내용에 대하여 살펴볼 필요가 있다. 자본시장법은 대주주에 대한 신용공여를 금지하는 외에 유사한 취지로 대주주와의 거래 등을 제한하는데, 동항 각호에 따라 (ⅰ) 금융투자업자의 대주주가 발행한 증권을 소유하는 행위, (ⅱ) 계열회사가 발행한 주식, 채권 및 약속어음을 소유하는 행위, (ⅲ) 그 밖의 금융투자업자의 건전한 자산운용을 해할 우려가

있는 행위로서 대통령령으로 정하는 행위를 금지한다(자본시장법 제34조 제1항 본문 각호). 이에 따라 대주주나 특수관계인과 거래를 할 때, 그 외의 자를 상대방으로 하여 거래하는 경우와 비교하여 불리한 조건으로 거래하는 행위(자본시장법 제34조 제1항 및 동법 시행령 제37조 제4항)는 금지된다. 다만 동항 단서에 따라 '금융투자업자의 건전성을 해하지 아니하는 범위 내에서' '금융투자업자의 효율적 수행을 위한 일정한 경우'로서, 대주주가 변경됨에 따라 이미 소유하고 있는 증권이 대주주가 발행한 증권으로 되는 경우, 인수와 관련하여 해당 증권을 취득하는 경우, 특수 채증권을 취득하는 경우 등에는 그 예외가 인정된다(자본시장법 제34조 제1항 단서 및 동법 시행령 제37조 제1항).

금융감독당국의 경우 사안의 '기업어음매개 신용공여행위'에 대하여, 계열회사와 거래시 계열회사 이외의 자를 상대방으로 하는 경우와 비교하여 해당 금융투자업자에게 불리한 조건으로 거래하는 경우(자본시장법 제34조 제1항 제3호, 동법 시행령 제37조 제4항 제1호)로 제재하였다.[5]

다음으로 "신용공여"의 개념에 대하여 살펴보면, 신용공여란 신용위험을 수반하는 금융거래를 말한다. 자본시장법에서는 금융투자업자의 대주주에 대한 금전·증권 등 경제적 가치가 있는 재산의 대여, 채무 이행의 보증, 자금 지원적 성격의 증권의 매입은 물론, 거래상의 신용위험을 수반하는 직접적·간접적 유형의 거래를 말한다고 정의하고, 신용공여에 해당하는 구체적인 거래 유형은 자본시장법 시행령에서 정하도록 위임하였다. 자본시장법 시행령에서는 이와 같은 거래의 제한을 회피할 목적으로 하는 교차거래, 장외파생상품거래, 신탁계약 및 연계거래 등을 이용하는 행위도 모두 금지하고 있다(자본시장법 시행령 제38조 제1항 제4호 가목 및 나목).

이처럼 자본시장법은 "금융투자업자"의 신용공여를 금지하고 있는바, 신용공여의 주체인 금융투자업자의 범위에 대하여도 살펴볼 필요가 있다. 금융투자업자는 자본시장법 제6조 제1항 각호에서 규정하는 금융투자업인 투자매매업, 투자중

---

5) 자본시장법 제34조 제1항 제3호에 대하여는 형사벌칙이 규정되어 있지 않아, 검찰은 '기업어음매개 신용공여행위'를 '전세보증금 매개 신용공여행위'와 마찬가지로 자본시장법 제34조 제2항의 대주주 신용공여 금지 위반으로 기소하였다.

개업, 집합투자업, 투자자문업, 투자일임업, 신탁업에 대하여 금융위원회의 인가를 받거나 금융위원회에 등록하여 이를 영위하는 자를 말한다. 이와 같은 금융투자업자에 대하여 대주주 등에 대한 신용공여를 규제하고 있는 것은 대주주의 신용위험이 금융투자업자에게 전가되어 금융투자업자가 부실화되는 것을 방지함으로써 궁극적으로 금융투자업자의 건전성을 확보하여 자본시장의 공정성, 효율성, 신뢰성을 확보할 필요가 있기 때문이다. 이 때문에 자본시장법 제34조 제2항은 금융투자업자뿐만 아니라 대주주에 대하여도 신용공여를 받지 않을 의무를 부담시키고 있다. 다음으로는 이 사건 '기업어음 매개 신용공여행위'와 '전세보증금 매개 신용공여행위'가 자본시장법상 금지되는 신용공여행위인지에 대하여 살펴보기로 한다.

2. 금지되는 행위

자본시장법 시행령

제38조(신용공여의 범위 등)
① 법 제34조 제2항 각 호 외의 부분 본문에서 "대통령령으로 정하는 거래"란 다음 각 호의 어느 하나에 해당하는 거래를 말한다. < 개정 2017. 10. 17., 2021. 6. 18. >
1. 대주주(그의 특수관계인을 포함한다. 이하 이 항에서 같다)를 위하여 담보를 제공하는 거래
2. 대주주를 위하여 어음을 배서(「어음법」 제15조 제1항에 따른 담보적 효력이 없는 배서는 제외한다)하는 거래
3. 대주주를 위하여 출자의 이행을 약정하는 거래
4. 대주주에 대한 금전·증권 등 경제적 가치가 있는 재산의 대여, 채무이행의 보증, 자금 지원적 성격의 증권의 매입, 제1호부터 제3호까지의 어느 하나에 해당하는 거래의 제한을 회피할 목적으로 하는 거래로서 다음 각 목의 어느 하나에 해당하는 거래
    가. 제3자와의 계약 또는 담합 등에 의하여 서로 교차하는 방법으로 하는 거래

나. 장외파생상품거래, 신탁계약, 연계거래 등을 이용하는 거래
5. 그 밖에 채무인수 등 신용위험을 수반하는 거래로서 금융위원회가 정하여 고
   시하는 거래

신용공여행위로서 금지되는 구체적인 유형의 신용공여행위는 자본시장법 시
행령 제38조 제1항이 규정하고 있다. 자본시장법 시행령이 규정하고 있는 신용공
여에는 (i) 담보를 제공하는 거래, (ii) 대주주를 위하여 어음을 배서하는 거래,
(iii) 출자의 이행을 약정하는 거래, (iv) 금전·증권 등 경제적 가치가 있는 재산의
대여, 채무이행의 보증, 자금 지원적 성격의 증권의 매입, (i)부터 (iii)까지의 어
느 하나에 해당하는 거래의 제한을 회피할 목적으로 하는 거래로서 제3자와의 계
약 또는 담합 등에 의하여 서로 교차하는 방법으로 하는 거래 및 장외파생상품거
래, 신탁계약, 연계거래 등을 이용하는 거래, (v) 그 밖에 채무인수 등 신용위험을
수반하는 거래로서 금융위원회가 정하여 고시하는 거래가 있다.

그 중 동항 제4호는 신용거래 제한에 대한 규제를 회피하기 위하여 연계거래
등의 간접적인 방식을 이용하는 거래도 제한하고 있는데, 본 사안의 경우 (주)A는
직접적 신용공여의 방법이 아니라 계열 금융투자업자인 (주)A투자증권으로 하여금
(주)A캐피탈이 발행하는 기업어음을 매입하도록 하고, 해당 자금의 일부를 (주)A
캐피탈을 통해 (주)A에 대여되도록 하는 방식을 취하였다. 또한 '전세보증금 매개
신용공여행위'는 (주)A투자증권이 임차인으로 있는 월세계약을 전세계약으로 전환
하여 계열사였던 (주)甲에 전세보증금을 지급하고, 해당 자금이 대주주인 (주)A에
대여되는 방식을 취한 것이어서 연계거래를 이용한 간접적 신용공여행위에 해당
한다고 할 것이다. 다만 자본시장법은 예외적으로 허용되는 신용공여행위에 대하
여 규정하고 있으므로, 이 사건 '기업어음 매개 신용공여행위'와 '전세보증금 매개
신용공여행위'가 자본시장법상 예외적으로 허용되는 신용공여행위에 해당하는지
아래에서 검토하기로 한다.

3. 예외적으로 허용되는 행위

자본시장법

제34조(대주주와의 거래 등의 제한)

② 금융투자업자는 대주주(그의 특수관계인을 포함한다. 이하 이 조에서 같다)에 대하여 신용공여(금전·증권 등 경제적 가치가 있는 재산의 대여, 채무이행의 보증, 자금 지원적 성격의 증권의 매입, 그 밖에 거래상의 신용위험을 수반하는 직접적·간접적 거래로서 대통령령으로 정하는 거래를 말한다. 이하 이 절에서 같다)를 하여서는 아니 되며, 대주주는 그 금융투자업자로부터 신용공여를 받아서는 아니 된다. 다만, 대주주에 대한 신용공여가 다음 각 호의 어느 하나에 해당하는 경우에는 이를 할 수 있다. <개정 2020. 12. 29.>

1. 임원에 대하여 연간 급여액(근속기간 중에 그 금융투자업자로부터 지급된 소득세 과세대상이 되는 급여액을 말한다)과 대통령령으로 정하는 금액 중 적은 금액의 범위에서 하는 신용공여

2. 금융투자업자가 발행주식총수 또는 출자총액의 100분의 50 이상을 소유 또는 출자하거나 대통령령으로 정하는 기준에 의하여 사실상 경영을 지배하는 해외현지법인에 대한 신용공여

3. 그 밖에 금융투자업자의 건전성을 해할 우려가 없는 신용공여로서 대통령령으로 정하는 신용공여

자본시장법 시행령

제38조(신용공여의 범위 등)

④ 법 제34조 제2항 제3호에서 "대통령령으로 정하는 신용공여"란 다음 각 호의 행위가 법 제34조 제2항 각 호 외의 부분 본문에 따른 신용공여에 해당하는 경우 그 신용공여를 말한다. <신설 2021. 6. 18.>

1. 담보권의 실행 등 권리행사를 위한 법 제34조 제1항 각 호의 행위

2. 법 제176조 제3항 제1호에 따른 안정조작이나 같은 항 제2호에 따른 시장조성을 하기 위한 법 제34조 제1항 각 호의 행위

---

3. 제37조 제1항 각 호에 해당하는 사유로 인한 신용공여
4. <u>제37조 제3항에 따른 비율의 범위에서 주식, 채권 및 약속어음(법 제34조 제1항 제2호 본문에 따른 약속어음을 말한다. 이하 제39조에서 같다)을 소유하는 행위.</u> 다만, 금융투자업자의 대주주가 발행한 증권을 소유하는 행위는 제외한다.

제37조(대주주와의 거래 제한 등)
③ 법 제34조 제1항 제2호 단서에서 "대통령령으로 정하는 비율"이란 금융위원회가 정하여 고시하는 자기자본의 100분의 8을 말한다.

금융투자업자의 건전성을 해할 우려가 없는 경우까지 신용공여를 규제할 이유는 없기 때문에, 자본시장법은 제34조 제2항 단서에서 예외적 허용 규정을 두고 있다. 동항 단서 제3호는 "금융투자업자의 건전성을 해할 우려가 없는 신용 공여"로서 "대통령령으로 정하는 경우"에는 대주주 등에 대한 신용공여를 허용하는데, 그 예외에 해당하는 자본시장법 시행령상의 행위에는 (ⅰ) 담보권의 실행 등 권리 행사를 위하여 필요한 경우로서 대주주 발행 증권을 소유하는 경우(제38조 제4항 제1호), (ⅱ) 안정조작 또는 시장조성을 하는 경우로서 대주주 발행 증권을 소유하는 경우(제38조 제4항 제2호), (ⅲ) 자기자본의 100분의 8의 범위 내에서 대주주를 제외한 특수관계인이 발행한 주식, 채권 및 약속어음을 소유하는 경우(제38조 제4항 제4호, 제37조 제3항) 등이 포함된다.

참고로, 자본시장법은 예외적으로 대주주에 대한 신용공여가 허용되는 경우에 있어서도, 사전에 재적이사 전원 찬성의 이사회결의를 거치도록 하고(자본시장법 제34조 제3항) 사후에는 그 내용을 금융위원회에 지체없이 보고하고 및 인터넷 홈페이지 등을 이용하여 공시하도록 하고 있어(자본시장법 제34조 제4항) 금융투자업자 내·외부적으로 절차상의 신중을 기하도록 하고 있다. 다음으로는 신용공여가 금지되는 대주주 및 특수관계인의 범위에 대하여 살펴보기로 한다.

4. 대주주 및 특수관계인의 범위

자본시장법

제9조(그 밖의 용어의 정의)
① 이 법에서 "대주주"란 「금융회사의 지배구조에 관한 법률」 제2조 제6호에 따른 주주를 말한다. 이 경우 "금융회사"는 "법인"으로 본다. <개정 2015. 7. 31.>
② 이 법에서 "임원"이란 이사 및 감사를 말한다.

금융회사의 지배구조에 관한 법률(이하 '금융회사지배구조법')

제2조(정의)
6. "대주주"란 다음 각 목의 어느 하나에 해당하는 주주를 말한다.
　　가. 금융회사의 의결권 있는 발행주식(출자지분을 포함한다. 이하 같다) 총수를 기준으로 본인 및 그와 대통령령으로 정하는 특수한 관계가 있는 자(이하 "특수관계인"이라 한다)가 누구의 명의로 하든지 자기의 계산으로 소유하는 주식(그 주식과 관련된 증권예탁증권을 포함한다)을 합하여 그 수가 가장 많은 경우의 그 본인(이하 "최대주주"라 한다)
　　나. 다음 각 1) 및 2)의 어느 하나에 해당하는 자(이하 "주요주주"라 한다)
　　　　1) 누구의 명의로 하든지 자기의 계산으로 금융회사의 의결권 있는 발행주식 총수의 100분의 10 이상의 주식(그 주식과 관련된 증권예탁증권을 포함한다)을 소유한 자
　　　　2) 임원(업무집행책임자는 제외한다)의 임면(任免) 등의 방법으로 금융회사의 중요한 경영사항에 대하여 사실상의 영향력을 행사하는 주주로서 대통령령으로 정하는 자

　　자본시장법 제34조 제2항은 "대주주 및 그의 특수관계인"에 대하여 신용공여를 하여서는 아니된다고 규정하고 있어 신용공여가 금지되는 대주주와 그의 특수관계인의 정의 및 범위에 대하여 살펴볼 필요가 있다. 먼저 대주주의 개념은

금융회사지배구조법 제2조 제6호에 규정되어 있다. 금융회사지배구조법 제2조 제6호에 의하면 대주주는 "최대주주"와 "주요주주"를 말하는데, "최대주주"란 금융회사의 의결권 있는 발행주식(출자지분을 포함한다) 총수를 기준으로 본인 및 그와 대통령령으로 정하는 특수한 관계가 있는 자가 누구의 명의로 하든지 자기의 계산으로 소유하는 주식(그 주식과 관련된 증권예탁증권을 포함한다)을 합하여 그 수가 가장 많은 경우의 그 본인을 말한다. "주요주주"란 (i) 누구의 명의로 하든지 자기의 계산으로 금융회사의 의결권 있는 발행주식 총수의 100분의 10 이상의 주식(그 주식과 관련된 증권예탁증권을 포함한다)을 소유한 자 그리고 (ii) 임원(업무집행책임자는 제외한다)의 임면(任免) 등의 방법으로 금융회사의 중요한 경영사항에 대하여 사실상의 영향력을 행사하는 주주로서 대통령령으로 정하는 자를 말한다.

자본시장법 시행령

제2조(용어의 정의) 이 영에서 사용하는 용어의 뜻은 다음과 같다.
4. "특수관계인"이란 「금융회사의 지배구조에 관한 법률 시행령」 제3조 제1항 각 호의 어느 하나에 해당하는 자를 말한다.

금융회사지배구조법

제2조(정의)
6. "대주주"란 다음 각 목의 어느 하나에 해당하는 주주를 말한다.
　가. 금융회사의 의결권 있는 발행주식(출자지분을 포함한다. 이하 같다) 총수를 기준으로 본인 및 그와 대통령령으로 정하는 특수한 관계가 있는 자(이하 "특수관계인"이라 한다)가 누구의 명의로 하든지 자기의 계산으로 소유하는 주식(그 주식과 관련된 증권예탁증권을 포함한다)을 합하여 그 수가 가장 많은 경우의 그 본인(이하 "최대주주"라 한다)

금융회사의 지배구조에 관한 법률 시행령(이하 '금융회사지배구조법 시행령')

제3조(특수관계인의 범위)
① 법 제2조 제6호 가목에서 "대통령령으로 정하는 특수한 관계가 있는 자"란 본인과 다음 각 호의 어느 하나에 해당하는 관계가 있는 자(이하 "특수관계인" 이라 한다)를 말한다.

1. 본인이 개인인 경우: 다음 각 목의 어느 하나에 해당하는 자. 다만, 「독점규 제 및 공정거래에 관한 법률 시행령」 제3조의2 제1항 제2호 가목에 따른 독 립경영자 및 같은 목에 따라 공정거래위원회가 동일인관련자의 범위로부터 분리를 인정하는 자는 제외한다.

　가. 배우자(사실상의 혼인관계에 있는 사람을 포함한다. 이하 같다)

　나. 6촌 이내의 혈족

　다. 4촌 이내의 인척

　라. 양자의 생가(生家)의 직계존속

　마. 양자 및 그 배우자와 양가(養家)의 직계비속

　바. 혼인 외의 출생자의 생모

　사. 본인의 금전이나 그 밖의 재산으로 생계를 유지하는 사람 및 생계를 함 께 하는 사람

　아. 본인이 혼자서 또는 그와 가목부터 사목까지의 관계에 있는 자와 합하여 법인이나 단체에 100분의 30 이상을 출자하거나, 그 밖에 임원(업무집 행책임자는 제외한다. 이하 이 조에서 같다)의 임면 등 법인이나 단체의 중요한 경영사항에 대하여 사실상의 영향력을 행사하고 있는 경우에는 해당 법인 또는 단체와 그 임원(본인이 혼자서 또는 그와 가목부터 사목 까지의 관계에 있는 자와 합하여 임원의 임면 등의 방법으로 그 법인 또 는 단체의 중요한 경영사항에 대하여 사실상의 영향력을 행사하고 있지 아니함이 본인의 확인서 등을 통하여 확인되는 경우에 그 임원은 제외 한다)

　자. 본인이 혼자서 또는 그와 가목부터 아목까지의 관계에 있는 자와 합하여 법인이나 단체에 100분의 30 이상을 출자하거나, 그 밖에 임원의 임면 등 법인이나 단체의 중요한 경영사항에 대하여 사실상의 영향력을 행사 하고 있는 경우에는 해당 법인 또는 단체와 그 임원(본인이 혼자서 또는 그와 가목부터 아목까지의 관계에 있는 자와 합하여 임원의 임면 등의

　　방법으로 그 법인 또는 단체의 중요한 경영사항에 대하여 사실상의 영
　　향력을 행사하고 있지 아니함이 본인의 확인서 등을 통하여 확인되는
　　경우에 그 임원은 제외한다)

2. 본인이 법인이나 단체인 경우: 다음 각 목의 어느 하나에 해당하는 자
　가. 임원
　나. 「독점규제 및 공정거래에 관한 법률」에 따른 계열회사(이하 "계열회사"
　　라 한다) 및 그 임원
　다. 혼자서 또는 제1호 각 목의 관계에 있는 자와 합하여 본인에게 100분의
　　30 이상을 출자하거나, 그 밖에 임원의 임면 등 본인의 중요한 경영사항
　　에 대하여 사실상의 영향력을 행사하고 있는 개인(그와 제1호 각 목의
　　관계에 있는 자를 포함한다) 또는 법인(계열회사는 제외한다. 이하 이
　　호에서 같다), 단체와 그 임원
　라. 본인이 혼자서 또는 본인과 가목부터 다목까지의 관계에 있는 자와 합하
　　여 다른 법인이나 단체에 100분의 30 이상을 출자하거나, 그 밖에 임원
　　의 임면 등 다른 법인이나 단체의 중요한 경영사항에 대하여 사실상의
　　영향력을 행사하고 있는 경우에는 해당 법인, 단체와 그 임원(본인이 임
　　원의 임면 등의 방법으로 그 법인 또는 단체의 중요한 경영사항에 대하
　　여 사실상의 영향력을 행사하고 있지 아니함이 본인의 확인서 등을 통
　　하여 확인되는 경우에 그 임원은 제외한다)

　　특수관계인의 개념에 대하여는 자본시장법 시행령 제2조 제4호 및 금융회사
지배구조법 시행령 제3조 제1항에 규정되어 있다. 금융회사지배구조법 시행령은
특수관계인을 대주주인 본인이 개인인 경우와 법인인 경우로 구분하여 규정하고
있는데, 본인이 개인인 경우에는 친인척을 중심으로 특수관계인의 범위를 나열하
고 있다. 이에 (i) 배우자, (ii) 6촌 이내의 혈족, 4촌 이내의 인척, (iii) 양자의
생가의 직계존속, 양자 및 그 배우자와 양가의 직계비속, (iv) 혼인 외의 출생자의
생모, (v) 본인의 금전이나 그 밖의 재산으로 생계를 유지하거나 생계를 함께 하
는 사람, (vi) 본인이 혼자서 또는 (i)내지 (v)의 자와 합하여 법인이나 단체에
100분의 30 이상을 출자하거나, 그 밖에 임원의 임면 등 법인이나 단체의 중요한
경영사항에 대하여 사실상의 영향력을 행사하고 있는 경우에는 해당 법인 또는 단

체와 그 임원(본인이 임원의 임면 등의 방법으로 법인이나 단체의 중요한 경영사항에 대하여 사실상의 영향력을 행사하고 있지 아니함이 본인의 확인서 등을 통하여 확인되는 경우에 그 임원은 제외), (vii) 본인이 혼자서 또는 (ⅰ)내지 (ⅵ)의 자와 합하여 법인이나 단체에 100분의 30 이상을 출자하거나, 그 밖에 임원의 임면 등 법인이나 단체의 중요한 경영사항에 대하여 사실상의 영향력을 행사하고 있는 경우에는 해당 법인 또는 단체와 그 임원(본인이 임원의 임면 등의 방법으로 법인이나 단체의 중요한 경영사항에 대하여 사실상의 영향력을 행사하고 있지 아니함이 본인의 확인서 등을 통하여 확인되는 경우에 그 임원은 제외)이 본인이 개인인 경우의 특수관계인에 포함된다.

본인이 법인이나 단체인 경우에는 (ⅰ) 임원, (ⅱ) 공정거래법에 따른 계열회사 및 그 임원, (ⅲ) 본인 혼자서 또는 제3조 제1항 1호의 관계에 있는 자와 합하여 본인에게 100분의 30 이상을 출자하거나, 그 밖에 임원의 임면 등 본인의 중요한 경영사항에 대하여 사실상의 영향력을 행사하고 있는 개인, 법인, 단체와 그 임원, (ⅳ) 본인이 (ⅰ)부터 (ⅲ)까지의 관계에 있는 자와 합하여 다른 법인이나 단체에 100분의 30 이상을 출자하거나, 그 밖에 임원의 임면 등 다른 법인이나 단체의 중요한 경영사항에 대하여 사실상의 영향력을 행사하고 있는 경우에는 해당 법인, 단체와 그 임원(본인이 임원의 임면 등의 방법으로 사실상의 영향력을 행사하고 있지 아니함이 본인의 확인서 등을 통하여 확인되는 경우에 그 임원은 제외한다)을 특수관계인으로 규정하고 있다.

5. 제재 방법

자본시장법

제444조(벌칙)
다음 각 호의 어느 하나에 해당하는 자는 5년 이하의 징역 또는 2억원 이하의 벌금에 처한다. ＜개정 2013. 4. 5., 2013. 5. 28., 2015. 7. 24., 2018. 3. 27., 2020. 5. 19., 2021. 4. 20.＞

---

3. 제34조 제1항을 위반하여 같은 항 제1호 또는 제2호에 해당하는 행위를 한 자
4. 제34조 제2항을 위반하여 신용공여를 한 금융투자업자와 그로부터 신용공여를 받은 자

제448조(양벌규정)
법인(단체를 포함한다. 이하 이 조에서 같다)의 대표자나 법인 또는 개인의 대리인, 사용인, 그 밖의 종업원이 그 법인 또는 개인의 업무에 관하여 제443조부터 제446조까지의 어느 하나에 해당하는 위반행위를 하면 그 행위자를 벌하는 외에 그 법인 또는 개인에게도 해당 조문의 벌금형을 과(科)한다. 다만, 법인 또는 개인이 그 위반행위를 방지하기 위하여 해당 업무에 관하여 상당한 주의와 감독을 게을리하지 아니한 경우에는 그러하지 아니하다.

자본시장법 제34조 제1항 및 제2항상의 규제를 위반하는 경우, 자본시장법은 형사벌칙으로서 5년 이하의 징역 또는 2억원 이하의 벌금을 규정하고 있으며 양벌규정을 두어 행위자를 벌하는 외에 법인에 대하여도 벌금형을 과하고 있다.

참고로, 행정제재로는 기관에 대해서는 등록취소, 업무정지, 기관경고, 기관주의등의 조치(자본시장법 제420조) 및 신용공여액을 초과하지 아니하는 범위에서의 과징금 부과(자본시장법 제428조)를 규정하고 있고, 임직원에 대하여는 해임요구, 직무정지, 문책경고, 면직, 정직, 감봉, 주의 등의 조치(자본시장법 제422조)를 규정하고 있다.

IV. 사안의 해결

먼저 이 사건 '기업어음 매개 신용공여행위'에 대해 피고인은 (i) 본 행위가 자본시장법상 허용되는 신용공여의 유형을 정하고 있는 동법 시행령 제38조 제4항 각호(본 사안의 경우는 제4호)에 해당하는 행위여서, 거래상의 신용위험의 초래 여부를 따질 필요도 없이 그 자체로 금지 대상이 아니라고 주장하였으며, (ii) 신용공여의 목적이 아니라 경영상 판단에 의한 것이고, 자금 대여와는 법적 경제적

으로 독립된 법률행위여서 간접적으로 신용을 공여한 것이라고 볼 수 없고 (iii) (주)A캐피탈의 재무상태가 양호하였기 때문에 (주)A캐피탈이 차용금을 상환받지 못하더라도 이 사건 기업어음 원리금을 상환할 능력이 충분하여 기업어음을 매입한 행위가 신용위험을 수반하는 행위가 아니라고 주장하였다.

이에 대하여 1심 법원은 시행령 제38조 제4항 각호에 해당하는 사유라 하더라도 해당 행위가 "금융투자업자의 건전성을 해할 우려가 없는 경우"에 해당한다고 볼 수 없는지를 추가로 판단하여야 하며, 이 사건 기업어음 매입이 (주)A투자증권의 자기자본의 8% 범위 내에서 이루어졌다고 하더라도 금융투자업자의 건전성을 해할 우려가 있어 자본시장법에 의하여 금지되는 신용공여행위라고 판단하였다. 그러나 2심 법원은 "자본시장법 제34조 제2항 단서의 위임을 받아 자본시장법상 허용되는 신용공여의 유형을 정하고 있는 같은 법 시행령 제38조 제2항 각호6)에 해당하는 행위는 그 자체로 금융투자업자의 건전성을 해할 우려가 없는 신용공여이므로, 그에 대하여 별도로 거래상의 위험초래 여부 등을 판단할 필요가 없다 (서울고등법원 2014.10.31. 선고 2014노597 판결 참조)"고 판단하여 원심을 파기하고 해당 공소사실에 대하여 무죄로 판단하였다. 즉 자본시장법 시행령 제38조 제4항 각호의 행위에 해당하는 경우에는, 금융투자업자의 건전성을 해할 우려가 있는지 여부를 판단하지 아니하고 그 자체로 허용되는 신용공여행위라고 판단한 것이다.

대법원은 거래상 신용위험과 건전성을 해할 우려의 관계에 대하여 "법에서는 엄연히 거래상 신용위험과 건전성을 해할 우려라고 상이하게 규정한 이상 거래상의 신용위험이 수반되는 거래라고 하여 특별한 사정없이 그 거래를 바로 건전성을 해할 우려가 있는 거래라고 볼 수는 없고, 재무건전성 및 경영건전성을 해하는 수준에 이르지 못하는 신용위험이 수반되는 직·간접적 행위까지 금지하는 것은 과도한 기본권 제한이다"라고 전제하고, "자본시장법이 예외적으로 허용하는 대주주신용공여는 '금융투자업자의 건전성을 해할 우려가 없는 자본시장법 시행령에서 열거하는 일정한 행위'인데, 자본시장법 시행령에서 열거하는 행위 중의 하나인 (주)A투자증권이 자기자본 8% 범위 내에서 계열 회사의 CP를 매입한 행위는 신용

---

6) 앞서 설명한 바와 같이, 현행 자본시장법 시행령은 제38조 제4항 각호에서 이를 규정하고 있음.

위험 수반 여부와 무관하게 금융투자업자의 건전성을 해할 우려가 없다"라고 판단
하여 해당 공소사실을 무죄로 판단한 2심 판결을 확정하였다.

다음으로, 이 사건 '전세보증금 매개 신용공여행위'에 관하여, 피고인은 먼저
(ⅰ) 기존 월세계약을 전세계약으로 전환하는 행위가 자본시장법 제34조 제2항에
서 금지하는 신용공여행위가 아니며, (ⅱ) 신용공여행위에 해당하더라도 월세계약
을 전세계약으로 전환하여 보유하게 된 증액된 전세보증금 상당의 채권이 '특수관
계인이 발행한 채권'에 해당하여 예외적으로 허용되는 신용공여라고 주장하였으
며, (ⅲ) (주)甲소유의 해당 빌딩이 선순위 저당권과 전세권을 제외하더라도 잔존
가치가 300억원 이상이어서 본 거래가 신용위험을 수반한다고 볼 수도 없다고 주
장하였다.

피고인의 (ⅰ)과 같은 주장에 대하여, 법원은 ① 월세에서 전세로 전환된 것
이 한꺼번에 이루어진 것이 아니라, (주)A저축은행의 유상증자가 3차례 있었고 시
기적으로 각 증자가 일어나기 직전 즈음에 (주)甲 측에서 전세보증금 전환을 요청
하여 여러 번에 나누어서 전환한 점, ② (주)甲이 이와 같이 지급받은 전세보증금
을 아무런 담보도 제공하지 아니하고 변제기일도 정하지 아니한 채 이자만 9%로
정하여 (주)A에 대여하였고, (주)A는 위 대여받은 금원을 이용하여 (주)A저축은행
의 유상증자 대금을 납부한 점, ③ 건물 안의 다른 입주자들에는 전세계약으로의
전환을 요청한 적이 없고, 유독 해당 건물에 입주한 A금융그룹의 계열사들만을 대
상으로 월세계약을 전세계약으로 전환한 점, ④ (주)A투자증권의 재무팀장으로부
터 자산의 유동화를 통한 신용 재창출 측면, 타 투자의 기회비용 등을 고려하였을
때 본 투자가 수익률이 낮고, 회사의 금기 사업년도 자기자본이익률 목표를 감안
할 때 바람직하지 않은 투자라는 의견이 있었다는 점 등을 고려하였을 때 월세를
전세로 전환하여 전세보증금을 지급한 행위 역시 채무불이행이 발생할 가능성이
있는 거래에 해당하여 간접적인 신용공여행위에 해당한다고 판단하였다.

피고인의 (ⅱ)와 같은 주장에 대하여는 자본시장법 제34조의 채권의 의미가
'국가, 지방자치단체, 은행, 회사'가 사업에 필요한 자금을 차입하기 위하여 발행하
는 유가증권을 의미하는 등의 사정을 종합하여 보면 월세계약을 전세계약으로 전
환하여 보유하게 된 증액된 전세보증금 상당의 채권은 '특수관계인이 발행하는 채

권'에 해당하지 않는다고 봄이 상당하다고 판단하여 자본시장법 제34조의 제2항에서 금지하는 신용공여행위에 해당한다고 판단하였다.

아울러 피고인이 (iii) 이 사건 "전세보증금 매개 신용공여행위" 당시 (주)甲 소유의 해당 건물 역시 선순위 저당권과 전세권을 제외하더라도 그 잔존 가치가 300억원 이상이어서 본 거래가 신용위험을 수반하지 않는다고 주장한 것과 관련하여, 법원은 ① 해당 건물에는 타인의 전세권, 선순위 근저당권 등을 포함하여 466억 상당의 선순위 근저당권이 설정되어 있었으며, ② 해당 건물의 감정가는 670억원이나, 당시 해당 건물의 소재지인 서울 서대문구의 매각가율(매각가/감정가)는 52.2%에 불과하여 경매 시 그 매각가격은 감정가인 약 670억원이 아니라 약 349억원일 가능성이 있어 선순위 근저당권자의 피담보채권액도 전부 변제받지 못할 우려가 있었고, ③ (주)A투자증권의 고문변호사로부터 해당 건물의 선순위 근저당 설정액으로 인하여 충분한 담보비율이 확보되기 어렵다는 의견을 받았다는 점 등을 들며, "자본시장법 제34조의 '거래상의 신용위험을 수반하는 직접적·간접적 거래'란 현실적으로 손해가 발생하거나 손해발생 우려가 명백한 거래만을 뜻하는 것이 아니라, '경제적 가치가 있는 재산의 대여', '채무이행의 보증', '자금 지원적 성격의 증권의 매입'과 동일하게 거래관계에 있어서 향후 채무불이행이 발생할 가능성이 조금이라도 있는 거래라고 봄이 상당하다(서울고등법원 2014.10.31. 선고 2014노597 판결 참조)"고 하면서, 해당 건물에 대한 (주)A투자증권이 충분한 담보비율 확보가 어려웠던 사정 등을 종합하면, 이는 손해발생의 가능성을 수반하는 행위로 자본시장법이 금지하는 대주주에 대한 신용공여행위에 해당한다고 판단하여 이 사건 '전세보증금 매개 신용공여행위'에 대하여는 자본시장법 제34조 제2항 위반을 이유로 유죄판결을 선고하였다.

제17장

●

금융투자업자의 정보교류차단제도

Ⅰ. 정보교류차단 제도의 개관

2007년 『자본시장과 금융투자업에 관한 법률』 제정 당시 증권업과 자산운용업의 사내겸영을 허용할 경우, 금융투자업자가 고객정보를 이용하여 고객의 이익에 반하는 이해상충행위를 할 가능성이 높다는 우려가 제기[1]되었고, 금융감독당국은 이해상충을 방지하고 투자자를 보호하기 위하여 엄격한 정보교류차단장치(차이니즈월)를 도입하게 되었다. 이때, 정보교류의 차단이란, 금융투자회사가 영위하는 금융투자업 간(사내 정보교류차단장치), 금융투자업자와 계열회사 등 간(사외 정보교류차단장치) 정보교류 등을 금지하는 것을 의미한다.[2] 2020. 5. 19. 개정 전 『자본시장과 금융투자업에 관한 법률』(이하 "개정 전 자본시장법")과 2021. 5. 18. 개정 전 『자본시장과 금융투자업에 관한 법률 시행령』(이하 "개정 전 자본시장법 시행령")은 정보교류차단장치가 필요한 경우를 열거하고, 공간을 물리적으로 분리하고, 임직원 겸직을 엄격히 금지하는 등 규제 대상과 방식을 법령에 구체적으로 규정하였다.

미국, 영국과 같은 금융선진국의 정보교류차단제도는, 미공개중요정보 부정

---

1) 김용재, "영국법상 Chinese Wall 규제 분석과 향후 자본시장법 개정에 대한 시사점 도출", 『금융법연구』, 제13권 제2호, 한국금융법학회, 2016, 4면.
2) 금융투자협회, "금융투자회사의 컴플라이언스 매뉴얼(자산운용)", 2020. 12., 130면.

이용 차단 목적의 내부통제장치 구축만을 요하거나 법령에 큰 원칙만을 정하고 세부 내용은 회사 자율적으로 운영하는 방식으로 정하고 있다.[3] 구체적인 규제 내용을 정한 개정 전 자본시장법의 다소 경직적인 면을 개선하고, 자본시장의 역동성을 반영하기 위해 미국, 영국과 같은 방식의 규제가 필요하다는 의견이 존재[4]하였고, 금융감독당국은 이러한 의견을 일부 수용하여 2020. 5. 19.『자본시장과 금융투자업에 관한 법률』을 개정(이하 "자본시장법")하고, 2021. 5. 18.『자본시장과 금융투자업에 관한 법률 시행령』(이하 "자본시장법 시행령")을 개정하였다.

　　이하에서는 자본시장법 및 자본시장법 시행령에 따라 변경된 정보교류차단제도에 관하여 구체적으로 검토해보고자 한다.

Ⅱ. 정보교류차단제도 관련 규정

개정 전	개정 후
자본시장법 제45조(정보교류의 차단) ① 금융투자업자는 그 영위하는 금융투자업(고유재산 운용업무를 포함한다. 이하 이 조에서 같다) 간에 이해상충이 발생할 가능성이 큰 경우로서 대통령령으로 정하는 경우에는 다음 각 호의 어느 하나에 해당하는 행위를 하여서는 아니 된다. 1. 금융투자상품의 매매에 관한 정보, 그 밖에 대통령령으로 정하는 정보를 제공하는 행위 2. 임원(대표이사, 감사 및 사외이사가 아닌 감사위원회의 위원을 제외한다) 및 직원을 겸직하게 하는 행위 3. 사무공간 또는 전산설비를 대통령령으로 정하는 방법으로 공동으로 이용하는 행위	**자본시장법 제45조(정보교류의 차단)** ① 금융투자업자는 금융투자업, 제40조 제1항 각 호의 업무, 제41조 제1항에 따른 부수업무 및 제77조의3에서 종합금융투자사업자에 허용된 업무(이하 이 조에서 "금융투자업등"이라 한다)를 영위하는 경우 내부통제기준이 정하는 방법 및 절차에 따라 제174조 제1항 각 호 외의 부분에 따른 미공개중요정보 등 대통령령으로 정하는 정보의 교류를 적절히 차단하여야 한다. ② 금융투자업자는 금융투자업등을 영위하는 경우 계열회사를 포함한 제삼자에게 정보를 제공할 때에는 내부통제기준이 정하는 방법 및 절차에 따라 제174조 제1항 각 호 외의 부분에 따른 미공개중요정보 등 대통령령으로

---

3) 금융위원회, "금융투자업 차이니즈 월 규제 개선방안", 보도자료, 2019. 5. 27.
4) 김용재, 전게논문, 6-7면.

4. 그 밖에 이해상충이 발생할 가능성이 있는 행위로서 대통령령으로 정하는 행위

② 금융투자업자는 금융투자업의 영위와 관련하여 계열회사, 그 밖에 대통령령으로 정하는 회사와 이해상충이 발생할 가능성이 큰 경우로서 대통령령으로 정하는 경우에는 다음 각 호의 어느 하나에 해당하는 행위를 하여서는 아니 된다.

1. 금융투자상품의 매매에 관한 정보, 그 밖에 대통령령으로 정하는 정보를 제공하는 행위
2. 임원(비상근감사를 제외한다) 및 직원을 겸직하게 하거나 파견하여 근무하게 하는 행위
3. 사무공간 또는 전산설비를 대통령령으로 정하는 방법으로 공동으로 이용하는 행위
4. 그 밖에 이해상충이 발생할 가능성이 있는 행위로서 대통령령으로 정하는 행위

정하는 정보의 교류를 적절히 차단하여야 한다.

③ 제1항 및 제2항의 내부통제기준은 다음 각 호의 사항을 반드시 포함하여야 한다.

1. 정보교류 차단을 위해 필요한 기준 및 절차
2. 정보교류 차단의 대상이 되는 정보의 예외적 교류를 위한 요건 및 절차
3. 그 밖에 정보교류 차단의 대상이 되는 정보를 활용한 이해상충 발생을 방지하기 위하여 대통령령으로 정하는 사항

④ 금융투자업자는 제1항 및 제2항에 따른 정보교류 차단을 위하여 다음 각 호의 사항을 준수하여야 한다.

1. 정보교류 차단을 위한 내부통제기준의 적정성에 대한 정기적 점검
2. 정보교류 차단과 관련되는 법령 및 내부통제기준에 대한 임직원 교육
3. 그 밖에 정보교류 차단을 위하여 대통령령으로 정하는 사항

자본시장법 시행령 제50조(금융투자업자의 정보교류의 차단)

① 법 제45조 제1항 각 호 외의 부분에서 "대통령령으로 정하는 경우"란 다음 각 호의 어느 하나에 해당하는 경우를 말한다.

1. 고유재산운용업무(누구의 명의로 하든지 자기의 계산으로 제2항 제1호에 따른 금융투자상품을 매매하거나 소유하는 업무로서 투자매매업이나 제68조 제2항에 따른 기업금융업무가 아닌 업무를 말한다. 이하 이 조에서 같다)·투자매매업·투자중개업과 집합투자업(집합투자재산을 금융투자상품에 운용하는 업무만 해당한다. 이하 이 조에서 같다)·신탁업(신탁재산을 금융투자상품에 운용하는 업무 및 집합투자재산·신탁재산 중 금융투자상품을 보관·관리하는 업무만 해당한다. 이하 이 조에서 같다) 간의 경우. 다만, 다음 각 목의 어느 하나에 해당하는 경우에는 법 제45조 제1항 각 호

자본시장법 시행령 제50조(금융투자업자의 정보교류의 차단)

① 법 제45조 제1항 및 제2항에서 "제174조 제1항 각 호 외의 부분에 따른 미공개중요정보 등 대통령령으로 정하는 정보"란 각각 다음 각 호의 정보(이하 "교류차단대상정보"라 한다)를 말한다. 다만, 투자자 보호 및 건전한 거래질서를 해칠 우려가 없고 이해상충이 발생할 가능성이 크지 않은 정보로서 금융위원회가 정하여 고시하는 정보는 제외한다.

1. 법 제174조 제1항 각 호 외의 부분에 따른 미공개중요정보
2. 투자자의 금융투자상품 매매 또는 소유 현황에 관한 정보로서 불특정 다수인이 알 수 있도록 공개되기 전의 정보
3. 집합투자재산, 투자일임재산 및 신탁재산의 구성내역과 운용에 관한 정보로서 불특정 다수인이 알 수 있도록 공개되기 전의 정보

의 어느 하나에 해당하는 행위를 할 수 있다.

가. 투자매매업·투자중개업 중 기업금융업무(법 제71조 제3호에 따른 기업금융업무를 말하며 집합투자증권에 대한 인수업무 또는 모집·매출·사모의 주선업무는 제외한다. 이하 이 조 및 제51조 제3항에서 같다)와 집합투자업 중 기업금융업무 간의 경우

나. 고유재산운용업무·투자매매업·투자중개업 중 전담중개업무와 전문투자형사모 집합투자기구등의 투자자재산을 전담중개업무로서 보관·관리하는 신탁업 간의 경우

다. 투자매매업·투자중개업 중 집합투자증권의 판매업무, 그 밖에 고객의 재산 관리에 대한 종합적인 용역의 제공을 위하여 필요한 업무로서 금융위원회가 정하여 고시하는 업무(이하 이 목에서 "판매업무등"이라 한다)와 신탁업 간의 경우. 다만, 다음의 경우에는 법 제45조 제1항 각 호의 어느 하나에 해당하는 행위를 할 수 없다.

　1) 판매업무등과 다른 투자매매업·투자중개업 및 고유재산운용업무 간의 경우

　2) 투자매매업자나 투자중개업자가 투자자문업·투자일임업을 영위하는 경우 투자자문업·투자일임업과 판매업무등을 제외한 투자매매업·투자중개업 및 고유재산운용업무 간의 경우

　3) 신탁업자가 투자자문업·투자일임업 및 집합투자업을 영위하는 경우 투자자문업·투자일임업 및 신탁업 중 신탁재산을 운용하는 업무와 집합투자업 및 신탁업으로서 집합투자재산을 보관·관리하는 업무 간의 경우

라. 투자매매업, 투자중개업 또는 집합투자

4. 그 밖에 제1호부터 제3호까지의 정보에 준하는 것으로서 금융위원회가 정하여 고시하는 정보

② 법 제45조 제3항 제3호에서 "대통령령으로 정하는 사항"이란 다음 각 호의 사항을 말한다.

1. 이해상충 발생을 방지하기 위한 조직 및 인력의 운영

2. 이해상충 발생 우려가 있는 거래의 유형화

3. 교류차단대상정보의 활용에 관련된 책임 소재

4. 그 밖에 제1호부터 제3호까지의 사항에 준하는 것으로서 금융위원회가 정하여 고시하는 사항

③ 법 제45조제4항제3호에서 "대통령령으로 정하는 사항"이란 다음 각 호의 사항을 말한다.

1. 정보교류 차단 업무를 독립적으로 총괄하는 임원(「상법」 제401조의2 제1항 각 호의 자를 포함한다) 또는 금융위원회가 정하여 고시하는 총괄·집행책임자의 지정·운영

2. 정보교류 차단을 위한 상시적 감시체계의 운영

3. 내부통제기준 중 정보교류 차단과 관련된 주요 내용의 공개

4. 그 밖에 제1호부터 제3호까지의 사항에 준하는 것으로서 금융위원회가 정하여 고시하는 사항

④ 협회는 법 제45조에 따른 정보교류의 효율적 차단을 위해 필요한 경우 내부통제기준에 대한 표준안을 제정하여 금융투자업자로 하여금 이용하도록 권장할 수 있다.

업을 경영하지 아니하는 부동산신탁업
자(법 제94조 제2항에 따른 부동산신탁
업자를 말한다. 이하 같다)의 고유재산
운용업무와 신탁업간의 경우

마. 자기가 운용하는 집합투자기구의 집합
투자증권에 대한 투자매매업·투자중개
업 외의 투자매매업·투자중개업 또는
신탁업을 경영하지 아니하는 집합투자
업자의 자기가 운용하는 집합투자기구
의 집합투자증권에 대한 투자매매업·투
자중개업과 집합투자업 간의 경우

바. 그 밖에 정보교류에 따른 이해상충이
발생할 가능성이 크지 아니한 경우로서
금융위원회가 정하여 고시하는 경우

2. 기업금융업무와 고유재산운용업무·금융투
자업 간의 경우. 다만, 다음 각 목의 어느
하나에 해당하는 경우에는 법 제45조 제1
항 각 호의 어느 하나에 해당하는 행위를
할 수 있다.

가. 기업금융업무와 다음의 어느 하나에 해
당하는 업무 간의 경우

1) 금융위원회가 정하여 고시하는 기준
에 따라 기업에 자금을 지원하는 업
무(자금을 지원하는 과정에서 취득
한 증권 등의 자산을 처분하는 업무
를 포함한다)

2) 국채증권, 지방채증권 등 금융위원회
가 정하여 고시하는 증권에 대한 매
매를 하거나 그 매매를 중개·주선
또는 대리하는 업무

3) 법 제393조에 따른 증권시장업무규
정에서 정하는 장중대량매매 또는
시간외대량매매의 방법, 그 밖에 이
에 준하는 방법으로 하는 주식의 매
매를 중개·주선 또는 대리하는 업무

4) 인수업무 또는 모집·사모·매출의
주선업무를 수행하는 과정에서 해당
기업이 발행한 신주인수권증서를 매

매하거나 이를 중개·주선 또는 대리
하는 업무

5) 인수업무과정에서 취득한 증권을 매
도하거나 모집·사모·매출의 주선과
정에서 해당 증권을 투자자에게 취
득시키는 업무

6) 경영참여형 사모집합투자기구에 출
자하는 업무

7) 법 제229조제2호에 따른 부동산집합
투자기구(이하 "부동산집합투자기구"
라 한다) 또는 법 제229조 제3호에
따른 특별자산집합투자기구(이하 "특
별자산집합 투자기구"라 한다)의 설
정·설립이나 운용에 관한 자문업무
또는 중개·주선업무에 수반하여 이
루어지는 출자업무

8) 기업금융업무와의 연관성 등을 고려
하여 금융위원회가 정하여 고시하는
기준을 충족하는 전문투자형 사모집
합투자기구에 대한 출자 또는 운용
업무

9) 그 밖에 기업금융업무와의 연관성
등을 고려하여 금융위원회가 정하여
고시하는 업무

나. 기업금융업무 중 제68조 제2항 제4호의
3 또는 제4호의4에 따른 업무와 고유재
산운용업무 간의 경우

다. 기업금융업무 중 국채증권, 지방채증권
등 금융위원회가 정하여 고시하는 증권
에 대한 인수업무 또는 모집·매출·사
모의 주선업무와 금융투자업 간의 경우

라. 기업금융업무 중 제240조 제2항 각 호
에 해당하는 증권 또는 같은 조 제5항
각 호에 해당하는 증권에 투자하는 것
을 목적으로 하는 경영참여형 사모집합
투자기구의 운용업무와 집합투자업 간
의 경우

마. 그 밖에 정보교류에 따른 이해상충이

발생할 가능성이 크지 아니한 경우로서 금융위원회가 정하여 고시하는 경우

3. 전담중개업무와 고유재산운용업무·금융투자업(전담중개업무는 제외한다) 간의 경우. 다만, 다음 각 목의 어느 하나에 해당하는 경우에는 법 제45조 제1항 각 호의 어느 하나에 해당하는 행위를 할 수 있다.

가. 전담중개업무와 전문투자자를 대상으로 하는 증권의 대차 또는 그 중개·주선이나 대리업무 및 그와 연계하여 이루어지는 공매도 주문의 수탁업무 간의 경우

나. 전담중개업무와 전문투자자를 대상으로 하는 파생상품의 매매 또는 그 중개·주선이나 대리업무 간의 경우

다. 전담중개업무와 전문투자자를 대상으로 하는 환매조건부매매 또는 그 중개·주선이나 대리업무 간의 경우

라. 그 밖에 정보교류에 따른 이해상충이 발생할 가능성이 크지 아니한 경우로서 금융위원회가 정하여 고시하는 경우

4. 기업금융업무와 전담중개업무 간의 경우

② 법 제45조 제1항 제1호에서 "금융투자상품의 매매에 관한 정보, 그 밖에 대통령령으로 정하는 정보"란 다음 각 호의 어느 하나에 해당하는 정보로서 불특정 다수인이 알 수 있도록 공개되기 전의 것을 말한다. 다만, 이해상충이 발생할 가능성이 크지 아니한 경우로서 금융위원회가 정하여 고시하는 기준에 따라 제공하는 정보는 제외한다.

1. 금융투자업자의 금융투자상품(금융위원회가 정하여 고시하는 금융투자상품은 제외한다) 매매 및 소유현황에 관한 정보

2. 투자자의 금융투자상품 매매 및 소유현황에 관한 정보. 다만, 투자자가 보유한 전자등록주식등의 총액과 전자등록주식등의 종류별 총액에 관한 정보, 투자자가 예탁한 증권의 총액과 증권의 종류별 총액에 관한

정보, 그 밖에 금융위원회가 정하여 고시
하는 정보는 제외한다.
3. 집합투자재산, 투자일임재산 및 신탁재산
의 구성내역과 운용에 관한 정보. 다만, 금
융위원회가 정하여 고시하는 기준에 따라
집합투자재산, 투자일임재산 및 신탁재산
의 구성내역과 운용에 관한 정보 중 1개월
이 지난 정보를 제공하는 경우는 제외한다.
4. 기업금융업무를 하면서 알게 된 정보로서
법 제174조 제1항 각 호 외의 부분에 따른
미공개중요정보
③ 법 제45조 제1항 제3호에서 "대통령령으
로 정하는 방법"이란 다음 각 호의 방법을 말
한다.
1. 사무공간이 벽이나 칸막이 등을 통하여 공
간적으로 분리되지 아니하거나, 출입문을
공동으로 이용하는 방법
2. 법 제45조 제1항 제1호에 따른 정보에 관
한 전산자료가 공유되지 못하도록 독립되
어 열람되지 아니하는 방법
④ 법 제45조 제1항 제4호에서 "대통령령으
로 정하는 행위"란 다음 각 호의 어느 하나에
해당하는 행위를 말한다.
1. 제1항 각 호에 따른 업무 간에 담당 부서
를 독립된 부서로 구분하지 아니하거나,
담당 부서가 그 업무를 독립적으로 처리하
지 아니하는 행위. 다만, 이해상충이 발생
할 가능성이 크지 아니한 경우로서 금융위
원회가 정하여 고시하는 경우는 제외한다.
2. 제1항 각 호에 따른 업무를 수행하는 임직
원 간에 해당 업무에 관한 회의를 하거나
통신을 한 경우에는 내부통제기준이 정하
는 방법 및 절차에 따라 그 회의 또는 통
신에 관한 기록을 유지하지 아니하거나 준
법감시인(준법감시인이 없는 경우에는 감
사 등 이에 준하는 자를 말한다)의 확인을
받지 아니하는 행위

III. 금융투자업자의 정보교류차단제도 관련 개정사항

1. 정보교류차단제도 규제 기준의 변경

개정 전 자본시장법 제45조 제1항, 개정 전 자본시장법 시행령 제50조 제1항
은 ① 고유재산운용업무, 투자매매업, 투자중개업, 집합투자업, 신탁업 간, ② 기
업금융업무와 고유재산운용업무, 금융투자업 간, ③ 전담중개업무와 고유재산운용
업무, 금융투자업 간, ④ 기업금융업무와 전담중개업무 간 정보교류차단장치를 설
치할 것을 구체화함으로써 금융투자업자가 구체적으로 영위하는 업무를 기준으로
정보교류 차단 기준을 정하였다. 구체적인 영위 업무를 기준으로 한 정보교류차단
제도에 대해 새로운 유형의 업무 출현 시 규제가 어렵다는 점, 나열되지 않은 부
분에 대한 예측 불가능성이 존재한다는 점 등의 문제가 제기되었고,[5] 금융감독당
국은 금융투자업, 자본시장법 제40조 제1항에 따른 겸영업무, 동법 제41조 제1항
에 따른 부수업무를 영위하는 경우로 정보교류차단이 필요한 경우를 단순화하고,
정보교류 차단의 대상이 되는 정보를 열거하여 이를 기준으로 정보교류차단 대상
을 정하는 방향으로 자본시장법 및 자본시장법 시행령을 개정하였다.

자본시장법 시행령 제50조 제1항에 따른 정보교류차단의 대상이 되는 정보는
다음과 같다.

① 자본시장법 제174조 제1항 각 호 외의 부분에 따른 미공개중요정보[6] ('미

---

5) 금융위원회, 전게자료, 2019. 5. 27., 6면.
6) **자본시장법 제174조** ① 다음 각 호의 어느 하나에 해당하는 자(제1호부터 제5호까지의
   어느 하나의 자에 해당하지 아니하게 된 날부터 1년이 경과하지 아니한 자를 포함한다)는
   상장법인[6개월 이내에 상장하는 법인 또는 6개월 이내에 상장법인과의 합병, 주식의 포
   괄적 교환, 그 밖에 대통령령으로 정하는 기업결합 방법에 따라 상장되는 효과가 있는 비
   상장법인(이하 이 항에서 "상장예정법인등"이라 한다)을 포함한다. 이하 이 항 및 제443
   조제1항제1호에서 같다]의 업무 등과 관련된 <u>미공개중요정보(투자자의 투자판단에 중대
   한 영향을 미칠 수 있는 정보로서 대통령령으로 정하는 방법에 따라 불특정 다수인이 알
   수 있도록 공개되기 전의 것을 말한다. 이하 이 항에서 같다)</u>를 특정증권등(상장예정법인
   등이 발행한 해당 특정증권등을 포함한다. 이하 제443조 제1항 제1호에서 같다)의 매매,

공개중요정보')

② 투자자의 금융투자상품 매매 또는 소유 현황에 관한 정보로서 불특정 다수인이 알 수 있도록 공개되기 전의 정보('고객 금융투자상품 매매·소유현황')

③ 집합투자재산, 투자일임재산 및 신탁재산의 구성 내역과 운용에 관한 정보로서 불특정다수인이 알 수 있도록 공개되기 전의 정보('고객자산운용정보')

사후 신고만을 통해 금융투자업자가 다양한 유형의 겸영업무 및 부수업무를 영위할 수 있는 자본시장법의 체계 아래에서, 정보교류차단 규제의 기준을 구체적인 업무 기준으로 하지 않고, 특정 유형의 정보를 기준으로 한 것은 새로이 생겨나는 다양한 업무 유형에 대한 대응이 사전적으로 가능하다는 점에서 현실에 부합하는 것으로 사료된다. 다만, 개정 전 자본시장법 및 개정 전 자본시장법 시행령과 달리, 자본시장법 및 자본시장법 시행령은 고유재산운용업무와 그 외 영위 업무 간 정보교류차단에 관하여 따로 규정하고 있지 않고 있다. 비록 자본시장법 제85조 제5호에 고유재산과 집합투자재산 간 거래를 불건전 영업행위로 금지하는 사후제재규정이 존재하기는 하나, 같은 공간에서 업무가 이루어져 상호 정보 교류가 용이하다는 점에 비추어 고유재산운용업무와 수탁재산운용업무 간에는 이해상충 및 투자자 보호의무 위반이 보다 쉽게 발생할 우려가 있다. 이에 금융투자업자는 이러한 부분을 유의하여 내부통제지침을 정할 필요성이 있는 것으로 사료된다.[7]

2. 정보교류차단제도 규제 방식의 전환

개정 전 자본시장법 제45조 제1항은 '금융투자업자는 그 영위하는 금융투자업(고유재산 운용업무를 포함한다. 이하 이 조에서 같다) 간에 이해상충이 발생할 가능성이 큰 경우로서 대통령령으로 정하는 경우에는 다음 각 호의 어느 하나에 해당하는 행위를 하여서는 아니된다'라고 규정하며, 금융투자상품 매매에 관한 정보제

그 밖의 거래에 이용하거나 타인에게 이용하게 하여서는 아니 된다.

7) 금융감독원, "정보교류차단(차이니즈월)관련 표준내부통제기준 Q&A", 9면.

공, 임직원 겸직제한, 물리적 차단의무 등을 열거하는 방식으로 규제하였다. 이에 자율성이 보장되어야 하는 회사 조직 및 인사의 운영을 법이 강제하는 결과가 발생한다는 점, 금융투자업자의 새로운 업무 확장에 대한 신축적 대응이 곤란하다는 점 등의 비판이 제기되었고,[8] 금융감독당국은 법령의 개정을 통하여 정보교류차단제도 규제 내용을 규정에 구체적으로 열거하는 방식에서, 필수 원칙만을 제시하고 세부적인 내용은 회사에 위임하는 '원칙 중심의 규제 방식'으로 전환하였다.

그 결과, 금융투자업자는 자본시장법 제45조 제1항 개정 내용에 따라 자유롭게 내부통제기준을 마련할 수 있게 되었고, 정보교류차단장치 설치 대상, 임직원 겸직 범위 등 제한 사항을 회사 사정에 맞추어 직접 규율할 수 있게 되었다. 다만, 이 과정에서 법령 내 세부적인 규정만을 따랐던 금융투자업자들이 법적 불확실성에 대한 부담을 겪고 적절한 정보교류차단장치를 마련하지 못할 상황[9]을 미연에 방지하고자 금융투자협회는 2021. 5. 11. 금융투자업자가 내부통제기준을 정할 때 필요한, 정보교류차단 관련 내용을 담은 『금융투자회사 표준내부통제기준』(이하 "표준내부통제기준")을 마련하였다.

표준내부통제기준은 정보교류차단의 대상이 되는 정보 및 그 예외, 정보교류차단이 필요한 부문 및 그 책임소재, 전담조직의 설치, 상시적 정보교류차단장치의 설치 등에 관한 내용을 구체적으로 기술하고 있다. 금융감독당국은 표준내부통제기준에 기재되어 있는 내용을 금융투자업자의 재량에 따라 취사선택할 수 있다는 입장이나, 임직원의 위반행위가 발생하더라도 높은 수준의 내부통제기준을 마련한 경우 감독자의 책임을 감면받을 수 있다는 금융감독당국의 발표[10]에 비추어 보면, 금융투자업자는 표준내부통제기준의 내용을 대부분을 수용하거나 개정 전 정보교류차단 규제에 준하는 수준을 유지할 수밖에 없는 상황에 놓여질 것으로 보여진다.

---

8) 금융위원회, 전게자료, 7면.
9) 이석훈, "해외 주요국 정보교류차단장치 규제현황 및 시사점", 『자본시장보고서』, 제967호, 자본시장연구원, 2020, 17면.
10) 금융위원회, "금융투자회사의 정보교류차단제도가 회사 자율적으로 운영되도록 전환됩니다", 보도자료, 2021. 5. 11.

3. 사외 정보교류차단제도 규제방식의 전환

개정 전 자본시장법 제45조 제2항은 '금융투자업자는 금융투자업의 영위와 관련하여 계열회사, 그 밖에 대통령령으로 정하는 회사와 이해상충이 발생할 가능성이 큰 경우로서 대통령령으로 정하는 경우에는 다음 각 호의 어느 하나에 해당하는 행위를 하여서는 아니된다'라고 규정하며, 사내 정보교류차단과 동일하게 금융투자상품 매매에 관한 정보제공, 임직원 겸직제한, 물리적 차단의무 등을 열거하는 방식으로 규정하였다. 이러한 규정 내용에 관하여 『금융회사지배구조법』에 비해 자율성이 낮다는 점,[11] 임직원 겸직 등을 통한 계열회사 간 시너지 효과가 발휘되지 못하고 효율적인 조직 운영이 불가능하다는 점 등을 이유로 비판이 제기되었다.[12] 이에 금융감독당국은 사내 정보교류차단의 경우와 동일하게 사외 정보교류차단 또한, 규제 내용을 규정에 열거하는 방식에서 필수 원칙만 제시하고 세부내용은 회사에 위임하는 '원칙 중심의 규제방식'으로 개정하였다.

이에 대해 표준내부통제기준은 사내 정보교류차단과 같이 사외 정보교류차단에 관한 물리적 차단 의무, 정보차단벽 설치 등 구체적인 내용을 담고 있다. 이는 앞서 언급한 바와 같이 개정 전 자본시장법에 따른 규제 결과와 실질적으로 다르지 않은 것으로 사료된다.

다만, 표준내부통제기준은 계열회사 등과의 임직원 겸직제한에 관해서는 『금융회사지배구조법』상의 규제 수준으로 완화하여 적용할 것을 제안하고 있어, 금융투자업자 자체적으로 표준내부통제기준보다 더 강력한 수준의 겸직제한 규정을 마련하지 않는 한, 개정 전 자본시장법 및 개정 전 자본시장법 시행령 대비 완화된 수준의 임직원 겸직제한 규정이 적용될 것으로 생각된다. 이와 같은 조치는 금

---

11) 『금융회사지배구조법』 제10조는 '금융회사의 상근 임원은 다른 영리법인의 상시적인 업무에 종사할 수 없다'고 규정하고 있는 반면, 개정 전 자본시장법 제45조 제2항은 금융투자업자는 금융투자업의 영위와 관련하여 계열회사와 이해상충이 발생할 가능성이 큰 경우로서 임원 및 직원을 겸직하게 하거나 파견하게 할 수 없다고 규정함.
12) 금융위원회, "금융투자업 차이니즈 월 규제 개선방안", 보도자료, 2019. 5. 27., 9면.

융투자업자의 주요한 의사결정에 실제 영향을 미칠 수 없는 일반 직원의 계열회사 겸직 또는 파견을 일부 허용함으로써 금융투자업자의 경영 자율성을 한층 증대시킬 수 있다고 볼 수 있다.

4. 사후 제재의 강화

개정 전 자본시장법 및 개정 전 자본시장법 시행령은 이해상충방지 및 투자자 보호의무를 준수하기 위하여 정보교류차단 관련 조항에 제재 대상을 구체적으로 열거하였다. 그러나 이러한 경직적 규제가 자본시장의 역동성 및 집합투자업자의 자율성을 저해한다는 점을 고려하여 자본시장법 및 자본시장법 시행령은 정보교류차단과 관련된 필수 원칙만을 제시하고 세부적인 내용은 회사에 위임하는 방식을 택하며 그 요건을 완화하였다. 다만, 요건 완화와 동시에, 회사 내 정보교류차단 관련 내부통제제도를 마련하지 않은 경우 등 이해상충관련 규제를 위반한 경우에 대한 제재를 강화함으로써 요건 완화로 인한 이해상충문제를 줄이고자 하였다.13)

이러한 취지에 따라 강화된 정보교류차단제도 관련 제재는 다음과 같다.

① 정보교류차단 대상 정보를 이용하여 부당이득을 취득한 경우
자본시장법 제54조 제2항14)은 금융투자업자 및 그 임직원이 동법 제45조(정보교류의 차단) 제1항 또는 제2항에 따라 정보교류 차단의 대상이 되는 정보를 정당한 사유없이 이용하거나 제3자에게 이용하게끔 하여서는 아니된다고 규정하고 있으며, 동법 제428조 제4항15)은 동법 제54조를 위반한 금융투자업자, 그 임직원

---

13) 금융위원회, 전게자료,11면.
14) **자본시장법 제54조(직무관련 정보의 이용 금지)** ② 금융투자업자 및 그 임직원은 제45조 제1항 또는 제2항에 따라 정보교류 차단의 대상이 되는 정보를 정당한 사유 없이 본인이 이용하거나 제삼자에게 이용하게 하여서는 아니 된다.
15) **자본시장법 제428조(금융투자업자에 대한 과징금)** ④ 금융위원회는 금융투자업자 및 그 임직원이 제54조 제2항(제42조 제10항, 제52조 제6항, 제199조 제5항, 제255조, 제260조, 제265조, 제289조, 제304조, 제323조의17, 제328조 또는 제367조에서 준용하는 경우를 포

및 이를 부당히 이용한 자가 위반행위와 관련된 거래로 이익을 얻거나 손실을 회
피한 경우, 그 이득액 또는 회피한 손실액의 1.5배에 상당하는 금액 이하의 과징
금을 부과할 수 있다고 규정한다.

② 정보교류 차단 대상 정보를 부당하게 이용한 경우

동법 제444조 제6의2호[16]는 동법 제54조 제2항을 위반하여 동법 제45조 제1
항 또는 제2항의 정보교류 차단의 대상이 되는 정보를 정당한 사유 없이 이용하거
나 제3자에에게 이용하게 한 자 그리고 정보교류차단의 대상이 되는 정보를 제공
받아 이용한 자는 5년 이하의 징역 또는 2억원 이하의 벌금에 처한다고 규정하고
있다.

③ 정보교류차단에 실패한 경우

자본시장법 제420조 제3항 및 제422조 제1항·제2항 관련 [별표 1]은 동법
제45조 제1항 또는 제2항을 위반하여 내부통제기준이 정하는 방법 및 절차에 따
라 정보의 교류를 적절히 차단하지 아니한 경우(제44호), 동조 제3항을 위반하여
내부통제기준에 포함하여야 할 사항을 포함하지 아니한 경우(제45호), 동조 제4항
을 위반하여 정보교류차단을 위해 준수해야 할 사항을 준수하지 아니한 경우(제45
호의2)를 규정하고 있으며, 금융투자업자가 정보교류차단에 관한 규정인 상기 조항
을 위반하는 경우 금융위원회는 6개월 이내의 업무의 전부 또는 일부정지, 기관경
고, 기관주의 등의 조치를 취할 수 있다(동법 제420조 제3항). 또한, 금융위원회는

함한다)을 위반한 경우에는 그 금융투자업자, 임직원 및 정보교류 차단의 대상이 되는 정
보를 제공받아 이용한 자에게 그 위반행위와 관련된 거래로 얻은 이익(미실현 이익을 포
함한다) 또는 이로 인하여 회피한 손실액의 1.5배에 상당하는 금액 이하의 과징금을 부과
할 수 있다.

16) **자본시장법 제444조(벌칙)** 다음 각 호의 어느 하나에 해당하는 자는 5년 이하의 징역 또
는 2억원 이하의 벌금에 처한다.
6의2. 제54조 제2항(제42조 제10항, 제52조 제6항, 제199조 제5항, 제255조, 제260조, 제
265조, 제289조, 제304조, 제323조의17, 제328조 또는 제367조에서 준용하는 경우를 포함
한다)을 위반하여 제45조 제1항 또는 제2항에 따라 정보교류 차단의 대상이 되는 정보를
정당한 사유 없이 본인이 이용하거나 제삼자에게 이용하게 한 자와 정보교류 차단의 대상
이 되는 정보를 제공받아 이용한 자

상기 조항을 위반하는 행위를 한 임직원에게 해임요구, 면직, 6개월 이내의 직무정지 또는 정직 등도 요구할 수 있다(동법 제422조 제1항, 제2항).

IV. 맺음말

미국은 한 금융회사 인수업무부서에서 취득한 미공개중요정보가 타 부서로 유출되어 내부자거래가 발생한 사건을 시발점으로 1966년 정보교류차단장치를 처음 도입하였다. 정보교류차단제도가 내부자거래뿐만 아니라 정보교류로 인한 이해상충의 소지를 줄이기 위한 제도라는 평가를 받고 있음에도 불구하고, 내부자거래를 차단할 목적으로 발전한 미국의 정보교류차단제도는 이해상충보다는 금융회사 직원들의 미공개중요정보 오용을 방지하는 데에 그 중점을 두고 있다[17].

반면 영국은, 1986년 런던거래소에 대한 규제완화(Big Bang) 단행 과정에서 증권업의 겸업화와 복합금융그룹의 형성을 추진하였고, 이러한 변화가 겸영 금융기관 내 정보교류가 이해상충방지 및 신의성실의무에 위배될 소지가 있다고 판단하여 정보교류차단제도를 도입하였다. 이에 영국은 필수 원칙만을 제시하고 각 회사에 그 구체적인 내용을 정하도록 하는 방식을 택하여 현재까지 해당 규제 방식으로 정보교류차단제도를 정하고 있다[18].

금융감독당국은 2007. 8. 3. 자본시장법 제정 당시 투자매매업, 투자중개업, 집합투자업, 투자자문 및 일임업, 신탁업 등의 업무를 겸영할 수 있는 금융투자업자의 설립을 허용하였고, 겸영 확대와 동시에 정보교류로 인한 이해상충의 소지를 최소화할 수 있는 방안으로 정보교류차단제도를 도입하였다. 자본시장법상 정보교류차단제도의 도입이 겸영 확대에서 비롯되었다는 점에 비추어 상기 영국의 사례와 유사하지만, 영국과 달리 제정 자본시장법은 규제 내용을 법령에 상세히 열거하는 규정 방식의 규제를 택하였다.

2019년 금융감독당국은, 개정 전 자본시장법상의 정보교류차단제도가 금융투

---

17) 이석훈, 전게논문, 3-6면.
18) 이석훈, 전게논문, 7-9면.

자업자의 자율성을 저해하고 현실을 반영하지 못한다는 점을 이유로 들며 정보교류차단제도를 대폭 개정하였다. 주요 개정 내용은 정보교류차단제도의 기준이 영위 업무 기준에서 정보를 기준으로 변경되었다는 것, 규제 내용을 열거하는 방식의 규제가 필수 원칙만 규정하고 그 외는 각 회사에 위임하는 방식으로 변경되었다는 것, 사후 제재가 강화되었다는 것이다.

　　금융투자업자가 사후신고를 통해 다양한 유형의 겸영업무, 부수업무를 영위할 수 있고, 그 범위가 제한적이지 않는다는 점에서 정보교류차단제도의 기준을 정보 기준으로 변경한 점은 타당한 것으로 사료된다. 다만, 필수적으로 준수하여야 하는 원칙만 규정함으로써 구체적인 사안별 법 적용 여부에 불확실성이 존재한다는 점, 강화된 사후 제재로 금융투자업자는 금융투자협회에서 제시한 표준내부통제기준에 따르거나 개정 전 자본시장법령에 따라 적용되었던 높은 수준의 규제를 그대로 따를 수밖에 없다는 점에 비추어, 정보교류차단에 관한 이번 개정 사항이 실질적으로 금융투자업자들의 자율성 재고에 도움이 되었는지는 단언하기 어려울 것으로 보여진다.

제18장

●

집합투자기구(펀드) 간 자전거래

Ⅰ. 자전거래의 금지와 예외적 허용

2020년 10월 A자산운용은 1조 6,000억원 상당의 펀드 환매를 중단하겠다고 선언하였고, 이로 인해 A자산운용에 투자하였던 투자자들은 큰 손실을 입게 되었다. 당시 A자산운용은 『자본시장과 금융투자업에 관한 법률』(이하 '자본시장법')상 다수의 규정을 위반하였으나, 본 글에서는 자본시장법 제85조에서 불건전 영업행위로 금지하고 있는 집합투자기구(펀드) 간 자전거래에 한정하여 검토하되, A자산운용의 자전거래 위반의 구체적인 내용은 뒤에서 다시 살펴보기로 한다.

자전거래란, 동일한 운용사가 운용하는 펀드 상호 간 같은 재산을 같은 수량으로 같은 시기에 일방이 매도하고, 다른 일방이 매수하는 거래를 의미한다. 자본시장법 제85조 제5호[1]는 자전거래를 불건전 영업행위로 분류하여 금지하고 있으며, 『자본시장과 금융투자업에 관한 법률 시행령』(이하 '자본시장법 시행령'), 『금융투자업규정』상의 요건을 충족시키는 경우에 한하여 예외적으로 허용하고 있다.

---

1) **자본시장법 제85조(불건전 영업행위의 금지)** 집합투자업자는 다음 각 호의 어느 하나에 해당하는 행위를 하여서는 아니 된다. 다만, 투자자 보호 및 건전한 거래질서를 해할 우려가 없는 경우로서 대통령령으로 정하는 경우에는 이를 할 수 있다.
   5. 특정 집합투자재산을 집합투자업자의 고유재산 또는 그 집합투자업자가 운용하는 다른 집합투자재산, 투자일임재산(투자자로부터 투자판단을 일임받아 운용하는 재산을 말한다. 이하 같다) 또는 신탁재산과 거래하는 행위

1997년 외환위기 이후 엄격히 금지되었던 자전거래[2]에 대하여, 2015년 금융위원회는 '자전거래 요건을 완화하더라도 공정거래 등 투자자 보호장치[3]가 마련되어 있는 만큼 불건전영업행위의 소지는 크지 않다[4]'고 하며, 기존 제한 규정을 일부 폐지한 바 있다. 2020년 사모펀드 대규모 환매중단 사태 이후, 자전거래에 대한 규제완화와 감독 소홀로 불건전 영업행위가 발생하였다는 지적이 나왔고, 금융감독당국은 이를 해결하고자 관련 제도를 다시 대폭 강화하는 방향으로 개정하였다. 앞으로 살펴볼 '집합투자기구 간 자전거래 관리 강화'는 그 주요 개정 내용 중 하나인바, 자본시장법 및 관련 법령 상 자전거래시 준수사항을 각각 검토하고, 강화된 금융감독당국의 관리·감독 조치 및 관련 제재 사례에 대하여 확인해보고자 한다.

II. 자전거래 시 준수사항

1. 관련 법령

> **자본시장법 제85조(불건전 영업행위의 금지)** 집합투자업자는 다음 각 호의 어느 하나에 해당하는 행위를 하여서는 아니 된다. 다만, 투자자 보호 및 건전한 거래질서를 해할 우려가 없는 경우로서 대통령령으로 정하는 경우에는 이를 할 수 있다.

2)

	2015년 이전	2015년 이후
자본시장법 시행령 제87조 제1항 제3호	가. 최초 설정 또는 설립된 집합투자기구의 집합투자규약상의 투자한도를 준수하기 위하여 불가피한 경우(최초 설정일 또는 설립일부터 1개월 이내로 한정한다)	법, 이 영 및 집합투자기구의 집합투자규약상의 투자한도를 준수하기 위한 경우
금융투자업규정 제4-59조 제1항	1. 증권시장 등을 통한 처분(다자간매매체결회사를 통한 처분을 포함한다)이 곤란한 경우 등 그 불가피성이 인정되는 경우일 것	1. <삭제 2015. 10. 21.>

3) ① 부실자산거래금지, ② 투자자 이익에 반하는 거래 금지, ③ 공정가격에 기한 거래, ④ 공모, 사모펀드 간 자전거래 금지(금융투자업규정 제4-59조)

4) 금융위원회, "사모펀드 활성화를 위한 「자본시장법」 및 하위법령 개정안 일괄 시행에 따른 주요 변경 사항 안내", 보도자료, 2015. 10. 26.

5. 특정 집합투자재산을 집합투자업자의 고유재산 또는 그 집합투자업자가 운
   용하는 다른 집합투자재산, 투자일임재산(투자자로부터 투자판단을 일임받아
   운용하는 재산을 말한다. 이하 같다) 또는 신탁재산과 거래하는 행위
8. 그 밖에 투자자 보호 또는 건전한 거래질서를 해할 우려가 있는 행위로서 대
   통령령으로 정하는 행위

제444조(벌칙) 다음 각 호의 어느 하나에 해당하는 자는 5년 이하의 징역 또는
2억원 이하의 벌금에 처한다
8. 제71조(제7호를 제외한다), 제85조(제8호를 제외한다), 제98조 제1항(제101
   조 제4항에서 준용하는 경우를 포함한다)·제2항(제10호를 제외한다) 또는
   제108조(제9호를 제외한다)를 위반하여 각 해당 조항 각 호의 어느 하나에
   해당하는 행위를 한 자

제449조(과태료) ① 다음 각 호의 어느 하나에 해당하는 자에 대하여는 1억원
이하의 과태료를 부과한다
29. 제71조(제7호에 한한다), 제85조(제8호에 한한다), 제98조 제2항(제10호에
    한한다) 또는 제108조(제9호에 한한다)를 위반하여 각 해당 조항의 해당
    호에 해당하는 행위를 한 자

자본시장법시행령 제87조(불건전영업행위의 금지) ① 법 제85조 각 호 외의 부
분 단서에서 "대통령령으로 정하는 경우"란 다음 각 호의 어느 하나에 해당하는
경우를 말한다.
3. 법 제85조 제5호를 적용할 때 집합투자업자가 운용하는 집합투자기구 상호
   간에 자산(제224조 제4항에 따른 미지급금 채무를 포함한다)을 동시에 한쪽
   이 매도하고 다른 한쪽이 매수하는 거래로서 다음 각 목의 어느 하나에 해당
   하는 경우. 이 경우 집합투자업자는 매매가격, 매매거래절차 및 방법, 그 밖
   에 투자자 보호를 위하여 금융위원회가 정하여 고시하는 기준을 준수하여야
   한다.
   가. 법, 이 영 및 집합투자기구의 집합투자규약상의 투자한도를 준수하기 위
       한 경우
   나. 집합투자증권의 환매에 응하기 위한 경우
   다. 집합투자기구의 해지 또는 해산에 따른 해지금액 등을 지급하기 위한 경우
   라. 그 밖에 금융위원회가 투자자의 이익을 해칠 염려가 없다고 인정한 경우

④ 법 제85조 제8호에서 "대통령령으로 정하는 행위"란 다음 각 호의 어느 하나에 해당하는 행위를 말한다.

7. 법 제55조, 제81조, 제84조 및 제85조에 따른 금지 또는 제한을 회피할 목적으로 하는 행위로서 장외파생상품거래, 신탁계약, 연계거래 등을 이용하는 행위

금융투자업규정 제4-59조(집합투자기구간 거래 등) ① 집합투자업자가 영 제87조 제1항 제3호에 따라 자기가 운용하는 집합투자기구 상호 간에 같은 자산을 같은 수량으로 같은 시기에 일방이 매도하고 다른 일방이 매수하는 거래(이하 이 조에서 "자전거래"라 한다)를 하는 경우에는 다음 각 호의 요건을 모두 충족하여야 한다.

1. <삭제 2015. 10. 21.>
2. 제7－35조 제2항에 따른 부도채권 등 부실화된 자산이 아닐 것
3. 당해 집합투자기구의 투자자의 이익에 반하지 않는 거래일 것
4. 당해 집합투자기구의 집합투자규약 및 투자설명서의 투자목적 및 방침에 부합하는 거래일 것
5. 영 제260조 제1항에서 정한 방법으로 평가할 수 없는 자산 또는 신뢰할 만한 시가가 없는 자산[「채무자 회생 및 파산에 관한 법률」에 따라 회생절차(간이회생절차를 포함한다)가 진행 중인 법인이 발행한 증권 및 관리종목으로 지정되었거나 매매거래 정지 상태인 증권을 포함한다]을 자전거래하는 경우에는 자전거래일로부터 직전 3개월 이내에 영 제260조 제2항 제3호 각 목의 어느 하나의 자로부터 그 자산의 공정가액의 평가를 받은 사실이 있을 것. 다만, 해당 자전거래에 관하여 그 자산을 매도하는 집합투자기구와 매수하는 집합투자기구 각각의 수익자 전원의 동의를 얻은 경우 및 투자자 피해가 없는 경우로서 금융감독원장이 정하는 경우에는 그러하지 아니하다. <신설 2021. 3. 18.>
6. 월별 자전거래 규모가 직전 3개월 평균 집합투자기구 자산총액(환매금지형집합투자기구의 경우 최초 모집기간 중 모집된 금액을 말한다)의 100분의 20 이하일 것. 다만, 해당 자전거래에 관하여 그 자산을 매도하는 집합투자기구와 매수하는 집합투자기구 각각의 수익자 전원의 동의를 얻은 경우에는 그러하지 아니하다. <신설 2021. 3. 18.>
② 제1항 제2호에 불구하고 부도채권 등 부실화된 자산에 주로 투자하는 것을

집합투자규약에 정한 집합투자기구에 대하여는 부도채권 등 부실화된 자산을 자전거래를 통하여 매도할 수 있다.

③ 집합투자업자가 자전거래를 하는 경우 그 가격은 영 제260조에 따라 평가한 가액으로 하되, 시장상황의 변동 등으로 인하여 영 제260조에 따라 평가한 가액으로 자전거래를 하는 것이 투자자의 이익에 반한다고 준법감시인이 판단하는 경우에는 집합투자재산평가위원회가 시장상황 등을 감안하여 평가한 가액으로 한다. 다만, 제1항 제5호 본문의 경우에는 자전거래를 하고자 하는 날로부터 직전 3개월 이내에 영 제260조 제2항 제3호 각 목의 어느 하나에 해당하는 자가 제공한 가격으로 하여야 한다. <개정 2021. 3. 18.>

④ 집합투자업자는 자기가 운용하는 사모집합투자기구 및 공모집합투자기구간에 자전거래를 할 수 없다. 다만, 집합투자자의 이익을 해할 우려가 없다고 집합투자업자의 준법감시인 및 신탁업자의 확인을 받은 경우에는 그러하지 아니하다.

⑤ 집합투자업자는 신탁업자의 확인을 받아 자전거래와 관련하여 필요한 절차·방법 등 세부기준을 마련하여야 한다.

⑥ 집합투자업자는 자전거래와 관련하여 제1항에서 정한 요건의 충족 여부를 확인할 수 있는 자료를 5년간 보관·유지하여야 한다.

2. 준수 사항

자산운용사가 자전거래를 하기 위해서는 법령상의 목적과 요건을 반드시 갖추어야 한다. 자본시장법 제85조 제3호는 동일한 운용사가 운용하는 펀드 상호 간에 같은 재산을 같은 수량으로 같은 시기에 일방이 매도하고, 다른 일방이 매수하는 거래를 원칙적으로 금지한다. 다만, 자본시장법 시행령 제87조 제1항 제3호는 1) 자본시장법 및 시행령, 집합투자규약 상의 투자한도를 준수하기 위한 경우, 2) 환매를 위한 경우, 3) 해지, 해산에 따른 해지금액을 지급하고자 하는 경우, 4) 투자자 이익을 해할 목적이 없는 경우에 한하여 이를 예외적으로 허용하고 있으며, 『금융투자업규정』 제4−59조는 위와 같이 정한 자전거래의 목적이 분명하다는 전제 하에, ① 부실자산이 아닐 것, ② 투자자 이익에 반하지 않을 것, ③ 공정가격에 거래되었을 것, ④ 집합투자규약 등의 투자목적에 부합할 것이라는 추가적인 요건을 모두 충족할 것을 요한다. 2021. 3. 18.『금융투자업규정』이 개정됨에 따라, 자전거래가 허용되기 위해서는 ⑤ 비시장성 자산의 경우, 자전거래일로부터 3개월 이내에 제3의 독립기관으로부터 그 자산의 공정가액을 평가받을 것, ⑥ 월별 자전거래 규모가 자전거래 대상이 되는 매도 및 매수펀드의 각 3개월 평균 수탁고의 20% 이내로 제한될 것이라는 요건 또한 충족하여야 한다.

이렇듯 관련 법령의 구조적 해석상 자전거래는 원칙적으로 금지되며, 예외를 인정하기 위한 요건은 엄격하게 해석되어야 한다. 뿐만 아니라, 자본시장법 제85조 제8항, 동법 시행령 제87조 제4항 제7호는 자산운용사가 금지된 자전거래를 회피하기 위한 목적으로 장외파생상품거래, 신탁계약, 연계거래 등을 이용하는 행위까지도 금지하고 있는바, 자전거래 시 준수하여야 할 상기의 사항을 각 사안에 포섭시킬 때에는 신중히 판단해야 할 것으로 사료된다.

나아가, 사모집합투자기구 및 공모집합투자기구 간 자전거래는 금지된다. 『금융투자업규정』 제4-59조 제4항은 이처럼 공모펀드와 사모펀드 간의 자전거래를 금지하고 있으며, 투자자의 이익을 해할 우려가 없다고 자산운용사의 준법감시인 및 신탁업자의 확인을 받은 경우에만 그 거래를 예외적으로 허용한다. 이는 투자대상자산 비율에 대한 제한 등 공모집합투자기구가 사모집합투자기구보다 엄격한 규제를 받고, 투자자 구성이 서로 상이한 특성에 기인한 것으로, '투자자의 이익을 해할 우려가 없는지 여부'에 대한 판단은 신중하게 접근해야 할 것으로 보인다.

3. 관련 법령 개정에 따른 자전거래 관리 강화

금융위원회는 사모펀드 투자자를 보호하고 사모펀드를 건전히 운용하기 위한 제도 개선 사항으로 '자전거래 관리 강화' 방안을 제시하였고, 2021. 3. 16. 자본시장법 시행령과 2021. 3. 18.『금융투자업규정』이 각 개정됨에 따라 다음 세 가지 내용이 반영되었다.

첫째, 월별 자전거래 규모는 해당 자전거래가 있는 날로부터 3개월 간의 집합투자기구[5] 자산총액 평균의 100분의 20 이하여야 한다. 다만, 매도펀드와 매수펀드 각각의 수익자 전원 동의가 있는 경우에는 그러하지 아니한다. 이는 예외적인 경우에 한해서만 인정되는 자전거래의 규모를 대폭 축소시키고 무분별한 자전거래를 방지하기 위한 금융감독당국의 입장을 반영한 조치에 해당하는 것으로 보인다.

둘째, 비시장성 자산을 자전거래하는 경우, 제3의 독립기관(회계법인·신평사 등)이 평가한 공정가액으로 그 가치를 산정하는 것이 의무화되었다. 개정 전, 자산운용사는 투자대상자산의 취득가격, 거래가격, 제3의 독립기관 평가가격을 고려하여 집합투자재산평가위원회에서 비시장성자산의 가액을 산정하였다.[6] 고수익 추구를 위해 투명성이 낮은 비시장성 자산에 투자하면서 그 공정가액을 자산운용사가 판단하는 경우 이를 악용할 수 있는 점에 대한 개선의 조치로 도입한 제도로서, 아래에서 구체적으로 검토하고자 한다.

셋째, 공모·사모 펀드에 모두 적용되는 위 요건들과 별도로 자산운용사는 일반사모집합투자기구에 한하여 자전거래 현황을 감독당국에 분기별로 보고하게 되었다. 2021. 10. 21. 개정된 자본시장법 시행령 제271조의10 제13항과 『금융투자업규정』 제7−41조의7 제8항 제4호는 '동일한 집합투자업자가 운용하는 집합투자기구에 대한 투자현황' 즉, 자전거래 현황을 매분기의 말일부터 1개월 이내에 금융감독원장이 정하는 서식 및 작성방법에 따라 보고서로 제출하도록 하고 있다. 또한, 최근 1년 간 자전거래가 발생한 경우, 그 사유, 펀드 간 이해상충 및 위험전

---

5) 자전거래 시, 매도펀드와 매수펀드를 각각 의미함. 금융위원회, "사모펀드 투자자 보호 및 관리·감독 강화를 위한 「금융투자업규정 개정안」 금융위원회 의결·시행", 보도자료, 2021. 3. 19.

6) 개정 전 『금융투자업규정』은 비시장성 자산도 시장가치가 있는 자산과 동일하게 자본시장법 시행령 제260조에 따라 평가한 금액으로 그 가치를 산정하였음.
자본시장법 시행령 제260조 ② 법 제238조 제1항 본문에서 "대통령령으로 정하는 공정가액"이란 집합투자재산에 속한 자산의 종류별로 다음 각 호의 사항을 고려하여 집합투자재산평가위원회(경영참여형 사모집합투자기구의 경우는 업무집행사원을 말한다. 이하 이 항에서 같다)가 법 제79조 제2항에 따른 충실의무를 준수하고 평가의 일관성을 유지하여 평가한 가격을 말한다 …

이 방지를 위해 자산운용사가 실시한 방안·절차를 투자자가 이해할 정도로 기재하여 제출하도록 규정하고 있다.

위와 같이 강화된 관리 방안으로 금융감독당국은 각 자산운용사의 자전거래 규모를 통제할 수 있게 되었으며, 그 현황을 분기별로 파악할 수 있게 되었다. 뿐만 아니라, 비시장성자산과 같이 그 가치를 파악하기 어려운 자산에 대한 파악도 객관적으로 용이하게 할 수 있게 되어, 부실자산이 자전거래의 방식으로 타 펀드에 전가되거나 수익률이 조작되는 경우는 줄어들 것으로 사료된다.

4. 자전거래 위반 사례

가. 자전거래 금지 위반 회피를 위한 연계거래 등 금지

2020년 대규모 환매 사태를 야기한 A자산운용은 자전거래 금지 규정을 회피할 목적으로 연계거래 등을 이용하였다는 이유로 금감원의 제재[7]를 받은 바 있다. A자산운용은 자본시장법상 허용된 펀드 간 자전거래 요건에 해당되지 않자, 이를 회피할 목적으로 자사 펀드를 자신의 영향력 하에 있는 C자산운용의 펀드에 가입시켰고, 해당 펀드로 하여금 자사의 D펀드의 비시장성 자산[8]을 매수하도록 하여, 연계거래 등의 방식으로 자전거래에 대한 규제를 회피하였다.

펀드 재산 간 거래의 특성상 이해상충 및 위험 전이가 발생할 개연성은 상당히 높다. 자전거래 자체만 금지할 경우, 금융 거래구조를 다각화하여 이를 회피할 여지가 있으며 투자자 보호에 공백이 발생할 우려가 있는바, 이를 폭 넓게 규제할

---

7) A자산운용은 자전거래 회피 목적의 연계거래 금지 외 자기 또는 제3자 이익 도모 금지, 정보교류차단 및 이해상충관리 의무, 직무관련 정보의 이용금지 의무, 임직원의 금융투자상품 매매제한을 위반하여 기관 등록취소 및 신탁계약 인계명령을 받았고, 과태료 9.5억 원을 부과받았음(임원: 해임요구 및 과태료 부과 1명, 직무정지 6월 1명/ 직원: 면직상당 퇴직자 위법·부당사항 및 과태료 부과 1명, 감봉상당 상당 퇴직자 위법·부당사항 1명, 감봉상당 상당 퇴직자 위법·부당사항 및 과태료 부과 2명, 견책요구 및 과태료 부과 1명)

8) 비상장주식 및 출자금, 주식관련사채(CB, BW 등) 및 일반사모사채, 대출채권 등을 의미함.

필요성이 있다. 다만, 벌칙으로 5년이하의 징역 또는 2억원 이하의 벌금을 정하고 있는 자전거래와 달리, 연계거래의 경우 1억원 이하의 과태료만 부과되는 것으로 해석된다. 자전거래 회피 목적의 연계거래 역시 규제 회피의 고의성이 분명하며, 오히려 더 많은 집합투자기구 및 투자자를 연루시켜 그 피해가 확대될 소지가 있다. 그럼에도 그 제재수단의 균형이 맞지 않는 부분이 있어 이에 대한 조정이 필요할 것으로 사료된다.

나. 공정가액에 따른 자전거래

자산운용사가 환매·해지 대응 등 불가피한 사유로 허용되는 자전거래를 하는 경우 그 매매가격은 시가 또는 평가의 일관성 있는 공정가액[9]으로 하여야 함이 원칙이다. 2021. 3. 18.『금융투자업규정』개정 전 비시장성 자산을 자전거래하는 경우, 자산운용사 내 집합투자재산 평가위원회에서 투자대상의 취득가격, 거래가격, 제3의 독립기관 평가 가액을 고려하여 그 공정가액을 산정하도록 하였다. B자산운용은 상기 제한에도 불구하고, 7개의 펀드(매도펀드)의 환매·해지에 대응하기 위해 자전거래를 진행하면서, 공정가액(채권평가액[10])으로 평가해오던 일반사채 종목을 공정가액(채권평가액)이 아닌 채권장부가액(상각후원가[11])으로 다른 11개의 펀드(매수펀드)에 매도하였다. 결과적으로 매도펀드에는 부당하게 손실이 발생하였으며, 매수펀드는 평가 이익이 발생하게 되었다. 이에 금융감독원은 매수펀드에 부당하게 손실을 전가한 B자산운용에 기관 경고, 임원 주의적 경고 및 주의 제재조치를 한 바 있다.

2020년 사모펀드 대규모 환매 중단 사태 이후, 명확한 기준 없이 자산운용사 자체적으로 공정가액을 평가하는 것에 대한 의문이 제기됨에 따라 비시장성자산

---

9) 자산운용사의 집합투자재산평가위원회가 충실의무를 준수하고 평가의 일관성을 유지하여 평가한 가격(자본시장법 제260조 제2항). 본 사례는 『금융투자업규정』의 개정 전 사안으로, 현재는 본 규정 제4-59조 제1항 제5호의 평가가격이 적용되어야 함.

10) 채권평가회사가 매일 제공하는 공정가치 평가액.

11) 취득원가와 만기액면가액의 차이를 상환기간에 걸쳐 유효이자율법에 따라 상각하여 취득원가와 이자수익에 가감하여 산정한 가격.

의 공정가액 평가에 대한 기준 마련의 필요성이 대두되었으며, 특히 특정 펀드의 부실이 다른 펀드에 전가될 개연성이 높은 자전거래 대상 비시장성 자산에 대한 엄격한 평가의 필요성이 강조되었다.

이에 금융감독당국은 비시장성자산에 대한 규제를 강화하였고 특히 자전거래에 관하여 자전거래를 하고자 하는 날로부터 3개월 이내에, 제3의 독립기관(회계법인·신평사 등)이 비시장성 자산에 대해 평가한 공정가액으로 거래하도록 의무화하였으며, 매도펀드와 매수펀드 수익자 전원의 동의를 받은 경우에만 그 외 방식의 평가가 가능한 것으로 예외를 두었다.

이와 같은 조치는 부실 은폐 수단으로 악용되었던 비시장성 자산에 대한 자전거래를 투명화하는 데 도움이 될 수 있을 것으로 생각되며, 2020년 사모펀드 대규모 환매 사태와 유사한 상황이 발생할 경우, 그 원인 및 손실 규모를 신속히 파악할 수 있는 수단이 될 수 있을 것으로 사료된다.

III. 맺음말

2015년 금융위원회는 자전거래를 엄격히 금지하던 기존 입장에서 벗어나 규정을 일부 폐지함으로써, 자산운용사들이 자전거래를 보다 용이하게 진행할 수 있도록 조치하였다. 하지만 이러한 규제 완화를 악용하여 부실자산을 돌려막기 한 일부 자산운용사로 인해, 2021년 금융감독당국은 자전거래에 관한 추가 규제 사항을 마련하였다.

모든 문제를 사전에 규제하는 것은 불가능하다. 다만, 사전 규제가 완화된다면 이에 맞추어 사후 모니터링이 강화되어야 한다. 과거 금융감독당국은 자전거래 금지에 대한 예외를 매우 제한적으로 인정함으로써 사전적 규제로 이를 제한하였으나, 자전거래 허용사유가 모호하여 실질적으로 환매 외에는 자전거래가 불가능하며, 자전거래가 불가능할 경우 해당 펀드의 투자자가 손실을 입게 된다는 자산운용사들의 주장에 따라 사전 규제를 완화하였다. 그러나 당시 이러한 규제 완화를 막아줄 수 있는 사후 모니터링 수단이 부족하였고, 2020년 사모펀드 대규모 환매사태가 발생하였을 때, 불법 자전거래 규모를 파악하는 데 많은 시간이 소요되었다. 현재 이러한 사후 모니터링의 공백을 보완하기 위하여 자전거래 목적의 제한이 아닌 자전거래 시 충족하여야 할 요건을 강화하는 방향을 택하고 있다.

2021. 10. 21. 개정된 자본시장법 시행령에는 분기별로 자전거래 현황에 관한 자료를 금융감독당국에 제출하도록 규정하고 있으며, 비시장성 자산에 대한 평가 기준도 새롭게 마련하고 있다. 이와 같은 사후 모니터링 수단은 추후 자전거래 관련 금융사고 발생 시, 즉각적인 피해 상황 파악 및 책임소재 확인에 도움이 될 수 있을 것이라 사료된다.

제19장

●

단독 수익자 펀드 해지 의무

Ⅰ. 단독 수익자 펀드 규제의 개관

2013. 5. 28. 『자본시장과 금융투자업에 관한 법률』(이하 '자본시장법') 이 개정되기 전 동법 제6조 제5항은 '집합투자'를 2인 이상에게 투자를 권유하여 모은 금전 등으로 정의하여 실제 투자여부와 상관없이 2인 이상에게 투자권유가 있으면 되는 것으로 보았으나, 자본시장법에서는 2인 이상의 투자자로부터 모은 금전 등으로 정의함으로써 실제 투자자가 2인 이상이 있어야 되는 것으로 그 정의를 변경하였다.[1)

'집합투자'의 정의가 변경됨에 따라 2015. 1. 1. 개정된 자본시장법에 집합투

---

1) **개정 전 자본시장법 제6조(금융투자업)** ⑤ 제4항에서 "집합투자"란 2인 이상에게 투자권유를 하여 모은 금전등 또는 「국가재정법」 제81조에 따른 여유자금을 투자자 또는 각 기금관리주체로부터 일상적인 운용지시를 받지 아니하면서 재산적 가치가 있는 투자대상자산을 취득·처분, 그 밖의 방법으로 운용하고 그 결과를 투자자 또는 각 기금관리주체에게 배분하여 귀속시키는 것을 말한다. 다만, 다음 각 호의 어느 하나에 해당하는 경우를 제외한다.
2013. 5. 28. 개정 후 자본시장법 제6조(금융투자업) ⑤ 제4항에서 "집합투자"란 2인 이상의 투자자로부터 모은 금전등 또는 「국가재정법」 제81조에 따른 여유자금을 투자자 또는 각 기금관리주체로부터 일상적인 운용지시를 받지 아니하면서 재산적 가치가 있는 투자대상자산을 취득·처분, 그 밖의 방법으로 운용하고 그 결과를 투자자 또는 각 기금관리주체에게 배분하여 귀속시키는 것을 말한다. 다만, 다음 각 호의 어느 하나에 해당하는 경우를 제외한다.

자기구의 투자자가 1인이 되는 경우 즉, 단독 수익자 펀드가 되는 경우, 『자본시장과 금융투자업에 관한 법률 시행령』(이하 '자본시장법 시행령')에 열거된 예외사유가 존재하지 아니하는 한 해당 집합투자기구를 해지하여야 한다는 집합투자업자의 해지의무를 명시하였다.[2] 이러한 해지의무를 위반한 경우 1년 이하의 징역 또는 3천만원 이하의 벌금에 처한다는 벌칙 규정(자본시장법 제446조 제34호)도 신설되었다. 금융감독당국은 단독 수익자 펀드로 인해 투자자에 의한 운용 간섭의 개연성이 우려된다는 점, 법인세 탈루 등 회계처리가 불투명해진다는 점을 개정의 이유로 들었다.

나아가 2016. 1. 19. 『금융투자업규정』에 단독 수익자 펀드 해지의무를 회피하기 위해 해당 펀드의 집합투자업자, 투자매매업자·투자중개업자, 신탁업자가 집합투자증권을 취득하는 것을 자본시장법상 불건전영업행위로 추가규정하였으며,[3] 2021. 3. 16. 사모펀드 투자자 보호 및 관리·감독 강화를 위한 제도 개선의 일환으로 자본시장법 시행령에 단독 수익자 펀드 해지의무를 회피하기 위한 목적으로 집합투자기구의 집합투자업자가 운용하는 다른 집합투자기구 또는 다른 집합투자업자가 운용하는 집합투자기구를 이용하는 행위를 불건전영업행위로 추가 금지하

---

2) **자본시장법 제192조(투자신탁의 해지)** ② 투자신탁을 설정한 집합투자업자는 다음 각 호의 어느 하나에 해당하는 경우에는 지체 없이 투자신탁을 해지하여야 한다. 이 경우 집합투자업자는 그 해지사실을 지체 없이 금융위원회에 보고하여야 한다.
   5. 수익자의 총수가 1인이 되는 경우. 다만, 제6조 제6항에 따라 인정되거나 건전한 거래질서를 해할 우려가 없는 경우로서 대통령령으로 정하는 경우는 제외한다.
3) **『금융투자업규정』 제4-20조(불건전 영업행위의 금지)** ① 영 제68조 제5항 제14호에서 "금융위원회가 정하여 고시하는 행위"란 다음 각 호의 어느 하나에 해당하는 행위를 말한다.
   10. 집합투자증권의 판매와 관련하여 다음 각 목의 어느 하나에 해당하는 행위
   바. 법 제192조 제2항 제5호, 법 제202조 제1항 제7호(제211조 제2항, 제216조 제3항 및 제217조의6 제2항에서 준용하는 경우를 포함한다) 및 법 제221조 제1항 제4호(제227조 제3항에서 준용하는 경우를 포함한다)에 따른 해지 또는 해산을 회피할 목적으로 투자자의 수가 1인인 집합투자기구가 발행한 집합투자증권을 다음의 어느 하나에 해당하는 자에게 판매하는 행위
   1) 해당 집합투자기구를 운용하는 집합투자업자
   2) 해당 집합투자증권을 판매하는 투자매매업자 또는 투자중개업자
   3) 해당 집합투자기구의 집합투자재산을 보관·관리하는 신탁업자
   4) 1)부터 3)까지에 해당하는 자의 임직원

도록 개정하였다(2022. 4. 1. 시행).[4]

　　위와 같은 단독 수익자 펀드 관련 금융감독당국의 규제 강화 입장에 비추어, 단독 수익자 펀드에서 비롯된 몇 가지 해석 문제를 아래와 같이 검토해보고자 한다.

II. 단독 수익자 펀드 관련 문제

1. 2015년 1월 개정된 자본시장법 시행 이전 등록된 집합투자기구의 처리

　　우선, 2015. 1. 1. 개정된 자본시장법상 단독 수익자 펀드 해지 의무를 부담하는 집합투자기구의 범위에 대해 검토하고자 한다.

　　개정 자본시장법 부칙 제8조(2013. 5. 28. 제11845호)는 단독 수익자 펀드 해지의무에 관한 자본시장법 제192조 제2항 제5호 시행(2015. 1. 1.) 이전에 등록된 집합투자기구로서 그 투자자의 수가 1인인 집합투자기구(해당 법률 시행 후에 그 집합투자기구의 집합투자증권이 추가로 발행되지 아니한 경우로 한정한다)에 대하여는 단독 수익자 펀드 해지의무에 관한 개정규정에도 불구하고 종전의 규정에 따른다고 정하였다. 해당 법률이 개정된 지 수 년이 경과하였음에도 만기 연장 등의 이유로, 여전히 그 적용대상이 되는 집합투자기구의 범위에 관한 해석문제가 존재한다.

　　먼저, 시행일인 2015. 1. 1. 이전 다수의 수익자로 설정된 집합투자기구의 투자자 수가 시행일이 지난 일정 시점에 1인이 된 경우 집합투자업자에게 해지 의무

---

4) **2022. 4. 1. 시행된 자본시장법 제87조(불건전영업행위의 금지)** ④ 법 제85조제8호에서 "대통령령으로 정하는 행위"란 다음 각 호의 어느 하나에 해당하는 행위를 말한다.
　8의5. 법 제192조 제2항 제5호·제202조 제1항 제7호(법 제211조 제2항, 제216조 제3항 및 제217조의6 제2항에서 준용하는 경우를 포함한다) 또는 제221조 제1항 제4호(법 제227조 제3항에서 준용하는 경우를 포함한다)에 따른 해지나 해산을 회피할 목적으로 자신이 운용하는 다른 집합투자기구 또는 다른 집합투자업자가 운용하는 집합투자기구를 이용하는 행위

가 발생하는지 여부가 문제된다. 이에 금융위원회는 법령해석 회신문을 통해 "개정 자본시장법의 시행일 이후에 그 집합투자기구의 집합투자증권을 추가로 발행하지 않았다면 그 이후 투자자가 1인이 되었더라도 의무해지·해산사유를 정한 자본시장법 제192조 제2항 제5호가 적용되지 않는다"라고 입장을 밝혔다.[5]

또한, 시행일 이전 설정된 단독 수익자 펀드가 시행일 이후 만기 연장을 하고자 하는 경우나 회계기간을 변경하고자 하는 경우에도 개정 자본시장법의 적용을 받는지 여부가 문제된 바 있다. 금융위원회는 이에 대하여 "법 시행 이후 집합투자증권이 추가로 발행되지 않았다면 만기연장을 하더라도 불공정 거래행위에 해당한다고 볼 수 없다"라고 하여 경과조치가 적용되지 아니하는 경우를 집합투자증권을 추가로 발행한 경우로 한정하여 해석하였고,[6] 별도의 질의 건에서 "종전 규정에 따라 회계기간을 변경하는 경우에도 의무적 해산 대상이 되지 않는다"고 회신하며, 동일한 입장을 밝혔다.[7]

이처럼 금융위원회는 집합투자증권을 추가로 발행하는 경우를 제외하고는 단독 수익자 펀드에 관한 집합투자업자들의 기존의 신뢰를 보호하고 집합투자기구의 해지라는 집합투자업자들의 과도한 부담을 경감하는 입장을 취하고 있다.

2. 단독 수익자 펀드의 수익자 수 산정 기준

나아가, 자본시장법 제192조 제2항 제5호 본문의 수익자 총수가 1인이 되는 경우 및 단서의 제6조 제6항에 따라 1인 투자가 인정되는 경우의 의미를 살펴볼 필요가 있다.

자본시장법 제6조 제5항에 따르면, 집합투자에 해당하기 위해서는 2인 이상

---

5) 금융위원회, "법령해석 회신문(200131)", 법령해석회신문, 2021. 6. 29.
6) 금융위원회, "법 시행 이전에 설정된 사모단독펀드의 만기연장 가능 여부", 법령해석 회신문, 2016. 2. 15.
7) 금융위원회, "'14. 11. 24일에 설정하여 '15. 6. 11일 만료되는 사모단독펀드에 대해 수익자의 요청이 있는 경우, 계약기간을 1년 연장할 수 있는지 여부", 법령해석회신문, 2015. 6. 9.

의 투자자가 있어야 한다. 다만, 동조 제6항에 의하면, 투자자가 법령에서 정하는 '기금, 공제회 등'에 해당하는 경우에는 투자자가 1인이어도 집합투자로 볼 수 있다. 이는 이미 다수의 투자자로부터 모은 자금을 투자하는 기금 및 공제회의 특성을 감안한 것으로 볼 수 있다.

위 제6항 제1호는 단독 수익자 펀드를 설정할 수 있는 기금관리주체를 「국가재정법」 제8조 제1항[8])에 따른 기금관리주체로 정의함으로써 기금으로부터 기금의 관리 및 운용사무를 위탁받은 기관 또는 단체를 단독 수익자로 하는 펀드를 설정할 수 있을지 여부가 문제된 바 있다. 이에 금융위원회는 "기금의 관리 및 운용을 외부에 위탁했을지라도 경제적 실질이 기금의 여유자금[9])이라면, 수익자 총수가 1인인 경우라도 의무해지 면제 사유를 적용해야 한다"고 회신하며, "「국가재정법」에서 기금관리주체의 정의에 위탁 받은 자를 제외한 것은 해당 법률에서 규율하고 있는 성과관리체계 구축 의무가 있는 대상을 명확히 하고자 함에 있다[10])"고 하며 자본시장법상의 기금관리주체의 정의와 구분하는 입장을 보였다.

한편, 다수의 투자자로부터 모은 자금을 투자하는 경우로서 「국가재정법」상 기금관리주체 및 공제회 등을 단독 수익자 펀드의 예외로 규정한 취지에 비추어, 다수의 투자자로부터 모은 신탁재산을 보유한 집합투자기구가 단독 수익자로 들어가는 경우에도 의무해지가 면제되는지 여부가 문제된 바 있다. 금융위원회는 "자본시장법 시행령 제224조의2에서는 집합투자기구 해지사유의 예외로 인정되는 경우를 한정적으로 열거하고 있으며, 시행령에서 규정하고 있는 사유에 해당하지 않는다면 해당 집합투자기구는 해지되어야 할 것[11])"이라고 회신하였다. 따라서, 해당 조항에 열거되지 않은 집합투자기구는 금전 등의 pooling을 한 기구라 하더

---

8) 「국가재정법」 제8조(성과중심의 재정운용) ① 각 중앙관서의 장과 법률에 따라 기금을 관리·운용하는 자(기금의 관리 또는 운용 업무를 위탁받은 자는 제외하며, 이하 "기금관리주체"라 한다)는 재정활동의 성과관리체계를 구축하여야 한다.

9) 2018. 3. 27. 자본시장법 제6조 개정 이전에는 「국가재정법」 제81조에 따른 기금의 여유자금에 한하여, 단독 수익자 펀드를 설정할 수 있음을 규정하고 있었다.

10) 금융위원회, "기금의 관리·운용사무를 위탁받은 기관 또는 단체를 수익자로 한 단독사모펀드는 설정할 수 없는 것인지 여부", 법령해석 회신문, 2018. 9. 20.

11) 금융위원회, "집합투자기구의 투자자 수 산출방법", 법령해석 회신문, 2017. 11. 23.

라도 단독 수익자가 될 수 없다. 이는 단독 수익자로 투자하려는 집합투자기구의 수익자가 자본시장법 제6조 제6항에 따른 「국가재정법」상 기금관리주체라 하더라도 다르지 아니하다.[12]

3. 1인펀드 설정금지 규제회피를 위한 다른 펀드 이용 금지

끝으로 단독 수익자 펀드와 관련하여 2022. 4. 1. 시행된 법령 내용에 대하여 검토해보고자 한다.

2020년 일련의 사모펀드 부실사태가 발생하면서 금융감독원은 사모펀드 투자자 보호 및 사모펀드의 관리·감독 강화를 위한 제도 개선을 도모하였고, 그 일환으로 자본시장법 시행령을 개정하였다(2022. 4. 1. 시행). 금융감독원은 자본시장법 제85조 및 자본시장법 시행령 제87조에 규정되어 있는 불건전 영업행위의 범위를 확대함으로써 기존 제재 근거가 미비한 부분을 보완하였는데, 1인 펀드 금지 규제를 회피하기 위해 실질수익자가 1인임에도 자사펀드 또는 다른 집합투자업자가 운용하는 집합투자기구를 해당 펀드의 수익자로 참여시켜 2인 펀드로 가장하는 것을 금지하는 규정(자본시장법 시행령 제87조 제4항 제8호의5)[13]이 이러한 보완 내용 중 하나이다. 즉, 별다른 제한 없이 집합투자기구도 펀드의 수익자로 인정하던 기존 금융감독당국의 입장이 '1인 펀드 금지 규제 회피'를 목적으로 집합투자기구가 단독 수익자 펀드 이슈가 있는 펀드에 투자하게 되면, 불건전 영업행위가 되는 것으로 변경된 것이다.

---

12) 금융위원회, "법령해석 회신문(200131)", 법령해석회신문, 2021. 6. 29.
13) **자본시장법 시행령 제87조(불건전 영업행위의 금지)** ④ 법 제85조 제8호에서 "대통령령으로 정하는 행위"란 다음 각 호의 어느 하나에 해당하는 행위를 말한다.
8의5. 법 제192조 제2항 제5호·제202조 제1항 제7호(법 제211조 제2항, 제216조 제3항 및 제217조의6 제2항에서 준용하는 경우를 포함한다) 또는 제221조 제1항 제4호(법 제227조 제3항에서 준용하는 경우를 포함한다)에 따른 해지나 해산을 회피할 목적으로 자신이 운용하는 다른 집합투자기구 또는 다른 집합투자업자가 운용하는 집합투자기구를 이용하는 행위 이러한 금융감독당국의 조치는 타 수익자가 들어와 기존의 1인 수익자의 운용지시대로 이행하는 것에 걸림돌이 발생하지 않도록 자사펀드 혹은 타사펀드가 악용되는 것을 방지하고자 한 것으로 사료된다. 금융감독원은 부동산펀드에 대한 사모단독펀드 금지 규제 완화 건의에 대한 검토 의견을 회신하며, 자본시장법상 사모단독펀드의 설정을 금지한 취지로 투자자에 의한 운용간섭의 개연성이 우려되는 점을 들었다. 즉, '집합투자'를 정의하고 있는 자본시장법 제6조 제5항의 '투자자로부터 일상적인 운용지시를 받지 아니하면서'라는 요건뿐 아니라, '2인 이상의 투자자로부터 금전 등을 모아야 한다'는 요건 또한 최근 이슈가 된 OEM펀드[14]와 밀접한 연관성이 있는 것이다.

위 자본시장법 시행령 제87조 제4항 제8호의5 역시, 2015년 1월 1일 단독 수익자 펀드 해지 의무 조항 제정 당시 문제와 마찬가지로, 그 적용대상이 되는 집합투자기구의 범위가 문제된다. 개정 자본시장법 시행령 부칙 제2조(2021. 3. 16., 제31536호)는 '제87조 제4항 제8호의3부터 제8호의5까지의 개정규정은 이 영 시행 이후 집합투자업자가 같은 개정규정에 해당하는 행위를 하는 경우부터 적용한다'라고 규정하고 있다. 이는 개정 시행령 시행 이전에 단독 수익자 문제를 우려하여 자사펀드 혹은 타사펀드를 수익자로 편입시키는 것은 문제없으며, 시행령 시행 이후 펀드에 환매 등이 이루어져 단독 수익자 펀드 해지의무를 회피하고자 자사펀드 혹은 타사펀드를 이용하는 경우는 불건전 영업행위로 분류된다는 것을 의미한다. 다만, 본래 입법 목적으로 판단되는 투자자에 의한 운용간섭의 우려가 없는 경우까지 자사펀드 혹은 타사펀드의 투자를 1인 수익자 회피를 위한 투자로 보아 금지하는 것이 적절할지에 대해서는 의문이 있다.

III. 맺음말

금융감독원은 부동산펀드에 대한 사모단독펀드 금지 규제 완화 건의에 대한

---

14) 자산운용사가 판매사 혹은 투자자로부터 "명령, 지시, 요청" 등을 받아 펀드를 운용하는 행위

검토 의견을 회신하며, 자본시장법상 사모단독펀드의 설정을 금지한 취지로 투자자에 의한 운용간섭의 개연성이 우려되는 점뿐만 아니라 집합투자의 본질적 요소인 고객재산의 Pooling이 이루어지지 않으므로 집합투자의 특성에 부합하지 않는다는 점, 경영권 인수 방어 목적 또는 조세 회피수단으로 이용하는 등 불법 부당거래에 이용될 가능성이 있는 점을 들었다. 이렇게 집합투자의 본질적인 특성에 비추어보면, 단독 수익자 펀드 해지의무를 규정하고 이를 회피하기 위한 집합투자업자, 투자매매업자·투자중개업자, 신탁업자의 집합투자증권 취득 규제 조치는 적절한 것으로 판단된다.

그러나 2022. 4. 1. 시행된 자본시장법 시행령 제87조 제4항 제8호의5는 그 입법취지와 규정의 내용이 다소 명확하지 않은 것으로 사료된다. 물론 자산운용사가 자신이 운용하는 펀드의 단독 수익자 문제를 회피하고 기존 수익자의 펀드에 대한 영향력을 지속적으로 유지하고자 자신이 운용하는 타 펀드를 이용하거나, 타 집합투자업자가 운용하는 펀드를 이용할 우려는 존재한다. 하지만, 이러한 문제없이 당해 펀드가 담고 있는 자산의 수익성이 높아 자사의 타 펀드를 통해 투자할 수도 있는 것이고, 타사 펀드가 수익자로 참여하는 경우도 있을 수 있다. '법 제192조 제2항 제5호에 따른 해지나 해산을 회피할 목적으로', '이용하는 행위'에 관한 구체적인 가이드라인이 차차 제시될 것으로 보이나, 해당 규정이 자칫 집합투자업자의 활동 영역을 축소시키는 규정이 될 여지가 있는 것으로 사료된다. 결국, 불건전 영업행위가 인정되기 위한 요건인 '해지나 해산을 회피할 목적'인 경우에 한하여 엄격하게 해석·적용되어야 할 것이다.

제20장

●

미공개중요정보 이용행위의 금지

I. 사안의 개요

[대법원 2020.10.29 선고 2017도18164 판결(이하 '대상 판결'이라 한다)]

■ 코스닥시장 상장법인인 피고인 A 주식회사(이하 '피고인 A회사'라 한다)의 ○○팀 소속인 피고인 1, 피고인 2, 피고인 3(이하 통칭하는 경우 '피고인 1 등'이라 한다)은 당시 주식시장에서 피고인 A회사의 2013년도 3분기 영업이익이 170억~200억대에 이를 것이라는 컨센서스가 형성되어 있는 상황에서, 2013. 10. 10.경 '2013년 3분기 실적 가마감 결과 방송부문 등의 적자로 인해 회사 영업이익이 70억 원에 불과하다'는 내용의 정보를 취득한 후, 공모하여 같은 달 15일 및 16일경 국내 증권회사에서 피고인 A회사 기업분석을 담당하고 있던 애널리스트들인 피고인 4, 피고인 5, 피고인 6(이하 통칭하는 경우 '피고인 4 등'이라고 한다)에게 3분기 영업 실적이 예상보다 부진하고 그 수치도 세 자릿수(100억 원) 미만이라는 취지의 정보(이하 '이 사건 정보'라 한다)를 알려주었다. 피고인 4 등은 총 12회에 걸쳐 이 사건 정보를 자산운용사 소속 펀드매니저들에게 전달하였고, 위 펀드매니저들은 이 사건 정보를 이용하여 위 정보가 공개되기 전에 각 자산운용사 등에서 보유하고 있던 피고인 A회사 주식 합계 567,222주를 21,762,997,855원에 매도하여 5,283,230,063원 상당의 손실을 회피하였고, 합계 286,710주를 10,763,846,350원에 공매도하여 1,430,635,443원 상당의 이익을 취득하였다(총합계액 6,713,865,506원).

■ 상장법인 및 그 법인의 임직원으로서 법인의 업무 등과 관련하여 일반인에게

공개되지 아니한 중요한 정보를 직무와 관련하여 알게 된 자, 그리고 이러한 자로부터 그 정보를 받은 자는 미공개중요정보를 당해 법인이 발행한 유가증권의 매매 기타 거래에 이용하거나 타인에게 이용하게 하여서는 아니된다(자본시장법 제174조 제1항). 그럼에도 불구하고, 피고인 A회사의 소속 임직원인 피고인 1 등은 직무와 관련하여 미공개중요정보인 피고인 A회사의 분기 실적이 매우 부진하다는 정보를 알게 된 것을 기화로 이를 증권회사의 애널리스트들인 피고인 4 등에게 제공하였고, 피고인 4 등은 취득한 이 사건 정보를 자산운용사 소속 펀드매니저들에게 전달하여 이들로 하여금 이 사건 정보를 이용하여 자산운용사 등이 보유한 피고인 A회사의 주식을 매매하도록 하였음을 이유로 공소제기 되었다.

■ 1심은 피고인 A회사 및 피고인 1 등에 대하여는 자본시장법 제174조 제1항의 '타인'이 정보제공자로부터 직접 정보를 제공받은 자로 제한된다는 전제 하에, 정보를 직접 제공받은 자는 증권회사 소속 애널리스트들이기 때문에 A회사 주식을 매매한 자산운용사 소속 펀드매니저들은 정보를 직접 제공받은 자가 아니어서 '타인'에 해당하지 아니하고, 따라서 '타인'으로 하여금 정보를 이용하도록 한 것이 아니라는 점, 피고인들에게 미공개중요정보 이용행위의 범의가 인정되지 아니한다는 점 등의 이유를 들어 피고인 A. 피고인 1 등, 피고인 4, 피고인 5에 대하여 모두 무죄(피고인 6에 대하여는 일부유죄 판단을 함)라고 판단하였다.

■ 이에 피고인 6, 검사가 항소하였으나, 원심은 자본시장법 제174조 제1항이 규정하는 '타인'은 정보제공자로부터 직접 정보를 수령한 자로 제한하여야 하고 다만 직접 정보를 수령한 자와 그로부터 다시 정보를 전달받은 사람이 하나의 주체로서 기능할 경우에만 처벌대상에 포함된다고 보고, 정보를 직접 수령한 애널리스트들과 그 정보를 전달받아 실제 주식거래로 나아간 펀드매니저들의 소속이 다를 뿐 아니라, 이들이 하나의 목적을 위하여 유기적으로 일하는 관계에 있지 않다는 등의 이유를 들어 피고인 1 등에 대하여는 모두 1심판단을 유지하였다. 그러나 피고인 4 등에 대하여는 그들이 직접 미공개중요정보를 전달한 펀드매니저들이 제공받은 정보를 토대로 주식거래에 나아간 점을 인정하여 1심을 파기하고 일부유죄판단을 하였다.[1) 이에 피고인 4 등 및 검사(피고인 1 등, 피고인 4, 피고인 6에 대하여)가 상고하였다.

---

1) 서울고등법원 2017.10.19. 선고 2016노313 판결.

Ⅱ. 문제의 소재

　　미공개중요정보 이용행위 금지, 즉 내부자거래 규제의 취지는 증권매매에 있어 정보 면에서의 평등, 즉 거래에 참여하는 자로 하여금 가능한 한 동등한 입장과 동일한 가능성 위에서 증권거래를 할 수 있도록 하기 위함이다. 이를 통하여 투자자를 보호하고, 증권시장의 공정성을 확립하여 투자자들의 자본시장에 대한 신뢰를 제고하는 데에 그 목적이 있다. 최근에는 내부자보다는 상장회사와의 계약 체결 등을 통해 해당 회사의 미공개중요정보를 알게 된 자인 '준내부자'에 의한 위반행위가 증가하고 있는 추세이며, 자산운용사와 그 임직원들도 펀드 운용이나 직접투자 과정에서 상장법인과 증권매매계약, 대출계약, 자문계약 등을 체결하여 '준내부자'가 될 수 있다. 이에 따라 자산운용사와 소속 임직원 역시 자본시장법 제174조 제1항에서 규정하고 있는 '미공개중요정보 이용행위 금지규정'의 수범자로서 형사처벌의 대상이 될 수 있다고 할 것이다.

　　대상판결에서 특히 쟁점이 된 부분은, 자본시장법 제174조 제1항의 '타인에게 특정증권등의 매매, 그 밖의 거래에 이용하게 하는 행위'에서 '타인'의 해석 범위이다. 즉 수범자가 '내부자'인 경우에 있어서 '타인'이 상장기업의 내부자로부터 정보를 직접 전달받은 자로 한정되는지, 혹은 내부자로부터 정보를 전달받은 1차 정보수령자로부터 다시 정보를 전달받은 자 등도 모두 포함되는지가 문제되었다.[2]

　　이에 대하여 피고인들은 ① 자본시장법 제174조 제1항 본문의 '타인'은 본조의 수범자로부터 직접 정보를 수령한 자로 한정된다고 주장하여, 본조의 수범자인

---

2) 1차 정보수령자인 피고인 4 등은 자본시장법 제174조 제1항 제6호에 의하여 규율되므로, 피고인 4 등이 정보를 전달하고, 그 정보를 직접 이용한 2차 정보수령자가 '타인'의 범위에 포함되는 것에는 의문의 여지가 없다. 그러나 피고인 1 등의 경우 자본시장법 제174조 제1항 제1호가 적용되기 때문에 피고인 1 등이 펀드매니저들에게 정보를 제공한 것이 아니라 피고인 4 등에게 정보를 제공하였을 뿐이고, 피고인 4 등이 다시 펀드매니저들에게 정보를 제공하여 이를 이용하게 한 경우 피고인 1 등이 미공개중요정보 이용행위의 금지규정에 의하여 처벌되는지의 여부는 2차 정보수령자인 펀드매니저들이 '타인'의 범위에 포함되는지에 따라 달라지게 된다.

피고인 A회사의 임직원들인 피고인 1 등으로부터 정보를 직접 전달받은 자는 피고인 4 등이고, 피고인 4 등으로부터 다시 정보를 전달받은 자산운용사의 펀드매니저들이 이 사건 정보를 이용하여 피고인 A회사의 주식을 매매하였다고 하더라도, 펀드매니저들이 '타인'에 해당하지 아니하므로 본조를 위반한 것이 아니라고 주장하였다. 위 사안에 대한 원심 판결은 자본시장법 제174조 제1항 위반은 정보제공자로부터 정보를 직접 수령한 자가 이를 이용하여 매매 등을 한 경우로 한정하여 해석하였다.

이하에서는 미공개중요정보 이용행위 금지규정 및 동 규정의 주체와 객체, 행위태양 및 주관적 구성요건 등 자본시장법 제174조 제1항 위반죄의 구성요건에 대하여 살펴보도록 한다. 그런 다음 내부자, 준내부자, 1차 정보 수령자로부터 정보를 취득하여 이를 특정증권의 매매 등에 이용한 행위자에 대한 제재 규정인 '시장질서 교란행위 금지규정(자본시장법 제178조의2 제1항)'에 대하여 서술하겠다. 끝으로 본 사안에 대한 대법원의 판단에 대하여 소개하고자 한다.

III. 미공개중요정보 이용행위의 금지

1. 관련 규정

자본시장법

제174조(미공개중요정보 이용행위 금지)
① 다음 각 호의 어느 하나에 해당하는 자(제1호부터 제5호까지의 어느 하나의 자에 해당하지 아니하게 된 날부터 1년이 경과하지 아니한 자를 포함한다)는 상장법인[6개월 이내에 상장하는 법인 또는 6개월 이내에 상장법인과의 합병, 주식의 포괄적 교환, 그 밖에 대통령령으로 정하는 기업결합 방법에 따라 상장되는 효과가 있는 비상장법인(이하 이 항에서 "상장예정법인등"이라 한다)을 포함한다. 이하 이 항 및 제443조 제1항 제1호에서 같다]의 업무 등과 관련된 미공개중요정보(투자자의 투자판단에 중대한 영향을 미칠 수 있는 정보로서 대통령

령으로 정하는 방법에 따라 불특정 다수인이 알 수 있도록 공개되기 전의 것을 말한다. 이하 이 항에서 같다)를 특정증권등(상장예정법인등이 발행한 해당 특정증권등을 포함한다. 이하 제443조 제1항 제1호에서 같다)의 매매, 그 밖의 거래에 이용하거나 타인에게 이용하게 하여서는 아니 된다. <개정 2009. 2. 3., 2013. 5. 28.>

1. 그 법인(그 계열회사를 포함한다. 이하 이 호 및 제2호에서 같다) 및 그 법인의 임직원·대리인으로서 그 직무와 관련하여 미공개중요정보를 알게 된 자
2. 그 법인의 주요주주로서 그 권리를 행사하는 과정에서 미공개중요정보를 알게 된 자
3. 그 법인에 대하여 법령에 따른 허가·인가·지도·감독, 그 밖의 권한을 가지는 자로서 그 권한을 행사하는 과정에서 미공개중요정보를 알게 된 자
4. 그 법인과 계약을 체결하고 있거나 체결을 교섭하고 있는 자로서 그 계약을 체결·교섭 또는 이행하는 과정에서 미공개중요정보를 알게 된 자
5. 제2호부터 제4호까지의 어느 하나에 해당하는 자의 대리인(이에 해당하는 자가 법인인 경우에는 그 임직원 및 대리인을 포함한다)·사용인, 그 밖의 종업원(제2호부터 제4호까지의 어느 하나에 해당하는 자가 법인인 경우에는 그 임직원 및 대리인)으로서 그 직무와 관련하여 미공개중요정보를 알게 된 자
6. 제1호부터 제5호까지의 어느 하나에 해당하는 자(제1호부터 제5호까지의 어느 하나의 자에 해당하지 아니하게 된 날부터 1년이 경과하지 아니한 자를 포함한다)로부터 미공개중요정보를 받은 자

자본시장법 시행령

제201조(정보의 공개 등)
② 법 제174조 제1항 각 호 외의 부분에서 "대통령령으로 정하는 방법"이란 해당 법인(해당 법인으로부터 공개권한을 위임받은 자를 포함한다) 또는 그 법인의 자회사(「상법」 제342조의2 제1항에 따른 자회사를 말하며, 그 자회사로부터 공개권한을 위임받은 자를 포함한다)가 다음 각 호의 어느 하나에 해당하는 방법으로 정보를 공개하고 해당 호에서 정한 기간이나 시간이 지나는 것을 말한다. <개정 2009. 7. 1., 2010. 1. 27., 2013. 8. 27.>
1. 법령에 따라 금융위원회 또는 거래소에 신고되거나 보고된 서류에 기재되어 있는 정보: 그 내용이 기재되어 있는 서류가 금융위원회 또는 거래소가 정하

는 바에 따라 비치된 날부터 1일

2. 금융위원회 또는 거래소가 설치·운영하는 전자전달매체를 통하여 그 내용이 공개된 정보: 공개된 때부터 3시간

3. 「신문 등의 진흥에 관한 법률」에 따른 일반일간신문 또는 경제분야의 특수일간신문 중 전국을 보급지역으로 하는 둘 이상의 신문에 그 내용이 게재된 정보: 게재된 날의 다음 날 0시부터 6시간. 다만, 해당 법률에 따른 전자간행물의 형태로 게재된 경우에는 게재된 때부터 6시간으로 한다.

4. 「방송법」에 따른 방송 중 전국에서 시청할 수 있는 지상파방송을 통하여 그 내용이 방송된 정보: 방송된 때부터 6시간

5. 「뉴스통신진흥에 관한 법률」에 따른 연합뉴스사를 통하여 그 내용이 제공된 정보: 제공된 때부터 6시간

2. 미공개중요정보 이용행위의 구성요건

가. 수범자 – 내부자, 준내부자 및 1차 내부정보 수령자

자본시장법 제174조 제1항 위반죄의 주체는 동조 제1호 내지 제6호에 제한적으로 열거되어 있다. 동조에서 명시적으로 규정하고 있는 수범자는 내부자, 준내부자, 1차 내부정보 수령자(이하 통칭하는 경우 '내부자 등'이라 한다)인데, '준내부자'라 함은 상장회사와의 계약 등을 통해 미공개중요정보를 알게 된 자[3]를 의미한다.

먼저 ① 동조 제1호, 제2호 및 제5호에서 규정하고 있는 '그 법인(계열회사를 포함한다, 이하 이 호 및 제2호에서 같다) 및 그 법인의 임직원·대리인으로서 그 직무와 관련하여 미공개중요정보를 알게 된 자', '그 법인의 주요 주주로서 그 권리를 행사하는 과정에서 미공개중요정보를 알게 된 자' 및 그 대리인·사용인·그 밖의 종업원 등이 내부자에 해당한다.

② 동조 제3호, 제4호 및 제5호에서 규정하는 '그 법인에 대하여 법령에 따른 허가·인가·지도·감독 그 밖의 권한을 가지는 자로서 그 권한을 행사하는 과정에

---

3) 금융감독원, "미공개중요정보 이용사건 처리 현황 및 투자자 유의사항", 보도자료, 2017. 06. 26

서 미공개중요정보를 알게된 자, '그 법인과 계약을 체결하고 있거나 체결을 교섭하고 있는 자로서 그 계약을 체결·교섭 또는 이행하는 과정에서 미공개중요정보를 알게된 자' 및 각 그 대리인·사용인·그 밖의 종업원 등이 준내부자에 해당한다.

③ 동조 제6호는 '제1호부터 제5호까지의 어느 하나에 해당하는 자(이에 해당하지 아니하게 된 날부터 1년이 경과하지 아니한 자를 포함한다)로부터 미공개중요정보를 받은 자'를 규정함으로써 내부자 및 준내부자로부터 1차로 정보를 제공받은 '1차 내부정보 수령자' 역시 본조의 수범자 범위에 포함시키고 있다.

④ 1차 내부정보 수령자로부터 제1차 정보수령과는 다른 기회에 미공개중요정보를 다시 제공받은 '2차 내부정보 수령자'도 본조의 수범자에 해당하는지 문제될 수 있다. 이에 대하여는 본조가 수범자의 범위를 제한적으로 열거하고 있고, 2차 내부정보 수령자는 수범자로 열거하고 있지 아니한 점에 비추어 볼 때 2차 내부정보 수령자는 본조의 수범자로서의 주체에서는 제외하는 것이 죄형법정주의에 부합되는 해석이라고 생각된다. 대법원도 "1차 정보수령자로부터 제1차 정보수령과는 다른 기회에 미공개 내부정보를 다시 전달받은 제2차 정보수령자 이후의 사람이 유가증권의 매매 기타의 거래와 관련하여 전달받은 당해 정보를 이용하거나 다른 사람에게 이용하게 하는 행위는 그 규정조항에 의하여는 처벌되지 않는 취지라고 판단된다(대법원 2002.1.25. 선고 2000도90 판결 참조)"고 판단한 바 있다.

나. 객체 – 상장법인의 업무 등과 관련된 미공개중요정보

자본시장법 제174조 제1항은 '상장법인의 업무 등과 관련된 미공개중요정보'를 이용하게 하는 행위를 금지하고 있다. 먼저 '상장법인의 업무'와 관련하여, 규제대상인 정보는 상장법인의 업무 등과 관련되어 있어야 한다. 상장법인은 증권시장에 상장된 증권을 발행한 법인을 말하고(자본시장법 제9조 제15항 제1항), 미공개중요정보 이용행위 금지의 적용대상인 상장법인에는 ① 6월 이내에 상장하는 법인, ② 6월 이내에 상장법인과의 합병, 주식의 포괄적 교환, 그 밖에 대통령령으로 정하는 기업결합 방법에 따라 상장되는 효과가 있는 비상장법인을 포함한다. 6개월 이내에 상장하는 법인을 포함하는 이유는, 비상장법인은 상장법인과는 달리 발행시장, 유통시장의 건전성 훼손이나 이로 인한 투자자 보호 등의 문제가 없으므로 규제대상에서 제외되지만, 상장이 조만간 예정되어 있는 비상장법인의 경우 상장 전에 그 상장 정보를 이용하는 때에는 불공정거래의 가능성이 있으므로 규제대상으로 하는 것이다. 대통령령으로 정하는 기업결합 방법에 따라 상장되는 효과가 있는 비상장법인도 미공개중요정보 이용행위 금지의 적용대상인 상장법인에 포함시키는 것은 우회상장 정보이용에 대한 규제를 할 필요가 있기 때문이다. 참고로, 상장회사의 계열회사 정보의 경우, 계열회사는 해당 상장법인에 해당하지 아니하므로, 계열회사의 업무와 관련된 정보는 중요정보가 아니나, 두 계열회사 간에 밀접한 거래관계나 자금관계가 있는 경우에는 사안에 따라서 계열회사의 정보가 동시에 해당 상장법인의 정보로 될 수 있다.[4]

다음으로, 미공개중요정보라 함은 '투자자의 투자판단에 중대한 영향을 미칠 수 있는 정보로서, 대통령령으로 정하는 방법에 따라 불특정 다수인이 알 수 있도록 공개되기 전의 것'을 의미한다.[5] 대법원은 '미공개'와 관련하여 "어떤 정보가 당해 법인의 의사로 대통령령으로 정하는 방법에 따라 공개되기까지는 그 정보는 여전히 규제 대상인 정보에 해당한다(대법원 2017.1.12. 선고 2016도10313 판결 참조)"고 판시한 바 있고, '중요정보'인지의 여부에 대하여는 "상장법인의 경영이나 재산상태, 영업실적 등 투자자의 투자판단에 중대한 영향을 미칠 수 있는 정보를 의미한다. 이는 합리적인 투자자가 유가증권을 매수 또는 계속 보유할 것인가 아니면 처분할 것인가를 결정하는 데 중요한 가치가 있는 정보, 바꾸어 말하면 일반 투자자들이 일반적으로 안다고 가정할 경우에 유가증권의 가격에 중대한 영향을 미칠 수 있는 사실을 말한다(대법원 2017.1.12. 선고 2016도10313 판결 참조)"라고 판단한 바 있다. 종합하면, 미공개중요정보 이용행위 금지규정의 객체에 해당하기 위하여는 ① 상장법인과의 업무 관련성이 인정되어야 하고, ② 투자자의 투자판단에 중대한 영향을 미칠 수 있어야 하며, ③ 대통령령으로 정하는 방법[6]에 따라 불특정

---

4) 김영록, "자본시장법상 미공개중요정보 이용행위와 법적 규제에 관한 고찰", 『국제법무』, 제9집 제2호, 2017, 52면.
5) 금융위원회, "미공개중요정보 또는 공정공시 대상 정보 해당 여부", 법령해석회신문, 2018. 4. 10.

다수인이 알 수 있도록 공개되기 전의 것이라는 세 가지 요건을 충족하여야 한다.

대상판결에서도 '피고인 A회사의 3분기 실적전망치 정보'가 미공개중요정보에 해당되는지도 문제되었는데, 법원은 "방송, 음악, 공연 부분의 실적이 각 적자이고, 3분기 실적 가마감결과 영업이익이 70억원에 불과하다는 등의 정보는 이미 피고인 A회사(상장법인) 내부에서 영업실적에 대한 집계가 이루어진 후 회사의 판단에 기한 정보임을 알 수 있다. 따라서 그 정보를 통하여 실제 영업이익이 시장 예상치와는 현저히 차이가 나는 수치라는 사실도 알 수 있었고, 시장 예상치와 실제 영업이익이 현저히 차이가 난다는 정보는 합리적인 투자자의 투자에 관한 의사결정에 중요한 가치를 지닌다고 보기에 충분하다"고 하여 이 사건 정보를 미공개중요정보로 판단하였다.

다. 행위 – '매매 그 밖의 거래에 이용하는 행위' 및 '타인'이 이용하게 하는 행위

먼저 자본시장법 제174조 제1항은 '특정증권의 매매 그 밖의 거래에 이용하는 행위'를 하는 자를 처벌하고 있어 매매 그 밖의 거래 없이 단순히 정보를 이용한 행위는 처벌대상이 되지 아니한다. 또한 그것이 자신의 이익을 추구할 목적으로 자기의 계산으로 하는 것이든, 소속 법인의 이익을 위하여 법인 소유 주식을 처분하는 것과 같이 타인의 계산으로 하는 것이든 상관없이 모두 본조에 의하여 처벌대상이 된다.[7]

다음으로 본조는 '타인에게 특정증권의 매매, 그 밖의 거래에 이용하게 하는 행위'도 처벌하고 있는데, '타인'의 범위가 대상판결의 핵심 쟁점이다. '타인'의 범위는 주체가 내부자 및 준내부자인지, 1차 내부정보 수령자인지에 따라 포섭 범위가 달라질 수 있다. ① 주체가 '내부자' 또는 '준내부자'라면, '타인'에 1차 내부정보 수령자만 포함되는지 2차 내부정보 수령자 이후의 자도 포함되는지 문제될 것이고, ② 주체가 1차 내부정보 수령자일 때에는 2차 내부정보 수령자만 포함하는

---

6) 자본시장법 시행령 제201조 제2항.
7) 대법원 2009.7.9. 선고 2009도1374 판결.

지, 아니면 3차 내부정보 수령자 이후의 자도 포함되는지가 문제될 것이다.

이에 대하여 1심 및 원심법원은 "정보수령자로부터 정보를 다시 제공받은 자가 이용행위를 한 경우 역시 불공정한 정보격차에 따른 자본시장의 불균형 현상이 발생하는 것은 마찬가지이다. 그러나 미공개중요정보는 정보전달 과정에서 상당히 변질되어 단순한 소문 수준의 정보가 되기 마련이어서 대상 범위를 적절히 제한할 필요가 있으며, 2차 정보수령자 또는 3차 정보수령자 이후의 정보수령자의 이용행위도 처벌범위에 포함시키면 처벌범위가 불명확하게 되어 법적 안정성을 해치게 될 위험이 있다"고 하여 직접 정보수령자에 한정하여야 한다고 판단한 바 있다. 형벌의 적용대상이 되는 정보수령자의 범위가 지나치게 광범위한 경우 형사처벌의 범위가 지나치게 확대되어 죄형법정주의 내지는 형법의 보충성 원칙에 반할 위험이 있어 '타인'의 범위를 제한적으로 해석하는 것은 일응 타당하다고 사료된다. 대상판결에서의 대법원의 '타인'의 범위에 대한 판단에 관하여는 추후 Ⅲ. 사안의 해결 부분에서 살펴보도록 한다.

라. 인과관계 및 고의

자본시장법 제174조 제1항 위반죄가 성립하기 위하여는 내부자 등의 정보전달행위와 매매 기타 거래행위 간에 인과관계가 인정되어야 한다. 법원도 "그 거래가 전적으로 미공개중요정보 때문에 이루어지지는 않았다고 하더라도, 미공개중요정보가 거래를 하게 된 요인의 하나임이 인정된다면 특별한 사정이 없는 한 미공개중요정보를 이용하여 거래를 한 것으로 볼 수 있고, 다만 미공개중요정보를 알기 전에 이미 거래가 예정되었다는 등의 사정이 있었다면 이를 이용한 것이라고 볼 수 없다(대법원 2017.1.12. 선고 2016도10313 판결 참조)"고 판단하여 인과관계를 요건 중 하나로 판단하고 있다.

또한 본조 위반죄가 되기 위하여는 고의 내지는 미필적 고의가 인정되어야 하는데, 법원은 "내부자 등이 해당 정보가 미공개중요정보라는 사실을 인식하여야 하고, 타인에게 정보의 내용을 알게 할 정보제공의사 외에 타인이 그 정보를 이용하여 거래를 할 것이라는 것을 인식하거나 예견할 수 있어야 한다(대법원 2020.10.

29. 선고 2017도18164 판결 참조)"고 판단하였다.

참고로 대상판결에서 대법원은 "당시 주식시장에서는 피고인 A회사의 영업이익이 170억원~200억원대에 이를 것이라는 컨센서스가 형성되어 있었는바, 실제 영업이익이 70억원에 불과하다는 사실이 일시에 시장에 공개될 경우 그 충격으로 인해 주가가 폭락할 것으로 예상되었다. 이와 같은 사태를 피하고 주가를 연착륙 시키기 위하여 피고인 1 등이 피고인 A회사의 3분기 영업실적이 예상보다 부진하고 그 수치도 세 자리수 미만(100억원 미만)이라는 사실을 알려주기로 결의한 것이라면, 타인으로 하여금 미공개중요정보를 이용하여 특정증권의 매매 등을 하게 할 고의가 있다고 인정된다"고 판단한 바 있다.

3. 처벌규정

자본시장법

제443조(벌칙) ① 다음 각 호의 어느 하나에 해당하는 자는 1년 이상의 유기징 역 또는 그 위반행위로 얻은 이익 또는 회피한 손실액의 3배 이상 5배 이하에 상당하는 벌금에 처한다. 다만, 그 위반행위로 얻은 이익 또는 회피한 손실액이 없거나 산정하기 곤란한 경우 또는 그 위반행위로 얻은 이익 또는 회피한 손실 액의 5배에 해당하는 금액이 5억원 이하인 경우에는 벌금의 상한액을 5억원으로 한다. <개정 2013. 5. 28., 2014. 12. 30., 2017. 4. 18., 2018. 3. 27., 2021. 1. 5.>

1. 제174조 제1항을 위반하여 상장법인의 업무 등과 관련된 미공개중요정보를 특정증권등의 매매, 그 밖의 거래에 이용하거나 타인에게 이용하게 한 자

제447조(징역과 벌금의 병과) ① 제443조 제1항(제10호는 제외한다) 및 제2항 에 따라 징역에 처하는 경우에는 같은 조 제1항에 따른 벌금을 병과한다.

제447조의2(몰수·추징) ① 제443조 제1항 각 호(제10호는 제외한다)의 어느 하나에 해당하는 자가 해당 행위를 하여 취득한 재산은 몰수하며, 몰수할 수 없 는 경우에는 그 가액을 추징한다. <개정 2021. 1. 5., 2021. 6. 8.>

　　자본시장법 제443조 제1항 제1호는 동법 제174조 제1항을 위반하는 경우 1년 이상의 유기징역 또는 그 위반행위로 얻은 이익 또는 회피한 손실액의 3배 이상 5배 이하에 상당하는 벌금에 처한다고 규정하고 있다. 또한 징역형에 처하는 경우 벌금을 필요적으로 병과하도록 하고 있고, 필요적 몰수, 추징을 규정하여 처벌을 더욱 강화하고 있다.

4. 소 결

　　이상으로, 자본시장법 제174조 제1항의 미공개중요정보 이용행위 금지규정에 대하여 살펴보았다. 그러나 동조는 수범자를 내부자, 준내부자, 1차 정보수령자로 한정하고 있기 때문에, 이들로부터 정보를 제공받은 '타인'이 해당 미공개중요정보를 이용하여 특정유가증권의 매매 등을 한 경우 본조를 통하여 '타인'에 대한 제재를 가할 수 없게 된다. 이에 자본시장법은 시장질서 교란행위의 금지규정을 두어, 미공개중요정보를 전득하여 상장된 증권 등을 매매 기타 거래하는 경우 그 직접거래를 하는 행위자 역시 제재할 수 있도록 하였는 바, 이하에서는 이에 대하여 기술하기로 한다.

IV. 시장질서 교란행위의 금지

1. 정보이용형 교란행위 금지와의 관계

> **자본시장법**
>
> **제178조의2(시장질서 교란행위의 금지)**
> ① 제1호에 해당하는 자는 제2호에 해당하는 정보를 증권시장에 상장된 증권(제174조 제1항에 따른 상장예정법인등이 발행한 증권을 포함한다)이나 장내파

생상품 또는 이를 기초자산으로 하는 파생상품(이를 모두 포괄하여 이하 이 항에서 "지정 금융투자상품"이라 한다)의 매매, 그 밖의 거래(이하 이 조에서 "매매등"이라 한다)에 이용하거나 타인에게 이용하게 하는 행위를 하여서는 아니된다. 다만, 투자자 보호 및 건전한 시장질서를 해할 우려가 없는 행위로서 대통령령으로 정하는 경우 및 그 행위가 제173조의2 제2항, 제174조 또는 제178조에 해당하는 경우는 제외한다.

1. 다음 각 목의 어느 하나에 해당하는 자
   가. 제174조 각 항 각 호의 어느 하나에 해당하는 자로부터 나온 미공개중요정보 또는 미공개정보인 정을 알면서 이를 받거나 전득(轉得)한 자
   나. 자신의 직무와 관련하여 제2호에 해당하는 정보(이하 이 호에서 "정보"라 한다)를 생산하거나 알게 된 자
   다. 해킹, 절취(竊取), 기망(欺罔), 협박, 그 밖의 부정한 방법으로 정보를 알게 된 자
   라. 나목 또는 다목의 어느 하나에 해당하는 자로부터 나온 정보인 정을 알면서 이를 받거나 전득한 자
2. 다음 각 목의 모두에 해당하는 정보
   가. 그 정보가 지정 금융투자상품의 매매등 여부 또는 매매등의 조건에 중대한 영향을 줄 가능성이 있을 것
   나. 그 정보가 투자자들이 알지 못하는 사실에 관한 정보로서 불특정 다수인이 알 수 있도록 공개되기 전일 것

　　신설된 자본시장법 제178조의2 제1항은 정보이용형 시장교란행위를 금지하고 있다.[8] 먼저 동조는 ① 법 제174조 제1항 각호의 자(내부자, 준내부자, 1차 수령

---

8) 2014. 12. 30. 자본시장법 개정으로 시장질서 교란행위 금지규정이 신설되었다. 시장질서 교란행위는 두 가지 유형으로 구분될 수 있는데, 한 가지는 자본시장법 제178조의2 제1항에서 규정하고 있는 정보이용형 교란행위이고, 다른 한가지는 동법 제178조의2 제2항에서 규정하고 있는 시세관여형 교란행위이다. 동법 제178조의2 제2항은 상장증권 등의 매매 등과 관련하여 ① 거래 성립 가능성이 희박한 호가를 과다하게 제출하거나 이를 반복적으로 정정·취소하는 행위, ② 권리의 이전을 목적으로 하지 않는 거짓으로 꾸민 매매행위, ③ 손익이전이나 조세회피 목적으로 매매시기, 가격 등을 다른 자와 서로 짜고 하는 거래 행위, ④ 풍문의 유포 등의 행위를 금지하고 있다. 다만 이 글에서는 본 사안과 관련된 자본시장법 제178조의2 제1항의 정보이용형 교란행위에 한정하여 서술하도록 하겠다.

자)로부터 미공개중요정보 또는 미공개정보인 정을 알면서 이를 받거나 전득한 자, ② 자신의 직무와 관련하여 금융투자상품의 매매 등에 중대한 영향을 줄 수 있는 미공개정보를 생산하거나 알게 된 자, ③ 해킹, 절취 등 그 밖의 부정한 방법으로 정보를 알게 된 자, ④ ②, ③의 자로부터 나온 정보인 정을 알면서 이를 취득하거나 전득한 자는 그 정보를 매매 등 거래에 이용하거나 타인에게 이용하게 하는 행위를 할 수 없도록 하고 있어 2차 정보수령자 이후의 다차 정보수령자도 수범자의 범위에 포섭하고 있다.

정보이용형 교란행위 금지규정은 미공개정보 이용행위 금지규정보다 규제대상 정보의 범위가 크게 확대되었다. 즉, 정보이용형 교란행위 금지규정은 정보의 성격, 출처를 불문하고, 특정 증권 등의 거래에 있어 투자자의 투자판단에 중대한 영향을 미칠 수 있는 모든 미공개중요정보의 이용을 금지하고 있다(자본시장법 제178조의2 제1항 제2호 가목 참조). 형사범죄로서 미공개중요정보 이용행위의 규제대상 정보는 상장법인 내부에서 생성된 정보만 의미하였다면, 정보이용형 교란행위 규제대상 정보는 내부에서 생성된 정보뿐 아니라 특정 종목의 매매 조건 등에 중대한 영향을 줄 수 있는 법령 제·개정 정보, 산업경제 일반에 중대한 영향을 줄 수 있는 내용의 결정 정보 등 외부에서 생성된 정책정보 및 시장정보(기관투자자의 대량 주문정보 등), 기타 외부정보(거액 소송정보, 법원의 판결정보 등) 등도 포함될 수 있다.

자본시장법상 미공개중요정보 이용을 금지하는 제174조의 경우 상장회사의 내부자 등만 미공개중요정보를 이용하여 특정증권 등의 매매 등 거래에 이용할 수 없도록 금지하고 있었으나, 정보이용형 시장교란행위 금지규정은 2차 정보수령자 이후의 다차 정보수령자도 제재 대상에 포함시키고 있다. 또한 자신의 직무와 관련하여 금융투자상품 매매에 중대한 영향을 줄 가능성이 있는 정보를 생성하거나 알게 된 자도 제재 대상에 포함하여 회사 내부에서 생성된 정보뿐 아니라, 외부에서 생성된 정보를 매매 등의 거래에 이용한 자에 대하여도 제재를 가하고 있다.

2. 시장질서 교란행위자에 대한 과징금 부과

자본시장법

제429조의2(시장질서 교란행위에 대한 과징금) 금융위원회는 제178조의2를 위반한 자에 대하여 5억원 이하의 과징금을 부과할 수 있다. 다만, 그 위반행위와 관련된 거래로 얻은 이익(미실현 이익을 포함한다. 이하 이 조에서 같다) 또는 이로 인하여 회피한 손실액에 1.5배에 해당하는 금액이 5억원을 초과하는 경우에는 그 이익 또는 회피한 손실액의 1.5배에 상당하는 금액 이하의 과징금을 부과할 수 있다.

[본조신설 2014. 12. 30.]

자본시장법법 제178조의2 제1항 위반에 대해서는 형사처벌이 아닌 행정제재인 과징금을 부과하고 있다(자본시장법 제429조의2). 5억원 이하의 과징금을 부과하되, 다만 그 위반행위로 얻은 이익(또는 회피한 손실액)의 1.5배가 5억원을 초과하는 경우 그 위반행위로 얻은 이익이나 위반행위로 회피한 손실액의 1.5배 이하의 과징금을 부과할 수 있도록 규정하고 있다. 이 규정에 의하면 이득액이나 회피한 손실액에 연동하여 과징금을 부과할 수 있어 과징금의 상한이 사실상 없는 것이라 볼 수 있다.

Ⅴ. 사안의 해결

피고인들은 자본시장법 제174조 제1항의 '타인'은 본조의 수범자로부터 직접 정보를 수령한 자로 한정된다고 주장하여, 본조의 수범자인 피고인 A회사의 임직원들인 피고인 1 등으로부터 정보를 직접 전달받은 자는 피고인 4 등이고, 피고인 4등으로부터 다시 정보를 전달받은 자산운용사의 펀드매니저들이 이 사건 정보를 이용하여 피고인 A회사의 주식을 매매하였다고 하더라도, 펀드매니저들이 '타인'

에 해당하지 아니하므로 본조를 위반한 것이 아니라고 주장하였다.

이와 같은 피고인들의 주장에 대하여 대법원은 "타인은 반드시 수범자로부터 정보를 직접 수령한 자로 한정된다고 볼 수 없다. 따라서 정보의 직접 수령자가 당해 정보를 거래에 이용하게 하는 경우뿐만 아니라 위 직접 수령자를 통하여 정보전달이 이루어져 당해 정보를 제공받은 자가 위 정보를 거래에 이용하게 하는 경우도 위 금지행위에 포함된다고 보아야 한다(대법원 2020.10.29. 선고 2017도18164 판결 참조)"고 판단하였는데, 그 근거로 다음과 같은 이유를 들었다.

"① 형벌법규는 문언에 따라 엄격하게 해석·적용하여야 하고 피고인에게 불리한 방향으로 확장해석하거나 유추 해석을 하여서는 안 되는 것이지만, 문언이 가지는 가능한 의미의 범위 안에서 규정의 입법 취지와 목적 등을 고려하여 문언의 논리적 의미를 분명히 밝히는 체계적 해석을 하는 것은 죄형법정주의의 원칙에 어긋나지 않는다는 점, ② 국립국어원의 표준국어대사전은 '타인'을 '다른 사람'으로 정의하고 있으며 자본시장법에서 '타인'의 개념을 달리 정의하고 있지 않고, 동법 제174조 제1항에서 타인에 관한 제한 또는 예외규정을 두거나 타인과 정보전달자의 관계를 요건으로 정하고 있지도 않다는 점, ③ 자본시장법 제174조 제1항에서 처벌 대상인 정보제공자를 제1호부터 제6호까지 제한적으로 열거하면서 제6호에서 제1차 정보수령자를 '내부자로부터 미공개중요정보를 받은 자'로 규정하고 있으나, 이는 수범자의 범위에 관한 규정이지 금지 행위의 태양 중 '타인'의 개념에 관한 규정이 아니며, ④ 한편 정보전달 과정에서의 변질 가능성을 이유로 입법자가 제한하지 않은 '타인'의 개념을 문언보다 제한하여 해석하여야 한다고 볼 수 없고(정보가 전달 과정에서 변질되었다면 이는 미공개중요정보 해당성 요건 판단 등에서 고려되어야 할 것이다), 위 개념을 '정보제공자로부터 직접 정보를 수령 받은 자'로 제한하여 해석하지 않는다고 하여 죄형법정주의에 어긋난다고 볼 수도 없다는 점, ⑤ 자본시장법이 제174조 제1항에서 미공개중요정보 이용행위를 금지하는 이유는, 내부자의 경우 상장법인의 주가에 영향을 미칠 만한 중요한 정보를 미리 알게 될 기회가 많으므로 증권거래에 있어 일반투자자보다 훨씬 유리한 입장에 있는 반면, 일반투자자로서는 손해를 보게 될 가능성이 크기 때문이므로, 이러한 미공개중요정보 이용행위는 거래에 참여하는 자로 하여금 가능한 동등한 입장과 동일한 가능성 위에서 거래할 수 있도록 투자자를 보호하고 자본시장의 공정성·신뢰성 및 건전성을 확립하고자 하는 자본시장법의 입법 취지에 반한다는 점[대법원 1994. 4.26. 선고 93도695 판결; 헌법재판소 2002.12.18. 선고 99헌바105, 2001헌바48 (병합) 전원재판부 결정 등 참조] 등 미공개중요정보 이용행위 금지의 입법 취지와 목적 등에 비추어 보더라도, 타인의 개념을 제한적으로 해석할 이유가 없다"고 판단하였다. 이에 대법원은 피고인 1 등 및 피고인 4등이 유죄라고 판단한 후, 해당 부분의 원심을 파기 환송하였다.

　요컨대 대법원은 자본시장법 제174조 제1항의 입법 취지를 고려하여 '타인'의 범위가 내부자 등으로부터 직접 미공개중요정보를 수령한 자로 한정되지 않는다는 입장이다. 그러나 이러한 대법원의 판단은 형사처벌의 대상을 과도하게 확대하여 법적 안정성을 저해할 소지가 있다고 생각된다. 이미 자본시장법은 제45조에서 정보교류차단에 대한 규정을 두어 미공개중요정보에 대한 내부통제 강화를 통하여 사전 규제를 하고 있고, 동법 제178조의2로 시장질서 교란행위 금지를 규정하여 위 미공개중요정보 이용행위 금지규정에 포섭되지 않는 미공개중요정보 이용행위자들에 대하여도 과징금을 부과하도록 하고 있다.

　위 대법원의 판결에 의하면, 예컨대 소속 애널리스트가 있는 자산운용사나, 혹은 계약체결 등의 과정에서 상장법인의 미공개중요정보를 취득한 자산운용사의 임직원 등이 취득한 정보를 소속 펀드매니저 등에 전달하여 미공개중요정보를 이용하도록 하는 행위는 처벌대상에 해당될 수 있다. 따라서 미공개중요정보를 이용하여 증권의 매매에 나아가는 행위에 대하여 각별한 주의를 기울여야 한다. 더욱이 자산운용사 소속 임직원 및 펀드매니저들이 자본시장법 제174조 제1항의 직접 수범자가 아닌 경우에도, 동법 제178조의2의 시장질서 교란행위 금지규정으로 인하여 과징금 부과의 대상이 될 수 있으므로 이에 유의할 필요가 있다.

제5부

자산운용사의 겸영·부수 및 기타 업무

제21장

●

금융투자업자의 자문업무에 대한 규제

I. 서론

　금융투자업자는 고유업무로서 투자매매업, 투자중개업, 집합투자업, 투자자문업, 투자일임업, 신탁업을 영위할 수 있으며, 각 업무를 영위하기 위해서는 금융위원회의 인가를 받아야 한다[『자본시장과 금융투자업에 관한 법률』(이하, "자본시장법") 제6조 제1항,[1] 제8조 제1항,[2] 제12조[3]].

---

1) **자본시장법 제6조(금융투자업)** ① 이 법에서 "금융투자업"이란 이익을 얻을 목적으로 계속적이거나 반복적인 방법으로 행하는 행위로서 다음 각 호의 어느 하나에 해당하는 업(業)을 말한다.
　1. 투자매매업, 2. 투자중개업, 3. 집합투자업, 4. 투자자문업, 5. 투자일임업, 6. 신탁업
2) **자본시장법 제8조(금융투자업자)** ① 이 법에서 "금융투자업자"란 제6조 제1항 각 호의 금융투자업에 대하여 금융위원회의 인가를 받거나 금융위원회에 등록하여 이를 영위하는 자를 말한다.
3) **자본시장법 제12조(금융투자업의 인가)** ① 금융투자업을 영위하려는 자는 다음 각 호의 사항을 구성요소로 하여 대통령령으로 정하는 업무 단위(이하 "인가업무 단위"라 한다)의 전부나 일부를 선택하여 금융위원회로부터 하나의 금융투자업인가를 받아야 한다.
　1. 금융투자업의 종류(투자매매업, 투자중개업, 집합투자업 및 신탁업을 말하되, 투자매매업 중 인수업을 포함한다)
　2. 금융투자상품(집합투자업의 경우에는 제229조에 따른 집합투자기구의 종류를 말하며, 신탁업의 경우에는 제103조 제1항 각 호의 신탁재산을 말한다)의 범위(증권, 장내파생상품 및 장외파생상품을 말하되, 증권 중 국채증권, 사채권, 그 밖에 대통령령으로 정하는 것을 포함하고 파생상품 중 주권을 기초자산으로 하는 파생상품·그 밖에 대통령

고유업무와 별도로, 금융투자업자는 다른 금융업법 등의 금융업무로서 자본시장법령상 고유업무와 함께 영위할 수 있도록 허용된 업무(이하 "겸영업무")를 영위할 수 있다.4) 겸영업무의 범위는 자본시장법 및 동법 시행령 및 금융투자업 규정에 한정적으로 열거되어 있으며, 금융투자업자는 해당 겸영업무를 영위하기 시작한 날로부터 2주 이내에 이를 금융위원회에 보고하여야 한다.5) 금융위원회는 보고 내용이 1) 금융투자업의 경영건전성을 저해하는 경우, 2) 투자자 보호에 지장을 초래하는 경우, 3) 금융시장의 안정성을 저해하는 경우에 해당하는 경우 겸영업무의 영위를 제한하거나 시정할 것을 명할 수 있다(자본시장법 제40조 제1항, 제2항). 이러한 사후 보고 의무를 이행하지 않은 채 겸영업무를 영위하는 금융투자업자에게는 1억원 이하의 과태료가 부과될 수 있으며(자본시장법 제449조 제19호), 금융감독원은 금융위원회에 겸영업무 신고를 하지 않고 업무를 영위한 금융투자업자에게 기관 과태료 30백만원, 행위자 견책, 감독자 주의 조치를 한 바 있다.6)

금융투자업자는 고유업무나 겸영업무가 아닌 업무로서, 고유업무에 수반되거나 금융투자업자의 인력과 물적 설비 등을 활용한 업무(이하 "부수업무")7)를 영

령으로 정하는 것을 포함한다)

3. 투자자의 유형(전문투자자 및 일반투자자를 말한다. 이하 같다)

4) 금융감독원, "겸영업무보고 관련 참고자료", 1면.

5) 2021. 5. 20. 자본시장법의 개정으로 인하여 겸영업무에 대한 사전신고의무가 '사후보고' 의무로 변경되었음.

개정 후	개정 전
자본시장법 제40조 ① 금융투자업자(겸영금융투자업자, 그 밖에 대통령령으로 정하는 금융투자업자를 제외한다. 이하 이 조에서 같다)는 투자자 보호 및 건전한 거래질서를 해할 우려가 없는 금융업무로서 다음 각 호의 금융업무를 영위할 수 있다. 이 경우 금융투자업자는 제2호부터 제5호까지의 업무를 영위하고자 하는 때에는 그 업무를 영위하기 시작한 날부터 2주 이내에 이를 금융위원회에 보고하여야 한다.	자본시장법 제40조 ① 금융투자업자(겸영금융투자업자, 그 밖에 대통령령으로 정하는 금융투자업자를 제외한다. 이하 이 조에서 같다)는 투자자 보호 및 건전한 거래질서를 해할 우려가 없는 금융업무로서 다음 각 호의 금융업무를 영위할 수 있다. 이 경우 금융투자업자는 제2호부터 제5호까지의 업무를 영위하고자 하는 때에는 그 업무를 영위하고자 하는 날의 7일 전까지 이를 금융위원회에 신고하여야 한다.

6) 금융감독원, "금융감독원 검사사례집", 2018. 12., 48면, 사례25.

7) 금융감독원, "부수업무보고 관련 참고자료", 1면.

위할 수 있다. 일련의 업무가 열거되어 있는 겸영업무와는 달리, 자본시장법 상 모든 부수업무의 취급을 포괄적으로 허용하고 있다. 이에 관한 금융위원회의 유 권해석에 따르면 1) 금융업무가 아니면서, 2) 금융투자업과 관련되어 있거나, 3) 금융투자업의 인력·자산·설비 등을 활용할 수 있는 업무일 것의 요건이 요구된 다.8) 겸영업무와 마찬가지로 부수업무를 영위하기 위하여 금융투자업자는 해당 업무를 시작한 날로부터 2주 이내에 이를 금융위원회에 보고하여야 하며,9) 금융 위원회는 보고 내용이 1) 금융투자업의 경영건전성을 저해하는 경우, 2) 투자자 보호에 지장을 초래하는 경우, 3) 금융시장의 안정성을 저해하는 경우에 해당하 는 경우 부수업무의 영위를 제한하거나 시정할 것을 명할 수 있다(자본시장법 제 41조 제1항, 제2항). 이러한 사후 보고 의무를 이행하지 않은 금융투자업자에게는 1억원 이하의 과태료가 부과될 수 있고(자본시장법 제449조 제19호), 금융감독원은 금융위원회에 부수업무를 신고하지 않고 해당 업무를 영위한 금융투자업자에게 기관 과태료 39백만원, 행위자 감봉, 감독자 주의적 경고 조치를 취한 바 있 다.10)

이하에서는 금융투자업자로서 자산운용사가 영위할 수 있는 자문업무의 유형 과 각 유형별 자본시장법상의 근거가 무엇인지 살펴보고, 각 자문업무 영위 시 주 의하여야 할 점에 대하여 검토해보고자 한다.

---

8) 금융위원회, "겸영부수업무 관련 유권해석 요청", 유권해석, 2009. 5. 26.

9) 2021. 5. 20. 자본시장법의 개정으로 인하여 부수업무에 대한 사전신고의무가 '사후보고' 의무로 변경되었음.

개정 후	개정 전
자본시장법 제41조 ① 금융투자업자는 금 융투자업에 부수하는 업무를 영위하고자 하 는 경우에는 그 업무를 영위하기 시작한 날 부터 2주 이내에 이를 금융위원회에 보고하 여야 한다.	자본시장법 제41조(금융투자업자의 부수업 무 영위) ① 금융투자업자는 금융투자업에 부수하는 업무를 영위하고자 하는 경우에는 그 업무를 영위하고자 하는 날의 7일 전까 지 이를 금융위원회에 신고하여야 한다.

10) 금융감독원, 전게 사례집 49면, 사례26.

II. 자산운용사의 고유업무로서 투자자문업

1. 정의

자산운용사는 금융투자업자로서 그 고유업무 중 하나인 투자자문업을 영위할 수 있다. 이때, 투자자문업이란 금융투자상품 등[11])의 가치 또는 금융투자상품 등에 대한 투자판단에 관한 자문에 응하는 것을 영업으로 하는 것을 의미하며(자본시장법 제6조 제7항), 2021. 3. 25. 시행된 『금융소비자 보호에 관한 법률』(이하 "금융소비자보호법") 제2조 제4호[12])에서 정의하고 있는 '금융상품자문업'에 해당되는 개념이다.

2. 투자자문업자의 영업행위 규칙

자본시장법 제2절 제3관은 투자자문업자의 영업행위 규칙을 정하고 있으며, 1) 선관주의의무 및 충실의무(동법 제96조), 2) 일반투자자와 투자자문계약 체결 시 준수사항(동법 제97조), 3) 불건전 영업행위의 금지(동법 제98조), 4) 성과보수 제한(동법 제98조의2)을 그 규칙으로 구체화하고 있다.

---

11) 금융투자상품 등이란, 자본시장법 제3조 제2항의 금융투자상품(증권 및 장내·장외 파생상품)과 동법 시행령 제6조의2에서 정하는 부동산, 부동산 관련 권리 등의 투자대상자산을 의미함.

12) **금융소비자보호법 제2조4.** "금융상품자문업"이란 이익을 얻을 목적으로 계속적 또는 반복적인 방법으로 금융상품의 가치 또는 취득과 처분결정에 관한 자문(이하 "금융상품자문"이라 한다)에 응하는 것을 말한다. 다만, 다음 각 목의 어느 하나에 해당하는 것은 제외한다.
　가. 불특정 다수인을 대상으로 발행되거나 송신되고, 불특정 다수인이 수시로 구입하거나 수신할 수 있는 간행물·출판물·통신물 또는 방송 등을 통하여 조언을 하는 것
　나. 그 밖에 변호사, 변리사, 세무사가 해당 법률에 따라 자문업무를 수행하는 경우 등 해당 행위의 성격 및 금융소비자 보호의 필요성을 고려하여 금융상품자문업에서 제외할 필요가 있는 것으로서 대통령령으로 정하는 것

가. 선관주의의무 및 충실의무

투자자문업자인 자산운용사는 투자자에 대하여 선량한 관리자의 주의로써 투자자문을 제공하여야 하며, 투자자의 이익을 보호하기 위하여 해당 업무를 충실하게 수행하여야 한다(자본시장법 제96조).

나. 일반투자자와 투자자문계약 체결 시 준수 사항

투자자문업을 영위하는 방법은 계약 상대방이 일반투자자인지 전문투자자인지 여부에 따라 달라진다. 여기서 전문투자자는 금융투자상품에 관한 전문성 구비 여부, 소유자산규모 등에 비추어 투자에 따른 위험감수능력이 있는 투자자로 법령에 열거되어 있으며(자본시장법 제9조 제5항), 일반투자자는 전문투자자가 아닌 투자자를 의미한다(동조 제6항).

투자자문업자는 일반투자자와 투자자문계약을 체결함에 있어 계약체결에 앞서, 투자자문의 범위 및 제공방법, 투자자문업 수행에 관하여 투자자문업자가 정하고 있는 일반적인 기준과 절차, 투자자문업을 실제로 수행하는 임직원의 성명 및 주요 경력, 투자자와의 이해상충방지를 위하여 투자자문업자가 정한 기준 및 절차, 투자자문계약과 관련하여 투자결과가 투자자에게 귀속된다는 사실 및 투자자가 부담하는 책임에 관한 사항, 수수료에 관한 사항, 투자자문업자의 임원 및 대주주에 관한 사항 등을 기재한 서면자료를 교부하여야 한다(자본시장법 제97조 제1항). 또한, 금융상품자문업자인 투자자문업자는 일반투자자와 투자자문계약을 체결하는 경우, 동조 제1항의 사항, 계약당사자에 관한 사항, 계약기간 및 계약일자, 계약변경 및 계약해지에 관한 사항을 기재한 계약서류를 반드시 서면으로 일반투자자에게 교부하여야 한다(자본시장법 제97조 제2항, 금융소비자보호법 제23조 제1항).

자본시장법 제97조를 위반한 경우에 대한 벌칙은 규정되어 있지 아니하나, 금융소비자보호법 제69조 제1항 제7호에 따르면, 동법 제23조 제1항에 따른 계약서류 교부 의무를 위반한 자에게는 1억원 이하의 과태료가 부과된다. 나아가, 자본시장법 제97조를 위반하여 투자자문계약을 체결한 경우, 금융위원회는 금융투자업자의 임원에 대하여 해임요구, 6개월 이내의 직무정지, 문책경고, 주의적 경고, 주의 등의 조치를 취할 것을 금융투자업자에게 요구할 수 있으며, 직원에 대하여 면직, 6개월 이내의 정직, 감봉, 견책, 경고, 주의 등의 조치를 취할 것을 금융투자업자에게 요구할 수 있다(자본시장법 제422조 제1항, 제2항).

금융감독당국은 일반투자자와 투자일임계약[13]을 체결하면서 계약체결 전에 교부하여야 하는 서면자료를 교부하지 않고, 계약서류에 담당 임직원의 주요 경력, 투자자문업자의 임원 및 대주주에 관한 사항 등을 기재하지 않은 자산운용사에게 기관 영업전부 정지, 임직원 2명 해임권고, 1명 정직 조치를 취한 바 있다.[14]

다. 불건전 영업행위의 금지

투자자문업자는 1) 투자자로부터 금전·증권, 그 밖의 재산의 보관·예탁을 받는 행위, 2) 투자자에게 금전·증권, 그 밖의 재산을 대여하거나 투자자에 대한 제3자의 금전·증권, 그 밖의 재산의 대여를 중개·주선 또는 대리하는 행위, 3) 투자권유자문인력[15]이 아닌 자에게 투자자문업을 수행하게 하는 행위, 4) 계약으로 정한 수수료 외의 대가를 추가로 받는 행위, 5) 투자자문에 응한 경우 금융투자상품 등의 가격에 중대한 영향을 미칠 수 있는 투자판단에 관한 자문 또는 매매 의사를 결정한 후 이를 실행하기 전에 그 금융투자상품등을 자기의 계산으로 매매하거나 제3자에게 매매를 권유하는 행위를 할 수 없다(자본시장법 제98조 제1항).

자본시장법 제98조 제1항 각 호를 불건전영업행위로 규정한 이유는 다음과 같다.

---

13) 투자일임업은 투자자문업과 상이하나, 동일한 법조문이 적용된다는 점에 들어 예시로 언급함.

14) 금융감독원, 전게 사례집, 134면, 사례 111.

15) 금융투자상품 등에 대한 투자자문업의 경우, 투자자산운용사 중 금융투자상품 투자운용 업무에대한 등록 요건을 갖춘 자는 투자자문업자의 투자권유자문인력으로 인정됨. 다만, 부동산 등에 대한 투자자문업을 영위하고자 하는 경우 부동산 투자운용업무에 대한 등록 요건을 추가적으로 요함(금융투자전문인력과 자격시험에 관한 규정 제2-10조 제1항 제2호 나목).

1) 투자자로부터 금전·증권, 그 밖의 재산의 보관·예탁을 받는 행위

투자자문업자는 고객의 재산을 직접 보관하거나 예탁을 받지 않는 특성으로 인해 타 금융투자업자에 비해 진입규제, 규정상 위험관리의 정도, 재무건전성 기준 등이 상대적으로 낮다. 이러한 점을 이유로, 투자자문업자는 투자자로부터 고객의 금전 등을 보관하거나 예탁받는 것이 금지되며, 투자자의 투자금이나 증권 등은 다른 금융기관 등에 예치한 상태로 보관되어야 한다.[16]

2) 투자자에게 금전·증권, 그 밖의 재산을 대여하거나 투자자에 대한 제3자의 금전·증권, 그 밖의 재산의 대여를 중개·주선 또는 대리하는 행위

투자자문업이란, 금융투자상품 등의 가치 또는 금융투자상품 등에 대한 투자판단에 관한 자문에 응하는 것(자본시장법 제6조 제7항)으로, 금전 등의 대여, 금전 등의 대여를 중개·주선 또는 대리하는 것은 법에서 예정하고 있는 투자자문업의 업무 범위 내에 포함되지 아니하는 바 금지된다.[17]

3) 투자권유자문인력이 아닌 자에게 투자자문업을 수행하게 하는 행위

금융투자협회는 투자권유를 하거나 투자에 관한 자문업무에 종사하는 종사자(투자권유자문인력)와 집합투자재산·신탁재산 또는 투자일임재산을 운용하는 업무의 종사자(투자운용인력)의 등록 및 관리에 관한 업무를 행하여야 한다(자본시장법 제286조 제1항 제3호 가목, 다목). 이에 금융투자협회가 정한 일련의 자격 요건을 갖춘 자가 투자자문업을 수행하여야 하며, 이는 전문성 있는 인력으로부터 적절한 자문을 받음으로써 투자자를 보호하기 위한 금융감독당국의 조치로 사료된다.

4) 계약으로 정한 수수료 외의 대가를 추가로 받는 행위

투자자문업자는 투자자와 계약을 체결함에 있어, 수수료에 관한 사항을 사전교부 서류 및 계약서에 정하여야 한다(자본시장법 제97조 제1항 제6호, 제2항 제1호). 이는 투자자가 예측하지 못한 수수료가 발생되는 것을 방지하기 위함이다.[18]

---

16) 변제호 외 5인, 『자본시장법』, 제2판, 지원출판사, 2015, 334면.
17) 로앤비 온주주석서, 자본시장과 금융투자업에 관한 법률 제98조 제1항(이진, 김은집 집필), 온주편집위원회, 2019. 12. 17.
18) 로앤비 온주주석서, 전게자료.

5) 투자자문에 응한 경우 금융투자상품 등의 가격에 중대한 영향을 미칠 수 있는 투자판단에 관한 자문 또는 매매 의사를 결정한 후 이를 실행하기 전에 그 금융투자상품등을 자기의 계산으로 매매하거나 제3자에게 매매를 권유하는 행위

투자자문업자는 투자자와의 관계에 있어 투자자의 주문동향 등을 파악할 수 있는 우월적 지위에 있는바, 자신의 이익을 위하여 이를 부당하게 이용할 우려가 있다. 그 피해가 투자자에게 귀속될 우려가 있어, 자본시장법은 투자자와 투자자문업자 간의 이해상충 방지 차원에서 이러한 선행매매를 엄격하게 금지하고 있다.[19]

다만, 자본시장법 시행령 제99조 제1항 제1호는 이에 대한 예외를 두어 투자자문업자가 다른 금융투자업, 그 밖의 금융업을 겸영하는 경우로서 1) 투자자로부터 금전·증권, 그 밖의 재산의 보관·예탁 받는 행위, 2) 투자자에게 금전·증권, 그 밖의 재산을 대여하거나 투자자에 대한 제3자의 금전·증권, 그 밖의 재산의 대여를 중개·주선 또는 대리하는 행위가 금지되지 않는다면, 관련 행위는 불건전영업행위에 해당하지 않게 된다고 정하고 있다.[20] 예를 들어 투자자문업자가 앞으로 기술할 예정인 '대출의 중개·주선·대리'를 겸영업무로 신고하였다면, 투자자문업자는 투자자(대출을 받는 경우, 차주)에게 대출을 중개·주선·대리할 수 있게 되는 것이다.[21]

---

19) 로앤비 온주주석서, 전게자료.

20) 자본시장법 시행령 제99조 제1항 제1호에서 정하는 사유를 제외한 그 외 예외 사유는 다음과 같다.
   1) 법 제98조 제1항 제3호를 적용할 때 전자적 투자조언장치를 활용하여 일반투자자를 대상으로 투자자문업 또는 투자일임업을 수행하는 경우
   2) 법 제98조 제1항 제5호를 적용할 때 다음 각 목의 어느 하나에 해당하는 경우
      가. 투자자문 또는 투자일임재산의 운용과 관련한 정보를 이용하지 아니하였음을 증명하는 경우
      나. 차익거래 등 투자자문 또는 투자일임재산의 운용과 관련한 정보를 의도적으로 이용하지 아니하였다는 사실이 객관적으로 명백한 경우

21) 겸영업무인 대출의 중개·주선·대리에 대한 금융감독당국의 제한 사항은 아래에서 자세히 검토하고자 함.

투자자문업 관련 기타 영업행위 규제와 달리, 제98조 제1항을 위반한 경우, 이를 위반하는 행위를 한 투자자문업자는 5년 이하의 징역 또는 2억원 이하의 벌금에 처하게 된다(자본시장법 제444조 제8호).

라. 성과보수의 제한

투자자문업자는 원칙적으로 투자자문과 관련하여 투자결과와 연동된 성과보수를 받아서는 아니된다(자본시장법 제98조의2). 다만, 투자자가 전문투자자인 경우 혹은 일반투자자이지만 동법 시행령 상 일련의 요건이 충족되는 경우에 한하여, 성과보수의 산정방식 및 그 한도, 위험문구 등을 계약서류에 기재하였다면 예외적으로 성과보수를 수취할 수 있다(자본시장법 시행령 제99조의2).

이러한 조치는 집합투자업과는 달리 투자자문업에는 분산투자 규제가 적용되지 않기 때문에, 성과보수를 일반적으로 허용할 경우 고위험 고수익에 편향된 투자로 인하여 투자자의 피해 가능성이 높아질 수 있다는 점에 있다.[22]

이와 관련하여, 동일 법령[23]이 적용되는 투자일임업자의 운용실적과 연동된 성과보수가 무효라는 주장이 제기된 사례가 있었으나, 해당 투자일임업자가 미등록 투자일임업자로 자본시장법 제98조의2의 적용을 받지 않는다고 판시한 바 있다.[24]

투자자문업자가 금지된 성과보수를 수령한 경우, 성과보수를 받은 자는 1억원 이하의 과태료를 부담하여야 한다(자본시장법 제449조, 제34조의2).

---

22) 한국증권법학회, 『자본시장법 주석서 I』, 개정판, 박영사, 2015, 511면.
23) 자본시장법 제98조의2는 투자자문업자와 투자일임업자의 성과보수를 제한하고 있는바, 성과보수의 효력에 대한 동일한 논리가 적용될 수 있을 것으로 사료됨.
24) 대법원 2019.6.13. 선고, 2018다258562, 판결. 금융투자업등록을 하지 않은 투자일임업을 금지하는 자본시장법 제17조가 강행규정인지 단속규정인지 여부가 문제되었던 판례로, 투자일임계약 자체의 사법상 효력을 부인하여야 할 정도로 계약이 현저히 반사회성, 반도덕성을 갖는 것이 아닌 점, 계약이 일률적으로 무효가 될 경우 거래 상대방과의 사이에 법적 안정성이 심히 해하게 되는 부당한 결과가 초래된다는 점에서 단속규정으로 보아 미등록 투자일임업자와의 계약을 사법상 유효한 것으로 판시하였음.

III. 자산운용사의 겸영업무로서 대출의 중개·주선·대리

1. 의의

대출의 중개·주선·대리란, 자본시장법 제40조 제1항, 동법 시행령 제43조 제5항 제9호에서 규정하고 있는 금융투자업자가 영위할 수 있는 업무 유형 중 하나이다. 대출의 중개·주선·대리에 관한 정확한 정의 규정은 없으나, 금융감독원이 해당 업무와 관련하여 언급한 예시[25]에 비추어 관련 의미를 유추하여 해석할 수 있다. 금융감독원은 1) 금융투자업자가 자문용역 계약 체결을 통해 PF대출을 필요로 하는 기업에 대하여 자금 조달, 자문 및 관련 대출기관을 중개·주선하는 업무, 2) 대출기관과의 업무 제휴를 통하여 고객에게 당해 대출기관의 신용대출을 중개·주선하고, 고객은 대출기관으로부터 승인받은 대출 한도 내에서 금융투자업자 CMA가 연계된 계좌를 통하여 필요 자금을 수시로 입출금 하는 업무를 대출의 중개·주선·대리 업무에 관한 예시로 제시하였다. 겸영업무가 고유업무와 함께 영위할 수 있도록 허용된 업무라는 점에 비추어, 자산운용사가 영위할 수 있는 대출의 중개·주선·대리 업무는 1)과 같이 대출이 필요한 기업에 자금을 조달하고,[26] 이에 대한 자문 및 중개·주선 업무를 제공하는 업무로 판단된다.

실무상 각 자산운용사가 신고한 대출의 중개·주선·대리 업무의 영위 방법도 대출 조건의 조율 및 대출계약의 중개 및 주선, 금융기관의 주선 및 대출 집행 확인 및 통보 등의 대리 업무, 대출가능 기관투자자/ 펀드 등의 탐색 및 대출 주선 등으로 위 예시 내용과 유사하다.[27]

---

25) 금융감독원, "증권회사 영업행위 법규 실무안내", 보도자료, 2016. 4., 34면.
26) 자산운용사가 대출이 필요한 기업에 직접 대출을 함으로써 자금을 조달하는 경우, 대출이 수 회 반복되면 대부업법 상의 등록 요건 등이 문제가 될 소지가 있음. 이에 본 글에서는 금융기관으로부터 대출을 중개, 주선하는 방식의 자금 조달로 한정하여 해석하고자 함.
27) 금융감독원 겸영업무 공시 참조. https://www.fss.or.kr/fss/bbs/B0000314/list.do?menu No=200750

2. 자본시장법 및 금융감독당국지침상의 유의점

겸영업무인 대출의 중개·주선·대리와 관련하여서는 법령상 정확한 정의가 없을 뿐 아니라, 투자자문업처럼 영업 행위에 대한 규제도 따로 정하고 있지 않다. 다만, 2021. 10. 21. 자본시장법 시행령이 개정됨에 따라 집합투자업자가 집합투자업무를 영위함에 있어 대출의 중개·주선·대리 업무와 관련하여 준수하여야 하는 사항이 추가되었으며, 그 업무 범위에 관한 금융위원회의 법령해석이 있는 바, 이 두가지 유의점에 대해 중점적으로 검토해보고자 한다.

가. 펀드의 대출 관련 수수료 수취 금지

자본시장법 제85조는 집합투자업자가 해서는 안될 행위들을 나열하고 불건전 영업행위로 금지하고 있다. 2021. 10. 21. 자본시장법이 개정되면서 기존에 있던 금지행위에 '집합투자업자가 집합투자재산을 금전대여로 운용하는 경우 금전대여의 대가로 금전이나 이에 준하는 재산적 가치를 지급받는 행위'를 하여서는 아니된다는 내용이 추가되었다(자본시장법 시행령 제87조 제4항 제8의6호).

금융위원회의 조문별제개정이유서 내용에 따르면, 상기 내용은 집합투자업자가 자신이 운용하는 펀드의 재산으로 대출을 하는 경우, 해당 펀드를 운용하는 자로서 실질적으로 해당 대출 거래의 상대방이 되는 것임에도 불구하고, 대주 명의가 집합투자업자 자신이 아닌 펀드 또는 그 펀드의 신탁업자라는 이유로 펀드 보수로 수취하는 것과 별도로 차주에게 대출의 중개·주선·대리 명목의 수수료를 징수하여서는 아니된다는 의미이다.[28]

금융감독당국은 2021. 10. 21. 자본시장법이 개정되기 전에도 자산운용사들의 겸영업무 신고서에 '자산운용사가 운용하는 집합투자기구가 포함된 대주단을 위한 대출의 중개·주선·대리 업무는 제외된다'라는 문구를 추가하도록 안내함으

---

[28] 금융위원회, "2021. 10. 21. 조문별제개정이유서(자본시장법 시행령 일부개정령안)", 2021. 6., 6면.

로써, 펀드 보수와 별도로 대출 거래를 주선해준 대가로 수수료를 이중 수취하는 것을 제한하고 있었다.[29] 2021. 10. 21. 자본시장법의 개정으로 인해 겸영업무 신고서에만 기재되어 있던 내용이 법제화되었고, 펀드가 대출을 해주는 차주에 대하여 자산운용사가 대출의 중개·주선·대리 명목으로 수수료를 별도로 수취하게 되는 경우, 자산운용사에게는 1억원 이하의 과태료가 부과된다는 제재조항도 제정되었다.

　　나아가, 자본시장법 시행령 제87조 제4항 제7호는 자본시장법 제85조에 따른 금지 또는 제한을 회피할 목적으로 하는 행위로서 장외파생상품거래, 신탁계약, 연계거래 등을 이용하는 행위도 금지하고 있다. 이에 펀드가 대출을 해주는 차주에 대하여 대출의 중개·주선·대리 명목의 수수료를 수취하고자 제3자의 펀드를 이용하거나 이면계약 또는 연계거래 등을 하는 것도 불건전 영업행위에 해당하여 1억원 이하의 과태료 부과 사유에 해당할 수 있다.

나. 금융기관으로부터 대출의 방식으로 자금을 조달할 것

　　금융위원회는 대출의 중개·주선·대리업무에 금융기관과 고객 간 대출 중개·주선 외에 일반법인과 개인 간 중개·주선 업무도 포함되는 것인지 질의한 내용에 대하여, 자본시장법 시행령 제43조 제5항 제9호의 '대출의 중개·주선·대리업무'에 금융기관 외 일반법인과 개인 간 대출의 중개·주선 업무는 포함되지 않는다고 회신한 바 있다. 그 이유로 금융위원회는 1) 자본시장법 제40조에서 겸영업무를 기술함에 있어 투자자 보호 및 건전한 거래질서를 해할 우려가 없는 '금융업무'로 규정하고 있는 점, 2) 겸영업무에 대한 감독이 필요한 상황에서 감독기관 없이 사적으로 이루어지는 일반법인과 개인 간 대출의 중개 업무에 대한 통제가 어렵다는 점을 고려할 때, 일반법인과 개인 간의 대출의 중개 업무는 겸영업무 범위에서 배제하는 것이 타당하다고 회답하였다.[30]

---

29) 금융감독원 겸영업무 공시 참조. https://www.fss.or.kr/fss/bbs/B0000314/list.do?menuNo=200750

30) 금융위원회, "금융투자업자의 겸영업무 중 대출의 중개·주선 또는 대리업무의 범위,"법령

IV. 자산운용사의 부수업무로서 자문업무의 수행

　자산운용사가 고유업무인 투자자문업, 겸영업무인 대출의 중개·주선·대리 업무로 수행할 수 없는 자문업을 영위하고자 할 때에는, 부수업무로 신고하여 그 업무를 영위할 수 있다. 다만, 앞서 언급하였던 바와 같이 부수업무는 고유업무에 수반되거나 금융투자업자의 인력과 물적 설비 등을 활용하여 영위할 수 있는 업무여야 하며, 금융위원회 유권해석상 1) 금융업무가 아니면서, 2) 금융투자업과 관련되어 있거나, 3) 금융투자업자의 인력, 자산, 설비 등을 활용할 수 있는 업무여야 한다.

　실무상 부수업무로서 1) 부동산개발사업컨설팅 즉, 부동산 개발사업의 사업성 분석, 취득, 관리, 인허가 및 시행사·시공사·신탁사 선정 등의 자문업무에 대한 신고, 2) 상법상 SPC의 자산관리 및 사무대리에 관한 신고가 많이 이루어지고 있으며, 3) 겸영업무인 대출의 중개·주선·대리의 정의가 명확하지 않아, 그 업무 영위 근거를 명확히 하고자 금융구조 및 자금 조달 방안에 관한 자문업무 신고도 간헐적으로 이루어지고 있다.[31]

V. 맺음말

　2021. 12. 기준 금융투자협회에 등록된 자산운용사는 총 263개이다.[32] 자산운용사 수가 많은 만큼 경쟁력을 재고하기 위하여 집합투자업 외에도 투자자문업, 겸영업무 등 다양한 업무에 주력하는 자산운용사들이 존재한다. 그러한 업무를 영위함에 있어 법령상 준수하여야 할 것이 고유업무인 집합투자업만큼 구체적으로

해석 회신문, 2016.8.25.

[31] 금융감독원 부수업무 공시 참조 https://www.fss.or.kr/fss/bbs/B0000102/list.do?menuNo=200130

[32] 금융투자협회 회원사 현황 http://www.kofia.or.kr/member_status/m_15/sub0202.do

나열되어 있지 않지만, 법령 또는 금융감독당국의 지침이 있다면 그러한 내용은 반드시 숙지하고 준수하여야 한다.

자산운용사의 자문업무 중 투자자문업에 대해서는 법령상 정확한 정의가 규정되어 있고, 다양한 영업행위 규제가 있는 것과는 반대로, 대출의 중개·주선·대리에 대해서는 정확한 정의 규정도 마련되어 있지 않다. 이와 같은 상황에서 몇몇 자산운용사들은 부수업무로도 그와 유사한 형태의 업무를 신고하고 있는 현황이다. 이에 법령상의 정확한 규정은 아니더라도 금융감독당국이 이와 관련된 구체적인 방향을 제시해주는 것이 실무상의 혼란을 완화시킬 수 있는 방안이 될 것으로 사료된다.

제22장

●

투자일임업과 채권 파킹거래의 위법성

I. 사안의 개요

[대법원 2021.11.25. 선고 2017도11612 판결(이하 '대상판결')]

- 피고인 A는 X 자산운용의 채권운용본부장으로 재직하며, 피해자 C보험주식회사와 D공단으로부터 각 투자재산을 일임 받아 2012. 2.부터 2014. 1.까지 투자일임재산에 대한 운용 업무를 담당하였다.
- 피고인 B는 X자산운용의 채권운용2팀 차장으로 재직하며, 피해자 C보험주식회사, E보험 주식회사, F사업본부, G주식회사, H공단, I보험 주식회사(이하, 상기 피해자 D공단과 총칭하여 '피해자들' 또는 '투자자들')로부터 각 투자재산을 일임받아 2012. 2.부터 2014. 1.까지 투자일임재산에 대한 운용업무를 담당하였다.
- 피고인 A와 피고인 B(이하 총칭하여 '피고인들')는 각 투자자로부터 위임 받은 투자 일임재산으로 증권사 브로커와 채권 파킹거래1)(이하 '본건 채권 파

---

1) 채권 파킹(parking)거래란, 자산운용사 펀드매니저와 증권사 브로커 사이에 상호 이익을 위하여 증권사 브로커가 펀드매니저의 지시에 따라 '증권사의 계산으로' 채권을 매수하여 증권사의 계정에 보관한 후 일정기간이 지난 다음 펀드매니저가 그 채권을 매수하거나 다른 곳에 매도하도록 하는 거래. 그 유형으로 1) 자산운용사가 보유하는 채권을 증권사 브로커에게 매도하여 보관시킨 후 나중에 다시 매수하여 가져오거나 제3자에게 매도하여 보관을 해소하는 '매도 파킹거래'와 2) 펀드매니저의 지시에 따라 증권사 브로커가 제3자로부터 채권을 매수하여 보관하고 있다가 펀드매니저가 이를 매수해가거나 제3자에게 매

킹거래')를 하던 중, 2013. 5.경부터 이자율이 인상됨에 따라 채권가격이 급락[2]하였고 피고인 A와 피고인 B가 파킹한 채권을 보유하고 있던 증권사에 손실이 누적되었다.

■ 피고인들은 파킹한 채권을 보유한 증권사에 손실이 발생하자, ⅰ) 증권사에 채권을 파킹할 당시 거래한 가격 그대로 파킹한 채권을 매수함으로써 채권 파킹 거래를 해소하고 손실을 해소해주는 방식, ⅱ) 증권사의 채권을 시장가격 대비 고가로 매수하는 방식, ⅲ) 투자일임재산에 속한 채권을 증권사에게 시장가격 대비 저가매도함으로써 손실을 보전해주는 방식으로 증권사에 손실을 보전해주는 손익이전 거래를 하였다.

■ 피고인들은 본건 채권 파킹거래를 진행함으로써 각 투자자와 체결한 투자일임계약상의 업무상 임무를 위배하고, 자본시장법에 따른 선량한 관리자의 주의로써 투자일임재산을 운용할 의무를 위배하였다는 이유로 특정경제범죄가중처벌등에 관한 법률(이하 '특경법')상 배임죄[3]로 공소 제기되었다[4].

■ 1심 판결은 피고인 A가 업무상 임무를 위반하여 2조 4,200억원 상당의 채권 파킹거래를 하였고, 채권을 파킹한 증권사들로 하여금 93억 2,456만원 상당의 재산상 이익을 취득하게 하고, C보험주식회사와 D공단에 같은 금액 상당의 재산상 손해를 가하였다는 점에서 특정법상의 배임죄가 성립한다고 판단하였고, 피고인 B에 대해서도 2,500억원 상당의 채권 파킹거래로 인하여 채

도함으로써 보관을 해소하는 '매수 파킹거래'가 있음.

2) 이자율이 상승하는 경우 투자자들은 기존 발행 채권보다 높은 이자를 얻을 수 있는 신규 발행채권을 선호하게 되어, 이자율이 낮은 기존 채권에 대한 수요는 줄어들고 수요가 줄어들면 채권 가격은 하락함.

3) **특경법 제3조(특정재산범죄의 가중처벌)** ① 「형법」 제347조(사기), 제347조의2(컴퓨터등 사용사기), 제350조(공갈), 제350조의2(특수공갈), 제351조(제347조, 제347조의2, 제350조 및 제350조의2의 상습범만 해당한다), 제355조(횡령·배임) 또는 제356조(업무상의 횡령과 배임)의 죄를 범한 사람은 그 범죄행위로 인하여 취득하거나 제3자로 하여금 취득하게 한 재물 또는 재산상 이익의 가액(이하 이 조에서 "이득액"이라 한다)이 5억원 이상일 때에는 다음 각 호의 구분에 따라 가중처벌한다.
   1. 이득액이 50억원 이상일 때: 무기 또는 5년 이상의 징역
   2. 이득액이 5억원 이상 50억원 미만일 때: 3년 이상의 유기징역

4) 대상판결은 본건 채권 파킹거래에 관여한 증권사 브로커 관련, 업무상 배임죄 공동정범 성립 여부, 자본시장법 제178조 제1항 제1호에 따른 불공정거래행위 성립 여부, 특경법 위반 성립 여부를 포함하고 있으나, 본 글에서는 X 자산운용의 투자일임재산 운용담당자였던 피고인 A와 피고인 B 업무상 배임죄 성부에 한하여 검토하고자 함.

권을 파킹한 증권사들에게 10억 3,200만원의 재산상 이익을 제공하고, C보험 주식회사에 같은 금액의 손해를 가하였다고 보아 특경법상의 배임죄가 성립한다고 판시하였다(서울남부지방법원 2016.12.1. 선고 2015고합146, 2015고합200(병합) 판결).

■ 이에 대해 피고인들은 본건 채권 파킹거래가 업무상 배임행위에 해당하지 아니하며, 이로 인한 손익에 대해 재산상 가액을 산정할 수 없다는 점을 이유로 항소하였으며, 원심 판결은 업무상 배임행위 성립 여부에 대해서는 1심과 동일하게 판단하였으나 재산상 이익의 가액은 이를 산정할 수 없다는 점을 이유로 특경법상의 배임죄가 아닌 형법 제356조에 따른 업무상 배임죄가 성립한다고 판시하였다(서울고등법원 2017.7.12. 선고 2016노4049 판결).

II. 문제의 소재

본 사안은 채권시장에서 관행처럼 이루어지던 채권 파킹거래가 특경법 상 배임에 해당하는지 여부에 관한 내용으로, 타인의 사무를 처리하는 자가 그 업무상의 임무에 위배하는 행위로써 재산상 이익을 취득하거나 제삼자로 하여금 이를 취득하게 하여 본인에게 손해를 끼쳤는지(형법 제356조5))에 대한 판단이 필요하며, 나아가 재산상 이익의 가액(이하 '이득액')이 5억원 이상인지 여부 (특경법 제3조)에 대한 검토가 이루어져야 한다.

본건 공소 제기에 대하여, 피고인들은 ① 본건 채권 파킹거래는 모두 가용 가능한 투자일임재산의 범위 내에서만 이루어졌으며 투자일임재산을 운용하면서 그 손익을 공정하게 배분하였으므로, 업무상 임무에 위반되는 행위에 해당하지 아니하고, ② 본건 채권 파킹거래로 피해자의 투자일임재산에 손해가 발생하지도 증권사에 이익이 발생하지도 않았으며, ③ 본건 채권 파킹거래를 하지 않았더라도 이자율

---

5) **형법 제356조(업무상의 횡령과 배임)** 업무상의 임무에 위배하여 제355조의 죄를 범한 자는 10년 이하의 징역 또는 3천만원 이하의 벌금에 처한다.
   제355조(횡령, 배임) ② 타인의 사무를 처리하는 자가 그 임무에 위배하는 행위로써 재산상의 이익을 취득하거나 제삼자로 하여금 이를 취득하게 하여 본인에게 손해를 가한 때에도 전항의 형과 같다.

상승에 따라 투자일임재산에 손실이 발생하였을 것이라고 주장하며 인과관계가 없다고 항변하였다. 또한, 피고인들은 ④ 피해자들의 투자일임재산에 손해를 가한다거나 증권사에게 이익을 제공하겠다는 배임의 고의나 불법영득의사를 가지고 있지 않았고, ⑤ 증권사 브로커의 진술 만으로 이득액을 산정할 수 없다고 항변하였다.

이하에서는 특정법상 배임죄의 구성요건에 관하여 알아보고, 본 사안이 그 각 구성요건에 포섭되는지 여부에 대한 대법원의 판단에 대해 설명하도록 하겠다. 아울러, 본 사안 관련 금융감독원의 X자산운용에 대한 조치에 대해서도 간략히 살펴보기로 한다.

III. 피고인들의 특경법상 배임죄 성립 여부

1. 본건 채권 파킹거래가 업무상 임무위반행위에 해당하는지 여부

업무상 배임죄의 구성요건인 임무위배행위라 함은 처리하는 사무의 내용, 성질 등 구체적 상황에 비추어 법령의 규정, 계약의 내용 또는 신의성실의 원칙상 당연히 하여야 할 것으로 기대되는 행위를 하지 않거나 당연히 하지 않아야 할 것으로 기대되는 행위를 함으로써 본인과 맺은 신임관계를 저버리는 일체의 행위를 말한다(대법원 2015.11.26. 선고 2014도17180 판결).

이에 본건 채권 파킹거래의 경우, 피고인들이 어떠한 임무위배행위를 행하였는지를 검토해보고자 한다.

① 선관주의 및 충실의무 위반(자본시장법 제96조)[6]

자본시장법 제96조는 투자일임업자의 일반 영업행위 규칙으로 선관주의의무

---

6) **자본시장법 제96조(선관의무 및 충실의무)** ① 투자자문업자는 투자자에 대하여 선량한 관리자의 주의로써 투자자문에 응하여야 하며, 투자일임업자는 투자자에 대하여 선량한 관리자의 주의로써 투자일임재산을 운용하여야 한다.
② 투자자문업자 및 투자일임업자는 투자자의 이익을 보호하기 위하여 해당 업무를 충실하게 수행하여야 한다.

와 충실의무를 규정하고 있다. 판례는 이에 대하여 투자 일임계약에 의하여 고객의 자산을 관리하는 투자자문회사는 고객에 대하여 부담하는 선관주의 의무의 당연한 내용으로서 우선 고객의 투자목적, 투자 경험, 위험 선호의 정도 및 투자예정기간 등을 미리 파악하여 그에 적합한 투자방식을 선택하여 투자하여야 하고, 조사된 투자목적에 비추어 볼 때 과도한 위험을 초래하는 거래행위를 감행하여 고객의 재산에 손실을 가한 때에는 그로 인한 손해를 배상할 책임이 있으나, 고객의 투자목적 등은 지극히 다양하므로, 어느 특정한 상품에 투자하거나 어떠한 투자전략을 채택한 데에 단지 높은 위험이 수반된다는 사정만으로 일률적으로 선관주의의무를 위반한 것이라고 단정할 수는 없다고 판시하고 있다(대법원 2008.9.11. 선고 2006다53856 판결). 즉, 투자일임업무를 수행하는 과정에서 통상적으로 볼 때 현저히 불합리가 없는 한, 그 투자판단은 허용되는 재량의 범위 내의 것으로서 고객에 대한 선관주의의무 내지 충실의무를 다한 것으로 인정될 것이다.[7]

1심 판결에 따르면 본 사안의 투자자들은 피고인들에게 퇴직연금보험, 변액보험, 공단 기금 등 공적인 성격을 지닌 재산의 운용을 맡긴 만큼 과도한 위험에 노출되는 것을 지양하였고, 금융투자상품과 자산 종류별 한도, 위험허용한도를 설정하는 등 그 운용의 방법을 제한하였다. 이러한 점에 비추어 보아 투자일임계약상 운용방법으로 규정되어 있지 않고, 투자금 손실의 위험이 높은 채권 파킹거래는 투자일임업자에게 허용되는 재량 범위 밖의 것이라는 것을 알 수 있으며, 본건 채권 파킹거래는 투자자에 대한 임무위배행위에 해당한다고 봄이 상당하다.

② 각 투자자별 투자일임재산의 운용의무 위반(자본시장법 제98조 제2항 제8호)[8]

자본시장법 제98조 제2항 제8호는 투자일임업자가 인가받지 않은 집합투자

---

7) 한국증권법학회, 『자본시장법 주석서 I』, 개정판, 박영사, 2015, 494면.
8) **자본시장법 제98조(불건전 영업행위 금지)** ② 투자일임업자는 투자일임재산을 운용함에 있어서 다음 각 호의 어느 하나에 해당하는 행위를 하여서는 아니 된다. 다만, 투자자 보호 및 건전한 거래질서를 해할 우려가 없는 경우로서 대통령령으로 정하는 경우에는 이를 할 수 있다.
   8. 투자일임재산을 각각의 투자자별로 운용하지 아니하고 여러 투자자의 자산을 집합하여 운용하는 행위

354 제 5 부 자산운용사의 경영·부수 및 기타 업무

업을 영위하는 것을 제한하기 위하여, 투자일임업자가 다수의 투자자로부터 투자
판단을 일임받아 집합 운용하는 것을 금지하고 있다. 그러나 시장상황 등에 비추
어 다수의 투자자들에게 유사한 포트폴리오가 형성될 수 있는바, 자산의 효율적
운용을 위하여 동법 시행령 제99조 제2항 제4호9)는 투자일임재산별로 미리 정하
여진 자산배분명세에 따라 공정하게 배분하는 집합주문은 예외적으로 허용하고
있다.10)

채권 파킹거래에 제공된 채권은 지정된 수탁회사를 통하여 보관 또는 거래되
지 아니하며, 투자일임계약에서 정한 수탁회사가 아닌 기타 증권사의 계정을 통해
거래된다. 이렇게 수탁회사의 관리가 부재한 상황에서 여타 투자일임 간 재산과
혼재될 가능성이 높아지는 바, 이러한 경우 채권 파킹거래를 통해 발생한 이익이
나 손실을 어느 투자일임재산의 어느 계좌에 귀속시킬 것인지 펀드매니저 임의로
결정할 수 있다는 문제가 발생한다.

원심 판결의 사실관계에 따르면, 본 사안의 피고인들은, 정해진 수탁은행을
통하여 채권 거래를 하지 않고 그 외 증권사 계정에 채권을 보관해두고 채권 파킹
거래를 하여 투자자별 투자일임재산을 혼재시켰다. 또한, 2015. 1. 28. X자산운용
에 대한 금융감독원 보고자료11)에 따르면, 피고인들은 미리 정하여진 자산배분 명
세에 따르지 않고 증권사 담당직원과 매매 물량, 단가 등을 확정한 다음 투자일임
재산별로 자산을 배분하였다. 이는 자본시장법에서 불건전 영업행위로 금지하는
행위에 해당하며, 투자자 보호 및 건전한 거래질서를 해할 우려가 없는 경우로 사
전 자산배분기준을 준수하였다고도 볼 수 없는바, 이러한 점에서 본건 채권 파킹
거래는 투자자에 대한 임무위배행위에 해당한다고 볼 수 있다.

---

9) **자본시장법 시행령 제99조(불건전 영업행위의 금지)** ④ 법 제98조 제2항 제10호에서 "대
   통령령으로 정하는 행위"란 다음 각 호의 어느 하나에 해당하는 행위를 말한다.
   4. 법 제98조 제2항 제8호를 적용할 때 개별 투자일임재산을 효율적으로 운용하기 위하
      여 투자대상자산의 매매주문을 집합하여 처리하고, 그 처리결과를 투자일임재산별로
      미리 정하여진 자산배분명세에 따라 공정하게 배분하는 경우
10) 한국증권법학회, 상게서, 508-509면.
11) 금융감독원, "X자산운용 및 7개의 증권회사의 채권파킹행위 등에 대해 '업무 일부정지' 및
    '기관경고'등 조치", 보도자료, 2015. 1. 28.

③ 특정 투자자의 이익을 해하면서 자기 또는 제3자의 이익을 도모하는 행
위(자본시장법 제98조 제2항 제4호)[12]

본 금지규정은 특정 투자자의 이익을 해하면서 자기 또는 제3자의 이익을 도
모하는 행위를 불건전 영업행위로 금지한다. 즉, 펀드매니저의 투자일임재산 운용
결과, 이익이 발생한 경우뿐 아니라 손실이 발생하는 경우에도 그 이익과 손실은
모두 투자일임재산에 귀속되어야 하는 것이지 펀드매니저(혹은 투자일임업자) 또는
제3자에게 이를 이전시켜서는 아니된다는 의미이다.

1심 판결 사실관계에 따르면, 피고인들이 증권사의 채권을 시장가격 대비 고
가매수하고 시장가격 대비 저가매도한 행위는 투자일임재산과는 무관한 제3자인
증권사에게 발생한 손실을 보전하기 위한 행위에 불과하다. 그럼에도 불구하고,
피고인들은 이러한 제3자의 손실을 투자일임재산에 전가함으로써 투자자들에게
현실적인 재산상의 손해를 가하였고, 제3자인 증권사에게 재산상 이익을 취하게
하였으므로, 펀드매니저는 자본시장법상 투자일임업자가 준수하여야 할 의무를 위
배한 것으로 볼 수 있다.

④ 투자일임계약상 의무 위반(자본시장법 시행령 제99조 제4항 제2호)[13]

자본시장법 시행령 제99조 제4항 제2호는 투자일임업자가 투자일임계약을

---

12) **자본시장법 제98조(불건전 영업행위 금지)** ② 투자일임업자는 투자일임재산을 운용함에
   있어서 다음 각 호의 어느 하나에 해당하는 행위를 하여서는 아니 된다. 다만, 투자자 보
   호 및 건전한 거래질서를 해할 우려가 없는 경우로서 대통령령으로 정하는 경우에는 이를
   할 수 있다.
   4. 특정 투자자의 이익을 해하면서 자기 또는 제삼자의 이익을 도모하는 행위
13) **자본시장법 제98조(불건전 영업행위 금지)** ② 투자일임업자는 투자일임재산을 운용함에
   있어서 다음 각 호의 어느 하나에 해당하는 행위를 하여서는 아니 된다. 다만, 투자자 보
   호 및 건전한 거래질서를 해할 우려가 없는 경우로서 대통령령으로 정하는 경우에는 이를
   할 수 있다.
   10. 그 밖에 투자자 보호 또는 건전한 거래질서를 해할 우려가 있는 행위로서 대통령령으
      로 정하는 행위
   자본시장법 시행령 제99조(불건전 영업행위의 금지) ④ 법 제98조 제2항 제10호에서 "대
   통령령으로 정하는 행위"란 다음 각 호의 어느 하나에 해당하는 행위를 말한다.
   2. 투자일임계약을 위반하여 투자일임재산을 운용하는 행위

위배하여 운용하는 행위를 불건전 영업행위로 금지하고 있다.

채권 파킹거래는 외형상으로 증권사에게 채권을 매도하고 증권사로부터 그에 대한 대가를 받는 보통의 거래처럼 보이지만, 실제로는 펀드매니저가 증권사 브로커에게 지시하여 증권사 계정에 채권을 보관하게 하고 채권 대가 상당의 돈을 투자일임재산에 포함시키는 거래에 해당한다. 그 결과, 투자일임재산을 운용하는 펀드매니저는 투자자가 일임한 재산 범위를 초과하여 운용을 하게 되고, 투자자의 예상 위험 범위를 초과한 투자일임재산이 운용되는 결과가 야기된다.[14]

이러한 점에서 본건 채권 파킹거래를 한 피고인들은 투자일임계약에서 설정한 투자일임재산의 규모 및 그 운용 범위를 초과하여 투자일임재산을 운용하여, 투자일임계약상의 의무를 위배한 것이며, 투자일임업자로서 준수하여야 할 계약상의 의무 및 자본시장법상 의무를 위배한 것이라고 보여진다.

상기 내용에 비추어 보아, 피고인들은 자본시장법상의 선관주의의무, 충실의무 등 의무를 다하지 않고 투자일임재산을 운용하였고, 피해자들과 체결한 각 투자일임계약 상의 운용 방법 및 업무 범위를 위배하였으므로, 투자자들과 맺은 신임관계를 저버리는 행위를 하였다고 볼 수 있다. 대상판결도 이와 같은 이유로 본건 채권 파킹거래는 업무상 의무 위배행위에 해당한다고 판시하였다.

2. 본건 채권 파킹거래에 따른 손해의 발생

배임죄에 있어 재산상의 손해를 가한 때라 함은 현실적으로 손해를 가한 경우 뿐 만 아니라 재산상 실해 발생의 위험을 초래한 경우도 포함되고, 재산상 손해의 유무에 대한 판단은 본인의 전 재산 상태와의 관계에서 법률적 판단에 의하지 아니하고 경제적 관점에서 파악하여야 하며, 따라서 법률적 판단에 의하여 당해 배임행위가 무효라 하더라도 경제적 관점에서 파악하여 배임행위로 인하여 본인에게 현실적인 손해를 가하였거나 재산상 실해 발생의 위험을 초래한 경우에는

---

14) 서울남부지방법원 2016.12.1. 선고 2015고합146, 2015고합200(병합) 판결 참조.

재산상의 손해를 가한 때에 해당되어 배임죄를 구성하는 것이라고 볼 것이다(대법원 1992.5.26. 선고 91도2963 판결).

　　채권 파킹거래는 펀드매니저가 높은 수익을 얻기 위하여 감수하는 고위험의 거래인 바, 경제적 관점에서 보아 그 자체만으로는 재산상 손해가 발생하였다고 볼 수 없다(서울고등법원 2017.7.12. 선고 2016노4049 판결). 즉, 채권 파킹거래 그 자체는 아직 본인에게 손해가 발생한 것과 같은 정도로 구체적인 위험이 발생하지 않은 것이기 때문에 배임죄에서의 손해 발생이라는 구성요건에 포섭되기 어렵다고 볼 수 있다. 또한, 채권 매각 시, 증권사로부터 채권에 대한 대가를 지급받는 대가로 채권을 증권사에게 이전하기 때문에 채권 파킹거래 그 자체만으로 해당 시점에 증권사에게 재산상의 이익이 발생한다고 보기 어려울 것으로 사료된다.

　　그런데 본 사안에서는 채권가격이 하락하여 실제로 증권사에게 손실을 보전해주어야 하는 필요성이 생겼고, 증권사 브로커로부터 손실보전을 요구받는 상황에 이르렀으므로, 투자자들의 각 투자일임재산에 대한 구체적인 위험이 발생하였다고 볼 수 있다. 나아가, 원심 판결에 의하면, 피고인 A가 C보험주식회사와 D공단과 각 체결한 투자일임계약에는 법령 또는 투자일임계약을 위반하여 투자자 혹은 투자일임재산에 손해 및 손실이 발생한 경우 X자산운용이 금전적 배상을 포함한 책임을 부담한다고 정하고 있어, 본건 채권 파킹거래에 따라 증권사에 손실이 발생하더라도 이는 어디까지나 X자산운용의 책임인 것이지 각 투자자의 투자일임재산에 귀속시킬 수는 없다고 볼 수 있다.

　　본 사안에서는 피고인들이 증권사에게 보전한 손실을 투자자들에게 전가함으로써 구체적인 재산상 손해를 끼친 것이라고 대상판결은 보고 있다.

3. 피고인들의 임무위배행위와 증권사의 이익 사이 인과관계 존재 여부

　　배임죄는 타인의 사무를 처리하는 자가 그 임무에 위배하는 행위로써 재산상의 이익을 취득하거나 제3자로 하여금 이를 취득하게 하여 본인에게 손해를 가한 경우에 성립하는바, 재산상의 이익 취득에 관하여 배임죄의 죄책을 인정하기 위해서는 그러한 재산상의 이익 취득과 임무위배행위 사이에 상당인과관계가 인정되어야 한다(대법원 2007.7.26. 선고 2005도6439 판결).

피고인들의 변호인들은 피고인들이 본건 채권 파킹거래를 하지 않았더라도, 이자율 상승에 따라 채권가격이 하락하고 투자일임재산에는 당연히 손실이 발생하였을 것이므로, 피고인들의 임무위배행위와 증권사의 이익발생 사이에는 상당인과관계가 없다고 주장하였다.

이에 대하여, 1심 판결은 피고인들이 본건 채권 파킹거래로 증권사에 발생한 손실을 보전하기 위해 각 피해자의 투자일임재산으로 시장가격 대비 저가매도 또는 고가매수의 방법으로 손익이전 거래를 하여 그 투자일임재산에 재산상 손해를 가하고 증권사가 손실을 보전 받거나 이익을 취득하는 거래를 하였으므로 상당인과관계가 있다고 인정하였다. 원심 판결과 대상판결 또한 본건 채권 파킹거래로 인하여 증권사가 이익을 취하고 투자자가 재산상 손해를 입었다고 보며 인과관계를 인정하였다.

4. 피고인들에게 배임의 고의와 불법영득의사가 있는지 여부

업무상배임죄에 있어서의 고의는, 업무상 타인의 사무를 처리하는 자가 본인에게 재산상의 손해를 가하고 그로 인하여 자기 또는 제3자의 재산상 이득을 취한다는 의사와 그러한 손익의 초래가 자신의 임무에 위배된다는 인식이 결합되어 성립하는 것이다(대법원 2014.6.26. 선고, 2014도753, 판결).

피고인들의 변호인은 피고인들이 각 피해자의 투자일임재산에 손해를 가한다거나 증권사에 이익을 준다는 업무상 배임의 고의 또는 불법영득의사를 가지고 있지 않았다고 주장하였으나, 1심 판결과 대상판결은 채권 파킹거래 과정에서의 행동, 그 거래에 대한 수사과정에서 피고인들의 진술 등을 고려할 때 투자자의 투자일임재산으로 증권사의 손실을 보전하는 행위가 투자자에 대한 업무상 임무 위반에 해당한다는 점에 대해 충분히 인식하고 있었다고 봄이 타당하다고 판시하며,

업무상 배임의 고의와 불법영득의사를 인정하였다.

5. 특경법에 따른 구체적인 이득액의 산정

업무상배임으로 인한 특경법 제3조 위반죄는 취득한 이득액이 5억원 이상 또는 50억원 이상이라는 것이 범죄구성요건의 일부로 되어있고, 이득액에 따라 형벌도 매우 가중되어 있으므로, 특경법 제3조를 적용할 때에는 취득한 이득액을 엄격하고 신중하게 산정하여야 한다(대법원 2015.9.10. 선고 2014도12619 판결).

1심 판결은, 채권의 시장가격을 비롯한 시장상황을 정확히 입증할 증거가 없다는 이유에서 가격에 대한 개인적 판단을 기초로 한 증권사 브로커의 진술을 중심으로 이득액을 산정하였으며, 당일매수매도로 표시된 거래에 대해서는 매수한 채권의 가격과 매도한 채권의 가격의 차액으로 이득액을 산정하였다.

이에 관하여, 원심 판결과 대상판결은 개별적인 증권사 브로커의 진술만으로 정확한 이득액이 입증되었다고 보기 어렵다고 판단하며, 장외거래의 경우 시장가격을 확정하기 어렵다는 점 등을 고려할 때, 본 사안은 이득액을 정확히 산정할 수 없는 경우에 해당된다고 판시하였고, 피고인들에 대하여 형법상 업무상 배임 위반에 따른 판결을 선고하였다.

6. 피고인들에 대한 법원의 판결

원심 판결 및 대상 판결은 피고인들이 투자일임계약 및 자본시장법에 위배되는 업무상 배임행위를 함으로써 피해자들에게 특정할 수 없는 재산상 손해를 가하고, 본건 채권 파킹거래를 한 증권사에 재산상 이익을 취득하게 한바, 특경법 제3조가 아닌 형법 제356조의 업무상 배임죄를 구성한다고 판시하였고, 피고인 A는 징역 2년 및 벌금 2,700만원, 피고인 B는 징역 1년에 처하였다.

Ⅳ. 보론: 본건 채권 파킹거래에 관한 금융감독원의 조치

금융감독원은 2013. 11. 28.부터 2013. 12. 18.까지, 2014. 2. 6.부터 2014. 2. 14.까지 두 차례에 거쳐 본 사안 관련 X자산운용에 대한 부문검사를 실시하고 2015. 1. 28. 그 결과를 보도하였다.[15]

X자산운용은 투자일임업자로서 1) 투자일임 받은 범위를 벗어나 투자일임재산을 운용하고 지정되지 않은 수탁회사에 일임재산을 보관하는 등 투자일임계약을 위반하여 투자일임재산을 운용하여서는 아니됨에도 불구하고 본건 채권 파킹거래 관련 증권회사에 투자일임재산을 보관한 사실, 2) 투자일임재산을 운용함에 있어 특정 투자자의 이익을 해하면서 자기 또는 제3자의 이익을 도모하는 행위를 하여서는 아니됨에도 불구하고 본건 채권 파킹거래를 통해 증권회사의 손실을 투자자에게 전가한 사실, 3) 개별 투자일임재산 별로 미리 정하여진 자산배분 명세에 따라 자산을 공정하게 배분하여야 함에도, 증권사 담당직원과 매매 물량, 단가 등을 확정한 다음 투자일임재산별로 배분한 사실에 비추어 3개월 업무 일부정지[16] 및 과태료 1억원을 부과받았다.[17]

Ⅴ. 결론

채권시장에는 거래 관행상 장부에 기록하지 않고 더 많은 수익을 낼 수 있는 채권 파킹거래가 이루어져왔다. 이는 채권 파킹거래를 통해 펀드매니저는 운용 한도를 초과해 운용할 수 있고 이익이 발생할 경우 수익을 임의로 조정할 수 있으며, 증권사 브로커는 중개 수수료 등의 이익을 얻을 수 있어 양측의 이해관계에

---

15) 금융감독원, 전게자료.
16) 신규 일임계약 체결 금지를 의미.
17) 본 사안 관련 임원: 직무정지 3월 1명.
    본 사안 관련 직원: 면직 1명, 정직 3월 1명, 견책 1명, 주의 1명.

부합하기 때문이다.

그러나 채권 파킹거래는 자본시장법상 선관주의의무 및 충실의무를 위반할 소지가 높은 점, 개별 투자일임재산별 운용이 어려워진다는 점, 채권을 파킹한 증권사에 손실을 보전하거나 이익을 제공하면 투자자들에게 손실이 전가된다는 점, 투자일임 재산 한도 등을 위반하여 투자일임계약을 위반한다는 점에서 투자자들과 맺은 신임관계를 위배한 형법상 업무상 배임죄의 임무위배행위에 해당한다.

나아가, 본 사안의 경우, 채권을 파킹한 증권사에게 손실을 보전하고 이익을 제공하였다는 점에서 피해자들에게 구체적인 재산상 손해가 발생하였고, 본건 채권 파킹거래로 제3자인 증권사의 손실이 피해자들에게 전가되었다는 점에서 인과관계가 인정되어 피고인들에게 형법상 업무상 배임죄가 인정되었다.

제23장

●

PFV를 통한 부동산 개발사업과
자산운용사의 역할

Ⅰ. 들어가며

자산운용사는 주로 부동산 펀드를 통하여 부동산 개발사업에 투자하여 그 수익을 수익자에게 분배하고, 보수를 지급받는다. 부동산투자회사법상의 리츠를 통하여 부동산 개발사업에 투자하는 회사형 도관체를 이용하는 경우도 있는데, 또 다른 회사형 비히클이면서 법인세법상의 요건을 충족한 법인인 PFV를 설립하여 부동산 개발사업을 추진하는 경우도 많다. 기존의 자본시장 관련 법령체계는 금융회사를 중심으로 열거된 업무만을 수행할 수 있었던 "기관별 규율체제"였으나, 자본시장법은 기존의 이러한 기관별 규제체계를 개편하여 경제적 실질이 동일한 금융 기능에 대해 동일하게 규율할 수 있는 "기능별 규율체제"로 전환함과 동시에 금융투자업 간의 겸영을 기본적으로 자유롭게 허용하는 체제를 도입하였다. 이에 더하여, 금융투자회사의 경쟁력을 강화하고, 금융투자자의 편의를 제고하기 위하여 부수업무의 범위도 대폭 확대하였는데, 원칙적으로 모든 부수업무의 취급을 허용하되 예외적으로 제한하는 "네거티브(Negative) 방식"으로 전환하였다. 이에 많은 자산운용사들이 부동산 개발사업의 자산관리회사인 AMC의 역할을 하고자 부수업무 보고[1]를 통하여 부동산 자산관리업무를 영위하고 있다. 그렇다면 PFV를

---

1) 자산운용사는 PFV의 자산관리회사로서의 업무를 수행하기 위하여 자본시장법 제41조 제1항에 따라 금융위원회에 사전 부수업무 신고를 하여 왔으나, 2021. 5. 20. 개정 자본시장

통한 부동산 개발사업에는 어떠한 이점이 있으며, 그 운용방식은 어떠한지 알아볼 필요가 있다.

프로젝트금융투자회사(Project Financing Vehicle: PFV)는 조세특례제한법 제104조의31 및 법인세법 제51조의2 제1항에 근거한 일종의 명목회사(페이퍼 컴퍼니)로서, 프로젝트금융 기법을 이용하여 부동산 개발사업, 사회간접자본건설, 주택건설, 자원개발 등 상당한 기간 및 자금이 소요되는 특정사업을 한시적으로 운영하여 그 수익을 주주에게 배분하는 주식회사다.[2]

부동산 개발을 진행함에 있어 시행사, 시공사, 재무적 투자자 등 관계 당사자들이 공동으로 특수목적법인(SPC)을 설립하여 사업을 진행하는 경우에 SPC에게 발생한 이익에 대해서 법인세가 부과되고, 추후 SPC의 배당이 이루어지는 경우 주주에 대한 법인세 등이 부과되는데, 이는 이중과세에 해당하는 측면이 있어 사업주체들은 세제혜택을 받기 위한 도관체를 활용하고자 노력하고 있다. 이에 다수의 사업주체들은 「법인세법」 제51조의2에 따라 일정요건을 충족하는 법인이 배당가능이익을 90% 이상 배당하는 경우 세제지원 대상이 되어 배당액을 소득 공제하는 PFV를 통한 개발사업방식을 선택하고 있다.

기존에는 상법 이외에 개별적인 설치 근거 법률(자산유동화에 관한 법률, 간접투자자산운용업법 등)이 있는 명목회사가 이익의 90% 이상을 배당하는 경우에만 지급 배당금을 소득 공제하였으나, 2020. 12. 29. 조세특례제한법의 개정을 통하여 상법에 의해 설립된 회사 중 법인세법상의 일정한 요건을 갖춘 경우에도 동일한 혜택을 부여하게 되었다. 또한 PFV를 설립하기 위하여는 필수적으로 자산관리회사(AMC)와 자산관리위탁계약을 체결하여야 하는데, 자산관리회사는 「부동산개발업의 관리 및 육성에 관한 법률[3]」 시행령 제6조에 따른 요건을 갖추어야 한다.

이하에서는 PFV의 개념과 설립요건 및 자산운용사가 부수업무의 일환으로

법의 시행에 따라 그 업무를 영위하기 시작한 날부터 2주 이내에 이를 금융위원회에 보고하는 경우 해당 업무를 영위할 수 있게 되었다.

2) 기획재정부, "시사경제용어사전", 2017.

3) 2007년 부동산 개발업자의 난립으로 인한 소비자 피해 예방 및 영세하고 전문성이 부족한 부동산 개발업자의 체계적 관리, 육성을 위해 「부동산개발업의 관리 및 육성에 관한 법률」(이하 부동산개발업법)을 제정하였다.

수행하는 AMC로서 갖추어야 할 요건에 대하여 살펴보고, PFV 설립 방식을 통한 사업진행 시 발생하는 법적 쟁점들에 관하여 검토하도록 하겠다.

Ⅱ. 프로젝트금융투자회사(PFV)의 소득공제 요건 및 세제상 혜택

1. 프로젝트금융투자회사(PFV)의 소득공제 요건

「조세특례제한법」

제104조의31(프로젝트금융투자회사에 대한 소득공제)
① 「법인세법」 제51조의2 제1항 제1호부터 제8호까지의 규정에 따른 투자회사와 유사한 투자회사로서 다음 각 호의 요건을 모두 갖춘 법인이 2022년 12월 31일 이전에 끝나는 사업연도에 대하여 대통령령으로 정하는 배당가능이익의 100분의 90 이상을 배당[4]한 경우 그 금액은 해당 배당을 결의한 잉여금 처분의 대상이 되는 사업연도의 소득금액에서 공제한다.
1. 회사의 자산을 설비투자, 사회간접자본 시설투자, 자원개발, 그 밖에 상당한 기간과 자금이 소요되는 특정사업에 운용하고 그 수익을 주주에게 배분하는 회사일 것
2. 본점 외의 영업소를 설치하지 아니하고 직원과 상근하는 임원을 두지 아니할 것
3. 한시적으로 설립된 회사로서 존립기간이 2년 이상일 것
4. 「상법」이나 그 밖의 법률의 규정에 따른 주식회사로서 발기설립의 방법으로 설립할 것
5. 발기인이 「기업구조조정투자회사법」 제4조 제2항 각 호의 어느 하나에 해당

---

4) 프로젝트금융투자회사(Project Financing Vehicle, "PFV") 관련 규정이 2020년 말에 법인세법에서 조세특례제한법으로 이관되면서 2022. 12. 31. 이전 사업연도까지만 소득공제가 적용되도록 일몰규정이 신설되어 그 이후에 개발사업이 종료되는 PFV에 불확실성이 있었다. 그러나 기획재정부의 2022. 7. 21.자 2022년 세제개편안에서 2025. 12. 31.까지 3년간 소득공제 일몰기한을 연장하는 것으로 발표되었다. 법률신문, 2022. 8. 26.

하지 아니하고 대통령령으로 정하는 요건을 충족할 것

6. 이사가 「기업구조조정투자회사법」 제12조 각 호의 어느 하나에 해당하지 아니할 것

7. 감사는 「기업구조조정투자회사법」 제17조에 적합할 것. 이 경우 "기업구조조정투자회사"는 "회사"로 본다.

8. 자본금 규모, 자산관리업무와 자금관리업무의 위탁 및 설립신고 등에 관하여 대통령령으로 정하는 요건을 갖출 것

② 「법인세법」 제51조의2 제2항 각 호의 어느 하나에 해당하는 경우에는 제1항을 적용하지 아니한다.

③ 제1항을 적용받으려는 자는 대통령령으로 정하는 바에 따라 소득공제신청을 하여야 한다. [본조신설 2020. 12. 29.]

「법인세법」

제51조의2(유동화전문회사 등에 대한 소득공제) ① 다음 각 호의 어느 하나에 해당하는 내국법인이 대통령령으로 정하는 배당가능이익의 100분의 90 이상을 배당한 경우 그 금액은 해당 배당을 결의한 잉여금 처분의 대상이 되는 사업연도의 소득금액에서 공제한다. <개정 2014. 1. 1., 2015. 7. 24., 2015. 8. 28., 2020. 12. 22., 2021. 12. 21.>

1. 「자산유동화에 관한 법률」에 따른 유동화전문회사

2. 「자본시장과 금융투자업에 관한 법률」에 따른 투자회사, 투자목적회사, 투자유한회사, 투자합자회사(같은 법 제9조 제19항 제1호의 기관전용 사모집합투자기구는 제외한다) 및 투자유한책임회사

3. 「기업구조조정투자회사법」에 따른 기업구조조정투자회사

4. 「부동산투자회사법」에 따른 기업구조조정 부동산투자회사 및 위탁관리 부동산투자회사

5. 「선박투자회사법」에 따른 선박투자회사

6. 「민간임대주택에 관한 특별법」 또는 「공공주택 특별법」에 따른 특수 목적 법인 등으로서 대통령령으로 정하는 법인

7. 「문화산업진흥 기본법」에 따른 문화산업전문회사

8. 「해외자원개발 사업법」에 따른 해외자원개발투자회사

9. 삭제 <2020. 12. 22.>

「조세특례제한법 시행령」

제104조의28(프로젝트금융투자회사에 대한 소득공제)
① 법 제104조의31 제1항 각 호 외의 부분에서 "대통령령으로 정하는 배당가능
이익"이란 「법인세법 시행령」 제86조의2 제1항에 따라 계산한 금액을 말한다.
② 「법인세법」 제51조의2 제1항 각 호와 유사한 투자회사가 「주택법」에 따라
주택건설사업자와 공동으로 주택건설사업을 수행하는 경우로서 그 자산을 주택
건설사업에 운용하고 해당 수익을 주주에게 배분하는 때에는 법 제104조의31
제1항 제1호의 요건을 갖춘 것으로 본다.
③ 법 제104조의31 제1항 제5호에서 "대통령령으로 정하는 요건"이란 다음 각
호의 요건을 말한다.
1. 발기인 중 1인 이상이 다음 각 목의 어느 하나에 해당할 것
　　가. 「법인세법 시행령」 제61조 제2항 제1호부터 제4호까지, 제6호부터 제13
　　　　호까지 및 제24호의 어느 하나에 해당하는 금융회사5) 등
　　나. 「국민연금법」에 따른 국민연금공단(「사회기반시설에 대한 민간투자법」
　　　　제4조 제2호에 따른 방식으로 민간투자사업을 시행하는 투자회사의 경
　　　　우에 한정한다)

---

5) **법인세법 시행령 제61조 제2항**
　1. 「은행법」에 의한 인가를 받아 설립된 은행
　2. 「한국산업은행법」에 의한 한국산업은행
　3. 「중소기업은행법」에 의한 중소기업은행
　4. 「한국수출입은행법」에 의한 한국수출입은행
　6. 「농업협동조합법」에 따른 농업협동조합중앙회(같은 법 제134조 제1항 제4호의 사업에
　　　한정한다) 및 농협은행
　7. 「수산업협동조합법」에 따른 수산업협동조합중앙회(같은 법 제138조 제1항 제4호 및
　　　제5호의 사업에 한정한다) 및 수협은행
　8. 「자본시장과 금융투자업에 관한 법률」에 따른 투자매매업자 및 투자중개업자
　9. 「자본시장과 금융투자업에 관한 법률」에 따른 종합금융회사
　10. 「상호저축은행법」에 의한 상호저축은행중앙회(지급준비예탁금에 한한다) 및 상호저축
　　　은행
　11. 「보험업법」에 따른 보험회사
　12. 「자본시장과 금융투자업에 관한 법률」에 따른 신탁업자
　13. 「여신전문금융업법」에 따른 여신전문금융회사
　24. 「새마을금고법」에 따른 새마을금고중앙회(같은 법 제67조 제1항 제5호 및 제6호의 사
　　　업으로 한정한다)

2. 제1호 가목 또는 나목에 해당하는 발기인이 100분의 5(제1호 가목 또는 나목에 해당하는 발기인이 다수인 경우에는 이를 합산한다) 이상의 자본금을 출자할 것

④ 법 제104조의31 제1항 제8호에서 "대통령령으로 정하는 요건"이란 다음 각 호의 요건을 말한다.

1. 자본금이 50억원 이상일 것. 다만, 「사회기반시설에 대한 민간투자법」 제4조 제2호에 따른 방식으로 민간투자사업을 시행하는 투자회사의 경우에는 10억원 이상일 것으로 한다.

2. 자산관리·운용 및 처분에 관한 업무를 다음 각 목의 어느 하나에 해당하는 자(이하 이 조에서 "자산관리회사"라 한다)에게 위탁할 것. 다만, 제6호 단서의 경우 「건축물의 분양에 관한 법률」 제4조 제1항 제1호에 따른 신탁계약에 관한 업무는 제3호에 따른 자금관리사무수탁회사에 위탁할 수 있다.

　가. 해당 회사에 출자한 법인

　나. 해당 회사에 출자한 자가 단독 또는 공동으로 설립한 법인

3. 「자본시장과 금융투자업에 관한 법률」에 따른 신탁업을 경영하는 금융회사 등(이하 이 조에서 "자금관리사무수탁회사"라 한다)에 자금관리업무를 위탁할 것

4. 주주가 제3항 각 호의 요건을 갖출 것. 이 경우 "발기인"을 "주주"로 본다.

5. 법인설립등기일부터 2개월 이내에 다음 각 목의 사항을 적은 명목회사설립신고서에 기획재정부령으로 정하는 서류를 첨부하여 납세지 관할 세무서장에게 신고할 것

　가. 정관의 목적사업

　나. 이사 및 감사의 성명·주민등록번호

　다. 자산관리회사의 명칭

　라. 자금관리사무수탁회사의 명칭

6. 자산관리회사와 자금관리사무수탁회사가 동일인이 아닐 것. 다만, 해당 회사가 자금관리사무수탁회사(해당 회사에 대하여 「법인세법 시행령」 제43조 제7항에 따른 지배주주등이 아닌 경우로서 출자비율이 100분의 10 미만일 것)와 「건축물의 분양에 관한 법률」 제4조 제1항 제1호에 따라 신탁계약과 대리사무계약을 체결한 경우는 제외한다.

프로젝트금융투자회사의 설립 요건 및 세제혜택에 대한 내용은 조세특례제한법에 규정되어 있다. 「법인세법」 제51조의2 제1항 제1호부터 제8호까지의 규정에 따른 투자회사와 유사한 투자회사로서 일정 요건을 갖춘 법인의 경우 배당액에 대한 소득공제 혜택을 부여하고 있는데(조세특례제한법 제104조의31 제1항), 이하에서는 그 요건을 살펴보겠다.

가. 법인 설립방식 및 설립 목적

먼저 PFV는 「법인세법」 제51조의2 제1항 각 호와 유사한 투자회사여야 하는데, 부동산 관련 개발사업에 있어 명목회사 형태로 법인세의 면제를 받는 투자회사에 해당하여야 한다.

[법인세 면제의 대상이 되는 명목회사의 형태]

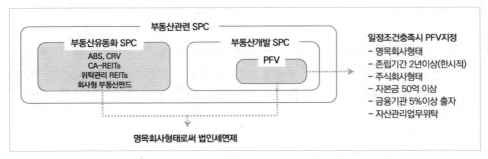

출처: [부동산] 프로젝트금융투자회사(PFV), 네이버 블로그[6]

PFV는 법인을 신설하여야만 하고 기존 법인을 이용할 수 없는데, PFV는 상법상의 주식회사이므로 설립 기간 및 신고에 관한 사항은 상법의 규정에 의한다. 일반 주식회사와 다른 점은 PFV는 모집설립의 방법에 의할 수 없고 발기설립만 가능하며, PFV의 난립으로 인한 피해를 예방하기 위하여 50억원 이상의 최저자본금이 필요(다만, 「사회기반시설에 대한 민간투자법」 제4조 제2호에 따른 방식으로 민간투자

---

6) 네이버포스트, "프로젝트금융투자회사(PFV)", 출처: https://blog.naver.com/icandoit88/ 22251 7639872

사업을 시행하는 투자회사의 경우에는 10억원)[7]하다는 점이다. 그 외 발기인이 정관을 작성·인증받고 주식을 인수한 후 임원을 선임하고 설립등기하는 등 설립절차는 일반 주식회사의 발기설립과 다를 바가 없다.

또한 PFV는 특정한 사업운영을 목적으로 하여야 하는데, 회사의 자산을 설비투자, 사회간접자본 시설투자, 자원개발, 그 밖에 상당한 기간과 자금이 소요되는 특정사업에 운용하고 그 수익을 주주에게 배분하거나, 「법인세법」제51조의2 제1항 각 호와 유사한 투자회사가 「주택법」에 따라 주택건설사업자와 공동으로 주택건설사업을 수행하는 경우로서 그 자산을 주택건설사업에 운용하고 해당 수익을 주주에게 배분하는 사업이어야 한다. 복수의 사업이 허용되는 경우는 사업들 간의 연관성이 인정되는 경우에 한한다. 이는 PFV가 특정한 목적을 위한 도관체로 작용함에 따른 요건이다.[8]

나. 존속 형태 및 존속기간

PFV는 본점 외의 영업소를 설치하지 아니하고 직원과 상근인 임원을 두지 아니할 것을 요건으로 하는데, 이는 PFV가 명목회사(Paper Company)의 형태로 설립되어야 함을 의미한다. 따라서 PFV 내에 직원과 상근인 임원을 두지 않고 PFV의 관리 및 운영은 별도 자산관리회사를 통해서 하여야 한다. 또한 PFV는 반드시 한시적으로 존속하되 그 존립 기간은 2년 이상 되어야 한다.

다. 발기인 및 이사·감사에 대한 요건

먼저 발기인과 관련하여, PFV는 금융기관이나 국민연금관리공단이 최소 5% 이상의 지분을 소유하여야 하고(조세특례제한법 시행령 제104조의28), 관리업무를 수탁할 자산관리회사(AMC) 역시 PFV에 출자하여야 한다. 이에 설립 당시에는 동 요

---

7) 조세특례제한법 시행령 제104조의28 제3항 제2호.
8) 조세금융신문, "방민주 변호사의 부동산 금융: PFV의 설립", 출처: https://www.tfmedia. co.kr/ mobile/article.html?no=911, 2014.04.16.

건을 충족하지만 추후 금융기관이 해당 지분을 비금융기관에 양도한 경우의 세제 혜택 여부가 문제될 수 있는데, PFV의 금융기관 출자자가 출자지분을 투자신탁에 양도한 경우에는 PFV에 대한 출자요건을 충족하지 못하게 되므로, 설립 당시에는 금융기관 출자요건을 충족하였더라도 소득공제 혜택을 받을 수 없다는 국세청의 유권해석이 존재한다.9) 또한 발기인이 되기 위하여는 미성년자, 금치산자, 한정치산자, 파산자, 금고 이상의 실형을 받은 자가 아니어야 한다(기업구조조정투자회사법 제4조 제2항).

　　이사10) 및 감사 역시 기업구조조정투자회사법 소정의 사유에 해당하지 않을 것이 요구되는데, ① 미성년자, 금치산자, 한정치산자, 파산자, 금고 이상의 실형을 받은 자가 아닐 것, ② 자산관리회사의 1% 이상의 주식보유자 및 그 특수관계인(배우자 또는 직계존비속)이 아닐 것, ③ 자산관리회사로부터 계속적으로 보수를

---

9) 국세법령정보시스템, "서면－2015－법령해석법인－2317", 2017.04.27
10) 자본금이 50억원 이상인 경우 이사를 3인 이상 선임하도록 하고 있어 PFV 법인의 이사는 3명 이상이어야 한다. 그 자격요건은 기업구조조정투자회사법 제12조에 규정되어 있다.

제12조(이사의 자격) 다음 각호의 1에 해당하는 자는 이사가 될 수 없다.
1. 제4조 제2항 각호의 1에 해당하는 자
2. 자산관리회사의 발행주식총수의 100분의 1 이상의 주식을 소유하고 있는 자(이하 "주요주주"라 한다) 및 대통령령이 정하는 특수관계인
3. 자산관리회사로부터 계속적으로 보수를 지급받고 있는 자

제4조(발기인) ② 다음 각호의 1에 해당하는 자는 발기인이 될 수 없다.
1. 미성년자·피성년후견인·피한정후견인
2. 파산선고를 받은 자로서 복권되지 아니한 자
3. 금고 이상의 실형의 선고를 받거나 이 법 기타 대통령령이 정하는 금융관련법령(이에 상당하는 외국의 법령을 포함한다. 이하 같다)에 의하여 벌금형 이상의 형을 선고받고 그 집행이 종료(집행이 종료된 것으로 보는 경우를 포함한다)되거나 면제된 후 5년이 경과되지 아니한 자
4. 금고 이상의 형의 집행유예의 선고를 받고 그 유예기간중에 있는 자
5. 이 법 기타 대통령령이 정하는 금융관련법령에 의하여 영업의 허가·인가 또는 등록 등이 취소된 법인 또는 회사의 임·직원이었던 자(그 허가 등의 취소사유의 발생에 관하여 직접 또는 이에 상응하는 책임이 있는 자로서 대통령령이 정하는 자에 한한다)로서 당해 법인 또는 회사에 대한 취소가 있은 날부터 5년이 경과되지 아니한 자
6. 이 법 기타 대통령령이 정하는 금융관련법령을 위반하여 해임되거나 면직된 후 5년이 경과되지 아니한 자

지급받고 있는 자가 아닐 것이 그 요건이다(조세특례제한법 제104조의31 제1항 제6호 내지 제7호, 기업구조조정투자회사법 제12조, 제17조).

라. 자산관리회사와의 위탁계약

PFV는 명목회사이기 때문에 필수적으로 업무를 위탁하여야 하는데, AMC에 자산관리를, 자금관리사무수탁회사(자본시장법에 따라 신탁업을 영위하는 금융회사 등)에 자금관리를 위탁하여야 한다. 또한, AMC와 자금관리사무수탁회사는 별개의 법인이어야 한다.

이때 AMC와 PFV의 절연이 필요한데, PFV와 AMC가 절연되지 않는다면 이해상충이 발생하여 굳이 업무를 위탁하게 한 의미가 퇴색된다. 이 때문에 PFV의 이사는 AMC로부터 계속적인 보수를 지급받을 수 없고, AMC의 이사를 겸할 수 없으며, AMC의 주요 주주나 그 특수관계인이 될 수 없다. 이처럼 자산관리 및 자금관리 위탁계약을 통한 사업 진행 시에는 독립적 사업운용과 회계 투명성을 제고할 수 있다는 장점도 존재한다.

마. 배당 및 신고

법인설립요건을 모두 갖춘 후에는 법인설립등기일로부터 2개월 이내에 명목회사설립신고서를 작성하여 납세지 관할세무서장에게 신고하여야 한다. 이러한 요건들이 충족된 이후 과세표준신고서와 함께 소득공제신청서를 세무서에 제출하면 배당금액이 해당 사연연도의 소득금액에서 공제되는 세제혜택을 얻게 되는데, 배당가능이익의 90% 이상을 배당하는 경우에만 세제혜택을 받을 수 있다. 이는 PFV가 실질회사가 아닌 명목회사로서 부동산 개발을 위한 도관체라는 점에서 인정되는 혜택이다.

다만 위와 같은 요건들이 미충족될 경우 세제 혜택을 얻지 못할 뿐 개발사업 자체가 불가능해지는 것은 아니다. 또한 리츠처럼 본격적인 사업시행 전에 정부기관이 인가 여부를 결정하는 것도 아니나, 사업을 진행한 후 세무서가 소득공제신청을 받아들이기 전까지는 PFV가 적법하게 설립되었는지 여부를 알 수 없기 때문에 그때까지는 법적인 risk가 존속한다고도 해석할 수 있다. 그렇기에 설립 요건에 대한 철저한 법률검토는 매우 중요하다.[11]

2. 프로젝트금융투자회사(PFV)의 세제혜택

앞서 살펴본 바와 같이 프로젝트금융투자회사(PFV)는 최소자본금 50억원, 금융기관의 5% 이상 출자, 이사·감사의 자격요건 강화 등의 제한에도 불구하고 그 세제상 혜택으로 점차 설립 및 활용이 증가하고 있다. 국토교통부 및 금융위원회의의 인가가 필요한 리츠와 달리 PFV는 특별한 인가 절차가 필요하지 않고 단지 일반적인 상법상 회사를 설립한 이후 일정한 요건을 갖추어 세무서에 신고하기만 하면 세제상의 혜택을 받을 수 있다.

세제상 혜택을 구체적으로 살펴보자면, ① 프로젝트금융투자회사(PFV)의 설립등기시 등록세 3배 중과 규정을 배제하는 점, ② 배당가능이익의 90% 이상 배당 시 소득공제 혜택을 부여하고(법인세 면제효과), ③ 부동산 등록시의 등록세를 감면한다는 점 등이 있다. 이를 통하여 부동산개발사업의 수익성을 높일 수 있는데 주주단계 사업이익이 일반시행법인보다 10~20% 증가하게 된다. 일반 SPC를 통한 사업과 PFV를 통한 사업의 세제 혜택에 따른 수익성을 비교하면 아래의 표와 같다.

[세제 혜택에 따른 수익성 비교][12]

항목		일반 회사의 경우	PFV의 경우
SPC Level	SPC 세전이익	100	100
	SPC 법인세	(25)	0
	세후이익＝배당	75	100

---

11) 조세금융신문, 전게기사.

Sponsor Level	Sponsor 배당수익	75	100
	Sponsor 법인세	(13)	(25)
	배당가능이익	62	75

주) 단순 효과 비교를 위한 일반회사는 출자자가 SPC에 50% 이하 출자를 가정하였고, 세율은 25%, 이익준비금 적립은 무시하고 산출하였음.
출처: [부동산] 프로젝트금융투자회사(PFV), 네이버 블로그.

동일한 SPC의 수익 100에 대해 일반회사의 경우 SPC Level과 Sponsor Level 에서 총 38(=25+13)의 법인세가 계산된 반면, PFV의 경우 SPC Level에서는 법인 세가 발생하지 않아 Sponsor Level에서만 25의 법인세가 산출되어 일반회사에 비 해 21% 높은 배당가능이익을 시현하고 있다.

즉 PFV는 이중과세 문제가 해결되는 측면이 있는데, 이와 같은 법인세 절감 은 투자자 입장에서 수익성 개선에 긍정적인 역할을 한다고 할 수 있다. PF 대주 입장에서도 상환 재원의 증가로 안정적인 부채상환비율이 예상되어, 대출의사결정 에도 긍정적인 효과를 기대할 수 있는 요소가 되고 있다.

3. 자산관리회사(AMC)의 요건

「부동산개발업의 관리 및 육성에 관한 법률 시행령」제6조는 AMC가 될 개발 사의 자격요건을 규정하고 있다. ① PFV로부터 「법인세법 시행령」제86조의2 제5 항 제2호에 따라 자산의 관리·운용 및 처분에 관한 업무를 위탁받았어야 하고, ② 전용면적이 33제곱미터 이상인 사무실이 있어야 하며, ③ 상근하는 부동산개 발 전문인력 5명 이상을 확보하여야 한다.

---

12) 네이버포스트, 전게자료.

III. PFV를 활용한 사업에서의 법적 쟁점에 대한 검토

1. 기업결합신고의 요부

「독점규제 및 공정거래에 관한 법률」

제11조(기업결합의 신고) ① 자산총액 또는 매출액의 규모가 대통령령으로 정하는 기준에 해당하는 회사(제3호에 해당하는 기업결합을 하는 경우에는 대규모회사만을 말하며, 이하 이 조에서 "기업결합신고대상회사"라 한다) 또는 그 특수관계인이 자산총액 또는 매출액의 규모가 대통령령으로 정하는 기준에 해당하는 다른 회사(이하 이 조에서 "상대회사"라 한다)에 대하여 제1호부터 제4호까지의 규정 중 어느 하나에 해당하는 기업결합을 하거나 기업결합신고대상회사 또는 그 특수관계인이 상대회사 또는 그 특수관계인과 공동으로 제5호의 기업결합을 하는 경우와 기업결합신고대상회사 외의 회사로서 상대회사의 규모에 해당하는 회사 또는 그 특수관계인이 기업결합신고대상회사에 대하여 제1호부터 제4호까지의 규정 중 어느 하나에 해당하는 기업결합을 하거나 기업결합신고대상회사 외의 회사로서 상대회사의 규모에 해당하는 회사 또는 그 특수관계인이 기업결합신고대상회사 또는 그 특수관계인과 공동으로 제5호의 기업결합을 하는 경우에는 대통령령으로 정하는 바에 따라 공정거래위원회에 신고하여야 한다.

1. <u>다른 회사의 발행주식총수(「상법」제344조의3 제1항 및 제369조 제2항·제3항의 의결권 없는 주식의 수는 제외한다. 이하 이 장에서 같다)의 100분의 20[「자본시장과 금융투자업에 관한 법률」에 따른 주권상장법인(이하 "상장법인"이라 한다)의 경우에는 100분의 15를 말한다] 이상을 소유하게 되는 경우</u>
2. 다른 회사의 발행주식을 제1호에 따른 비율 이상으로 소유한 자가 그 회사의 주식을 추가로 취득하여 최다출자자가 되는 경우
3. 임원겸임의 경우(계열회사의 임원을 겸임하는 경우는 제외한다)
4. 제9조 제1항 제3호 또는 제4호에 해당하는 행위를 하는 경우
5. 새로운 회사설립에 참여하여 그 회사의 최다출자자가 되는 경우
② 기업결합신고대상회사 또는 그 특수관계인이 상대회사의 자산총액 또는 매

출액 규모에 해당하지 아니하는 회사(이하 이 조에서 "소규모피취득회사"라 한다)에 대하여 제1항 제1호, 제2호 또는 제4호에 해당하는 기업결합을 하거나 기업결합신고대상회사 또는 그 특수관계인이 소규모피취득회사 또는 그 특수관계인과 공동으로 제1항 제5호의 기업결합을 할 때에는 다음 각 호의 요건에 모두 해당하는 경우에만 대통령령으로 정하는 바에 따라 공정거래위원회에 신고하여야 한다.

1. 기업결합의 대가로 지급 또는 출자하는 가치의 총액(당사회사가 자신의 특수관계인을 통하여 지급 또는 출자하는 것을 포함한다)이 대통령령으로 정하는 금액 이상일 것
2. 소규모 피취득회사 또는 그 특수관계인이 국내 시장에서 상품 또는 용역을 판매·제공하거나, 국내 연구시설 또는 연구인력을 보유·활용하는 등 대통령령으로 정하는 상당한 수준으로 활동할 것

⑥ 제1항에 따른 기업결합의 신고는 해당 기업결합일부터 30일 이내에 하여야 한다. 다만, 다음 각 호의 어느 하나에 해당하는 기업결합은 합병계약을 체결한 날 등 대통령령으로 정하는 날부터 기업결합일 전까지의 기간 내에 신고하여야 한다.

「독점규제 및 공정거래에 관한 법률 시행령」

제18조(기업결합의 신고 기준 및 절차) ① 법 제11조 제1항 각 호 외의 <u>부분에서 "자산총액 또는 매출액의 규모가 대통령령으로 정하는 기준에 해당하는 회사"란 제15조 제1항에 따른 자산총액 또는 같은 조 제2항에 따른 매출액의 규모가 3천억원 이상인 회사를 말한다.</u>
② 법 제11조 제1항 각 호 외의 <u>부분에서 "자산총액 또는 매출액의 규모가 대통령령으로 정하는 기준에 해당하는 다른 회사"란 제15조 제1항에 따른 자산총액 또는 같은 조 제2항에 따른 매출액의 규모가 300억원 이상인 회사를 말한다.</u>

PFV에 일정 비율 이상 출자하는 것은 법인의 지배구조 내지는 결합구조의 변경을 수반하는 행위이기 때문에, 일정한 요건에 해당하는 경우에는 공정거래위원회에 기업결합 신고를 하여야 한다. 그 요건을 살펴보면, ① 기업결합신고대상회사는 자산총액 또는 매출액의 규모가 3천억원 이상인 대규모회사에 해당하는

경우여야 하고(공정거래법 제11조) ② 상대회사(PFV가 이에 해당)는 자산총액 또는 매출액의 규모가 300억원 이상인 회사여야 하며 ③ PFV의 의결권 있는 발행주식의 20% 이상을 취득하는 경우에는 기업결합일로부터 30일 이내로 공정거래위원회에 기업결합 신고를 해야한다(독점규제 및 공정거래에 관한 법률 제11조 제1항, 제6항 및 동법 시행령 제18조 제1항 내지 제2항).

2. 자산관리 업무 재위탁시 소득공제 여부

자산관리·운용 및 처분에 관한 업무를 위탁받은 자산관리회사가 해당 업무를 다른 법인에게 재위탁하는 경우에도 소득공제의 혜택이 있는지 문제가 제기될 수 있다. 즉, 자산관리회사가 AMC 업무 중 일부를 PFV와 출자관계가 없는 법인에 재위탁하는 경우에도 여전히 세제혜택을 받을 수 있는지가 논의되고 있는데, 중대재해처벌법 시행과 관련하여 주로 문제가 될 수 있는 공사도급계약 및 현장 안전관리 등에 대한 업무를 PFV와 출자관계가 없는 다른 법인에 재위탁하는 경우가 문제될 수 있다.

이에 대한 명시적인 판례는 없으나, 프로젝트금융투자회사가 특정 사업에 대한 자산관리·운용 및 처분에 관한 업무를 「법인세법 시행령」 제86조의2 제5항 제2에 따른 자산관리회사에게 위탁하였으나 해당 자산관리회사가 위탁받은 업무를 다른 법인에게 재위탁하는 경우에는 「법인세법」 제51조의2 제1항에 따른 소득공제를 적용하지 아니한다는 국세청의 유권해석 사례가 있다.[13]

3. 중대재해처벌법상의 주의의무

PFV의 자산관리회사로서의 업무를 수행함에 있어, 2022. 2. 7.부터 중대재해의 처벌 등에 관한 법률(이하 '중대재해처벌법'이라 한다)이 시행됨에 따라, 중대재해

---

13) 국세법령정보시스템, "서면법규-491", 2013. 04. 26.

처벌법상의 자산관리회사로서의 주의의무를 다하여야 한다. 중대재해처벌법은 사업 현장을 실질적으로 지배·운영·관리하는 법인의 경영책임자에게 해당 현장에 관한 안전 및 보건 확보의무를 이행하도록 정하고 있고, 고용노동부는 위 '실질적인 지배·운영·관리'란 '하나의 사업 목적 하에 해당 사업 또는 사업장의 조직, 인력, 예산 등에 대한 결정을 총괄하여 행사하는 경우'를 지칭하는 것으로 해석하고 있다(고용노동부 중대재해처벌법 해설 참조). 즉, 사업 현장에 대하여 실질적인 지배·운영·관리를 하는지 여부는 실제 현장에 대한 업무 수행 및 관리의 양태가 구체적으로 검토됨으로써 판단될 것으로 보인다. 이 때문에 PFV의 자산관리회사의 경우에는 충분한 안전관리인력 및 예산집행을 위한 사전 매뉴얼 등을 마련하여 사업장 등의 안전관리에 특히 유의하여야 한다.

IV. 마치며

이상에서 검토한 바와 같이 법인세와 등록세, 지방세의 절감 목적으로 PFV 설립을 추진하는 것은 프로젝트 금융시장에서 투자자와 금융기관에 좋은 수익성 제고 수단이 될 수 있다. 또한 PFV를 통한 사업진행은 사업구조상 자산관리회사와 자금수탁관리회사를 별도로 두게 함으로써 그렇지 않은 사업에 비해 전문성과 투명성을 제고하는 효과도 얻을 수 있을 것으로 보인다. 소득공제 효과의 최종 수혜자는 결국 출자자이므로, 출자자이자 자산위탁관리 업무를 수행하는 자산운용사로서는 금융기관의 참여에 적합한 구조를 주도적으로 설계해 나가면서 PFV를 적극 활용할 필요가 있다. 그러기 위해서는 금융기관 내부 심의에 문제가 되지 않을 수준의 대체적인 투자구조와 채권보전 장치의 병행이 필요하다고 생각된다.

그런데 PFV의 배당소득에 대하여 소득공제가 이루어지는지의 여부는 배당 이후에 비로소 판단된다는 점을 고려할 때, PFV의 요건을 갖춰 추진한 사업 가운데에서도 추후에 요건을 갖추지 못한 것으로 판단되어 세제혜택을 누리지 못하는 위험을 배제하기 어렵다. 따라서 개별 PFV 성립 요건별 과세관청의 입장을 반드시 확인한 후 그 요건을 충족하는지 철저하게 검토하여 사업을 진행하여야 할 것이다.

제24장

●

부동산투자회사(REITs)의 설립 및 운용

I. 들어가며

자산운용사가 부동산 투자에 활용할 수 있는 간접투자기구는 집합투자기구인 펀드와 상법상 주식회사의 형태를 띄는 부동산투자회사(Real Estate Investment Trusts Company: REITs, 이하 '리츠'라 한다)가 있다. 펀드와 리츠는 부동산 투자에 활용되는 간접투자기구라는 점에서는 공통되나 근거 법규 및 그 설립 형태 등이 상이하다. 자산운용사는 펀드와 리츠 각 간접투자기구의 특징과 이점을 고려하여 부동산 관련 자산 투자에 활용하고 있다.

부동산 펀드와 리츠의 각 특징 및 운용상 이점을 분석해보면, ① 먼저 펀드의 경우 부동산 관련 자산에 투자하는 비율이 펀드 자산의 50%를 초과하는 경우 부동산 펀드라고 분류되나, 리츠는 총자산의 70% 이상을 부동산에 투자해야 하며, 투자자에게 이익의 90% 이상을 배당하여야 하는 의무가 있다. ② 부동산 펀드는 운용방식에 따라 대출형, 임대형, 경·공매형, 직접개발형으로 분류될 수 있는데, 리츠의 경우에는 부동산 개발사업에 대출하는 방식으로 운영할 수 없다는 특징이 있다. ③ 또한 환금성에서도 차이를 보이고 있는데, 부동산 펀드는 일반적으로 3~5년 만기의 폐쇄형 상품으로 출시되므로 대상 자산 매입 후 매각까지 상당한 기간이 소요되며 펀드 청산시점까지 환매가 불가능한 경우가 많다. 그러나 리츠의 경우 상장을 통하여 환매 전에도 투자 자금을 일정 부분 회수할 수 있다. ④ 그 외에도 부동산펀드는 한개의 펀드에 하나의 부동산 자산이 편입되나 리츠의 경우 여러 종류 혹은 지역에 있는 부동산에 분산투자를 할 수 있어 투자 위험성이 펀드 대비 상대적으로 낮다는 특징이 있다. ⑤ 마지막으로 펀드와 리츠는 의사결정권 유무에서도 차이를 보이는데, 펀드의 경우 자산운용사의 펀드매니저의 판단으로 운용하기 때문에 상대적으로 운용 자율성이 높지만, 리츠는 주식회사로서 주주총회를 통해 의사결정이 이루어지기 때문에 펀드매니저의 운용상 판단이 미치는 영향이 제한적인 측면이 있다.[1]

리츠는 일반 국민이 부동산에 투자할 수 있는 기회를 확대하고 부동산에 대한 건전한 투자를 활성화하기 위하여 도입되었기 때문에 공모·상장을 본질적 목표로 하는데, 우리나라에서는 공모 리츠의 설립과 상장이 사모에 비하여 현저히 부족한 실정이다. 사모 리츠의 운영 및 투자 규모는 지속적으로 확대되고 있는 반면,[2] 2022년 1월을 기준으로 설정된 리츠 중 공모 리츠로서 국내 증시에 상장된 리츠는 국내 운용리츠 총 320개 중 단 18개에 불과하다.[3] 그 때문에 일반 국민에게는 리츠 투자의 기회가 거의 제공되고 있지 않아 리츠의 도입 취지가 무색해지고 있다.

리츠 제도는 일반 국민들에게는 소액자금으로 손쉽게 대규모 부동산에 투자할 수 있는 기회를 제공함과 동시에, 기업, 금융기관, 건설회사 등의 부동산 개발에 필요한 자금을 자본시장을 통하여 소액투자자와 은행 등 기관투자자로부터 직접 조달할 수 있다는 장점과 더불어 부동산 매각을 원활하게 하여 실물경제의 구조조정을 지원할 수 있는 이점이 있다. 반면 (ⅰ) 부동산 가격의 상승, (ⅱ) 부동산에 대한 투기 발생, (ⅲ) 생산 자금의 부족현상 초래, (ⅳ) 전문 인력 및 기관의 전문성 부족, (ⅴ) 부동산 시장의 과열 가능성, (ⅵ) 투자자의 손실발생 가능성, (ⅶ) 개발사업에 따른 손해발생 우려, 및 (ⅷ) 경영진의 도덕적 해이 가능성 등과 같은 부작용도 우려되기 때문에 설립 및 공모·상장에 대한 경직된 규제의 대상이 되고 있다.[4]

---

1) KB 부동산, "간접투자로 건물주되기! 리츠할까? 부동산펀드할까?", 부동산 매거진, 2022.2.22, 출처: https://m.post.naver.com/viewer/postView.nhn?volumeNo=33330654&memberNo= 45336244
2) 국토교통부·리츠정보시스템, "월간 현황통계", 국토교통부·리츠정보시스템(홈페이지), 출처: http://reits.molit.go.kr/stack/stack/openStackMasterAsset.do
3) 국토교통부·리츠정보시스템, 상게자료.

이하에서는 리츠의 개념 및 종류에 대하여 설명하고, 리츠의 설정 및 운용상의 규제에 대하여 검토하겠다. 그런 다음, 리츠 운용상의 제재사례에 대하여 살펴보면서 운용상의 주의점들에 대하여 검토해 보도록 하겠다.

II. 리츠의 개념과 종류

1. 리츠의 정의 및 유형

부동산투자회사 즉 리츠란, 다수의 투자자로부터 자금을 모아 부동산에 투자하여 운용하고 그 수익을 투자자에게 배분하는 부동산 간접투자회사로서 상법상의 주식회사 형태로 설립된다(부동산투자회사법[5] 제2조 제1호).[6] 부동산투자회사법에 따른 우리나라 리츠의 종류는 크게 ① 자기관리 리츠, ② 위탁관리 리츠, ③ 기업구조조정 리츠로 분류된다.[7] 이러한 분류는 투자대상 부동산의 유형, 상근임직원의 유무 및 관리 형태에 따라 구분한 것이다. 2022년 1월을 기준으로 하여 운영 중인 총 320개의 리츠 중 자기관리 리츠는 4개, 위탁관리 리츠는 297개, 기업구조조정 리츠는 19개로 위탁관리 리츠가 설정된 리츠의 대부분의 비율을 차지하고 있다.[8]

---

4) 이진효, "부동산투자회사의 설립 및 공모·상장에 대한 연구", 『서강법률논총』, 제8권 제1호, 서강대학교 법학연구소, 2019, 159면.

5) 리츠는 1997년 말에 발생한 외환위기를 극복하기 위한 부동산시장 안정조치 및 기업구조조정과 관련된 분쟁해결 및 부동산시장 선진화 방안으로 우리나라에 도입되었고, 2001. 4. 7. 부동산투자회사법이 제정되었다. 법무법인(유한)지평 건설부동산팀, 『부동산 PF 개발사업법』, 제2판, 박영사, 2018, 77면.

6) 법무법인(유한)지평 건설부동산팀, 상게서, 77면.

7) 위 3가지 중 하나의 형식을 취하되, "부동산개발사업"에 70% 이상을 의무적으로 투자하여야 하는 제한이 있었던 개발전문리츠(그 외 일반리츠의 부동산개발사업에의 투자 비율은 30%의 제한이 있었음)는 2015. 10. 23. 부동산투자회사법이 개정되어 리츠가 부동산개발사업에 투자하는 비율을 주주총회 특별결의로 정하도록 함으로써(부동산투자회사법 제21조 제1항 제4호의2, 제26조) 폐지되었다.

8) 국토교통부·리츠정보시스템, 전게자료.

부동산투자회사법

제2조(정의) 이 법에서 사용하는 용어의 뜻은 다음과 같다. <개정 2012. 12. 18., 2015. 1. 6., 2015. 6. 22.>

1. "부동산투자회사"란 자산을 부동산에 투자하여 운용하는 것을 주된 목적으로 제3조부터 제8조까지, 제11조의2, 제45조 및 제49조의2 제1항에 적합하게 설립된 회사로서 다음 각 목의 회사를 말한다.
   가. 자기관리 부동산투자회사: 자산운용 전문인력을 포함한 임직원을 상근으로 두고 자산의 투자·운용을 직접 수행하는 회사
   나. 위탁관리 부동산투자회사: 자산의 투자·운용을 자산관리회사에 위탁하는 회사
   다. 기업구조조정 부동산투자회사: 제49조의2 제1항 각 호의 부동산을 투자대상으로 하며 자산의 투자·운용을 자산관리회사에 위탁하는 회사
4. "부동산개발사업"이란 다음 각 목의 어느 하나에 해당하는 사업을 말한다.
   가. 토지를 택지·공장용지 등으로 개발하는 사업
   나. 공유수면을 매립하여 토지를 조성하는 사업
   다. 건축물이나 그 밖의 인공구조물을 신축하거나 재축(再築)하는 사업
   라. 그 밖에 가목부터 다목까지의 사업과 유사한 사업으로 대통령령으로 정하는 사업
5. "자산관리회사"란 위탁관리 부동산투자회사 또는 기업구조조정 부동산투자회사의 위탁을 받아 자산의 투자·운용업무를 수행하는 것을 목적으로 제22조의3에 따라 설립된 회사를 말한다.

가. 자기관리 리츠

자기관리 리츠란, 자산운용 전문인력을 포함한 임직원을 상근으로 두고 자산의 투자·운용을 직접 수행하는 회사를 말한다(부동산투자회사법 제2조 제1호 가목). 자기관리 리츠는 회사의 실체가 있는 실질 회사로서 법인세가 부과되는 상법상의 주식회사이다.

[자기관리 리츠의 구조]

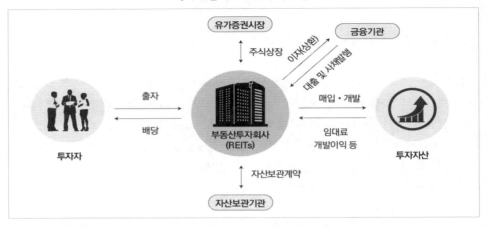

출처: 한국리츠협회 홈페이지.

나. 위탁관리 리츠

위탁관리 리츠란 자산의 투자·운용을 자산관리회사에 위탁하는 회사를 말하는데(부동산투자회사법 제2조 제1호 나목), 회사의 실체가 없는 명목회사로서 자산유동화에 관한 법률상의 유동화전문회사와 마찬가지로 상근 임직원을 두지 않기 때문에 관리를 자산관리회사에 위탁하며, 일정한 경우 법인세 감면 혜택이 주어진다.[9] 여기서 자산관리회사라 함은, 위탁관리 리츠 또는 기업구조조정 리츠의 위탁을 받아 자산의 투자·운용업무를 수행하는 것을 목적으로 부동산투자회사법 제22조의3에 따라 설립된 회사(부동산투자회사법 제2조 제5호), 또는 겸영인가를 받아 겸영업무로서 자산관리업무를 수행하는 회사를 말하는데, 자산관리회사로서의 역할을 수행하기 위하여는 국토교통부 및 금융위원회의 인가가 필요하다. 자산관리회사에 대하여는 추후 구체적으로 설명하도록 하겠다.

---

9) 위탁관리 리츠는 가장 마지막 순서로 도입되었는데, 2001년 부동산투자회사법이 제정 및 시행된 이후 법인세가 부과되는 자기관리 리츠는 수익성의 한계로 설립이 전무한데 반해, 기업구조조정 리츠는 법인세 감면에 따른 수익성의 향상으로 설립이 비교적 순조롭던 추세를 감안하여 법인세 감면이 가능한 명목회사로서 도입한 것이다. 이진효, 전게서, 161면.

다. 기업구조조정 리츠

  기업구조조정 리츠는 기업조정용 부동산 등을 투자대상으로 하며 자산의 투자·운용을 자산관리회사에 위탁하는 회사를 말한다(부동산투자회사법 제2조 1호 다목). 기업구조조정 리츠는 위탁관리 리츠와 마찬가지로 회사의 실체가 없는 명목회사로 일정한 경우 법인세 감면 혜택이 있다. 여기서 "기업조정용 부동산"이라 함은 (ⅰ) 기업이 채권금융기관에 대한 부채 등 채무를 상환하기 위하여 매각하는 부동산, (ⅱ) 채권금융기관과 재무구조 개선을 위한 약정을 체결하고 해당 약정 이행 등을 하기 위하여 매각하는 부동산, (ⅲ) 「채무자 회생 및 파산에 관한 법률」에 따른 회생 절차에 따라 매각하는 부동산 및 (ⅳ) 그 밖에 기업의 구조조정을 지원하기 위하여 금융위원회가 필요하다고 인정하는 부동산 등을 투자대상으로 하며 자산의 투자·운용을 자산관리회사에 위탁하는 회사를 말한다(부동산투자회사법 제2조 1호 다목). 기업구조조정 리츠는 총자산의 70%의 이상을 이러한 기업조정용 부동산 등으로 구성하여야 한다는 제한이 있다(동법 제49조의2 제1항).

[위탁관리 리츠 및 기업구조조정 리츠의 구조]

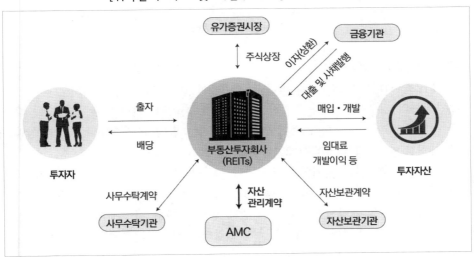

출처: 한국리츠협회 홈페이지.

위 세 가지 유형의 리츠를 비교하면 다음의 표와 같다.

구분	부동산 유형	상근 임직원	관리 형태	법인세
자기관리	일반부동산	있음	직접관리	부과
위탁관리	일반부동산	없음	위탁관리	일정 경우 감면
기업구조조정	기업구조조정용 부동산	없음	위탁관리	일정 경우 감면

2. 공모·사모 및 상장·비상장 리츠의 구분

리츠는 투자자 모집방법 및 상장 여부에 따라 공모·사모 및 상장·비상장 리츠로 분류될 수 있는데, 이하에서는 공모·사모 및 상장·비상장 리츠의 구분에 대하여 설명하고, 리츠의 유형별 공모 및 상장 의무에 대하여 검토하겠다.

가. 공모 리츠와 사모 리츠의 구분

부동산투자회사법

제14조의8(주식의 공모) ① 부동산투자회사는 영업인가를 받거나 등록을 하기 전(제12조 제1항 제4호의2에 따른 투자비율이 100분의 30을 초과하는 부동산투자회사의 경우에는 그가 투자하는 부동산개발사업에 관하여 관계 법령에 따른 시행에 대한 인가·허가 등이 있기 전)까지는 발행하는 주식을 일반의 청약에 제공할 수 없다. <개정 2015. 6. 22., 2016. 1. 19.>
② 부동산투자회사는 영업인가를 받거나 등록을 한 날(제12조 제1항 제4호의2에 따른 투자비율이 100분의 30을 초과하는 부동산투자회사의 경우에는 그가 투자하는 부동산 개발사업에 관하여 관계 법령에 따른 시행에 대한 인가·허가 등이 있은 날을 말한다. 이하 이 조에서 같다)부터 2년 이내에 발행하는 주식 총수의 100분의 30 이상을 일반의 청약에 제공하여야 한다. <개정 2015. 6. 22., 2016. 1. 19.>

---

③ 다음 각 호의 어느 하나에 해당하는 경우에는 제2항에도 불구하고 주식을 일반의 청약에 제공하지 아니할 수 있다.　<개정 2013. 6. 4., 2015. 6. 22., 2015. 8. 28., 2016. 1. 19., 2018. 8. 14., 2019. 8. 20.>
1. 부동산투자회사가 영업인가를 받거나 등록을 한 날부터 2년 이내에 국민연금공단이나 그 밖에 대통령령으로 정하는 주주가 단독이나 공동으로 인수 또는 매수한 주식의 합계가 부동산투자회사가 발행하는 주식 총수의 100분의 50 이상인 경우
2. 부동산투자회사의 총자산의 100분의 70 이상을 임대주택(「민간임대주택에 관한 특별법」에 따른 민간임대주택 및 「공공주택 특별법」에 따른 공공임대주택을 말한다)으로 구성하는 경우
④ 부동산투자회사는 제2항에 따라 주식을 일반 청약에 제공할 경우 해당 청약에 관한 정보를 제49조의6에 따른 부동산투자회사 정보시스템에 공개하여야 한다.　<신설 2016. 1. 19.>

리츠는 집합투자기구와 마찬가지로 모집방법에 따라 공모형과 사모형으로 구분된다. 집합투자기구에서의 공모와 사모의 구분 기준인 투자자의 수는 리츠의 공모와 사모의 구분에도 그대로 적용되는데, 공모 리츠는 100인을 초과하는 불특정 다수의 투자자가, 사모 리츠는 100인 이하의 투자자가 주식을 인수하여 운용되는 리츠를 말한다.[10)]

자기관리 리츠와 위탁관리 리츠는 원칙적으로 주식 공모 의무가 있다. 이에 부동산투자회사법 제14조의8 제2항에 따라 영업인가를 받거나 등록을 한 날(부동산개발사업에의 투자비율이 30%를 초과하는 리츠의 경우는 투자하는 부동산개발사업에 관하여 관계 법령에 따른 시행의 인허가가 있는 때)로부터 2년 이내에 발행하는 주식 총수의 30% 이상을 일반청약에 제공하여야 한다. 다만 동조 제3항 각호에 따라 공모 의무의 예외가 인정되는데, 그 예외사유로는 ⅰ) 리츠의 영업인가 혹은 등록일로부터 2년 이내에 발행주식총수의 50% 이상을 국민연금공단이나 그 밖의 대통령령으로 정하는 주주[11)]가 단독이나 공동으로 인수하는 경우, ⅱ) 리츠 총자산의 70%

---

10) 부동산투자회사법 제49조의3 제1항, 자본시장법 제9조 제19항.
11) 부동산투자회사법 시행령 제12조의3에 열거되어 있으며, 지방자치단체, 공무원연금공단, 사립학교교직원연금공단, 대한지방행정공제회, 새마을금고중앙회, 국민연금공단 또는 동

이상을 임대주택12)으로 구성하는 경우가 있다. 반면 기업구조조정 리츠는 주식 공모 의무가 없다.13)

나. 상장 리츠와 비상장 리츠의 구분

부동산투자회사법

제20조(주식의 상장 등) ① 부동산투자회사는 「자본시장과 금융투자업에 관한 법률」 제390조 제1항에 따른 상장규정의 상장 요건을 갖추게 된 때에는 지체없이 같은 법 제8조의2 제4항 제1호에 따른 증권시장에 주식을 상장하여 그 주식이 증권시장에서 거래되도록 하여야 한다. <개정 2013. 5. 28.>
② 국토교통부장관은 부동산투자회사가 정당한 사유 없이 제1항에 따른 증권시장에의 상장을 이행하지 아니하는 경우에는 기간을 정하여 상장을 명할 수 있다. <개정 2013. 3. 23.>
③ 국토교통부장관은 제2항에 따라 상장을 명하려면 미리 금융위원회의 의견을 들어야 한다. <신설 2017. 10. 24.>

공모 리츠가 자본시장과 금융투자업에 관한 법률(이하 '자본시장법'이라 한다) 제390조 제1항에 따른 상장 규정의 상장요건을 갖추게 된 때에는 지체없이 자본시장법 제8조의2 제4항 제1호에 따른 증권시장에 주식을 상장하여 그 주식이 증권시장에서 거래되도록 하여야 한다(부동산투자회사법 제20조 제1항). 이와 같은 공모 리츠는 자기관리 리츠, 위탁관리 리츠인 경우에 한하여 자본시장법상의 요건을 충족하였을 때에만 상장 의무를 부담하고, 기업구조조정 리츠는 상장 의무를 부담하지 않는다.

100인 미만의 투자자들이 주식을 인수하여 운용하는 사모 리츠의 경우, 상장

조 제1호부터 제24호까지의 어느 하나에 해당하는 자가 단독으로 또는 공동으로 집합투자증권 총수의 100분의 75 이상을 소유한 부동산집합투자기구, 공모 집합투자기구 등을 말한다.
12) 「민간임대주택에 관한 특별법」에 따른 민간임대주택 및 「공공주택 특별법」에 따른 공공임대주택을 말한다.
13) 국토교통부·리츠정보시스템, 전게자료.

의무가 없음은 물론 상장이 불가능하다. 다만 공모 리츠라 하더라도 자본시장법 제390조에 따른 상장 조건을 갖추지 못한 때에는 상장할 수 없기 때문에, 공모 리츠의 경우에도 상장되지 아니하면 거래소를 통한 주식 거래는 불가능하다.

3. 자산관리회사

자산관리회사란, 위탁관리 부동산투자회사 또는 기업구조조정 부동산투자회사의 위탁을 받아 자산의 투자·운용업무를 수행하는 회사로(부동산투자회사법 제2조 제5호), 부동산투자회사법 제22조의3에 따라 국토교통부장관의 예비인가 및 본인가를 필요로 한다(부동산투자회사법 제22조의3 제1항 및 제4항). 자산관리회사를 신규로 설립하지 아니하고 기존에 설립된 회사가 자산관리회사 업무를 수행하기 위하여는 마찬가지로 국토교통부장관의 겸영인가를 필요로 하는데, 많은 자산운용사들이 리츠 AMC 역할을 수행하기 위하여 국토교통부장관의 겸영인가를 받아 겸영업무로서 자산관리업무를 영위하고 있다.

부동산투자회사법

제22조의3(자산관리회사의 인가 등) ① 자산관리회사를 설립하려는 자는 다음 각 호의 요건을 갖추어 국토교통부장관의 인가를 받아야 한다. <개정 2012. 12. 18., 2013. 3. 23., 2020. 12. 22.>
1. 자기자본(자산총액에서 부채총액을 뺀 가액을 말한다. 이하 같다)이 70억원 이상일 것
2. 제22조에 따른 자산운용 전문인력을 대통령령으로 정하는 수 이상 상근으로 둘 것
3. 자산관리회사와 투자자 간, 특정 투자자와 다른 투자자 간의 이해상충을 방지하기 위한 체계와 대통령령으로 정하는 전산설비, 그 밖의 물적 설비를 갖출 것
② 국토교통부장관은 제1항에 따라 인가 여부를 결정할 때에는 대통령령으로

정하는 바에 따라 다음 각 호의 사항을 확인하여야 한다.

1. 사업계획의 타당성
2. 주주의 구성과 주식인수자금의 적정
3. 자산관리회사의 고유자산과 위탁받은 자산 간의 구분관리계획의 적정
4. 경영진의 전문성 및 경영능력

③ 자산관리회사는 위탁관리 부동산투자회사 및 기업구조조정 부동산투자회사로부터 위탁받은 업무 외의 다른 업무를 겸영(兼營)하여서는 아니 된다. 다만, 다음 각 호의 어느 하나에 해당하는 경우에는 그러하지 아니하다. <개정 2019. 8. 20.>

1. 이 법 또는 다른 법률에 따라 허용된 경우
2. 다른 법률에 따라 제21조 제1항 각 호에 대하여 같은 조 제2항 각 호의 어느 하나에서 정하는 업무를 위탁받아 할 수 있는 자로서 투자자 보호에 지장이 없다고 인정되어 제1항에 따라 인가를 받은 경우
3. 위탁받은 자산의 투자·운용과 투자자 보호에 지장이 없는 경우로서 대통령령으로 정하는 경우

④ 제1항에 따라 설립인가를 받으려는 자는 주식인수 전에 미리 국토교통부장관의 예비인가를 받아야 한다.

⑩ 국토교통부장관은 자산관리회사의 경영건전성 확보를 위하여 대통령령으로 정하는 바에 따라 경영실태 및 위험에 대한 평가를 할 수 있으며, 자산관리회사에 대하여 자본금의 증액 등 경영건전성 확보를 위하여 필요한 조치를 명할 수 있다.

⑪ 자산관리회사의 임원에 관하여는 제7조, 제31조 제2항 및 제33조를 준용한다.[14] 이 경우 제7조, 제31조 제2항 및 제33조 각 호 외의 부분의 "부동산투자회사"는 "자산관리회사"로 본다.

---

14) 제7조(발기인) 다음 각 호의 어느 하나에 해당하는 자는 부동산투자회사의 발기인이 될 수 없다. (각호 생략)

제31조(부동산투자회사의 겸업 제한 등) ② 부동산투자회사의 상근 임원은 다른 회사의 상근 임직원이 되거나 다른 사업을 하여서는 아니 된다.

제33조(임직원의 행위준칙) 부동산투자회사의 임직원은 자산의 투자·운용 업무와 관련하여 다음 각 호의 어느 하나에 해당하는 행위를 하여서는 아니 된다.

1. 투자를 하려는 자에게 일정한 이익을 보장하거나 제공하기로 약속하는 행위
2. 자산의 투자·운용과 관련하여 자기의 이익이나 제3자의 이익을 도모하는 행위
3. 부동산 거래질서를 해치거나 부동산투자회사 주주의 이익을 침해할 우려가 있는 행위로서 대통령령으로 정하는 행위

　2021. 6. 23. 부동산투자회사법이 개정되면서 자산관리회사의 인가요건을 변경하였는데, 자산관리회사가 인가를 받기 위하여는 자기자본이 70억원 이상이어야 하고, 전산설비 및 물적 설비의 요건을 갖추어야 한다. 기존 인가요건은 "자본금" 70억원이었으나, "자기자본" 70억원으로 변경하고 이에 대한 유지 의무를 부과하여 최초 인가 후 부실경영에 따라 손실이 누적되는지를 점검하도록 하였으며,[15] 기존에 근거 규정이 명확하지 아니하였던 전산설비 등 물적 설비요건을 법률에 명시하여 동법 시행령으로 물적 설비요건을 구체화하였다. 또한 인가를 받기 위하여는 자산운용 전문인력을 5인 이상 상근으로 두어야 한다는 요건[16]을 충족하여야 한다.

　또한 위 부동산투자회사법 개정으로 위탁받은 리츠의 자산에 대한 안정적 운용이 가능하도록 자산관리회사가 영업을 영위하는 동안 경영실태 및 위험 평가를 하도록 하고, 평가결과 개선이 필요한 경우 시정조치를 할 수 있도록 하였다(부동산투자회사법 제22조의3 제10항). 리츠뿐 아니라 자산관리회사도 투자자 보호에 영향을 줄 수 있는 사안의 경우 단순 보고사안으로 관리하는 것이 아닌 변경인가로 관리하는 것으로 변경되었으며, 이와 더불어 그동안 리츠의 임직원에 대해서만 부동산투자회사법상 겸직 제한, 미공개 자산운용정보 이용 금지, 이해충돌방지 등 행위 준칙과 손해배상책임 등이 적용되고 있었으나, 이번 개정으로 자산관리회사 임원에게도 일부 규정을 확대 적용하게 되었다(부동산투자회사법 제22조의3 제11항).

---

15) 일례로 자본금이 70억원인 회사에 20억원의 손실이 발생하는 경우 회계상으로는 자본금은 70억원으로 유지되나 자기자본은 손실이 반영된 50억원으로 인식되므로 건전성 점검을 위하여는 자기자본 기준이 타당하다. 국토교통부, "리츠 자산관리회사의 건전성을 높여나가겠습니다", 보도자료, 2021. 6. 22., 2면.

16) 부동산투자회사법 제22조의3 제1항 제2호, 부동산투자회사법 시행령 제20조의2.

　　부동산투자회사법 시행령 제20조의2(자산관리회사의 인력요건 등) ① <u>법 제22조의3 제1항 제2호</u>에서 "대통령령으로 정하는 수"란 5명을 말한다.

III. 리츠의 설립상 규제

부동산투자회사법

제3조(법인격) ① 부동산투자회사는 주식회사로 한다.

② 부동산투자회사는 이 법에서 특별히 정한 경우를 제외하고는 「상법」의 적용을 받는다.

③ 부동산투자회사는 그 상호에 부동산투자회사라는 명칭을 사용하여야 한다.

④ 이 법에 따른 부동산투자회사가 아닌 자는 부동산투자회사 또는 이와 유사한 명칭을 사용하여서는 아니 된다.

제5조(부동산투자회사의 설립) ① 부동산투자회사는 발기설립의 방법으로 하여야 한다.

② 부동산투자회사는 「상법」 제290조 제2호에도 불구하고 현물출자에 의한 설립을 할 수 없다.

제6조(설립 자본금) ① 자기관리 부동산투자회사의 설립 자본금은 5억원 이상으로 한다.

② 위탁관리 부동산투자회사 및 기업구조조정 부동산투자회사의 설립 자본금은 3억원 이상으로 한다.

제7조(발기인) 다음 각 호의 어느 하나에 해당하는 자는 부동산투자회사의 발기인이 될 수 없다. 이 경우 외국인 또는 외국의 법령에 따라 설립된 법인 중 해당 국가에서 다음 각 호의 어느 하나와 동일하거나 유사한 사유에 해당하는 자도 또한 같다.

1. 미성년자·피성년후견인 또는 피한정후견인

2. 파산선고를 받고 복권되지 아니한 자

3. 이 법 또는 「공인중개사법」, 「부동산 거래신고에 관한 법률」, 「감정평가 및 감정평가사에 관한 법률」, 「자본시장과 금융투자업에 관한 법률」, 「형법」 제214조부터 제224조까지 및 제347조, 제347조의2, 제348조, 제348조의2, 제349조부터 제359조까지, 그 밖에 대통령령으로 정하는 금융 관련 법률(이하 이 조에서 "관련법률"이라 한다)에 따라 벌금형 이상의 형을 선고받고 그 집

행이 끝나거나(집행이 끝난 것으로 보는 경우를 포함한다) 면제된 후 5년이
지나지 아니한 자
4. 이 법 또는 관련법률에 따라 금고 이상의 형의 집행유예를 선고받고 그 유예
기간 중에 있는 자
5. 이 법 또는 관련법률에 따라 영업의 허가·인가 또는 등록 등이 취소된 법인
의 임직원이었던 자(그 허가·인가 또는 등록 등의 취소 사유의 발생에 관하
여 직접적인 책임이 있거나 이에 상응하는 책임이 있는 자로서 대통령령으로
정하는 자만 해당한다)로서 해당 법인에 대한 취소가 있은 날부터 5년이 지
나지 아니한 자
6. 이 법 또는 관련법률을 위반하여 해임되거나 면직된 후 5년이 지나지 아니
한 자

제8조(정관) ① 부동산투자회사의 정관은 발기인이 다음 각 호의 사항을 포함
하여 작성하고 발기인 모두가 기명날인하거나 서명하여야 한다. <개정 2012.
12. 18.>
1. 목적 2. 상호 3. 발행할 주식의 총수 4. 1주(株)의 금액 5. 설립할 때에 발행
하는 주식의 총수 6. 자산의 투자·운용에 관한 사항 7. 자산평가에 관한 사항
8. 이익 등의 배당에 관한 사항 9. 본점의 소재지 10. 공고 방법 10의2. 제14조
의3에 따라 법인이사 및 감독이사를 두는 경우에는 법인이사 및 감독이사를 둔
다는 내용 11. 이사(제14조의3에 따라 법인이사 및 감독이사를 두는 경우에는
법인이사는 제외한다) 및 감사의 보수에 관한 기준 12. 제35조 제1항에 따른
자산보관기관과 체결할 자산보관계약의 개요 13. 자산의 투자·운용 업무에 관
한 위탁계약을 체결하려는 경우에는 그 위탁계약의 개요 14. 발기인의 성명, 주
민등록번호 및 주소 15. 그 밖에 대통령령으로 정하는 사항

기본적으로 리츠는 부동산투자회사법에서 정한 특별한 경우를 제외하고는 상
법의 적용을 받고(부동산투자회사법 제3조 제2항), 부동산투자회사법은 리츠의 설립
단계에서의 법인격, 설립 방법, 설립 자본금, 발기인 및 정관에 관한 사항을 규정
하고 있다.
먼저, 상법상 회사의 종류에는 합명회사, 합자회사, 유한책임회사, 주식회사
및 유한회사가 있는데(상법 제170조), ① 모든 유형의 리츠는 모두 주식회사의 형태

여야 한다(부동산투자회사법 제3조 제1항). 또한 리츠는 ② 그 상호에 부동산투자회사라는 명칭을 사용하여야 하고, 리츠가 아닌 경우에는 부동산투자회사 혹은 그와 유사한 명칭을 사용할 수 없다(동법 제3조 제3항 및 4항). 주식회사는 설립 시 발행하는 주식의 인수 방법에 따라 발기설립과 모집설립의 방식으로 나뉘는데, 리츠의 경우 발기설립의 방법에 의하여야 하고, 현물출자가 허용되지 않는다(동법 제5조). ③ 설립 자본금의 경우 자기관리 리츠는 5억원, 위탁관리 및 기업구조조정 리츠의 경우는 3억원의 제한을 두고 있다(동법 제6조). ④ 상법의 경우 발기인의 자격에 대한 규정을 두고 있지 않지만, 리츠의 경우에는 발기인에 대하여 소극적 자격요건을 규정하여(동법 제7조) 결격사유가 있는 경우에는 발기인이 될 수 없도록 하고 있다. ⑤ 또한 상법에서 정한 정관의 절대적 기재사항[17]에 더하여 리츠의 경우에는 추가적인 사항을 정관의 절대적 기재사항으로 규정하고 있는데(동법 제8조), 이는 투자자의 이익에 중대한 영향을 미치는 사항을 정관의 절대적 기재사항으로 하여 투자자를 보호하려는 취지로 이해된다.[18]

IV. 리츠의 운용상 규제

리츠를 운용하기 위하여는 국토교통부장관의 인가를 받아야 하며, 부동산투자회사법에서 정한 업무 범위에 한정하여 리츠를 운용하여야 하고, 최저자본금 조건을 유지하여야 한다.[19] 이와 더불어 신탁업자에 자산을 위탁할 의무도 있다. 또한 자기관리 리츠의 경우 운용인력 요건까지 갖추어야 한다. 공모펀드의 경우에는 공모 및 상장에 관하여도 엄격한 규제가 이루어지고 있다.[20]

---

17) 반드시 정관에 기재하여야 하고, 기재 흠결이 있으면 정관이 무효가 되는 사항.
18) 이재웅 외 5인, 『[REITs] 부동산투자회사법해설』, 제1판, 부연사, 2001, 49면.
19) 자기관리리츠는 70억원, 위탁관리 리츠 및 기업구조조정 리츠는 50억원이다.
20) 공모 및 상장에 관한 규제의 구체적인 내용은 본 글에서는 기술하지 않고, 현재 우리나라 리츠의 대다수를 차지하는 사모 리츠에도 공통적으로 적용되는 규제들을 중심으로 서술함.

1. 인가와 등록

부동산투자회사법

제9조(영업인가) ① 부동산투자회사가 제21조 제1항 제1호부터 제5호까지에 대하여 같은 조 제2항 각 호의 업무를 하려면 제2조 제1호에 따른 부동산투자회사의 종류별로 대통령령으로 정하는 바에 따라 국토교통부장관의 인가를 받아야 한다. 다만, 부동산 취득을 위한 조사 등 대통령령으로 정하는 업무의 경우에는 그러하지 아니하다.

제9조의2(등록) ① 제9조에도 불구하고 다음 각 호의 요건을 갖춘 위탁관리 부동산투자회사 및 기업구조조정 부동산투자회사가 제21조 제1항 제1호부터 제5호까지에 대하여 같은 조 제2항 각 호의 업무를 하려면 대통령령으로 정하는 바에 따라 국토교통부장관에게 등록하여야 한다. 다만, 부동산 취득을 위한 조사 등 대통령령으로 정하는 업무의 경우에는 그러하지 아니하다.

먼저, 리츠가 부동산투자회사법 제21조 제1호부터 제5호까지에 대하여 동조 제2항 각호의 업무를 영위하고자 하는 때에는 리츠의 종류별로 부동산투자회사법 시행령에 따라 국토교통부장관의 인가를 받아야 한다(동법 제9조 제1항). 다만, 일정 요건[21])을 갖춘 위탁관리 리츠 및 기업구조조정 리츠의 경우에는 인가받은 자산관리회사가 투자 및 운용을 전담하고 전문성이 높은 기관이 투자하고 있어 영업인가보다 다소 완화된 등록을 의무화하고 있는데, 이에 따라 부동산투자회사법 시행령에서 정한 방법에 의하여 국토부장관에게 등록하여야 한다(동법 제9조의2). 국토부장관은 영업인가 또는 등록을 하는 경우, 경영건전성 확보와 투자자 보호에 필요한 조건을 붙일 수 있고, 영업인가 또는 등록을 한 경우에는 그 내용을 관보 및 인터넷 홈페이지에 공고하여야 한다(동법 제9조 제3항 및 제5항, 제9조의2 제6항).

---

21) 부동산투자회사법 제9조의2 제1항 본문 각 호의 요건을 의미함.

2. 투자자산 및 운용방법에 관한 규제

부동산투자회사법

제4조(업무 범위) 부동산투자회사는 자산을 제21조제1항 각 호에 대하여 같은 조 제2항 각 호의 방법으로 부동산 등에 투자·운용하는 것 외의 업무는 할 수 없다. <개정 2019. 8. 20.>

제10조(최저자본금) 영업인가를 받거나 등록을 한 날부터 6개월(부동산투자회사 및 이해관계자 등이 다른 법령에서 정한 방법 및 절차 등을 이행하기 위하여 소요되는 기간으로서 국토교통부장관이 인정하는 기간은 제외한다. 이하 "최저자본금준비기간"이라 한다)이 지난 부동산투자회사의 자본금은 다음 각 호에서 정한 금액 이상이 되어야 한다.
1. 자기관리 부동산투자회사: 70억원
2. 위탁관리 부동산투자회사 및 기업구조조정 부동산투자회사: 50억원

제21조(자산의 투자·운용 방법) ① 부동산투자회사는 그 자산을 다음 각 호의 어느 하나에 투자하여야 한다.
1. 부동산
2. 부동산개발사업
3. 지상권, 임차권 등 부동산 사용에 관한 권리
4. 신탁이 종료된 때에 신탁재산 전부가 수익자에게 귀속하는 부동산 신탁 수익권
5. 증권, 채권
6. 현금(금융기관의 예금을 포함한다)
② 부동산투자회사는 제1항 각 호에 대하여 다음 각 호의 어느 하나에 해당하는 방법으로 투자·운용하여야 한다.
1. 취득, 개발, 개량 및 처분
2. 관리(시설운영을 포함한다), 임대차 및 전대차
3. 제2조 제4호에 따른 부동산개발사업을 목적으로 하는 법인 등 대통령령으로 정하는 자에 대하여 부동산에 대한 담보권 설정 등 대통령령으로 정한 방법에 따른 대출, 예치

제22조(자기관리 부동산투자회사의 자산운용 전문인력) ① 자기관리 부동산투자회사는 그 자산을 투자·운용할 때에는 전문성을 높이고 주주를 보호하기 위하여 대통령령으로 정하는 바에 따라 다음 각 호에 따른 자산운용 전문인력을 상근으로 두어야 한다. <개정 2012. 12. 18.>

1. 감정평가사 또는 공인중개사로서 해당 분야에 5년 이상 종사한 사람
2. 부동산 관련 분야의 석사학위 이상의 소지자로서 부동산의 투자·운용과 관련된 업무에 3년 이상 종사한 사람
3. 그 밖에 제1호 또는 제2호에 준하는 경력이 있는 사람으로서 대통령령으로 정하는 사람

제14조의8(주식의 공모) ② 부동산투자회사는 영업인가를 받거나 등록을 한 날(제12조 제1항 제4호의2)에 따른 투자비율이 100분의 30을 초과하는 부동산투자회사의 경우에는 그가 투자하는 부동산개발사업에 관하여 관계 법령에 따른 시행에 대한 인가·허가 등이 있은 날을 말한다. 이하 이 조에서 같다)부터 2년 이내에 발행하는 주식 총수의 100분의 30 이상을 일반의 청약에 제공하여야 한다.

또한 리츠는 부동산투자회사법 제21조의 제1항 각호에 열거된 투자대상에 대하여 동조 제2항의 방법으로만 운용하여야 하는데, 이에 따라 리츠는 그 자산을 (ⅰ) 부동산의 취득·관리·개량 및 처분, (ⅱ) 부동산개발사업, (ⅲ) 부동산의 임대차, (ⅳ) 증권의 매매, (ⅴ) 금융기관에의 예치, (ⅵ) 지상권·임차권 등 부동산 사용에 관한 권리의 취득·관리·처분 및 (ⅶ) 신탁이 종료된 때에 신탁재산 전부가 수익자에게 귀속하는 부동산 신탁의 수익권의 취득·관리 및 처분 등의 어느 하나에 해당하는 방법으로 투자·운용하여야 하며(동법 제21조), 이외의 업무는 할 수 없다(동법 제4조). 이에 따라 리츠는 대출업무를 수행할 수 없다. 다만 부동산투자회사법에서도 자금 차입의 필요성을 고려하여 리츠의 경우에도 금융기관 등으로부터 자기자본의 최대 2배 이내의 차입 및 사채발행을 허용하고 있으며, 주주총회 특별결의가 있는 경우에는 금융기관 이외의 자로부터도 자기자본의 10배까지 자금 차입이 가능하도록 규정하고 있다(동법 제29조 제1항).

부동산 처분에 관하여도 일정한 제한이 있는데, 원칙적으로 부동산 취득 후 5

년의 범위 내에서 대통령령으로 정한 기간 이내에는 부동산을 처분하여서는 아니
된다(동법 제24조 제1항).[22] 2010년 7월 동법 시행령의 개정을 통하여 국내에 있는
부동산 중 주택법상의 주택이 아닌 부동산의 경우에는 보유기간을 3년에서 1년으
로, 미분양주택의 경우에는 주택법상 보유기간을 두지 않는 것으로 변경하였는데,
이를 통하여 자산 매각시점 결정 등에 있어서 주주의 자산운용의 자율성을 향상시
키고, 장·단기 투자를 혼합한 다양한 투자 포트폴리오 구성을 통하여 투자자의 선
택폭을 확대하였다.[23]

3. 최저자본금에 관한 규제

설립 자본금과는 별개로, 리츠는 영업인가 혹은 등록 후 6개월까지의 기간인
'최저자본금준비기간'이 지난 이후에는 최저자본금을 확보하여야 하는데, 자기관
리 리츠의 최저자본금은 70억원 이상이어야 하고, 위탁관리 리츠 및 기업구조조정
리츠의 최저자본금은 50억원 이상이어야 한다(동법 제10조).

4. 인적·물적 시설에 관한 규제

자기관리 리츠의 경우, 상근임원을 두고 관리하는 회사이기 때문에 부동산투
자회사법에 따른 자격을 갖춘 자산운용 전문인력 5인(영업인가 시에는 3인이나, 영업
인가를 받은 후 6개월 이내에는 5인) 이상을 상근으로 두어야 하고(동법 제22조 제1항,
동법 시행령 제18조), 동법 시행령 제46조에 따른 자격을 갖춘 준법감시인 1인을 상
근으로 두어야 한다(법 제47조 제2항, 제3항). 그러나 위탁관리 리츠 및 기업구조조

---

22) 다만 법 제24조 제1항 단서 각 호에 따라 부동산 개발사업으로 조성하거나 설치한 토지
건축물 등을 분양하는 경우 등은 예외로 한다.
23) 이경돈·한용호·오지현, "부동산금융의 법률문제: 부동산펀드에 관한 법적 제문제", 『BFL』,
52호, 서울대학교 금융법센터, 2012, 49면.

정 리츠는 상근 직원을 둘 수 없기 때문에 자산관리회사인 AMC가 대신 5인 이상의 자산운용 전문인력을 두어야 한다.

5. 자산의 위탁에 관한 규제

또한 리츠는 자본시장법에 따른 신탁업자, 한국토지주택공사, 한국자산관리공사, 주택도시보증공사, 이에 준하는 기관으로서 시행령이 정하는 기관에, 보유하고 있는 부동산, 증권 및 현금을 위탁하여야 한다(법 제35조 제1항). 부동산(지상권, 전세권 등 자본시장법 제103조에 따라 신탁의 인수가 가능한 부동산 사용에 관한 권리를 포함)의 경우에는 취득하는 즉시 회사 명의로 이전등기를 함과 더불어 자본시장법에 따른 신탁업자 또는 신탁업을 겸영하는 금융기관, 한국토지주택공사, 한국자산관리공사, 주택도시보증공사 또는 외국법에 따라 설립되어 신탁업을 영위하는 기관으로 국토교통부장관이 인정하는 기관에 신탁하여야 하고, 증권 및 현금은 자본시장법에 다른 신탁업자 또는 신탁업을 겸영하는 금융기관에 보관을 위탁하여야 한다.

V. 리츠의 제재 사례

부동산투자회사법은 부동산투자회사 또는 자산관리회사가 법에 따른 명령 또는 처분을 위반하는 경우에는 국토교통부 훈령인 부동산투자회사 등에 관한 검사규정(이하 '검사규정'이라 한다)에 따라 인가취소, 영업정지, 경고, 주의, 해임, 징계, 시정명령 등의 제재(감독규정 제16조 내지 제25조)를 가할 수 있도록 규정하고 있다(동법 제39조). 또한 부동산투자회사법에도 일정한 경우에는 리츠 및 자산관리회사에 영업인가 내지는 설립인가를 취소할 수 있는 조항을 두고 있다(동법 제42조 제1항).

부동산 투자회사법

제39조(감독·조사 등) ① 국토교통부장관은 공익을 위하여 또는 부동산투자회사의 주주를 보호하기 위하여 필요하면 부동산투자회사, 자산관리회사, 부동산투자자문회사, 자산보관기관 또는 일반사무등 위탁기관(이하 "부동산투자회사등"이라 한다)에 이 법에 따른 업무 또는 재산 등에 관한 자료의 제출이나 보고를 명할 수 있으며, 대통령령으로 정하는 바에 따라 소속 공무원 및 전문가로 하여금 그 업무 또는 재산 등을 검사하게 할 수 있다.

② <u>국토교통부장관은 부동산투자회사등이 이 법 또는 이 법에 따른 명령이나 처분을 위반하거나, 제49조의3 제1항에 따른 공모부동산투자회사 또는 자산관리회사(공모부동산투자회사가 아닌 부동산투자회사로부터만 자산의 투자·운용을 위탁받은 자산관리회사는 제외한다)가 「자본시장과 금융투자업에 관한 법률」 또는 같은 법에 따른 명령이나 처분을 위반한 경우 또는 「금융소비자 보호에 관한 법률」 제17조부터 제22조(제6항은 제외한다)까지 및 제23조를 위반한 경우에는 다음 각 호의 어느 하나에 해당하는 조치를 할 수 있다.</u>

1. 업무의 전부 또는 일부를 6개월 이내의 범위에서 정지하는 조치
2. 임직원의 해임 또는 징계의 요구
3. 그 밖에 위반사항의 시정에 필요한 조치로서 대통령령으로 정하는 사항

리츠 및 자산관리회사가 제재를 받는 원인은 다양하나, ① 리츠가 갖추어야 할 조건을 충족하지 못한 채로 리츠를 운용하거나, ② 자본잠식에 따라 인가 취소가 되거나, ③ 적법한 영업인가 없이 리츠의 명칭을 사칭하여 운용한 사례가 있다.

부동산 투자회사법

제42조(영업인가 등의 취소) ① 국토교통부장관은 부동산투자회사 및 자산관리회사가 다음 각 호의 어느 하나에 해당하면 <u>제9조에 따른 영업인가, 제9조의2 및 제26조의3에 따른 등록 및 제22조의3에 따른 설립인가를 취소할 수 있다.</u> 다만, 제1호 또는 제4호에 해당하는 경우에는 그 영업인가·등록 또는 설립인가

를 취소하여야 한다. <개정 2013. 3. 23., 2013. 7. 16., 2015. 6. 22., 2016. 1. 19., 2021. 4. 13.>

1. 속임수나 그 밖의 부정한 방법으로 제9조에 따른 영업인가, 제9조의2 및 제26조의3에 따른 등록 및 제22조의3에 따른 설립인가를 받은 경우
2. 제10조를 위반하여 자본금이 최저자본금보다 적은 경우
2의2. 자산관리회사가 최근 3년간 제22조의2 제1항에 따라 자산의 투자·운용업무를 위탁받은 실적이 없는 경우
3. 제25조를 위반하여 자산의 구성 비율을 준수하지 아니한 경우
4. 영업인가·등록 또는 설립인가의 요건에 적합하지 아니하게 되거나 영업인가·등록 또는 설립인가의 조건을 위반한 경우. 다만, 일시적으로 영업인가·등록 또는 설립인가의 요건에 미달하는 등 대통령령으로 정하는 경우는 제외한다.
5. 제39조 제2항에 따른 조치를 정당한 사유 없이 이행하지 아니한 경우
6. 자기자본의 전부가 잠식된 경우
7. 최저자본금을 준비한 후 현금·은행예금 등 대통령령으로 정하는 운영자금이 2개월 이상 계속하여 5천만원 이하인 경우
8. 「상법」 제628조에 따른 납입 또는 현물출자의 이행을 가장하는 행위가 발생한 경우
9. 제26조의3 제1항에 따른 부동산투자회사가 같은 조 제3항을 위반하는 경우
② 제1항에 따른 영업인가·등록 및 설립인가의 취소에 관하여는 제9조 제5항을 준용한다.

제50조(벌칙) 다음 각 호의 어느 하나에 해당하는 자는 5년 이하의 징역 또는 1억원 이하의 벌금에 처한다.

1. 제9조에 따른 영업인가 또는 제9조의2에 따른 등록 없이 부동산투자회사의 명칭을 사용하여 제21조 제1항 제1호부터 제5호까지에 대하여 같은 조 제2항 각 호의 업무를 하거나 주식을 모집 또는 매출(「자본시장과 금융투자업에 관한 법률」 제9조 제7항·제9항에 따른 모집 또는 매출을 말한다)한 자

먼저, 부동산투자회사가 법 제9조 및 제9조의2에 따른 영업인가 및 등록 요건에 위배되거나, 자산관리회사가 법 제22조의3에 따른 인가의 요건에 적합하지 않게 되는 경우, 부정한 방법으로 인가 및 등록을 받은 경우 등은 각 리츠와 자산

관리회사의 영업인가의 취소사유에 해당한다. 특히 자기관리 리츠의 경우 자산운용전문인력 5인 구비 조건, 자기자본 70억원 유지 요건, 물적 시설 유지 요건을 위반하는 등으로 영업인가 및 등록 요건을 상실하는 경우는 인가 취소의 핵심 대상으로 보고 있다.[24]

일례로 지난 2002년에 인가를 받은 초기 리츠 자산관리회사인 'A투자운용'은 2016년 자본잠식을 원인으로 자산관리회사 인가가 취소되었다. 자본잠식이란, 기업의 적자 누적으로 인하여 잉여금이 마이너스가 되면서 자본 총계가 납입자본금보다 적은 상태를 의미하는데,[25] 해당 자산관리사는 2007년 이후 자산 운용 실적이 없으며 완전자본잠식(자기자본 마이너스 12억원) 상태였다. 이는 2013년 이후 자본잠식 AMC의 인가를 취소할 수 있는 조항이 생긴 이래 자본잠식으로 퇴출된 첫 사례로, 자기자본요건을 갖추지 못하게 된 부실 리츠들을 시장에서 퇴출시킴으로써 리츠 시장의 건전성을 강화하려는 조치이다. 같은 해 적발된 'B파트너스리츠'는 적법한 영업인가 없이 "거래소 상장을 추진 중"이라는 명목으로 부동산투자회사의 명칭을 사칭하여 투자금을 끌어모아 리츠를 운용하였고, 부동산투자회사법 제50조 제1호에 따른 벌칙규정이 적용되어 벌금형이 선고되었다.

VI. 마치며

리츠는 일반 국민이 부동산에 투자할 수 있는 기회를 확대하고 부동산에 대한 건전한 투자를 활성화하기 위하여 도입된 것이기 때문에, 공모·상장이 리츠의 본질적인 목표라고 볼 수 있다. 그러나 이러한 제도적 취지에도 불구하고 우리나라 리츠의 대부분은 사모리츠로 운영됨으로써, 불특정 다수의 일반 국민에게 투자

---

24) 한국리츠협회, "2021 준법감시인 교육", 2021, 4면.
25) 금융감독원, "금융감독용어사전", 2011. 참고로, 공모리츠의 경우에는 부동산투자회사법에 따른 영업인가 또는 동법 제9조의2에 따른 등록 후 3년이 경과하지 아니한 부동산투자회사인 경우에는 자본금의 100분의 5를 초과하는 자본잠식이 없을 것을 신규상장의 요건으로 삼고 있다.

의 기회가 제공된 것이 아니라, 연기금이나 공제회와 같은 소수의 기관투자자들에게 투자의 기회가 독과점적으로 제공되고 있는 실정이다. 리츠의 제도적 취지를 살려 일반국민의 리츠 투자기회를 확대하기 위하여는, 공모 및 상장 규제 등 공모리츠에서의 규제를 완화하고, 공모리츠에 대한 세제 혜택을 확대하는 방안 등을 활용할 수 있을 것이다.

리츠를 설정하고자 하는 경우 설립 방법 및 설립 자본금에 대한 요건, 발기인 및 정관 기재사항에 관한 요건을 갖추어 인가를 받아야 한다. 또한 부동산투자회사법이 정한 업무 범위에 따라 이를 운용하는 등 운용상의 규제도 준수하여야 한다. 이러한 제재를 위반하는 경우 영업인가 및 등록 취소뿐 아니라 벌금 및 과태료의 대상이 되므로, 리츠를 설정하고 운용하려는 자나, 자산관리회사로서 리츠의 자산관리를 위탁받은 자로서는 관련 규정을 준수하여야 함을 유의하여야 할 것이다.

제25장

●

중대재해처벌법과 집합투자업자의 책임

I. 들어가며

　　2021. 1. 8.「중대재해의 처벌 등에 관한 법률」(이하 "중대재해처벌법")이 국회 본회의를 통과하였고, 공포일로부터 1년을 경과한 날인 2022. 1. 27.부터 시행되었다(단, 50인 미만 사업장은 공포 후 3년이 경과한 날). 중대재해처벌법은 최근 발생한 이천 물류센터 화재사고와 같이 다수의 사상자가 발생하는 중대재해가 빈발함에도 불구하고 그 처벌 수위는 중대재해 발생 결과의 중대성에 미치지 못하고, 사업의 궁극적인 이익 귀속주체에는 책임을 묻기 어려웠던 점을 개선하고자 도입되었다.

　　중대재해처벌법은 사업주나 법인 또는 기관이 실질적으로 지배·운영·관리하는 사업 또는 사업장에서 안전보건 확보의무를 위반하여 중대재해를 발생하게 한 사업주나 경영책임자를 형사처벌함과 더불어 양벌 규정을 통해 법인에게도 책임을 묻도록 하기 위하여 제정된 법률이다. 그렇다면 자산운용사가 펀드, 리츠 등 다양한 형태의 투자기구를 통하여 부동산을 개발 또는 소유하거나, 공중이용시설 및 공중교통수단(이하 '공중이용시설 등'이라 함)을 개발하는 경우에 투자대상에서 중대재해가 발생한 때 자산운용사의 대표이사가 형사처벌의 대상이 되는지, 자산운용사가 중대재해처벌법상 투자대상을 실질적으로 지배, 운영, 관리하는 경우에 해당하여 자산운용사도 안전 및 보건 확보 의무를 이행하여야 하는지 등의 문제가 제기되는데, 아직 금융감독당국이 공식적인 입장을 표명한 바 없어 자산운용업계의

- 402 -

논의가 분분하다.

이하에서는 중대재해처벌법의 주요 내용에 대하여 살펴본 후 자산운용사에의 적용 여부를 투자기구의 유형별로 검토하고, 자산운용사로서 중대재해처벌법에의 대응 방안에 대해 간략히 논의해 보도록 하겠다.

II. 중대재해처벌법의 주요 내용

1. 중대재해처벌법의 수범자

중대재해처벌법은 그 책임의 부담 주체를 '사업주[1] 또는 경영책임자등[2]'으로 규정하고 있다(법[3] 제2조 제9호). 중대재해처벌법 제2조 제9호에 따른 '경영책임자 등'은 1) 사업을 대표하고 사업을 총괄하는 권한과 책임이 있는 사람 또는 이에 준하여 안전보건에 관한 업무를 담당하는 사람, 2) 중앙행정기관의 장, 지방자치단체의 장, 지방공기업의 장, 공공기관의 장을 포함한다.

구체적으로 살펴보자면 경영책임자 등은 사업 또는 사업장에 대한 안전과 보건에 관한 인프라를 구축함으로써 산업안전보건법 등 안전 및 보건 관련 법령에 따른 안전보건조치가 실효성을 갖도록 해 중대재해를 예방할 의무가 있는 사람이다.[4] 이때 '사업을 대표하고 총괄하는 책임이 있는 사람'이란 주로 대표이사 등 대

---

1) 중대재해처벌법의 수범자는 사업주와 경영책임자 등이나, 사업주는 개인사업자를 의미하므로 서술을 생략한다. 이하 중대산업재해 및 중대시민재해에 관한 서술에서도 같다.
2) 중대재해처벌법 제2조 ⑨ "경영책임자등"이란 다음 각 목의 어느 하나에 해당하는 자를 말한다.
   가. 사업을 대표하고 사업을 총괄하는 권한과 책임이 있는 사람 또는 이에 준하여 안전보건에 관한 업무를 담당하는 사람
   나. 중앙행정기관의 장, 지방자치단체의 장, 「지방공기업법」에 따른 지방공기업의 장, 「공공기관의 운영에 관한 법률」 제4조부터 제6조까지의 규정에 따라 지정된 공공기관의 장
3) 법명을 생략하는 경우 중대재해처벌법을 말함.
4) 법무법인 광장, 『광장 변호사들이 알려주는 궁금한 중대재해처벌법』, 제1판, 한국경제신

내적으로 사무를 통괄 집행하고 대외적으로 해당 사업을 대표하는 기업의 최고책임자를 의미함이 비교적 명확하다. 반면 '이에 준해 안전보건에 관한 업무를 담당하는 사람'이 누구인지는 비교적 모호한 측면이 있는데, 고용노동부에 따르면 "사업 전반의 안전 및 보건 확보의무 이행에 관해 총괄하는 권한과 책임이 있는 사람으로서 최종적인 의사결정을 가진 사람"을 말한다.[5] 즉 사업경영대표자 등으로부터 안전보건에 관한 조직, 인력, 예산에 관한 총괄 관리 및 최종 의사결정권한을 위임 받은 자여야 한다. 최근 여러 기업에서는 안전보건에 대한 전문성이 없는 대표이사를 대신하여 최고안전책임자(CSO)를 선임하는 방안을 검토하고 있는데, CSO가 경영책임자인지를 판단하는 때에는 그가 등기임원인지 비등기임원인지, 다른 직책을 겸직하는지 여부는 본질적인 요소가 아니며, 안전보건에 관한 조직, 인력, 예산에 관한 총괄 관리 및 최종 의사결정권한이 있는지의 여부로 판단된다.[6] 펀드를 통해 부동산에 투자하는 자산운용사의 대표이사는 경영책임자에 해당되어 중대재해처벌법의 수범자가 될 수 있다. 나아가 부동산을 소유하고 부동산 임대업을 영위하는 집합투자기구가 PM사, FM사의 중층적 위탁관계를 통해 부동산을 관리하는 경우에도 자산운용사의 대표이사가 경영책임자 등에 해당하는지, 펀드의 수탁회사가 중대재해처벌법에 따른 책임을 지는지가 문제될 수 있는데, 이는 이하 III. 1.에서 다시 살펴보도록 한다.

2. 중대재해처벌법의 처벌 대상

가. '중대산업재해' 발생 방지에 관한 의무 및 처벌 규정

(1) 중대산업재해의 정의

중대재해처벌법은 '중대산업재해'및 '중대시민재해'가 발생한 경우 적용된다.

문, 2022, 106-107면.
5) 고용노동부, "중대재해처벌법 시행 안내서", 2022, 5면.
6) 법무법인 광장, 전게서, 106-107면.

먼저 중대산업재해란, 「산업안전보건법」 제2조 제1호에 따른 산업재해7) 중 ① 사망자가 1명 이상 발생, ② 동일한 사고로 6개월 이상 치료가 필요한 부상자가 2명 이상 발생, ③ 동일한 유해요인으로 급성중독 등 대통령령으로 정하는 직업성 질병자가 1년 이내에 3명 이상 발생 중 어느 하나에 해당하는 결과를 야기한 재해를 의미한다.

(2) 경영책임자등의 안전 및 보건 확보 의무(법 제4조 및 제5조)

경영책임자 등은 1) 법인 또는 기관이 실질적으로 지배·운영·관리하는 사업 또는 사업장에서 종사자의 생명, 신체의 안전·보건상의 유해 또는 위험을 방지할 의무를 부담하고, 2) 법인 또는 기관이 제3자에게 도급, 용역, 위탁 등을 행한 경우 제3자의 종사자에 대한 안전 및 보건 확보 의무도 부담한다(단, 이 경우 사업주 등이 그 시설, 장비, 장소 등에 대하여 실질적으로 지배·운영·관리하는 책임이 있는 경우에 한정).

(3) 경영책임자 등의 처벌과 양벌규정

경영책임자 등이 안전 및 보건 확보의무를 위반하여 '중대산업재해'가 발생한 경우 경영책임자 등을 처벌하는데(법 제6조), 사망자가 1명 이상 발생한 경우에는 1년 이상의 징역 또는 10억원 이하의 벌금(제1항)을, 6개월 이상 치료가 필요한 부상자 2명 이상 발생하거나, 직업성 질병자가 1년 이내에 3명 이상 발생한 경우에는 7년 이하의 징역 또는 1억원 이하의 벌금(제2항)의 대상이 된다. 중대재해처벌법은 양벌규정을 두고 있어(법 제7조) 경영책임자등이 법 제6조의 위반행위를 하는 경우 법인 또는 기관에 대해서도 벌금형 부과가 가능한데, 사망자가 1명 이상 발생한 경우에는 50억원 이하의 벌금(제1항), 6개월 이상 치료가 필요한 부상자가 2명 이상 발생하거나, 직업성 질병자가 1년 이내에 3명 이상 발생한 경우에는 10억

---

7) 산업안전보건법 제2조(정의) 이 법에서 사용하는 용어의 뜻은 다음과 같다.
　1. "산업재해"란 노무를 제공하는 사람이 업무에 관계되는 건설물·설비·원재료·가스·증기·분진 등에 의하거나 작업 또는 그 밖의 업무로 인하여 사망 또는 부상하거나 질병에 걸리는 것을 말한다.

원 이하의 벌금(제2항)이 부과된다.

나. '중대시민재해' 발생 방지에 관한 의무 및 처벌 규정

(1) 중대시민재해의 정의

'중대시민재해'란 법인 또는 기관이 실질적으로 지배·운영·관리하는 공중이용시설 또는 공중교통수단8)의 설계, 제조, 설치, 관리상의 결함을 원인으로 하여 발생한 재해로서 ① 사망자가 1명 이상 발생, ② 동일한 사고로 2개월 이상 치료가 필요한 부상자가 10명 이상 발생, ③ 동일한 원인으로 3개월 이상 치료가 필요한 질병자가 10명 이상 발생 중 어느 하나에 해당하는 결과를 야기한 재해를 의미한다.

(2) 경영책임자 등의 안전 및 보건 확보의무

경영책임자 등은 1) 공중이용시설 및 공중교통수단에서의 위험의 발생으로부터 그 이용자 등의 안전 및 보건 확보의무를 부담하고, 2) 법인 또는 기관이 공중이용시설 또는 공중교통수단과 관련하여 제3자에게 도급, 용역, 위탁 등을 행한 경우에는 그 이용자 또는 그 밖의 사람의 생명, 신체의 안전을 위한 안전 및 보건 확보의무를 부담한다. 단, 이 경우 사업주 등이 그 시설, 장비, 장소 등에 대하여 실질적으로 지배·운영·관리하는 책임이 있는 경우에 한정된다(법 제9조).

(3) 중대시민재해 경영책임자 등의 처벌과 양벌규정

경영책임자 등이 안전 및 보건 확보의무를 위반하여 '중대시민재해'가 발생한 경우 경영책임자 등을 처벌하는데, 사망자가 1명 이상 발생한 경우에는 1년 이상의 징역 또는 10억원 이하의 벌금(법 제10조 제1항)이, 2개월 이상 치료가 필요한 부상자가 10명 이상 발생하거나, 3개월 이상 치료가 필요한 질병자가 10명 이상

---

8) 공중이용시설 및 공중교통수단은 중대재해처벌법 시행령에 열거되어 있으므로 서술을 생략한다.

발생한 경우 7년 이하의 징역 또는 1억원 이하의 벌금(법 제10조 제2항)의 대상이
된다. 중대시민재해가 발생한 경우에도 양벌규정(법 제11조)에 따라 경영책임자 등
이 법 제10조의 위반행위를 한 경우 법인 또는 기관에 대해서도 벌금형 부과도 가
능한데 사망자가 1명 이상 발생한 경우에는 50억원 이하의 벌금(제1항)이, 6개월
이상 치료가 필요한 부상자가 2명 이상 발생하거나, 동일한 유해요인으로 대통령
령으로 정하는 직업성 질병자가 1년 이내에 3명 이상 발생한 경우는 10억원 이하
의 벌금(제2항)의 대상이다.

3. 손해배상 책임

경영책임자 등이 고의 또는 중대한 과실로 이 법에서 정한 의무를 위반하여
중대재해(중대산업재해 및 중재시민재해 포함)를 발생하게 한 경우, 해당 법인 또는 기
관이 중대재해로 손해를 입은 사람에 대하여 그 손해액의 5배를 넘지 않는 범위에
서 배상책임을 부담한다. 다만, 법인 또는 기관이 해당 업무에 관하여 상당한 주의
와 감독을 게을리하지 아니한 경우에는 부담을 면할 수 있다(법 제15조).

III. 자산운용사가 중대재해처벌법상 책임 주체에 해당하는지 여부

1. '실질적으로 지배·운영·관리하는'의 의미

중대재해처벌법은 '경영책임자 등'이 '실질적으로 지배·운영·관리하는 사업
또는 사업장'에 적용되는데, 동법은 '실질적으로 지배·운영·관리하는 사업 또는
사업장'의 구체적인 정의규정을 두고 있지 않다. 따라서 그 의미와 기준이 무엇인
지 문제되는데 그 해석에 따라 자산운용사의 중대재해처벌법상 책임 주체 해당 여
부가 달라질 수 있어 문제되고 있다. 산업안전보건법상 '실질적 지배·운영·관리'

의 의미에 대하며, 대법원은 "사업의 전체적인 진행과정을 총괄하고 조율하며, 작업환경과 근로조건을 결정할 수 있는 능력이나 의무가 있는 사업주를 의미한다(대법원 2016도14559 판결 참조)"고 판시한 바 있고, 고용노동부는 "해당 장소, 시설, 설비 등에 점유권, 임차권 등 실질적인 지배관리권을 가지고 있어 해당 장소 등의 유해, 위험요인을 인지하고 파악하여 유해, 위험요인을 제거하고 통제할 수 있는 경우"를 의미한다고 판단한 바 있다.9)

중대재해처벌법상의 '실질적 지배·운영·관리'에 대하여 아직 법원의 판시는 존재하지 아니하나, 사업장의 안전보건에 관한 조직, 인력 및 예산을 충분히 확보하여 중대재해의 발생을 방지하고, 중대재해의 발생시에는 이러한 조직, 인력 및 예산상 조치를 미흡하게 한 책임 주체에 중한 처벌을 가하고자 하는 중대재해처벌법의 입법 의도를 고려하여 보았을 때 '실질적 지배·운영·관리'는 사업장의 안전보건 관련 조직, 인력, 예산에 대한 최종 의결권한 내지는 집행권이 있어, 위험요소를 통제할 수 있는지 여부에 따라 판단하여야 한다고 생각된다. 고용노동부 역시 '실질적 지배·운영·관리'에 대하여 "소유권, 점유권, 임차권 등 장소, 시설, 설비에 대한 권리를 가지고 있거나, 유해·위험요인을 통제할 수 있거나, 보수·보강을 실시하여여 안전하게 관리해야하는 의무를 가지는 경우"로 해석하고 있다.10)

자산운용사의 책임 주체 여부는 자산운용사가 어떠한 투자 구조를 통하여 사업 또는 사업장을 관리하거나 공중이용시설 등을 소유 및 관리하는지, 해당 사업의 내용 또는 단계가 개발인지 관리인지, 자산운용사가 구체적으로 어떤 역할을 수행하는지 등에 따라 달라질 수 있을 것으로 보인다. 이에 이하에서는 투자구조에 따라 자산운용사의 경영책임자가 중대재해처벌법상 책임 주체에 해당될 수 있는지에 대해 '실질적 지배·운영·관리' 여부를 중심으로 검토해 보도록 하겠다.

---

9) 고용노동부, "개정 산업안전보건법 시행(20. 1. 16.)에 따른 도급 시 산업재해예방 운영지침 및 고용노동부 산업재해 예방을 위한 안전보건체계 가이드북", 2021.
10) 국토교통부, "중대재해처벌법 해설―중대시민재해(시설물, 공중교통수단)", 2021, 19면.

2. 투자 및 사업 유형별 검토

가. 자본시장법상 집합투자기구의 집합투자업자

(1) 증권형 집합투자기구

증권형 집합투자기구는 주식, 채권 또는 이를 대상으로 한 펀드 등을 투자대상자산으로 하여 투자하는 집합투자기구이다. 증권형 집합투자기구는 주식 및 채권의 가치 변동에 따른 수익을 추구하는 것일 뿐이므로 실물자산을 지배·운영·관리하는 집합투자기구로 볼 수 없다. 이에 증권형 펀드의 경우 자산운용사가 실질적 지배·운영·관리의 주체로 판단되기는 어려우며, 이에 중대재해처벌법이 적용될 가능성은 매우 낮을 것으로 사료된다.

(2) 부동산 집합투자기구

가) 개발형 부동산 집합투자기구

부동산 집합투자기구는 개발형과 임대·관리형으로 분류할 수 있다. 개발형 부동산 펀드의 경우, 집합투자업자의 직접적인 관여 없이 외부 업체의 업무 보고를 수령하는 역할만 수행하는 경우에는 사실적인 지배력 행사가 인정되지 않을 소지가 있지만, 공기 연장이 필요하거나, 설계변경이 필요한 경우 등 집합투자업자의 동의 및 의사결정을 통한 개입이 필요한 경우에는 공사 진행에 관하여 보다 구체적이고 직접적인 지시를 행한다고 판단되므로, 이러한 경우 사업의 실질적 지배·운영·관리 주체로 판단될 가능성이 있다.

고용노동부의 중대재해처벌법 해설(2021. 11.)에 따르면, 발주자는 종사자가 직접 노무를 제공하는 사업 또는 사업장에 대한 실질적인 지배·운영·관리자가 아닌 주문자에 해당하는 것이 일반적이고, 자산운용사는 건설공사 발주자에 해당할 가능성이 높다. 그러나 이러한 경우에도 집합투자업자는 개발형 펀드를 운용하면서 건설공사에 대한 경험을 쌓아왔을 것이고, 건설 발주는 개발형 펀드를 운용하

는 자산운용사의 업무와 직접적 관련이 있는 것이므로, 실질적인 지배·운영·관리
자로 인정될 수 있어 중대재해처벌법의 적용 가능성이 있다.

나) 임대·관리형 부동산 집합투자기구

임대·관리형 부동산 집합투자기구의 경우, 자산운용사는 보통 별도의 PM계
약 또는 책임임대차계약을 통하여 자산관리를 위탁하는데, 집합투자업자가 부동
산을 직접 관리하지 않고 이를 PM사(자산관리회사)[11] 또는 FM사(시설관리회사)[12]에
게 위탁하는 경우, 임차인과 책임임대차계약 내지는 마스터리스 계약을 체결하고
임차인이 건물관리위탁계약을 체결한 경우 등에서의 책임 소재가 문제될 수 있다.

자산 및 시설관리를 PM사 및 FM사에 위탁하여 관리하도록 하는 중층적 관
리 구조에서도, ① PM사와 집합투자업자는 지시 및 감독관계에 있고, ② 집합투
자업자가 PM사 및 FM사의 인원과 예산을 관리, 검토 및 승인하는 경우에는 집합
투자업자에게 인력 및 예산에 관한 결정권한이 있다고 인정될 가능성이 있다. 또
한 ③ 안전보건 업무가 PM사나 FM사의 보고를 통하여 집합투자업자의 승인을 받
아 집행되는 경우에는 집합투자업자의 사실적 지배력이 인정될 가능성이 높다. 즉
집합투자업자는 인력 및 예산에 관한 최종 의사결정 주체 및 부담부체로서 해당
사업 또는 사업장, 공중이용시설 등을 실질적으로 지배·운영·관리하는 주체로 평
가되어, 자산운용사의 경영책임자 등은 중대재해처벌법상 책임 주체에 해당된다고
판단될 가능성이 있다.[13]

책임임대차 또는 마스터리스의 경우, ① 책임임차인이 별도로 FM사와 계약
을 체결하여 대상 부동산이 책임임차인의 관리 영역 하에 있고, ② 자산운용사가
집합투자업자의 지위에서 직접 임대차계약 체결에 관여하는 통상의 임대차보다는
자산운용사의 관여도가 낮기 때문에 마스터리스가 아닌 다른 부동산 임대·관리에

---

11) 부동산 개발사업에서 프로젝트 관리회사가 사업자 대신 기획, 설계, 시공, 자금조달, 분양
    에서 건물의 관리에 이르기 까지 사업의 전체 업무를 총괄하여 서비스를 제공하는 관리회
    사. 장희순·김성진, 『부동산용어사전』, 제4판, 부연사, 2020.
12) 전문관리기술을 활용해서 건물을 양호한 상태로 유지하는 서비스를 제공하는 관리회사.
    한국경제신문, "한경 경제용어사전", 출처: https://dic.hankyung.com/
13) 법무법인 세종·금융투자협회, "중대재해처벌법−자산운용사의 대응방법을 중심으로",
    2021, 40면.

비해 중대재해처벌법의 적용 가능성은 낮다고 판단된다.[14]

참고로, 집합투자기구의 신탁업자가 중대재해처벌법에 따른 책임주체에 해당하는지 의문이 들 수 있으나, 집합투자기구의 신탁업자는 집합투자업자의 운용지시에 따라 집합투자재산을 취득, 관리 또는 처분하고 대외적인 법률행위를 이행할 뿐 구체적인 운용행위의 내용을 결정할 수 있는 권한이 없다. 따라서 집합투자기구의 신탁업자는 집합투자기구의 투자대상자산 또는 사업의 유해 위험요인을 통제할 만한 지위에 있기 어렵다고 보는 것이 합리적일 것이므로, 이론의 여지가 전혀 없지는 않으나 신탁업자는 책임주체에 해당하지 않는 것으로 보는 것이 타당하다고 생각된다.

(3) 특별 자산 집합투자기구

가) 파생상품, 대출채권에 투자하는 집합투자기구

특별자산펀드의 경우, 구체적 투자 방식이 매우 다양하므로, 일률적으로 집합투자업자의 책임을 판단하기는 어렵다. 특별자산 펀드 중 선물, 옵션 등 파생상품에 투자하는 경우에는 투자 대상의 성질상 중대재해처벌법이 적용될 가능성은 매우 낮다고 보이고, 대출채권을 편입하여 운용하거나 대출을 해주는 경우에는 집합투자업자가 사업의 수행에 직접적으로 관여하지 않는 이상 실질적인 지배·운영·관리 주체로 판단되기는 어려울 것으로 보인다.

나) 사업시행법인이 별도로 존재하는 집합투자기구(인프라 펀드)

자본시장법상 특별자산집합투자기구 또는 민간투자법상 투자집합투자기구(이하 총칭하여 '인프라 펀드'라 한다)가 사회기반시설사업 시행을 위해 설립된 사업시행법인에 출자 또는 대출 방식으로 투자하고, 사업시행법인에 상주직원이 존재하는 등 실체가 있는 경우에는 인프라 펀드의 집합투자업자는 경영책임자로 해석되지 아니할 소지가 높다고 생각된다.

① 사업시행법인은 인프라펀드와 별개의 법인격을 보유하고, 사업시행법인이

---

14) 법무법인 세종·금융투자협회, 상게자료, 23면.

사업시행권을 보유하는 점, ② 인프라펀드는 주주 유한책임의 원칙에 따라 간접, 유한책임만을 부담하는 것이 원칙인 점, ③ 인프라 펀드가 주주인 경우에는 경영책임자의 책임을 주주로 확대하려면 주주 등 투자자가 사업시행법인 관련 의사결정과 운영에 개입하였다는 예외적인 사정이 인정되어야 하는 점, ④ 인프라 펀드가 대주인 경우에는 대주라는 지위 자체만으로 적극적으로 사업에 개입한다고 보기 어려운 점 등을 종합하면 일반적으로 인프라 펀드의 경우 사업시행법인이 사업을 실질적으로 지배·운영·관리한다고 보는 것이 타당할 것이다.

나. 부동산투자회사법에 따른 부동산투자회사의 자산관리회사

부동산투자회사법에 부동산투자회사(이하 '리츠'라 한다)가 위탁관리형 혹은 기업구조조정형으로 설립된 경우에는, 리츠의 상근직원이 없는 명목상 회사로 자산관리회사(AMC, 이하 리츠 AMC라 한다)15)에 자산관리를 위탁하여야 하는데, 집합투자업자가 겸영업무로서 리츠 AMC 설립 인가를 받은 경우에는 리츠 AMC로서의 업무를 영위할 수 있다. 리츠 AMC가 리츠로부터 자산의 투자, 운용을 위탁받아 이를 운용하는 경우 투자대상자산 및 사업에 관한 구체적인 의사결정은 리츠 AMC를 통해 이루어진다. 따라서 자산운용사가 해당 사업 또는 사업장 및 부동산을 실질적으로 지배·운영·관리하는 주체로 평가되어 중대재해처벌법상 책임 주체에 해당된다고 판단될 가능성이 있다.

다만 위탁관리형 및 기업구조조정형 리츠의 경우 자산관리회사가 정관상의 주요 운용사항을 집행하기 위하여는 이사회 결의를 요하는데(부동산투자회사법 제13조), 이사회 결의를 거치는 경우까지도 자산운용사가 중대재해처벌법상 책임 주체에 해당하는지 문제될 수 있다. 그러나 이러한 경우에도 위탁관리형 및 기업구조조정형 리츠는 상근 임직원을 둘 수 없어,16) 리츠의 투자대상자산 및 사업에 대한

---

15) 자산관리회사란, 위탁관리 부동산투자회사 또는 기업구조조정 부동산투자회사의 위탁을 받아 자산의 투자·운용업무를 수행하는 목적으로 부동산투자회사법 제22조의3에 따라 설립된 회사를 말한다(부동산투자회사법 제2조 제5호).

16) 상시 근로자의 수가 5인 미만으로 중대산업재해 관련 규정이 배제됨.

업무 지시는 자산관리회사의 업무 영역에 해당되기 때문에 자산운용사가 리츠 AMC의 역할을 하는 경우에는 중대재해처벌법에 다른 책임 주체에 해당될 것으로 생각된다.

다. 조세특례제한법에 따른 프로젝트금융투자회사의 자산관리회사

자산운용회사가 조세특례제한법상의 프로젝트금융투자회사[17](이하 'PFV'라 한다)의 자산관리회사로서 부수업무신고를 하는 경우에는 PFV의 자산관리회사(이하 'PFV의 AMC'라 한다)로서의 업무를 영위할 수 있는데, 이러한 경우 PFV의 투자대상 부동산 및 사업장 등에서 중대재해 혹은 중대시민재해가 발생한 경우의 책임소재가 문제될 수 있다.

리츠 AMC의 경우와 마찬가지로, PFV의 경우에도 투자대상부동산 및 사업장에 대한 구체적인 의사결정은 PFV의 AMC를 통해 이루어지는 것이므로, 해당 사업 또는 사업장을 실질적으로 지배·운영·관리하는 주체로 해석되어 중대재해처벌법상의 책임주체에 해당한다고 판단될 가능성이 있다. 리츠와 마찬가지로 PFV의 경우에도 PFV의 주요 의사결정은 이사회의 결의를 요하는데, PFV 역시 상근직원을 둘 수 없고 투자대상자산 및 사업에 관한 의사결정 및 안전관리에 관한 결정 모두 PFV의 AMC가 담당하므로 AMC가 중대재해처벌법에 따른 책임주체에 해당되는 것으로 사료된다. 참고로, 리츠와 PFV의 AMC가 그 업무를 재위탁하는 경우에도 업무지시는 AMC의 업무영역에 해당하므로, 중대재해처벌법에 따른 책임주체에 해당할 것으로 사료된다.

IV. 대응방안에 대한 논의

중대재해처벌법의 시행으로 자산운용사의 경영책임자가 중대재해에 대한 책

---

[17] 조세특례제한법 제104조의31에 따라 배당가능이익의 100분의 90 이상을 배당한 경우 등 일정한 요건을 충족하는 경우 소득공제의 세제혜택이 주어지는 투자회사.

임의 주체가 될 수 있는 만큼, 이를 방지하기 위한 사전적·사후적 방안의 마련이 필요하다. 이러한 방안으로, ① PM계약, 임대차계약 등의 체결 단계에서 책임 소재에 대한 규정을 명확히 규정하는 방안, ② 안전보건을 담당하는 별도의 조직을 두는 방안, ③ 안전보건에 관한 예산을 별도로 편성하는 방안, ④ 중대재해 방지에 대한 규정 및 매뉴얼을 정비하는 방안 등이 거론된다. 다만, 이러한 방안들은 자산운용사를 전제로 한 것은 아니고, 일반적으로 논의되는 것들이다.

1. 개별 계약의 체결 시 관련 규정 정비

먼저 집합투자기구의 운용을 위한 PM계약을 체결하는 경우, 계약상대방의 재해 예방을 위한 조치 능력과 안전관리능력을 고려한 선정절차를 거쳐야 할 것이다. 개별 계약서에서도 책임 소재 및 재해발생 시의 대응과 관련된 규정, 재해발생 시 또는 안전조치에 대한 비용 지출에 관한 규정을 두는 것이 필요할 것이다. 또한 PM사의 안전보건확보의무의 이행에 관한 의무규정 등을 두고 PM사의 안전조치에 관한 의무이행 여부를 주기적으로 확인하여야 한다. 임대차계약을 체결하는 경우에는 임차인의 업종을 고려하여 위험요인들을 파악해 두어야 할 것이며, 위험요인들을 임차인에 사전 고지하여 재해를 미리 방지하도록 하여야 한다. 책임임대차의 경우 공용부분 관리책임을 명확히 하는 것이 필요하다고 사료된다.18)

2. 안전보건을 담당하는 별도조직 구성

자산운용사는 최고안전책임자(CSO)를 선임하거나, 별도의 안전보건을 담당하는 조직을 두어 안전보건에 대한 위험을 상시 관리하도록 할 수 있다. CSO와 안전보건 담당조직은 자산운용사의 전사적 안전보건관리 등을 위하여 안전, 보건에

---

18) 법무법인 세종·금융투자협회, 전게자료, 41-42면.

관한 사항을 보고받고 이를 경영관리책임자에게 보고하는 등 안전보건을 관리하는 컨트롤타워로서의 역할을 할 수 있을 것이다. 다만 CSO를 미리 선임하더라도, 최고CSO가 있다는 사실만으로 최고경영자(CEO)의 의무가 면제된다고 볼 수는 없다는 점을 주의하여야 한다.[19]

3. 안전보건에 관한 예산을 별도로 편성하는 방법

사업진행 과정에서 유해위험 요인을 발견하는 경우 시정조치를 하거나, 미리 안전보건을 위한 정비를 하기 위하여 각 투자기구의 예산과 분리된 자산운용사 자체의 예산을 편성하여 둘 필요가 있다. 중대재해처벌법에 의하여 편성, 집행하여야 하는 주요 예산 항목은 (i) 사업 또는 사업장의 재해 예방을 위하여 필요한 안전, 보건에 관한 인력 및 시설 장비의 구비에 관한 예산, (ii) 사업 또는 사업장의 유해 위험요인을 확인하고 개선하기 위한 예산, (iii) 안전보건 관계법령에 따른 인력, 시설, 장비 등의 확보, 유지 안전점검에 관한 예산 등이다.

4. 중대재해 방지에 대한 규정 및 매뉴얼을 정비하는 방안

자산운용사는 중대재해처벌법상의 의무 및 조치 이행을 위한 내부 규정을 마련하여야 할 것이다. 또한 중대재해 및 중대시민재해 발생시의 업무처리절차를 마련하고, 사업장 유형별로 필요한 이행 조치에 대한 체크리스트 등을 작성하여 주기적으로 이행상황을 점검하는 것을 통해 중대재해에 대비할 필요가 있다.[20]

---

19) 고용노동부, "중대재해처벌법 해설", 2021, 23면.
20) 고용노동부, 상게자료, 2021, 62면.

V. 마치며

중대재해처벌법 시행에 따라 부동산 개발 및 임대사업을 영위하는 자산운용사들의 고민이 깊어지고 있다. 법 시행이 된 이후에도 법 적용의 모호성에 대한 논란이 여전하기 때문이다. 그러나 앞서 검토한 바와 같이, 집합투자기구를 운용하는 집합투자업자 및 리츠, PFV의 AMC 역할을 하는 자산운용사의 경우 투자대상자산 및 사업장에 대한 주요 의사결정의 주체로서 실질적으로 지배·운영·관리하는 주체로 해석될 가능성이 있기 때문에 자산운용사의 책임은 중대재해처벌법의 시행으로 가중될 것으로 예상된다. 자산관리회사, 신탁사 등 투자업계는 자신들은 시공사와는 달리 자금 투자를 목적으로 시공에 참여할 뿐 사업장 운영과 관련한 어떠한 결정권도 없으며, 이런 상황에서 ‘실질적으로 지배·운영·관리하는’이라고 명시된 처벌 대상에 투자업계가 포함될 수 없다고 주장하고 있다.[21]

자산운용사의 집합투자업 및 자산관리업무까지 중대재해처벌법의 적용범위에 포함시키는 것은, 적용 범위에 대한 명확한 정의 규정이 없는 상황에서 처벌 범위를 과도하게 확대하여 적용하는 것이라고 생각한다. 또한 부동산 개발사업 등에서 시공사 외에도 다른 사업주체들을 이중으로 처벌한다는 점에서 이중처벌도 문제점으로 지적되고 있다. 또한 ‘책임자’의 범위를 바라보는 법리적 해석이 저마다 다른 데다, 조항 자체가 굉장히 포괄적이고 모호한 부분이 많아 정확한 대비책 마련도 어려울 것으로 예상된다.

---

21) 데일리 임팩트, “투자회사 적용 왜? … 법무법인 문지방 닳을 판”, 2021. 12. 29.

제6부

펀드의 환매와 해지 등

제26장

•

대량의 환매청구에 대한 환매연기결정에
있어서의 주의의무

I. 사안의 개요

[대법원 2014.7.10. 선고 2014다21250 판결(이하 '대상 판결'이라 한다)]

- 집합투자업자인 피고는(이하 '피고'라 한다) 수탁사A와 ○○코리아 프라임 퇴직연금 및 법인용 증권 자투자신탁 1호[주식](이하 '이 사건 펀드'라 한다) 신탁계약(이하 '이 사건 신탁계약'이라 한다)을 체결하고 이 사건 펀드의 운용을 시작하였다. 기관투자자인 원고는(이하 '원고'라 한다) 피고와 위탁판매계약을 체결한 판매회사B를 통해 이 사건 펀드의 수익증권 약 600억좌를 매수하여 이 사건 펀드에 투자한 총 11개의 기관투자자 중 하나가 되었고, 원고의 투자규모는 이 사건 펀드의 약 30%를 차지하게 되었다(이하 당시 원고가 보유하였던 이 사건 펀드의 수익증권을 '이 사건 수익증권'이라 한다).
- 그런데 피고는 펀드를 운영하던 도중인 2012. 11. 13. 12:00경, 투자자산 이전 업무 지원 후 돌연 국내업무 중단 계획을 발표하였다. 이에 원고는 같은 날 13:33경 당시 보유 중이던 이 사건 수익증권 전부에 대하여 판매회사를 통하여 환매청구를 하였고, 원고뿐만 아니라 이 사건 펀드에 투자하였던 기관투자자들 중 8개의 기관투자자(이하 원고를 포함하여 '이 사건 기관투자자'라 한다)는 위 소식을 접하고 보유 중이던 이 사건 펀드 수익증권의 환매를 요청하였다. 이에 2012. 11. 13. 15:00 이전까지 들어온 환매청구(이하 '이 사건 환매청구'라 한다) 규모는 이 사건 펀드 투자자산(약 1,900억 원) 중 약 80%

(약 1,500억 원)에 이르렀다.

- 피고는 2012. 11. 13. 17:00경 집합투자재산평가위원회(이하 '평가위원회'라 한다)를 소집하고, 이 사건 환매청구에 응하는 것이 자본시장과 금융투자업에 관한 법률(2011. 8. 4. 법률 제11040호로 개정된 것, 이하 '자본시장법'이라 한다) 제237조와 동법 시행령(2012. 6. 29. 대통령령 제23924호로 개정된 것, 이하 '자본시장법 시행령'이라 한다) 제256조 제2호 다목에서 정한 "<u>대량의 환매청구에 응하는 것이 투자자 간의 형평성을 해칠 염려가 있는 경우</u>"에 <u>해당한다고 판단하고 환매연기를 결정</u>한 후(이하 '이 사건 환매연기결정'이라 한다), 곧바로 이 사건 기관투자자들을 비롯한 투자자들에 대하여 이를 통보하고, 금융감독원에도 보고하였다.

- <u>피고는 2012. 11. 14. 이 사건 펀드의 투자자산인 주식의 상당 부분을 처분한 다음 주식시장 폐장 후 다시 평가위원회를 개최하여, 환매재개를 결정</u>하고, 환매시 적용될 수익증권의 기준가격과 관련하여 <u>2012. 11. 13. 15:00 이전 환매청구에 대하여는 2012. 11. 15. 공시된 기준가격</u>을, 2012. 11. 14. 15:00 이후 환매분에 대하여는 2012. 11. 16. 공시된 기준가격을 적용하기로 결정하였다. 그리고 피고는 2012. 11. 16. 위 기준을 적용하여 원고에게 2012. 11. 15. 공시된 기준가격으로 계산한 환매대금을 지급하였다.

- 그러나 원고는 피고가 주식을 대량 매도하였음에도 시장에 별다른 영향이 발생하지 아니하였으므로 <u>이 사건 환매연기결정이 불필요</u>하였고, 이에 <u>신탁계약상 환매가격이 아닌 2012. 11. 15.에 공시된 수익증권의 가격을 기준가격으로 환매대금을 지급한 것은 신탁계약 위반</u>이라는 이유를 들어 피고를 상대로 원고에 대하여 이 사건 수익증권에 관하여 <u>이미 지급받은 환매대금(2012. 11. 15. 공고 기준가격으로 계산된 금액)과 2012. 11. 14. 공고된 기준가격으로 계산한 환매대금의 차액 상당을 청구하는 채무불이행을 원인으로 한 손해배상 청구의 소</u>를 제기하였다.

- 한편 본 사안의 신탁계약서 (이하 "이 사건 신탁계약서"라 한다)에는 다음과 같은 조항들을 두고 있다. ① 수익자는 언제든지 판매회사를 통해 환매 청구를 할 수 있고, 환매 청구가 있는 경우 피고는 수익증권의 환매가격은 <u>수익자가 판매회사에 환매를 청구한 날(당일 포함)부터 제2영업일(15시 경과 후에 환매청구시 제3영업일)에 공고되는 당해 종류 수익증권의 기준가격</u>으로 한다. ② 대량의 환매청구에 응하는 것이 수익자 간의 형평성을 해칠 염려가 있는 경우에는 수익증권의 환매를 연기할 수 있다. ③ 집합투자업자는 환매연기

사유의 전부 또는 일부가 해소된 경우에는 환매가 연기된 수익자에 대하여 환매한다는 뜻을 통지하고 법 시행령 제258조가 정하는 바에 따라 환매대금을 지급한다. 이 경우 환매가격은 집합투자재산평가위원회에서 정한다.

Ⅱ. 문제의 소재

대상판결에서 다루고 있는 사안(이하 '본 사안'이라고 한다)은 투자자의 대량 환매요청에 따른 집합투자업자의 환매연기 결정, 그리고 환매가격 결정이 법령 및 신탁계약을 위반한 것인지가 문제되었다. 펀드의 환매란, 펀드에 투자한 투자자가 펀드의 순자산가치대로 자신의 투자지분의 전부 또는 일부를 회수하는 것을 의미한다.[1] 투자자가 판매회사에 환매 청구를 하면 판매회사는 자산운용회사 또는 투자회사에 이를 전달하고, 자산운용회사 또는 투자회사는 원칙적으로 펀드재산으로 보유중인 현금 또는 펀드재산을 처분하여 조성한 금전으로 환매대금을 지급하고 환매한 펀드지분은 소각하여야 한다. 환매대금은 환매 기준가격에 따라 결정된다. 환매 기준가격은 수익증권을 판매하는 판매가격이자 수익증권을 환매하는 환매가격이며 그 결정은 자본시장법 제236조 제1항에 따라 환매청구일 후에 산정되는 기준가격으로 하여야 하고,[2] 환매청구일부터 기산하여 제2영업일 이후에 공고되는 기준가격으로서 해당 집합투자규약에서 정한 기준가격에 따르는데(자본시장법 시행령 제255조 제3항), 이 사건 신탁계약은 환매청구일을 포함하여 제2영업일에 공시된 기준가격으로 환매가격을 결정하도록 규정하고 있다. 따라서 환매 기준가격의 결정이 법령과 계약에 의하여 환매청구 익영업일에 공시된 가격을 기준가격으로 하도록 규정하고 있기 때문에 피고가 원고의 환매청구일로부터 제2영업일 후인 2012. 11. 14.이 아닌 그 다음날인 2012. 11. 15.의 기준가격으로 환매한 것이 신탁계약과 선관주의의무를 위반한 것은 아닌지가 문제되었다.

본 사안에서 원고는 환매연기결정 후 펀드의 자산을 대량으로 매각하였음에

---

1) 금융감독원, "금융용어사전" 금융소비자 정보포털, 출처: https://fine.fss.or.kr/
2) 임재연, 『자본시장법』, 2019년판, 박영사, 2019, 1227면.

도 대량매각이 주식시장에 별다른 영향을 미치지 못하였다는 점 등을 들어 환매연기결정이 불필요한 것이었다고 주장하였다. 그렇기 때문에 2012. 11. 15. 공고기준가격으로 수익증권의 환매대금을 지급한 것은 임의로 수익증권의 기준가격을 결정하여 환매대금을 지급한 것이어서 신탁계약의 위반이라는 것이다. 반면 피고는 펀드의 80%에 해당하는 보유자산을 일시에 처분하는 경우 펀드 자산 구성의 변동을 가져오거나 잔존 펀드 가치에 손실을 입히게 될 수 있고, 자산 매각에 따른 거래비용을 환매청구를 하지 않은 수익자들에게 전가하는 문제점이 발생하기 때문에 수익자 간 형평성을 고려하였을 때 환매연기결정이 정당하였으며, 신탁계약 위반이 아니라고 주장하였다.

본 사안과 같이 수익자들로부터 대량 환매 요청이 있는 경우에, 이를 인지한 집합투자업자의 입장에서는 환매청구를 하지 아니한 잔존 수익자들과의 형평성 문제를 고려하여 환매 연기를 하여야 하는 상황이 발생할 수 있다. 또한 환매 재개결정을 하는 경우의 환매 기준가격 결정이 문제될 수 있다. 즉 이 사건 신탁계약서상에 규정된 바와 같이 환매청구일로부터 제2영업일에 공시된 기준가격이 아니라, 평가위원회의 환매 재개결정일로부터 제2영업일 후 공시된 수익증권의 기준가격을 환매 기준가격으로 결정한 것이 환매 청구를 한 수익자에 대하여 신탁계약 위반으로 인한 채무불이행 및 선관주의의무의 위반이 될 소지가 있다.

본 사안에서 원고가 주장하는 피고의 채무불이행 책임은 환매연기가 불필요하였음을 전제로 한다. 이 때문에 평가위원회가 정상적으로 환매가 진행되었을 때의 신탁계약서상 수익증권 기준가격 산정 방식에서 벗어나 기준가격을 결정하였다는 점이 문제될 수 있는 것이다. 본 사안과 같은 투자신탁의 계약관계에서 자산운용사는 신탁계약에 부합하는 운용지시를 하여야 한다. 신탁계약에 부합하지 아니하는 운용지시를 하는 경우에는 채무불이행이 되고, 손해배상 의무가 발생하게 된다.

결국 본 사안은 피고가 이 사건 환매청구에 대한 환매연기, 환매대금 산정 및 지급과정에서 이 사건 신탁계약, 그리고 자본시장법, 자본시장법 시행령 등을 준수하며 적법하게 업무를 처리한 것인지 여부가 쟁점이 된다.

이에 피고가 적법하게 환매청구에 대한 업무를 수행하였는지 검토하기 위하여 투자신탁에서의 집합투자업자의 신탁계약 준수 의무, 환매 및 환매연기제도의 작용 방식 및 환매제도와 관련된 자본시장법 및 동법 시행령상의 규정 취지를 더불어 살펴보기로 한다. 그런 후 피고의 환매연기결정 및 수익증권 기준가격 결정에 대한 대상판결의 판단을 소개하면서 본 사안에 대한 결론을 내고자 한다.

III. 관련 규정 및 판례

1. 이 사건 신탁계약 규정 및 자본시장법, 동법 시행령 규정

[이 사건 신탁계약]

제26조(수익증권의 환매)
① 수익자는 언제든지 수익증권의 환매를 청구할 수 있다.
② 수익자가 수익증권의 환매를 청구하고자 하는 경우에는 수익증권을 판매한 판매회사에 청구하여야 한다.
⑥ 본 조에 따라 환매청구를 받거나 환매에 응할 것을 요구받은 집합투자업자는 수익자가 환매를 청구한 날(당일을 포함한다)부터 제4영업일(15시 경과 후에 환매청구시 제4영업일)에 판매회사를 통하여 수익자에게 환매대금을 지급한다.

제27조(환매가격)
수익증권의 환매가격은 수익자가 판매회사에 환매를 청구한 날(당일 포함)부터 제2영업일(15시 경과 후에 환매청구시 제3영업일)에 공고되는 당해 종류 수익증권의 기준가격으로 한다.

제28조(환매연기 등)
① 제26조의 규정에 의하여 환매에 응하여야 하는 집합투자업자는 집합투자재산인 자산의 처분이 불가능한 경우 등 다음 각 호의 사유로 인하여 신탁계약에서 정한 환매일에 환매대금을 지급할 수 없게 된 경우 그 수익증권의 환매를 연기할 수 있다.
2. 수익자 간의 형평성을 해칠 염려가 있는 경우로서 다음 각 목의 어느 하나에

해당하는 경우

　다. 대량의 환매청구에 응하는 것이 수익자 간의 형평성을 해칠 염려가 있는
　　경우

② 생략

③ 생략

④ 집합투자업자는 환매연기사유의 전부 또는 일부가 해소된 경우에는 환매가
연기된 수익자에 대하여 환매한다는 뜻을 통지하고 법 시행령 제258조가 정하
는 바에 따라 환매대금을 지급한다. 이 경우 환매가격은 집합투자재산평가위원
회에서 정한다.

자본시장법

제235조 (환매청구 및 방법 등)

① 투자자는 언제든지 집합투자증권의 환매를 청구할 수 있다.

⑤ 투자신탁이나 투자익명조합의 집합투자업자(해당 집합투자재산을 보관·관
리하는 신탁업자를 포함한다) 또는 투자회사등은 제4항에 따라 환매대금을 지
급하는 경우에는 집합투자재산의 범위에서 집합투자재산으로 소유 중인 금전
또는 집합투자재산을 처분하여 조성한 금전으로만 하여야 한다. 다만, 집합투자
기구의 투자자 전원의 동의를 얻은 경우에는 그 집합투자기구에서 소유하고 있
는 집합투자재산으로 지급할 수 있다.

236조(환매가격 및 수수료)

① 투자신탁이나 투자익명조합의 집합투자업자 또는 투자회사등은 집합투자증
권을 환매하는 경우 환매청구일 후에 산정되는 기준가격으로 하여야 한다. 다
만, 투자자의 이익 또는 집합투자재산의 안정적 운용을 해할 우려가 없는 경우
로서 대통령령으로 정하는 경우에는 환매청구일 이전에 산정된 기준가격으로
환매할 수 있다.

제237조(환매의 연기)

① 투자신탁이나 투자익명조합의 집합투자업자 또는 투자회사등은 집합투자재
산인 자산의 처분이 불가능한 경우 등 대통령령으로 정하는 사유로 인하여 집
합투자규약에서 정한 환매일에 집합투자증권을 환매할 수 없게 된 경우에는 그
집합투자증권의 환매를 연기할 수 있다. 이 경우 투자신탁이나 투자익명조합의

집합투자업자 또는 투자회사등은 환매를 연기한 날부터 6주 이내에 집합투자자총회에서 집합투자증권의 환매에 관한 사항으로서 대통령령으로 정하는 사항을 결의(제190조 제5항 본문, 제201조 제2항 단서, 제210조 제2항 단서, 제215조 제3항, 제220조 제3항 및 제226조 제3항의 결의를 말한다)하여야 한다.

자본시장법 시행령

제255조(환매가격 및 수수료)
③ 법 제236조 제1항 본문의 환매청구일 후에 산정되는 기준가격은 환매청구일부터 기산하여 제2영업일(투자자가 집합투자규약에서 정한 집합투자증권의 환매청구일을 구분하기 위한 기준시점을 지나서 환매청구를 하는 경우에는 제3영업일을 말한다) 이후에 공고되는 기준가격으로서 해당 집합투자기구의 집합투자규약에서 정한 기준가격으로 한다.

제256조(환매연기 사유)
법 제237조 제1항 전단에서 "대통령령으로 정하는 사유"란 다음 각 호의 어느 하나에 해당하는 경우를 말한다.
2. 투자자 간의 형평성을 해칠 염려가 있는 경우로서 다음 각 목의 어느 하나에 해당하는 경우
    가. 부도발생 등으로 인하여 집합투자재산을 처분하여 환매에 응하는 경우에 다른 투자자의 이익을 해칠 염려가 있는 경우
    나. 집합투자재산에 속하는 자산의 시가가 없어서 환매청구에 응하는 경우에 다른 투자자의 이익을 해칠 염려가 있는 경우
    다. 대량의 환매청구에 응하는 것이 투자자 간의 형평성을 해칠 염려가 있는 경우

2. 신탁계약 위반으로 인한 채무불이행 여부

가. 투자신탁에서의 위탁자의 의무

본 사안은 원고가 피고에 대하여 채무불이행을 원인으로 하는 손해배상 청구

의 소를 제기한 것이므로, 피고가 투자신탁에서 신탁계약상 어떠한 의무를 부담하는 것인지 또 동 의무를 위반한 것인지 검토하여야 한다. 이를 위하여 먼저 투자신탁의 개념에 대하여 살펴볼 필요가 있다.

위탁회사가 투자자를 대신하여 모집한 투자자금을 유가증권·부동산 등에 투자하여 그 수익을 투자자에게 나누어주는 제도를 투자신탁이라고 하는데, 투자신탁은 신탁계약에 의거하는 것으로, 위탁자·수탁자·수익자의 3자로 구성된다. 수익자는 위탁자가 발행하는 수익증권을 인수하고 향후 환매청구를 통해 투자금을 상환 받을 수 있다. 위탁자는 신탁재산의 운용을 중심으로 하는 업무를, 수탁자는 신탁재산의 보관과 처분(위탁자의 승인에 의한)을 중심으로 하는 업무를 맡게 되며, 수익자는 투자신탁에 투자하는 자로 신탁재산으로부터 수익 등을 받을 권리를 보유한다. 이들 3자 사이에 체결되는 계약의 기본방침을 규정하고 있는 것이 신탁계약이며 위탁자와 수탁자는 이 약관에 따라 행위하여야 한다. 따라서 위탁자는 신탁계약 규정에 따라 신탁재산을 운용하여야 하는데, 이는 운용의 한 단계인 환매에 있어서도 마찬가지이다.

이 사건 신탁계약 제27조는 환매가격에 대하여 '청구일을 포함하여 그 날로부터 제2영업일에 공시된 수익증권의 기준가격(2012. 11. 14.의 공시가격)'을 환매가격으로 한다고 규정하고 있으나, 피고는 이와 다르게 1영업일이 더 지난 2012. 11. 15.의 공시가격을 수익증권 기준가격으로 결정한 후 원고에게 이에 따른 환매대금을 지급하였다. 대량의 환매가 이루어진 후 수익증권의 기준가격은 하락하는 것이 일반적이고 본 사안에서도 환매 재개 후 공시된 기준가격은 실제로도 환매전 기준가격보다 하락하였다. 따라서 본 사안처럼 환매연기가 있은 후 환매를 재개하여 환매청구시점부터 제3영업일에 공고되는 수익증권의 기준가격으로 환매대금을 지급한 것은 일견 피고가 신탁계약의 규정을 위반하여 원고에게 손해가 발생한 것처럼 보일 수 있다.

그러나 집합투자업자인 피고는 이 사건 신탁계약상의 환매가격의 결정과 관련된 규정을 준수할 의무가 있으면서도, 마찬가지로 이 사건 신탁계약상 펀드 수익자들 간의 형평을 고려하여 환매를 시행할 의무, 즉 환매연기규정을 준수할 의무도 있기 때문에 피고의 업무수행이 채무불이행에 해당하는지 판단하기 위해서는 다른 요인들에 대한 검토가 추가적으로 필요하다. 이에 이하 나.항에서는 피고의 환매연기결정이 정당한 것이었는지 환매연기제도의 취지를 중심으로 검토하고자 한다.

나. 환매연기제도의 취지

자본시장법상의 환매청구 및 환매연기제도의 취지를 살펴봄으로써 피고가 환매연기를 결정하고 환매대금 산정과 관련한 업무를 한 방식이 환매연기제도의 취지에 부합하는 것인지 판단할 수 있을 것이고, 이는 피고의 이 사건 환매연기 및 환매대금 지급 업무가 채무불이행에 해당하는 것인지에 대한 결론을 이끌어 내는 결정적인 요인이 될 수 있을 것이다.

앞서 설명한 바와 같이, 펀드의 환매란, 펀드에 투자한 투자자가 펀드의 순자산가치대로 자신의 투자지분의 전부 또는 일부를 회수하는 것을 의미한다. 투자자가 판매회사에 환매 청구를 하면 판매회사는 자산운용회사 또는 투자회사에 이를 전달하고, 원칙적으로 펀드재산으로 보유중인 금전 또는 펀드재산을 처분하여 조성한 금전으로 환매대금을 지급하여야 한다(자본시장법 제235조 제5항 참조). 다만 펀드 보유 자산의 매각이 불가능하여 사실상 환매에 응할 수 없는 경우나, 대량 환매의 청구가 있는 경우와 같이 펀드보유 자산의 매각이 잔존 수익자들의 이익을 해하는 경우에 해당하여 환매에 응할 수 없는 경우 일정기간을 정하여 환매연기를 할 수 있는데(자본시장법 제237조 제1항 참조), 이것이 "환매연기 제도"이다.

자본시장법이 이와 같은 환매연기제도를 규정한 취지는 실적배당주의[3]와 수익자평등주의의[4] 훼손을 방지하여 펀드를 건전하게 운용하기 위함이다. 법원 역시 "자본시장법이 수익증권의 환매연기제도를 인정하는 취지는 실적배당주의와 수익자평등주의의 원칙을 실현하고자 하는 것으로, 자본시장법 시행령 제256조

---

3) 펀드는 전문적인 투자관리자에 의한 운용결과가 그대로 투자자에게 귀속이 되는 실적배당상품으로의 특징을 가지므로, 신탁재산의 관리, 운용에 따라 발생하는 모든 손익은 신탁재산에 귀속시켜 배당하여야 한다는 원칙. 금융감독원, 전게자료.

4) 동일한 펀드에 투자한 투자자 간 동등한 권리를 갖는다는 원칙. 금융감독원, 전게자료.

제1호가 집합투자재산의 처분이 불가능한 경우를 산정한 것이라면, 같은 조 제2호
는 집합투자재산의 처분은 가능하다고 하더라도 투자자 사이의 형평성을 해할 우
려가 있는 경우, 즉 수익자평등주의 원칙이 침해될 우려가 있는 경우의 환매연기
를 인정한 것으로 해석된다. 통상적으로는 발생하기 어려운 대량의 환매청구가 이
루어진 경우에도 통상적인 환매절차에 따라 환매대금을 마련하게 된다면, 선환매
청구자에게 환매대금을 지급하기 위해서 신탁재산 내의 우량 자산의 상당부분을
우선적으로 매각하는 것이 불가피하고, 그러한 경우 상대적으로 평가가치가 적은
자산이나 매각이 어려운 자산 위주로 신탁재산의 구성이 재편성되어 선환매청구
자들의 이익을 위해 잔존수익자들이 희생하는 결과를 야기하게 되기 때문에 인정
되는 제도"(서울고등법원 2014.2.14. 선고 2013나43361 판결 참조)라고 판시한 바 있다.

대량 환매 요청이 있는 경우 집합투자업자는 환매대금 마련을 위하여 펀드를
구성하는 자산 중 매각이 비교적 용이한 우량 자산들을 우선적으로 매각하게 되는
데, 이 때문에 시장 충격 등으로 수익증권의 가치가 떨어지고 해당 펀드의 자산
구성 비율이 변경되며 거래비용이 잔존투자자들에게 전가되는 등의 문제점이 발
생할 수 있다. 이러한 현상을 방지하고 환매청구를 하지 아니한 잔존 수익자들을
보호하기 위하여, 집합투자업자가 환매연기결정을 할 수 있도록 한 것이다. 그런
다음 펀드의 자산 보유비율을 최대한 유지한 채 자산을 매각하는 등 펀드의 잔존
가치를 유지한 상태로 상환재원을 마련한 후, 환매청구를 한 수익자들에게 환매대
금을 지급함으로써 잔존 수익자들을 보호할 수 있다.

결국 자본시장법이 수익증권의 환매연기제도를 인정하는 취지는 동일한 펀드
에 투자한 투자자들 간에 펀드의 운용결과가 공평하게 귀속될 수 있도록 하는 것
이라 할 수 있다. 이하 다.항에서는 신탁계약의 규정, 그리고 자본시장법 및 동법
시행령의 해석에 비추어 이 사건 환매연기가 적법하게 이루어진 것인지 살펴보기
로 한다.

다. 이 사건 환매연기의 적법 여부

자본시장법 제236조 제1항 본문에서 집합투자업자는 집합투자증권을 환매하

는 경우 환매청구일 후에 산정되는 기준가격으로 하여야 한다고 규정하고 있다. 한편 자본시장법 시행령 제256조 제2호 다목은 환매연기사유의 하나로서 "대량의 환매청구에 응하는 것이 투자자 간의 형평성을 해칠 염려가 있는 경우"를 규정하고 있다. 이 사건 신탁계약에서도 제28조에서 "대량의 환매청구에 응하는 것이 투자자간의 형평성을 해칠 염려가 있는 경우"에는 환매연기를 하도록 하고 있고, "환매연기사유가 해소된 때에는 자본시장법 법 시행령 제258조가 정하는 바에 따라 환매대금을 지급하되 이 경우 환매가격은 집합투자재산평가위원회에서 정한다"고 규정하고 있다.

먼저, 이 사건 환매청구의 경우 피고의 국내업무중단 계획이 발표된 2012. 11. 13. 13:33경부터 같은 날 15:00까지 이 사건 기관투자자는 이 사건 펀드 자산규모 중 약 80%에 해당하는 약 1,500억원 규모의 수익증권의 환매를 요구한 것이므로, 일응 자본시장법 시행령 제256조 제2호 다목의 "대량의 환매청구에 응하게 되는 경우"인 것으로 생각된다.

다음으로 "투자자 간 형평성을 해칠 가능성"이 있는지를 판단하여야 하는데, 본 사안에서 전체 펀드의 자산보유비율의 80%에 달하는 대량 환매청구가 있었다는 점을 고려하여야 한다. 이 사건 펀드는 주식형 펀드로 주된 자산이 주식으로 구성되어 있었는데, 이 사건 펀드가 보유하는 주식이 시장에서의 일평균거래의 상당부분을 차지하고 있는 소형주들도 포함되어 있었다. 이 사건 환매연기결정 당시 이 사건 펀드가 보유하던 총 73개의 주식 종목 중 이 사건 펀드 보유 주식수가 주식시장의 일평균 거래량의 49% 이상인 종목은 8개, 20% 이상인 종목은 19개, 5% 이상인 종목은 40개 이상이었다. 따라서 본건 펀드에 포함된 소형주들의 대량 매각은 시장에 충격을 주어 수익증권의 가격을 하락시키는 등 잔존 펀드 가치에 손실을 끼칠 우려가 있는 행위이기 때문에 펀드 자산의 일정 비율을 유지한 채 자산을 매각하는 것이 필요한 상황이었다고 볼 수 있다.

따라서 이 사건 환매연기결정은 이 사건 신탁계약 제28조 및 자본시장법 시행령 제256조 제2호 다목에서 규정한 "대량의 환매청구에 응하는 것이 투자자간의 형평성을 해칠 염려가 있는 경우"에 해당한다고 볼 것이어서 적법한 사유에 의한 것이고, 신탁계약서상의 의무를 준수한 것으로 볼 수 있으며, 이에 따라 이 사건 환매기준가격의 결정도 위법하다거나 신탁계약을 위반한 것으로 볼 수 없는 것으로 생각된다.

한편, 사후적으로는 원고의 주장과 같이 당시 국내 주식시장의 규모, 이 사건 펀드 자산을 구성하는 주식의 종목, 실제 주식 처분 전, 후의 주식시장의 상황 등에 비추어 당시 주식시장은 이 사건 환매청구 당시의 주식 처분을 충분히 소화할 수 있었던 것으로 판단되었다. 또한 이 사건 펀드가 보유하던 주식 73개 종목 중 상당수가 우량주로 평가받는 종목들인데 이들 우량주는 처분에 별다른 어려움이 없는 점, 이 사건 펀드의 85% 수준의 자산이 처분된 2012. 11. 14.을 전후로 국내 주식시장 주가의 등락폭도 크지 않았던 점 등이 인정되었는데, 이는 본 사안에서 피고의 환매연기결정이 불필요한 것이었다는 것에 힘을 싣는 사정들이다.

그러나 이는 사후적인 사정에 불과하고, 환매연기를 결정할 당시에는 투자자에 대한 형평을 해칠 가능성이 존재하였다고 보인다. 결국 피고는 환매 재개결정 당일인 2012. 11. 14.에 이 사건 펀드의 보유주식을 최대한 동일비율로 처분하기 시작하여 당일 이 사건 펀드의 보유주식의 종목별 구성비율을 해치지 않으면서 환매대금의 마련에 성공할 수 있었다. 이로써 수익자들 간의 형평성을 유지할 수 있었기 때문에 환매연기결정은 정당하였다고 생각된다.

IV. 사안의 해결

대상 판결은, "대량의 환매청구로 인한 수익자들 사이의 형평성 문제는 반드시 투자자산의 처분이 불가능할 경우에 한정되어 발생하는 것이 아니고, 투자자 사이의 형평성 문제는 1,500억원 상당의 환매청구된 수익증권을 매도할 수 있는지가 아니라 어떻게 잔존 펀드의 가치를 해치지 않고 매도할 것인가의 문제이므로 위와 같은 사정만으로 이 사건 환매연기결정이 자본시장법과 자본시장법 시행령, 혹은 이 사건 신탁계약이 예정한 '대량의 환매청구에 응하는 것이 투자자 간의 형평성을 해할 우려가 있는 경우'에 해당하지 않은 경우로 볼 수는 없다. 그리고 환매연기사유가 존재하는지는 환매를 연기할 당시를 기준으로 판단하여야 하고, 사후에 발생하거나 확인된 사유만을 들어 환매연기가 위법하거나 효력이 없다고 할 수는 없다. 결과적으로 당시 국내 주식시장에서의 수급이 원활히 이루어져 피고가 2012. 11. 14. 이 사건 펀드의 자산 중 85%를 매도할 수 있었다고 하더라도 이는 사후적인 사정에 불과하여, 이를 이 사건 환매연기결정이 적절하지 않았다는 근거로 보기는 부족하다. 이 부분 원고의 주장은 받아들일 수 없다(서울고등법원 2014. 2.14. 선고 2013나43361 판결; 대법원 2014.7.10. 선고 2014다21250 판결 참조)"라는 이유를 들어 피고의 환매연기결정 및 환매기준가격 결정이 정당하다고 판단하였으며, 원고의 손해배상 청구를 인용한 제1심을 파기한 원심을 확정하였다.

즉, 대상판결은 이 사건 환매연기결정은 자본시장법과 이 사건 신탁계약이 정한 요건을 갖춘 적법한 것이고, 이 사건 환매청구에 대응한 기준가격의 결정 등 피고의 업무처리 또한 관련 법령과 이 사건 신탁계약의 내용에 비추어 볼 때, 펀드를 운용하는 집합투자업자의 선량한 관리자로서의 주의의무를 다한 것으로 판단하였다.

제27장

●

투자신탁 해지시 운용비용 등의 귀속

I. 사안의 개요

[서울중앙지방법원 2015.12.18. 선고 2015나23689 판결 사실관계 참조]

[이 사건 펀드의 구조 및 당사자]

이 사건 펀드는 선박건조계약의 선박대금 일부를 투자하여 투자수익을 취득할 것을 목적으로 2007. 10.말경 간접투자자산운용업법(이하 '간접투자법')에 따라 설정된 펀드로, 파나마 소재 선주사들이 국내 해운사를 통해 국내 조선소와 선박건조계약을 체결하여 진행하는 선박사업의 수익 중 일부를 취득하는 것을 기본구조로 하되, 위 조선소의 선박건조계약 불이행시 선수금 반환의무를 담보하기 위하여 국내 은행(이하 '이 사건 보증은행')이 발급한 선수금환급보증서(이하 '이 사건 보증서')를 제출받았다. 한편, 피고 A은행(이하 '피고 투자자')은 이 사건 펀드에 약 132억원(이 사건 펀드의 61% 지분에 해당함)을 투자한 수익자, 피고 B자산운용(이하 '피고 운용사')은 이 사건 펀드의 자산운용회사, 원고는 이 사건 펀드의 수탁회사이다(이하 '원고 수탁회사').

[이 사건 펀드의 신탁약관]

원고 수탁회사와 피고 운용사가 이 사건 펀드의 자산운용회사, 수탁회사, 수익자 등의 권리와 의무 기타 투자신탁재산의 운용 및 관리 등에 관한 필요한 사항을 정한 약관(이하 '이 사건 신탁약관') 중 이 사건 펀드의 손실 및 비용에 관한 규정은 다음과 같다.

제4조(신탁약관의 효력발생) ② 수익자는 이 투자신탁의 수익증권을 매수한 때에 이 신탁약관이 정한 사항을 수락한 것으로 본다.

제5조(손익의 귀속) 투자신탁재산의 운용과 관련하여 자산운용회사의 지시에 따라 발생한 이익 및 손실은 모두 이 투자신탁에 계상되고 수익자에게 귀속된다.

제41조(투자신탁재산의 운용비용등) ① 투자신탁재산의 운용 등에 소요되는 비용은 수익자의 부담으로 하며, 자산운용회사의 지시에 따라 수탁회사가 투자신탁재산에서 인출하여 지급한다.

② 제1항에서 비용이라 함은 투자신탁재산과 관련된 다음 각호의 비용을 말한다.

7. 투자신탁재산에 관한 소송비용

제47조(미지급금의 처리) ① 수탁회사는 자산운용회사가 법 제105조 제1항 또는 제2항의 규정에 따라 투자신탁을 해지하는 날에 투자신탁의 미지급금을 지급한다.

[이 사건 보증은행과 원고 수탁회사 사이의 소송 경과]

이 사건 보증은행은 원고 수탁회사 및 선주사들을 상대로 이 사건 선박건조계약에서 당초 약정된 선박인도기일이 도과하여 이 사건 보증서의 유효기간이 지났음을 이유로 이 사건 보증서에 따른 채무가 존재하지 않음의 확인을 구하는 채무부존재확인의 소(이하 '이 사건 확인의 소')를 제기하였다. 원고 수탁회사는 피고 운용사의 운용지시에 따라 이 사건 확인의 소에 응소하였고, 이후 피고 투자자는 자신의 비용으로 소송대리인을 선임하여 이 사건 확인의 소에 보조참가하였는데, 법원은 이 사건 보증은행의 승소판결을 선고하였으며, 위 판결은 원고 수탁회사 등이 항소하지 않아 그대로 확정되었다. 이후 이 사건 보증은행은 원고 수탁회사를 상대로 이 사건 확인의 소에 대한 소송비용확정신청을 하였고, 법원은 원고 수탁회사가 이 사건 보증은행에게 상환하여야 할 소송비용을 약 2,770만원(이하 '이 사건 소송비용')으로 확정하는 결정을 하였다.

[이 사건 펀드의 해지]

이 사건 펀드는 2013. 6월말 만기가 도래하였는데, 이 사건 확인의 소의 확정으로 중요 담보가 상실되고 이 사건 조선소 등이 파산선고를 받는 등 투자금액 회수 가능성이 완전 소멸함에 따라 투자수익권 원본잔액은 전액 상각 처리되고 해지되었다.

> **[원고 수탁회사의 이 사건 보증은행에 대한 이 사건 소송비용 지급 및 피고들에 대한 소제기]**
> 원고 수탁회사는 2014. 1월 이 사건 보증은행에게 이 사건 소송비용을 지급하였고, 이후 피고들이 이 사건 소송비용을 부담할 의무가 있음에도 자신이 이를 대신 지급하였음을 이유로 피고들은 연대하여 자신이 대납한 이 사건 소송비용을 지급할 의무가 있다고 주장하며, 피고들을 상대로 이 사건 소송비용을 지급하라는 소송을 제기하였다.

Ⅱ. 문제의 소재

통상 펀드(Fund)라는 용어는 집합투자를 위해 투자자로부터 모은 자금의 집합체로서의 의미로 사용되는데, 「자본시장과 금융투자업에 관한 법률」(이하 '자본시장법')에서는 펀드를 가리켜 집합투자기구라는 명칭을 사용하고 있다. 집합투자란 2인 이상의 투자자로부터 모은 금전 등을 투자자로부터 일상적인 운용지시를 받지 아니하면서 재산적 가치가 있는 투자대상자산(가령, 주식, 채권, 부동산 등)을 취득·처분, 그 밖의 방법으로 운용하고 그 결과를 투자자에게 배분하여 귀속시키는 것을 의미하는데(자본시장법 제6조 제5항), 이와 같이 집합투자를 수행하기 위한 기구(vehicle)[1]를 집합투자기구라 한다(자본시장법 제9조 제18항).

위 집합투자기구의 정의에서 알 수 있듯이, 집합투자에서는 집합투자업자인 자산운용회사가 투자자로부터 모은 투자금을 재원으로 하여 투자가 이루어진다. 따라서, 만일 집합투자재산이 전혀 남아있지 않거나 부족함에도 불구하고 펀드의 운용 등에 필요한 비용이 발생하거나 발생할 것이 예정된 경우, 자산운용회사가

---

1) 구체적으로 집합투자기구는 그 형태에 따라 ⅰ) 주식회사 형태의 투자회사, ⅱ) 유한회사 형태의 투자유한회사, ⅲ) 합자회사 형태의 투자합자회사, ⅳ) 유한책임회사 형태의 투자유한책임회사, ⅴ) 합자조합 형태의 투자합자조합, ⅵ) 익명조합 형태의 투자익명조합 그리고 ⅶ) 신탁 형태의 투자신탁으로 분류할 수 있다(자본시장법 제9호 제18항).

위와 같은 비용을 충당하기 위한 목적에서 투자자에 대하여 투자금을 추가로 출연할 것을 요구할 권리가 있는지에 대한 의문이 있을 수 있다.

또한, 마찬가지로 위 집합투자기구의 정의에서 살펴보았듯이, 집합투자에 해당하려면 투자대상자산에 대한 운용결과가 투자자에게 귀속되어야 한다. 즉, 이는 집합투자에 따른 이익과 손실이 모두 투자자에게 귀속되어야 하며,[2] 자산운용회사에게는 귀속되지 않음을 의미한다. 그럼에도 실무상으로는 투자신탁재산이 부족한 경우 자산운용회사가 펀드의 운용과 관련하여 발생하는 각종 비용을 집합투자재산이 아닌 자신의 고유재산으로 부담하도록 투자자, 판매회사 등으로부터 요구받기도 하는데, 이 경우 과연 자산운용회사가 집합투자재산의 범위를 초과하여 자신의 고유재산을 출연함으로써 자산운용회사에게 그 손실이 귀속되도록 하는 것이 과연 집합투자의 본질에 부합하는지에 대한 의문이 있을 수 있다.

본 사안은 위와 같은 의문점들에 대한 논의의 단초가 될 수 있을 것으로 생각된다. 이 사건 펀드의 운용과 관련하여 발생된 소송비용을 자신의 비용으로 먼저 지출한 원고 수탁회사는, ① 피고 투자자에 대하여는, 이 사건 펀드의 운용과 관련하여 발생한 이익과 손실이 수익자에게 귀속하도록 되어 있는 이 사건 신탁약관에 따라 이 사건 소송비용은 피고 투자자가 부담할 의무가 있음을 이유로, ② 피고 운용사에 대하여는, 투자신탁이 해지된 경우에 미지급금이 남아 있는 때에는 집합투자업자가 수탁자로부터 해지 당시의 미지급채무를 양수하도록 규정한 자본시장법 제192조 및 동법 시행령 제224조 제4항에 따라 원고 수탁회사의 이 사건 보증은행에 대한 이 사건 소송비용 채무를 피고 운용사가 양수할 의무가 있음을 이유로, 피고 투자자와 피고 운용사가 각자 자신의 의무를 이행하지 않아 원고 수탁회사가 이 사건 보증은행에 이 사건 소송비용을 대신 지급하게 되었으므로, 피고 투자자와 피고 운용사는 연대하여 원고 수탁회사가 대납한 이 사건 소송비용을 지급할 의무가 있다고 주장하였다.

이하에서는 이 사건 펀드의 형태인 투자신탁에 대해 개관하고, 대상판결에서 피고 운용사와 피고 투자자가 원고 수탁회사에 대하여 이 사건 펀드의 운용과 관

2) 로앤비 온주주석서, 자본시장과 금융투자업에 관한 법률 제6조 제4항(박삼철, 김은집, 서종군 집필), 온주편집위원회, 2019. 12. 24.

련한 비용이라 할 수 있는 이 사건 소송비용을 지급할 의무가 있는지 여부와 그 판단근거, 그리고 대상판결의 시사점 등을 살펴보기로 한다.

III. 자본시장법상 투자신탁의 구조에 대한 개관

1. 투자신탁의 개념 및 구조

집합투자기구의 유형 중 투자신탁이란, 집합투자업자인 위탁자가 신탁업자에게 신탁재산을 신탁업자로 하여금 그 집합투자업자의 지시에 따라 투자·운용하게 하는 신탁 형태의 집합투자기구를 말하는 것으로서(자본시장법 제9조 제18항 제1호), 위탁자인 집합투자업자는 법정기재사항이 포함된 신탁계약서에 의하여 수탁자인 신탁업자와 신탁계약을 체결하여야 한다(자본시장법 제188조 제1항).

투자신탁은 다른 집합투자기구와 비교하여 법리적 간결성 및 실무상 편의성, 연혁적 이유 등으로 가장 일반적으로 활용되고 있는 집합투자기구로서,[3] 집합투자업자, 신탁업자, 수익자(투자자)의 세 당사자로 구성되는데, ① 집합투자업자는 투자신탁의 설정·해지, 운용지시 및 투자신탁재산 투자·운용, 수익증권의 발행 등의 업무를, ② 신탁업자는 투자신탁재산의 보관·관리, 집합투자업자의 운용지시에 따른 자산의 취득 및 처분, 환매대금 및 이익금의 지급, 집합투자업자의 감시 업무를 수행하고, ③ 투자자는 집합투자업자와 신탁업자간의 신탁계약에 따라 발행된 수익증권을 판매회사를 통하여 매수하고 신탁업자에게 투자금을 납입함으로써 투자신탁관계의 당사자가 되며 신탁원본의 상환 및 이익분배에 관하여 투자지분에 따라 균등한 권리를 가진다.[4] 투자신탁의 기본 구조를 도식화하면 아래와 같다.[5]

---

3) 박근용, "신탁법 개정에 따른 자본시장법상 투자신탁의 신탁관계에 관한 고찰", 「비교사법」, 제20권 제3호, 한국비교사법학회, 2013, 902−903면.
4) 금융감독원, "자산운용 법규 실무안내", 2018. 2., 94면.
5) 법제처, 찾기 쉬운 생활법령정보 "집합투자기구의 유형" 부분.

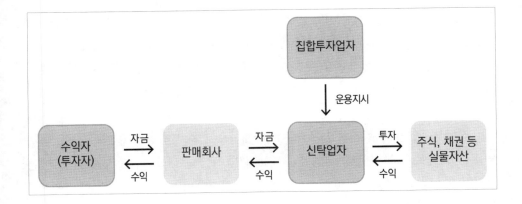

2. 투자신탁의 법률관계

　통상의 신탁계약에서는 수탁자가 주도권을 잡지만, 투자신탁에서는 집합투자업자가 핵심기능인 운용지시를 맡고(자본시장법 제184조 제2항) 신탁업자는 집합투자업자의 결정을 집행하고 신탁재산을 보관한다. 투자자와 집합투자업자 사이에서도 신탁관계가 성립한다. 신탁의 본질적 요소를 수탁자에 대한 재산의 이전과 수탁자에 의한 재산의 관리라고 볼 때, 투자자와 집합투자업자와의 관계에서도 위두 요건이 충족된 것으로 볼 수 있기 때문이다. 즉 투자자로부터 투자관리를 신탁받은 집합투자업자가 업무의 일부인 신탁재산의 보관과 관리업무만을 신탁업자에게 신탁한 것이다. 이를 이중적 신탁관계라고 한다.[6)]

3. 투자신탁의 집합투자업자의 이행책임 및 손해배상책임

　투자신탁의 집합투자업자(그 투자신탁재산을 보관·관리하는 신탁업자를 포함)는 자

---

6) 김건식·정순섭, 「자본시장법」, 두성사, 2009, 587면; 대법원 2007.9.6. 선고 2004다53197 판결은 "투자신탁의 설정자 및 운용자인 위탁회사는 … 수탁회사와 공동으로 증권투자신탁을 설정하고, … 투자자를 배려하고 보호하여야 할 주의의무가 있다"고 판시하여 위탁회사(집합투자업자)와 투자자간에 직접적인 신탁관계를 인정한 것으로 이해된다.

신의 운용지시에 따라 신탁업자가 투자대상자산을 취득·처분한 경우 그 투자신탁
재산을 한도로 하여 그 이행책임을 부담한다(자본시장법 제80조 제2항 본문). 즉, 집
합투자업자는 투자신탁재산의 운용지시자로서 투자대상자산의 취득이나 처분에
대해 그 자신의 고유재산이 아니라 투자신탁의 재산으로 이행책임을 부담하는 것
이다.[7)]

집합투자업자는 원칙적으로 투자신탁재산으로 이행책임을 부담하지만, 법령
등을 위반하여 자본시장법 제64조 제1항에 따라 손배해상책임을 지는 경우에는
그러하지 아니하다(동법 제80조 제2항 단서). 자본시장법 제64조 제1항은 금융투자
업자가 법령·약관·집합투자규약·투자설명서에 위반하는 행위를 하거나 그 업무
를 소홀히 하여 투자자에게 손해를 발생시킨 경우에는 그 손해를 배상할 책임이
있다고 규정하고 있다. 즉, 집합투자업자에게 이와 같은 위법한 행위가 있는 경우
에는 법령이나 약관 또는 집합투자규약 등에 위반될 뿐만 아니라 집합투자업자의
선관주의의무 내지는 충실의무에도 위반되므로 집합투자업자가 고유재산으로 손
해를 배상할 책임이 있는 것이다.[8)]

IV. 투자신탁 운용비용 등의 귀속

1. 이익과 손실의 투자자 귀속 및 투자자에 대한 캐피탈 콜

앞서 문제의 소재에서 살펴본 바와 같이, 집합투자에 따른 이익과 손실은 모
두 투자자에게 귀속되어야 하므로, 펀드의 운용과 관련하여 발생하는 각종 비용
또한 자산운용회사의 고유재산이 아닌 투자신탁재산에 의해 지급되어야 함이 원
칙이다. 자산운용회사들이 신탁업자와 체결하는 대부분의 신탁계약에는 이 사건
신탁약관 제41조와 유사하게 "투자신탁재산의 운용 등에 소요되는 비용은 수익자
의 부담으로 하며, 집합투자업자의 지시에 따라 신탁업자가 투자신탁재산에서 인

---

7) 한국증권법학회, 「자본시장법 주석서 I」, 개정판, 박영사, 2015, 442면.
8) 한국증권법학회, 상게서, 442면.

출하여 지급한다"는 규정을 두고 있는 한편, 위 비용은 투자신탁재산과 관련한 매매수수료, 예탁 및 결제비용, 회계감사비용, 수익자명부 관리비용, 가격정보비용, 투자신탁재산의 운용에 필요한 지적재산권비용, 소송비용, 실사 및 자문비용, 투자신탁의 설정 및 해지와 관련하여 소요되는 비용, 기타 이에 준하는 비용으로 투자신탁재산의 운용 등에 소요되는 비용 등을 말한다고 규정하고 있다.[9] 따라서 펀드 내에 투자신탁재산이 남아 있는 경우에는 자산운용회사가 신탁약관에 근거하여 위와 같은 비용을 투자신탁재산으로 충당함에 있어 크게 문제될 바 없을 것이다.

그러나 만일 투자신탁재산이 전혀 없거나 부족함에도 불구하고 펀드의 운용 등에 필요한 비용이 발생하거나 발생할 것이 예정된 경우,[10] 자산운용회사가 위와 같은 비용을 충당하기 위하여 투자자에게 해당 투자신탁에 추가적으로 투자할 것을 요구할 권리가 있는지가 문제되는데, 이와 관련하여 등장하는 개념이 바로 캐피탈 콜(Capital call)이다.

캐피탈 콜은 자금수요자가 투자수요가 발생할 때마다 사전에 투자자가 약정한 한도 내에서 투자자에게 출자청구를 통해 수요자금을 조달하는 방식의 의미로 통용된다.[11] 그리고 실무상 자산운용회사를 비롯한 자금수요자와 투자자 간의 위와 같은 출자약정을 소위 '캐피탈 콜 약정'이라고 한다. 기관전용 사모펀드의 경우, 유휴자금(idle money) 최소화를 위하여 미리 출자금을 납입하지 않고 M&A 거래대금의 지급이 필요한 시점에 사원들이 실제 출자금을 납입하는 방식이 필요한데, 이를 위하여 자본시장법은 "사원은 업무집행사원이 출자의 이행을 요구하는 때에 출자하기로 약정하는 방식으로 출자할 수 있다"고 하여 캐피탈 콜 방식의 출자를 허용하고 있다(동법 시행령 제271조의14 제11항).

한편, 일반사모펀드에 대하여는 자본시장법에서 위와 같이 명시적으로 캐피탈 콜을 허용하는 규정은 존재하지 않지만, 실무상으로는 블라인드 펀드나 외화자

---

9) 구체적인 사안에서는 비용에 해당하는 항목이 조금씩 달라지는 경우가 있다.
10) 실무상으로는 투자신탁재산이 없는 상황에서 펀드의 거래상대방으로부터 자산을 회수하기 위하여 발생하는 채권추심비용 혹은 소송비용이 문제되는 경우가 많은 것으로 보인다.
11) 조상욱·김건, "자산운용회사 업무수행상 발생하는 몇 가지 실무문제 -capital call, 투자자계약, 차등적 이익금분배-", 「BFL」, 제28호, 서울대학교 금융법센터, 2008, 39면.

산에 투자하는 펀드[12] 등의 경우에는 캐피탈 콜 약정이 널리 이용되는 것으로 알려져 있다. 따라서 자산운용회사와 투자자 사이에 펀드의 운용과 관련하여 발생한 비용에 대해서도 자산운용회사가 투자자에게 그 부담을 요구할 수 있다는 취지의 캐피탈 콜 약정이 체결된 경우[13]에는 자산운용회사가 투자자에게 펀드에 의한 소송비용 등 부담을 위해 추가 출자의무를 부담할 것을 요구함에 있어 큰 무리가 없을 것으로 보인다.

다만, 캐피탈 콜 약정이 존재하지 않는 상황에서 투자신탁재산마저 존재하지 않는 경우에는, 자산운용회사가 투자자에게 펀드 운용에 필요한 비용에 충당하고자 투자금을 추가로 출연할 것을 요청할 권리가 있을지에 대해서는 의문이 제기될 수 있으며, 이는 아래에서 대상판결 및 이에 대한 검토를 중심으로 살펴보기로 한다.

2. 투자신탁의 해지시 미수금 및 미지급금의 처리

투자신탁을 해지한 경우 집합투자업자는 신탁계약에 따라 수익자에게 투자신

---

12) 가령, 어떠한 펀드가 외화자산을 투자신탁재산으로 하여 운영성과를 외화로 지급받는 반면, 투자금액의 모집과 운용수익의 지급은 원화로 이루어지는 경우 해당 펀드는 이러한 환율변동위험을 헷지하기 위하여 스왑은행과 통화스왑계약을 체결하기도 한다. 이로 인하여 환율이 변동되거나 투자신탁재산을 통한 수익이 발생하지 않을 경우, 해당 펀드의 재산은 스왑은행에 지급하여야 할 정산잔액에 미치지 못할 수 있는데, 이때 자산운용회사는 투자자와 캐피탈 콜 약정에 따라 투자자에게 부족금액 상당액의 투자의무(이하 "캐피탈 콜 의무")의 이행을 요청하고 투자자는 캐피탈 콜 의무를 부담하게 된다. 실무상 이러한 캐피탈 콜 약정은 집합투자업자, 신탁업자, 투자자는 물론 스왑은행까지 모두 함께 체결하는 경우가 많고, 만일 집합투자업자의 캐피탈 콜 의무 이행 요청에도 불구하고 투자자가 이에 응하지 않을 경우에는 스왑은행이 투자자에게 캐피탈 콜 의무 이행을 직접 요청할 수 있도록 규정하는 경우가 많은 것으로 이해된다.

13) 캐피탈 콜의 실효성을 거두기 위하여 주요 규정 가령, ① 캐피탈 콜에 관한 사항(캐피탈 콜 금액, 유효기간 등), ② 자산운용회사가 캐피탈 콜을 할 수 있는 사유(특정한 사업 수행 또는 특정 투자대상자산의 매입), ③ 캐피탈 콜의 실행절차(캐피탈 콜시 발행될 집합투자증권의 가격결정방법, 통지방법, 철회방법 등), ④ 투자자의 투자약정 불이행대책 등을 얼마나 상세하게 마련하는지 여부는 별론으로 한다.

탁원본의 상환금과 이익금을 지급하기 위해 투자신탁재산을 추심, 처분하여 현금화하고 투자신탁재산에 속하는 채무를 변제하는 등 결산사무를 진행하여야 하는데, 미수금과 미지급금이 있으면 투자신탁의 결산을 확정지을 수 없게 된다.[14] 이에 따라, 자본시장법에서는 투자신탁을 설정한 집합투자업자가 해당 투자신탁을 해지하는 경우에 해당 투자신탁에 미수금 채권 또는 미지급금 채무가 있는 때에는 공정가액으로 투자신탁을 해지하는 날에 미수금 채권 또는 미지급금 채무를 양수하여야 하는데(동법 시행령 제224조 제3항 및 제4항), 해당 공정가액의 산정에 관해서는 ① 미수금 채권[15]은 미수금을 투자신탁의 해지일부터 미수금 수령일까지의 기간을 고려하여 이자율을 할인하는 방법 등으로 평가한 금액, ② 미지급금 채무[16]는 미지급금을 투자신탁의 해지일로부터 미지급금의 지급일까지의 기간을 고려하여 이자율을 할증하는 방법 등으로 평가한 금액에 따르도록 규정하고 있다(금융투자업규정 제7－11조 제1항).

　　당초 간접투자법에서는 신탁업자가 자신의 자금으로 우선 미수금과 미지급금을 충당하여야 하였으나(동법 제105조 제6항[17], 동법 시행령 제94조[18]), 이는 신탁법상 유한책임 원칙[19]에 반할 우려가 있으며, 신탁업자가 신탁재산의 보관과 집합투자

---

14) 금융투자협회, "금융투자회사의 컴플라이언스 매뉴얼(자산운용)", 2020, 340면.
15) 이의 예로는, 원천징수환급청구권, 국외납부세액환급청구권, 미수배당금 또는 수령일 미확정 기타 미수금 등이 있다. 금융투자협회, 상게서, 340면.
16) 이의 예로는, 미지급 원천세, 미지급 감사비용, 미지급 보관비용, 미지급 거래비용, 미지급 지수사용료 또는 지급일 미확정 기타 미지급금 등이 있다. 금융투자협회, 상게서, 340면.
17) **제105조(투자신탁의 해지)** ⑥ 제1항 및 제2항의 규정에 의하여 투자신탁이 해지되는 경우 미수금 및 미지급금 등의 처리방법에 관하여 필요한 사항은 대통령령으로 정한다.
18) **제94조(미수금 등의 처리방법)** ① 투자신탁의 자산운용회사는 미수금 및 미지급금을 다음 각호의 규정에 따라 처리하여야 한다.
　1. 미수금: 수탁회사의 자금으로 우선충당하고, 회수된 미수금은 수탁회사에 귀속
　2. 미지급금: 수탁회사가 그 지급일에 지급
　② 제1항 제1호의 규정에 따라 수탁회사가 미수금을 우선충당하는 경우 그 손익은 수탁회사에 귀속하며, 우선충당금에 대하여 지급할 이자율 등에 대하여는 자산운용회사와 수탁회사가 협의하여 정한다.
　③ 투자신탁의 자산운용회사는 제1항의 규정에도 불구하고 미수금 및 미지급금중에서 그 금액이 확정된 경우 자기가 운용하는 다른 간접투자기구로 이체하는 방법으로 처리할 수 있다. 이 경우 그 간접투자기구의 수탁회사는 동일하여야 한다.

업자에 대한 감시 등 소극적 역할만을 하는 투자신탁의 특성상 불합리하다는 문제
가 제기되어, 자본시장법에서는 투자신탁의 설정 및 운영에 있어 주도적인 역할을
담당하는 집합투자업자가 미수금과 미지급금을 양수하는 것으로 규정하게 되었다
고 한다.20)

　　그런데 위 규정을 피상적으로 보면, 만일 투자신탁의 해지시 특히, 미지급금
채무가 있는 경우 집합투자업자는 언제나 미지급금 채무를 양수함으로써 집합투
자업자 자신의 고유재산에 의한 출연을 감수하고서라도 이를 이행하여야 한다는
것으로 해석될 소지가 있다. 그러나 위 규정에 따른 미지급금 채무의 양수는 투자
신탁의 해지 이후 잔여 채무를 청산하기 위해서 집합투자업자가 투자신탁의 잔여
채무를 양수하여 처리하도록 하는 것으로서, 집합투자업자가 해지되는 투자신탁의
미지급 채무를 아무런 대가 없이 양수하여 이행하는 의무를 의미한다고 해석하는
것은 무리가 있다고 생각된다. 즉, 위 공정가액의 평가방법을 볼 때, 미지급금 채
무가 있다면 집합투자업자는 미래에 이행할 금원을 위해 이자율을 가산한 현금을
투자신탁으로부터 받고 미지급금 채무를 양수해야 한다고 해석하는 것이 동 조항
의 입법취지에 보다 부합한다 할 것이다.

　　이의 연장선상에서, 미수금 채권 및 미지급금 채무는 해지되는 투자신탁을
설정한 집합투자업자가 설정한 다른 집합투자기구와 거래(자전거래)될 수도 있는바
(자본시장법 시행령 제224조 제3항 및 제4항, 제87조 제1항 제3호21)), 자본시장법이 다른

---

19) [신탁법] 제38조(유한책임) 수탁자는 신탁행위로 인하여 수익자에게 부담하는 채무에 대
　하여는 신탁재산만으로 책임을 진다.
20) 금융투자협회, 전게서, 342면.
21) 제87조(불건전 영업행위의 금지) ① 법 제85조 각 호 외의 부분 단서에서 "대통령령으로
　정하는 경우"란 다음 각 호의 어느 하나에 해당하는 경우를 말한다.
　3. 법 제85조 제5호를 적용할 때 집합투자업자가 운용하는 집합투자기구 상호 간에 자산
　　(제224조 제4항에 따른 미지급금 채무를 포함한다)을 동시에 한쪽이 매도하고 다른
　　한쪽이 매수하는 거래로서 다음 각 목의 어느 하나에 해당하는 경우. 이 경우 집합투
　　자업자는 매매가격, 매매거래절차 및 방법, 그 밖에 투자자 보호를 위하여 금융위원회
　　가 정하여 고시하는 기준을 준수하여야 한다.
　　가. 법, 이 영 및 집합투자기구의 집합투자규약상의 투자한도를 준수하기 위한 경우
　　나. 집합투자증권의 환매에 응하기 위한 경우
　　다. 집합투자기구의 해지 또는 해산에 따른 해지금액 등을 지급하기 위한 경우

집합투자기구의 일방적 손해를 용인하지는 않는다는 점에서, 마찬가지로 자본시장법 시행령 제224조에 따른 양수는 공정한 가액으로 양수되는 거래를 의미하는 것으로 보는 것이 바람직하다고 생각된다.

V. 사례의 해결

1. 이 사건 투자신탁 해지시 미지급금 처리에 적용될 법령에 대한 판단

이 사건 펀드 설정 당시 적용되었던 간접투자법은 '수탁회사는 자산운용회사가 법 제105조 제1항 또는 제2항의 규정에 따라 투자신탁을 해지하는 날에 투자신탁의 미지급금을 지급한다'고 규정한 반면(동법 시행령 제94조 제1항), 간접투자법을 폐지하고 새로 시행된 자본시장법은 '집합투자업자는 법 제192조 제1항 또는 제2항에 따라 투자신탁을 해지하는 경우에 미지급금 채무가 있는 때에는 금융위원회가 정하여 고시하는 공정가액으로 투자신탁을 해지하는 날에 그 미지급금 채무를 양수하여야 한다'고 규정하고 있어(동법 시행령 제224조 제4항), 이 사건 투자신탁 해지시 미지급금 처리에 적용될 법령에 대해 원고 수탁회사는 자본시장법의 적용을, 피고 운용사는 간접투자법의 적용을 각각 주장하였다.

이와 관련하여, 대상판결은 원고 수탁회사와 피고 운용사가 자본시장법의 시행에 따라 체결한 투자신탁에 관한 기본약정(이하 '이 사건 기본약정')에 따르면 2009. 2. 4.[22] 이후 체결되는 신탁계약에는 자본시장법에 정하는 바에 따르도록 하고, 위 날짜 이전에 체결된 신탁계약의 경우에는 관계법규 등에서 이와 달리 규정한 경우를 제외하고 이 사건 기본약정의 적용을 받기로 약정하였는데, "이 법 시행 당시 종전의 간접투자법에 따라 설정 또는 설립된 투자신탁(보험회사가 설정한 특별계정을 제외한다) 및 투자회사에 대하여는 종전의 간접투자법에 따른다"고 하는

라. 그 밖에 금융위원회가 투자자의 이익을 해칠 염려가 없다고 인정한 경우
22) 이는 자본시장법의 시행일이자 이 사건 기본약정의 체결일이다.

자본시장법 부칙 제28조 경과규정에 따라 간접투자법에 따라 설정된 이 사건 펀드에는 간접투자법이 적용되므로, 이 사건 투자신탁 해지 시 미지급금 채무의 처리는 이 사건 신탁약관의 규정에 따라 간접투자법의 적용을 받는다고 판단하였다.

2. 피고 운용사에 대한 청구의 판단

원고 수탁회사는 피고 운용사에 대하여 자본시장법 제192조 및 동법 시행령 제224조 제4항에 따라 원고 수탁회사의 이 사건 보증은행에 대한 이 사건 소송비용 채무를 피고 운용사가 양수할 의무가 있음을 이유로 원고 수탁회사가 대납한 이 사건 소송비용을 피고 운용사가 지급할 의무가 있다고 주장하였음은 앞서 살펴본 바 있다. 그러나 원고 수탁회사의 위 주장에 대한 피고의 반박내용에 대해서는 대상판결이나 제1심 판결문에서 명확히 드러나지 않는다.

그런데 대상판결은, 이 사건 펀드의 해지시 미지급금의 처리에 관하여 수탁회사가 투자신탁의 해지시 투자신탁의 미지급금을 지급한다는 취지의 간접투자법 규정이 적용된다고 하더라도, 원고 수탁회사와 피고 운용사의 관계, 이 사건 펀드에서 원고 수탁회사와 피고 운용사가 담당하는 역할, 보수의 차이 및 기타 신탁관계의 법리에 비추어 위 규정은 이 사건 투자신탁의 운용비용 등에 관한 약관 규정 제41조 제1항에 따라 수탁회사가 투자신탁재산에서 인출하여 비용을 지급하거나, 적어도 수탁회사가 우선 지출한 후 비용상환을 구하는 방법으로 정산할 것을 전제로 투자신탁 해지시 미지급금 처리방법을 정한 것이라고 보아야 할 것이지 이 사건과 같이 신탁재산이 모두 소진되어 이 사건 펀드가 해지된 이후 뒤늦게 수탁회사 명의로 확정된 소송비용확정결정에 따라 원고 수탁회사가 대납한 이 사건 소송비용이라는 손실을 수탁자에 불과한 원고 수탁회사가 최종적으로 부담하여야 한다는 근거가 된다고는 볼 수 없다고 판단하였다.

이어서, 대상판결은 간접투자법에 신탁재산이 남아 있지 않은 이후 수탁회사가 사무를 수행함에 있어 발생한 비용의 부담관계에 관하여 정함이 없다고 하더라도, 신탁법 및 민법상 위임계약에 따른 비용상환청구권 규정[23]의 취지에 따라 수탁자가 신탁의 본지에 따라 신탁사업을 수행하면서 정당하게 지출하거나 부담한 비용 등에 관하여는 위탁자에게 상환을 구할 수 있다고 보아야 할 것이므로, 위탁자인 피고 운용사는 수탁자인 원고 수탁회사에게 이 사건 소송비용을 지급할 의무가 있다고 판단하였다.

3. 피고 투자자에 대한 청구의 판단

이 사건 펀드의 운용과 관련하여 발생한 이익과 손실이 수익자에게 귀속하도록 되어 있는 이 사건 신탁약관에 따라 이 사건 소송비용은 피고 투자자가 부담해야 한다는 원고 수탁회사의 주장에 대해, 피고 투자자는 이 사건 소송비용이 이 사건 펀드의 운용과 관련하여 발생한 손실에 해당하지 않고, 이 사건 펀드의 수익자에 불과한 피고 투자자를 상대로 직접 비용상환을 구할 권리는 없다고 주장하였다.

대상판결은 이 사건 신탁약관에 따르면, 이 사건 소송비용은 이 사건 펀드 재산에 관한 소송비용으로 투자신탁재산에서 지출되어야 할 운용비용에 속하며(약관 제41조 제1항, 제2항 제6호), 이 사건 펀드의 운용과 관련하여 발생한 손실은 모두 수익자에게 귀속된다(약관 제5조)고는 할 것이나, 이 사건 신탁약관 규정은 이 사건 펀드의 수익뿐 아니라 손실도 수익자에게 귀속된다는 규정에 불과하여 이러한 규

---

23) [신탁법] 제46조(비용상환청구권) ① 수탁자는 신탁사무의 처리에 관하여 필요한 비용을 신탁재산에서 지출할 수 있다. ② 수탁자가 신탁사무의 처리에 관하여 필요한 비용을 고유재산에서 지출한 경우에는 지출한 비용과 지출한 날 이후의 이자를 신탁재산에서 상환받을 수 있다. ③ 수탁자가 신탁사무의 처리를 위하여 자기의 과실 없이 채무를 부담하거나 손해를 입은 경우에도 제1항 및 제2항과 같다. (이하 생략)
[민법] 제688조(수임인의 비용상환청구권 등) ① 수임인이 위임사무의 처리에 관하여 필요비를 지출한 때에는 위임인에 대하여 지출한 날 이후의 이자를 청구할 수 있다. ② 수임인이 위임사무의 처리에 필요한 채무를 부담한 때에는 위임인에게 자기에 갈음하여 이를 변제하게 할 수 있고 그 채무가 변제기에 있지 아니한 때에는 상당한 담보를 제공하게 할 수 있다. ③ 수임인이 위임사무의 처리를 위하여 과실없이 손해를 받은 때에는 위임인에 대하여 그 배상을 청구할 수 있다.

정만을 근거로 원고 수탁회사가 신탁관계의 위탁자인 피고 운용사에게 수탁자로서 비용상환을 구함을 넘어 직접 수익자에게 위탁자와 연대하여 위 비용의 상환을 구할 수 있다고 보기는 어렵다고 판시하였다.

결국, 대상판결은 이 사건 소송비용이 이 사건 펀드의 운용과 관련하여 발생한 손실에 해당한다는 점은 부정하지 않으면서도, 수익자에 불과한 피고 투자자에게 이러한 비용의 상환을 직접적으로 구하는 것은 이 사건 신탁약관의 취지에 부합하지 않는다고 본 것으로 생각된다.

VI. 대상판결에 대한 비판 및 시사점

1. 피고 운용사에 대한 청구의 판단과 관련하여

수탁자인 원고 수탁회사와 위탁자인 피고 운용사의 투자신탁 관계에서, 간접투자법 시행령 제94조 제1항의 해석, 신탁법 및 민법상 위임계약에 따른 비용상환청구권 규정 등에 비추어 원고 수탁회사가 최종적으로 비용을 부담하여야 한다고 보기는 어렵고 결국 피고 운용사가 이를 부담하여야 한다는 취지의 대상판결은 큰 무리가 없어 보인다.

다만, 실무상으로는 본 사안과 같이 투자신탁의 당사자인 위탁자와 수탁자 간의 관계가 아닌 가령 자산운용회사와 투자신탁의 거래상대방 간의 관계에 있어서까지, 해당 거래상대방이 투자신탁 해지시 미지급금 처리에 관한 자본시장법 시행령 제224조 제4항을 적용하면서 자산운용회사에 대하여 해당 투자신탁의 미지급금 채무를 양수함으로써 자산운용회사의 고유재산에 의해서라도 해당 미지급금 채무를 이행할 것을 주장하는 사례가 발견되기도 한다. 그러나 위와 같은 자본시장법 시행령 제224조 제4항의 적용은 아래의 이유에서 무리한 해석으로 생각된다.

만약, 집합투자업자가 해지되는 투자신탁의 미지급금 채무를 대가 없이 양수해야 한다는 의미를 가진다면, 이는 집합투자업자가 해지되는 투자신탁의 채무를 사실상 무조건적으로 보증하는 것과 유사한 효과를 가지게 되는데, 이는 ① (집합투자기구의 또 다른 형태인) 투자회사의 청산 시 상법을 준용하여 집합투자재산 내에서 청산이 이루어지고 집합투자업자가 미지급금 채무 등에 대해 책임을 부담하지 않는 점(자본시장법 제203조, 상법 제542조 제1항, 제254조 제1항 등), ② 자본시장법은 집합투자재산의 취득이나 처분이 신탁업자의 명의로 이루어지는 경우는 물론 집합투자업자 자신의 명의로 이루어지는 예외적인 경우에도 집합투자업자는 투자신탁재산을 한도로 하여 그 이행책임을 부담하도록 규정하고 있는데(동법 제80조 제1, 2항), 위와 같이 해석하는 경우 투자신탁의 집합투자업자가 투자신탁재산을 한도로 이행책임을 부담한다는 위 자본시장법의 규정 취지를 잠탈할 수 있다는 점, ③ 투자신탁에서 집합투자업자의 책임을 제한하지 않을 경우 운용재산과 비교하여 상대적으로 자본여력이 소규모인 집합투자업자[24] 책임이 무한히 확대됨으로써 집합투자업자의 다른 펀드에도 부정적인 영향을 미쳐 해당 펀드와는 전혀 무관한 투자자의 보호에도 부정적인 영향을 초래할 수 있고 이는 종국적으로 자본시장의 효율적 발전에도 방해가 될 것이라는 점 등을 종합적으로 고려할 때, 집합투자업자가 해지되는 투자신탁의 미지급금 채무를 대가 없이 양수 및 이행할 의무가 있는 것으로 보기는 어려울 것으로 생각된다.

2. 피고 투자자에 대한 청구의 판단과 관련하여

이 사건 신탁약관 제41조를 비롯한 대부분의 신탁계약상 수익자의 운용비용 부담에 관한 규정은 투자신탁재산 운용에 소요되는 비용을 투자신탁재산에서 인출하여 지급하는 것으로 규정하고 있어 기본적으로 자산운용회사는 수익자들의 투자금을 재원으로 한 투자신탁재산으로 해당 비용을 지급하여야 할 것이다. 앞서 언급된 바와 같이, 캐피탈 콜 약정이 체결되지 않고 투자신탁재산도 없거나 부족

---

24) 자본시장법 시행령 [별표 1] 인가업무 단위 및 최저자기자본에 따르면 집합투자업자 (3−1−1 내지 3−13−1)의 경우 인가에 필요한 최저자본금은 20~80억원으로 비교적 소규모 자본금으로도 집합투자업의 영위가 가능하다. 그런데 실무상 펀드의 운용에 소요되는 비용이 위 최저자본금 규모에 이르는 경우가 종종 발생하기도 한다.

한 상황에서는 집합투자에 따른 결과 즉, 투자신탁의 수익과 손실이 종국적으로 누구에게 귀속되어야 하는지 측면에서 생각해 보면, 결국 수익자가 이를 부담하는 것이 일응 타당할 것으로 생각된다. 그러나 대상판결은 "이 사건 신탁약관 규정은 이 사건 펀드의 수익뿐 아니라 손실도 수익자에게 귀속된다는 규정에 불과하며 이를 근거로 원고 수탁회사가 수익자에게 직접 위 비용의 상환을 구할 수 있다고 보기는 어렵다"고 판시하였고, 결국 이러한 비용의 최종 귀속에 대해서는 해석상 명확하지 않은 점이 있다는 것은 앞에서 살펴본 바와 같다.

따라서 자산운용회사로는 투자신탁 운용에 필요한 비용을 수익자로부터 적시에 충당할 수 있도록 하기 위하여 가능한 한 수익자와 캐피탈 콜 약정을 체결하여 투자신탁재산이 부족할 경우에 대비할 필요성이 있을 것이고, 만에 하나 캐피탈 콜 약정 체결이 용이치 않을 경우 투자신탁 해지 이후 투자신탁 내에 투자신탁재산이 존재하지 않는 상황에 대비하여 마련된 "투자신탁 해지 이후 투자신탁재산과 관련하여 수익이나 비용 등이 추가로 발생한 경우 투자신탁 해지 전 업무를 수행했던 집합투자업자, 신탁업자, 판매회사 등 금융투자업자가 추가로 발생한 업무를 계속 수행해야 하며 해지 후 발생하는 수익과 비용 등 권리와 의무는 수익자에게 귀속하거나 수익자가 부담한다"는 취지의 신탁약관 규정을 신탁약관 내에 편입하는 것이 바람직할 것이다.

제28장

●

펀드 판매계약의 착오로 인한 취소와 구상관계

I. 사안의 개요

[대법원 2021.6.10. 선고 2019다226005 판결(이하 '대상판결')
사실관계 참조]

[이 사건 펀드의 설정 경위]

- 피고 A증권은 2008. 4.경 중고 항공기를 매수하여 필리핀–두바이 노선(이하 '이 사건 노선')을 운항하도록 하여 수익을 얻는 구조의 펀드(이하 '이 사건 펀드')를 조성하여 판매하기로 하고, 피고 B운용을 이 사건 펀드의 자산운용회사로 선정하였다. 피고 A증권은 피고 B운용에게 이 사건 펀드의 자산운용회사가 되어 줄 것을 부탁할 당시 "관련 인허가는 완료된 상태"라는 내용이 포함된 이 사건 펀드의 투자제안서(이하 '이 사건 투자제안서')와 필리핀 항공사의 운항허가 관련 자료 등을 제공하였고, 피고 B운용은 "리스크 요인 및 관리방안: 사업인허가 – 필리핀 정부 관계기관으로부터 국내외 여객 및 화물항공 운송에 관한 인허가 취득 완료" 등의 내용이 기재된 이 사건 펀드의 운용계획서(이하 '이 사건 운용계획서')를 작성하였다.
- 이 사건 펀드는 2008. 8.말경 피고 A증권이 직접 30억원을 투자하고, 판매회사인 피고 A증권을 통해 기관투자자들이 합계 55억원을, 또 다른 판매회사인 원고 D증권을 통해 개인투자자들이 합계 10억원을 각 투자함으로써 총 95억원을 자산으로 하여 설정이 완료되었다.

[개인투자자들에 대한 이 사건 펀드 판매 경위]

- 피고 C은행은 피고 A증권으로부터 이 사건 펀드에 투자할 개인투자자들을 모집해 달라는 부탁을 받았는데, 피고 C은행은 같은 금융그룹에 속한 원고 D증권과 금융연계 시스템을 운영하고 있었던 관계로, 피고 C은행에서 투자자를 모집하되 판매회사를 원고 D증권으로 하여 이 사건 펀드를 판매할 수 있는지를 문의하여 피고 A증권으로부터 가능하다는 답변을 얻자, 원고 D증권은 이 사건 펀드의 설정과 조성 과정이 마무리되는 단계에서 개인투자자들에 대한 판매회사로 참여하게 되었다.

- 피고 C은행은 피고 A증권으로부터 이 사건 투자제안서와 이 사건 운용계획서 등을 교부받아 이를 원고 D증권에게 전달함과 동시에 위 자료들을 기초로 개인투자자들에게 필리핀 항공사의 이 사건 노선 운항과 관련된 인허가가 완료된 상태라고 설명하면서 이 사건 펀드를 매수할 것을 권유하였다. 개인투자자들은 피고 C은행의 위와 같은 권유에 따라 2008. 8.말경 원고 D증권과 이 사건 펀드의 수익증권에 관한 매매계약(이하 '이 사건 펀드 판매계약')을 체결하고 합계 10억 원을 지급하였다.

[이 사건 펀드의 청산 및 투자자들의 소송 제기]

- 필리핀 항공사는 2008. 9. 두바이 항공국으로부터 이 사건 노선 취항을 허가할 수 없다는 통보를 받았고, 항공기를 대체 노선에 투입하려는 시도도 실패하였다. 이후 이 사건 펀드는 청산되어 투자자들에게 일부 돈이 분배되었다.

- 개인투자자들은 원고 D증권, 피고 B운용, 피고 C은행, 피고 A증권을 상대로 매수금 반환 등 소송을 제기하였다. 주위적으로 개인투자자들은 판매회사인 원고 D증권을 상대로 이 사건 펀드 판매계약의 중요부분에 관한 착오가 있었다고 주장하면서 계약 취소에 따른 부당이득반환을 청구하였는데, 그 주위적 청구가 인정되어 나머지 피고들에 대한 불법행위를 원인으로 한 손해배상청구 등 예비적 청구는 판단되지 않았다(이하 '이 사건 개인투자자 제기 선행판결'). 이후 원고 D증권은 이 사건 개인투자자 제기 선행판결에 따라 개인투자자들에게, 개인투자자들이 지급한 펀드 매매대금에서 일부 지급받은 청산분배금 등을 제외한 나머지 돈(약 13억원)을 부당이득으로 반환하였다.

- 한편, 기관투자자들도 피고 A증권과 피고 B운용을 상대로 이 사건 펀드 판매계약 취소로 인한 부당이득반환 또는 설명의무나 선관주의의무 위반에 따른 손해배상을 구하는 소송을 제기하였다. 법원은 착오로 인한 매매계약 취소 주

장을 배척하면서 다만, ① 피고 A증권에 대하여는 투자자들에게 이 사건 노선에 대하여 두바이 항공국이 신규 취항 허가를 불허할 위험성에 관하여 명확히 설명하지 않는 등 판매회사로서 부담하는 설명의무 및 투자자보호의무를 위반하였다는 이유로, ② 피고 B운용에 대하여는 이 사건 노선에 대한 인허가 관련 위험성을 제대로 분석하지 않고 그러한 위험에 대비한 안전장치를 강구하지 않은 채 이 사건 펀드를 설정하고 투자자들에게 위와 같은 중요한 위험요인에 관하여 제대로 기재되지 아니한 이 사건 운용계획서를 제공함으로써 투자자의 투자판단에 영향을 주는 등 자산운용회사로서 부담하는 선관주의의무 및 투자자보호의무를 위반하였다는 이유로 공동불법행위로 인한 손해배상책임을 인정하되, 위 피고들의 책임을 손해액의 35%로 제한하는 내용의 판결을 선고하였다(이하 '이 사건 기관투자자 제기 관련 판결').

[원고 D증권의 이 사건 소송 제기]

■ 이처럼 개인투자자들에게 펀드 판매대금을 부당이득으로 반환한 원고 D증권은, 이 사건 펀드의 자산운용회사인 피고 B운용 및 펀드 설정에 주도적으로 관여한 피고 A증권, 피고 C은행을 상대로 하여, 위 피고들 역시 자신과 함께 개인투자자들에 대한 공동불법행위자이고 자신이 이 사건 개인투자자 제기 선행판결에 따라 부당이득반환채무를 이행함으로써 이들을 공동면책시켰으므로, 자신에게 각자 책임비율에 상응한 구상금을 지급할 의무가 있다고 주장하면서, 피고들이 공동하여 자신이 개인투자자들에게 지급한 부당이득금 약 13억원을 지급하라는 구상금 청구 소송을 제기하였다.

II. 문제의 소재

최근 라임 사태, 옵티머스 사태 등 부실 사모펀드 판매회사들의 책임을 둘러싼 분쟁이 끊이지 않고 있는 가운데, 금융감독원 금융분쟁조정위원회[1])(이하 '분조

---

1) 금융분쟁조정위원회는 금융감독원의 검사를 받는 금융회사와 금융소비자 사이에 발생하는 금융관련 분쟁의 조정에 관한 심의사항을 의결하기 위하여 「금융소비자보호에 관한 법률」 제33조에 의해 설치된 기구이다. 금융분쟁조정이란 금융소비자 등이 금융관련기관을 상대로 제기하는 분쟁에 대하여 금융감독원(금융분쟁조정위원회)이 조정신청을 받아

위')가 착오에 의한 계약 취소 법리를 근거로 펀드 판매계약을 취소하고 펀드 판매 계약의 상대방인 판매회사[2]로 하여금 투자자에게 투자원금 전액을 반환하도록 결 정함에 따라, 투자자에게 먼저 투자원금을 반환한 판매회사가 자산운용회사, 신탁 업자, 일반사무관리회사 등 펀드와 관련한 다른 이해당사자(이하 '펀드 관련사')를 상대로 구상권을 행사할 수 있을지 여부에 대해 논란이 있어 왔다.

본 사안은, 법원이 금융투자상품의 판매와 관련하여 착오에 의한 계약 취소 를 인정한 최초 사례인 이 사건 개인투자자 제기 선행판결에 따라, 펀드 판매회사 인 원고 D증권이 개인투자자들에게 이 사건 펀드 판매계약의 취소에 따른 부당이 득반환채무를 단독으로 이행한 다음 펀드 설정 및 판매에 관여한 피고들을 상대로 공동불법행위자로서의 구상금 지급책임을 주장한 사안으로서, 공동불법행위 책임 자간 구상책임이라는 쟁점에 대해 대법원이 최초로 판단한 사례이다. 따라서, 대 상판결에 대한 검토는 부실 사모펀드 판매회사들의 향후 구상권 행사 가능 여부 또한 가늠할 수 있는 계기가 될 것으로 생각된다.

본 글에서는 이 사건 개인투자자 제기 선행판결의 주요 쟁점이 된 착오에 의 한 취소 및 대상판결의 주요 쟁점이 된 공동불법행위에서의 구상권 법리에 대해 살펴보고, 대상판결에서 판매회사인 원고 D증권이 이 사건 펀드 판매계약의 취소 로 투자원금을 투자자에게 모두 반환한 상황에서 원고 D증권의 부담 부분을 초과 하여 지급한 부분에 대해 구상책임을 인정하였는지 여부 및 그 판단 근거를 살펴 보도록 하겠다.

합리적인 분쟁해결 방안이나 조정의견을 제시하여 당사자 간의 합의를 유도함으로써 소 송을 통하지 않고 분쟁을 원만하게 해결하는 자주적 분쟁해결방식의 하나이다. 금융감독 원 홈페이지 중 금융분쟁조정위원회 항목(https://www.fss.or.kr/fss/main/contents.do? menuNo=200642).

2) 판매회사는 단순히 자산운용회사의 대리인에 불과한 것이 아니라 투자자의 거래상대방의 지위에서 판매회사 본인의 이름으로 투자자에게 투자를 권유하고 수익증권을 판매하는 지위에 있다(대법원 2011.7.28. 선고 2010다76382 판결).

III. 관련 법리의 개관

1. 착오에 의한 취소에 대하여

가. 착오에 의한 취소의 요건

민법 제109조 제1항은 "의사표시는 법률행위의 내용의 중요부분에 착오가 있는 때에는 취소할 수 있다. 그러나 그 착오가 표의자[3]의 중대한 과실로 인한 때에는 취소하지 못한다"고 규정하고 있다. 따라서, 착오에 의한 의사표시를 취소하기 위해서는, ① 법률행위 내용의 중요부분에 착오가 있을 것, ② 그 착오가 중대한 과실로 인한 것이 아닐 것이라는 요건이 요구된다.

먼저, 법률행위 내용의 중요부분에 대한 착오로 취소가 인정되려면, 보통 일반인이 표의자의 입장에 섰더라면 그와 같은 의사표시를 하지 아니하였으리라고 여겨질 정도로 그 착오가 중요한 부분에 관한 것이어야 하는데(대법원 1997.9.30. 선고 97다26210 판결 등), 이는 곧 주관적으로 표의자의 입장에서는 물론 객관적으로 일반인의 입장에서도 착오가 없었다면 그러한 의사표시를 하지 않았을 것이 인정될 정도로 착오가 현저하여야 한다는 의미이다.[4] 그리고 중대한 과실이란 의사표시자의 직업, 행위의 종류, 목적 등에 비추어 당해 행위에 일반적으로 요구되는 주의를 현저하게 결여한 것을 말한다(대법원 2000.5.12. 선고 2000다12259 판결).

나. 동기의 착오

착오[5] 중 동기의 착오[6]는 원칙적으로 표의자가 그 동기를 당해 의사표시의

---

3) 표의자(表意者)란 자기의 의사를 표시한 자 즉 의사표시를 한 자(의사표시자)를 의미한다.

4) 지원림, 「민법강의」, 제8판, 홍문사, 2010, 256면.

5) 착오는 크게 ① 표시행위 자체를 잘못하는 '표시상의 착오', ② 자기가 표시하려던 것을 알고 그대로 표시하였지만 그 표시의 의미를 오해한 '내용의 착오', ③ 의사표시에 관한 고려, 근거 또는 기대가 잘못된 상황판단에 기초하여 이루어진 '동기의 착오'로 구분된다.

내용으로 삼을 것을 상대방에게 표시하여 의사표시의 해석상 법률행위의 내용으
로 되어 있다고 인정되는 경우에 한하여 의사표시의 내용의 착오가 되어 취소할
수 있다(대법원 2000.5.12. 선고 2000다12259 판결). 외부에 표시되어 객관화되지 않은
내심의 동기를 고려하여 법률행위의 효력에 영향을 미치게 한다면 거래의 안전을
해하게 되고, 법률관계가 불안정해지기 때문이다.

다만, 동기가 상대방에 의하여 제공되거나 유발된 경우 또는 타인의 기망행
위로 인한 경우에는 동기의 표시 여부와 무관하게 이는 그 동기가 법률행위의 내
용의 중요부분에 해당하므로 의사표시를 취소할 수 있다(대법원 1997.9.30. 선고 97
다26210 판결7) 등). 착오를 유발한 상대방의 보호가치가 낮다는 점에서 의사표시를
취소하더라도 법률관계가 지나치게 불안정해진다고 보기 어렵기 때문이며, 이러한
경우까지 동기가 표시될 것을 요구한다면 오히려 착오를 유발한 자를 지나치게 보
호하는 결과를 초래할 것이다. 여기서 착오를 유발했다고 함은 장래에 대한 기대
를 가지게 한 것이 아니라 현재의 상황에 대한 실제와는 다른 정보를 제공하는 등
의 행위를 의미한다(대법원 2010.5.27. 선고 2009다94841 판결8)).

---

6) 예를 들어, 어느 정도 규모의 건물을 신축할 목적으로 토지를 매수했는데, 알고 보니 토지
에 문제가 있어 그러한 건물 신축이 불가능한 경우에 있어서, '내가 이 토지를 매수해서
어느 정도 규모의 건물을 신축하겠다'는 것은 내가 그 토지를 매수하게 된 동기에 해당하
는바, 이러한 경우가 동기의 착오로 인해 계약을 취소할 수 있는지가 문제되는 전형적인
사례이다. 이데일리, "[김용일의 부동산톡] 계약 체결 동기에 착오 있다면 계약 취소 가능
할까", 2021. 2. 27.

7) 건물에 대한 매매계약 체결 직후 건물이 건축선을 침범하여 건축된 사실을 알았으나 매도
인이 법률전문가의 자문에 의하면 준공검사가 난 건물이므로 행정소송을 통해 구청장의
철거 지시를 취소할 수 있다고 하여 매수인이 그 말을 믿고 매매계약을 해제하지 않고 대
금지급의무를 이행한 사례이다.

8) 공장을 설립할 목적으로 매수한 임야가 도시관리계획상 보전관리지역으로 지정됨에 따라
공장설립이 불가능하게 된 사안에서, 매매계약 당시 매수인이 위 임야가 장차 계획관리지
역으로 지정되어 공장설립이 가능할 것으로 생각하였다고 하더라도 이는 장래에 대한 단
순한 기대에 지나지 않는 것이므로, 그 기대가 이루어지지 아니하였다고 하여 이를 법률
행위의 내용의 중요부분에 착오가 있는 것으로는 볼 수 없다고 한 사례이다.

다. 착오 취소의 효과

착오를 이유로 의사표시가 적법하게 취소되면, 그 의사표시를 요소로 하는 법률행위가 처음부터 무효인 것으로 간주된다(민법 제141조 본문). 이미 법률행위에 따른 의무의 이행이 이루어진 경우 법률행위가 없었던 상태로 회복하는 조치가 필요하고, 이에 각 당사자는 부당이득반환의무를 부담한다(민법 제741조). 이때 양 당사자의 부당이득반환의무는 동시이행의 관계에 있다(대법원 1994.9.9. 선고 93다31191 판결).

한편, 펀드 판매계약에 있어서 계약당사자는 자산운용회사가 아닌 판매회사이므로 계약 취소 시 부당이득반환의무를 부담하는 자 또한 판매회사라고 할 것이다. 따라서 펀드 판매계약이 취소되는 경우 계약당사자인 투자자와 판매회사는 각자 부담하는 부당이득반환의무에 따라 투자자는 판매회사에게 펀드 수익증권을 반환할 의무가 있고, 판매회사는 투자자에게 펀드 판매대금을 반환할 의무가 있으며, 두 의무는 동시이행의 관계에 있다.[9]

라. 이 사건 개인투자자 제기 선행판결[10]의 판시사항 소개

개인투자자들의 이 사건 펀드 판매계약 취소 주장에 대하여, 이 사건 개인투자자 제기 선행판결은, 이 사건 노선과 관련된 인허가가 전부 완료되었다고 설명을 들은 개인투자자들이 이 사건 노선에 관하여 두바이 당국으로부터 인허가가 나지 않았음에도 이 사건 노선에 관한 인허가가 전부 완료된 것으로 잘못 인식하고 이 사건 펀드 판매계약을 체결한 착오는 동기의 착오에 해당하며, 그 동기를 제공

---

9) 금융분쟁조정위원회, "조정번호: 제2020-4호, 안건명: 수익증권 매매계약 취소에 따른 부당이득반환 책임", 조정결정서, 2020. 6. 30., 18-19면.

10) 개인투자자들이 제기한 이 사건 개인투자자 제기 선행판결 관련 소송은 (1) 서울남부지방법원 2014.11.7. 선고 2013가합108304 판결; 서울고등법원 2015.11.6. 선고 2014나2048352 판결; 대법원 2016.3.24. 선고 2015다250291 판결(심리불속행), (2) 서울남부지방법원 2014.11.7. 선고 2013가합752 판결; 서울고등법원 2015.12.18. 선고 2014나60608 판결; 대법원 2016.4.28. 선고 2016다3638 판결(심리불속행)이 있다.

한 것은 판매회사인 원고 D증권으로부터 영업업무를 위탁받은 피고 C은행으로서 개인투자자들의 착오를 일으키게 된 계기를 제공한 원인이 원고 D증권에게 있으므로 개인투자자들의 착오는 상대방에 의해 유발된 동기의 착오라고 하였다.

또한, 이 사건 펀드는 항공운송료 수입을 유일한 재원으로 하여 투자자들에게 이익분배금을 지급하는 방식으로 운용되므로, 이 사건 노선에 관한 인허가가 완료되었는지 여부는 이 사건 펀드에 대한 투자 여부를 결정하는 데 핵심적인 요소라 할 것이어서 그러한 동기의 제공이 없이 이 사건 노선에 대한 인허가가 나지 않을 수도 있는 상황이었다면 개인투자자들은 선뜻 이 사건 펀드 판매계약을 체결하지 않았을 것으로 보이는 사정, 피고 C은행도 이 사건 노선에 대한 인허가가 완료되지 않았음을 잘 알지 못하여 개인투자자들과 동일한 내용의 착오에 빠져 있었다는 사정을 고려하면 개인투자자들의 착오는 이 사건 펀드 판매계약의 중요한 부분에 관한 것에 해당한다고 판단하였다.

한편, 이 사건 운용계획서와 이 사건 투자제안서의 첨부서류인 운항허가자료를 모두 교부받은 개인투자자들이 위 자료를 살펴봄으로써 이 사건 노선에 관하여 두바이 당국으로부터 취항허가가 나지 않았다는 사실을 알 수 있었음에도 만연히 피고 C은행의 설명을 신뢰하여 착오에 빠진 것이므로 개인투자자들의 착오는 중대한 과실로 인한 것이라는 원고 D증권의 항변에 대해서는, 피고 C은행으로부터 이 사건 노선과 관련된 인허가가 전부 완료되었다는 설명을 들은 개인투자자들로서는 이를 신뢰하여 다른 자료를 주의 깊게 검토하지 않은 점, 설령 이 사건 펀드의 운용계획서와 운항허가자료를 검토하였다 하더라도 곧바로 두바이 당국으로부터 아직 이 사건 노선에 대한 취항허가가 나지 않았다는 사실을 알 수 없었고, 실제로 개인투자자들보다는 전문가로서 이 사건 펀드의 매수를 권유하기 위하여 위 자료를 모두 검토한 피고 C은행 직원조차도 개인투자자들과 동일한 내용의 착오에 빠져 있었던 점, 개인투자자들은 전문적인 기관투자자가 아닌 점 등에 비추어 보면, 개인투자자들이 보통 요구되는 주의를 현저히 결여한 것으로 보이지 않으므로, 개인투자자들의 착오가 다소의 과실을 넘어 중대한 과실로 인한 것으로 볼 수 없다고 판단하였다.

결국, 이 사건 개인투자자 제기 선행판결은 개인투자자들에 의한 이 사건 펀드 판매계약이 적법하게 취소되었다고 하여 개인투자자들의 원고 D증권에 대한 부당이득반환청구를 인정하였다.

2. 공동불법행위 및 공동불법행위에서의 구상권에 대하여

가. 공동불법행위의 의의, 요건 및 효과

민법 제760조 제1항은 "수인이 공동의 불법행위로 타인에게 손해를 가한 때에는 연대하여 그 손해를 배상할 책임이 있다"고 하여 공동불법행위자의 책임에 대해 규정하고 있는데, 이와 같이 공동불법행위자로 하여금 피해자에게 손해의 전부를 연대하여 배상할 책임을 지우는 것은 피해자를 두텁게 보호하고자 하는 데에 그 의의가 있다. 공동불법행위의 성립은 ① 각자의 행위는 각각 독립하여 불법행위의 요건을 갖출 것, ② 각자의 행위는 서로 관련되고 공동성이 있을 것을 요건으로 하는데,11) 특히 위 두 번째 요건과 관련하여, 공동불법행위의 성립에는 공동불법행위자 상호 간 의사의 공통이나 공동의 인식이 필요하지 아니하고 객관적으로 각 행위에 관련공동성이 있으면 된다는 것이 우리 대법원의 입장인 것으로 보인다(대법원 2012.8.17. 선고 2010다28390 판결 등).

공동불법행위자는 "연대하여 그 손해를 배상할 책임"을 지는데, 여기서 "연대하여"의 의미에 대해 통설과 판례(가령, 대법원 1999.2.26. 선고 98다52469 판결 등)는 이를 부진정연대채무로 보고 있다. 부진정연대채무에서는 자신의 출재로 채권자를 만족시키는 사유, 즉 변제 및 이에 준하는 사유12)를 제외하면 모두 상대적 효력13)

---

11) 사법연수원, 「손해배상소송」, 사법연수원편집부, 2014, 221－222면.

12) 대물변제, 공탁, 상계가 이에 해당한다. 특히, 상계와 관련하여, 대법원 2010.9.16. 선고 2008다97218 전원합의체 판결은 부진정연대채무자 중 1인이 자신의 채권자에 대한 반대채권으로 상계를 한 경우에도 채권은 변제, 대물변제, 또는 공탁이 행하여진 경우와 동일하게 현실적으로 만족을 얻어 그 목적을 달성하는 것이므로, 그 상계로 인한 채무 소멸의 효력은 소멸한 채무 전액에 관하여 다른 부진정연대채무자에 대하여도 미친다고 판시하며 기존의 판례를 변경하였다.

13) 채권자와 연대채무자(즉, 공동불법행위자) 1인 사이에 생긴 사유의 효력이 다른 연대채무

을 가질 뿐이다.[14] 따라서 가령, 피해자가 공동불법행위자 중 1인으로부터 손해의 일부를 변제받은 때에는 그 금액 범위에서 다른 모든 공동불법행위자에게도 변제의 효력이 있으나(대법원 1982.4.27. 선고 80다2555 판결 등), 피해자가 공동불법행위자 중 1인에 대하여 손배해상에 관한 권리를 포기하거나 채무를 면제하는 의사표시를 하였다 하더라도 다른 공동불법행위자에게는 그 효력이 미치지 않는다(대법원 1997.12.12. 선고 96다50896 판결; 대법원 2006.1.27. 선고 2005다19378 판결 등).

한편, 공동불법행위 책임은 가해자 각 개인의 행위에 대하여 개별적으로 그로 인한 손해를 구하는 것이 아니라 그 가해자들이 공동으로 가한 불법행위에 대하여 그 책임을 추궁하는 것이므로, 공동불법행위로 인한 손해배상책임의 범위는 피해자에 대한 관계에서 가해자들 전원의 행위를 전체적으로 함께 평가하여 정하여야 하고, 그 손해배상액에 대하여는 가해자 각자가 그 금액의 전부에 대한 책임을 부담하는 것이며, 가해자 1인이 다른 가해자에 비하여 불법행위에 가공한 정도가 경미하다고 하더라도 피해자에 대한 관계에서 그 가해자의 책임 범위를 위와 같이 정하여진 손해배상액의 일부로 제한하여 인정할 수는 없다(대법원 2000.9.29. 선고 2000다13900 판결).

나. 공동불법행위에서의 구상권

구상권이란 타인이 부담해야 할 의무에 관하여 대신 출재한 자가 그 타인에 대하여 상환을 구하는 권리를 말한다(대법원 2006.1.27. 선고 2005다19378 판결). 부진정연대채무에서는 각 채무자가 각자의 입장에서 책임을 부담할 뿐, 그들 사이에 주관적 공동관계가 없어 부담부분이라는 관념이 없으므로, 구상관계가 당연히 발생하지는 않는다. 그러나 공동불법행위에서는 가해자 각자의 과책이 경합하여 하나의 손해가 발생한 것이어서 각자는 자기의 과책부분에 한하여 손해배상책임을 부담하여야 하지만, 피해자 보호를 위하여 가해자 각자가 전부급부의무를 부담하

자에게 영향을 주지 않는 경우에는 상대적 효력이 있고, 다른 연대채무자에게도 영향을 주는 경우에는 절대적 효력이 있다고 말한다.

14) 지원림, 전게서, 1191면.

도록 부진정연대관계를 인정하는 것이다.[15] 따라서, 부진정연대채무의 관계에 있는 복수의 책임주체 내부관계에 있어서는 형평의 원칙상 일정한 부담 부분이 있을 수 있으며, 그 부담 부분은 각자의 고의 및 과실의 정도에 따라 정하여지는 것으로서 부진정연대채무자 중 1인이 자기의 부담 부분 이상을 변제하여 공동의 면책을 얻게 하였을 때에는 다른 부진정연대채무자에게 그 부담 부분의 비율에 따라 구상권을 행사할 수 있다(대법원 2006.1.27. 선고 2005다19378 판결 등).

불법행위 및 손해와 관련하여 그 발생 내지 확대에 대한 각 부진정연대채무자의 주의의무의 정도에 상응한 과실의 정도를 비롯한 기여도 등 사고 내지 손해와 직접적으로 관련된 대외적 요소를 고려하여야 함은 물론, 나아가 부진정연대채무자 사이에 특별한 내부적 법률관계가 있어 그 실질적 관계를 기초로 한 요소를 참작하지 않으면 현저하게 형평에 어긋난다고 인정되는 경우에는 그 대내적 요소도 참작하여야 하며, 일정한 경우에는 그와 같은 제반 사정에 비추어 손해의 공평한 분담이라는 견지에서 신의칙상 상당하다고 인정되는 한도 내에서만 구상권을 행사하도록 제한할 수도 있다(대법원 2001.1.19. 선고 2000다33607 판결).

IV. 사례의 해결

1. 원심(서울고등법원 2019.3.7. 선고 2018나2005483 판결)의 판단

원심은 "부당이득반환채무와 불법행위로 인한 손해배상채무는 소송물이 상이한 별개의 채무이므로 원고 D증권이 부당이득반환채무를 이행한 것이 불법행위로 인한 손해배상채무를 변제한 것이라고 볼 수 없다. 또한 원고 D증권이 부당이득반환채무를 부담한 이상 피고 B운용과의 관계에서 위 피고 역시 부당이득반환채무를 공동으로 부담할 책임이 인정되어야 위 피고를 상대로 구상권을 행사할 수 있는데, 원고 D증권이 이 사건 개인투자자 제기 선행판결에 따라 개인투자자들에

---

15) 지원림, 전게서, 1193, 1725면.

게 투자금을 반환한 것은 개인투자자들의 착오로 인해 이 사건 펀드 판매계약이 취소됨에 따라 이 사건 펀드 판매계약의 당사자인 원고 D증권 자신이 부담하는 부당이득반환채무를 이행한 것에 불과하고, 피고 B운용의 공동불법행위로 인한 손해배상채무에 대하여 공동의 면책을 얻게 한 것이라고 볼 수 없다"고 판시하였다.

원심 판결은 원고 D증권이 이 사건 개인투자자 제기 선행판결에 따라 개인투자자들에게 부당이득반환채무를 변제하였더라도 이는 별개의 소송물인 불법행위로 인한 손해배상채무에는 아무런 영향이 없으므로, 원고 D증권의 개인투자자들에 대한 펀드 판매대금 반환은 자신의 채무를 이행한 것에 불과하고, 피고들이 공동의 면책을 얻게 한 것이라고 볼 수 없다는 취지로 이해된다.

2. 대법원의 판단

대법원은 위 원심을 파기환송하였는데, 그 내용을 살펴 보면 아래와 같다.

가. 관련 법리

대상판결에서 대법원이 원심을 파기환송함에 있어 전제로 삼은 공동불법행위에서의 구상권에 관한 법리는 아래와 같다.

계약 당사자 사이에서 일방 당사자의 잘못으로 인해 상대방 당사자가 계약을 취소하거나 불법행위로 인한 손해배상을 청구할 수 있는 경우 계약 취소로 인한 부당이득반환청구권과 불법행위로 인한 손해배상청구권은 동일한 경제적 급부를 목적으로 경합하여 병존하게 되고, 특별한 사정이 없는 한 어느 하나의 청구권이 만족을 얻어 소멸하면 그 범위 내에서 다른 나머지 청구권도 소멸하는 관계에 있다(대법원 1993.4.27. 선고 92다56087 판결 등 참조). 따라서 채무자가 부당이득반환채무를 변제하였다면 그와 경합관계에 있는 손해배상채무도 소멸한다. 이때 불법행위로 인한 손해배상채무에 관하여 채무자와 함께 공동불법행위책임을 부담하는 자가 있고, 채무자의 위와 같은 변제가 공동불법행위자들

내부관계에서 인정되는 자기의 부담 부분을 초과한 것이라면, 채무자는 다른 공동불법행위자에게 공동 면책을 이유로 그 부담 부분의 비율에 따라 구상권을 행사할 수 있다(대법원 2006.1.27. 선고 2005다19378 판결 등 참조).

사견으로, 이러한 대법원의 입장의 기저에는, 부당이득반환청구권과 불법행위에 기한 손해배상청구권 모두 과거의 침해에 대한 법적 교정질서라는 점에서 공통된다는 점[16] 및 채권자가 부진정연대채무자 중 어느 1인에게 먼저 청구권을 행사하고 변제를 받느냐에 따라 그 자만이 책임을 전적으로 부담하고 그 변제한 자가 다른 부진정연대채무자에게 아무런 구상을 하지 못한다면 이는 부진정연대채무를 궁극적으로 누가 부담하는가의 문제를 채권자의 자의에 맡겨 결정하도록 하여 형평관념에 어긋나는 결과를 초래하게 된다는 점[17] 등이 자리잡고 있을 것으로 추측된다.

나. 판단

대법원이 위 Ⅰ. 사안의 개요에서 살펴본 사실관계를 위 법리에 비추어 판단한 내용은 아래와 같다.

이 사건 개인투자자 제기 선행판결에서는 원고 D증권의 이 사건 펀드 판매와 관련하여 개인투자자들의 주위적 청구인 부당이득반환청구가 인정되었을 뿐 예비적 청구인 불법행위에 기한 손해배상청구가 부정된 것은 아니다. 이 사건 기관투자자 제기 관련 판결의 내용 등을 고려하면, 이 사건 펀드의 판매에 관하여 피고 B운용은 자산운용회사로서, 피고 C은행은 원고 D증권으로부터 위탁을 받아 이 사건 펀드를 판매한 자로서, 피고 A증권은 이 사건 펀드 설정 등에 관여한 자로서 원고 D증권과 함께 개인투자자들에 대하여 공동불법행위책임을 부담한다고 볼 여지가 있다. 이러한 경우, 원고 D증권이 이 사건 개인투자자 제기 선행판

---

16) 양창수·권영준, 「권리의 변동과 권리구제」, 제2판, 박영사, 2015, 11면.
17) 강봉석, "부진정연대채무자들이 부담하는 구상채무의 법적 성질", 「민사판례연구 XXVI」, 제26권, 민사판례연구회, 2004, 144면.

결에 따라 개인투자자들에게 펀드 판매대금을 부당이득으로 반환하였다면, 피고들 중 원고 D증권과 함께 공동불법행위책임을 부담하는 자들 사이에서는 원고 D증권이 지급한 부당이득반환금에 의하여 소멸된 손해배상채무 중 원고 D증권의 부담 부분을 넘는 부분에 대하여 공동의 면책이 이루어졌다고 볼 수 있다.

따라서 원심으로서는 개인투자자들의 부당이득반환청구권과 손해배상청구권이 동일한 경제적 급부를 목적으로 경합하는지, 원고 D증권과 피고들 전부 또는 일부가 개인투자자들에 대하여 공동불법행위책임을 부담하는지, 원고 D증권이 부당이득반환채무를 이행하기 위하여 실제로 출재한 액수가 원고 D증권이 공동불법행위자로서 부담하는 부분을 넘는지 등에 관하여 심리하여 원고 D증권이 피고들에게 구상할 수 있는지 여부를 판단하였어야 한다.

결국, 대법원은 펀드 설정 또는 판매에 관여한 피고들이 원고 D증권과 함께 개인투자자들에 대하여 공동불법행위책임을 부담한다면, 피고들 중 원고 D증권과 함께 공동불법행위책임을 부담하는 자들 사이에서는 원고 D증권이 지급한 부당이득반환금에 의하여 소멸된 손해배상채무 중 원고 D증권의 부담 부분을 넘는 부분에 대하여 공동의 면책이 이루어졌다고 볼 수 있다고 판단한 것이다.

V. 대상판결의 영향에 대한 전망

과거 분조위는 펀드 판매회사에 계약 취소에 따른 투자원금 전액 반환을 권고하였으나, 이에 대해 판매회사는 착오에 의한 계약 취소에 따라 투자원금을 전액 투자자들에게 반환한다면 공동불법행위책임이 있는 펀드 관련사를 상대로 구상을 하지 못하고 판매회사만 홀로 책임을 떠안게 될 위험이 있다며 권고안 수용을 부담스러워하는 입장이었다.

최근 옵티머스 사건에서도 분조위는 판매회사[18)]에게 계약 취소를 권고하였으나, 위 판매회사는 "수탁은행과 사무관리회사의 공동 책임이 있는 사안이므로 구상권을 보전하기 위해서는 고객과 사적합의 형태를 선택할 수밖에 없었다"며 계약

---

18) 본 사안의 원고 D증권도 이 중 하나이다.

취소가 아닌 100% 배상을 결정했다고 전해진다. 이는 당시 대상판결의 원심에서 판매회사인 원고 D증권이 이 사건 개인투자자 제기 선행판결에 따라 개인투자자들에게 투자금을 반환한 것이 자신이 부담하는 부당이득반환채무를 이행한 것에 불과할 뿐 공동불법행위로 인한 손해배상채무에 대하여 공동의 면책을 얻게 한 것이라고 볼 수 없다는 취지로 2심에서 패소한 상황에서 내려진 결정이었던 것으로 보인다. 그러나 판매회사가 계약 취소에 따라 투자금을 반환할 경우에도 펀드 관련사들에게 구상권 행사가 가능하다는 대상판결이 선고됨에 따라, 향후 분조위에서 판매회사에게 계약 취소를 권고하더라도 판매회사가 구상권을 이유로 거부하는 사례는 발생하기 어려울 것으로 보이고 분조위의 권고를 수용할 가능성도 높아질 전망이라는 견해가 거론되고 있다.[19]

한편, 대상판결이 지적한 바와 같이, 파기환송심에서는 개인투자자들의 부당이득반환청구권과 손해배상청구권이 동일한 경제적 급부를 목적으로 경합하는지, 원고 D증권과 피고들 전부 또는 일부가 개인투자자들에 대하여 공동불법행위책임을 부담하는지, 원고 D증권이 부당이득반환채무를 이행하기 위하여 실제로 출재한 액수가 원고 D증권이 공동불법행위자로서 부담하는 부분을 넘는지 등에 관한 심리를 거쳐 원고 D증권의 피고들에 대한 구상권 행사 가능 여부에 대한 판단이 다시 이루어질 것이기는 하지만, 기관투자자들이 피고 A증권, 피고 B운용을 상대로 제기한 소송에서 피고 A증권의 설명의무 및 투자자보호의무, 피고 B운용의 선관주의의무 및 투자자보호의무 위반을 이유로 공동불법행위책임이 인정된 이 사건 기관투자자 제기 관련 판결 등을 고려하면 피고들의 개인투자자들에 대한 공동불법행위책임이 인정될 것으로 예상된다. 따라서 파기환송심에서는 원심의 판시와 동일한 법리를 근거로 원고 D증권의 구상청구가 전부 배척될 가능성은 상당히 낮을 것으로 예상된다. 분조위 결정에 따라 펀드 판매계약이 이미 취소되었거나 향후 취소될 가능성이 있는 펀드를 설정하여 운용한 자산운용회사로서는, 대상판결의 파기환송심 및 파기환송 후 상고심의 판단을 예의주시할 수밖에 없을 것으로 생각된다.

---

19) 파이낸셜 뉴스, "[특별기고] 금융소비자 보호 '새 길' 연 대법원 판결", 2021. 6. 30.; 내일신문, "대법원 '펀드 계약취소해도 구상권 행사 가능' 판결", 2021. 6. 30. 등 참조.

제29장

●

투자신탁형 부동산집합투자기구의
법적 구조와 과세

Ⅰ. 문제의 소재

A집합투자업자는 서울 소재 오피스 빌딩 및 그 부속 설비 일체(이하 "본건 부동산"이라 한다)를 집합투자재산으로 하는 투자신탁형 부동산집합투자기구[1](이하 "본건 부동산투자신탁"이라 한다)를 설정하여 운용하고 있다. A집합투자업자는 기존 대출약정의 변경 등 리파이낸싱 거래를 위하여 본건 부동산투자신탁의 신탁업자를 변경할 계획을 세우고 있으며, 본건 부동산의 소유권을 새로운 신탁업자에게 이전하고자 한다.

상기와 같은 A집합투자업자의 계획에 따라 신탁업자를 변경하게 되는 경우, 실무적으로 취득세 등 이와 관련된 세금 문제가 발생할 수 있다. 이에 부동산투자신탁의 법적 성질에 대하여 검토하고, 집합투자기구에 대한 과세이론을 확인한

---

1) **자본시장법 제229조(집합투자기구의 종류)** 집합투자기구는 집합투자재산의 운용대상에 따라 다음 각 호와 같이 구분한다.
   2. 부동산집합투자기구: 집합투자재산의 100분의 40 이상으로서 대통령령으로 정하는 비율을 초과하여 부동산(부동산을 기초자산으로 한 파생상품, 부동산 개발과 관련된 법인에 대한 대출, 그 밖에 대통령령으로 정하는 방법으로 부동산 및 대통령령으로 정하는 부동산과 관련된 증권에 투자하는 경우를 포함한다. 이하 이 조에서 같다)에 투자하는 집합투자기구
   자본시장법 시행령 제240조(집합투자기구의 종류별 최소투자비율 등) ③ 법 제229조 제2호에서 "대통령령으로 정하는 비율"이란 100분의 50을 말한다.

후, 본건 부동산투자신탁 신탁업자의 변경이 『지방세법』에 따른 취득세 및 기타 세금 부과의 대상인지 확인해보고자 한다(회사형 부동산집합투자기구의 경우, 상법상 회사와 유사하게 법인격이 존재하는 바 이하에서는 그 성질상 법인격이 없는 투자신탁형에 대해 중점적으로 검토하고자 한다).

Ⅱ. 신탁업자 변경에 따른 취득세 부과 여부

1. 투자신탁의 법적 구조와 관련 과세이론

투자신탁형 부동산집합투자기구는 기본적으로 위탁자인 집합투자업자, 자산 보관 및 관리자인 신탁업자 그리고 투자자인 수익자 3자의 관계로 구성되고, 집합 투자업자가 신탁업자와 신탁계약을 체결함으로써 성립된다.[2] 즉, 신탁제도를 차용 한 투자신탁형 부동산집합투자기구는 독자적인 법인격을 가지지 못하고, 신탁업자 를 통하여 재산의 관리 및 처분 등이 이루어지며, 그 수익이 집합투자업자를 거쳐 수익자에게 지급된다는 점에서 특수성을 갖는다.

이러한 측면에서 투자신탁형 부동산집합투자기구의 소득에 대한 과세와 관 련하여, '실체이론(Entity Theory),' '도관이론(Conduit Theory)' 두 가지 견해가 존재 한다.

먼저, '실체이론(Entity Theory)'은 투자신탁형 부동산집합투자기구의 사회적· 경제적 주체로서의 역할을 인정하여 독립적인 과세상의 실체로 인정하는 이론이 다. 즉, 집합투자재산의 운용으로 발생한 모든 수익과 지출에 대한 법률상 소유권 은 집합투자기구에 귀속되며, 투자자에 대한 과세와는 별개로 집합투자기구에도 세금이 부과된다.[3] 실체이론에 따르면, 집합투자기구가 제3자로부터 소득을 지급

---

2) 이경돈·한용호·오지현, "부동산펀드에 관한 법적 제문제", 『BFL』, 제52호, 서울대학교금 융법센터, 2012, 45면.

3) 정원석·임준·김유미, "금융·보험세제연구: 집합투자기구, 보험 그리고 연금세제를 중심 으로", 『조사보고서』, 제16−5권, 보험연구원, 2016, 33−34면.

받는 때와 투자자가 집합투자기구로부터 배당을 받을 때에 모두 과세하는 이중과세의 문제가 발생할 소지가 있으며, 소득의 실질적인 귀속자가 아닌 집합투자기구에 부과하는 것은 실질과세원칙에 어긋난다는 비판이 제기될 수 있다.

다음, '도관이론(Conduit Theory)'은 집합투자기구를 독립적인 과세 주체로 인정하지 않고 단순히 투자자들에게 수익을 분배하기 위한 수단이나 도관으로 보아, 집합투자기구 자체에 대하여는 과세하지 않고 소득이 귀속되는 투자자에게 과세하여야 한다는 견해이다.[4] 실질과세원칙에 충실한 도관이론에 근거하여 과세할 경우, 실체이론에서 발생하는 이중과세의 문제가 원천적으로 발생하지 않게 된다는 장점이 있으나, 집합투자기구의 수익이 즉시 투자자에게 지급되지 않고 신탁계약에서 정한 시기에 비로소 수익이 지급되어 과세상의 시차가 발생한다는 점, 신탁과 법인 간 별개의 과세 기준이 적용되는 것에 대한 이론적 근거가 부족하다는 점, 다수의 투자자가 있고 투자대상자산의 변동이 수시로 이루어지는 경우 절차가 복잡하다는 점 등 단점이 존재한다.

우리나라 집합투자기구에 대한 과세는 실체이론과 도관이론이 혼용되는 특징을 갖고 있다. 도관이론이 적용되는 소득세와 법인세의 경우, 소득세법 제2조의3[5] 및 법인세법 제5조 제1항[6]에서 수익자 즉, 투자자를 납세의무자로 규정하고 있으며, 법인세법 제5조 제4항[7]은 자본시장과 금융투자업에 관한 법률(이하 "자본시장법"이라 한다)의 적용을 받는 법인의 신탁재산에 귀속되는 수입과 지출은 그 법인에 귀속되는 수입과 지출로 보지 않는다고 규정하여 집합투자기구의 소득이 집합

---

4) 이전오, "부동산신탁의 부가가치세 납세의무자에 관한 연구", 『성균관법학』, 제27권 제2호, 성균관대학교 법학연구원, 2015, 373－404면.

5) **소득세법 제2조의3(신탁재산 귀속 소득에 대한 납세의무의 범위)** ① 신탁재산에 귀속되는 소득은 그 신탁의 이익을 받을 수익자(수익자가 사망하는 경우에는 그 상속인)에게 귀속되는 것으로 본다.

6) **법인세법 제5조(신탁소득)** ① 신탁재산에 귀속되는 소득에 대해서는 그 신탁의 이익을 받을 수익자가 그 신탁재산을 가진 것으로 보고 이 법을 적용한다. ＜개정 2020. 12. 22.＞

7) **법인세법 제5조(신탁소득)** ④ 「자본시장과 금융투자업에 관한 법률」의 적용을 받는 법인의 신탁재산(같은 법 제251조 제1항에 따른 보험회사의 특별계정은 제외한다. 이하 같다)에 귀속되는 수입과 지출은 그 법인에 귀속되는 수입과 지출로 보지 아니한다. ＜개정 2020. 12. 22.＞

투자기구에게 귀속되지 않음을 명시하고 있다. 다만, 소득이 아닌 거래행위 그 자체를 과세대상으로 삼는 부가가치세 등의 세목에 대해서는 실체이론이 적용되고 있는 현황이다.

상기 투자신탁형 부동산집합투자기구의 법적 성질과 관련 과세이론에 관한 검토를 바탕으로, 본 건 부동산투자신탁의 신탁업자 변경으로 인한 취득세 및 기타 세금 부과 문제에 대해 검토해보고자 한다.

2. 집합투자기구 운용에 따른 조세: 신탁업자 변경에 따른 취득세 부과 여부

집합투자기구에 대한 과세와 관련하여서는 설립단계, 운용단계, 결산단계로 나누어 설명할 수 있다. 이하에서는 집합투자기구 운용 중 신탁업자가 변경된 경우에 관하여 검토하고 집합투자업자와 수익자가 변경된 경우에 대해서도 간략히 서술하고자 한다.

가. 취득의 의미

지방세법 제7조 제1항[8]은 부동산 등을 취득하는 자에게 취득세가 부과되는 것으로 규정하고 있다. 이때 "취득"이란 동법 제6조 제1호에서 정의하는 바와 같이, 매매, 교환, 상속, 증여, 기부, 법인에 대한 현물출자, 건축, 개수, 공유수면의 매립, 간척에 의한 토지의 조성 등과 그 밖에 이와 유사한 취득으로서 원시취득, 승계취득 또는 유상·무상의 모든 취득을 의미한다.

지방세법상 '취득'의 의미에 관하여 대법원은 "취득세는 재화의 이전이라는

---

8) **지방세법 제7조(납세의무자 등)** ① 취득세는 부동산, 차량, 기계장비, 항공기, 선박, 입목, 광업권, 어업권, 양식업권, 골프회원권, 승마회원권, 콘도미니엄 회원권, 종합체육시설 이용회원권 또는 요트회원권(이하 이 장에서 "부동산등"이라 한다)을 취득한 자에게 부과한다.

사실 자체를 포착하여 거기에 담세력을 인정하고 부과하는 유통세의 일종으로서, 부동산의 취득자가 그 부동산을 사용, 수익, 처분함으로써 얻어질 이익을 포착하여 부과하는 것이 아니므로 지방세법 제105조 제1항9)의 '부동산의 취득'이란 부동산의 취득자가 실질적으로 완전한 내용의 소유권을 취득하는가의 여부에 관계없이 소유권 이전의 형식에 의한 부동산 취득의 모든 경우를 포함한다(대법원 1988. 4.25. 선고 88누919 판결)"라고 판시한 바 있다. 즉, 경제적 관점에서 재산권을 완전하게 이전한 것이 아니더라도, 형식적으로 취득이라고 판단될 수 있는 수준에 이르면, '취득' 요건을 충족하는 것이다.

반면, 지방세법 제7조 제2항은 부동산 등의 취득은 관계법령에 따른 등기·등록 등을 하지 아니한 경우라도 사실상 취득하면 각각 취득한 것으로 볼 수 있다고 규정하여, 동조 제1항 및 판례의 입장에 따라 원칙적으로 형식적인 취득을 고려하되 실질적인 측면도 일부 고려하는 절충적 입법을 하고 있다.10)

나. 집합투자기구에의 취득세 부과

2014. 12. 23. 삭제된 조세특례제한법 제120조 제4항 제2호11) 및 지방세특례

---

9) 상기 판결 당시 지방세법 제105조는 현행 지방세법 제7조 제1항과 유사하게 취득세는 해당 자산의 취득자에게 부과한다는 취지로 규정되어 있음.
(당시 지방세법 제105조 제1항: 취득세는 부동산·거량·중기·입목 또는 항공기의 취득에 대하여 당해 취득 물건소재지의 도에서 그 취득자에게 부과한다. 다만, 그 취득물건을 다른 도로 이전한 경우에는 대통령령이 정하는 바에 따라 이전지를 관할하는 도에서 취득자에게 부과한다.)

10) 유태현·서석환, "부동산신탁 관련 취득세제 개선에 관한 연구", 『지방자치법연구』, 제15권 제4호, 통권 제48호, 한국지방자치법학회, 2015, 47면.

11) **조세특례제한법 제120조(취득세의 면제 등)** ④ 다음 각 호의 어느 하나에 해당하는 부동산(「지방세법」 제13조 제5항 각 호의 어느 하나에 해당하는 부동산은 제외한다)을 2014년 12월 31일까지 취득하는 경우에는 취득세의 100분의 30(제3호의 경우에는 100분의 50)에 상당하는 세액을 감면한다. 이 경우 「지방세법」 제13조 제2항 본문 및 제3항의 세율을 적용하지 아니한다.
2. 「자본시장과 금융투자업에 관한 법률」에 따른 부동산집합투자기구의 집합투자재산으로 취득하는 부동산

제한법 제180조의2 제1항[12])의 부동산집합투자기구 취득세 감면 조항의 취지에 비추어보면, 법인세법 및 소득세법과 달리, 지방세법은 집합투자대상자산을 실제로 소유하고 있는 부동산집합투자기구에 취득세를 부과하고 있다. 즉, 지방세법은 실체이론에 따라 집합투자기구를 세법상 실체가 있는 것으로 판단하고 있는 것으로 보여진다.

다. 신탁업자의 변경에 따른 취득세

한편, 지방세법 제9조 제3항[13])는 신탁법에 따른 신탁으로 인한 신탁재산의 취득으로서 위탁자로부터 수탁자에게 신탁재산을 이전하는 경우(1호), 신탁의 종료로 인하여 수탁자로부터 위탁자에게 신탁재산을 이전하는 경우(2호) 및 수탁자가 변경되어 신수탁자에게 신탁재산을 이전하는 경우에도 취득세를 부과하지 않는다는 규정을 두고 있다. 이는 신탁관계에 있어서는 수탁자가 신탁계약에 따라 정해진 범위 내에서만 제한적으로 신탁재산을 관리, 처분할 수 있다는 취지에서 마련된 규정으로, 동법 제7조 제1항에 대한 특별규정이라고 볼 수 있다.

그런데 위 제3호가 신탁법상 신탁에서 나아가 자본시장법상의 신탁의 경우에도 동일하게 적용될 수 있는지 여부가 문제된다.

과세 요건이거나 비과세 요건 또는 조세감면요건을 막론하고 조세 법규의 해

---

12) **지방세특례제한법 제180조의2((지방세 중과세율 적용 배제 특례)** ① 다음 각 호의 어느 하나에 해당하는 부동산의 취득에 대해서는 「지방세법」에 따른 취득세를 과세할 때 2021년 12월 31일까지 같은 법 제13조 제2항 본문 및 같은 조 제3항의 세율을 적용하지 아니한다.
   2. 「자본시장과 금융투자업에 관한 법률」 제229조 제2호에 따른 부동산집합투자기구의 집합투자재산으로 취득하는 부동산

13) **지방세법 제9조(비과세)** ③ 신탁(「신탁법」에 따른 신탁으로서 신탁등기가 병행되는 것만 해당한다)으로 인한 신탁재산의 취득으로서 다음 각 호의 어느 하나에 해당하는 경우에는 취득세를 부과하지 아니한다. 다만, 신탁재산의 취득 중 주택조합등과 조합원 간의 부동산 취득 및 주택조합등의 비조합원용 부동산 취득은 제외한다. <개정 2011. 7. 25.>
   1. 위탁자로부터 수탁자에게 신탁재산을 이전하는 경우
   2. 신탁의 종료로 인하여 수탁자로부터 위탁자에게 신탁재산을 이전하는 경우
   3. 수탁자가 변경되어 신수탁자에게 신탁재산을 이전하는 경우

석은 특별한 사정이 없는 한 법문대로 해석하여야 한다는 조세법률주의의 원칙상, 합리적 이유 없이 법문을 확장해석하거나 유추해석하는 것은 허용되지 아니하고, 특히 감면 요건 규정 가운데에 명백히 특혜 규정이라고 볼 수 있는 것은 엄격하게 해석하여야 하는 것이 조세 공평의 원칙에 부합한다.[14] 이러한 원칙에 따르면, 신탁법에 따른 신탁과 자본시장법에 따른 신탁업자의 집합투자대상자산 취득은 동일하게 볼 수 없다는 의견이 존재할 수 있다.

이와 관련하여, 과세당국은 "간접투자자산운용업법(이하 "간투법"이라 한다)은 신탁에 관한 일반법인 신탁법의 특별법에 해당한다고 할 수 있어 간투법에서 규정하고 있지 않은 신탁에 관한 내용은 신탁법의 적용을 받으므로 간투법상의 신탁도 지방세법에서 규정하고 있는 신탁법에 의한 신탁에 해당되어 수탁자의 경질로 인한 신수탁자의 신탁재산 취득에 대해서도 취득세 비과세"라고 해석한 바 있다.[15] 자본시장법 제6조 제9항은 신탁을 영업으로 하는 행위를 신탁업으로 정의하고 있으며, 동법 제1항 제6호는 이익을 얻을 목적으로 계속적이거나 반복적인 방법으로 신탁업을 하는 행위를 금융투자업자의 하나로 규정하고 있다. 즉, 신탁업을 계속적이거나 반복적으로 하고자 하는 자는 금융투자업자로서, 자본시장법의 적용을 받는바, 자본시장법의 신탁관련 규정은 신탁법의 특별법이라고 볼 수 있다.[16] 결국, 투자신탁재산을 보관·관리하는 자로서 집합투자업자의 운용지시에 따라 투자신탁재산을 관리하는 신탁업자와 신탁법상 수탁자는 그 기능과 법적 성질이 다르다고 할 수 없다고 생각된다.[17]

따라서, 지방세법 제9조 제3항 제3호는 자본시장법상 신탁업자의 변경의 경우에도 동일하게 적용되어야 할 것으로 사료된다.

---

14) 대법원 1998.3.27. 선고 97누20090 판결.
15) 지방세정팀-522, "취득세, 수탁자 경질시 취득 등 납부 여부", 2005. 5. 2.
16) 강신섭, "개정 신탁법의 시행과 기업의 활용방안", 『월간 상장』, 10월호, 한국상장회사협의회, 2012, 23면.
17) 2009. 2. 간투법이 폐지되고 자본시장법이 시행되었으나, 간투법과 자본시장법의 개념 및 본질은 같은 것으로 보아, 과세당국의 유권해석이 동일하게 적용될 수 있을 것으로 사료됨.

라. 사안의 경우

앞서 본 바와 같이, 지방세법에 따른 취득세는 투자신탁형 부동산집합투자기구를 세법상 실체가 있다고 보고, 해당 집합투자기구를 과세부담의 주체로 보고 있다. 이때 취득세의 과세대상이 되는 부동산의 취득은 형식적인 취득으로도 충분한바, 신탁업자의 변경으로 인한 등기 변경 등은 형식상 취득에 해당하여 취득세 발생의 원인이 될 수 있다. 그러나 형식적으로 취득이 이루어졌는지 여부만을 보고 이중과세하는 과오를 줄이기 위해 과세당국은 자본시장법상의 부동산집합투자기구에도 소득세법 제9조 제3항 제3호를 적용하는 유권해석을 제시하고 있는바, 단순한 투자신탁형 부동산집합투자기구의 신탁업자 변경은 취득세 과세대상이 아니라고 해석된다. 따라서 사안의 본건 부동산투자신탁은 신탁업자의 변경으로 인한 취득세를 별도로 납부하지 않아도 되는 것으로 사료된다.

III. 집합투자기구 운용에 따른 조세: 양도소득세 및 부가가치세에 관하여

1. 양도소득세

투자신탁형 부동산집합투자기구가 보유하던 부동산을 처분한 경우 양도소득이 발생한다. 다만, 법인세법 제5조에 따라 투자신탁형 부동산집합투자기구는 법인세 납부의무를 부담하지 않으며, 이에 투자한 투자자가 투자신탁형 부동산집합투자기구를 통해 분배받은 이익에 대해 법인세 또는 소득세 납세의무를 부담하게 된다.

사안의 경우, 본건 부동산투자신탁은 기존 대출약정의 변경 등 리파이낸싱 거래를 위해 신탁업자를 변경하고자 한다. 소득세법상 '양도'란, 자산에 대한 등기 또는 등록과 관계없이 매도, 교환, 법인에 대한 현물출자 등으로 인하여 그 자산이 유상으로 사실상 이전되는 것을 의미하는바, 본건 부동산투자신탁의 신탁업자 변경은 '부동산의 양도'라고 보기 어려워 투자자들에게 양도소득세가 과세되지 않을 것으로 사료된다.

2. 부가가치세

부가가치세법 제10조 제9항 제4호 다목[18]은 수탁자가 변경되어 새로운 수탁자에게 신탁재산의 소유권이 이전되는 경우를 과세대상인 재화의 공급(동법 제9조 제1항[19])으로 보고 있지 아니한다.

앞서 살펴본 지방세법 제9조 제3항 제3호의 경우와 같이, 부가가치세법 제10조 제9항 제4호 다목 또한 자본시장법상 집합투자기구에 적용된다고 보는 것이 타당한 것으로 사료된다. 따라서, 본건 부동산투자신탁의 경우에도 신탁업자 변경에 있어 부가가치세법상의 세금을 부담하지 않는다고 보아야 할 것으로 생각된다.

IV. 보론

1. 집합투자업자 변경에 따른 취득세 과세 여부

투자신탁형 부동산집합투자기구의 신탁업자가 변경되는 경우와 달리, 지방세법은 집합투자업자의 변경에 관해 신탁법상의 위탁자 변경과 별개의 조항을 두어 명확히 각 경우를 구분하고 있다. 여기서 집합투자업자의 변경이란, 자본시장법 시행령 제215조 제9호[20]에 따른 변경을 의미한다.

---

18) **부가가치세법 제10조(재화공급의 특례)** ⑨ 다음 각 호의 어느 하나에 해당하는 것은 재화의 공급으로 보지 아니한다. <개정 2014. 1. 1., 2017. 12. 19.>
  4. 신탁재산의 소유권 이전으로서 다음 각 목의 어느 하나에 해당하는 것
    다. 수탁자가 변경되어 새로운 수탁자에게 신탁재산을 이전하는 경우
19) **부가가치세법 제9조** ① 재화의 공급은 계약상 또는 법률상의 모든 원인에 따라 재화를 인도(引渡)하거나 양도(讓渡)하는 것으로 한다.

지방세법 제7조 제15항[21] 본문에 따르면, 신탁재산의 위탁자 지위 이전이 있는 경우 새로운 위탁자가 해당 신탁재산을 취득한 것으로 보아 취득세가 부과된다. 반면 동 조항 단서는 자본시장법에 따른 부동산집합투자기구의 집합투자업자가 그 위탁자의 지위를 다른 집합투자업자에게 이전하는 경우(동법 시행령 제11조의2 제1호[22])를 신탁재산에 실질적인 소유권 변동이 있다고 보기 어려운 경우로 보아 동법의 '취득'에 해당하지 않는 것으로 판단한다.

본 조항은 본 조항이 제정되기 전 과세당국의 입장[23]과 동일한 내용으로, 투자대상 부동산의 취득에 따른 매수 대금은 투자자인 수익자가 제공하고, 소유권등기는 신탁업자의 명의로 경료되는 등 집합투자업자가 형식적인 소유권뿐 아니라 실질적인 소유권도 보유하고 있지 않은 구조를 반영한 것으로 볼 수 있다.

2. 수익자 변경에 따른 취득세 과세 여부

수익자 변경에 따른 취득세 과세에 관하여 대법원은 수익자 변경은 취득세 과세대상이 아니라고 판시[24]한 바 있으며, 과세 관청 또한 수익증권을 양수하면서

---

20) **자본시장법 제215조(신탁계약서의 기재사항)** 법 제188조 제1항 제8호에서 "대통령령으로 정하는 사항"이란 다음 각 호의 사항을 말한다. <개정 2012. 6. 29., 2020. 3. 10.>
　9. 집합투자업자와 신탁업자의 변경에 관한 사항(변경사유, 변경절차, 손실보상, 손해배상 등에 관한 사항을 포함한다)

21) **지방세법 제7조(납세의무자 등)** ⑮「신탁법」제10조에 따라 신탁재산의 위탁자 지위의 이전이 있는 경우에는 새로운 위탁자가 해당 신탁재산을 취득한 것으로 본다. 다만, 위탁자 지위의 이전에도 불구하고 신탁재산에 대한 실질적인 소유권 변동이 있다고 보기 어려운 경우로서 대통령령으로 정하는 경우에는 그러하지 아니하다. <신설 2015. 12. 29.>

22) **지방세법 시행령 제11조의2(소유권 변동이 없는 위탁자 지위의 이전 범위)** 법 제7조 제15항 단서에서 "대통령령으로 정하는 경우"란 다음 각 호의 어느 하나에 해당하는 경우를 말한다.
　1.「자본시장과 금융투자업에 관한 법률」에 따른 부동산집합투자기구의 집합투자업자가 그 위탁자의 지위를 다른 집합투자업자에게 이전하는 경우

23) 지방세운영과-904, "집합투자업자 변경에 따른 취득세 납세의무 여부", 2015. 3. 20.

24) 대법원 2019.2.28. 선고 2018두62515 심리불속행 판결; 서울고등법원 2018.10.17. 선고

부동산펀드의 재산인 신탁부동산을 사실상으로 취득하지 않는 한 취득세 납세의
무는 없는 것으로 판단된다는 입장을 밝힌 바 있다. 다만, 과세당국은 수익증권의
거래가 실질적으로 매매계약이었다는 정황증거가 있을 경우 취득세를 과세하기도
한다는 입장을 취하고 있어, 형식적인 소유권 취득 여부뿐만 아니라 실질적인 소
유권 취득 여부도 고려하고 있는 것으로 보인다.[25]

V. 맺음말

투자신탁형 부동산집합투자기구는 집합투자업자, 신탁업자, 수익자 3자 간 계
약에 따라 형성된 것으로, 독자적인 법인격이 없어 과세 부담 주체에 관한 논의가
필요하다. 지방세법상 투자신탁형 부동산집합투자기구는 부동산 등을 취득하였을
때 취득세를 납부할 의무를 부담한다. 다만, 신탁계약 기간 중 부동산 등에 대한
등기상 소유권자인 신탁업자가 변경되는 경우, 해당 집합투자기구의 자산관리자만
변경되었을 뿐 실질적으로 그 내용이 변경된 바 없어 취득세는 면제된다고 한다.
과세당국의 이러한 입장은 실체이론을 택하고 있는 지방세법상 이중과세가
발생하는 것을 방지하고자 함에 있다고 할 것이다. 이는 시장에서 주요 경제 주체
로 활용되는 투자신탁형 부동산집합투자기구를 하나의 독립적인 실체로 보되, 그
경제적 실제를 고려하여 실질과세 원칙을 준수하고자 하는 것이라 생각된다.

2018누35041 판결

25) 세제-6573, "「자본시장 및 금융투자업에 관한 법률」에 의한 부동산집합투자업자의 변경
및 수익증권 보유자의 수익증권 양도행위가 지방세법상 취득세 과세대상에 해당하는지
여부", 2015. 5. 1.

제30장

●

집합투자재산의 평가와 상환금 결정방법

Ⅰ. 사안의 개요

> ### 대법원 2006. 10. 26 선고 2005다29771 판결 [상환금]
> ### (이하 '대상판결' 또는 '본 사안'이라 한다)

- 공무원연금관리공단(이하 '원고'라 한다)은 2000. 3. 24. 교보증권투자신탁운용 주식회사(이하 '피고 투자신탁'이라 한다)가 위탁회사로서 발행하고, 국민은행(이하 '피고 은행'이라 한다, 피고 투자신탁과 피고 은행을 통칭하여 '피고들'이라 한다)이 판매한 교보후순위채단위형투자신탁 1·2호(이하 '이 사건 투자신탁'이라 한다)의 수익증권(이하 각 '제1호 수익증권', '제2호 수익증권'이라 하고 통칭하여 '이 사건 수익증권'이라 한다)을 각 400억원에 매입하였으며, 이 사건 수익증권의 만기는 모두 2001. 3. 24.였다.
- 이 사건 수익증권은 신용등급 bb+이하 c 이상인 채권이나 기업어음에 50% 이상(단, 후순위채권[1]) 25% 이상)을 투자해야 하는 형태의 투자신탁이었는

---

1) 후순위채권이라 함은 유동화전문회사가 발행하는 회사채로서, IMF구제금융 사태 이후 부실채권이 과다하게 발생하자 은행과 투자신탁사가 보유하는 신용등급 bb+이하의 부실채권을 모아 이를 담보로 발행한 것이다. 후순위채는 부실채권을 대상으로 하므로 그 기초자산에 편입된 회사채가 부도날 경우 이를 발행한 회사의 자력이 감소되어 후순위채가 지급되지 못할 위험성이 있고 채권시장에서 정상적인 거래가 이루어지는 것은 사실상 어렵다. 후순위채 펀드란 전체 중 25% 이상을 후순위채에 투자하는 펀드로, 정책적 목적 하에 공모주 우선배정, 세금우대 등 혜택을 주었다. 후순위채권의 기준가격에 관하여 장부가

데, 원고는 이 사건 투자신탁의 유일한 수익자였다.
- 이 사건 투자신탁의 약관(이하 '이 사건 약관'이라 한다)의 주요 내용은 다음 과 같다.

(1) 기준가격

제7조 : 기준가격 계산시 유가증권의 평가는 관계 법령 및 금융감독원이 정하는 바에 의하되, 비상장채권의 평가는 한국증권협회가 매일 공시하는 '채권 시가평 가 기준수익률'에 잔존기간을 반영하고 매도 실현 위험에 대한 가산금리를 감안 한 조정수익률을 가격으로 환산하여 평가하고, 다만 '채권 시가평가 기준수익률' 이 적용되지 아니하는 채권이나 '채권 시가평가 기준수익률'이 시장가치를 반영 하지 못한다고 판단되는 채권, 부도채권 등에 대하여는 위탁회사가 설치·운영 하는 '유가증권 등 평가위원회(이하 '평가위원회'라 한다)'의 평가에 의한다.

(2) 환매청구

제16조 제3항 : 수익자가 수익증권의 환매를 청구하는 경우에 위탁회사 또는 판매회사는 환매청구가 있는 날로부터 제 3영업일의 기준가격을 적용하여 그 수익증권을 환매하되, 환매대금은 신탁재산의 일부해지에 의하여 조성한 현금 으로 환매청구일로부터 제 3영업일에 위탁회사 또는 판매회사의 영업점포에서 지급한다. 다만, 투자신탁재산 중 유가증권 등의 매각지연 등의 사유로 환매청 구일에 환매에 응할 수 없는 때에는 지체 없이 그 사실을 수익자에게 통지하고, 환매청구일로부터 15일 이내에 환매대금을 지급할 수 있다.

제25조 제3항 : 판매회사는 수익자의 수익증권 환매청구가 있는 경우 위탁회사 에 투자신탁의 일부 해지를 청구하여야 하며, 위탁회사는 해지 청구일로부터 제 3영업일의 기준가격을 적용하여 일부 해지하며, 위탁회사는 해지 청구일로부터 제 3영업일에 투자신탁의 일부 해지대금을 판매회사에 지급하고, 다만 해지 대 상 투자신탁재산 중 처분되지 아니한 자산이 있어 일부 해지에 응할 수 없는 경 우에는 위탁회사는 투자신탁재산이 처분되는 날로부터 제 2영업일의 기준가격 을 적용하여 투자신탁을 일부 해지하며, 그 영업일에 위 해지대금을 판매회사에 현금으로 지급한다.

평가를 원칙으로 하다가 1998. 9. 16. 증권투자신탁업법 개정으로 시가평가의 원칙으로 변경되었다(대법원 2006. 10. 26 선고 2005다29771 판결).

(3) 이익분배금 및 상환금의 지급

제28조 제4항 : 수탁회사가 상환금 등을 위탁회사에게 인도한 후에는 위탁회사가 수익자에 대하여 그 지급에 대한 책임을 부담하고(제28조 제3항), 상환금 등은 투자신탁 계약기간의 종료일로부터 2개월 이내에 속하는 날로서 위탁회사가 지정하는 날을 지급개시일로 하여 위탁회사 또는 판매회사의 영업점포에서 지급한다.

- 피고 투자신탁은 이 사건 투자신탁의 신탁재산으로, 금호산업, 동서산업 및 에스케이엠(SKM) 주식회사가 각 발행한 회사채와 교보1차 유동화전문 주식회사가 발행한 제1−4회(만기 2002. 9. 24.) 후순위채 및 제1−5회(만기 2003. 3. 24.) 후순위채(이하 통칭하여'이 사건 후순위채'라 한다) 등을 편입하였는데, 당시 후순위채는 모두 장부가로 평가하여 편입하였고, 이를 토대로 기준가격을 고시하였다.

- 금감원은 2000. 10. 16. 증권투자신탁법의 시가평가제 도입 및 이와 관련된 증권투자신탁법 감독규정 64조에 따라, 유가증권에 대한 평가를 시가평가의 원칙으로 변경하는 내용으로 「채권의 시가평가 기준수익률 공시 및 평가 등에 관한 규칙 시행세칙」(이하 '시행세칙'이라 한다)을 개정하면서 그 시행은 위 개정일(2000. 10. 16.)로부터 하도록 규정하였다. 당시 한국증권업협회는 그 시행세칙의 시행에 대하여 금감원과 협의를 한 후 피고 투자신탁에 대하여 '평가위원회가 위 개정일 이전에 설정된 펀드의 평가방법을 정할 때에는 그 연속성 및 일관성이 유지될 수 있도록 하라'고 지시하였다. 이에 피고 투자신탁의 평가위원회는 2000. 11. 8. 대회의실에서 '유가증권 등 평가위원회 운영지침 개정과 비상장채권 등의 평가 방안'을 안건으로 한 회의를 개최하여, 금감원의 지시 사항에 따라 유가증권의 평가에 대하여 시가평가를 원칙으로 하되, 이를 위 2000. 10. 16.부터 적용하기로 하였고, 후순위채 등 당시까지 장부가로 편입되어 평가되고 있던 유가증권에 대하여는 연속성, 일관성 및 형평성을 위하여 계속 장부가로 평가하기로 의결하였다.

- 그런데 에스케이엠(SKM) 주식회사 발행의 회사채는 이 사건 투자신탁의 만기 전인 2000. 11. 21. 부도가 났고, 이에 피고 투자신탁은 평가위원회를 열어 이 사건 투자신탁에서 취득가 1,143,455,591원을 기준으로 평가되던 에스케이엠 주식회사 발행의 회사채의 평가액을 각 250,000,000원으로 낮추기로 의결하였으나(4분의 1 수준), 에스케이엠 주식회사 발행의 회사채(만기 2002. 2. 18.) 및 다른 회사채 3개를 기초로 교보1차 유동화전문 주식회사가

발행한 이 사건 후순위채에 대하여는 2000. 11. 8.자 평가위원회 의결에 따라 기존과 같이 장부가로 평가하여 수익증권의 기준가격을 고시하였다.

- 원고는 이 사건 투자신탁의 만기가 도래하자, 피고 은행에 만기상환금의 지급을 구하였고, 피고 투자신탁은 만기일로부터 2개월 내에 상환금 명목의 돈을 일부 지급하였으나, 나머지 상환금은 지급하지 못하였다. 또한 상환금 지급은 실제 투자신탁재산이 처분된 시점에 형성된 가격, 즉 시가를 기준으로 이루어졌다. 피고 투자신탁은 그 후 2002년과 2003년에 이 사건 후순위채를 처분하여 처분시의 시가를 기준가격으로 산정한 상환금을 추가로 지급하였고, 이로써 상환금 지급이 완료되었다고 주장하였다.

- 이에 대하여 원고는, 투자신탁의 만기 도래시에 상환금의 전액을 지급할 의무가 발생함에도 상환금의 일부만 지급되었고, 그 지급도 만기 시의 기준가격인 장부가격을 기준으로 상환금을 지급하였어야 한다고 주장하였다. 이에 원고는 피고들의 부진정연대채무를 원인으로 하여[2] 이 사건 소제기 전 최종 일부 변제일인 2001. 5. 16.[3]의 기준가격을 적용한 미지급 상환금에서 그 후 추가변제로 변제충당하고 남은 미지급금 및 이에 대한 지연손해금을 구하는 소를 제기하였다.

II. 문제의 소재

본 사안에서 원고는, ① 투자신탁의 만기 도래시에 피고들의 상환금 전액을 지급할 의무가 발생하고,[4] ② 만기시의 기준가격인 장부가격으로 평가한 상환금

---

2) 본 사안에서 원고는 피고 투자신탁과 피고 은행을 모두를 상대로 상환금 지급 청구를 하며 판매회사와 위탁회사 모두 상환금 지급에 대한 부진정연대채무가 있다고 주장하였고, 이에 판매회사가 상환금 지급의무자인지도 쟁점이 되었으나, 해당 쟁점은 논외로 한다.
3) 이 사건 약관상 상환금 지급 시점인 만기일로부터 2개월 내인 시점 중 최종 변제 시점.
4) 투자신탁의 편입 자산의 매각이 어렵거나 불가능한 경우 투자신탁의 만기가 도래하면 바로 상환의무가 발생하는지 혹은 투자신탁재산이 처분되는 시점에 비로소 상환의무가 발생하는지도 본 사안의 쟁점이 되었으나, 현재는 신탁계약상 별도의 규정이 없는 이상 펀드의 만기가 도래하는 경우 바로 상환의무가 발생한다는 것이 확립된 법리이므로 해당 쟁점은 논외로 한다. 참고로, 편입 자산의 매각이 어렵거나 불가능한 경우 상환금의 지급과 관련하여 과거 증권투자신탁업법(1998. 9 . 16. 이전의 것)은 위탁업자는 고유재산으

을 원고에게 지급하여야 한다고 주장하였는데, 장부가격 평가 주장에 대한 근거로 i) 시가평가원칙을 적용하기로 시행세칙이 개정된 것은 2000. 10. 16.일인 점, ii) 피고 투자신탁은 기준가격 평가에 관하여는 평가위원회의 결의에 따르기로 하였던 점, iii) 평가위원회의 결의를 통하여 금융감독원의 시가평가로의 전환 및 그 예외에 대한 시행세칙의 취지에 따라 시행세칙 개정 전인 2000. 10. 16. 이전까지 장부가로 편입되어 평가되던 유가증권에 대하여는 연속성과 일관성 및 형평성을 위하여 계속 장부가로 평가하기로 의결하였던 점 등을 들었다.

반면 피고 투자신탁은, ① 이 사건 투자신탁에는 후순위채 등 즉시 시장 거래가 이루어질 수 없는 채권들이 다수 편입되어 만기에 현금화할 수 없었고, 만기 도래 시 신탁재산을 현금화하기 어려운 경우 상환금을 어떻게 지급할 것인지에 대하여는 이 사건 약관상 명문 규정이 없으므로, 환매에 대한 규정인 이 사건 약관 제25조 제3항을 유추적용하여, 처분되지 아니하는 투자신탁재산이 있는 경우 그 투자신탁재산이 처분되는 대로 상환금을 지급하면 될 뿐이고, ② 그 지급할 기준가격도 실제 그 처분이 이루어진 시점에 형성된 가격이어야 한다고 주장하였다. 이에 피고들은 매각 불가능한 재산들이 처분 가능하게 될 때마다 이를 처분하여, 처분시점의 시가로 산정한 상환금을 원고에게 지급함으로써 채무가 모두 변제되었다고 항변하였다.

투자신탁재산의 평가와 관련하여, 과거 증권투자신탁업법(2000. 6. 개정 전의 것)은 장부가평가를 원칙으로 하고 있었으나, 실적배당주의 원칙[5])에 반한다는 이유로 2000. 6. 시가평가원칙으로 전환하였다. 현재 자본시장과 금융투자업에 관한 법률(이하 '자본시장법'이라 한다)은 집합투자재산의 평가와 관련하여 시가평가를 원

로써 수익증권을 환매할 수 있다고 규정하여 위탁회사가 신탁재산을 처분하지 않고 고유재산으로 환매하는 것이 허용되었다. 그러나 신탁재산 중 부실채권들을 위탁회사가 고유재산으로 당일 환매를 하여 채권에 대한 시가평가가 아닌 장부가 평가로 신탁재산을 인수하게 됨으로써 신탁재산의 부실을 금융기관이 떠안게 되어 투자 손익의 수익자 귀속이라는 신탁의 대원칙에 반하게 되는 문제에 대한 지적이 있었다. 이에 투자신탁의 처분을 통하여만 환매와 상환에 응하도록 증권투자신탁업법을 개정하였다.

5) 실적배당주의 원칙이란, 증권투자신탁에서도 투자전문가인 위탁자가 신탁재산에 대하여 선량한 관리자로서 주의의무를 다한 이상 그 신탁재산의 운용 결과에 대한 손익이 모두 수익자에게 귀속된다는 원칙을 말한다(대법원 1998. 10. 27. 선고 97다47989 판결).

칙으로 하고,[6] 시가평가가 곤란한 경우에 한하여 공정가액으로 평가하도록 규정하고 있어 시가평가원칙을 따르고 있다. 이러한 집합투자재산의 평가와 관련하여 자본시장법령 및 금융투자업규정, 집합투자재산 회계처리 가이드라인에 구체적인 방법이 규정되어 있다.

집합투자증권을 인수한 수익자가 환매를 신청하거나, 집합투자증권의 만기가 도래하여 수익자에게 환매대금 내지는 상환금을 지급하여야 하는 경우, 기준가격에 의하여 환매나 상환 대금을 산정하게 된다. 기준가격이란 특정한 집합투자기구의 집합투자재산의 순자산가치(NAV)를 그 집합투자증권 총수로 나눈 것, 즉 "집합투자증권당 순자산가치"를 의미한다.[7] 따라서 기준가격 산정은 수익자의 손실 및 수익 귀속과 직결된 것이라 할 것인데, 기준가 산정의 핵심이 되는 것이 바로 집합투자재산의 평가이다. 기준가는 집합투자재산을 평가한 가격을 총좌수로 나눈 가격이기 때문이다. 집합투자재산의 평가는 집합투자재산의 적절하고도 공정한 현재가치에 대한 정보를 수익자에게 제공하여 수익자들이 집합투자기구의 투자대상자산에 대한 정확한 가치를 파악하고, 이에 기반하여 투자 및 환매청구를 할 수 있도록 하는 것이기 때문에 매우 중요하다. 집합투자재산의 평가가 제대로 되지 아니하면 신규로 펀드의 수익증권을 매수하는 수익자들이 투자대상자산의 과대평가로 인해 과도한 대가를 지급하게 될 수도, 상환금을 지급받는 수익자들이 과소평가된 상환금을 받게 되어 수익자 평등의 원칙에 반하게 될 수도 있다.

본 사안은 시가평가 원칙이 2000년 7월 전면 시행되면서 집합투자재산에 편입된 채권, 특히 후순위채권의 평가와 관련하여 발생한 분쟁이다. 본 사안에서 원피고 각 주장의 타당성 판단의 핵심이 되는 쟁점[8]은 신탁재산 처분지연시의 상환

---

6) 금융위원회 보도자료, 2022. 4. 1.,「단기금융집합투자기구(MMF) 시가평가제도 단계적 시행을 위한 금융투자업규정 개정」. 단, MMF의 경우 장부가평가를 원칙으로 하고 있다.

7) 사모펀드 해설, 박삼철 외 3인, 2021. 12. 21. 제3판, 301pg

8) 본 사안에서는 상환금 지급 주체와 관련하여 판매사 또는 위탁사의 고유자금으로 상환금 지급 의무가 있는지가 또 하나의 쟁점이 되었는데, 본 글에서는 집합투자재산의 평가방법 및 평가시기에 한정하여 기술하기 위하여 논외로 한다. 참고로 본 사안의 1심 판결은 판매사는 그 고유재산으로 상환금을 지급할 의무가 없고 신탁약관에 따라 집합투자재산의 처분 대가를 상환 재원으로만 하여야 하기 때문에 지급 주체가 아니라고 판단하였다. 상환금이 위탁자의 고유재산으로 상환되어야 하는지와 관련하여, 1998. 9. 16. 이전 구 증권

금 지급의무 발생시기[9] 및 환매 또는 상환시의 투자신탁재산(비상장채권)의 평가에 따른 기준가격 산정이다.

이하에서는 자본시장법 하[10])의 일반사모집합투자기구에 한정하여 집합투자재산의 분류 및 평가방법, 특히 집합투자재산이 가치가 하락할 요인이 존재하여 부실화된 경우의 부실채권의 분류 및 평가방법에 대한 법령 규정 등을 살펴보겠다. 법령규정과 더불어 금융감독원에서 집합투자재산 평가 부적정을 원인으로 제재를 가한 사례들을 함께 소개하겠다. 마지막으로 본 사안에서 법원이 각 원고와 피고의 주장에 대하여 어떻게 판단하였는지 각 고등법원 및 대법원의 판단을 살펴보겠다.

III. 집합투자재산의 분류 및 평가

자본시장법 제238조는 집합투자재산의 평가 및 기준가격의 산정 등에 대해 규정하고 있다. 공모집합투자기구의 경우, 동조 제7항에 따라 원칙적으로 매일 산정한 집합투자재산의 기준가격을 공시하여야 하는데, 이 역시 투자자의 정확한 투자판단을 위한 것이라 할 수 있다. 일반사모집합투자기구의 경우 특례규정에 따라 매일 기준가격을 공시하여야 할 의무는 없으나, 공모펀드의 기준가 공시제도의 취지를 감안하면 사모펀드의 경우에도 집합투자재산 평가는 매우 중요하다고 할 수 있다.

신탁업법은 위탁업자의 고유재산으로써 수익증권을 환매할 수 있다는 규정을 두었으나, 1998. 9. 16. 법을 개정하여 해당 조항을 삭제하고 위탁회사는 신탁의 일부해지에 의하여 조성한 현금으로만 환매에 응하여야 한다는 규정을 신설하여 위탁자 고유재산으로의 환매를 금지하였고, 이러한 규정은 상환금 지급의 경우에도 그대로 적용된다고 하여 위탁자 고유자금으로 상환금을 지급할 의무가 없다고 판단하였다.

9) 앞서 설명한 바와 같이 해당 쟁점에 대한 일반론적 설명은 생략한다.

10) 대상판결은 증권투자신탁업법이 적용되는 사안이나, 현재 증권투자신탁업법이 폐지되었으므로 자본시장법 하에서의 집합투자재산 분류 및 평가에 대하여 기술하겠다.

자본시장법

제238조(집합투자재산의 평가 및 기준가격의 산정 등)
① 집합투자업자는 <u>대통령령으로 정하는 방법에 따라 집합투자재산을 시가에</u> <u>따라 평가하되, 평가일 현재 신뢰할 만한 시가가 없는 경우에는 대통령령으로</u> <u>정하는 공정가액으로 평가하여야 한다.</u> 다만, 투자자가 수시로 변동되는 등 투자자의 이익을 해할 우려가 적은 경우로서 대통령령으로 정하는 경우에는 대통령령으로 정하는 가액으로 평가할 수 있다.
② 집합투자업자는 제1항에 따른 집합투자재산의 평가업무를 수행하기 위하여 대통령령으로 정하는 방법에 따라 평가위원회를 구성·운영하여야 한다.
③ 집합투자업자는 집합투자재산에 대한 평가가 공정하고 정확하게 이루어질 수 있도록 그 집합투자재산을 보관·관리하는 신탁업자의 확인을 받아 다음 각 호의 사항이 포함된 집합투자재산의 평가와 절차에 관한 기준(이하 이 조에서 "집합투자재산평가기준"이라 한다)을 마련하여야 한다.
1. 제2항에 따른 평가위원회의 구성 및 운영에 관한 사항
2. 집합투자재산의 평가의 일관성 유지에 관한 사항
3. 집합투자재산의 종류별로 해당 재산의 가격을 평가하는 채권평가회사(제263 조에 따른 채권평가회사를 말한다)를 두는 경우 그 선정 및 변경과 해당 채권평가회사가 제공하는 가격의 적용에 관한 사항
4. 그 밖에 대통령령으로 정하는 사항
④ 집합투자업자는 제2항에 따른 평가위원회가 집합투자재산을 평가한 경우 그 평가명세를 지체 없이 그 집합투자재산을 보관·관리하는 신탁업자에게 통보하여야 한다.
⑤ 집합투자재산을 보관·관리하는 신탁업자는 집합투자업자의 집합투자재산에 대한 평가가 법령 및 집합투자재산평가기준에 따라 공정하게 이루어졌는지 확인하여야 한다.
⑥ 투자신탁이나 투자익명조합의 집합투자업자 또는 투자회사등은 <u>제1항부터</u> <u>제5항까지의 규정에 따른 집합투자재산의 평가결과에 따라 대통령령으로 정하</u> <u>는 방법으로 집합투자증권의 기준가격을 산정하여야</u> 한다.
⑦ 투자신탁이나 투자익명조합의 집합투자업자 또는 투자회사등은 제6항에 따라 산정된 <u>기준가격을 매일 공고·게시하여야</u> 한다. 다만, 기준가격을 매일 공

고·게시하기 곤란한 경우 등 대통령령으로 정하는 경우에는 해당 집합투자규약에서 기준가격의 공고·게시주기를 15일 이내의 범위에서 별도로 정할 수 있다. ⑧ 금융위원회는 투자신탁이나 투자익명조합의 집합투자업자 또는 투자회사등이 제6항을 위반하여 거짓으로 기준가격을 산정한 경우에는 그 투자신탁이나 투자익명조합의 집합투자업자 또는 투자회사등에 대하여 기준가격 산정업무를 일반사무관리회사에 그 범위를 정하여 위탁하도록 명할 수 있다. 이 경우 해당 집합투자업자 및 그 집합투자업자의 계열회사, 투자회사·투자유한회사·투자합자회사·투자유한책임회사의 계열회사는 그 수탁대상에서 제외된다.

제249조의8(일반 사모집합투자기구에 대한 특례) ① 생략 … 제238조 제7항·제8항, 생략 …는 일반 사모집합투자기구에는 적용하지 아니한다.

1. 평가방법

일반사모집합투자기구의 집합투자재산은 원칙적으로 시가에 따라 평가하되, 평가일 현재 신뢰할 만한 가치가 없는 경우에는 공정가액으로 평가하여야 한다(자본시장법 제238조 제1항). 구체적인 시가평가방법 및 공정가액 평가방법은 자본시장과 금융투자업에 관한 법률 시행령(이하 '자본시장법 시행령'이라 한다) 제260조 제1항 및 제2항에서 규정하고 있다.

자본시장법 시행령

제260조(집합투자재산의 평가방법)
① 법 제238조 제1항 본문에서 "대통령령으로 정하는 방법"이란 증권시장(해외 증권시장을 포함한다)에서 거래된 최종시가(해외 증권의 경우 전날의 최종시가) 또는 장내파생상품이 거래되는 파생상품시장(해외 파생상품시장을 포함한다)에서 공표하는 가격(해외 파생상품의 경우 전날의 가격)을 말한다. 다만, 다음 각 호의 경우에는 해당 호에서 정하는 가격으로 평가할 수 있다.
1. 기관전용사모집합투자기구가 법 제249조의12 제1항에 따라 준용되는 법 제

249조의7 제5항에 따라 지분증권에 투자하는 경우에는 그 지분증권의 취득가격
2. 평가기준일이 속하는 달의 직전 3개월간 계속하여 매월 10일 이상 증권시장에서 시세가 형성된 채무증권의 경우에는 평가기준일에 증권시장에서 거래된 최종시가를 기준으로 둘 이상의 채권평가회사가 제공하는 가격정보를 기초로 한 가격
3. 해외 증권시장에서 시세가 형성된 채무증권의 경우에는 둘 이상의 채권평가회사가 제공하는 가격정보를 기초로 한 가격
② 법 제238조 제1항 본문에서 "<u>대통령령으로 정하는 공정가액</u>"이란 집합투자재산에 속한 자산의 종류별로 다음 각 호의 사항을 고려하여 집합투자재산평가위원회(기관전용사모집합투자기구의 경우는 업무집행사원을 말한다. 이하 이 항에서 같다)가 법 제79조 제2항에 따른 충실의무를 준수하고 평가의 일관성을 유지하여 평가한 가격을 말한다. 이 경우 집합투자재산평가위원회는 집합투자재산에 속한 자산으로서 부도채권 등 부실화된 자산에 대해서는 금융위원회가 정하여 고시하는 기준에 따라 평가해야 한다.
1. 투자대상자산의 취득가격
2. 투자대상자산의 거래가격
3. 투자대상자산에 대하여 다음 각 목의 자가 제공한 가격
　　가. 채권평가회사
　　나. 「공인회계사법」에 따른 회계법인
　　다. 신용평가회사
　　라. 「감정평가 및 감정평가사에 관한 법률」에 따른 감정평가법인등
　　마. 인수업을 영위하는 투자매매업자
　　바. 가목부터 마목까지의 자에 준하는 자로서 관련 법령에 따라 허가·인가·등록 등을 받은 자
　　사. 가목부터 바목까지의 자에 준하는 외국인
4. 환율
5. 집합투자증권의 기준가격

시가는 기본적으로 증권시장 또는 파생상품시장에서 형성된 가격을 말하므로, 시가평가 방법으로 평가할 수 있는 것은 상장증권과 장내파생상품으로 한정된다. 시가평가 적용대산 자산인 상장증권과 장내파생상품에 해당하지 않는 자산은

공정가액으로 평가하여야 하는데, 비상장증권, 장외파생상품, 부동산, 특별자산 등이 이에 해당한다. 다만 상장증권과 장내파생상품의 경우도 평가일 현재 신뢰할 만한 시가가 없는 경우에는 공정가액으로 평가하여야 한다(자본시장법 제238조 제1항 본문).[11]

가. 시가평가

증권시장이나 파생상품시장에 상장되어 거래되는 증권과 파생상품은 시가로 평가한다. 여기서 시가란, 증권시장에서 거래된 최종시가, 파생상품시장에서 공표하는 가격을 말한다(자본시장법 시행령 제260조 제1항).[12] 시장에는 해외시장도 포함되며, 해외시장에서 거래되는 증권과 파생상품의 경우 시차 때문에 기준가격을 산정하는 시점에 그 날의 최종시가와 공표가격이 나오지 않을 수 있기 때문에 해외증권의 경우 전날의 최종시가를, 해외파생상품의 경우 전날의 공표가격을 시가로 한다.

나. 공정가액 평가

공정가액이란, 집합투자재산에 속한 자산의 종류별로 일정한 사항을 고려하여 집합투자재산평가위원회가 충실의무를 준수하고 평가의 일관성을 유지하여 평가한 가격을 말한다(자본시장법 시행령 제260조 제2항). 공정가액 평가시 자산의 종류별로 다음과 같은 사항들을 고려하여야 하는데, 자산의 종류 등에 따라 이러한 사항들이 전부 적용될 수도, 일부만 적용될 수도 있다.[13] 집합투자재산 평가위원회는 ① 투자대상자산의 취득가격, ② 투자대상자산의 거래가격, ③ 투자대상자산에 대하여 자본시장법 시행령 제260조 제2항 제3호 각목의 평가전문가가 제공한 가격, ④ 환율, ⑤ 집합투자재산의 기준가격을 고려하여 공정가액을 평가하여야 한다.

---

11) 사모펀드 해설, 박삼철 외 3인, 2021. 12. 21. 제3판, 302pg
12) 상계서적, 302pg
13) 상계서적, 303pg

자본시장법 시행령 제260조 제2항 제3호 각목의 평가전문가와 관련하여, 채권시가평가의 경우에는 외부 평가전문가가 채권평가회사로 제한된다.[14) 주의할 점은 본조의 평가전문가에는 "법률전문가"가 포함되지 아니한다는 점인데, 평가 가능 법인을 찾기 어렵다는 이유로 관련법상 적격평가업체가 아닌 법무법인의 법률의견서를 기초로 간접투자재산평가위원회를 개최하여 채권을 평가하고, 원금회수가 불능하게 되었으나 해당 채권을 재평가하지 아니한 사안에서 금융감독원이 임직원 주의조치를 내린 사례가 있다.[15)

금융투자협회는 "집합투자재산 회계처리 가이드라인"을 배포하여 집합투자재산의 자산종류별 평가방법을 더욱 구체적으로 제시하고 있다. 특히 비상장 주식과 관련하여, 소규모 회사의 비상장주식을 보유한 벤처캐피탈 등 기관투자자와 기업들이 공정가치 평가에 따른 경영부담이 크다는 점, 외부감사 과정에서 공정가치 추정치에 대한 기업과 외부감사인간 의견 조율이 어려운 점 등 비상장주식에 대한 공정가치[16) 평가의 어려움을 보완하기 위하여 금융감독당국[17)은 "비상장주식에 대한 공정가치평가 가이드라인"을 제시하였다. 해당 가이드라인을 통하여 ① 비상장주식의 평가는 공정가치 평가를 원칙으로 하되 취득원가를 공정가치로 평가할 수 있는 정량적 기준을 제시하고, 원가가 공정가치의 적절한 추정치가 될 수 있는 사례를 구체화하였으며, ② 창업초기 기업 등이 발행한 비상장주식에 대한 공정가치 평가방법을 제시하였다.[18)

다. 부도채권등 평가

부도채권등 부실화된 자산(이하 '부도채권등'이라 한다)에 대한 평가는 금융위원회가 정하여 고시하는 기준인 금융투자업규정 제7-35조 [별표 18] "집합투자재

---

14) 상게서적, 303pg
15) 자산운용 검사 사례집, 2021, 금융감독원, 166pg
16) 공정가액과 공정가치는 동일한 의미로 사용됨.
17) 금융위원회, 금융감독원, 한국회계기준원.
18) 금융위원회 보도자료, 2020. 1. 21., 「비상장주식에 대한 공정가치 평가 관련 가이드라인」.

산 보유 부도채권 등 부실화된 자산의 분류 및 평가기준"(이하 '별표 18' 또는 '부도채권등 평가기준'이라 한다)에 따라 평가하여야 한다. 따라서 부실화된 자산의 평가에는 집합투자업자의 재량의 개입될 여지가 별로 없다[19].

자본시장법 시행령

제260조(집합투자재산의 평가방법)
② 법 제238조 제1항 본문에서 "대통령령으로 정하는 공정가액"이란 집합투자재산에 속한 자산의 종류별로 다음 각 호의 사항을 고려하여 집합투자재산평가위원회(기관전용사모집합투자기구의 경우는 업무집행사원을 말한다. 이하 이 항에서 같다)가 법 제79조 제2항에 따른 충실의무를 준수하고 평가의 일관성을 유지하여 평가한 가격을 말한다. 이 경우 집합투자재산평가위원회는 집합투자재산에 속한 자산으로서 부도채권 등 부실화된 자산에 대해서는 금융위원회가 정하여 고시하는 기준에 따라 평가해야 한다.

금융투자업규정
제7-35조(부도채권 등 부실화된 자산의 평가)
① 집합투자업자는 영 제260조 제2항 각 호 외의 부분 후단에 따라 집합투자재산에 속한 자산으로서 부도채권 등 부실화된 자산을 원리금회수 가능성을 감안하여 부실우려단계, 발생단계, 개선단계, 악화단계 등 4단계로 분류하고 적정하게 평가하여야 한다.
② 제1항의 부도채권 등 부실화된 자산이란 발행인 또는 거래상대방의 부도, 회생절차개시신청 또는 파산절차의 진행 등으로 인하여 원리금의 전부 또는 일부의 회수가 곤란할 것이 명백히 예상되는 자산을 말한다.
③ 제1항의 부도채권 등 부실화된 자산의 분류 및 평가와 관련한 세부기준은 별표 18과 같다.
④ 제1항부터 제3항까지의 규정은 영 제261조 제3항 제1호에 따른 부도채권 등 부실화된 자산 등의 분류 및 평가와 관련하여 적용할 세부기준에 관하여 준용한다.

---

[19] 사모펀드 해설, 박삼철 외 3인, 2021. 12. 21. 제3판, 302pg

부도채권 등이란 발행인 또는 거래상대방의 부도, 회생절차개시 신청 또는 파산절차의 진행 등으로 인하여 원리금의 전부 또는 일부의 회수가 곤란할 것이 명백히 예상되는 증권 등을 말한다(금융투자업규정 제7-35조 제2항).

〈별표 18〉
집합투자재산 보유 부도채권 등 부실화된 자산의 분류 및 평가기준

1. 적용범위 등

1.1 부도채권등 부실화된 자산(이하 "부도채권등"이라 한다)의 분류 및 평가기준(이하 "기준"이라 한다)은 집합투자재산이 보유한 부도채권등에 적용함

1.2 이 기준은 보증기관의 보증이나 담보가 있는 부도채권등에는 적용하지 아니함. 다만, 보증기관의 부도등으로 인하여 당해 보증채무의 이행을 기대하기 곤란하거나 담보물건의 담보가치가 현저하게 하락하여 보증 또는 담보의 실효성이 없다고 명백히 예상되는 경우를 제외함

1.3 이 기준에서 "부도채권등"이란 발행인의 부도, 채무자 회생절차개시신청 또는 파산절차 진행 등으로 인하여 원리금의 전부 또는 일부의 회수가 곤란할 것이 명백히 예상되는 증권등을 말함

1.4 이 기준에서 "증권등"이란 법 제4조 제2항 제1호, 제4호, 제5호, 제6호 (제1호·제4호·제5호의 증권과 관련된 증권예탁증권에 한한다)의 증권을 말함

4. 유동화증권에 대한 평가

4.1 「자산유동화에 관한 법률」 제2조 제4호에 따른 유동화증권에 대하여는 발행인의 순자산, 그 밖에 원리금의 회수가능성 및 회수시기, 처분가치 등을 종합적으로 고려하여 집합투자재산평가위원회가 평가. 다만, 2001. 9. 1. 이전에 「자산유동화에 관한 법률」 제31조에 따라 유동화전문회사가 특정 집합투자기구로부터 양도받은 채권등을 기초로 하여 발행한 후순위채권의 경우에는 집합투자재산평가위원회가 평가방법을 달리 적용할 수 있음

부도채권 등 평가기준은 모든 부실화된 집합투자재산에 적용되는 것이 아니고, 일부 증권 등에 한하여 적용되는데, 부도채권 등 평가기준 적용을 받는 '증권 등'에는 채무증권, 투자계약증권, 파생결합증권, 증권예탁증권(채무증권, 투자계약증권, 파생결합증권과 관련된 것에 한정)이 있다(별표 18 1.1.4). 대출채권은 종래 부도채권등에 포함되지 아니하였으나, 집합투자기구에 편입된 대출채권의 차주가 회생절차를 개시하였음에도 대출채권이 부도채권등 평가기준의 적용대상이 아니라는 이유로 상각을 하지 않은 사례가 발생하여, 2020. 4. 1. 대출채권도 부도채권등 평가기준의 적용대상이 되도록 하고 있다.[20] 보증이나 담보가 있는 부도채권등에는 담보의 실효성이 없다고 예상되는 경우 등 예외적인 경우를 제외하고는 부도채권등 평가기준이 적용되지 않는다(별표 18 1.1.2). 자산유동화에 관한 법률 제2조 제4호에 따른 유동화증권은 발행인의 순자산, 그 밖의 원리금의 회수가능성 및 회수시기, 처분가치 등을 종합적으로 고려하여 집합투자재산평가위원회가 평가한다(별표 18 4.1).

(1) 부도채권등의 분류

부도채권등은 부도채권등 평가기준에 따라 분류 및 평가과정을 거쳐야 한다. 먼저 부도채권등은 부실우려단계, 발생단계, 개선단계, 악화단계의 4단계로 분류하여야 하는데(별표 2.1), 분류의 기준이 되는 것은 "원리금 회수 가능성"이다. 집합투자업자는 부도채권등에 일정한 사유가 발생한 경우에는 지체 없이 분류하여야 하는데, 이를 지연하여 분류하는 경우 금융감독당국의 제재사유가 될 수 있다. 일례로 보유증권과 관련하여 회생절차 개시신청이 있는 경우 발생단계의 부도채권으로 분류하고 분류일에 원금의 100분의 80 이상을 상각처리 하여야 하는데, 집합투자기구에서 보유중인 CB의 발행사가 회생절차 개시신청을 하였으나 회생절차 개시 결정일에 비로소 부도채권으로 지연하여 분류 및 평가를 한 자산운용사에 대하여 금융감독원이 검사 지적을 한 사례가 있다.[21]

---

20) 사모펀드 해설, 박삼철 외 3인, 2021. 12. 21. 제3판, 304pg
21) 금융투자회사의 컴플라이언스 매뉴얼, 2020. 12., 금융투자협회, 312pg

〈별표 18〉
집합투자재산 보유 부도채권 등 부실화된 자산의 분류 및 평가기준

2. 부도채권등의 분류
2.1 집합투자업자는 집합투자재산이 보유한 부도채권등을 다음과 같이 4단계로 분류하여야 함
  2.1.1 부실우려단계의 채권등
  2.1.2 발생단계의 부도채권등
  2.1.3 개선단계의 부도채권등
  2.1.4 악화단계의 부도채권등
2.2 집합투자업자는 집합투자재산이 보유한 증권등과 관련하여 다음에 해당하는 사실이 발생한 경우에는 당해 증권등을 부실우려단계의 채권등으로 분류하여야 함
  2.2.1 이자 1회 연체
  2.2.2 1개월 이상 조업중단
  2.2.3 최근 3개월 이내에 1차 부도 발생
2.3 집합투자업자는 집합투자재산이 보유한 증권등과 관련하여 다음에 해당하는 사실이 발생한 경우에는 당해 증권등을 발생단계의 부도채권등으로 분류하여야 함
  2.3.1 부도 또는 지급불능사태
  2.3.2 「채무자회생 및 파산에 관한 법률」에 회생절차 개시신청 또는 파산신청
  2.3.3 「금융산업의 구조개선에 관한 법률」 제2조 제3호의 부실금융기관에 해당
  2.3.4 채무초과 등 부실한 재무상태로 인하여 감독기관 등으로부터 주된 영업의 정지나 퇴출 결정
  2.3.5 「기업구조조정 촉진법」 제2조 제3호에 따른 주채권은행(이하 "주채권은행"이라 한다)에 「기업구조조정 촉진법」 제7조 제1항 제1호부터 제3호까지에 해당하는 관리절차(이하 "관리절차"라 함)를 신청(사적 회생절차개시신청 또는 기업구조조정촉진을위한금융기관협약에 따라 기업개선작업 대상기업으로 선정 포함)
  2.3.6 그 밖에 당해 증권등의 원리금의 전부 또는 일부의 회수가 곤란할

　　　것이 명백히 예상되는 때
2.4 집합투자업자는 "2.3"에 따라 발생단계의 부도채권등으로 분류된 증권등
　　과 관련하여 다음에 해당하는 사실이 발생한 경우에는 당해 증권등을 개
　　선단계의 부도채권등으로 분류하여야 함
　　2.4.1 부실우려단계로 분류된 원인의 해소
　　2.4.2 부도 또는 지급불능사태의 해소
　　2.4.3 「채무자회생 및 파산에 관한 법률」에 회생절차개시결정
　　2.4.4 주채권은행의 관리절차 개시결정(사적 회생절차개시 또는 기업구
　　　　　조조정촉진을위한금융기관협약에 따른 기업개선약정 체결 포함)
　　2.4.5 그 밖에 당해 증권등의 원리금의 전부 또는 일부의 회수가 가능할
　　　　　것이 명백히 예상되는 때
2.5 집합투자업자는 "2.3"에 따라 발생단계의 부도채권등으로 분류된 증권등
　　과 관련하여 다음에 해당하는 사실이 발생한 경우에는 당해 증권등을 악
　　화단계의 부도채권등으로 분류하여야 함
　　2.5.1 「상법」 등에 따른 청산절차의 개시
　　2.5.2 「채무자회생 및 파산에 관한 법률」에 회생절차개시신청 기각결정,
　　　　　회생절차 폐지결정 또는 파산선고
　　2.5.3 주채권은행이 관리절차에 들어가지 아니하기로 하거나 관리절차의
　　　　　중단 결정(사적 회생절차중단, 기업구조조정촉진을위한금융기관협
　　　　　약에 따른 기업개선계획의 부결 또는 약정 미체결 포함)
　　2.5.4 그 밖에 당해 증권등의 원리금의 전부 또는 일부의 회수가 불가능
　　　　　할 것이 명백히 예상되는 때

　별표 18은 부실채권등의 부실우려, 발생, 개선, 악화 4단계의 분류별로 각각의 분류 기준을 열거하고 있다. 해당 사유가 발생한 경우 해당 단계로 분류하여야 하는데, ① i) 이자가 1회 연체되었거나, ii) 1개월 이상 조업중단이 되었거나, iii) 최근 3개월 이내에 1차 부도가 발생한 경우에 부실우려단계의 부도채권으로 분류한다(별표 18 2.2). ② i) 부도 또는 지급불능사태, ii) 회생절차개시신청 및 파산신청, iii) 원리금의 전부 또는 일부 회수가 곤란할 것이 명백히 예상되는 때에는 발생단계의 부도채권으로 분류하여야 한다(별표 18 2.3). 발생단계의 부도채권으로 분

류되었더라도, 일정한 사유발생 시 다시 개선단계, 악화단계로 분류하여야 하는데, ③ i) 부실우려단계로 분류된 원인의 해소, ii) 부도 또는 지급불능사태 해소, iii) 회생절차개시결정, iv) 원리금 전부 또는 일부 회수가 가능할 것이 명백히 예상되는 등의 사유가 발생하면, 다시 개선단계의 부도채권 등으로 분류하여야 한다(별표 18 2.4). 그러나 ④ i) 상법상 청산절차의 개시, ii) 회생절차개시신청 기각결정·회생절차 폐지결정 또는 파산선고, iii) 그 밖에 원리금의 전부 또는 일부 회수가 불가능할 것이 명백히 예상되는 등의 사유발생 시에는 악화단계의 부도채권으로 분류하여야 한다(별표 18 2.5).

(2) 부도채권등의 평가

〈별표 18〉
집합투자재산 보유 부도채권 등 부실화된 자산의 분류 및 평가기준

3. 부도채권등의 평가
3.1 집합투자업자는 "2.2"에 따라 부실우려단계로 분류된 채권등에 대하여는 다음과 같이 평가하여야 함
　　3.1.1 집합투자재산평가위원회를 개최하여 채권평가회사로부터 제공되는 시가 또는 발행회사의 재무상태 등을 감안하여 공정가치로 평가
　　3.1.2 채권등을 평가함에 있어 장부가로 평가하는 집합투자기구의 경우 3.1.1에 따라 평가되는 가액으로 조정하여 평가
3.2 집합투자업자는 "2.3"에 따라 발생단계로 분류된 부도채권등에 대하여는 다음과 같이 평가하여야 함
　　3.2.1 원금 : 분류일에 원금의 100분의 80("2.3.7"은 원금의 100분의 50) 이상을 상각 처리. 다만, 부도채권등의 원리금 회수가능성 및 회수시기 등을 종합적으로 고려할 때 원금의 100분의 20("2.3.7"은 100분의 50)을 초과하여 회수할 수 있을 것으로 명백히 예상되는 경우에는 집합투자재산평가위원회가 평가한 가액을 근거로 하여 상각할 수 있음. 이 경우 집합투자재산평가위원회는 판단 근거 자료를 보관·유지하여야 함
　　3.2.2 이자 : 분류일을 기준으로 일할계산하여 분류일부터 발생하는 이자

의 계상 중지

3.3 집합투자업자는 "2.4"에 따라 개선단계로 분류된 부도채권등에 대하여는 회생계획안·금융기관관리안 등 채무재조정계획과 원리금의 회수가능성 및 회수시기등을 종합적으로 고려하여 당해 부도채권등을 평가하여야 함

　3.3.1 이 규정에 따른 평가금액이 "3.1" 및 "3.2"에 따른 평가금액보다 큰 경우 그 차액에 해당하는 금액을 평가이익으로 처리

　3.3.2 이 규정에 따른 평가금액이 "3.1" 및 "3.2"에 따른 평가금액보다 작은 경우 그 차액에 해당하는 금액을 상각처리

3.4 집합투자업자는 "2.5"에 따라 악화단계로 분류된 부도채권등에 대하여는 당해 부도채권등의 발행인의 순자산, 그 밖에 원리금의 회수가능성 및 회수시기 등을 종합적으로 고려하여 당해 부도채권등을 평가하여야 함

　3.4.1 이 규정에 따른 평가금액이 "3.1" 및 "3.2"에 따른 평가금액보다 큰 경우 그 차액에 해당하는 금액을 평가이익으로 처리

　3.4.2 이 규정에 따른 평가금액이 "3.1" 및 "3.2"에 따른 평가금액보다 작은 경우 그 차액에 해당하는 금액을 상각처리

　채권을 분류한 후에는 이를 평가하여야 하는데, ① 부실우려단계로 분류된 채권의 경우 집합투자재산평가위원회를 개최하여 채권평가회사로부터 제공되는 시가 또는 발행회사의 재무상태 등을 감안하여 공정가치로 평가하여야 한다(별표 18 3.1.1). ② 발생단계로 분류된 부도채권등의 경우 i) 원금은 원칙적으로 분류일에 원금의 100분의 80 이상을 상각[22]하여야 하며, ii) 이자는 분류일을 기준으로 일할계산하여 분류일부터 발생하는 이자의 계상을 중지하여야 한다(별표 18 3.3). ③ 개선단계로 분류된 부도채권등의 경우 회생계획안·금융기관관리안 등 채무재조정계획과 원리금의 회수가능성 및 회수시기등을 종합적으로 고려하여 평가하여야 하는데, 그 평가금액과 부실우려, 부실 발생단계의 채권에 대한 평가가액의 차액에 대하여는 평가이익으로 처리하거나 상각하여야 한다(별표 18 3.3). ④ 악화단

[22] 단 원리금 회수가능성 및 회수시기등을 종합적으로 고려하여 원금의 100분의 20을 초과하여 회수할 수 있을 것으로 명백히 예상되는 경우에는 집합투자재산평가위원회가 평가한 가액을 근거로 하여 상각할 수 있고, 집합투자재산평가위원회는 판단 근거 자료를 보관 유지하여야 한다(별표 18 3.2.1.).

계로 분류된 부도채권등의 경우, 당해 부도채권등의 발행인의 순자산, 그 밖에 원리금 회수가능성 및 회수시기 등을 종합적으로 고려하여 평가하여야 하며, 마찬가지로 그 평가금액과 부실우려, 부실 발생단계의 채권에 대한 평가가액의 차액에 대하여는 평가이익으로 처리하거나 상각하여야 한다(별표 18 3.4)

2. 집합투자재산 평가 부적정 관련 금융감독원 지적 사례

집합투자재산의 평가와 관련하여 금융감독원이 지적한 자산운용사들의 집합투자재산 평가 부적정 사례를 몇 가지 소개하고자 한다.

① 집합투자재산 평가가 부적정한 경우

알펜루트자산운용은 집합투자재산평가위원회에서 비상장회사 관련 유가증권은 취득시점에는 취득가액으로 평가하고 취득 이후에는 채권평가회사가 정기적으로 제공하는 가격정보에 기초하여 평가하기로 결정하였음에도, 펀드가 취득한 C 비상장사의 ▽회, □회, ○회차 전환우선주의 가치를 해당 주식의 취득가액이 아닌 동일 회사의 다른 회차(▼회) 전환우선주 취득가로 평가함으로써 펀드별 최소 0.9억원에서 5.2억원까지 과소평가한 사실이 있어 과태료 처분을 받음.[23]

② 부도채권등의 분류 및 평가를 미실시한 경우
- ○○자산운용은 집합투자기구가 편입한 사모사채가 원리금 연체로 부실우려단계의 채권이 되었음에도 금융감독원의 검사종료일까지 집합투자재산평가위원회를 개최하지 아니하여 임원 주의 1명 조치를 받음.[24]
- 코레이트자산운용은 2개의 집합투자재산과 관련하여 차주의 지급불능 및 담보가치의 원리금 미달 등 원리금의 전부 또는 일부의 회수가 불가능하

---

23) 금융투자회사의 컴플라이언스 매뉴얼, 2020. 12., 금융투자협회, 311pg 및 녹색경제신문, "알펜루트자산운용, 비상장주 가치평가 부실 등 자본시장법 위반 과태료 3,000만원", 황동현, 2019. 11. 20.
24) 금융투자회사의 컴플라이언스 매뉴얼, 2020. 12., 금융투자협회, 311pg

거나 곤란할 것이 명백히 예상됨에도 악화 또는 발생단계의 부도채권 등으로 분류 및 평가를 실시하지 않아 공정가액 대비 121억원을 과대계상하였고, 기관주의 및 과태료 처분 등을 받음.[25]

- 현대인베스트먼트자산운용은 A주식회사가 발행한 사모사채를 집합투자기구에 편입하였고, A주식회사는 사모사채 발행으로 조달한 자금을 개별 주유소 유류대금 지급 용도로 사용하고 있었음. 해당 펀드의 운용역은 선지급된 유류대금을 정상 회수하기 위하여는 개별 주유소의 담보(신용카드 매출채권)의 충분한 확보가 매우 중요하다는 사실을 잘 알고 있었고, 설정 이후 주유소 신용카드 매출채권 금액이 기 지출된 유류대금을 지속적으로 하회한다는 사실을 A주식회사가 작성하여 보고한 업무보고서를 통하여 인지하고 있었기 때문에 개별 주유소에 대한 대출이 정상적으로 상환될 수 없고 만기 시점에 사모사채 대금을 확보할 수 없다는 것을 알았음에도, 해당 사모사채에 대한 부실화 여부 및 손상 발생 여부 등을 확인하지 않고 기준가에 반영하지 않는 등 집합투자재산을 공정가액으로 평가하지 아니하여 과태료 처분 등을 받음.[26]

③ 명확한 근거 없이 발생단계의 부도채권등의 원금을 80% 이상 상각하지 아니한 경우

마크자산운용은 펀드가 투자한 원리금수취권이 대출중개업자의 펀드 자금유용 등으로 회수가 곤란하고, 원리금수취권 발행자인 B주식회사가 폐업하였는데도, 발생단계 부도채권등으로의 분류를 지연하였고 평가시 대출중개업자가 제시한 회수가능금액이 원금의 20%에 미치지 못하였음에도 원금의 80% 이상을 상각처리하지 않고 과대평가하여 과태료 처분을 받음.[27]

---

25) 제재내용 공개안, 금융감독원, 2022. 4.
26) 상게 자료
27) 상게 자료

VI. 사안의 해결

1. 고등법원 판결(서울고등법원 2005.4.28. 선고 2004나32659 판결)

앞서 살펴본 바와 같이 고등법원에서 원고는 ① 이 사건 투자신탁의 계약기간이 만료되었으므로 상환금 지급 의무가 발생하고, ② 이 사건 투자신탁재산은 장부가로 평가하기로 평가위원회에서 결의한 점 등을 들어 피고들은 펀드 만기시의 기준가격인 장부가격으로 평가한 돈을 원고에게 지급하여야 한다고 주장하였고, 반면 피고 투자신탁은 ① 만기가 도래한 시점에 투자신탁재산의 처분이 어려웠고 그 경우 환매에 대한 약관규정을 유추적용하여 처분되지 아니하는 투자신탁이 있는 경우 그 투자신탁재산이 처분 되는대로 상환금을 지급하면 될 뿐이고, ② 그 지급할 기준가격도 실제 처분시점에 형성된 가격이어야 하기 때문에 처분시점의 시가로 산정한 상환금을 지급함으로써 원고의 채무가 모두 변제되었다고 항변하였다.

고등법원은, i) 피고 투자신탁이 기준가격의 평가에 관하여는 평가위원회의 결의에 따르기로 하였고, ii) 금융감독원의 시가평가원칙으로의 전환 및 그 예외에 대한 시행세칙의 취지에 따라 이 사건 수익증권의 후순위채에 대하여는 계속 장부평가방식을 따르기로 결의한 점 등을 인정한 다음, 이 사건 신탁재산 중 후순위채는 장부가로 평가함이 상당하고, 이와 달리 시가평가를 하여야 하며 이를 토대로 계산하면 거의 모든 채무가 변제되었다는 취지의 피고들의 항변은 이유 없다고 판단하였다. 이로써 고등법원은 신탁재산이 처분되는 대로 그 지급 당시의 기준가격으로 평가한 상환금을 지급하면 된다고 판단한 1심판결(서울중앙지방법원 2004. 4. 7. 선고 2001가합 73805 판결 참고)을 취소하고 원고 승소판결을 하였다.

2. 대법원 판결

앞서 살펴본 바와 같이, 대법원에서도 원고는 만기시의 기준가격인 장부가격으로 투자신탁재산을 평가한 상환금을 원고에게 지급하여야 한다고 주장하였는데, 장부가격 평가 주장에 대한 근거로 i) 시가평가원칙을 적용하기로 시행세칙이 개정된 것은 2000. 10. 16.일인 점, ii) 피고 투자신탁은 기준가격 평가에 관하여는 평가위원회의 결의에 따르기로 하였던 점, iii) 평가위원회의 결의를 통하여 금융감독원의 시가평가로의 전환 및 그 예외에 대한 시행세칙의 취지에 따라 시행세칙 개정 전인 2000. 10. 16. 이전까지 장부가로 편입되어 평가되던 유가증권에 대하여는 연속성과 일관성 및 형평성을 위하여 계속 장부가로 평가하기로 의결하였던 점 등을 들어 이 사건 투자신탁재산의 장부가 평가를 주장하였다.

그러나 대법원은 ① 증권투자신탁에서의 실적배당주의 원칙, ② 이 사건 투자신탁에 수익증권의 기준가격 산정에 관한 시가평가원칙을 구현한 법령 규정들이 적용된다는 점, ③ 이 사건 투자신탁의 약관상 이익 및 손실은 모두 투자신탁재산에 계상되고 수익자에게 귀속된다는 규정이 있다는 점을 근거로 신탁 종료시의 상환금 산정기준은 시가평가에 따라야 하므로 채무가 모두 변제되었다는 피고들의 항변을 인정하고 원고의 주장을 배척한 후 고등법원판결을 파기환송하였다. 위와 같은 대법원의 판단 근거를 보다 자세히 분석하면 아래와 같다.

① 먼저 대법원은, 원고가 ii) 피고 투자신탁이 기준가격 평가에 관하여는 평가위원회의 결의에 따르기로 하였고, iii) 평가위원회에서 이 사건 후순위채에 대하여는 계속 장부가로 평가하기로 의결하였으므로 상환시의 신탁재산을 장부가로 평가하여야 한다고 주장한 것과 관련하여, 평가위원회의 장부가 평가 결의에도 불구하고 투자대상자산의 장부가에 의하여 상환금을 지급하는 것이 실적배당주의를 훼손하는 결과가 되는 경우에는 실제 가격을 적정하게 반영하여 상환금을 산정하여야 한다고 하여, 증권투자신탁제도의 실적배당주의를 근거로 들어 원고의 주장을 배척하였다.

실적배당주의와 관련하여 대법원은, "일반적으로 증권투자는 그것이 직접투

자나 간접투자를 막론하고 일정한 수익률이 보장되는 은행예금과는 달리 증권의
종류나 매매의 시기 및 방법 등에 의하여 그 수익률이 변동함으로 인하여 항상 위
험이 따르고 그 위험은 원칙적으로 투자자가 부담할 수밖에 없는 것이므로, 증권
투자신탁에서도 투자전문가인 위탁자가 신탁재산에 대하여 선량한 관리자로서 주
의의무를 다한 이상 그 신탁재산의 운용 결과에 대한 손익이 모두 수익자에게 귀
속되는 이른바 고위험 고수익(high risk high return)의 실적배당주의를 그 본질로
한다(대법원 1998. 10. 27. 선고 97다47989 판결 등 참조)"고 판시하여, 실적배당주의는
증권투자신탁의 본질이고, 수익증권의 기준가격이 정당한 시가에 의하여 산정되고
그와 같이 공정한 기준가격에 의하여 상환금 지급이 이루어지는 것이 실적배당주
의에 부합한다고 판단하였다.

② 원고의 i) 시가평가원칙을 적용하기로 시행세칙이 개정된 것은 2000. 10.
16.일이라는 주장과 관련하여, 대법원은 원고의 이와 같은 주장을 배척하는 근거
로써 이 사건 투자신탁에 적용되는 1999년 개정 증권투자신탁업법 및 1999년 개
정 증권투자신탁업법 시행령, 시행규칙 등의 각 규정들은 증권투자신탁에서 실적
배당주의를 구현한 것으로, 수익증권의 기준가격이 매일 변동되는 시가에 의하여
산정되는 것을 전제로 하고 있음을 들었다.

대법원은, "이 사건 투자신탁에 적용되는 i) 1999년 개정 증권투자신탁업법
제29조는 '위탁회사는 수익증권의 기준가격을 매일 공고·게시하여야 한다. 제1항
의 기준가격은 대통령령이 정하는 바에 따라 시가로 평가하여야 한다'고 규정하고
있고, ii) 1999년 개정 증권투자신탁업법 시행령 제14조 제2항은 '제1항의 규정에
의한 자산총액을 산정하기 위한 평가는 다음 각호의 구분에 의한 시가에 의한다'
고 규정하고 있고, iii) 채권의 시가평가기준 수익률 공시 및 평가 등에 관한 규칙
시행세칙 제6조는 후순위채권 등에 대해서는 회사의 회계처리기준에 따라 산정한
장부가평가액을 규칙 제7조 제2항의 규정에 의한 시가평가액으로 할 수 있다고
규정하고 있는데, 위 각 규정들은 증권투자신탁에서 실적배당주의를 구현한 것으
로서, 수익증권의 기준가격이 매일매일 변동되는 시가에 의하여 산정되는 것을 당
연한 전제로 하고 있는 것이다(대법원 2003. 11. 28. 선고 2001다67171 판결 등 참조)"
라고 판시하여, 비록 시가평가원칙을 적용하기로 하는 시행세칙은 2000. 10. 16.

부터 시행되나 이 사건 투자신탁에 적용되는 법령 규정들은 기준가격을 시가에 의하여 산정하는 것을 원칙으로 삼고 있다고 보아 원고의 주장을 배척하였다.

③ 또한 대법원은 이 사건 투자신탁의 약관도 실적배당주의 원칙 및 시가평가원칙을 반영하고 있다고 보았는데, i) 이 사건 신탁약관 제12조 제1항 단서에서 채권시가평가기준수익률이 적용되지 아니하는 채권이나 채권시가평가기준수익률이 시장가치를 반영하지 못한다고 판단되는 채권, '부도채권 등'에 대하여는 위탁회사가 설치·운용하는 유가증권 등 평가위원회의 평가에 의한다고 규정하고 있고, ii) 이 사건 신탁약관 제24조는 '투자신탁재산의 운용과 관련하여 위탁회사의 지시에 따라 발생한 이익 및 손실은 모두 투자신탁재산에 계상되고 수익자에게 귀속된다'라고 규정하고 있는 것을 근거로 들었다. 결국 대법원은 위 약관에서도 1999년 개정 증권투자신탁업법과 그 시행령 및 금융감독위원회의 증권투자신탁업감독규정과 마찬가지로 기준가격을 시가에 의하여 산정하는 것을 원칙으로 삼고 있으며, 투자신탁재산으로 편입된 채권·어음 중 원리금의 전부 또는 일부를 회수할 수 없을 것으로 예상되는 채권·어음에 관하여는 일반적인 유가증권 평가방법과 달리 유가증권 등 평가위원회의 평가에 따르도록 하고 있다고 판단하였다.

3. 결어

종합하면, 대법원은 신탁 종료시의 실적배당주의의 원칙과 법령 규정상 수익증권의 기준가격 산정에 관한 시가평가의 원칙, 그리고 이 사건 신탁약관의 내용 등을 고려하면, 이 사건 투자신탁에서 투자신탁재산에 편입된 유가증권에 관하여 발행인의 거래정지, 화의신청, 회사정리절차개시신청 또는 파산신청이 발생하거나, 위 유가증권 발행의 기초가 된 자산에 관하여 위와 같은 사정이 발생하는 등으로 인하여 유가증권 원리금의 전부 또는 일부를 회수할 수 없을 것으로 예상됨에 따라, 취득가격에 기초하여 산정되는 장부가가 유가증권의 부실을 제대로 반영하지 못하고 시가와 사이에 상당한 괴리가 생겨 장부가에 의해 상환금을 지급하는 것이 증권투자신탁의 본질인 실적배당주의를 훼손하는 결과가 될 때에는, 장부가에 의하여 상환금을 지급할 것이 아니라 유가증권의 부실 정도를 고려하여 위탁회사의 유가증권 등 평가위원회가 평가한 금액 등 유가증권의 실제 가격을 적정하게 반영한 액수를 상환금으로 산정하여야 할 것이라고 판단하였다.

위에서 설시한 법리에 따라 대법원은, 비록 평가위원회에서 이 사건 후순위채를 계속 장부가로 평가하기로 의결하였다고 하더라도, 이 사건 투자신탁의 만기 전인 2000. 11. 21.경 에스케이엠(SKM) 주식회사가 부도가 남에 따라 이 사건 후순위채권의 기초자산을 이루고 있는 상당한 액수의 회사채가 부실화되고 이로 인하여 이 사건 후순위채권 역시 부실화되었다는 사실을 인정한 다음, 결과적으로 이 사건 후순위채권에 관하여 장부가와 실제 가격 사이에 상당한 괴리가 생겨 장부가에 의해 상환금을 지급하는 것이 증권투자신탁의 본질인 실적배당주의를 훼손하는 결과가 될 수 있다고 보이므로, 이 사건 후순위채권과 관련하여 상환금을 산정함에 있어서 장부가에 의할 것이 아니라 에스케이엠(SKM) 주식회사의 부도사실 등 이 사건 후순위채권의 원리금 중 전부 또는 일부를 회수 불가능하게 하는 제반 사정을 고려하여 이 사건 후순위채권의 시가를 적정하게 반영한 액수를 산정·지급하여야 한다고 판단하였다.

이처럼 대법원은 시가평가주의에 입각하여 상환금을 시가로 지급하여야 한다는 판단을 함으로써, 증권투자신탁에서의 이익과 손실은 모두 투자자에게 귀속되어야 한다는 실적배당주의의 원칙이 증권투자신탁의 본질임을 확인하였다.

찾아보기

공저자 약력

김인권(金仁權)
고려대학교 법과대학 법학과 졸업
중국 북경 칭화대 대학원 법학과(법학석사: 민상법)
사법연수원 제25기 수료
서울지방검찰청 검사
법무법인광장 변호사
현재: 현대자산운용 주식회사 준법감시인
　　　한국증권학회 금융법률자문위원장

오창석(吳昌錫)
서울대학교 경영대학 경영학과 졸업
서울대학교 법과대학 사법학과 졸업
서울대학교 대학원 법학과(법학석사: 상법)
서울대학교 대학원 법학과(상법)박사 수료
미국 American University – Washington College of Law 석사(LL.M.)
미국 New York주 변호사
사법연수원 제22기 수료
법무법인광장 변호사
현재: 무궁화신탁 그룹 회장

박병우(朴柄祐)
부산대학교 법과대학 법학과 졸업
부산대학교 법학전문대학원 졸업
변호사시험 2회(2013)
법률사무소 선경 변호사
에이치엠엠 주식회사 사내변호사
현재: 현대자산운용 주식회사 준법감시팀장

박지영(朴芝瑩)
연세대학교 사회과학대학 행정학과 졸업
고려대학교 법학전문대학원 졸업
변호사시험 9회(2020)
현재: 현대자산운용 주식회사 준법감시팀 변호사

방수윤(方秀允)
한양대학교 정책과학대학 정책학과 졸업
한양대학교 법학전문대학원 졸업
변호사시험 9회(2020)
법무법인 안심 변호사
현재: 현대자산운용 주식회사 준법감시팀 변호사

자본시장법 연구 1
집합투자(펀드)의 사례와 실무

초판발행	2023년 1월 10일
중판발행	2023년 6월 30일
지은이	김인권·오창석·박병우·박지영·방수윤
펴낸이	안종만·안상준
편 집	우석진
기획/마케팅	조성호
표지디자인	BEN STORY
제 작	고철민·조영환
펴낸곳	(주) **박영사**
	서울특별시 금천구 가산디지털2로 53, 210호(가산동, 한라시그마밸리)
	등록 1959. 3. 11. 제300-1959-1호(倫)
전 화	02)733-6771
f a x	02)736-4818
e-mail	pys@pybook.co.kr
homepage	www.pybook.co.kr
ISBN	979-11-303-4203-0 93360

copyright©김인권 외, 2023, Printed in Korea

정 가   32,000원